Gesamtband Niedersachsen

Einführungsphase

Erarbeitet von
Joachim Biermann,
Daniela Brüsse-Haustein,
Dr. Hans-Georg Hofacker,
Miriam Hoffmeyer,
Dr. Wolfgang Jäger,
Dr. Silke Möller,
Markus Rassiller,
Robert Rauh und
Götz Schwarzrock

Kurshefte Geschichte

Cornelsen

Kurshefte Geschichte

Gesamtband Niedersachsen
Einführungsphase

Das Lehrwerk wurde erarbeitet von Dr. Hans-Georg Hofacker (Wolfschlungen),
Miriam Hoffmeyer (Waiblingen), Dr. Wolfgang Jäger (Berlin), Dr. Silke Möller (Erlangen),
Markus Rassiller (Hannover), Robert Rauh (Berlin) und Götz Schwarzrock (Berlin)

Die Probeklausur und ihre Lösungshinweise wurden konzipiert von
Joachim Biermann, Bersenbrück
Daniela Brüsse-Haustein, Haren

Redaktion: Dr. Silke Möller, Erlangen
Grafiken: Erfurth Kluger Infografik, Berlin; Dr. Volkhard Binder, Cornelsen Verlag, Berlin
Karten: Carlos Borrell Eiköter, Berlin; Klaus Kühner, Hamburg
Bildassistenz: Anne-Katrin Dombrowsky
Umschlaggestaltung: Corinna Babylon, Berlin
Umschlagbild vorne: Gedenkstätte Ground Zero, New York City, USA/mauritius images/
Joachim Jokschat; Jean-Louis Laneuville, „Junge hinter Vorhang"/mauritius images/Super Stock/
Fine Art Images
Umschlagbild hinten: Globus/Image Source/Cultura/Ken Reid
Layout und technische Umsetzung: tiff.any GmbH, Berlin/Uwe Rogal

www.cornelsen.de

Die Links zu externen Webseiten Dritter, die in diesem Lehrwerk angegeben sind,
wurden vor Drucklegung sorgfältig auf ihre Aktualität geprüft. Der Verlag übernimmt
keine Gewähr für die Aktualität und den Inhalt dieser Seiten oder solcher, die mit ihnen
verlinkt sind.

1. Auflage, 1. Druck 2018

Alle Drucke dieser Auflage sind inhaltlich unverändert
und können im Unterricht nebeneinander verwendet werden.

© 2018 Cornelsen Verlag GmbH, Berlin

Das Werk und seine Teile sind urheberrechtlich geschützt.
Jede Nutzung in anderen als den gesetzlich zugelassenen Fällen bedarf der vorherigen
schriftlichen Einwilligung des Verlages.
Hinweis zu §§ 60 a, 60 b UrhG: Weder das Werk noch seine Teile dürfen ohne eine solche Einwilligung
an Schulen oder in Unterrichts- und Lehrmedien (§ 60 b Abs. 3 UrhG) vervielfältigt, insbesondere
kopiert oder eingescannt, verbreitet oder in ein Netzwerk eingestellt oder sonst öffentlich zugänglich
gemacht oder wiedergegeben werden. Dies gilt auch für Intranets von Schulen.

Druck: Grafisches Centrum Cuno GmbH & Co.KG, Calbe

ISBN: 978-3-06-230126-1

Inhalt

Zur Arbeit mit diesem Buch 6

Rahmenthema 1:
Die Welt im 15. und 16. Jahrhundert

1 Einführung: Die Welt im 15. und 16. Jahrhundert –
  zwischen Umbruch und Kontinuität
  (Kernmodul) 8
  - Vorwissenstest 17

2 Einstieg: Grundlagen des Lebens in Europa um 1500 18
  - Geschichte und Theorie:
    Strukturen versus Mikro-Historie 29
  - Methode: Darstellungen analysieren 31
  - Kompetenzen überprüfen 34

3 Europäische Expansion:
  Begann um 1500 die Europäisierung der Welt?
  (Wahlmodul 1) 36
  - Geschichte und Theorie:
    Kulturberührung/Kulturzusammenstoß 62
    Kolonialismus 64
  - Methode: Schriftliche Quellen interpretieren I 65
  - Methode: Ein historisches Urteil entwickeln 68
  - Kompetenzen überprüfen 74

4 Handelshäuser, Handelsmächte, Geldwirtschaft –
  Beginn der Globalisierung?
  (Wahlmodul 2) 76
  - Methode: Geschichtskarten analysieren 103
  - Kompetenzen überprüfen 106

5 Das 15. und 16. Jahrhundert –
  eine Zeit des geistigen Umbruchs?
  (Wahlmodul 3) 108
  - Geschichte und Theorie: Mythos Renaissance 133
  - Methode: Gemälde analysieren 136
  - Kompetenzen überprüfen 140

Rahmenthema 2:
Vom 20. ins 21. Jahrhundert

6 Einführung: Vom 20. ins 21. Jahrhundert –
 eine Zeitenwende?
 (Kernmodul) 142
 - Geschichte und Theorie: Deutungen von Geschichte 153
 - Methode: Historische Begriffe dekonstruieren 158
 - Vorwissenstest 161

7 Transformationsgesellschaften in Osteuropa –
 die Umbrüche in Polen und Rumänien im Vergleich
 (Wahlmodul 1) 162
 - Methode: Einen historischen Vergleich durchführen 185
 - Kompetenzen überprüfen 186

8 Friedliche Revolution in der DDR 1989/1990
 (Wahlmodul 4) 188
 - Geschichte und Theorie: Revolutionen 210
 - Methode: Fotografien analysieren 213
 - Methode: Historische Spielfilme untersuchen 216
 - Kompetenzen überprüfen 220

9 Die europäische Einigung – eine Erfolgsgeschichte?
 (Wahlmodul 5) 222
 - Geschichte und Theorie: Rechtspopulismus 243
 - Methode: Schriftliche Quellen interpretieren II 245
 - Kompetenzen überprüfen 248

10 Der „11. September 2001" –
 ein Wendepunkt der Geschichte?
 (Wahlmodul 3) 250
 - Methode: Eine Präsentation erstellen 268
 - Kompetenzen überprüfen 270

11 Afghanistan in der globalen Interessenpolitik
 (Wahlmodul 2) 272
 - Methode: Internetrecherche 291
 - Kompetenzen überprüfen 292

Anhang

Arbeitsaufträge in der Klausur ... 294
Formulierungshilfen für die Quelleninterpretation ... 296
Tipps zur Vorbereitung auf Prüfungsthemen ... 298
Probeklausur 1 mit Lösungshinweisen ... 299
Probeklausur 2 mit Lösungshinweisen ... 303
Fachliteratur ... 307
Zeittafel ... 309
Begriffslexikon ... 313
Personenlexikon und Personenregister ... 318
Sachregister ... 323
Karten ... 326
Bildquellen ... 328

Wegweiser zu den Methoden- und Theorieangeboten

Übersicht über die Methodenseiten
- Darstellungen analysieren ... 31
- Schriftliche Quellen interpretieren I ... 65
- Ein historisches Urteil entwickeln ... 68
- Geschichtskarten analysieren ... 103
- Gemälde analysieren ... 136
- Historische Begriffe dekonstruieren ... 158
- Einen historischen Vergleich durchführen ... 185
- Fotografien analysieren ... 213
- Historische Spielfilme untersuchen ... 216
- Schriftliche Quellen interpretieren II ... 245
- Eine Präsentation erstellen ... 268
- Internetrecherche ... 291

Übersicht zu den Angeboten „Geschichte und Theorie"
- Strukturen versus Mikro-Historie ... 29
- Kulturberührung/Kulturzusammenstoß ... 62
- Kolonialismus ... 64
- Mythos Renaissance ... 133
- Deutungen von Geschichte ... 153
- Revolutionen ... 210
- Rechtspopulismus ... 243

Zur Arbeit mit diesem Buch

Das Kursheft ist eine thematisch orientierte Materialsammlung für den Geschichtsunterricht in der Oberstufe. Im Zentrum jedes Kapitels steht eine umfangreiche Quellensammlung, die ergänzt wird durch einführende Darstellungen und Methodenseiten (gelber Balken). Die Doppelseite „Kompetenzen überprüfen" (blauer Balken) schließt das Kapitel ab.

Sach-, Urteils- und Methodenkompetenzen, die im Kapitel erworben werden

Einleitende Darstellungen

Erläuterungen und Verweise in der Randspalte

Webcodes führen zu Internettipps. Einfach die Zahlenkombination aus dem Buch eingeben unter **www.cornelsen.de/webcode**

Hinweise zur Arbeit mit den Materialien: Überblick über die Quellenauswahl mit Leitfragen und Kompetenzen

Besondere Materialangebote zu „Geschichte und Theorie" und „Geschichte kontrovers"

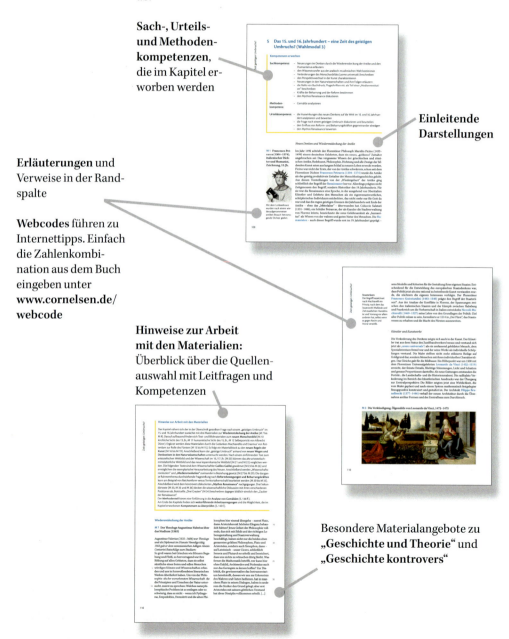

Einzelarbeitsaufträge zu allen Materialien; besondere Arbeitsformen (Referate, Gruppenarbeit etc.) sind blau hervorgehoben.

Methodenseiten

Die Seite **„Kompetenzen überprüfen"** mit weiterführenden Arbeitsanregungen und kompetenzorientierten Aufgaben

Vorwissenstest

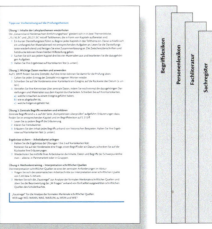

Der Anhang:
- Tipps für die Prüfungsvorbereitung
- Probeklausur
- Serviceseiten

1 Einführung: Die Welt im 15. und 16. Jahrhundert – zwischen Umbruch und Kontinuität (Kernmodul)

Die Welt heute

Unsere moderne europäisch-westliche Gesellschaft wird durch Mobilität geprägt. Nicht ein von Geburt an vorgezeichneter Lebensweg wie in der feudalen Ständegesellschaft bestimmt die Stellung des Menschen, sondern individuelle Fähigkeiten und erworbene Bildung entscheiden über seine gesellschaftliche Position. Die Menschen bewegen sich in einer Vielzahl von Gruppen – Familie, Berufskollegen, Vereine, Parteien, Religionsgemeinschaften –, die eigene Werte und Ziele vertreten. In der pluralistischen Gesellschaft moderner westlicher Industriestaaten konkurrieren Gruppen um Ansehen und Einfluss. Auch die Demokratie wird als Wettbewerb politischer Ziele und gesellschaftlicher Werte betrachtet. Männer und Frauen sind formal gleichberechtigt. Das Rechtssystem sichert die Gleichbehandlung und garantiert jedem die Grundrechte. Hohe Arbeitsproduktivität, technische Innovationen und „städtische" Lebensformen – die längst auch das Dorfleben durchdrungen haben – sind Kennzeichen des Alltagsleben.

Am Beginn des 21. Jahrhundert erleben wir diese moderne Welt als eine Welt im Umbruch. Mit der Globalisierung, d. h. einem Prozess weltweiter Verflechtung, ist die Welt auf verschiedenen Ebenen näher zusammengerückt. Die Weltwirtschaft ist eng vernetzt, die Bankenkrise in den USA 2008 löste eine weltweite Krise der Finanzmärkte aus. Internationale Vereinbarungen über wirtschaftliche Sicherungssysteme, Datentransfer und Verhaltensstandards gewinnen an Bedeutung. Die Digitalisierung macht riesige Mengen an Informationen jederzeit weltweit verfügbar, jeder kann zudem mit jedem rund um die Uhr kommunizieren. Kulturelle Unterschiede nehmen einerseits ab, aber weltweite Migration erfordert andererseits immer mehr interkulturelle Kompetenzen und Toleranz im Zusammenleben. Die Welt wird gleichzeitig vielfältiger und einheitlicher. Und auch der Klimawandel ist Teil der Globalisierung. Immer häufiger zeigt sich ein klarer Zusammenhang zwischen Naturkatastrophen und Klimaveränderungen, verursacht durch das stetige Wachstum der Industrienationen.

M 1 Moderne Kommunikation in der digitalen Welt, 2015

Weltpolitisch ist mit dem Ende der Sowjetunion und der Unabhängigkeit der osteuropäischen Staaten Anfang der 1990er-Jahre die bipolare Weltordnung von Ost und West aufgebrochen worden. Die USA nutzten zunächst ihre alleinige Führungsrolle, „um Demokratie zu verbreiten", auch mit militärischen Mitteln wie im Irak. Ein „Kampf der Kulturen" wurde beschworen. Inzwischen erheben wieder mehrere Staaten Anspruch auf eine leitende Funktion in der Welt: China und Russland sind zentrale wirtschaftliche bzw. politische Akteure neben den USA, die seit 2017 unter der Führung von Präsident Donald Trump stehen. Eine neue Dimension brachten die Terroranschläge vom 11. September 2001 in den USA. Der Terror wurde zu einer Bedrohung weltweit: Madrid, London, Paris und viele andere Orte wurden zu Zielen von oft islamistischen Terrororganisationen – eine völlig neue Herausforderung für die internationale Staatengemeinschaft. Und so treten neben die Öffnung der Welt, die Vielfalt der individuellen Entfaltungsmöglichkeiten auch Einschränkungen durch neue Sicherheitsregeln und Ängste vor existenzieller Bedrohung durch den Terror.

Epochen und Zeitenwenden

Der beschleunigte Wandel von Wirtschaft, Kultur, Politik und Gesellschaft unter den Vorzeichen der Globalisierung hat das Bewusstsein für die Frage geschärft, wann eigentlich unsere heutige Moderne begonnen hat. Die Grundlagen unserer Epoche werden von den meisten Historikern auf die politischen Revolutionen in Amerika (1776) und Frankreich (1789) sowie auf die Industrielle Revolution seit Mitte des 18. Jahrhunderts zurückgeführt; man spricht von einer „Sattelzeit" zwischen 1750 und 1850, in der sich erste Formen moderner Demokratie und moderner Industriegesellschaft entfalteten. Daraus hat sich eine Epocheneinteilung ergeben, die in Europa bis heute als klassisches Periodisierungsmodell betrachtet wird: Antike (ca. 1100 v. Chr. bis 500 n. Chr.), Mittelalter (ca. 500 bis 1500) und Neuzeit (16. Jh. bis heute).

In Abgrenzung zur klassischen Periodisierung hat sich jedoch in den letzten Jahrzehnten eine andere Gliederung für die Geschichte Europas entwickelt, die weniger an Herrscherwechseln, Kriegen und Ereignissen als vielmehr an sozial- und wirtschaftsgeschichtlichen Prozessen orientiert ist, z. B. an Konjunkturen und Klimaveränderungen, an der Entstehung von Städten und neuen Kommunikationsmitteln, an der Herausbildung neuer Klassen oder Schichten usw. Wendet man sich diesen Dimensionen der Geschichte zu, so gibt es gute Argumente dafür, dass bereits im 12./13. Jahrhundert Entwicklungen einsetzten, die den Weg in die Moderne ebneten. Von diesem Ansatz ausgehend brechen einige Historiker mit den Begriffen Mittelalter und Frühe Neuzeit und sprechen von einer Epoche „Alteuropas". Diese reiche vom 12./13. bis zum 18. Jahrhundert und stelle eine Vorphase der Moderne dar, in der einerseits das Alte noch weiterwirke, andererseits aber Elemente der Modernisierung deutlich sichtbar hervortreten. Kontinuitätslinien und Wandel stehen nebeneinander und sind miteinander verschränkt.

Der Begriff der „**Zeitenwende**" betont vor allem den Umbruchcharakter einer bestimmten Zeit. Indem man diesen Zeitraum aber relativ groß wählt und zwischen verschiedenen Bereichen (Staat, Gesellschaft, Alltag, Wirtschaft, Kultur) unterscheidet, lässt er sowohl Raum für abrupte Zäsuren als auch für langsamere Veränderungen. Kontinuierlich wirkende Strukturen werden aber als weniger prägend eingeordnet.

In der außereuropäischen Welt gelten dagegen andere Phasenmodelle. In China beispielsweise unterteilt man die Geschichte in Frühzeit, Altertum, Kaiserzeit und Moderne mit völlig anderer zeitlicher Verortung. Bei der Verwendung von „vor bzw. nach Christi Geburt" bleibt zu bedenken, dass es sich hier um eurozentrische Begriffe handelt, die jedoch für die Gegenüberstellung wichtig sind:

China			Europa	
Frühzeit	bis 16. Jh. v. Chr.	Entstehung sesshafter Ackerkulturen		
Altertum	16. Jh. bis 221 v. Chr.	Adelsherrschaften und Königtum, Beginn zentralstaatlicher Macht; Bronzewerkzeug; ab 4. Jh. Eisen; erste Zeugnisse einer Schrift; Konfuzianismus u. a. Denkschulen	**Antike**	ca. 1100 v. Chr. bis 500 n. Chr.
Kaiserzeit	221 v. Chr. bis 1911	Dauerhaftes Kaisertum trotz häufiger Wechsel von Reichseinheit und Mehrstaatlichkeit	**Mittelalter** **Neuzeit** *Frühe Neuzeit* *Moderne*	ca. 500–1500 ca. 16. Jh. bis heute 16. bis 18. Jh. ab 19. Jh.
Moderne	1912 bis heute	Republik und Volksrepublik China		

Insgesamt zeigt sich, dass das europäische Zeitkonzept von **linearem Denken** geprägt ist. Das geht auf das christliche Weltbild zurück, in dem es einen Anfang und ein Ende von Zeit gibt. Alles entwickelt sich auf das Ende hin, Fortschritt und Wachstum sind wichtige Begriffe. Im Gegensatz dazu wird die asiatische Kultur vom **zyklischen Denken** bestimmt. Die Zeit und das Leben werden hier als ewiger Kreislauf wahrgenommen, man kehrt dabei immer wieder an seinen Ausgangspunkt zurück und arbeitet nicht auf ein bestimmtes Ziel hin.

Die Welt um 1500 – eine Zeitenwende?

Auch in dem Periodisierungsmodell „Alteuropa" behält die Zeit um 1500 – unter der wir die Jahrhunderte vom 15. bis zum 17. Jahrhundert verstehen – eine besondere Stellung. Denn manches, was heute als grundlegendes Element der Moderne betrachtet wird, entwickelte sich in dieser Übergangszeit. Doch kann man tatsächlich für die Zeit um 1500 von einer Zeitenwende sprechen?

Die **Erfindung des Buchdrucks** mit beweglichen Lettern um 1450 bewirkte ein bis dahin unbekanntes Maß der Verschriftlichung und Vermehrung von Informationen. Mit dem Durchbruch von **Renaissance und Humanismus** im 15./16. Jahrhundert löste sich das mittelalterliche Welt- und Menschenbild allmählich auf, das von Kirche und Glaube beherrscht wurde. Zum Ideal wurde jetzt der umfassend gebildete Mensch, der sein Leben selbstbewusst und vernünftig gestalten sollte. Das hatte ebenfalls Auswirkungen auf Wissenschaft und Technik. Mathematiker, Astronomen und Mediziner verbanden das wiederentdeckte Wissen der Antike mit neuen Fragestellungen und Methoden (Kapitel 5). Zur Erweiterung des geistigen Horizonts trug auch die **außereuropäische Expansion** bei. Die Europäer entdeckten neue Kontinente und Kulturen und kamen besonders seit dem 16. Jahrhundert in Berührung mit ihnen bis dahin völlig fremden Welten. Sie trugen dabei ihre Werte, ihre Kultur sowie ihre Herrschaftsformen in die Welt und stießen Prozesse der Europäisierung an (Kapitel 3). Auf wirtschaftlichem Gebiet bildeten sich vor allem in den Städten **frühkapitalistische Produktions- und Vertriebsformen** heraus. Sie wurden seit dem 15. Jahrhundert von Unternehmerfamilien und Handelsgesellschaften vorangetrieben und bewirkten ein Aufbrechen der feudal-ständischen Gesellschaft. Die europäischen Entdeckungen begünstigten zudem den **Ausbau globaler Handelsnetze**, in denen die Europäer eine wichtige Rolle spielten. Vor diesem Hintergrund stellt sich die Frage, ob man für das 16. Jahrhundert schon von Globalisierung sprechen kann (Kapitel 4).

Die Zeit um 1500 wird aber nicht nur durch das Hervortreten des Neuen bestimmt, sondern auch durch das Fortwirken des Alten. In der Renaissance bleiben Elemente des mittelalterlichen Welt- und Wertever-

M 2 „Der Tod und die Drucker", Holzstich aus „La Grant Macabre", 1499/1500

ständnisses erhalten. Auch das Aufbrechen der mittelalterlichen Ständegesellschaft ist kein geradliniger Prozess. Mobilität gab es vor allem innerhalb der Stände. Zum Teil beförderte der frühneuzeitliche Staat sogar eine Hierarchisierung der Gesellschaft. Auch im Bereich der Geschlechterrollen stellt sich die Frage, ob Frauen, die in der mittelalterlichen Stadt in zahlreichen Wirtschaftsbereichen aktiv waren, mit der Wende zur Neuzeit nicht wieder aus diesen Bereichen verdrängt worden sind. Und ein besonders wichtiges Argument für die Betonung der Kontinuität: Bis ins 18. Jahrhundert hinein lebten die meisten Menschen auf dem Lande und von der Landwirtschaft, in ihrer alltäglichen Lebenswelt veränderte sich wenig (Kapitel 2). Solche Strukturen von „langer Dauer" (Fernand Braudel; frz. = *longue durée*) bestimmen ebenfalls den Epochenübergang um 1500 und sprechen gegen eine Deutung der Zeit als Zeitenwende.

Die Frage nach einer Zeitenwende um 1500 relativiert sich auch aus der Perspektive nicht-europäischer Länder. Der Stand von Technik und Wissenschaft war zum Beispiel im Mittelalter in China wesentlich höher als in Europa. Warum aber brach in China der Weg in die Moderne ab? Der im 16. Jahrhundert einsetzende Kolonialismus bedeutete zudem für alle eroberten Länder einen tiefen, von außen verursachten Einschnitt. Mit der Zerstörung von Kulturen, wie z. B. der der Maya, Inka oder Azteken in Altamerika durch die Europäer, endete die Unabhängigkeit dieser Länder und damit auch ihre eigene Zeitrechnung.

Webcode:
KH301261-012

1 **Mindmap:** Tragen Sie in Ihrem Kurs Ereignisse, Begriffe und Entwicklungen des 15. und 16. Jahrhunderts zusammen und ordnen Sie diese in einer Mindmap.
2 Erläutern Sie die in der Darstellung beschriebene „klassische Periodisierung" sowie den neueren Ansatz „Alteuropa". Zeigen Sie, wie in beiden Modellen das lineare Zeitkonzept zum Tragen kommt.
3 **Tabelle:** Erstellen Sie eine Tabelle. Listen Sie in einer Spalte historische Entwicklungen auf, die für eine Zeitenwende um 1500 sprechen, in einer zweiten Spalte Entwicklungen, die dagegen sprechen.

M 3 Polo-Spiel in China, Saray-Alben, 14. Jahrhundert

M 4 Girolamo Cardano (1501–1576), Naturphilosoph, Arzt und Mathematiker, in seiner Autobiografie (16. Jh.)

Zu den größten und allerseltsamsten Ereignissen natürlicher Art zähle ich in erster Linie dies, dass ich in dem Jahrhundert zur Welt kam, da der ganze Erdkreis entdeckt wurde, während den Alten nur wenig mehr als der dritte Teil bekannt gewesen war. Gibt es Wunderbareres als die Erfindung des Pulvers, des Blitzes in Menschenhand, der verderbenbringender noch ist als der des Himmels? Und auch Dich will ich nicht vergessen, Du großer Magnet, der Du uns durch die weitesten Meere, durch die finstere Nacht und fürchterliche Stürme sicher in fremde unbekannte Länder geleitest. Und als Viertes sei noch genannt die Erfindung der Buchdruckerkunst. Menschenhände haben dies alles gemacht. Menschengeist erfunden, was mit des Himmels Wundern wetteifern kann. Was fehlt uns noch, dass wir den Himmel stürmen?

Des Girolamo Cardano von Mailand (Buergers von Bologna) eigene Lebensbeschreibung, übertragen und eingeleitet von Hermann Hefele, Diederichs, Jena 1914, S. 138.

M 5 Der Historiker Klaus Pfitzer über die Renaissance (2015)

Renaissancen, das heißt Wiedergeburten vergangener Kulturen, gab es immer wieder [...]. Dennoch versteht man unter dem Begriff „Renaissance" zumeist allgemein die Kulturwende vom Mittelalter zur Neuzeit, die im 13. und 14. Jahrhundert in Italien ihren Anfang nahm und sich von dort aus auf dem europäischen Kontinent ausbreitete.

In Italien waren im Mittelalter einige reiche und mächtige Stadtrepubliken mit einem selbstbewussten Patriziat entstanden, die nach den ersten Kreuzzügen den Mittelmeerhandel, vor allem denjenigen mit dem Orient, unter ihre Kontrolle gebracht und so ihren Reichtum noch vermehrt hatten. Bei den Patriziern und den gebildeten Bürgern entstand sehr bald die Vorstellung, in einem neuen Zeitalter zu leben. Man begann auf die Ideale des Humanismus aus der Römerzeit zurückzugreifen, und auch das klassische Latein erlebte eine Renaissance. Dass auch das Altgriechische wiederentdeckt wurde, ist zum Teil dadurch zu erklären, dass nach dem Scheitern der Kreuzzüge immer mehr Flüchtlinge aus dem von den Osmanen eroberten Byzanz nach Italien kamen. [...]

Es scheint paradox, dass diese alten Sprachen zur Sprache der Erneuerung wurden. Die Schriftsteller der Renaissance ahmten den Stil der antiken Autoren nach. Doch war damals ein zyklisches Geschichtsverständnis vorherrschend, und man meinte, dass nach einer Phase der Nichtbeachtung der klassischen Kultur der Griechen und Römer nun wieder die Hochblüte der Klassik angebrochen sei. Diese Zwischenzeit bis zur Wiedergeburt der alten Kultur wurde „Mittelalter" genannt. [...]

Die Renaissance ist weniger als eine „kulturelle Revolution" im Sinne eines plötzlichen Bruchs mit der Vergangenheit zu verstehen, als vielmehr als eine graduelle Entwicklung, in deren Verlauf sich mehr und mehr Menschen von einzelnen Inhalten der spätmittelalterlichen Kultur ab- und der klassischen Vergangenheit zuwandten. Zur Ausbreitung der Renaissance in Europa trugen auch die vermehrten Reisen von Künstlern und Literaten nach Italien bei. [...] Die neuen Impulse aus Italien wurden jedoch nicht einfach nachgeahmt, sondern eigenständig verarbeitet. Schließlich trafen sie vor allem in Mitteleuropa auf ganz andere Voraussetzungen. So waren hier die ständische Gliederung, die genossenschaftlichen Verbände und die universale Reichsidee noch ganz vom Mittelalter geprägt.

Klaus Pfitzer, Reformation, Humanismus, Renaissance, Reclam, Stuttgart 2015, S. 12–14.

---

1 Informieren Sie sich über den Lebenslauf Cardanos und stellen Sie einen Zusammenhang zu seiner Bewertung des 16. Jahrhunderts her (M 4).
2 Fassen Sie den Text zur Renaissance (M 5) in Thesen zusammen.
3 Begründen Sie, warum Girolamo Cardano mit seinen Äußerungen die Thesen von M 5 belegt.

M 6 Galilei und Viviani, Ölgemälde von Tito Lessi, 1892

1 Beschreiben Sie das Bild, indem Sie Gegenstände und Personen sowie den historischen Kontext ermitteln. Bestimmen Sie anschließend die Aussage des Bildes, indem Sie die Anordnung der Bildelemente, Farben und Lichteinfall analysieren.

M 7 Der Historiker Peter Blickle über die Begriffe „Alteuropa" und „Frühe Neuzeit" (2008)

Das Alte Europa ist keineswegs konkurrenzlos, es ist sogar fraglich, ob der Begriff überhaupt als etabliert gelten darf. [...] Das herkömmliche Reden vom *Mittelalter* und der *Neuzeit* teilt das Alte Europa als Epoche. Danach leiten Humanismus, Reformation und Entdeckungsreisen ein neues Zeitalter ein. Die in den letzten Jahrzehnten gebräuchlich gewordene *Frühe Neuzeit* für die Epoche von 1500 bis 1800 leitet sich vom englischen *early modern* ab und sieht – modernisierungstheoretisch geprägt, wie sie war und verbreitet auch noch ist – schon durch ihre Wortwahl Geschichte in ihrer Kulturbedeutung für die Gegenwart. [...] Je nach Kontext – Wirtschaft, Gesellschaft, Staat, Recht, Politik, Religion – verweist das *early* auf verschiedene Anfänge. Es bezeichnet also keinen gemeinsamen Beginn [...]. Immerhin hat die amerikanische Geschichtswissenschaft neulich eine große sechsbändige „*Encyclopedia of the Early Modern World*" vorgelegt und ihr den Titel „*Europe 1450 to 1789*" gegeben. Damit wurden Humanismus, Reformation und Entdeckungsreisen als Epochengrenze ausdrücklich überschritten [...]. [...]

Sich zu entschließen, einem Buch den Titel „Das Alte Europa" zu geben, kann nur aus der Erfahrung und der Überzeugung erwachsen, dass es vor der Moderne eine in sich geschlossene, in ihren Erscheinungen integrierte und kompakte Form Europas gegeben habe. [...] Die Grenzen der eigenen Forschung und die Weite der akademischen Lehre haben beide nämlich das Ergebnis gezeitigt: (spätes) Mittelalter und (frühe) Neuzeit lassen sich schwer als getrennte Epochen konstituieren. [...] Vier Säulen [...] tragen das Alte Europa und schaffen zugleich eine zeitliche Einheit, die sich mit den Eckdaten 1200 und 1800 markieren lässt, vorausgesetzt, man unterschlägt nicht die Gleichzeitigkeit des Ungleichzeitigen. Es sind ineinander verstrebte Erscheinungen, die dem Alten Europa sein unverwechselbares Aussehen geben [...].

Peter Blickle, Das Alte Europa. Vom Hochmittelalter bis zur Moderne, C. H. Beck, München 2008, S. 14–17.

M 8 Der französische Historiker Jacques Le Goff über die Renaissance als Epoche (2016)

Einerseits stellt die Renaissance, ganz gleich, wie wichtig sie war und wie sehr sie eine Individualisierung im historischen Ablauf verdient hätte, meiner Meinung nach keine eigene Periode dar: Sie ist lediglich die letzte Renaissance eines langen Mittelalters. Andererseits möchte ich aufzeigen, dass das Prinzip der Periodisierung in der Geschichte heutzutage durch die Globalisierung der Kulturen und die Dezentrierung des Westens infrage gestellt wird, für den Historiker aber ein unentbehrliches Instrument bleibt. Allerdings müsste man die Periodisierung flexibler anwenden, als es bislang geschehen ist, seit man begonnen hat, „die Geschichte zu periodisieren".

Jacques Le Goff, Geschichte ohne Epochen? Ein Essay, Philipp von Zabern, Darmstadt 2016, S. 88.

1 Skizzieren Sie die Unterschiede zwischen den Begriffen „Alteuropa" und „Frühe Neuzeit" (M 7).
2 Diskutieren Sie die Vor- und Nachteile einer Unterteilung der Geschichte in Epochen (M 8).

M 9 Der Historiker Jürgen Osterhammel über „europazentristische" und „exotistische" Ansätze in der Forschung (2000)

Es wäre voreilig, die Scheu von Asienhistorikern vor der Kategorie der Frühen Neuzeit auf Ignoranz oder Begriffs- und Theoriefeindschaft zurückzuführen. Ihr Zögern hat tiefere Gründe. Es verweist auf ein grundsätzliches Dilemma beim Versuch, weltgeschichtliche Zusammenhänge zu erfassen und darzustellen. Viele Historiker erkennen heute, dass ein Weg zwischen zwei Extremen gefunden werden muss: zwischen Europazentrismus und Exotismus.

Als europazentristisch kann man ein Bündel von drei universalistischen Vorstellungen bezeichnen. Erstens: die „erfolgreiche" Entwicklung Europas und seines Ablegers Nordamerika – also des „Westens" oder „Abendlandes" – hin zu Macht und Reichtum sei der Normalpfad der geschichtlichen Entwicklung, alles andere seien aus Defiziten erklärbare Abweichungen; zweitens: seit der „Entdeckung" und beginnenden Kolonisierung anderer Weltteile durch die Europäer sei nahezu aller gesellschaftlicher Wandel dort auf beabsichtigte oder auch ungewollte europäische Einwirkungen zurückzuführen; drittens: außereuropäische Gesellschaft und ihre Geschichte ließen sich vollkommen in der universal anwendbaren Sprache der modernen westlichen Sozial- und Geschichtswissenschaften beschreiben und erklären, wie dies vor allem der Marxismus und die soziologische Modernisierungstheorie versucht haben.

Exotistisch kann man die radikale relativistische Gegenposition nennen, die Überzeugung nämlich, erstens: jedes Volk, jede Zivilisation oder Nation folge allein einem einzigartigen inneren Bewegungsgesetz, der Vergleich asiatischer mit europäischen Entwicklungen sei daher unmöglich und unzulässig; zweitens: zumindest bis zum Beginn des „Zeitalters des Imperialismus" [Ende des 19. Jahrhunderts] könne die Geschichte Asiens gleichsam autark, also unter Ausblendung jeglicher Außenkontakte mit Europa geschrieben werden; drittens: zur Beschreibung und Interpretation außereuropäischer Gesellschaften dürfe man sich allein der Terminologie der einheimischen Quellen bedienen; ein westlicher „Begriffsimperialismus", also die Anwendung wissenschaftlicher Kategorien mit Universalitätsanspruch, verzerre das wahre Wesen „des Anderen".

Jürgen Osterhammel, Die Frühe Neuzeit außerhalb Europas: Asien, in: Anette Völker-Rasor (Hg.), Frühe Neuzeit, Oldenbourg, München 2000, S. 431 f.

M 10 Der Sinologe Dieter Kuhn über Wissenschaften und Technik in China (1988)

Zwischen dem 11. und 13. Jahrhundert haben sich in China grundlegende Veränderungen in allen Lebensbereichen vollzogen, weswegen Jacques Gernet von einer „chinesischen Renaissance" spricht [...]. In der Song-Dynastie [960–1279] wurde die Zivilverwaltung gestärkt und ausgebaut. Zum ersten Mal in der chinesischen Geschichte stiegen Beamten-Gelehrte in die höchsten Regierungspositionen auf. [...] Aus der dünnen Schicht der Beamten-Gelehrten, die den Staat mit dem Wohlwollen des Kaisers regierten und verwalteten, kamen auch jene Intellektuellen, die sich mit den Wissenschaften und Techniken beschäftigten. Die unbestrittene Vorrang- und Machtstellung dieser Schicht ermöglichte den ihr Zugehörigen die Beschäftigung mit solchen Problemen in viel größerem Maß als je zuvor oder danach in der chinesischen Geschichte. Beobachtungen, Überlegungen und Versuche führten in jener Epoche zu Ergebnissen, die sie als eine der wissenschafts- und technikhistorisch kreativsten Zeiten in der Geschichte der Menschheit ausweisen. Viele der Erfindungen, Entdeckungen und Verbesserungen, wie das Schießpulver, der Kompass, der Druck mit beweglichen Lettern, erlangten wenige Jahrhunderte später in Europa weltgeschichtliche Bedeutung. In der Song-Dynastie wurden die gesellschaftlichen, landwirtschaftlichen, wissenschaftlichen und technischen Voraussetzungen für den Eintritt in das „moderne" Zeitalter geschaffen, das danach in China hätte beginnen können. […]

Es ist noch immer nicht einfach zu begründen, warum China, besonders nach dem 14. Jahrhundert, von einer allgemeinen technischen und wissenschaftlichen Stagnation ergriffen wurde. Sehr wahrscheinlich muss man einen der wesentlichen Gründe dafür in der Schicht der Beamten-Gelehrten suchen. Nach der Song-Zeit mussten die Beamten-Gelehrten, denen bis dahin der größte Teil aller Neuerungen und Erkenntnisse zu verdanken war, um ihre Stellung im Staat kämpfen. Man kann sie trotz ihrer wissenschaftlichen Leistungen nicht als „Wegbereiter des Fortschritts" bezeichnen, denn diesen „Fortschritts"-Gedanken gab es gar nicht.

Dieter Kuhn, Wissenschaften und Technik, in: Roger Goepper (Hg.), Das alte China, C. Bertelsmann, München 1988, S. 266–279.

1 Bestimmen Sie, was Osterhammel mit „exotistischem" Ansatz meint (M 9).
2 Charakterisieren Sie die „chinesische Renaissance". Überlegen Sie, ob die Analyse von Dieter Kuhn dem „exotistischen Ansatz" entspricht.

M 11 Die Historikerin Luise Schorn-Schütte über zentrale Aspekte der europäischen Frühen Neuzeit (2009)

In allen Darstellungen zur Geschichte der europäischen Frühen Neuzeit werden Epochen prägende Leitbegriffe verwendet, die spezifische, europäische Entwicklungswege markieren und damit sowohl zur Binnendifferenzierung der Zeitspanne als auch zur Begründung von Anfang und Ende der Epoche beitragen sollen. Als solche Charakteristika gelten:
– Eine bemerkenswerte Dynamik des Bevölkerungswachstums,
– die wachsende Bedeutung von Gewerbe und Handel, durch die die Dominanz der Agrarwirtschaft modifiziert wurde; damit verbunden war ein nachhaltiger sozialer Wandel,
– die Differenzierung von Herrschaftsformen, die als „Entstehung des modernen Staates" bezeichnet wird; dazu gehören spezifische Formen des Austragens politischer Konflikte, insbesondere zwischen Fürsten und Ständen,
– das Ende der Einheit der abendländischen Christenheit und die Entstehung von Konfessionen,
– der Wandel des Weltbildes und des Wissenschaftsverständnisses und schließlich
– das Ausgreifen Europas über die eigenen Grenzen: die Expansion nach Übersee.

Nicht nackte Geschichtsdaten allein also sind es, die den Epochencharakter markieren; daneben und sie integrierend lassen sich Verlaufsmuster benennen, die den Zusammenhalt eines längeren Zeitraums verdeutlichen können, ohne dass dieser stets mit dem Anfang des 16. Jahrhunderts gleichgesetzt werden kann.

Luise Schorn-Schütte, Geschichte Europas in der Frühen Neuzeit, 2. aktualisierte Auflage, Ferdinand Schöningh, Paderborn 2013, S. 18 f.

1 Arbeiten Sie die zentralen Begriffe des Textes heraus und bestimmen Sie ihre Bedeutung.
2 Zeigen Sie, wie die Autorin zu der Frage einer Zeitenwende um 1500 steht.

M 12 „Zeitenwende", Karikatur von Harm Bengen, o. J.

1 Diskutieren Sie: Welche historischen Ereignisse waren für Sie Zeitenwenden?

Testen Sie Ihr Vorwissen zur Welt im 15. und 16. Jahrhundert

1. Wie lautet die deutsche Übersetzung des Begriffs „Renaissance"?
   A Erneuerung
   B Wiedergeburt
   C Fortschritt

2. Wie heißt die größte Stadt in Europa um 1500?
   A Paris
   B Venedig
   C London

3. In welchem europäischen Land wurden die ersten Banken gegründet?
   A In Italien
   B In der Schweiz
   C In Deutschland

4. Was bezeichnet der Begriff „Humanismus"?
   A Eine geistige Bewegung, die durch Beschäftigung mit der Antike ein neues Menschenbild und Selbstverständnis entwickelte
   B Eine Glaubensbewegung, die für Reformen innerhalb der katholischen Kirche eintrat
   C Eine Bewegung, die Latein und Griechisch zu verpflichtenden Fächern in der höheren Schule machen wollte

5. Wann entdeckte Christoph Kolumbus Amerika?
   A 1517
   B 1473
   C 1492

6. Auf welcher Insel landete Christoph Kolumbus bei seiner ersten Fahrt über den Atlantik als Erstes?
   A Bahamas
   B Kuba
   C Haiti

7. Wer durchquerte als erster Seefahrer die mittelamerikanische Landenge und erreichte so den Pazifischen Ozean?
   A Vasco da Gama
   B Vasco Núñez de Balboa
   C Christoph Kolumbus

8. Aus welcher bayerischen Stadt stammte der Kaufmann und Begründer des gleichnamigen Unternehmens Jacob Fugger?
   A Nürnberg
   B Augsburg
   C München

9. Was bezeichnet der Begriff „Faktorei"?
   A Die Vorstufe zu einer Fabrik, in der Handwerker gemeinsam arbeiten
   B Eine Handelsniederlassung im europäischen Ausland oder in Übersee
   C Ein Militärlager zur Absicherung der kolonialen Herrschaft

10. Welche Erfindung revolutionierte Mitte des 15. Jahrhunderts die Kommunikation?
    A Der Buchdruck
    B Das Papier
    C Die Poststationen und ihre enge Vernetzung untereinander

11. Warum geriet der italienische Wissenschaftler Galileo Galilei in Konflikt mit der katholischen Kirche?
    A Weil er das heliozentrische Weltbild von Kopernikus unterstützte
    B Weil er nachwies, dass die Erde keine Scheibe, sondern eine Kugel ist
    C Weil er die Schöpfungsgeschichte der Bibel in Frage stellte, indem er Belege für die Evolution vorlegte

12. Welches Jahrhundert bzw. welche Jahrhunderte umfasst die Epochenbezeichnung Frühe Neuzeit?
    A 15. und 16. Jahrhundert
    B 16. bis 18. Jahrhundert
    C 16. Jahrhundert

2 Einstieg: Grundlagen des Lebens in Europa um 1500

Kompetenzen erwerben

Sachkompetenz:
- das Leitbild der „Ständegesellschaft" erläutern und die Auswirkungen auf verschiedene soziale Gruppen und ihren Alltag beschreiben
- Wandel und Kontinuität von Familie und Geschlechterrollen um 1500 bestimmen
- Veränderungsprozesse in den Städten um 1500 charakterisieren
- den Stellenwert von „Strukturen" in verschiedenen Deutungsansätzen von Historikern darstellen und diskutieren

Methodenkompetenz:
- Darstellungen analysieren

Urteilskompetenz:
- die Auswirkungen der Ständegesellschaft auf verschiedene soziale Gruppen beurteilen
- Veränderungsprozesse und Konstanten in Gesellschaft und Alltag um 1500 abwägen und bewerten
- die Bedeutung von Strukturen für die Deutung von Geschichte beurteilen

Die „Ständegesellschaft": Leitbilder und Wirklichkeit

In jeder gegenwärtigen oder vergangenen Gesellschaft, von der uns Quellen überliefert sind, kann man Bilder finden, die Menschen dieser Gesellschaften von sich selbst entwerfen oder die ihnen von der Gesellschaft vorgeschrieben werden. Das können **normative Leitbilder** sein, wie zum Beispiel das Bild des allzeit jungen, dynamischen Arbeitsmenschen, das heutzutage die Werbung verbreitet. Die Wirklichkeit sieht dagegen oft anders aus. Die Leitbilder haben zwar eine große normative Wirkung, doch im Alltagsleben werden sie von den Menschen vielfältig umgesetzt.

Für die Menschen um 1500 war vor allem die **Ständelehre** prägend, die Geistliche der christlichen Kirche im Mittelalter entwickelt hatten. Sie wies jedem Menschen eine Position zu und schrieb mit dieser Position Pflichten, Rechte und Verhaltensformen fest. Im Kern gab es eine Dreiteilung in Geistlichkeit, Adel und Bauernstand. Dabei galten Stabilität und Unveränderbarkeit als grundlegende Prinzipien. Mittelalterliche, von der Theologie geprägte Begriffe für die Beschreibung von Gesellschaft und modernes Verständnis treten dabei weit auseinander. Für die Geistlichen hatte Gott die Welt für alle Zeiten geordnet. Gottgewollt war die Ungleichheit der Menschen und gottgewollt die Position, der „Stand", in den jede und jeder hineingeboren wurde. Heute hingegen gilt die rechtliche Gleichheit vor dem Gesetz, die im Prinzip keine Unterschiede zwischen den Menschen anerkennt, schon gar nicht solche der Geburt. Aber zu keiner Zeit stimmten und stimmen diese Leitbilder mit dem tatsächlichen Aufbau der Gesellschaften überein. Auch die frühneuzeitliche Gesellschaft war in Wirklichkeit weit differenzierter und flexibler. Die Bauern zum Beispiel waren alles andere als eine einheitliche Gruppe, denn der bäuerliche Großgrundbesitzer, der Leibeigener eines adligen Herrn sein konnte, stand hier neben dem freien Kleinbauern, dem Landarbeiter oder dem Tagelöhner. Als neue Gruppe kam im 14./15. Jahrhundert das unternehmerisch tätige, kapitalkräftige Bürgertum hinzu, das in den sich seit dem 12. Jahrhundert herausbildenden Städten lebte. Auch die Entstehung des Beamtentums war ein Beleg für die gesellschaftliche Ausdifferenzierung. Im 15. und 16. Jahrhundert hatte sich bei den europäischen Monarchen der Bedarf nach juristisch gebildeten und „professionell" eingestellten Personen vergrößert; unabhängig von adligen Familienbanden, Lehnsrechten oder anderen regionalen Bindungen sollten sie ihm in seinem Territorium als „Staatsdiener" zur Verfügung stehen. Im Alltag der Menschen spielte der Staat aber noch eine untergeordnete Rolle. Viel wichtiger waren die regionalen Kräfte und Bezüge.

M 1 „Totentanz", Aquarell von Johann Rudolf Feyerabend, 1806.

Das Bild zeigt einen Ausschnitt aus einer Kopie des zerstörten Wandfreskos der Predigerkirche in Basel von 1440 und präsentiert Vertreter verschiedener Gruppen der Gesellschaft.

1 Bestimmen Sie Beruf und gesellschaftliche Position der in M 1 gezeigten Personen.

Familie und Geschlechterrollen: Kontinuitäten und Veränderungen

Neben unübersehbaren Merkmalen des Wandels gab es an der Wende zur Neuzeit aber auch – nach den Worten des französischen Historikers Fernand Braudel – „Realitäten von langer, unerschöpflicher Dauer" (frz. = *longue durée*), die vom Strom der Wandlungen kaum oder gar nicht erfasst wurden. Vom Hochmittelalter bis weit ins 18. Jahrhundert hinein prägten sie die alteuropäische, vorindustrielle Zivilisation. Dazu zählte die Einbindung der Menschen in die engen Gemeinschaften der Familien und der Dorfgemeinden oder der städtischen Zünfte. Dabei zeigen zum Beispiel die Familienstrukturen große Unterschiede zur Moderne. Die uns allen bekannte „Kernfamilie" ist eine sehr junge Erscheinung des 20. Jahrhunderts. Im vorindustriellen Europa sprach man hingegen vom **„Haus"**, dem nicht nur Eltern und Kinder – und vielleicht noch Großeltern – angehörten, sondern auch die Knechte und Mägde auf dem Land und die Gesellen und Lehrlinge in der Stadt. Der Vater vertrat als „Hausherr" diese Gemeinschaft, die auf gemeinsamer wirtschaftlicher Tätigkeit begründet war, auch nach außen und nahm am öffentlichen Leben teil, sei es in der Dorfgemeinde oder in der Zunft. Die Eheschließung, d. h. die Gründung eines „Hauses", war nicht nur der individuelle Entschluss eines Mannes und einer Frau. Voraussetzung war in der Stadt die Position als Meister oder als selbstständiger Kaufmann, auf dem Land die Bewirtschaftung eines Hofes. Was die **Rolle der Frauen** angeht, galt zwar in Alteuropa das Verdikt des großen Kirchenlehrers Thomas von Aquin; demnach hätten Männer und Frauen als religiöse Persönlichkeiten den gleichen Rang, aber der Frau mangele es „von Natur aus an Vollkommenheit". Die soziale Realität der Geschlechterrollen war komplizierter. Sie sah im bäuerlichen Leben anders aus als in der städtischen Handwerker- und Kaufmannsfamilie oder in der adligen Familie. Bei der Untersuchung von Frauenerwerbstätigkeit im Übergang vom Spätmittelalter zur Frühen Neuzeit zeigen sich – gemessen an den Kriterien der modernen europäischen Zivilisation – auch Rückschritte in Bezug auf die Tätigkeitsfelder von Frauen. Die Differenzierung von Bildungsinstitutionen (u. a. Gründung von Universitäten) sowie die Professionalisierung in Handel und Handwerk führten zum Ausschluss von Frauen von bestimmten Berufen.

Stadt und Land

Seit dem Ende des 12. Jahrhunderts kam es zu einer Welle von **Stadtgründungen** in Europa. Ursache waren ein enormes Bevölkerungswachstum und die Steigerung der landwirtschaftlichen Produktion. Sie schufen die Basis für eine erhöhte Nachfrage nach gewerblichen Produkten und verstärkten die Handelsaktivitäten. Viele Menschen wanderten in die Städte, um dort ihr Glück zu versuchen. Könige, Fürsten und Bischöfe unterstützten den Ausbau von Siedlungen zu Städten, indem sie verschiedene Vorrechte gewährten. Um 1500 war die Stadtbevölkerung noch deutlich in der Minderheit, mehr als **80 % der Menschen in Europa lebten auf dem Land** und arbeiteten in der Landwirtschaft.

Das Leben in der Stadt unterschied sich deutlich vom Leben auf dem Land. Die Stadt bildete einen eigenen, abgeschlossenen Rechts- und Lebensbereich mit besonderen Regeln und Normen. Innerhalb der Stadtmauern lebte man eng aufeinander. Zu den wichtigsten Rechten gehörte die Befreiung von persönlicher Abhängigkeit, d. h. von der Einbindung in das Lehnswesen. Nach einer bestimmten Frist erhielten zugezogene Unfreie vom Land ihre persönliche Freiheit, die wiederum Voraussetzung für die Verleihung von Bürgerrechten war. In der Stadt gab es eine andere soziale Differenzierung als auf dem Land. Die Oberschicht wurde vor allem vom Patriziat bestehend aus wohlhabenden Kaufleuten, hohen Beamten und in der Stadt lebenden Adligen gestellt. Diese Gruppe bestimmte im Rat der Stadt über Politik und Verwaltung. Um 1500 hatten sich außerdem die Zünfte als Vertretung der Handwerker als Machtfaktor in der Stadt etabliert. Neben den Handwerkern zählten kleinere Kaufleute und Gesellen zur Mittelschicht. Die Unterschicht bildeten Tagelöhner, Dienstboten, aber auch Bettler und Arme. In der sozialen Hierarchie der Stadt kam es nicht nur auf Grundbesitz an, sondern vor allem auf Reichtum und Leistungsfähigkeit.

Webcode:
KH301261-021

M 2 „Herbstlandschaft", Ölgemälde von Lucas van Valckenborch, 1585

1 Beschreiben Sie die soziale Hierarchie der Ständegesellschaft und bestimmen Sie ihre wichtigsten Grundprinzipien.
2 **Tabelle:** Stellen Sie in einer Tabelle Kontinuitätslinien und Wandlungsprozesse im 15. und 16. Jahrhundert zusammen und bewerten Sie ihre jeweilige Bedeutung für den Übergang in die Moderne.
3 Charakterisieren Sie das Leben in der Stadt aus Sicht eines Einwohners. Nehmen Sie dabei unterschiedliche Perspektiven ein: als reicher Kaufmann, als Handwerker sowie als Tagelöhner.

Hinweise zur Arbeit mit den Materialien

Das Kapitel dient der **Einführung in die Lebenswelt des 15. und 16. Jahrhunderts**. Grundlegend war das Leitbild der **Ständegesellschaft**. Quellen, Sekundärliteratur und Bildmaterial beleuchten die Auswirkungen dieser Gesellschaftsordnung vor allem auf die Bauern (M 3 bis M 5). Es folgt ein Überblick über die Verteilung der Stände in Deutschland sowie eine allegorische Darstellung der Ständegesellschaft (M 6 und M 7). Abschließend diskutiert ein Historiker den Forschungsstand zur Ständegesellschaft am Übergang zur Frühen Neuzeit (M 8). In einem weiteren Materialblock (M 9 bis M 12) werden **Familienbilder und Geschlechterrollen** auch in ihrer sozialen Differenzierung thematisiert. Kontinuitäten und Wandel werden aufgezeigt. Schließlich werden noch einige Materialien zum **Leben in der Stadt** präsentiert. Die Stadtbevölkerung bildete zwar eine klare Minderheit, doch lassen sich viele neue Entwicklungen (Handel, politische Strukturen, Wissenschaft etc.) hier verorten (M 13 bis M 15).

Ebenfalls der Einführung, aber in Fragen der historischen Analyse und Deutung, dienen die beiden Seiten zu **Geschichte und Theorie**, die den Begriff der Strukturen in den Mittelpunkt stellen. Dieser wird zum einen durch das Konzept der *„longue durée"* des französischen Historikers Fernand Braudel beleuchtet. Als Gegenmodell fungiert ein Text über „Mikro-Historie", die den Blick andersherum wendet und kleinere, lebensweltlich-lokale Zusammenhänge in den Vordergrund stellt. Die **Methodenseiten**, S. 31 ff., zeigen Arbeitsschritte für die **Analyse von Darstellungen** auf und erläutern diese anhand eines Beispiels mit Lösungshinweisen.

Am Ende des Kapitels finden sich **weiterführende Arbeitsanregungen** und die Möglichkeit, die im Kapitel erworbenen **Kompetenzen zu überprüfen** (S. 34 f.).

Ständegesellschaft

M 3 Johannes Bohemus (um 1485–ca. 1535), ein deutscher Humanist, über die Lage der Bauern (1520)

Der letzte Stand ist derer, die auf dem Lande in Dörfern und Gehöften wohnen und dasselbe bebauen und deshalb Landleute genannt werden. Ihre Lage ist ziemlich bedauernswert
5 und hart. Sie wohnen abgesondert voneinander […]. Hütten aus Lehm und Holz, wenig über die Erde emporragend und mit Stroh gedeckt, sind ihre Häuser. Geringes Brot, Haferbrei oder gekochtes Gemüse ist ihre Speise,
10 Wasser und Molken ihr Getränk. Ein leinerner Rock, ein Paar Stiefel, ein brauner Hut ist ihre Kleidung.

Das Volk ist jederzeit ohne Ruhe, arbeitsam, unsauber. In die nahen Städte bringt es
15 zum Verkaufe, was es vom Acker, vom Vieh gewinnt, und kauft sich wiederum hier ein, was es bedarf; denn Handwerker wohnen keine oder nur wenige unter ihnen. In der Kirche, von denen eine für die einzelnen Gehöfte gewöhnlich vorhanden ist, kommen sie an Festtagen vormittags alle zusammen und hören von ihrem Priester Gottes Wort und die Messe, nachmittags verhandeln sie unter der Linde oder an einem anderen öffentlichen Orte
25 ihre Angelegenheiten, die Jüngeren tanzen darauf nach der Musik des Pfeifers, die Alten gehen in die Schenke und trinken Wein. Ohne Waffen geht kein Mann aus: Sie sind für alle Fälle mit dem Schwerte umgürtet. Die einzel-
30 nen Dörfer wählen aus sich zwei oder vier Männer, die sie Bauermeister nennen, das sind die Vermittler bei Streitigkeiten und Verträgen und die Rechnungsführer der Gemeinde. Die Verwaltung aber haben nicht sie, son-
35 dern die Herren oder die Schulzen, die von jenen bestellt werden. Den Herren fronen sie oftmals im Jahre, bauen das Feld, besäen es, ernten die Früchte, bringen sie in die Scheunen, hauen Holz, bauen Häuser, graben Grä-
40 ben. Es gibt nichts, was dieses sklavische und elende Volk ihnen nicht schuldig sein soll […]. Aber am härtesten ist es für die Leute, dass der größte Teil der Güter, die sie besitzen, nicht ihnen, sondern den Herren gehört und dass

sie sich durch einen bestimmten Teil der Ernte jedes Jahr von ihnen loskaufen müssen.

Johannes Bohemus, Omnium gentium mores, leges et ritus, zit. nach: Detlef Plöse/Günter Vogler (Hg.), Buch der Reformation. Eine Auswahl zeitgenössischer Zeugnisse (1476–1555), Union Verlag, Berlin 1989, S. 59 f.

teilt werden, sodass die eine Hälfte der Kinder uns zufällt, dem Kloster St. Georgen aber die restliche Hälfte.

Günther Franz (Hg.), Quellen zur Geschichte des deutschen Bauernstandes im Mittelalter, Wissenschaftliche Buchgesellschaft, Darmstadt 1967, S. 422 f.

M 4 Eine Ehevorschrift des Klosters St. Blasien im Schwarzwald – Urkundenauszug (1311)

Alle mögen es wissen, denen es zu wissen frommt, dass Ulrich, genannt Keris, der nach Hörigenrecht dem in Christo zu verehrenden Herrn Abt und Konvent des Benediktinerklosters St. Georgen zugehört, Adelheid, die als Unfreie unserem Kloster zugehört, als rechtmäßige Gattin heimgeführt hat. Ulrich ist von den vorgenannten Herren Abt und Konvent des Klosters St. Georgen dafür, dass er keine Frau seines Standes zur Gattin genommen hat, in den Wagen gespannt [= bestraft] worden. [...] Ulrich ist deswegen zu uns gekommen und hat uns flehentlich gebeten, dass wir ihm wegen der erwähnten Übertretung Rat und Hilfe zuteil werden ließen. Nach vorausgegangener Beratung haben wir auf das inständige Bitten des Ulrich bestimmt und ist es so vereinbart worden, dass die Kinder beiderlei Geschlechts, die Ulrich und seine Frau Adelheid in ihrer Ehe gezeugt haben oder zeugen werden, zwischen uns und dem genannten Kloster St. Georgen vollkommen gleich ge-

M 5 Ein Bauer bei der Abgabe von Brot, Eiern und Geflügel, Holzstich von Hans Leonard Schäufelein, 1517

1 Sammeln Sie anhand von M 3 bis M 6 Merkmale, die die politische, wirtschaftliche und soziale Lage der bäuerlichen Bevölkerung um 1500 kennzeichnen.

M 6 Ständische Gliederung Deutschlands und Europas 1500 und 1800 (in % der Bevölkerung)

Stand	Deutschland		Europa	
	1500	1800	1500	1800
Adel (herrschender Stand)	1–2	1	1–2	1
Bürger (Stadtbewohner)	20	24	20	21
Bauern (Landbewohner), davon a) Hofbesitzer b) landarme und besitzlose Familien	80 60 20	75 35 40	78 53 25	78 43 35
Bevölkerung (in Mio.)	12	24	55	190

Diedrich Saalfeld, Die ständische Gliederung der Gesellschaft Deutschlands im Zeitalter des Absolutismus. Ein Quantifizierungsversuch, in: Vierteljahrschrift für Sozial- und Wirtschaftsgeschichte, Bd. 67, 1980, S. 464.

M 7 Ständebaum „von adligem Ursprung", Holzschnitt aus Francesco Petrarca (dt.), Von der Artzney bayder Glück, Augsburg 1532

1 Erläutern Sie die hier dargestellte Ordnung der Gesellschaft.

M 8 Der Historiker Winfried Schulze über die Ständegesellschaft im Übergang zur Neuzeit (1987)

Die Entwicklungsdynamik [des 16. Jahrhunderts] fand ihre Entsprechung in der Existenz dreier unterschiedlicher Sichtweisen von Gesellschaft. Die ständische Interpretation ging von der Gültigkeit des dreifunktionalen Modells bzw. seiner Erweiterungen aus. Dies implizierte die Möglichkeit einer Welt in Ordnung, wenn sich nur jedermann mit dem Platz bescheidet, der ihm von Gott zugewiesen ist. Konflikte hatten in diesem Modell keinen Platz, sie waren eigentlich nur Indiz für persönliches Fehlverhalten.

Das zweite Modell bestand in der Abkehr von dieser funktionalen Ordnung. Es erkannte die Ungleichheit zwischen Arm und Reich und beklagte ihre Ungerechtigkeit. Diese Richtung wurde […] gerade in der Reformation und im Bauernkrieg sehr populär. Die dritte Richtung schließlich war die keimende Einsicht, dass die Unterschiede zwischen Arm und Reich nicht nur tatsächlich existieren, sondern auch letztlich legitim sind, weil sie eine neue Art von Harmonie, die Harmonie des Eigennutzes, produzieren. Wir sehen also, dass es unangemessen wäre, eine dieser Sichtweisen zur allein gültigen zu erklären.

Neben diesen Versuchen der erklärenden Beschreibung von Gesellschaft haben wir natürlich auch objektive Einsichten in die Differenzierung von Gesellschaft gewinnen können. Ich erwähne hier den wichtigen Zweig der ländlichen und städtischen Sozialstrukturforschung, die gerade in den letzten Jahren erhebliche Fortschritte gemacht hat. Diese Forschung geht von zwei unterschiedlichen Beobachtungssystemen aus: zum einen von der zeitgenössischen Analyse gesellschaftlicher Differenzierung. Natürlich war den Stadtschreibern und den Steuerbeamten bewusst, dass es höchst unterschiedliche Kategorien der Steuerzahler gab, von den „Habenits" bis zu den reichen „Hansen". Oder die Juristen eines Territoriums sahen sich vor die Aufgabe gestellt, eine Kleiderordnung zu erlassen, um den differenzierten Gruppen der Gesellschaft die je passende Kleidung, Zierat, Schmuck, Vorrechte zu geben. So entsteht z. B. in Bayern 1526 die folgende „Ordnung der Kleider AD 1526": Sie unterscheidet insgesamt 17 ständische Gruppen, vom „Ritter und doctor" über die „vermöglichen Bürger" bis zu „allem baurn volck".

Auf der anderen Seite haben Historiker die Datenmengen der städtischen Archive benutzt und haben die dort enthaltenen Angaben über Steuerleistungen zu einem objektiven Sozialprofil zusammengefügt. So unterscheidet eine Arbeit über die Vermögensverteilung in Augsburg um 1475 Besitzlose als die große Basis der Gesellschaft, ein schmales Kleinbürgertum mit einem Besitz bis 75 fl. (Florin = Währungseinheit des Reiches), das mittlere Bürgertum bis 450 fl., die untere Oberschicht bis 2 250 fl., das Großbürgertum bis 7 500 fl. und das Großkapital bis 15 000 fl. Von 6 097 Steuerzahlern in Augsburg zahlten 54,1 % überhaupt keine Steuer, 41,6 % hatten einen Besitz bis ca. 3 000 fl., und 4,3 % besaßen über 3 000 fl.

Winfried Schulze, Deutsche Geschichte im 16. Jahrhundert, Suhrkamp, Frankfurt/M. 1987, S. 30–32.

1 Beschreiben Sie die drei vorgestellten Deutungsmodelle der Ständegesellschaft.
2 Erklären Sie, was der Autor unter „objektiven Einsichten" (Z. 29) versteht, und diskutieren Sie Schulzes Argumente.

Familie und Geschlechterrollen

M 9 Der Historiker Joseph Ehmer über Familien-Leitbilder an der Wende zur Neuzeit (1993)

Wer im Idealfall zu einer Familie gehören sollte, darüber herrschte weitgehende Übereinstimmung. Mann und Frau, Kinder, Mägde und Knechte […].

In der Frühen Neuzeit verbreitete sich in verschiedenen europäischen Kulturen eine spezifische literarische Gattung, die dieses Idealbild der Familie ausschmückte und weiterentwickelte: Predigten über den christlichen Hausstand, Hauspredigten, Bücher über die *Oeconomia christiana* und andere Publikationen, die zusammenfassend im deutschen Sprachraum als „Hausväterliteratur", im englischen als *domestic conduct books* bezeichnet werden. [...] Sie hatte zum Ziel, Anleitung zu gutem Wirtschaften zu geben, und stellte Regeln für das Zusammenleben in der *„familia"* oder dem „Haus" auf. Dieses erschien als eine natürliche Lebensgemeinschaft und eine von Gott gestiftete Ordnung, in der Hausvater und Hausmutter, Kinder und Dienstboten zur Befriedigung ihrer wirtschaftlichen Bedürfnisse zusammenwirkten. Die soziale Stellung der Familienangehörigen wurde aus ihrer Rolle im alltäglichen Zusammenleben und -arbeiten abgeleitet, wobei dem Hausvater die Oberherrschaft und die rechtliche und politische Vertretung nach außen zugesprochen wurde. Ihm kam auch die religiöse Verantwortung für seine „Hausgenossen" zu: ihnen abends aus der Bibel oder einem Katechismus vorzulesen und sie sonntags zur Kirche zu führen.

Ein wesentliches Kennzeichen dieses Familienmodells war eine patriarchalische Orientierung. Schon in Luthers Predigten über den christlichen Hausstand galt das Weib – trotz seiner zentralen Position als Hausmutter – als das schwache Werkzeug des Mannes. [...]

Dieses Familienideal stand in einer engen Wechselbeziehung zum politischen Herrschaftssystem der frühabsolutistischen Staaten. Das patriarchalische Familienmodell wurde zur Legitimation fürstlicher Herrschaft benützt und umgekehrt wirkte die staatliche Ordnung auf das Verständnis der Familie zurück. Könige sind vergleichbar mit Familienvätern, hieß es etwa in einem 1618 in England erschienenen Buch, das – mit kräftiger Unterstützung durch König James I. – eine weite Verbreitung fand und zur Pflichtlektüre an Schulen und Universitäten wurde. Darin wurden alle Bewohner eines Landes als Kinder ihres Königs beschrieben, die ihm aufgrund des vierten Gebotes Ehre und Gehorsam schuldig seien; von Gott und der Natur leite sich die väterliche Herrschaft im Staat wie in der Familie ab.

Joseph Ehmer, Die Geschichte der Familie, in: Elisabeth Vavra (Hg.), Familie. Ideal und Realität (Ausstellungskatalog), Horn (Verlag Ferdinand Berger & Söhne) 1993, S. 7f.

1 Bestimmen Sie Kontinuitäten und Wandel in der Familie in der Frühen Neuzeit.
2 Diskutieren Sie den Zusammenhang zwischen Familien- und staatlichen Strukturen, den der Autor herstellt.

M 10 Die Historikerin Edith Ennen über Mädchenbildung in den mittelalterlichen Städten (1994)

In den [...] betrachteten Städten war in den bürgerlichen Kreisen kein großer Unterschied der Knaben und Mädchenbildung festzustellen. Viele Frauen, vor allem Kauffrauen, konnten lesen, schreiben, rechnen und ihre eigenen oder des Ehegatten Geschäftsbücher führen. Aber seit etwa 1350 bahnte sich in den Städten eine Entwicklung an, von der die Mädchen ausgeschlossen blieben. Die Bürgersöhne besuchten in zunehmendem Ausmaß Universitäten in der weiten Fremde, in Italien und Frankreich, aber auch die Neugründungen [...] in Prag, Heidelberg, Köln, Erfurt, Wien, Leipzig usw. Die Universitäten überrundeten die klösterliche Gelehrsamkeit und Bildung. Sie durchbrachen die überlieferte ständische Ordnung, an ihnen konnten Bürger- und sogar Bauernsöhne studieren. [...] Knaben- und Mädchenbildung gingen jetzt getrennte Wege. [...] Die Frau verfügte hinfort nicht nur über keine politischen Rechte, sie besaß vielfach auch gar nicht mehr die Voraussetzung für eine politische Laufbahn (weil ihr die Voraussetzung eines Studiums fehlte). In der Geschichtsforschung wurde festgestellt, dass Ärztinnen nach 1500 weitgehend aus den Urkunden verschwinden.

Edith Ennen, Frauen im Mittelalter, C. H. Beck, 5. Aufl., München 1994, S. 194.

M 11 Patrizische Familie um 1500, Zeichnung von Jean Bourdichon, ca. 1457–1521

M 12 Eine Handwerkerfamilie um 1500, Zeichnung von Jean Bourdichon, ca. 1457–1521

1. Zeigen Sie Veränderungen in den Entwicklungsmöglichkeiten für Frauen um 1500 auf (M 10).
2. Vergleichen Sie die Bilder M 11 und M 12 in Hinblick auf die Darstellung der Frauen und ihre Rollen. Diskutieren Sie den Zusammenhang zwischen Geschlechterrollen und Schichtzugehörigkeit.

Leben in der Stadt

M 13 Stadtbevölkerung in Deutschland (in Prozent der Gesamtbevölkerung)

Jahr	Stadtbevölkerung[1]
um 1000	ca. 0,5 %
um 1200	ca. 4,0 %
um 1350	ca. 10,0 %
um 1400	ca. 12,0 %
um 1800	ca. 18,0 %
1871	28,5 %
1910	70,1 %
2000	88,0 %

Nach: Hans-Georg Hofacker, Europa und die Welt um 1500, Cornelsen, Berlin 2001, S. 26.

[1] bis 1800: Ortsgröße nicht spezifiziert, z. T. über 2000 Einw.; 1871–2000: Orte über 5000 Einw.

M 14 Der Historiker Oliver Plessen über Wandlungen der Stadt im Spätmittelalter (2013)

Die Zahl der Familien, denen es in den älteren und größeren Städten gelang, ins städtische Patriziat vorzurücken, genügte demnach kaum, um die Ansprüche aufstrebender Gruppen auf eine Teilhabe an der Lenkung der Geschicke der Stadt zu befriedigen. Dies führte wiederholt zu schweren Auseinandersetzungen zwischen jenen, die die Macht bereits besaßen, und jenen, die an ihr teilhaben wollten. Oft genug verliefen diese Konflikte blutig, und nur wenige Städte blieben von ihnen verschont.

In zahlreichen Städten waren es die in Zünften organisierten Handwerker, die aufbegehrten, sodass die ältere Forschung früher von „Zunftunruhen" oder „Zunftrevolutionen" gesprochen hat. Heute verwendet man eher die Begriffe „Bürgerkämpfe", „Stadtkonflikte" oder „innerstädtische Auseinandersetzungen", denn oft genug zogen sich die Risse quer durch die gesamte Stadtgesellschaft. [...]

Mit den Revolutionen der Neuzeit haben diese Ereignisse soziale Spannungen als Wurzel der Konflikte und aufsehenerregende Ausbrüche von Gewalt gemein. Anders als bei diesen ging es indes im Mittelalter nicht um den Kampf um eine neue Gesellschaftsform, sondern um die Wiederherstellung einer mutmaßlich verlorenen Harmonie. Sosehr die Interessen auch auseinanderklafften, waren sich die Bürger doch stets bewusst, aufeinander angewiesen zu sein. Zwietracht gefährdete die erreichte Unabhängigkeit und die erreichten Freiheiten. Wenn sich ein Konflikt aus der Sicht einiger Beteiligter überhaupt nicht mehr vermeiden ließ, berief man sich auf die städtische Eintracht, die es wiederherzustellen gelte. Man argumentierte mit der Vergangenheit, selbst wenn man aus heutiger Sicht Neuerungen einführte.

Oliver Plessow, Die Stadt im Mittelalter, Reclam, Stuttgart 2013, S. 65 f.

M 15 Der Historiker Arno Borst über neue Mentalitäten in der Stadt (1979)

[Die Stadtbewohner suchen] Privilegierung vor allem gegenüber adligen und bäuerlichen Lebensformen: Bürger wollen weder rings um sich schlagen wie Herren noch am Ort stillhalten wie Knechte. Ihre Freiheit gründet auf dem Frieden, zu dessen Schutz sie die Stadtmauer bauen, und auf dem Recht, das sie aus einem Zugeständnis des Fürsten zum allgemein verbindlichen Stadtrecht fortbilden. Denn der städtische Verband der Gleichberechtigung erstrebt eine umfassendere Lebensgemeinschaft, als es die Landgemeinde will und kann. Die Bindung des Einzelmenschen an Familie, Haus und Nachbarschaft wird nicht aufgehoben, aber in größere Verbände einbezogen, deren Mitglieder weder Urahn noch Grundstücksgrenze gemeinsam haben. [...]

Die kommunale Genossenschaft lebt davon, dass in ihren Mauern politische Herrschaft und wirtschaftliche Konkurrenz nicht überhand nehmen. Auch das soziale Gleichgewicht ist labil in einer „Demokratie der Privilegierten" [...]. Nur der täglich neu einzuübende Grundsatz der Gleichberechtigung Privilegierter im Bezirk der Stadtmauern schützt die Bürger vor wirtschaftlichen Schwankungen auf den Märkten und politischen Veränderungen in den Residenzen. [...]

Vom Stolz auf edles Geblüt und kriegerische Leistung gehen die Bürger nicht aus; Handarbeit wird in der Stadt nicht wie beim Adel als ehrenrührig empfunden. Aber es heißt die mittelalterliche Stadt stark idealisieren, wenn man sie als Leistungsgemeinschaft empfindet. Hier arbeitet man nicht für das Einkommen, sondern für das Auskommen, nicht für Investitionen, sondern für den Konsum. [...] Wer sich dabei Aufwand leisten kann, rückt dem Adel nahe [...]. Ehrenrührig ist in der Stadt nur der Bettel, das Leben auf Kosten anderer [...].

Diese Mentalität passt schlecht zu ökonomischer Rationalität der Zwecke und zu sozialer Gleichberechtigung der Privilegierten, aber sie stabilisiert inmitten aller Schwankungen von Wirtschaft und Gesellschaft die bürgerliche Lebensform. Sie erzwingt öffentlichen Anstand in jeder Situation, nicht eigentlich durch Berufung auf gute alte Sitten; denn Bräuche können wechseln, Familien auch. Die Kontinuität stammt aus der jeweiligen Konvention der Öffentlichkeit. Solange jemand reich ist, erweist er seinen Erfolg durch Aufwand, den er verdient hat, und durch Hilfe für Schwache, auf die sie Anspruch haben. [...] Die bürgerliche Denkart hat zwar eine religiöse, karitative Neigung, doch ist auch sie auf Sammlung und Darstellung von Verdiensten gerichtet. [...] Der bürgerliche Lebenskreis des Mittelalters ist weit spannungsreicher als der bäuerliche, zumal er bäuerliche und adlige Lebensformen in sich aufgenommen hat.

Arno Borst, Lebensformen im Mittelalter, Ullstein, Frankfurt/M. u. a. 1979, S. 406–422.

1 Bestimmen Sie die Bedeutung von Städten in Mitteleuropa um 1500 (M 13).
2 Arbeiten Sie die Besonderheiten des Lebens in der Stadt heraus (M 14 und M 15).
3 **Pro-und-Kontra-Diskussion:** Führen Sie eine Pro-und-Kontra-Diskussion durch: Die Stadt – Ort der Freiheit und Innovation oder Die Stadt – Diktatur der Reichen und Ort sozialer Kälte.

Geschichte und Theorie: Strukturen versus Mikro-Historie

M 16 Fernand Braudel: Die „longue durée" (1958)

Fernand Braudel (1902–1985), frz. Historiker, wandte sich 1958 gegen die Geschichtsschreibung des kurzen Zeitablaufs bzw. Ereignisses („courte durée") und stellte dem sein Konzept der „Strukturen von langer Dauer" („longue durée") gegenüber.

Der [...] viel brauchbarere [Begriff] ist der Begriff der Struktur. Ob er schlecht oder gut ist, er dominiert die Probleme der langen Zeitabläufe. Unter Struktur verstehen die Beobachter des Sozialen ein Ordnungsgefüge, einen Zusammenhang, hinreichend feste Beziehungen zwischen Realität und sozialen Kollektivkräften. Für uns Historiker ist eine Struktur zweifellos ein Zusammenspiel, ein Gefüge, aber mehr noch eine Realität, die von der Zeit wenig abgenutzt und fortbewegt wird. Einige langlebige Strukturen werden zu stabilen Elementen einer unendlichen Kette von Generationen: Sie blockieren die Geschichte, indem sie sie einengen, also den Ablauf bestimmen. Andere zerfallen wesentlich schneller. Aber alle sind gleichzeitig Stützen und Hindernisse. [...] Das verständlichste Beispiel scheint noch das der geografischen Zwangsläufigkeit zu sein. Der Mensch ist seit je total abhängig vom Klima, von der Vegetation, vom Tierbestand, von der Kultur, von einem langsam hergestellten Gleichgewicht, dem er sich nicht entziehen kann, ohne alles in Frage zu stellen. [...]

[Die lange Zeitdauer] anzuerkennen bedeutet für den Historiker, sich in eine Änderung des Stils, der Haltung, in eine Umwälzung des Denkens und eine neue Auffassung des Sozialen zu schicken, d. h. sich mit einer verlangsamten Zeit, die manchmal fast an der Grenze von Bewegung überhaupt steht, vertraut zu machen. Auf dieser Stufe, nicht auf einer anderen [...], ist es zulässig, sich freizumachen von der Zeit, die Geschichte erfordert, sie zu verlassen und wieder zu ihr zurückzukehren, aber mit anderen Augen, mit anderen Besorgnissen, mit anderen Fragen. Jedenfalls mit Bezug auf diese Schichten langsam verlaufender Geschichte kann man die gesamte Geschichte wie von einer Infrastruktur aus überdenken. Alle Stufen der Geschichte [...] lassen sich aus dieser Tiefe, aus dieser halben Unbeweglichkeit verstehen, alles kreist um sie.

Fernand Braudel, Geschichte und Sozialwissenschaften – Die „longue durée", in: Hans-Ulrich Wehler (Hg.), Geschichte und Soziologie, Kiepenheuer & Witsch, Köln 1972, S. 191–197.

1 Arbeiten Sie heraus, was Braudel unter Strukturen versteht. Nennen Sie Beispiele.
2 Bestimmen Sie für sich persönlich Strukturen, die Ihr Leben und Handeln (mit-)bestimmen. Denken Sie an Politik, Wirtschaft, Geschlechterrollen sowie an lokale, nationale und internationale Kultur- und Handlungsräume.
3 Erläutern Sie das Konzept der *„longue durée"*. Diskutieren Sie Leistungen und Grenzen des Ansatzes für die Geschichtsforschung.
4 Nennen Sie nach der Arbeit mit den Materialien dieses Kapitels Strukturen von „langer Dauer", die den Zeitraum vom 14. bis zum 17. Jahrhundert geprägt haben.

M 17 Der deutsche Historiker Hans Medick über das Konzept der Mikro-Historie (1994)

Die Mikro-Historie wurde vor allem von italienischen Historikern als Gegenmodell zur „Makrohistorie", der Geschichte der großen Strukturen wie Nation, Staat etc. oder der Prozesse wie Modernisierung, Industrialisierung etc., entwickelt. Sie wurde Teil einer kulturhistorischen Erweiterung bzw. Neuausrichtung der Sozialgeschichte.

„Mikro-Historie, das heißt nicht, kleine Dinge anschauen, sondern im Kleinen schauen". Diese Diskussionsbemerkung des italienischen Historikers Giovanni Levi, die er 1990 in Basel gemacht hat, soll hier zum Ausgangspunkt genommen werden, um eine experimentelle Perspektive der Sozial-, Kultur- und Wirtschaftsgeschichte vorzustellen [...].

Die Mikro-Historie ist eine Schwester der Alltagsgeschichte, geht aber in einigen Punkten ihren eigenen Weg. [...]

Sie definiert sich nicht [...] in erster Linie aus den Mikrodimensionen und der Kleinheit ihrer Gegenstände. Sie gewinnt ihre Erkenntnismöglichkeiten vielmehr vor allem aus einem mikroskopischen Blick, wie er durch die Verkleinerung des Beobachtungsmaßstabs entsteht. „Historiker untersuchen keine Dörfer, sie untersuchen in Dörfern", formulierte Levi [...]. Er meint damit, dass durch die Konzentration auf ein begrenztes Beobachtungsfeld für historische Rekonstruktionen und Interpretationen, seien es ein Dorf, ein Stadtteil, eine soziale Gruppe oder auch ein oder mehrere Individuen, eine qualitative Erweiterung der historischen Erkenntnismöglichkeit erreicht wird. Ein entscheidender sozialgeschichtlicher Erkenntnisgewinn durch mikrohistorische Verfahren besteht m. E. darin, dass gerade durch die möglichst vielseitige und genaue Durchleuchtung historischer Besonderheiten und Einzelheiten für die Gesamtheit der Individuen des untersuchten Bereichs die Wechselbeziehungen kultureller, sozialer, ökonomischer und politisch-herrschaftlicher Momente als lebensgeschichtlicher Zusammenhang in den Blick gerät. [...] Statt einer vorweggenommenen Kategorisierung in Form unterstellter makrohistorischer[1] Substanzen (*die* Familie, *das* Individuum, *der* Staat, *die* Industrialisierung) erfolgt hier eine experimentelle Untersuchung sozialer Beziehungsnetze und Handlungszusammenhänge, freilich nie nur in der Fixierung auf diese selbst, sondern immer auch im Blick auf die gesellschaftlichen, ökonomischen, kulturellen und politischen Bedingungen und Verhältnisse, die mit ihnen, durch und auch gegen sie zur Äußerung und zur Wirkung kommen. Dadurch werden neue Einsichten in die Konstituierung historischer Strukturen, aber auch in kurz- und längerfristige historische Prozesse eröffnet.

Hans Medick, Mikro-Historie, in: Winfried Schulze (Hg.), Sozialgeschichte, Alltagsgeschichte, Mikro-Historie, Vandenhoeck & Rupprecht, Göttingen 1994, S. 40–45.

---

[1] makrohistorisch: Gegensatz zu mikrohistorisch; legt Schwerpunkt auf soziale Systeme und andere Grundstrukturen

---

1 Charakterisieren Sie den Forschungsansatz der Mikro-Historie und nehmen Sie Stellung.
2 Bestimmen Sie den Stellenwert von Strukturen im Modell der Mikro-Historie.
3 Diskutieren Sie in Ihrem Kurs den historischen Erkenntnisgewinn durch das Herausarbeiten von Strukturen von langer Dauer einerseits sowie durch die Betrachtung von Alltagserscheinungen andererseits.

M 18 Proun N 20, Collage von El Lissitzky, 1925

1 Sammeln Sie Ideen zur Rolle der Strukturen in der Malerei am Beispiel von M 18.

Darstellungen analysieren

Zu den zentralen Aufgaben des Historikers gehört die Arbeit mit Quellen, die in schriftlicher, bildlicher und gegenständlicher Form einen direkten Zugang zur Geschichte bieten. Ihre Ergebnisse präsentieren die Wissenschaftler in selbst verfassten Darstellungen – häufig auch Sekundärtexte genannt –, in denen sie unter Beachtung wissenschaftlicher Standards die **Ergebnisse ihrer Quellenforschungen** sowie ihre **Schlussfolgerungen und Bewertungen** veröffentlichen. Grundsätzlich lassen sich Darstellungen in zwei große Gruppen gliedern:
– in fachwissenschaftliche und
– in populärwissenschaftliche bzw. „nichtwissenschaftliche" Darstellungen.

Die fachwissenschaftlichen Texte wenden sich an ein professionelles Publikum, bei dem Grundkenntnisse des Faches, der Methoden und der Begrifflichkeit vorausgesetzt werden können. Zu den relevanten Kennzeichen fachwissenschaftlicher Darstellungen gehört, dass alle Einzelergebnisse durch Verweise auf Quellen oder andere wissenschaftliche Untersuchungen durch Fußnoten belegt werden. Populärwissenschaftliche Darstellungen, die sich an ein breiteres Publikum wenden, verzichten dagegen auf detailliert belegte Erkenntnisse historischer Befunde und Interpretationen. In erster Linie geht es darum, komplexe historische Zusammenhänge anschaulich zu präsentieren. Zu dieser Gruppe werden beispielsweise publizistische Texte und historische Essays in Zeitungen sowie Schulbuchtexte gezählt.

Tipp:
sprachliche Formulierungshilfen S. 296 f.

Webcode:
KH301261-031

Mögliche Arbeitsschritte für die Analyse

1. Leitfrage	Welche Fragestellung bestimmt die Untersuchung der Darstellung?

2. Analyse	*Formale Aspekte*
	– Wer ist der Autor (ggf. zusätzliche Informationen über den Verfasser)?
	– Um welche Textsorte handelt es sich?
	– Mit welchem Thema setzt sich der Autor auseinander?
	– Wann und wo ist der Text veröffentlicht worden?
	– An welche Zielgruppe richtet sich der Text (Historiker, interessierte Öffentlichkeit)?
	– Welche Intentionen oder Interessen verfolgt der Verfasser?
	Inhaltliche Aspekte
	– Was sind die wesentlichen Textaussagen?
	  – anhand der Argumentationsstruktur: These(n) und Argumente
	  – anhand der Sinnabschnitte: wesentliche Aspekte und Hauptaussage
	– Wie ist die Textsprache (z. B. appellierend, sachlich oder polemisch)?
	– Welche Überzeugungen vertritt der Autor?

3. Historischer Kontext	– Auf welchen historischen Gegenstand bezieht sich der Text? – Welche in der Darstellung angesprochenen Sachaspekte bedürfen der Erläuterung?
4. Urteil	– Ist der Text überzeugend im Hinblick auf die fachliche Richtigkeit (historischer Kontext) sowie auf die Schlüssigkeit der Darstellung? – Was ergibt ggf. ein Vergleich mit anderen Darstellungen zum gleichen Thema? – Wie lässt sich der dargestellte historische Gegenstand aus heutiger Sicht im Hinblick auf die Leitfrage bewerten? – Welche Gesichtspunkte des Themas werden vom Autor kaum oder gar nicht berücksichtigt?

M 1 Der Historiker Hartmut Boockmann über den Charakter städtischer Aufstände im Spätmittelalter (1989)

So sehr sich die Stadtverfassungen im Detail unterscheiden: Das Grundmuster findet man überall – eine kleine Gruppe von Familien, die umgrenzt, jedoch nicht fest nach außen abge-
5 schlossen ist, beschickt den Rat und regiert auf diese Weise die Stadt. Es wird zwar alljährlich gewählt, aber in Wirklichkeit handelte es sich nach unserem Verständnis nicht um Wahl, sondern um Kooptation¹, und obwohl
10 die alljährlich abgehaltene Wahl einen Wechsel im Regiment anzudeuten scheint, gehören die Ratsherren der Stadtregierung auf Lebenszeit an.

Dies also wäre das Grundmuster. Im Ein-
15 zelnen unterscheidet sich aber die Verfassung der einen Stadt von der anderen, und in vielen Städten kam es zu einer Modifikation der Rechtsordnung – aufgrund von Aufständen und Aufstandsversuchen einiger von denen,
20 die dem Kreis der regierenden Familien nicht angehörten. [...]

Als die historische Forschung diese Aufstände in den spätmittelalterlichen Städten kennenlernte, hat sie sie als Zunftkämpfe ver-
25 standen. Es schien, als sei die städtische Bevölkerung in fest voneinander abgegrenzte Klassen geschieden gewesen, als hätten sich Kaufleute und Handwerker gegenüber gestanden und als hätten die in Zünften organisier-
30 ten Handwerker in den als Zunftkämpfe aufgefassten städtischen Aufständen nicht um die politische Macht gekämpft, sondern auch um eine grundsätzliche Umgestaltung der Verfassung, um deren Demokratisierung. Das
35 meinte dieses Wort Zunftkämpfe.

Inzwischen weiß man, dass man städtische Bevölkerungen nicht so einfach beschreiben kann. Der Kreis der Ratsfamilien bestand nicht nur aus Kaufleuten, und die Aufstände
40 wurden nicht einfach von Handwerkern getragen. [...]

So standen sich in städtischen Aufständen nicht fest abgegrenzte soziale Gruppen gegenüber, und schon gar nicht kämpften hier die
45 Armen oder auch nur die Ärmeren gegen die Reichen. Es waren eher vermögende Stadtbürger, welche die Aufstände trugen, vermögend gewordene, wie man vielleicht besser sagen sollte, die nicht oder noch nicht in den Kreis der Ratsfähigen aufgenommen waren. Nicht
55 selten sind auch Angehörige von Ratsfamilien unter den Aufständischen zu finden. Im ersten Falle gehörte zu den Ursachen eines Aufstandes ein nicht hinreichend rasches Aufrücken der vermögend Gewordenen in den Rat. Im
60 zweiten Falle verbanden sich Parteibildungen innerhalb des Rates mit der Unzufriedenheit Außenstehender. Und in beiden Fällen hatten die Aufständischen noch andere Gruppen der städtischen Bevölkerung auf ihrer Seite,
65 Handwerker und Krämer, und nicht selten wurden deren Organisationen im Falle eines gelungenen Aufstandes in die Stadtverfassung eingebaut, sodass der Rat nun teilweise oder ganz von Zünften oder Gilden beschickt wur-
70 de. Doch haben wir es, anders als man es im 19. Jahrhundert glaubte, dabei nicht mit einem Sieg der Demokratie zu tun. Gewiss wurde das Ratsregiment nun auf ein breiteres soziales Fundament gestellt. Aber die
75 Stadtverfassung blieb doch oligarchisch oder wurde es wieder. Es pflegten in einem solchen Fall bestimmte Zünfte oder Gilden zu sein, die den Rat trugen, und es waren nur wenige Familien innerhalb dieser Bruderschaften, aus
80 denen die Ratsherren dann wirklich kamen.

So hat man den traditionellen Ausdruck Zunftkämpfe für diese Aufstände verworfen und stattdessen von Bürgerkämpfen oder Stadtkonflikten gesprochen [...].

85 Wenn es in einer mittelalterlichen Stadt zu einem Aufstand kam, so ging es wirklich um den Kern dessen, was die Ordnung und das Zusammenleben in der Stadt ausmachte. Diese Stadtaufstände waren keine Revolutionen
90 im modernen Sinne; die Aufständischen wollten keine neue Ordnung schaffen.

Hartmut Boockmann, Eine Krise im Zusammenleben einer Bürgerschaft und ein „politologisches" Modell aus dem 15. Jahrhundert. Der Braunschweiger Chronist Hermen Bote über den Aufstandsversuch von 1445/1446, in: GWU, Heft 12/1989, S. 732–734.

---

1 Kooptation: Wahl von neuen Mitgliedern durch der Körperschaft bereits angehörende Mitglieder

Lösungsansätze

1. Leitfragen
Was charakterisiert die städtischen Aufstände im Spätmittelalter? Wie lassen sie sich definieren?

2. Analyse

Formale Aspekte
Darstellungsart: fachwissenschaftliche Darstellung
Autor: Hartmut Boockmann (1934–1998), Geschichtswissenschaftler
Thema: Charakter spätmittelalterlicher Aufstände und ihre angemessene Definition
Veröffentlichung: 1989 in einer geschichtswissenschaftlichen und geschichtsdidaktischen Zeitschrift; ursprünglich Vortrag
Anlass: Vortrag über Hermen Bote auf einem Colloquium in Braunschweig
Adressaten: wissenschaftliche und geschichtsdidaktische sowie breitere Öffentlichkeit
Intention: Autor beschäftigt sich mit der Aussagekraft des Schichtbuches von Hermen Bote, einem Braunschweiger Chronisten, der über den Aufstandsversuch 1445/1446 berichtet hat.

Inhaltliche Aspekte
Ausgangsthese: Trotz der regionalen Unterschiede gibt es viele Ähnlichkeiten zwischen spätmittelalterlichen Städten; das gilt besonders für die Herrschaftsstruktur bzw. die Verfassung. Dennoch unterscheiden sich Städte durch Aufstände und Aufstandsversuche voneinander; diese gehen von Kreisen aus, die nicht zu den herrschenden Familien gehören. Aufstände können zu Abänderungen der Rechtsordnung führen.
Kernthese und Argumentation: Historiker haben diese Aufstände als Zunftkämpfe verstanden und definiert. Nach dieser Vorstellung bekämpfen sich feste Gruppierungen, um die Demokratisierung durchzusetzen. Das ist falsch: Die spätmittelalterlichen Städte zerfielen nicht in feste Gruppierungen; die Grenzen zwischen ihnen waren durchlässig. Es kämpften nicht Handwerker gegen Kaufleute, auch nicht Arme gegen Reiche, sondern vermögend gewordene Stadtbürger um die Aufnahme in den Rat. Aufständische besaßen Verbindungen zu anderen Gruppen; auch Angehörige von Ratsfamilien kämpften mit Unzufriedenen außen stehender Gruppen, wenn es innerhalb des Rates Parteibildungen gab.

War der Aufstand erfolgreich, wurde die Stadtverfassung abgeändert: Gruppen der Aufständischen kamen wie ihre Bundesgenossen in den Rat, der erweitert wurde. Das bedeutete keine Demokratisierung der Stadt. Sie blieb oligarchisch.
Ergebnis und Schlussfolgerung: Die spätmittelalterlichen Aufstände waren keine Zunftkämpfe, sondern Bürgerkämpfe oder Stadtkonflikte. Und sie waren keine modernen Revolutionen, weil es den Aufständischen nicht um die Schaffung einer vollkommen neuen Ordnung ging.

3. Historischer Kontext
Der Autor beschäftigt sich mit der geschichtswissenschaftlichen Diskussion über spätmittelalterliche und frühneuzeitliche Auseinandersetzungen in den Städten. Dabei setzt er sich mit der These, diese Konflikte seien Zunftkonflikte gewesen, auseinander. Er widerlegt diese Auffassung und schlägt vor, die städtischen Aufstände als Bürgerkämpfe oder Stadtkonflikte zu interpretieren.

4. Urteil
Der Text ist überzeugend sowohl im Hinblick auf die Schlüssigkeit der Argumentation als auch der Darstellung. Die neuere Diskussion verwendet zwar auch den Begriff der Zunftkämpfe, aber nur für bestimmte städtische Auseinandersetzungen. Andere Historiker sprechen ebenfalls von Bürgerkämpfen und Stadtkonflikten oder verwenden andere Begriffe wie Unruhen in der ständischen Gesellschaft. Insgesamt ist die Forschung bunter und differenzierter geworden. Der Autor konzentriert sich allerdings zu stark auf die sozialen Träger der städtischen Aufstände. Ihre politischen Ziele werden vernachlässigt.

Erarbeiten Sie Präsentationen

Thema 1
Frauenbilder und Frauenalltag um 1500
Wie eine Frau um 1500 lebte, welche Rollenbilder und Regeln für sie galten und welchen persönlichen Gestaltungsspielraum sie hatte, hing von ihrer Schichtzugehörigkeit ab. Eine adlige Frau lebte anders als die Frau eines Handwerkers.
Erarbeiten Sie in Gruppen eine Collage mit Frauenbildern und Szenen ihres Alltagslebens zu jeweils einer der folgenden sozialen Schichten: Adel, Bürgertum, Handwerker und Unterschicht.

Literaturtipps
Edith Ennen, Frauen im Mittelalter, München 1993.
Sonja Domröse, Frauen der Reformationszeit, gelehrt, mutig und glaubensfest, Göttingen 2010.

Gisela Bock, Frauen in der europäischen Geschichte, München 2005.

Thema 2
Stadtgeschichte regional
Die Mehrheit der Städte in Deutschland hat ihre Wurzeln im Mittelalter. In manchen Städten kann man die Ursprünge noch in Form von Stadtmauern, Kirchen und Marktplätzen sehen.
Informieren Sie sich anhand von lokalhistorischen Publikationen, Internetrecherchen und lokalen Museen sowie Archiven über die Geschichte Ihrer Stadt. Stellen Sie Bildmaterialien und kurze selbst verfasste Texte zu einer kleinen Ausstellung zusammen.

Literaturtipps
Manfred Groten, Die deutsche Stadt im Mittelalter, Stuttgart 2013.

Georg Dehio, Handbuch der deutschen Kunstdenkmäler: Bremen, Niedersachsen, 2. Auflage, München 1992.

M 1 Junge Frau, Ölgemälde von Hans Holbein d. J., 1540/45

Webcode:
KH301261-034

M 2 Die Kirche St. Johannis in Lüneburg, erbaut zwischen 1289 und 1470, Fotografie, 2016

Überprüfen Sie Ihre Kompetenzen

M 3 Augsburger Marktplatz, Ölgemälde aus der Serie der „Augsburger Monatsbilder" nach Jörg Breu d. Ä. (um 1480–1537), o. J.

Sachkompetenz
1. Beschreiben Sie die Ordnung der Ständegesellschaft.
2. Erläutern Sie die Unterschiede zwischen dem Leben auf dem Land und in der Stadt.
3. Untersuchen Sie Möglichkeiten und Grenzen von Frauen, um 1500 einen Beruf auszuüben.

Methodenkompetenz
4. Interpretieren Sie M 3. Zeigen Sie insbesondere die verschiedenen Elemente des Lebens in der Stadt auf. Überlegen Sie, inwiefern hier Wirklichkeit und Ideal widergespiegelt werden.

Urteilskompetenz
5. Im 15. und 16. Jahrhundert kam es zu Veränderungen und Lockerungen der Ständegesellschaft. Überlegen Sie, wer zu den „Gewinnern" und wer zu den „Verlierern" dieser Entwicklung zählte.

Zentrale Begriffe

Bauern
Bürgertum
Geschlechterrollen
Familie
„Haus"
Patrizier
Stadt und Stadtrechte
Ständegesellschaft
Strukturen
Zünfte

3 Europäische Expansion: Begann um 1500 die Europäisierung der Welt? (Wahlmodul 1)

Kompetenzen erwerben

Sachkompetenz:
– die Motive und Abläufe der europäischen Entdeckungsfahrten kennen und erläutern
– die Wahrnehmung der Entdecker und Eroberer durch die einheimische Bevölkerung beschreiben
– die Herrschaftsstrukturen in der Neuen Welt charakterisieren
– die Folgen der Kolonialisierung auf die außereuropäische Welt diskutieren

Methodenkompetenz:
– schriftliche Quellen analysieren
– ein historisches Urteil entwickeln

Urteilskompetenz:
– die Vorgänge der „Kolonialisierung" in ihren kurz- und langfristigen Auswirkungen bewerten
– die kontroversen Deutungen der „Europäisierung der Welt" beurteilen

Voraussetzungen und Motive der europäischen Expansion

M 1 Der „Erdapfel" des Martin Behaim, Nürnberg 1492

Für den Beginn der Entdeckungsfahrten der Spanier und Portugiesen am Ende des 15. Jahrhunderts gibt es eine Vielzahl von Gründen, die sich zum Teil wechselseitig bedingen. Die entscheidende geistig-kulturelle Voraussetzung schufen die Neuerungen der Renaissance und des Humanismus (vgl. Kapitel 5, S. 108 ff.). Der Mensch wurde nun als eigenverantwortliche, schöpferische und vielseitig gebildete Persönlichkeit wahrgenommen, die sich frei entwickeln und entfalten sollte. Die Humanisten als Vertreter dieses neuen Menschenbildes stießen bei ihren Studien antiker Schriften zudem auf längst vergessene geografische Erkenntnisse, die nun eigene Forschungen anstießen. So entstanden erstaunlich exakte Karten wie die Weltkarte des Paolo Toscanelli (um 1470), die Kolumbus nutzte, oder der erste Globus vom Nürnberger Kaufmann und Geograf Martin Behaim (1492), noch ohne den amerikanischen Kontinent. Eng damit zusammen hängt ein weiterer Faktor: die Verbesserung der Schiffs- und Navigationstechnik in Europa nach 1400. Segelte man im Mittelalter noch auf Sicht, so ermöglichten der Kompass seit dem 13. Jahrhundert sowie Astrolabium, Quadrant, Nocturnum und Jakobsstab seit dem 15. Jahrhundert die genaue Bestimmung der Himmelsrichtung sowie der Position des Schiffes durch Messung der Sternen- und Sonnenhöhe. Mit der sogenannten Karavelle, einem zwei- oder dreimastigen Segelschiff, wurde außerdem an der europäischen Westküste ein Schiff entwickelt, das aufgrund seiner größeren Stabilität, guten Beweglichkeit und Manövrierfähigkeit einer Atlantiküberfahrt gewachsen war. Eine wichtige Rolle spielten außerdem wirtschaftliche Motive. Im Europa des 14. und 15. Jahrhunderts hatte sich ein stabiles Wirtschaftsgefüge mit regem Fernhandel entwickelt (vgl. Kapitel 4, S. 76 ff.). Die Nachfrage nach Gewürzen wie Pfeffer, Zimt und Ingwer sowie nach Luxuswaren wie Seide, Teppichen und Edelsteinen wuchs unter den Stadtbürgern und Adligen Europas immer stärker an. Der Fernhandel wurde jedoch auf der Meeresroute durch den Indischen Ozean vor allem von arabischen Kaufleuten kontrolliert und auf dem Landweg über die Seidenstraße herrschten die Osmanen. Es wurde immer schwieriger, die wachsende Nachfrage zu befriedigen. Eine Westroute über den Atlantik nach Asien schien die Lösung dieser Probleme zu sein. Viele Gelehrte und Seefahrer vermuteten, dass dieser Weg sogar der kürzere sei. Außerdem fehlten den Europäern zunehmend Edelmetalle für die Prägung von Gold- und Silbermünzen, die vor allem von den Händlern für die stetig wachsenden Handelsströme benötigt wurden. Aber auch die Landesfürsten und Könige in den sich entwickelnden frühmodernen Staaten brauchten große Geldsummen für den Aufbau von Verwaltungen, für Hofhaltung, Heere und Kriege.

M 2 Spanische Goldmünzen, um 1520

Und schließlich gab es politische und religiöse Motive für die Unterstützung der Entdeckungsfahrten. Vor allem die portugiesischen und spanischen Königshäuser wollten sich neue Einnahmequellen erschließen und gleichzeitig ihre Reiche stärken und vergrößern. So hatte das Königreich Aragon, neben Kastilien das wichtigste christliche Reich auf der Iberischen Halbinsel, im 15. Jahrhundert bereits durch Eroberungen in Italien sein Territorium erheblich erweitern können und war damit eine wichtige Seemacht im Mittelmeer geworden. Nachdem sich die Königreiche Aragon und Kastilien 1469 durch die Heirat der kastilischen Thronerbin Isabella (1451–1504) mit Ferdinand (1452–1516), dem Erben Aragons, vereinigt und damit die spanische Monarchie begründet hatten, trat Spanien in unmittelbare Konkurrenz zu Portugal um die Vorherrschaft auf dem Atlantischen Ozean. Hinzu kam die Kreuzzugsidee, die Ende des 15. Jahrhunderts durch den Sieg der christlichen Rekonquista* über die muslimischen Araber und deren Vertreibung von der Iberischen Halbinsel neuen Auftrieb bekam. Der Kampf der christlichen Fürsten Europas gegen die arabisch-muslimische Herrschaft galt als ein missionarischer Kampf für die gesamte Christenheit, der im Verlauf der europäischen Eroberung der Neuen Welt gegen die dortigen „Ungläubigen" seine Fortsetzung fand.

Rekonquista
Rückeroberung der Iberischen Halbinsel durch christliche Staaten im Kampf gegen die arabische Herrschaft vom 8. Jahrhundert bis 1492 (Eroberung Granadas)

Europäische Entdecker und ihre Fahrten

Da der Fernhandel nach Asien durch die Ausdehnung des osmanischen Herrschaftsbereichs immer schwieriger wurde, stand zunächst der Seeweg nach Indien im Vordergrund der europäischen Expeditionsplanungen. Portugal begann auf Initiative des portugiesischen Prinzen Heinrich des Seefahrers (1394–1460) planmäßig entlang der Westküste Afrikas nach Süden vorzudringen. 1415 bildete die portugiesische Eroberung des nordafrikanischen Ceuta, des westlichen Endpunkts der Karawanenwege, auf denen das Gold Westafrikas ans Mittelmeer gebracht wurde, zugleich den Auftakt der großen Entdeckungsfahrten. Dem Portugiesen Bartolomëu Diaz (um 1450–1500) gelang 1488 die

Umsegelung der afrikanischen Südspitze. Einen ersten Höhepunkt erreichten die Entdeckungen mit der Fahrt des Vasco da Gama (1468/69–1524), der im Auftrag des portugiesischen Königs segelte und 1498 Kalicut, das Zentrum des Seehandelsverkehrs im Indischen Ozean, erreichte. Damit hatten die Portugiesen den östlichen Seeweg nach Indien erschlossen. Ihren Vorsprung bei der Erschließung der neuen Handelsroute zum Fernen Osten nutzten die Portugiesen zur Errichtung eines eigenen Handelsimperiums im Indischen Ozean. Gesichert wurde es durch befestigte Handels- und Militärstützpunkte an der afrikanischen und indischen Küste sowie durch die gewaltsame Verdrängung der arabischen Händler.

Christoph Kolumbus und die Entdeckung Amerikas

In Spanien dagegen waren die Kräfte durch die Rekonquista gegen die arabische Herrschaft gebunden. Erst 1492, nach dem Sieg über das arabische Granada, stellten auch die Könige Isabella von Kastilien und Ferdinand II. von Aragonien das notwendige Geld bereit. Christoph Kolumbus (1451–1506), Sohn eines Genueser Tuchwebers und Händlers, erhielt für seine Expeditionspläne einer Atlantikfahrt nach Indien die Zusage der spanischen Krone sowie die Unterstützung durch hohe geistliche Würdenträger (ein erstes Gesuch hatte der Königshof 1486 abgelehnt). Zuvor hatte er sowohl in Portugal als auch in England und Frankreich keine Förderer für sein Projekt gewinnen können. Einen Großteil seines nautischen und geografischen Wissens hatte er sich im Selbststudium sowie auf kleineren Handelsreisen an der westafrikanischen Küste sowie im Nordatlantik angeeignet. Kolumbus glaubte, im Westen des Ozeans befinde sich eine große Landmasse, bei der es sich um die Ostküste Asiens handele, und verfolgte daher den Plan einer Westfahrt nach Indien. Dabei konnte er sich auf die wissenschaftlichen Erkenntnisse der Antike beziehen. Bekannt war ihm beispielsweise die Behauptung des Aristoteles, man könne den Ozean zwischen den Felsen von Gibraltar, den „Säulen des Herakles", und Asien innerhalb weniger Tage überqueren. Bestärkt wurde Kolumbus in seinem Plan auch durch den Florentiner Wissenschaftler Paolo Toscanelli, mit dem er über seine Vorstellungen 1474 korrespondierte. Über Toscanelli wurde Kolumbus auch von Marco Polo und dessen Reisebeschreibungen über China und Japan beeinflusst. Am 17. April 1492 schlossen die Könige von Spanien mit Kolumbus einen Vertrag. Das Königshaus stellte Kolumbus dabei nicht nur finanzielle Mittel zur Verfügung, sondern auch eine Reihe von königlichen Vollmachten. Ein Großteil der Finanzierung wurde durch private Mittel interessierter Kaufleute und Kredite zur Verfügung gestellt. Unterstützt wurde Kolumbus auch von den Franziskanern*, die in seinem Projekt die Möglichkeit sahen, die seit der osmanischen Blockade unterbrochene

M 3 Christoph Kolumbus, Gemälde von Sebastiano del Piombo, 1519

Franziskaner
1210 gegründeter katholischer Bettelorden mit den Schwerpunkten Seelsorge, Bildungsarbeit und Mission

Missionstätigkeit in Asien wieder aufzunehmen. So konnte Kolumbus am 3. August 1492 mit drei Karavellen und neunzig Mann Besatzung vom Hafen von Palos aus in See stechen.

Nach über zwei Monaten erreichte Kolumbus mit seiner Mannschaft am 12. Oktober 1492 die zur Bahamas-Gruppe gehörende Insel Guanahani, die er für die spanische Krone in Besitz nahm und in San Salvador (span. „Heiliger Retter") umtaufte. „Entdeckt" wurden außerdem Kuba (*Santa Maria de la Concepción*) und Haiti (*La Isla Española*, engl. *Hispaniola*), die zweitgrößte Insel der Antillen. Aus den Überresten des gestrandeten Schiffes „Santa Maria" errichtete Kolumbus die erste spanische Festung in der Neuen Welt, die er „*La Navidad*" (span. „Weihnachten") nannte. Kolumbus unternahm noch drei Reisen über den Atlantik, bei denen er weitere Inseln „entdeckte" und erstmals auch amerikanisches Festland erreichte. Er blieb jedoch bis zum Ende seines Lebens davon überzeugt, das von ihm entdeckte Land gehöre zu Indien. Daher behielten die Spanier bis ins 18. Jahrhundert die Bezeichnung „*las Indias*" oder „*las Indias Occidentales*" (span. „Westindien") sowie den Namen „*Indios*" für die lateinamerikanischen Ureinwohner bei. 1513 durchquerte **Vasco Núñez de Balboa** die mittelamerikanische Landenge und erreichte den Pazifischen Ozean, den er „Südmeer" nannte. Damit war endgültig klar, dass es sich bei Kolumbus' Entdeckungen um einen neuen Kontinent handelte. Dieser wurde aber weder nach Kolumbus noch nach Balboa, sondern nach dem Italiener **Amerigo Vespucci (1451–1512)** benannt, der als Erster bei den neu entdeckten Inseln und Ländern einen neuen Kontinent vermutet hatte.

M 4 Die Entdeckungsfahrten der Europäer im 15. und 16. Jahrhundert

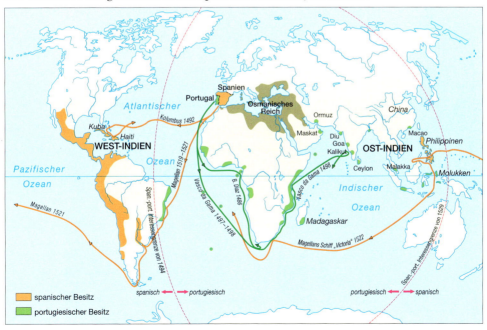

Eroberung der altamerikanischen Hochkulturen

Konquistador
Span. *conquistador* = Eroberer. Es bezeichnet die spanischen und portugiesischen Eroberer Mittel- und Südamerikas, die auf ihren Expeditionen im 16. Jh. die indianischen Reiche unterwarfen.

Die von Kolumbus erschlossenen Karibischen Inseln waren für die spanischen Konquistadoren* durch die atlantischen Winde und Strömungen leicht zugänglich. Entscheidend für die problemlose Einnahme war jedoch, dass die Inselbevölkerung weder über eine effektive militärische Organisation verfügte noch unter Kontrolle der mächtigen Reiche auf dem amerikanischen Festland stand. Da sie keine Kontakte zu den Azteken (Mexiko) und Maya (Südamerika) unterhielten, konnten diese auch nicht vor der drohenden Eroberung gewarnt werden. So dienten die Karibischen Inseln den Spaniern für ihre weitere Invasion auf dem Festland „als Brückenkopf" (John Darwin).

Die Eroberung des amerikanischen Festlandes ist vor allem mit zwei Konquistadoren verbunden: Hernán Cortés (1485–1547), der 1519–1521 das Aztekenreich in Mexiko eroberte, und Francisco Pizarro (1478–1541), der 1532–1534 das Inkareich in Peru unterwarf. Die Eroberung führte zur Zerstörung der beiden Hochkulturen und begründete die spanische Herrschaft in Mittel- und Südamerika. Exemplarisch wird hier die Eroberung des Aztekenreiches dargestellt. Cortés zeichnete sich dabei durch rücksichtsloses Streben nach Reichtum und Prestige, Risikobereitschaft und Missionseifer aus und repräsentiert damit den Prototyp des Konquistadoren. Nach der Unterwerfung des Aztekenreiches wurde die Konquista immer weiter nach Süden ausgedehnt. Der wichtigste Begleiter Cortés', Pedro de Alvarado, gelangte 1524 nach Guatemala und El Salvador. Von Panama aus erfolgte die Erschließung von Costa Rica, Nicaragua, Honduras sowie der Pazifikküste nach Süden. Nach der Zerstörung des Inkareiches durch Pizarro wurden das westliche Kolumbien, Chile und Bolivien erobert sowie schließlich von Santiago de Chile aus eine Verbindung über die Anden zu den spanischen Gebieten in Argentinien im Osten Südamerikas hergestellt.

M 5 Die Ankunft der Spanier unter Hernán Cortés in Veracruz 1519, Freskogemälde des Mexikaners Diego Rivera (1886–1957), fertiggestellt 1951 (Ausschnitt)

Gegenseitige Wahrnehmung der Europäer und der einheimischen Bevölkerung

Schon die ersten Kontakte mit der einheimischen Bevölkerung zeigten die deutlichen kulturellen und gesellschaftlichen Unterschiede auf. Seit der ersten Fahrt von Kolumbus wurden sie von den Europäern pauschal mit dem Begriff „Indios", später dann als „Indianer" bezeichnet. In den Augen der Europäer waren die indigenen* Bevölkerungsgruppen zunächst gleichermaßen fremd und übten eine ambivalente Faszination aus. Sie galten einerseits als rückständig und wurden aufgrund der Praxis der Menschenopfer als „Menschenfresser" oder „Barbaren" bezeichnet. Andererseits findet sich in den Beschreibungen der Neuen Welt auch das Bild des in paradiesischer Unschuld und Naturnähe lebenden „edlen Wilden". Die Behauptung des Kannibalismus diente den Europäern als Rechtfertigung für die Konquista, insbesondere für die Ausbeutung und Versklavung der indigenen Bevölkerung. Die rechtliche Begründung lieferte 1513 der spanische Jurist Palacios Rubios in einem Gutachten, dem sogenannten Requerimiento: Gott als Schöpfer der Welt, lautete die Argumentation, habe durch den Papst als seinen Stellvertreter die entdeckten Länder den spanischen Königen geschenkt; demnach müsste die Urbevölkerung die neuen Herren anerkennen und sich zum Christentum bekehren lassen; weigere sie sich, sei mit Krieg und Versklavung zu drohen. Bereits Zeitgenossen kritisierten diese Kriegserklärung an die indigene Bevölkerung, die in den folgenden Jahrzehnten immer wieder als Rechtfertigung für die Konquista herangezogen wurde. Die Versklavung war faktisch weder vereinbar mit der staatsrechtlichen Stellung der eroberten Gebiete als „freies Kronland", wonach die dort lebende Bevölkerung als grundsätzlich frei angesehen wurde, noch mit dem kirchlichen Missionierungsanspruch.

Die indigene Bevölkerung nahm die Europäer ebenfalls als „fremd" und „eigenartig" wahr. Ihre Reaktionen auf die Fremden fielen je nach Volksstamm verschieden aus. Die Taino der Antillen waren beispielsweise ein friedliches Pflanzervolk und hießen die Spanier willkommen. Sie erhofften sich sogar Schutz von ihnen gegen die kriegerischen Kariben. Erbitterten Widerstand über fast zwanzig Jahre hinweg leisteten die Maya. Sie nahmen die Spanier als Eindringlinge und Feinde wahr, die ihre Hochkultur zerstören wollten. Auch die mächtigen Inka Südamerikas kämpften lange gegen die Spanier. Mit der Ermordung ihres Herrschers Atahualpa 1533 zerfielen jedoch ihre staatlichen Strukturen und damit auch der organisierte Widerstand. Bei den Azteken kam den Spaniern bei der Eroberung neben der Zerstrittenheit der politischen Eliten noch der Götterglaube zu Hilfe. Der aztekische Herrscher Moctezuma sah mit der Ankunft der Spanier eine Weissagung erfüllt, nach der der Priesterkönig Quetzalcoatl wiederkehren sollte, um die Menschen vor den „blutigen Göttern" zu retten. Er sah sich deshalb verpflichtet, abzutreten und dem Spanier Hernán Cortés als „Priesterkönig" die Macht zu überlassen.

Indigene (auch autochthone) Völker (lat. *indiges* = eingeboren) sind die Nachkommen einer Bevölkerung vor einer Eroberung oder Kolonisation eines Staates oder einer Region, die sich als eigenständiges Volk verstehen und ihre sozialen, wirtschaftlichen und kulturellen Institutionen beibehalten.

M 6 Porträt des Inka-Häuptlings Atahualpa, Zeichnung, o. J.

Europäische Besiedlung und Herrschaft in der Neuen Welt

Im Vertrag von Tordesillas 1494 teilten Spanien und Portugal mit päpstlicher Legitimation die neu entdeckten Gebiete unter sich auf. Amerika (mit Ausnahme Brasiliens) fiel an Spanien, Portugal sicherte sich Brasilien, Afrika und Asien (mit Ausnahme der Philippinen). Damit schufen die beiden größten Seemächte Europas die Basis für eine dauerhafte Inbesitznahme. Zunächst mussten die Stellung und die Rechte der Konquistadoren geklärt werden. Insbesondere die spanische Krone wollte das Machtstreben der Konquistadoren in der Neuen Welt eindämmen und dem eigenen Herrschaftswillen unterordnen. Ende des 15. Jahrhunderts begannen die spanischen Könige, das zunächst Kolumbus und seinen Vertretern vorbehaltene Entdeckungs- und Handelsmonopol aufzuweichen und anderen Interessierten die Überfahrt zu gestatten. Die folgenden Fahrten dienten nicht nur der Erforschung und Erschließung, sondern auch der Besiedlung. Mit der Gründung erster Siedlungen schuf die Krone die Voraussetzung für deren nachhaltige Integration in ein künftiges spanisches Weltreich. 1503 wurde in Sevilla das Königliche Handelshaus (*Casa de Contratación*) gegründet, das den gesamten Personen- und Handelsverkehr reglementierte.

Mythos „El Dorado"

M 7 Ansicht der legendären goldenen Stadt El Dorado, Kupferstich, 17. Jh.

Das entscheidende Motiv für die ersten Auswanderungen war die Jagd nach Gold, das man zuerst auf Hispaniola gefunden hatte. Bis 1502 kamen ca. 1500 Spanier, die durch das den Indianern abgenommene oder durch Sklavenarbeit gewonnene Gold von Hispaniola aus weitere Expeditionen und Beutezüge (*Entradas*) zu den anderen Inseln und zum Festland organisierten. Der kurze „Goldrausch" auf den Karibischen Inseln geriet so zum Ansporn, weitere Inseln und das Festland zu erobern. Dabei spielte eine kolumbianische Legende eine besondere Rolle, nach der jeder neue Herrscher der Muisca dem Sonnengott in einem Bergsee ein Opfer in Form von Gold darbrachte. So entstand der Mythos um einen sagenhaften Goldschatz in einem See bzw. die Existenz einer „Goldenen Stadt". Der Mythos *El Dorado* (dt. der Goldene) begründete zahlreiche Expeditionen ins Binnenland von Südamerika, um den sagenhaften Goldschatz zu finden. Er steht exemplarisch für die Dynamik, die die Entdeckung der Neuen Welt auslöste und die von Habgier, Kampfeslust und Überlegenheitsgefühlen bis hin zu Forschergeist und Missionierungsdrang reichte.

Spanische Kolonialherrschaft: Repartimiento/Encomienda

Beim Aufbau der spanischen Kolonialherrschaft in Mittel- und Südamerika wurde im Zuge einer allgemeinen Zentralisierung und zur Stärkung der Krone 1524 der Indienrat als staatliche Zentralbehörde ins Leben gerufen. Die Überseegebiete selbst wurden als Vizekönigreiche eigenständige Teilreiche mit – formal betrachtet – „freien" Untertanen (Neuspanien 1535; Peru 1542; Neugranada 1718; La Plata 1776). Die Vizekönige hatten keine Erbrechte, sondern waren Amtspersonen, die abberufen werden konnten.

Die Praxis der Kolonialherrschaft basierte auf dem System von Repartimiento* (Zuteilung von Indios) bzw. Encomienda* (Schutzauftrag). Es sorgte dafür, dass spanischen Siedlern eine bestimmte Anzahl von Eingeborenen als „freie Untertanen der Krone" zum Arbeitseinsatz zugeteilt wurde. Auflage war es, sie angemessen unterzubringen, zu versorgen, zu entlohnen und in christlicher Religion zu unterweisen. Auf dieser Basis ließen spanische Siedler im Laufe der Frühen Neuzeit Millionen Ureinwohner auf Plantagen und in Silberbergwerken zwangsweise arbeiten; hinzu kamen ca. zwölf Millionen aus Afrika importierte Sklavenarbeiter und -arbeiterinnen. In der Realität wurden die Bestimmungen des spanischen Staates weitgehend ignoriert und die Kolonisten beuteten die indigene Bevölkerung hemmungslos aus. Kritik an der spanischen Herrschaftspraxis entzündete sich bereits unter Zeitgenossen, insbesondere bei den Dominikanermönchen, die in Amerika lebten. In zahlreichen Berichten klagten sie das unchristliche Verhalten der spanischen Kolonisten an. Zum berühmtesten Ankläger wurde Bartolomé de Las Casas (1474–1566), der sich aufgrund seiner Erfahrungen in der Neuen Welt den Dominikanern anschloss und zum vehementen Verteidiger der Indios entwickelte. Die Kritik führte zu einer öffentlichen Grundsatzdebatte über die Legitimität der Eroberung und über den Umgang mit der indigenen Bevölkerung. Papst und spanische Krone reagierten auf die Diskussion mit Erklärungen bzw. Gesetzen: So verkündete Papst Paul III. 1537 in einer Bulle die Auffassung, Indios seien „wahre Menschen" und dürften „das Recht auf Besitz und Freiheit" ausüben, auch wenn sie den christlichen Glauben noch nicht angenommen hätten. Bereits 1530 unternahm Karl V. mit einem königlichen Erlass einen ersten Versuch, die Sklaverei endgültig abzuschaffen. Aufgrund der von Las Casas angestoßenen Debatte setzte der spanische König darüber hinaus eine Prüfungskommission ein, deren Ergebnis schließlich 1542/43 in den „Neuen Gesetzen" (span. *Leyes Nuevas*) mündete, in denen die Sklaverei prinzipiell verboten wurde. Weil die Regelungen auf heftigen Widerstand der Kolonisten stießen und in Peru zur offenen Rebellion führten, wurden entscheidende Passagen der Gesetze, insbesondere zur Abschaffung des Encomienda-Systems, bereits 1545 wieder zurückgenommen.

Die Begriffe Partimiento (von lat. *repartire* „verteilen, zuteilen") und Encomienda (von span. *encomendar*: anvertrauen) wurden teilweise synonym gebraucht.

Folgen der Kolonialisierung

In der kolonisierten Welt kam es zu tief greifenden Umwälzungen, die sich insbesondere in den demografischen Folgen zeigten. Sowohl die Eroberung als auch die Ausbeutung und Versklavung der einheimischen Bevölkerung in den Bergwerken und auf den Plantagen erforderten zahllose Opfer. Traditionelle gesellschaftliche und familiäre Strukturen sowie kulturelle Werte der indigenen Bevölkerung wurden zerstört. Das Massensterben ist allerdings nicht allein auf die europäischen Verbrechen zurückzuführen, denn Konquistadoren, Großgrundbesitzer und

Bergwerksunternehmer hatten ein ökonomisches Interesse an den einheimischen Arbeitskräften. Entscheidend für die demografische Katastrophe waren die von den Europäern eingeschleppten Infektionskrankheiten, denen die bisher isoliert lebenden Altamerikaner schutzlos ausgesetzt waren, da ihr Immunsystem auf die unbekannten Erreger nicht reagierte. Darüber hinaus entwickelten sich auch innerhalb des kolonialen Herrschaftssystems Formen kultureller Selbstbehauptung. Selbst dort, wo die indigene Bevölkerung der direkten kolonialen Herrschaft der Spanier ausgesetzt war, zeigten sich die Grenzen des Kolonialismus. Letztendlich führten die freiwilligen und erzwungenen Migrationen aus Europa und Afrika zur Vermischung der verschiedenen Bevölkerungsgruppen, die eine völlig neue ethnische Struktur in Lateinamerika hervorbrachte.

Gravierend waren auch die **ökonomischen und ökologischen Auswirkungen** des spanischen Kolonialismus in Lateinamerika. Die Einführung des westlichen Wirtschaftssystems führte zu radikalen Veränderungen des Ökosystems, die inzwischen auf die Alte Welt zurückwirken. Dauerhafte ökonomische und ökologische Schäden in vielen Regionen richtete der Raubbau an den natürlichen Ressourcen an. Dazu zählen die Ausbeutung der Bodenschätze, die Überweidung großer Flächen durch den stark wachsenden Viehbestand sowie die Rodung großer Waldgebiete für den Holzbedarf im Bergbau, bei der Zuckerproduktion und im Städtebau. Insbesondere die Entfernung schützender Vegetation durch Überweidung und Abholzung führte zur Bodenerosion, also zur übermäßigen Abtragung von Böden.

M 8 Durch Erosion zerstörter Hang bei Cuzco in Peru, Fotografie, 2010

Die „Europäisierung" der Welt – Gegenstand kontroverser Deutungen

Die Entdeckungsfahrten leiteten die „Europäisierung" der Welt ein. Auf der Suche nach neuen Handelswegen und Sklavenmärkten, nach Gewürzen und Edelmetallen erschlossen die Europäer in einem Zeitraum von fast vier Jahrhunderten nahezu alle Erdteile. Dabei nahmen die Europäer keine Rücksicht auf die einheimische Bevölkerung, wie die Eroberung Mittel- und Südamerikas zeigte: Die Portugiesen und Spanier teilten die „Neue Welt" unter sich auf, ließen ihre transatlantischen Besitzansprüche durch den Papst bestätigen und gingen gewaltsam gegen die Altamerikaner vor. Sie zerstörten deren Hochkulturen, nahmen das Land und dessen Bewohner in Besitz und errichteten im Namen ihrer europäischen Herrscherdynastien Kolonialreiche von gewaltiger räumlicher Ausdehnung. Dabei rechtfertigten sie ihr Vorgehen mit dem christlichen Missionsgedanken. Die Kolonialreiche bestanden teilweise bis in das 20. Jahrhundert. Erst im Zuge der „Dekolonisation" lösten sich die Kolonien vom jeweiligen „Mutterland" durch Verhandlungen, Aufstände oder Kriege ab und beriefen sich dabei auf ihr nationales Selbstbestimmungsrecht.

Die europäische Expansion und ihre Folgen sind bis heute Gegenstand kontroverser Geschichtsdeutungen. Bis zur ersten Hälfte des 20. Jahrhunderts wurden in Europa die positiven Wirkungen des „Zeitalters der Entdeckungen" hervorgehoben, insbesondere der erfolgreiche Export der europäischen Zivilisation und des christlichen Glaubens. Bis heute wird in Spanien am 12. Oktober an die „Entdeckung" Amerikas als den Beginn der Verbreitung der spanischen Kultur und Sprache erinnert. In Lateinamerika dagegen wird in erster Linie auf die unmittelbaren und langfristigen negativen Folgen des „Kulturzusammenstoßes" (Bitterli) für die amerikanischen Völker verwiesen. Ungeachtet dieser kontroversen Beurteilung aus unterschiedlichen Perspektiven sehen heute viele Historiker in der europäischen Expansion den Beginn des Globalisierungsprozesses, der auch Europa nachhaltig beeinflusste.

Webcode:
KH301261-045

1 **Arbeitsteilige Gruppenarbeit/Referat:** Suchen Sie sich jeweils einen in der Darstellung vorgestellten Entdecker aus und tragen Sie in kleinen Gruppen Informationen zu seinem Lebenslauf, seinen Motiven, seinen Unterstützern und seiner Fahrt zusammen. Präsentieren Sie die Ergebnisse in Ihrem Kurs in einem kurzen Referat.
2 Erläutern Sie auf der Basis der Darstellung die unmittelbaren und die langfristigen Folgen der europäischen Expansion für die Neue Welt.
3 **Pro- und Kontra-Liste:** Europäisierung als Beginn der Globalisierung? Erstellen Sie eine Liste mit Argumenten für und gegen diese These.

Hinweise zur Arbeit mit den Materialien

Der Materialteil beginnt mit dem Themenblock **Geschichte Altamerikas am Beispiel der Azteken** (M 9 bis M 12). Anschließend werden die **Voraussetzungen und Motive** der europäischen Expansion diskutiert. Eine Quelle (M 13) und ein Sekundärtext (M 14) beleuchten die Motive der Kolumbusfahrt. Ein Bildmaterial (M 15) widmet sich dem Mythos El Dorado und dem Motiv Gold. M 16 zeigt die wichtige Rolle der katholischen Kirche. Das erste **Zusammentreffen der Kulturen** und die unterschiedlichen Wahrnehmungsweisen der „anderen" können anhand zweier Berichte über eine Begegnung zwischen dem spanischen Eroberer Cortés und dem Aztekenherrscher Moctezuma untersucht werden (M 17 und M 18). Zwei Bildmaterialien illustrieren die europäische Sicht auf die einheimischen Bewohner (M 19 und M 20), während zwei fachwissenschaftliche Texte sowohl die europäische als auch die indigene Wahrnehmung beleuchten (M 21 und M 22). Das spanische **koloniale Herrschaftssystem Encomienda** kann anhand einer Verfügung der spanischen Königin Isabella (M 23) sowie der Kritik des Dominikanermönches Bartolomé de Las Casas (M 24) und eines Bildes (M 25) analysiert werden. Die vielfältigen und langfristigen **Folgen der Kolonialisierung** in Mittel- und Südamerika werden differenziert mithilfe einer zeitgenössischen Analyse, einer fachwissenschaftlichen Erörterung sowie einer Tabelle zur Bevölkerungsentwicklung erschlossen (M 26 bis M 28). Die abschließenden Materialien widmen sich der Leitfrage des Kapitels nach der **Europäisierung der Welt**.

Das Thema europäische Expansion/Europäisierung der Welt ist ein sehr komplexer Gegenstand, der oft als einseitiger Prozess der Unterdrückung bzw. als Beleg der Überlegenheit der europäischen Kultur betrachtet wird. **Theoriemodelle** können helfen, eine sachliche Analyse zu erreichen. Zu diesem Zweck werden hier die Ansätze zu **Kulturbegegnung/Kulturzusammenstoß** (Bitterli) sowie zum **Kolonialismus** (Osterhammel) vorgestellt.

Die **Methodenseiten** „Schriftliche Quellen interpretieren" (S. 65 ff.) geben eine Einführung in die Arbeit mit Textquellen (Beispiel: zeitgenössische Analyse der Rechtslage aus katholischer Sicht). Im Anschluss können Arbeitsschritte zur Entwicklung eines historischen Urteils (Beispiel: Beurteilung der Konquista in den 1970er-Jahren) erlernt werden (S. 68 ff.).

Am Ende des Kapitels finden sich **weiterführende Arbeitsanregungen** und die Möglichkeit, die im Kapitel erworbenen **Kompetenzen zu überprüfen** (S. 74).

Die Azteken – eine alte Kultur in Mittelamerika

M 9 Die Historikerin Claudia Schnurmann über Herrschaft und Gesellschaft der Azteken (1998)

Erst im 14. Jahrhundert verband sich die multiethnische Bevölkerung auf dem Gebiet des heutigen Staates Mexiko zu einer Gemeinschaft, die aus den Stämmen der Mexica und
5 Tenocha bestand. Der heute übliche Name „Azteken", der von einem mythischen Ort Aztlan abgeleitet wird, setzte sich erst im 18. Jahrhundert durch. Das „aztekische Reich" bildete nach altweltlichen Vorstellungen genau ge-
10 nommen kein „Reich", sondern bestand eher aus einer Ansammlung vieler kleiner, etwa 40 bis 60 Stadtstaaten, die einem Bund dreier Städte, Tenochtitlan, Texoco und Tlacopan am See von Mexiko und deren Herrschern Tribute leisten mussten. Dieses Tributimperium fügte sich zu einem Staat, der kaum den Ordnungskategorien Europas entspricht […]: kein geschlossenes, abgegrenztes Territorium, kein einheitliches Recht, keine einheitliche Verwaltung, kein stehendes Heer, stattdessen eine Vielzahl von Sprachen und Identitäten, wobei sich die aztekische Sprache, das Nahuatl, zur allgemein verständlichen *lingua franca* entwickelte. Das komplexe Gebilde unter der Führung dreier Stadtstaaten geriet im Verlauf des 15. Jahrhunderts mehr und mehr unter die Kontrolle von Technotitlan, dem heutigen Me-

xiko-City, und der dort herrschenden Familie Colhua. Ihre Führer waren zwar im lokalen Kontext absolute Herrscher, aber ihre Autorität wurde auf überregionaler Ebene nicht unwidersprochen hingenommen. Sowohl die beiden anderen mächtigen Stadtstaaten als auch aufstrebende Herrschaften in anderen Gebieten des lockeren Verbundes versuchten wiederholt die Entwicklung eines Zentrums und eines alleinigen Herrschers zu unterlaufen. Der unmittelbaren Machtausübung selbst eines so mächtigen Herrschers wie Moctezuma II. (Reg. 1502–1520), unter dem Tenochtitlan an politischem und militärischem Einfluss gewann, waren Grenzen gesetzt: und zwar Grenzen der Kommunikation. Die Azteken galten als „Fußgängergesellschaft", sie kannten weder Last- noch Reittiere: Ochsen, Pferde oder Esel gab es nicht. Das Rad war nicht in Gebrauch. Man kannte es zwar, benutzte es aber nur bei Spielzeug oder Kunstobjekten. Die Mobilität der Azteken war beschränkt; den Transport von Menschen und Waren erledigten Träger [...].

Die aztekische Gesellschaft gliederte sich in zwei Schichten: Es gab eine Adelsschicht, die zirka zehn Prozent der Bevölkerung umfasste, und die große Menge der Nichtadligen. Am unteren Ende der sozialen Leiter standen die Sklaven, die jedoch nicht in Unfreiheit geboren waren oder lebenslänglich in diesem Zustand verharrten, sondern infolge von Verkauf, Verschuldung oder krimineller Vergehen zeitweilig ihre Freiheit verloren oder sogar freiwillig darauf verzichten konnten. Das Volk arbeitete in der Mehrzahl als Bauern oder Handwerker. Der Adel besaß das Land, verfügte über die nötigen Arbeitskräfte, lebte zumeist in großen Haushalten und seine männlichen Angehörigen frönten im Gegensatz zum monogamen Volk der Polygamie. Der Adel stellte auch die Priesterschaft, die neben Kultämtern politische Funktionen übernahm. Nach aztekischer Vorstellung gab es eine Ordnung des Kosmos, der auch die zahlreichen Götter unterworfen waren. [...]

In Verbindung mit den wiederholt auftretenden Hungersnöten, die als göttliche Strafen interpretiert wurden, und der Überbevölkerung – allein in Tenochtitlan lebten 150 000 bis 300 000 Menschen – machte sich um die Wende vom 15. zum 16. Jahrhundert eine aggressiv-pessimistische Grundstimmung bei den Azteken breit. [...] Die latente Krisenstimmung bildete den Hintergrund der Regierung des Moctezuma II. [...] Innerhalb der aztekischen Eliten schwelten Spannungen, Rivalitäten und Misstrauen, die den Spaniern ideale Ansatzstellen bieten sollten, um Keile in das aztekische Machtgefüge zu treiben.

Claudia Schnurmann, Europa trifft Amerika, Fischer Taschenbuch, Frankfurt/ M. 1998, S. 42–44.

M 10 Menschenopfer, Darstellung aus einer aztekischen Handschrift, ca. 15. Jahrhundert

M 11 Der italienische Humanist Peter Martyr von Anghiera (1457–1526) beschreibt die Stadt Tenochtitlan (1523)

Die Stadt Tenustitan [= Tenochtitlan], die Residenz des großen Königs Moctezuma, liegt in der Mitte des Salzsees. Von welcher Seite man auch zu ihr hinkommen will, der Abstand vom Festland beträgt jeweils anderthalb bis zwei Leugen [rd. 6 km]. Tag und Nacht ist der See von ankommenden und abfahrenden Booten belebt. Auch auf den vier steinernen Brückendämmen kann man von allen Seiten in die Metropole gelangen. Die Dämme sind fest gebaut und stellen eine fast durchgehende Verbindung dar; nur an einzelnen Stellen sind sie von Öffnungen unterbrochen. [...] Über einen der Deiche verläuft ohne Unterbrechung eine

M 12 Mittel- und Südamerika in vorkolonialer Zeit

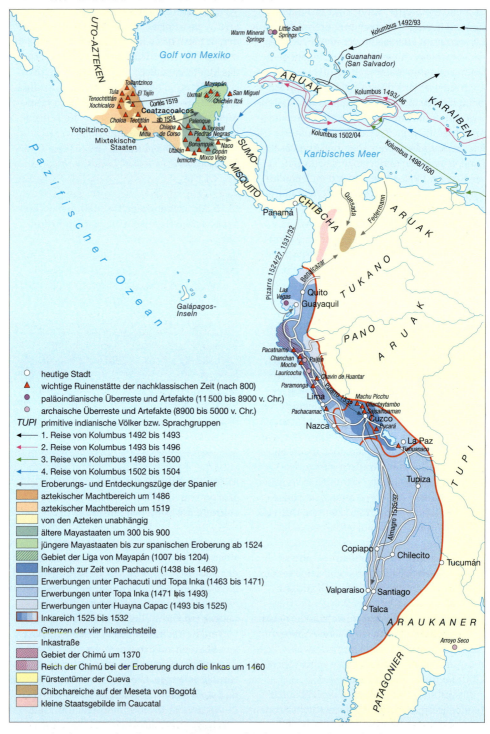

1 Beschreiben Sie anhand von M 12 die Spanne der altamerikanischen Kulturformen.

Wasserleitung zur Stadt. So erhält die ganze Einwohnerschaft Trinkwasser. Angestellten des Königs, die auch über Boote verfügen, sind bestimmte Bezirke zugewiesen, in denen sie für die Bevölkerung Wasser verkaufen; dafür muss eine Abgabe entrichtet werden. [...]

Auf den Plätzen und Märkten in Tenustitan verkauft man alles, was zum Hausbau und zur Hausausstattung gehört: Pfosten und Balken, Latten, Kalk, Gips, Ziegel und Bruchsteine, die für den jeweiligen Gebrauch behauen sind. Vielfältige Tonwaren werden angeboten: Krüge, Kannen, Schüsseln, Mischkessel, Platten, Schalen, Becken, Pfannen, Näpfe, Kumpe, alles handgearbeitete Gefäße. Stahl und Eisen kennen die Menschen dort nicht; Gold, Silber, Zinn, Blei und Messing haben sie dagegen im Überfluss. Jeder Käufer wird auf dem Markt die erwähnten Metalle in der Form bekommen, wie er sie wünscht: im Rohzustand, gegossen, geschmiedet und kunstvoll zu Schmuck verarbeitet. [...]

Etwas anderes darf ich nicht übergehen. Auf dem weiten Gelände des größten Platzes in Tenustitan steht ein gewaltiges Rathaus. Dort sitzen ständig zehn oder zwölf angesehene ältere Männer, die als Rechtskundige alle auftretenden Streitigkeiten entscheiden. Neben ihnen stehen Polizeidiener mit Stäben, die deren Befehle ausführen. Auch Beamte, die Rechnungen und Maße überwachen, sind zur Stelle. Ob sie auch Gewichte kennen, weiß man noch nicht.

Hans Klingelhöfer (Hg.), Peter Martyr von Anghiera. Acht Dekaden über die Welt, Bd. 2, Wiss. Buchgesellschaft, Darmstadt 1973, S. 44f. und 49f.

1 Erarbeiten Sie aus M 9 und M 11 Merkmale der Herrschaft bei den Azteken. Erörtern Sie, ob man das Aztekenreich als einen „Staat" bezeichnen kann.
2 **Schaubild:** Erstellen Sie anhand der Informationen aus M 9 und M 11 ein Schaubild zur Gesellschaftsstruktur der Azteken.
3 Vergleichen Sie mit der Gesellschaft Europas um 1500 (siehe Kap. 2, ibs. S. 18 ff.).
4 **Recherche:** Informieren Sie sich über die Bedeutung der Religion bei den Azteken und interpretieren Sie die Abbildung M 10.

Voraussetzungen und Motive der europäischen Expansion

M 13 Vertrag zwischen Kolumbus und den Königen von Spanien, Isabella und Ferdinand, 17. April 1492

Die erbetenen Titel und Rechte, welche Eure Hoheiten dem Don Cristóbal de [sic] Colón gewähren und verleihen als Belohnung für das, was er in den Ozeanischen Meeren entdeckt hat (*que ha descubierto*), und für die Reise, die er jetzt mit Gottes Hilfe im Dienste Eurer Hoheiten auf diesen Meeren unternehmen soll, sind jene, die im Folgenden ausgeführt werden:

Zum Ersten ernennen Eure Hoheiten als Herrn über die genannten Ozeanischen Meere von heute an den genannten Don Cristóbal Colón zu ihrem Admiral über alle jene Inseln und Festlande, die von ihm und durch seine Bemühungen in den genannten Ozeanischen Meeren entdeckt und gewonnen werden, auf Lebenszeit, und nach seinem Tode seine Erben und Nachkommen auf ewig, von einem zum anderen fortlaufend, und mit allen jenen Vorrechten und Privilegien, die zu diesem Amt gehören. [...]

Ferner ernennen Eure Hoheiten den genannten Don Cristóbal Colón zu ihrem Vizekönig und Generalgouverneur aller genannten Inseln und Festlande und Inseln, die er, wie erwähnt, in den genannten Meeren entdeckt und gewinnt. Für die Verwaltung von allen und jeder einzelnen der Inseln und Festlande wird er für jedes Amt drei Personen vorschlagen, unter denen Eure Hoheiten diejenige Person auswählen werden, die für ihre Dienste am geeignetsten erscheint. So werden die Länder, die ihn Unser Herr zum Nutzen und Vorteil Eurer Hoheiten finden und gewinnen lässt, besser verwaltet werden. [...]

Des Weiteren wollen Eure Hoheiten, dass von allen und jedweden Waren, die gekauft, getauscht, gefunden, gewonnen oder vorgefunden werden innerhalb des Amtsbereichs der genannten Admiralität, welche Eure Hoheiten dem genannten Don Cristóbal Colón von heute an verleihen, dieser nach Abzug aller entstandenen Unkosten den zehnten Teil von allem für sich haben und einnehmen soll. Ob es nun Perlen, Edelsteine, Gold, Silber, Spezereien oder irgendwelche anderen Dinge und Handelswaren welcher Art, Bezeichnung oder Gattung auch immer sind; in der Weise also, dass er von dem, was rein und unbelastet bleibt, den zehnten Teil haben und einnehmen und damit nach seinem Gutdünken verfahren soll, wobei die übrigen neun Teile für Eure Hoheiten bleiben. [...]

Ferner, wenn wegen der Waren, die er von den Inseln und Festlanden, welche man, wie erwähnt, gewinnt und entdeckt, mitbringen wird, oder wegen der Waren, die im Tausch für jene hier von anderen Händlern erworben werden, an dem Ort, an welchem der genannte Handel und das Geschäft abgeschlossen wird, irgendein Rechtsstreit entsteht, so sollen Eure Hoheiten einverstanden sein und von heute an verfügen, dass in solch einem Verfahren von keinem anderen Richter als von ihm oder von seinem Vertreter ein Urteil gefällt wird, falls dies zu den Privilegien eines Admiralsamtes gehört.

Zit. nach: Eberhard Schmitt (Hg.), Dokumente zur Geschichte der Europäischen Expansion, Bd. 2: Die Großen Entdeckungen, C. H. Beck, München 1984, S. 106 f.

1 Fassen Sie die wesentlichen Vertragsinhalte zusammen.
2 Erläutern Sie die Interessen der Vertragspartner.

M 14 Der Historiker Horst Gründer über Kolumbus (2006)

Welches waren die Triebkräfte, die hinter den Plänen des Kolumbus standen und die ihn alle Rückschläge, sowohl diejenigen vor dem Aufbruch zu seiner Westfahrt als auch diejenigen während und nach seinen vier Amerikareisen, auf sich nehmen ließen? Wenn es ein Motiv gibt, das sein gesamtes „Bordbuch", das Tagebuch seiner ersten Reise, durchzieht und das sich auch an anderen Stellen immer wieder findet, dann ist es materieller Wohlstand für Spanien und sich selbst. Schon in Marco Polos Reisebeschreibungen und in dem „Imago Mundi" des Peter von Ailly hatte er insbesondere jene Stellen mit zahlreichen Randbemerkungen versehen, die sich auf Gold- und Silbervorkommen, Gewürze und Edelsteine bezogen.

Wenn man indes die Entwicklung des Kolumbus verfolgt und die vorhandenen Zeugnisse genauer prüft, entsteht ein differenzierteres Bild. Im Prolog seines „Bordbuchs" sieht Kolumbus etwa sein Unternehmen in die spanische Rekonquista eingebettet und stellt es in die universale Verbreitung des Christentums. Das Bekehrungsmotiv ist hier unmissverständlich ausgesprochen. Und es ist gekoppelt an das bekannte Thema der Suche nach dem Reich des „Priesterkönigs Johannes". Dessen Herrschaftsbereich lokalisierte er in unmittelbarer Nähe des Reiches des Großkhans, des Kaisers von China. [...]

Auch die Schätze Indiens waren für ihn nur Mittel zum Zweck, das heißt, sie sollten der Befreiung Jerusalems dienen und dem Christentum weltweit zum Sieg verhelfen. Als er während seiner dritten Reise im Mündungstrichter des Orinoco das irdische Paradies gefunden zu haben glaubte, ging er davon aus, dass dessen Reichtümer ausreichen würden, den entscheidenden Kreuzzug zur Wiedereroberung des Heiligen Grabes zu finanzieren. Seinen Namen hatte er inzwischen in Cristóbal Colón geändert, was programmatisch auf den „Evangelisator" (*Cristóbal* „Christusträger") und „Kolonisator" (*Colón* „Siedler") verwies. In der Wiedereroberung Jerusalems und der Christianisierung der Welt sah er wohl das letzte Ziel seiner Bemühungen um die Westfahrt nach Indien. Franziskanische Spiritualität, Kreuzfahrermentalität und Goldhunger bildeten bei Kolumbus mithin eine Einheit; so war er verspäteter „Kreuzfahrer" und moderner „Konquistador" zugleich.

Die Zeit Welt- und Kulturgeschichte, Bd. 8: Frühe Neuzeit und Altamerika, Zeitverlag, Hamburg 2006, S. 133 ff.

1 Analysieren Sie M 14 im Hinblick auf die Motive des Kolumbus.
2 **Diskussion:** Erörtern Sie auf der Grundlage Ihrer Ergebnisse die Frage: Kolumbus – Missionar oder Konquistador?

M 15 Präkolumbianische Goldskulptur des Muisca-Rituals, o. J.

Jeder neue Herrscher der Muisca musste dem Sonnengott bei seinem Antritt Opfer darbringen. Dabei wurde der nackte Körper des Fürsten mit Goldstaub überzogen. Dann fuhr er mit vier Begleitern auf einem Floß in die Mitte eines Bergsees und warf zahlreiche Gegenstände aus Gold mit Edelsteinen zu Ehren des Gottes in den See. Anschließend reinigte er sich im Wasser vom Goldüberzug. Der Mythos um einen sagenhaften Goldschatz im Goldland El Dorado lehnte sich an dieses Ritual an, entstand aber erst im 16. Jahrhundert.

1 Skizzieren Sie den Einfluss von Mythen wie dem „Mythos El Dorado" auf die Dynamik der europäischen Eroberungen.

M 16 Die päpstliche Bulle Inter caetera, 4. Mai 1493

Unter den anderen der göttlichen Majestät wohlgefälligen und Unserem Herzen erwünschten Werken ist es das Wichtigste, dass der katholische Glaube und die christliche Religion gerade in Unserer Zeit verherrlicht und überall verbreitet, das Heil der Seelen gefördert und die barbarischen Nationen gedemütigt und zum Glauben zurückgeführt werden. [...]

(§ 4.) Nachdem Ihr alles und namentlich, wie es katholischen Königen und Fürsten geziemt, das Interesse der Verherrlichung und Verbreitung des katholischen Glaubens gewissenhaft nach der Art Eurer Vorfahren glorreichen Angedenkens erwogen hattet, habt Ihr Euch vorgenommen, die genannten Inseln und Festländer samt ihren Bewohnern mit Gottes Hilfe Euch zu unterwerfen und zum katholischen Glauben zurückzuführen. [...]

(§ 6.) Das Gebiet, das Wir Euch aus bloßer Freigebigkeit, in voller Kenntnis und Apostolischer Machtvollkommenheit[1], aus eigenem Antrieb, nicht etwa aus Veranlassung einer Bitte von Eurer Seite[2] übergeben, umfasst alle Inseln und Festländer, ob schon bekannt oder noch zu entdecken, in westlicher und südlicher Richtung, [...]; dazu ziehen Wir eine Linie vom arktischen Pol zum antarktischen Pol, also von Norden nach Süden, gleich ob nun die Festländer und Inseln auf dem Wege nach Indien oder nach einer anderen Weltgegend entdeckt wurden oder entdeckt werden[3]. Diese Linie soll hundert Meilen westlich von den Inseln, die als Azoren und Kapverden bekannt sind, nach Süden verlaufen, sodass Euch alle westlich dieser Linie gelegenen Inseln und Festländer, ob schon bekannt oder noch zu entdecken, zufallen, sofern sie sich bis zum letztvergangenen Weihnachtstag, mit dem das gegenwärtige Jahr 1493 begonnen hat, nicht im tatsächlichen Besitz eines anderen christlichen Königs oder Fürsten befunden haben.

Geschichte in Quellen, hg. von Wolfgang Lautemann und Manfred Schlenke, Bd. 3: Renaissance. Glaubenskämpfe. Absolutismus. Bearbeitet von Fritz Dickmann, bsv, München 1982, S. 57 ff.

---

1 Gemeint ist hier die Autorität des Papstes, der sich als Nachfolger des Apostel Petrus sieht, als Oberhaupt der römisch-katholischen Kirche.
2 Eine formelhafte Wendung, die dazu diente, dem Empfänger der Urkunde Gebührenfreiheit zu verschaffen. In Wirklichkeit war die Gebietsübertragung von Spanien beantragt.
3 Laut Vertrag von Tordesillas (1494) 370 Meilen westlich der Kapverdischen Inseln

---

1 Erläutern Sie die Rolle der katholischen Kirche bei der Inbesitznahme der Neuen Welt. Zeigen Sie insbesondere, welchen rechtlichen Anspruch der Papst erhebt.

Kulturen treffen aufeinander

M 17 Auszug aus einer aztekischen Chronik (16. Jahrhundert)

Sie entstand auf Veranlassung des Franziskaners Bernardino de Sahagún. Er ließ darin indigene Schüler in der ersten Hälfte des 16. Jahrhunderts Berichte über die Eroberung Mexikos in ihrer eigenen Sprache, dem Náhuatl, niederschreiben:

Als das Jahr „Dreizehn Kaninchen" sich seinem Ende näherte, [...] erschienen sie [d. h. Cortés mit seiner Schiffsflotte] wieder. Sie wurden wieder gesehen. Sogleich brachte
5 man Moctezuma die Kunde, und er sandte sofort Boten aus, denn er dachte: „Nun ist unser Fürst Quetzalcóatl[1] gekommen!" In seinem Herzen fühlte er: Er ist erschienen, er ist zurückgekommen. Nun wird er wieder seinen
10 Thron einnehmen, wie er versprochen hat, ehe er uns verließ. Moctezuma schickte fünf hohe Gesandte aus, die die Fremden begrüßen und ihnen Willkommensgeschenke bringen sollten. [...]
15 Moctezuma war sehr erstaunt und bestürzt über ihren Bericht und die Beschreibung der göttlichen Speise entsetzte ihn mehr als alles andere. Sie nährten sich nicht von Blut und menschlichen Herzen! Erschrocken hörte er
20 auch davon, wie die Kanone brüllt, wie ihr Donner trifft, dass man taub und ohnmächtig wird. [...] Und die Gesandten berichteten weiter: „Ihre Kriegstracht und ihre Waffen sind ganz aus Eisen gemacht. Sie kleiden sich ganz
25 in Eisen, mit Eisen bedecken sie ihren Kopf, aus Eisen sind ihre Schwerter, ihre Bogen, ihre Schilde und Lanzen. Sie werden von Hirschen auf dem Rücken getragen, wohin sie wollen. Herr, auf diesen Hirschen sind sie so hoch wie
30 Dächer. [...]" Als Moctezuma diesen Bericht gehört hatte, griff die Furcht ihn an. Sie schwächte sein Herz bis zur Ohnmacht, es schrumpfte zusammen. Und die Verzweiflung eroberte ihn. Doch dann sandte er wieder Ab-
35 geordnete aus, er schickte seine klügsten Leute [...] und die edelsten und tapfersten Krieger. [...] Moctezuma schickte auch Gefangene mit. Sie waren für Opfer bestimmt, wenn es die Götter nach Menschenblut gelüstete. Die Ge-
40 fangenen wurden vor den Fremden geopfert, doch als die Weißen das sahen, schüttelten sie sich vor Abscheu und Ekel. [...]
Moctezuma hatte die Magier beauftragt, auszuforschen, wer die Fremden wären. Zu-
45 gleich sollten sie trachten, sie zu verzaubern, irgendein Unheil auf sie herabzuziehen [...]. Die Zauberer taten ihr Werk, sie besprachen die Fremden, aber die Wirkung blieb aus. [...] Da kehrten die Zauberer eilig zurück und be-
50 richteten Moctezuma, wie stark und unverwundbar die Fremden wären. [...]
Moctezuma war angsterfüllt und verwirrt; von Schrecken gepeinigt, verzweifelte er an der Zukunft seiner Stadt. Sein Volk war ver-
55 wirrt wie er, beriet, besprach die Berichte. Man kam auf den Straßen zusammen, bildete Gruppen, Gerüchte verbreiteten Schrecken. Man weinte und klagte. [...]
Nachdem die Fremden Cholula vernichtet
60 hatten, machten sie sich auf den Weg nach der Hauptstadt Mexiko[2]. Sie kamen in Schlachtordnung, als Eroberer, und der Staub stieg in Wirbeln über den Landstraßen auf. Ihre eisernen Stäbe glitzerten böse in der Sonne und die
65 Fähnchen daran flatterten wie Fledermäuse. [...] Einige waren von Kopf bis Fuß in blitzendes Eisen gekleidet. Diese glänzenden Eisenmänner erschreckten jeden, der sie sah.
Moctezuma sandte noch einmal verschie-
70 dene Fürsten aus. [...] Sie schenkten den Göttern goldene Banner und Fahnen aus Quetzalfedern und goldene Halsketten. Als sie das Gold in ihren Händen hatten, brach Lachen aus den Gesichtern der Spanier hervor, ihre
75 Augen funkelten vor Vergnügen, sie waren entzückt. Wie Affen griffen sie nach dem Gold [...]. [...] Sie rissen die goldenen Banner an sich, prüften sie Zoll für Zoll, schwenkten sie hin und her, und auf das unverständliche
80 fremde Rauschen im Wind antworteten sie mit ihren wilden, barbarischen Reden.

Miguel Leon-Portilla/Renate Heuer (Hg.), Rückkehr der Götter. Die Aufzeichnungen der Azteken über den Untergang ihres Reiches, Vervuert, Frankfurt/M. 1986, S. 23–53.

---

1 Quetzalcóatl: aztekischer Gott des Windes, des Himmels und der Erde
2 Mexiko: Tenochtitlán, heute Mexiko City

M 18 Der spanische Konquistador Hernán Cortés schreibt in einem Bericht an Kaiser Karl V. über seine Begegnung mit Moctezuma (1520)

Kurze Zeit nachher aber, nachdem alle meine Leute schon einquartiert waren, kehrte er zurück mit vielen und mannigfaltigen Kleinodien von Gold und Silber und Federbüschen sowie mit fünf- bis sechstausend Stück baumwollenen Gewebes [...]. Nachdem er mir das übergeben hatte, [...] redete er zu mir Folgendes: „Seit langer Zeit bereits besitzen wir durch unsere Urkunden von unseren Voreltern Kenntnis, dass weder ich noch alle jetzigen Einwohner dieses Landes Eingeborene desselben sind, sondern vielmehr Fremde, die aus sehr entfernten Gegenden stammen. Gleichfalls wissen wir, dass unser Geschlecht durch einen Herrn hierher geführt wurde, dessen Vasallen sie alle waren und der darauf nach seinem Geburtslande zurückkehrte, später aber wiederkam – doch erst nach so langer Zeit, dass sich die Zurückgebliebenen unterdessen schon mit eingeborenen Weibern verheiratet und viele Kinder erzeugt, auch neue Ortschaften gebildet hatten, wo sie lebten. Und als er sie wieder mit sich hinwegzuführen gedachte, wollten sie nicht folgen und ihn nicht einmal mehr als ihren Herren erkennen, und so entfernte er sich wieder.

Wir aber haben stets dafür gehalten, dass jemand von seinen Nachkömmlingen dereinst erscheinen würde, um dieses Land zu unterjochen und uns wiederum zu ihren Vasallen zu machen. Und nach der Gegend, aus welcher Ihr gekommen zu sein versichert, das heißt vom Sonnenaufgange her, und nach Euren Erzählungen von jenem großen Herrn oder Könige, der Euch von dort gesendet hat, glauben wir und halten es für gewiss, dass derselbe unser angestammter Herrscher sei; besonders da Ihr sagt, dass auch er von uns seit langer Zeit schon Kunde besessen. Seid deshalb überzeugt, dass wir Euch gehorchen und Euch als Gebieter und als Statthalter jenes großen Herrn anerkennen werden, von dem Ihr redet. [...] Wohl mögt Ihr daher im ganzen Lande, soweit ich es zur Herrschaft besitze, nach Willkür befehlen [...]. [...]

Jetzt gehe ich in ein anderes Haus, wo ich wohne. Ihr werdet hier mit aller Notdurft für Euch und Eure Leute versorgt werden. Ihr braucht Euch um nichts zu kümmern, denn Ihr befindet Euch in Eurem Hause und Eurer Heimat."

Ich antwortete nun auf alles, was er gesagt hatte, ihn überall befriedigend, wo es mir angemessen schien, und besonders ihn in seinem Glauben bestärkend, dass wirklich Ew. Majestät der längst von ihnen Erwartete sei.

Ernst Schultze (Hg.), Ferdinand Cortés. Die Eroberung Mexikos, Gutenberg, Hamburg 1907, S. 199–222.

1 Analysieren Sie M 17 bzw. M 18 im Hinblick auf die Reaktion Moctezumas und der Azteken auf die Ankunft der Europäer.
2 Diskutieren Sie, inwieweit die aztekische Chronik (M 17) tatsächlich die Sicht der Azteken wiedergibt.
3 Verfassen Sie zu M 17 und M 18 Parallelberichte aus der Perspektive
   a) eines am Zug nach Mexiko teilnehmenden spanischen Soldaten,
   b) eines an der Expedition teilnehmenden Mönches, der an einen Ordensvorgesetzten schreibt,
   c) eines aztekischen Kriegers, der zu den Ratgebern Moctezumas gehört.

M 19 Die Landung des Kolumbus auf der Insel San Salvador am 12. Oktober 1492, Kupferstich von Theodor de Bry, 1594

M 20 Kolorierter Holzschnitt aus der lateinischen Erstausgabe der Briefe des Kolumbus', 1493

M 21 Der Historiker Bernd Hausberger über die Beschreibung der Altamerikaner durch die Europäer (2008)

Die Beschreibung der Bewohner der neuen Welt beruhte auf den frühen Reiseberichten, von denen etwa die Berichte des Kolumbus und des Amerigo Vespucci größte Verbreitung
5 in Europa fanden. Aus diesen Texten wurden verschiedene topische[1] Modelle des Indios entwickelt, die sich ihrerseits auf die klassischen, bis auf Herodot[2] zurückreichenden Diskurse der Fremdbeschreibung rückbeziehen.
10 Ursprünglich herrschte das Bild des exotischen „Anderen" vor, und zwar in den Varianten des barbarischen und verabscheuungswürdigen Menschenfressers wie des als Kontrast zur europäischen Sündhaftigkeit
15 präsentierten unschuldig-guten Wilden. Bald kam das Bild des Indio als Opfer hinzu. Immer blieb der Indianer dabei ein stereotypes und abstraktes Wesen, und die jeweils favorisierten Beschreibungen transportierten oder
20 unterstützten jeweils andere Interessen und Ziele. Das Bild des „edlen Wilden" fand Verwendung, um zu belegen, dass aus den Indianern ohne große Mühe ganz besonders gute Christen werden würden, das des „wilden Wil-
25 den", um die Notwendigkeit der Eroberung und der Mission, jetzt verstanden als zivilisa-

torische Anstrengung, zu belegen. […] Selbst von ihren positivsten Interpreten wurden die indianischen Kulturen aber letztlich als hinter den europäischen Kulturen zurückstehend
30 betrachtet, hatten sie doch in Isolation vom Evangelium gelebt.

Bernd Hausberger, Das Reich, in dem die Sonne nicht unterging. Die iberische Welt, in: Peter Feldbauer u. a. (Hg.), Die Welt im 16. Jahrhundert, Mandelbaum Verlag, Wien 2008, S. 346.

1 topisch: ein Topos ausdrückend, d. h. ein feststehendes Bild vermitteln
2 Herodot (ca. 485–425 v. Chr.): griechischer Historiker

> 1 Charakterisieren Sie die unterschiedlichen europäischen Darstellungen der Indios und erklären Sie deren Funktion (M 21).
> 2 Ordnen Sie den unterschiedlichen Darstellungen die Abbildungen M 19 und M 20 zu.

M 22 Der Historiker Richard Konetzke über die unterschiedlichen Reaktionen der Einheimischen auf die Europäer (1969)

Die Spanier hatten ihren ersten Kontakt mit amerikanischen Eingeborenen auf den Inseln des Karibischen Meeres. Sie trafen auf den Großen Antillen die Taino, die der Völkerfami-
5 lie der Aruak oder Arawaken angehörten und vom südamerikanischen Festland her die Westindischen Inseln in Besitz genommen hatten. […] Sie näherten sich den Fremden, die, so meinten sie, vom Himmel gekommen
10 waren, ohne Argwohn und tauschten, was sie besaßen, bereitwillig für irgendwelche Kleinigkeit aus. Kolumbus meinte, dass man nie „Leute von so gutem Herzen und von solcher Freigebigkeit, noch so furchtsam gesehen
15 habe, und schien in jedem Eingeborenen den ‚edlen Wilden' gefunden zu haben. […]
Die Kariben dagegen wurden als ein grausames Kriegervolk bekannt. Sie unternahmen Raubzüge nach den von den Taino bewohnten Inseln, erschlugen die Männer und ver-
20 schleppten die Frauen. Die Taino lebten in ständiger Furch vor den Überfällen der Kari-

ben und konnten darum in den Weißen ihre Beschützer erblicken. [...]

Eine politische Macht stellten Taino und Kariben gegenüber den europäischen Invasoren nicht dar, da ihre staatliche Organisation noch kaum über Dorfgemeinschaften und kleine Fürstentümer hinausgekommen war. Spätere Aufstände einzelner Häuptlinge sind von den Spaniern brutal niedergeschlagen worden.

Richard Konetzke, Die Indianerkulturen Altamerikas und die spanisch-portugiesische Kolonialherrschaft. Fischer Weltgeschichte Bd. 22: Süd- und Mittelamerika I, 17. Aufl., Fischer Taschenbuch Verlag, Frankfurt/M. 1999, S. 13f.

1 Erläutern Sie die Ursachen für die unterschiedliche Wahrnehmung der Europäer durch die einheimische Bevölkerung.

Herrschaftsstrukturen in der Neuen Welt

M 23 Verfügung der spanischen Königin Isabella über die Herrschaft in Española (Encomienda-System), 20. Dezember 1503

Isabella, von Gottes Gnaden Königin von Kastilien und Leon etc.: Da der König, Mein Herr, und Ich durch die Instruktion, die Wir dem Don Nicolas de Ovando zur Zeit seiner Statthalterschaft auf den Inseln und dem Festland des Ozeans erteilen ließen, befohlen haben, dass die auf der Insel Española [Haiti] ansässigen Indianer freie Menschen und keiner Dienstbarkeit unterworfen sein sollten [...], Ich jetzt aber erfahren habe, da die Indianer infolge der ihnen gegebenen reichlichen Freiheit die Christen fliehen, Gespräch und Umgang mit ihnen meiden, auch gegen Lohn nicht arbeiten wollen und sich müßig herumtreiben, geschweige denn sich dazu gewinnen lassen, belehrt und zu unserem heiligen katholischen Glauben bekehrt zu werden, dass deshalb die dort auf der Insel wohnenden Christen keine Arbeitskräfte für ihre Farmen und für die Goldgewinnung finden können, wodurch den einen wie den anderen Schaden erwächst, und weil Wir wünschen, dass die genannten Indianer sich zu unserem heiligen katholischen Glauben bekehren und darin unterrichtet werden, dies sich aber besser tun lässt, wenn die Indianer mit den auf der Insel wohnenden Christen in Berührung kommen, mit ihnen umgehen und zu tun haben, beide einander helfen und so die Insel kultiviert, bevölkert und ertragreich gemacht wird, auch Gold und andere Metalle gefördert werden und Meine Königreiche und deren Bewohner daraus Nutzen ziehen, so habe Ich diese Verfügung wie folgt ausfertigen lassen und befehle hiermit Euch, Unserem Gouverneur, dass Ihr von dem Tage an, wo Ihr diese Meine Verfügung erhaltet, künftig die Indianer nötigt und antreibt, mit den Christen der genannten Inseln Umgang zu pflegen, in ihren Häusern zu arbeiten, Gold und andere Metalle zu schürfen und Landarbeit für die auf der Insel ansässigen Christen zu leisten, und dass Ihr jedem für den Arbeitstag Tagelohn und Unterhalt geben lasst, wie sie Euch nach der Beschaffenheit des Bodens, des Arbeiters und der Tätigkeit angemessen erscheinen, dass Ihr jedem Kaziken [Häuptling] auferlegt, eine bestimmte Anzahl Indianer bereitzuhalten, um sie jeweils da, wo es nötig ist, zur Arbeit einsetzen zu können, und damit sie sich an den Festtagen und wann es sonst erforderlich scheint zusammenfinden, um an den dafür bestimmten Orten über die Dinge des Glaubens zu hören und darin unterrichtet zu werden, dass jeder Kazike die von Euch jeweils vorgeschriebene Zahl von Indianern beibringt und an die von Euch benannten Personen zur Arbeit überlässt, gemäß näherer Anweisung dieser Personen und gegen einen von Euch festzusetzenden Tagelohn.

Die genannten Verpflichtungen sollen sie als freie Personen leisten, die sie ja sind, nicht als Sklaven. Ihr habt dafür zu sorgen, dass diese Indianer gut behandelt werden, und zwar diejenigen unter ihnen, die Christen sind, besser als die anderen; Ihr dürft nicht dulden oder Anlass geben, dass irgendjemand ihnen Leid oder Schaden zufügt oder sie ungebührlich behandelt; dass keiner sich irgendetwas der Art unterstehe, bei Meiner Ungnade und bei Geldstrafe von 10 000 Maravedis im Fall der Zuwiderhandlung.

Fritz Dickmann (Bearb.), Geschichte in Quellen, Bd. 3, bsv, 2. Aufl., München 1976, S. 68.

M 24 Bartolomé de Las Casas (1474–1566), Dominikanermönch und Bischof von Chiapa (Mexiko), beschreibt in seiner „*Historia de las Indias*" die Praxis des Encomienda-Systems (16. Jh.)

Es ist nun zu berichten, wie der Gouverneur die Verfügung auslegte oder vielleicht auch nicht auslegte, sondern wie er sie durchführte. Was die erste und wichtigste Sache betrifft, die die Königin sich zum Ziel gesetzt hatte und zu setzen verpflichtet war, nämlich die Erziehung, Belehrung und Bekehrung der Indianer, so habe ich schon oben gesagt [...], dass der Missionierung und Bekehrung dieser Menschen nicht mehr Aufmerksamkeit und Mühe zugewendet, nicht mehr Nachdenken und Sorgfalt gewidmet wurde, als wenn die Indianer Klötze oder Steine, Katzen oder Hunde gewesen wären. [...]

Die zweite Vorschrift, dass jeder Kazike eine bestimmte Anzahl von Leuten zu stellen habe, führte der Gouverneur so aus, dass er die zahlreiche Bevölkerung dieser Insel vernichtete; er übergab nämlich jedem Spanier, der den Wunsch dazu äußerte, dem einen 50, dem anderen 100 Indianer, [...] darunter Kinder und Greise, schwangere Frauen und Wöchnerinnen, Hohe und Niedere, ja selbst die Herren und angestammten Könige dieser Völker und dieses Landes. Diese Art der Verteilung der eingeborenen und ansässigen Indianer nannte er und nannte man allgemein *Repartimiento*. Auch dem König gab er an jedem Ort sein *Repartimiento* wie einem Einheimischen, der seine Landgüter und Besitzungen bewirtschaftet, auch ließ er für den König Gold graben. [...]

Viertens sollten die Indianer nur auf einige Zeit und nicht für die Dauer verdingt werden und mit Milde und Güte behandelt werden. Der Gouverneur aber überlieferte sie [den Spaniern] zur ständigen Arbeitsleistung, ohne ihnen eine Ruhepause zu gewähren, wie sich aus der *Repartimiento*-Bescheinigung ergibt. [...]

Ferner ließ er über die unerträgliche Arbeitsbelastung hinaus noch zu, dass man spanische Aufseher über sie setzte, die sich durch Grausamkeit hervortaten; bei den Minenarbeitern waren es die sogenannten *Mineros*, und bei denen, die auf den Farmen und Landgütern arbeiteten, die *Estancieros*. Die behandelten sie mit solcher Strenge und Härte und derart unmenschlich, dass man sie nur für Teufelsknechte halten konnte, und ließen ihnen Tag und Nacht nicht einen Augenblick Ruhe. Sie gaben ihnen Stock und Rutenhiebe, Ohrfeigen, Peitschenschläge, Fußtritte [...]. Bei der fortgesetzten unmenschlich harten Behandlung durch die *Estancieros* und *Mineros*, der pausenlosen unerträglichen Arbeit, bei der man sie niemals ausruhen ließ, und da sie genau wussten, dass nur der Tod sie davon befreien werde, wie ihre Leidensgenossen, die sie neben sich sterben sahen, ergriff sie eine Verzweiflung wie die Verdammten im Höllenfeuer, und Einzelne flohen in die Berge, um sich dort zu verstecken. Darauf setzte man Häscher ein, die nach ihnen jagten und sie wieder herbeibrachten.

Wolfgang Lautemann/Manfred Schlenke (Hg.), Geschichte in Quellen, Bd. 3, 2. Aufl., bsv, München 1976, S. 69f.

M 25 Arbeit im Silberbergwerk von Potosí, kolorierter Kupferstich, 18. Jh.

Das Silberbergwerk von Potosí im heutigen Bolivien versorgte Europa in der Frühen Neuzeit mit großen Silbermengen. Die Spanier ließen an diesem Ort in den Anden eine Stadt errichten, in der zeitweise mehr als 150 000 Menschen lebten. Zehntausende starben hier durch Zwangsarbeit im Bergbau.

1 Erarbeiten Sie aus M 23 Merkmale und Ziele des Encomienda-Systems.
2 Analysieren Sie Ursachen und Motive des Encomienda-Systems (M 23). Unterziehen Sie sie einer kritischen Bewertung.
3 Stellen Sie mithilfe von M 24 Anspruch und Wirklichkeit der spanischen Kolonialherrschaft gegenüber.
4 Erörtern Sie, inwieweit die Verfügung von 1503 für die Zustände in den Silberbergwerken (M 25) verantwortlich war.

Auswirkungen der Kolonialisierung

M 26 Toribio de Benavente (ca. 1490 bis 1569) über die Folgen der spanischen Herrschaft für die Indianer (um 1550)

Gott verwundete und bestrafte dieses Land und seine Bewohner, sowohl einheimische als auch fremde, mit zehn verheerenden Plagen. Die erste waren die Pocken [...].
Die zweite Plage war die Conquista, durch die viele starben, besonders in der Stadt Mexiko [...].
Die dritte Plage war eine große Hungersnot, die nach der Einnahme der Stadt ausbrach. Denn da sie infolge des Krieges, bei dem die einen den Mexikanern halfen, das Land zu verteidigen, während andere auf der Seite der Spanier kämpfen, die Felder nicht bestellen konnten oder aber die Felder, die die einen bepflanzten, von den andern zerstört wurden, gab es nichts zu essen [...].
Die vierte Plage waren die *calpixques* oder Aufseher und die Neger, die, nachdem man das Land aufgeteilt hatte, die Konquistadoren in ihren Besitzungen und Dörfern, mit denen sie betraut worden waren, einsetzten, damit sie die Tribute überwachten und auf ihren Ländereien nach dem Rechten sahen. Diese Aufseher wohnen in den Dörfern, und obwohl sie zumeist Arbeiter sind, die aus Spanien eingewandert sind, führen sie sich in diesem Lande wie Herren auf und springen mit den einheimischen Fürsten um, als seien es ihre Sklaven. [...]
Die fünfte Plage waren die hohen Abgaben und Dienstleistungen, die die Indianer erbringen mussten. Da sie in ihren Tempeln und in vielen Gräbern ihrer Fürsten und Herren eine große Menge Gold aufbewahrt hatten, das sie abliefern konnten, legte man ihnen hohe Tribute auf, und die Indianer, die seit den Zeiten des Krieges große Furcht vor den Spaniern hegten, gaben alles, was sie hatten. Da aber die Tribute immer weiter gefordert wurden, gewöhnlich alle achtzig Tage, mussten sie, um die Zahlungen einhalten zu können, ihre Kinder und Ländereien an Kaufleute und Händler verkaufen, und wenn sie ihre Tribute nicht einhielten, bedeutete das für viele den Tod [...].
Die sechste Plage waren die Goldminen, denn außer den Tributen und Dienstleistungen, die die Spanier aus ihren Dörfern bezogen, begannen sie auch, nach Minen zu suchen; und die Zahl der indianischen Sklaven, die darin zu Tode kamen, ist so groß, dass man sie nicht zählen kann. [...]
Die siebte Plage war der Wiederaufbau der Stadt Mexiko. [...] Und bei diesen Arbeiten [...] starben viele Indianer.
Die achte Plage war die Jagd auf Sklaven, die sie für die Minen benötigten. Es gab Jahre, da gingen sie mit solchem Eifer ans Werk, dass die Sklaven wie große Herden von Schafen aus allen Teilen des Landes in Mexiko zusammenströmten, wo sie gebrandmarkt wurden. [...]
Die neunte Plage war der Arbeitsdienst in den Minen, zu denen die Indianer bis zu einer Entfernung von sechzig Leguas [ca. 300 km] und mehr Versorgungsgüter bringen mussten. Der Weg war manchmal so weit, dass das Essen, das die Träger für sich selbst mitführten, kaum reichte, um zu den Minen zu gelangen, geschweige denn, um den Rückweg anzutreten; außerdem hielten sie die Minenbesitzer nicht selten für einige Tage zurück, damit sie ihnen beim Roden halfen. [...] Andere kehrten so entkräftet in ihre Dörfer zurück, dass sie bald darauf starben, und von diesen und den Sklaven, die in den Minen umkamen, ging ein solcher Gestank aus, dass es die ganze Umgebung verpestete [...].
Die zehnte Plage war der Streit, der zwischen den Spaniern in Mexiko ausbrach und die Gefahr heraufbeschwor, das ganze Land zu verlieren, was unzweifelhaft geschehen wä-

re, wenn Gott die Indianer nicht in Blindheit gehalten hätte.

Toribio de Benavente, Geschichte der Indios von Neu-Spanien; zit. nach Wilfried Westphal, Der Adler auf dem Kaktus, Westermann, Braunschweig 1990, S. 225–228.

1 Erläutern Sie ausgehend von M 26 die Strukturen der kolonialen Herrschaft.

M 27 Entwicklung der einheimischen Bevölkerung Spanisch-Amerikas

Der Bevölkerungsstand im Jahr 1492 wird mit 100 Prozent zugrunde gelegt.

Zeitraum	Krankheit/Intervall	Veränderung in Prozent	Bevölkerung in Prozent der Erstbevölkerung
1492			100,0
1493–1514	Grippe?	– 0,0	80,0
1514–1519	5 Jahre	+ 2,5	82,0
1519–1528	Pocken	– 35,0	53,3
1528–1531	3 Jahre	+ 1,5	54,1
1531–1534	Masern	– 25,0	40,6
1534–1545	11 Jahre	+ 5,5	42,8
1545–1546	Lungenpest	– 35,0	27,8
1546–1557	11 Jahre	+ 5,5	29,3
1557–1563	Masern	– 20,0	23,4
1563–1576	13 Jahre	+ 6,5	24,9
1576–1591	Typhus	– 47,0	13,2
1591–1595	4 Jahre	+ 2,0	13,5
1595–1597	Masern	– 8,0	12,4
1597–1611	14 Jahre	+ 7,0	13,3
1611–1614	Masern	– 8,0	12,2
1614–1630	16 Jahre	+ 8,0	13,2
1630–1633	Typhus	– 10,0	11,9

Nach: Wolfgang Reinhard, Die Unterwerfung der Welt. Globalgeschichte der Europäischen Expansion 1415–2015, C. H. Beck, 2. Aufl., München 2016, S. 325.

1 Beschreiben Sie die Entwicklung der einheimischen Bevölkerung Spanisch-Amerikas.

M 28 Der Historiker John Darwin über die Folgen des spanischen Kolonialismus und die Grenzen der Einflussnahme (2010)

Auch kulturell waren die Auswirkungen der Eroberung gemischt. In Mexiko wie auch in Peru hatten die Auswirkungen des spanischen Angriffs die indigenen religiösen Institutionen nach kurzer Zeit aufgelöst. Bis 1531 hatten die Spanier allein in Mexiko 600 Tempel und 20 000 Götterbilder zerstört. Die alte Priesterelite war entmachtet worden. Der unterworfenen Bevölkerung wurde eine weitgehend einheitliche religiöse Vorstellungswelt aufgezwungen. Tatsächlich übernahm sie die christlichen Kulte und Feiern ohne größeren Widerstand. Die indianischen Notabeln wurden bis zu einem gewissen Grad in die Verwaltungsstrukturen integriert. Nicht zuletzt ersetzte die spanische Kleidung zunehmend die traditionellen Indianertrachten, die die Kirche von Anfang an mit großer Missbilligung betrachtet hatte.

Doch verschiedene Umstände begrenzten Spaniens kulturellen Einfluss. Die vergleichsweise wenigen spanischen Siedler konzentrierten sich in den Städten und kamen nur von Zeit zu Zeit mit der indianischen Bevölkerung des Hinterlandes in Kontakt. Diese Tendenz wurde durch die Entscheidung der spanischen Regierung noch verstärkt, die indianischen Gemeinden von dem zu trennen, was die Verwalter und Kirchenmänner als korrumpierendes und ausbeuterisches Verhalten der Siedler betrachteten. Zusammen mit der Entlegenheit und Unzugänglichkeit eines Großteils des Landesinneren (vor allem im Hochland der Anden) führte dies dazu, dass in den Landgebieten die alten religiösen und magischen Kulte der Eingeborenen erhalten blieben. Selbst dort, wo die Indianer einem direkteren kolonialen Einfluss der Spanier ausgesetzt waren, blieben die Ergebnisse oft ambivalent. Die Verwaltungsbezirke Neuspaniens entsprachen weitgehend den alten „Stadtstaaten" der vorkolumbischen Zeit. Auch die örtliche Herrschaftselite zeigte eine bemerkenswerte Kontinuität. Außerdem bedeutete die Zerstörung der Strukturen der alten Religion aus der Zeit vor der Eroberung keinesfalls das Ende der traditionellen Heiler, Propheten und Wahrsager, der *Conjuros*, die auf dem Land immer noch großes Ansehen genossen. Natürlich konnte das Spanische auch nicht die alten Sprachen verdrängen. Gemäß einer neueren Untersuchung begann das Spanische erst im Verlauf des 17. Jahrhunderts, die grammatischen Strukturen der indianischen Sprachen zu beeinflussen. Davor beschränkte sich sein Einfluss auf den Gebrauch einiger Lehnsubstantive[1]. Obwohl Spanischamerika weiterhin hartnäckig indianisch blieb, wurde es gleichzeitig ethnisch vielfältiger. Zwar trafen in Mexiko und Peru genug Spanier beiderlei Geschlechts und mit einer ausreichenden Bandbreite von Berufen ein, um „vollständige" Gesellschaften zu bilden, die spanische Gemeinden nach dem Vorbild der Alten Welt bewahren und neu errichten konnten. Aber von den ersten Tagen der Eroberung an hatten spanische Männer mit indianischen Frauen Kinder gezeugt, was zur Entstehung einer Population von „Mestizen" führte. Um die schrumpfenden und widerspenstigen indianischen Arbeitskräfte zu ersetzen, brachten die Spanier ab Mitte des 16. Jahrhunderts afrikanische Sklaven ins Land, mit denen sie ebenfalls sexuell verkehrten. Die daraus hervorgehenden Nachkommen bildeten die Gemeinschaft der „Mulatten". Mitte des 17. Jahrhunderts bestand die Bevölkerung von Neuspanien aus etwa 150 000 weißen Spaniern, 150 000 Mestizen, 130 000 Mulatten, 80 000 afrikanischen Sklaven sowie vielleicht einer Million Indianer. Ein ähnliches Muster galt für Peru. In den 1640er-Jahren gab es in ganz Spanischamerika bereits etwa 330 000 afrikanische Sklaven. Das Ergebnis waren komplexe, rassisch geschichtete Gesellschaften, in denen der jeweilige Beruf und Status die ethnische Herkunft widerspiegelte und in denen die politische und wirtschaftliche Macht in den Händen von Weißen lag, ob sie nun noch in Spanien geboren worden waren oder bereits aus den Kolonien stammten. Letztere wurden als *Criollos* (Kreolen) bezeichnet. In einem in der Alten Welt Eurasiens unvorstellbaren Maße hatte Spanien die mächtigsten Gesellschaften des vorkolumbischen Amerikas aufgelöst und einige der schwächeren nahezu vernichtet. Es hatte den Raum geschaffen, in dem sich eine neue Gesellschaft bilden sollte, die den spanischen Bedürfnissen und Vorstellungen aufgeschlossen gegenüberstand. Tatsächlich hatte Spanien es jedoch bis Mitte des 17. Jahrhunderts, also nach über 150 Jahren in Amerika, trotz der erfolgreichen Eroberung nicht geschafft, sich seine amerikanischen Besitzungen einzuverleiben. Neuspanien war kein weiteres spanisches Königreich, keine Kopie Kastiliens geworden. Stattdessen hatte die Eroberung eine ganz neue ethnische Struktur und eine eigenständige, wenn auch ihren Ursprung nicht verleugnende spanisch-amerikanische Kultur begründet: die neue kreolische Gesellschaft.

John Darwin, Der imperiale Traum. Die Globalgeschichte großer Reiche 1400–2000, übers. v. Michael Bayer u. Norbert Juraschitz, Campus, Frankfurt/M. 2010, S. 69 ff.

---

1 Lehnsubstantiv: Substantiv, das aus einer anderen Sprache übernommen wurde

---

1 Zeigen Sie anhand von Beispielen aus M 28 die Ambivalenz des kolonialen Einflusses der Spanier auf.
2 Skizzieren Sie die ethnische Vielfalt Spanisch-Amerikas.

Geschichte kontrovers: Europäisierung der Welt?

M 29 Die Historikerin Luise Schorn-Schütte (2009)

Die Frühe Neuzeit ist die Epoche, in der sich Europa aus seinem eigenen Schatten herausbegibt und in die Welt hinein zu wirken beginnt. Im 16. Jahrhundert setzte damit eine Entwicklung ein, die weltgeschichtliche Perspektiven eröffnete. Die europäischen Eliten erkannten ihre Handlungsmöglichkeiten sehr rasch als Erweiterung des wirtschaftlichen Aktionsradius, verbanden dies aber ebenso rasch mit einer zusätzlichen politischen Horizonterweiterung. Es ist verständlich, dass dieser Blick der Europäer die eigene Perspektive in den Mittelpunkt stellte. Die Öffnung Europas für die Welt war in charakteristischer Wechselwirkung zugleich auch eine Europäisierung der Welt. Dieser Blick war für die frühneuzeitlichen Jahrhunderte selbstverständlich und wichtig, er wies der europäischen Politik eine durchaus neue Richtung. Der häufig formulierte Vorwurf, die wissenschaftliche Betrachtung der Expansion als Bewegung der europäischen Geschichte sei eurozentrisch, ist eine Reduzierung ihrer Komplexität und verkennt die Wechselwirkungen zwischen europäischer und außereuropäischer Realität.

Luise Schorn-Schütte, Geschichte Europas in der Frühen Neuzeit. Studienhandbuch 1500–1789, Schöningh Verlag UTB, 2. Aufl., Paderborn 2013, S. 321.

M 30 Der Historiker Horst Gründer (2006)

Die Umschlagszentralen der Güterströme lagen in Europa in den Handelsmetropolen des Nordwestens und der westlichen Mittelmeerländer. […] Das Ausgreifen europäischer Handelsinteressen auf die übrige Welt und das Entstehen eines Weltverkehrssystems bedeuteten vorerst jedoch nur bedingt die Etablierung eines europazentrischen „kapitalistischen Weltmarktes". Denn der Kontakt mit den Europäern löste regional und lokal sehr differenzierte Prozesse aus, wobei die Erweiterung des afrikanischen Sklavenmarktes aufgrund der europäischen Nachfrage sicherlich das fragwürdigste Ergebnis war. […] In Iberoamerika bewirkte die europäische Nachfrage nach Gold und Silber zweifelsohne schwerwiegende Veränderungen im ökonomischen und sozialen Gefüge Altamerikas. Eine Integration in das „Weltwirtschaftssystem" fand allerdings nur für einige Produkte statt, während sich seit dem 17. Jahrhundert eigenständige wirtschaftliche Binnenstrukturen entwickelten. Die ökonomische Stoßkraft des europäischen Aufbruchs richtete sich ohnedies nicht in erster Linie auf die Suche nach Märkten für eigene Waren, vielmehr ging es darum, außerhalb Europas liegende Ressourcen in das europäische Handelssystem zu integrieren. Der aufkommende Kapitalismus hat diesen Prozess begleitet und ist von ihm

gefördert worden, er war aber noch keineswegs weltbeherrschend.

Die Zeit Welt- und Kulturgeschichte, Bd. 8: Frühe Neuzeit und Altamerika, Zeitverlag, Hamburg 2006, S. 161–170, hier S. 169 f.

1 Skizzieren Sie die Position der Autoren zu der Frage der Europäisierung der Welt infolge der Entdeckungsfahrten (M 31 und M 32).
2 Arbeiten Sie verschiedene Ebenen heraus, auf denen von Europäisierung gesprochen werden kann.

M 31 Hernán Cortés mit dem aztekischen Herrscher Moctezuma II. bei seinem Aufenthalt in Tenochtitlan, Druck, 1565

1 Beschreiben Sie das Bild und zeigen Sie die „Europäisierung des Wilden" auf.

M 32 Der Historiker Wolfgang Reinhard (2008)

Politisch haben sich durch den Kolonialismus Gewichtsverschiebungen ergeben. England wäre ohne sein Kolonialreich nicht auf lange Zeit zur ersten See- und Weltmacht geworden, während Russland und die USA ihre Macht der Kolonisation ihrer Kontinente zu verdanken haben. Frühere Kolonialmächte hingegen haben möglicherweise mehr Schaden als Nutzen von ihren Imperien gehabt. Spaniens Machtstellung beruhte auf seinen europäischen Besitzungen, während die Einkünfte aus seinem Kolonialreich es möglicherweise nur zu der überzogenen Großmachtpolitik verleitet haben, die im 17. Jahrhundert Entscheidendes zu seinem Niedergang beitragen sollte. Europäische Politik wurde allerdings Weltpolitik; aus dem europäischen Staatensystem ist ein Weltstaatensystem geworden. Schon seit dem 17. Jahrhundert könnte man von „Weltkriegen" sprechen. Das Völkerrecht erhielt durch die Diskussion über die spanischen Rechtstitel in Amerika neue Impulse. Aber das Bild der Politik entspricht im Grunde dennoch dem der Wirtschaft, denn ausschlaggebend waren stets die Beziehungen der europäischen, später der westlichen Mächte untereinander; die Kolonien waren selten – vielleicht im Falle Britisch-Indiens – mehr als Bauern in diesem Schachspiel. Und es brauchte seine Zeit, bis vom Kolonialismus hervorgebrachte Neulinge auf diesem Feld wie die USA und Japan überhaupt angemessen berücksichtigt wurden.

Dass die Lage auf dem *gesellschaftlichen und kulturellen Feld* nicht anders ist, versteht sich von selbst, denn vor allem hier wusste sich Europa allen „Heiden" und „Barbaren" stets überlegen. Die Einsicht eines López de Gómara[1] von der weltgeschichtlichen Bedeutung der neuen Welten wurde bezeichnenderweise lange Zeit nicht in breiterem Umfang nachvollzogen. Die ganz gewöhnliche Information über die neuen Länder und deren Wahrnehmung in Europa ließen lange erstaunlich zu wünschen übrig. Erst sehr langsam entwickelte sich eine wissenschaftliche Erforschung Asiens, Amerikas und Afrikas; ursprünglich war sie fast ausschließlich von Missionaren betrieben worden, die solches Wissen für ihre Arbeit benötigten.

Zu einer geistigen Auseinandersetzung mit fremden Kulturen kam es nur in vorübergehenden Ausnahmefällen wie mit China im 17./18. Jahrhundert. Aber gerade diese Chinabegeisterung lässt deutlich erkennen, dass es den Europäern dabei nicht um den Anderen an sich geht, sondern eigentlich um sich selbst. So ist denn auch der bewunderte edle Wilde nichts anderes als ein verkleideter – oder entkleideter – Europäer. Hier wie anderswo erweist sich die Rückwirkung des Kolonialismus auf Europa als mehr oder weniger marginal[2]. Kolonialismus war offenbar eine ziemlich einseitige Angelegenheit! Doch gerade daraus ergaben sich weit reichende mentale Konsequenzen für die Europäer und die Welt. Ihr Kolonialismus hatte Menschen verschiedenster Herkunft weltweit in Kontakt gebracht und vermischt wie nie zuvor in der Geschichte. Eine Folge waren die erstmalige oder zumindest verstärkte Wahrnehmung und Instrumentalisierung rassischer Unterschiede. Konflikte konnten jetzt nicht mehr wie bisher nur religiös, sozial oder regional begründet werden, sondern mit rassischen Unterschieden. Die Stärkung des ethnischen Bewusstseins und die Einführung rassischer Kriterien sind eine schwere Erblast des Kolonialismus. Für Europäer bedeutete dies einerseits Stärkung ihres Überlegenheitskomplexes, andererseits aber auch Entwicklung eines Schuldkomplexes. Beide lassen sich übrigens keineswegs reinlich trennen und eindeutig „den Rechten" bzw. „den Linken" zuordnen; man bedenke z. B. das zivilisatorische Sendungsbewusstsein der französischen Linken oder die selbstverständliche Annahme, das eigene Schuldgefühl zeuge von höheren politischen Maßstäben!

Wolfgang Reinhard, Kleine Geschichte des Kolonialismus, Kröner, 2., vollst. überarb. u. erw. Aufl., Stuttgart 2008, S. 378 f.

[1] López de Gómara (ca. 1511–1566): Sekretär und Hauskaplan von Hernán Cortés
[2] marginal: randständig, nicht unmittelbar wichtig

1 Analysieren Sie die politischen sowie die gesellschaftlichen und kulturellen Folgen für Europa (M 32).
2 Erörtern Sie die These des Autors, den Europäern gehe es nicht um den Anderen an sich, sondern „eigentlich um sich selbst" (Z. 56 ff.).
3 Nehmen Sie Stellung: Kann man im 16. Jahrhundert von einer Europäisierung der Welt sprechen? (M 28 bis M 33)

M 33 Die Kirche Nuestra Señora de los Remedios auf der aztekischen Tempelpyramide Tepanapa, Cholula, Fotografie, 1995

1 Beschreiben Sie auf der Basis von M 33 den langfristigen Einfluss der Europäer auf die Entwicklung Südamerikas.

Geschichte und Theorie: Von der Kulturberührung zum Kulturzusammenstoß

M 34 Der Historiker Urs Bitterli über Kulturberührung, Kulturzusammenstoß, Kulturbeziehung (1986)

[Kulturberührung]
Unter Kulturberührung verstehen wir das in seiner Dauer begrenzte, erstmalige oder mit großen Unterbrechungen erfolgende Zusammentreffen einer Gruppe von Europäern mit Vertretern einer überseeischen Kultur. Kulturberührungen dieser Art haben weitgehend den Charakter der frühen Entdeckungsfahrten bestimmt. [...]
   Neben ihrer Zufälligkeit und ihrer kurzen Dauer sind solche Kulturberührungen gekennzeichnet durch die rudimentären Formen der Kommunikation zwischen den aufeinandertreffenden Kulturvertretern. Man verständigte sich zwar, aber nicht in der umfassenden Form des Gesprächs, sondern durch Zeichensprache und Mimik; man tauschte zwar Geschenke aus, aber lediglich, um die Annäherung zu erleichtern, nicht um eine Partnerschaft, wie die Handelsbeziehung sie erfordert, herzustellen. [...] Auch wenn im ersten Auftreten der Europäer der spätere Konflikt meist schon angelegt war, darf festgehalten werden, dass die Kulturberührung in der Regel nicht nur durch beidseitige Friedfertigkeit gekennzeichnet war, sondern auch eine Periode gegenseitiger Annäherung darstellte, die für alle Beteiligten überaus anregend, unterhaltsam, ja beglückend verlaufen konnte. [...]

[Kulturzusammenstoß]
Die Dauer solcher Kulturberührungen war abhängig vom Grad des kolonialen Engagements des Mutterlandes, von den Distanzen sowie der Zugänglichkeit der Küsten und Territorien, von den Aktivitäten rivalisierender Seemächte. Es lag in der Natur dieser Art des Kulturkontakts, dass er meist nur wenige Jahre währte. Dann pflegte sich entweder – im glücklichsten Falle – ein Modus vivendi friedfertigen gegenseitigen Austauschs einzuspielen, der zu neuen Abhängigkeiten und beidseitigen Anpassungen führte: die Kulturbeziehung war entstanden. Oder es ereignete sich – leider der häufigere Fall –, dass die Kulturberührung in einen Kulturzusammenstoß umschlug, der die kulturelle Existenz des militärisch und machtpolitisch schwächeren Partners bedrohte und seine physische Existenz gefährdete oder gar auslöschte. [...]
   Ausschlaggebend für den Verlauf waren die geografische Situation und das Machtgefälle zwischen den Kulturen. Auf Inseln führte der Kulturzusammenstoß oft zur völligen Liquidation der Urbevölkerung, während er auf dem Festland, wo Fluchtwege offenblieben, den scheinbar milderen Charakter der Verdrängung gewann. Militärisch gut ausgerüstete Hochkulturen oder solche, die in der Lage waren, sich in nützlicher Frist gegen die Bedrohung zu schützen, konnten dem Kulturzusammenstoß ausweichen, ihn lokalisieren

oder in der Form des „kalten Krieges" einfrieren. [...] Grundsätzlich [...] kam es aus zwei Hauptgründen zum Konflikt, einerseits, weil die Vertreter der Fremdkulturen sich in ihrer bisherigen Lebensweise und in ihrem gewohnten Besitzstand bedroht fühlten, andererseits, weil sie den Respekt vor und das Vertrauen zu den Europäern verloren hatten. [...] Neben der hauptsächlichen Konfliktursache der Besitzaneignung gab es eine große Zahl weiterer Konfliktherde [...]. Häufig mischten sich die Europäer in die internen Auseinandersetzungen der Eingeborenen ein, und es gelang ihnen, etwa durch Waffenlieferungen, die Machtkonstellation in ihrem Sinne zu verändern oder das bisher bestehende Gleichgewicht zu zerstören. [...] Nicht selten versuchte man auch auf die innertribalen Machtverhältnisse Einfluss zu nehmen [...].

Oft entstanden Konflikte auch im Zusammenhang mit dem Warenhandel, den dadurch geweckten neuen Bedürfnissen und der Erschöpfung der Ressourcen [...]. Schließlich kam es auch immer wieder und überall, oft unter der Einwirkung von Alkohol, zu Gewalttätigkeiten zwischen einzelnen Personen aus beiden Kulturen, die bereits schwelende Spannungen ins offene Feuer der Kampfhandlungen umschlagen lassen konnten. Mitverantwortlich für den Ausbruch solcher persönlichen Konflikte war, das muss leider betont werden, die weitverbreitete Diskriminierung der Fremdkulturen, die das Leben ihrer Vertreter als weniger wertvoll und Mord, Totschlag und Vergewaltigung als lässliche Sünde erscheinen ließ. [...]

Eine enorme Bedrohung bedeutete die Einschleppung und Übertragung bisher unbekannter Krankheiten wie Pocken, Tuberkulose oder Syphilis, denen die Überseebewohner keine durch Immunisierung entwickelten Abwehrkräfte entgegensetzen konnten. [...] Umgekehrt konnte es durchaus vorkommen, dass die nach Übersee ausfahrenden Europäer ihrerseits Opfer ihnen bisher kaum bekannter Krankheiten wurden. [...] Katastrophale Folgen für die Fremdkulturen ergaben sich nicht nur durch Krieg und Epidemien, sondern auch aus der Überführung großer Bevölkerungsteile in Zwangsarbeit und Sklaverei. [...]

[Kulturbeziehung]
Unter bestimmten Umständen jedoch konnte es geschehen, dass die Kulturberührung in eine Kulturbeziehung überging oder dass sich, weit seltener zwar, der Kulturzusammenstoß zur Kulturbeziehung wandelte. Unter der Kulturbeziehung [...] verstehen wir ein dauerndes Verhältnis wechselseitiger Kontakte auf der Basis eines machtpolitischen Gleichgewichts oder einer Patt-Situation. Bedingung einer Kulturbeziehung war das Spiel von Angebot und Nachfrage; ihre Träger waren auf europäischer Seite Händler und Missionare. [...]

Friedliche Kulturbeziehungen, wie der Handel sie ermöglichte, wurden auch von den Missionaren angestrebt und oft über längere Zeiträume hinaus auch erreicht. [...] Dies geschah in einem doppelten Sinne: einerseits sah man ein, dass Bekehrungen nur in einem Klima gegenseitigen Vertrauens Glaubwürdigkeit beanspruchen konnten, und man bemühte sich, dieses Klima herzustellen; andererseits erkannte man es als wichtige Aufgabe, Spannungen, wie sie aus dem Verhältnis der autochthonen Bevölkerung zu den Kolonisten entsprangen, abzubauen, und hatte damit auch oft Erfolg. Dennoch war die Kulturbeziehung, wie der Missionar sie pflegte, ein äußerst problematisches Unterfangen, was darin begründet lag, dass der Missionar zwar weit stärker als der Händler und der Kolonist die sympathetische Annäherung suchte, dass er aber dennoch im Kern immer der Exponent der europäischen Kultur blieb.

Urs Bitterli, Alte Welt – neue Welt. Formen des europäisch-überseeischen Kulturkontaktes vom 15. bis zum 18. Jahrhundert [zuerst 1986], dtv, München 1992, S. 17–50.

1 Erläutern Sie die Begriffe „Kulturberührung", „Kulturzusammenstoß" und „Kulturbeziehung".
2 Bitterli hat seine Typologie aus vergleichenden Studien über verschiedene Regionen und Zeiten aufgestellt. Erläutern Sie seine Begriffe am konkreten Beispiel der spanischen Eroberung Lateinamerikas.

Kolonialismus

M 35 Der Historiker Jürgen Osterhammel über Kolonisation und Kolonialismus (1995)

[Formen der Expansion in der Geschichte] „Kolonisation" bezeichnet im Kern einen *Prozess* der Landnahme, „Kolonie" eine besondere Art von politisch-gesellschaftlichem *Personenverband*, „Kolonialismus" ein *Herrschaftsverhältnis*. Das Fundament aller drei Begriffe ist die Vorstellung von der Expansion einer Gesellschaft über ihren angestammten Lebensraum hinaus. Derlei Expansionsvorgänge sind ein Grundphänomen der Weltgeschichte. Sie treten in sechs Hauptformen auf:
(1) *Totalmigration* ganzer Völker und Gesellschaften: Völkerwanderungen. [...]
(2) *Massenhafte Individualmigration*, die klassische Auswanderung im weitesten Sinne. Dabei verlassen Individuen, Familien und kleine Gruppen aus vorwiegend wirtschaftlichen Motiven ohne Rückkehrabsichten ihre Heimatgebiete. [...]
(3) *Grenzkolonisation*. Damit ist die in den meisten Zivilisationsräumen bekannte extensive Erschließung von Land für die menschliche Nutzung gemeint, [...] zum Zwecke der Landwirtschaft oder der Gewinnung von Bodenschätzen. [...]
(4) *Überseeische Siedlungskolonisation*. Sie ist eine Sonderform der Grenzkolonisation, [...]. Nicht nur unter antiken, sondern auch noch unter frühneuzeitlichen Bedingungen machte die Logistik den entscheidenden Unterschied zur eigentlichen kontinentalen Grenzkolonisation aus. Die Distanz führte dazu, dass hier aus der Kolonisation tatsächlich Kolonien im Sinne [...] von distinkten Gemeinwesen hervorgingen. [...]
(5) *Reichsbildende Eroberungskriege*: die klassische Form [...] der Errichtung der Herrschaft eines Volkes über ein anderes. [...]
(6) *Stützpunktvernetzung*: Diese Form der maritimen Expansion besteht in der planmäßigen Anlage von militärisch geschützten Handelsfaktoreien, von denen weder binnenländische noch nennenswerte Impulse zu großräumiger militärischer Landnahme ausgehen. [...]

Kolonialismus ist eine Herrschaftsbeziehung zwischen Kollektiven, bei welcher die fundamentalen Entscheidungen über die Lebensführung der Kolonisierten durch eine kulturell andersartige und kaum anpassungswillige Minderheit von Kolonialherren unter vorrangiger Berücksichtigung externer Interessen getroffen und tatsächlich durchgesetzt werden. Damit verbinden sich in der Neuzeit in der Regel sendungsideologische Rechtfertigungsdoktrinen, die auf der Überzeugung der Kolonialherren von ihrer eigenen kulturellen Höherwertigkeit beruhen.

Jürgen Osterhammel, Kolonialismus. Geschichte, Formen, Folgen, C. H. Beck, 2. Aufl., München 1997, S. 8–15, 21.

1 Prüfen Sie, ob es sich bei der europäischen Expansion nach Mittel- und Südamerika um Kolonisation bzw. Kolonialismus handelt.

M 36 Kapitän Ruminavi präsentiert Pizarro und de Almagro zwei Frauen, aus: *„Nueva coronica y buen gobierno"* von Poma de Ayala, Kupferstich, um 1613

1 Zeigen Sie auf Basis des Bildes M 36 zentrale Elemente des Kolonialismus auf.

Schriftliche Quellen interpretieren I

In der Gegenwart zeigt sich die Geschichte in Form von Quellen. Sie bilden die Grundlage unserer historischen Kenntnisse. Doch nicht die Quellen selbst stellen das Wissen dar, erst ihre systematische Analyse ermöglicht eine adäquate Rekonstruktion und Deutung von Geschichte.

Die bedeutsamsten Quellen für die Rekonstruktion von Vergangenheit sind schriftliche Zeugnisse. Sie werden unterteilt in **erzählende Quellen**, die zum Zweck der Überlieferung verfasst wurden, z. B. Chroniken, Geschichtsepen, Mono- und Biografien, sowie in **dokumentarische Quellen**, z. B. Urkunden, Akten, Gesetzestexte und Zeitungen, die gesellschaftliche und private Ereignisse und Prozesse unmittelbar und meist unkommentiert wiedergeben. Bei der Untersuchung schriftlicher Quellen kommt es darauf an, zusätzlich zur Analyse formaler und inhaltlicher Aspekte deren Einordnung in den historischen Kontext vorzunehmen und ihren Aussagegehalt kritisch zu beurteilen. Nur wenn der Interpretierende Subjektives und Objektives abwägt und Tatsachen und Meinungen unterscheidet, ist das Ergebnis der Quellenarbeit eine weitgehende Annäherung an die historische Wirklichkeit.

Tipp:
sprachliche Formulierungshilfen S. 296 f.

Webcode:
KH301261-065

Arbeitsschritte für die Interpretation

1. Leitfrage	Welche Fragestellung bestimmt die Interpretation der Quelle?
2. Analyse	*Formale Aspekte* – Wer ist der Autor (ggf. Amt, Stellung, Funktion, soziale Schicht)? – Wann und wo ist der Text entstanden bzw. veröffentlicht worden? – Um welche Textart handelt es sich (z. B. Brief, Rede, Vertrag)? – Mit welchem Thema setzt sich der Autor auseinander? – An wen ist der Text gerichtet (z. B. Privatperson, Institution, Machthaber, Öffentlichkeit, Nachwelt)? *Inhaltliche Aspekte* – Was sind die wesentlichen Textaussagen (z. B. anhand des gedanklichen Aufbaus bzw. einzelner Abschnitte)? – Welche Begriffe sind von zentraler Bedeutung (Schlüsselbegriffe)? – Wie ist die Textsprache (z. B. sachlich, emotional, appellativ, informativ, argumentativ, manipulierend, ggf. rhetorische Mittel)? – Was ist die Kernaussage des Textes?
3. Historischer Kontext	In welchen historischen Zusammenhang (Ereignis, Epoche, Prozess bzw. Konflikt) lässt sich die Quelle einordnen?
4. Urteilen	*Sachurteil* Autor: – Welchen politisch-ideologischen Standpunkt nimmt der Autor ein? – Welche Intention verfolgt der Verfasser der Texte? Quelle: – Inwieweit ist der Text glaubwürdig? – Enthält er Widersprüche? Adressat(en): Welche Wirkung sollte der Text bei den Adressaten erzielen? *Werturteil* Wie lässt sich der Text im Hinblick auf die Leifrage aus heutiger Sicht bewerten?

Übungsbeispiel

M 1 Aus einer Vorlesung des spanischen Dominikaners und Theologieprofessors Francisco de Vitoria (1538)

Es gibt sieben unbegründete und sieben oder acht begründete und rechtmäßige Titel [für die Unterwerfung der Eingeborenen], die man vorbringen könnte. Der erste könnte lauten:
5 Der Kaiser ist der Herr der Welt. Der Kaiser ist aber nicht Herr der Welt. Beweis: Herrschaft kann nur auf natürlichem oder göttlichem oder menschlichem Recht beruhen, aber nach keinem dieser drei hat er Anspruch auf die
10 Weltherrschaft. [...] Der zweite Rechtstitel, auf den man sich beruft [...], wird auf den Papst zurückgeführt. Man sagt nämlich, der Papst sei Herr der ganzen Welt auch in zeitlichen Dingen, infolgedessen habe er auch die spani-
15 schen Könige zu Fürsten der Eingeborenen einsetzen können, und so sei es dann geschehen. [...] Ich antworte hierauf ganz kurz mit folgenden Thesen: Erstens ist der Papst nicht weltlicher und zeitlicher Herr des Erdkreises,
20 wenn man von Herrschaft und staatlicher Gewalt an sich spricht. [...] Drittens hat der Papst zeitliche Gewalt nur zugunsten der geistlichen Dinge, d. h. soweit es zur Verwaltung der geistlichen Angelegenheiten erforderlich ist. [...]
25 Über die Ungläubigen aber hat er keine geistliche Gewalt, demnach auch keine weltliche. [...] Aus dem Gesagten wird klar, dass die Spanier bei ihrer ersten Fahrt in die Länder der Eingeborenen keinerlei Rechte besaßen, de-
30 ren Gebiete in Besitz zu nehmen. Man könnte sich noch auf einen anderen Titel stützen, auf das Recht der Entdeckung, und dies war ursprünglich auch der einzige, auf den man sich berief. [...] Aber über diesen dritten Titel brau-
35 chen wir nicht viele Worte zu verlieren, da [...] die Eingeborenen die rechtmäßigen Herren waren, nach öffentlichem wie privatem Recht. [...] Als vierter Rechtstitel wird der Fall vorausgesetzt, dass die Eingeborenen den christ-
40 lichen Glauben nicht annehmen wollen, selbst wenn er ihnen dargeboten wird und sie inständig ermahnt werden, ihn zu ergreifen. [...] Antwort: 1. Ehe die Eingeborenen etwas über den christlichen Glauben gehört hatten, wa-
45 ren sie auch nicht wegen ihres Nichtglaubens an Christus der Sünde des Unglaubens verfallen. [...] 5. Ich bin nicht hinreichend sicher, ob der christliche Glaube [...] den Eingeborenen so vorgetragen und verkündet worden ist, dass
50 sie bei Sündenstrafe zum Glauben verpflichtet wären. [...] Ich habe jedenfalls nichts von Zeichen oder Wundern oder von Beispielen so frommen Lebenswandels gehört, dagegen viel von Ärgernis, wüsten Taten und vielfacher
55 Ruchlosigkeit. [...] 6. Selbst wenn der Glaube den Eingeborenen noch so oft mit einleuchtenden Gründen gepredigt wäre, und sie wollten ihn nicht annehmen, dürfte man sie doch nicht mit Krieg überziehen oder ihrer Güter
60 berauben.

Zit. nach: Wolfgang Lautemann/Manfred Schlenke (Hg.), Geschichte in Quellen, Bd. 3, bsv, 3. Aufl., München 1982, S. 82 ff.

1 Interpretieren Sie M 1 mithilfe der Arbeitsschritte von S. 65.

M 2 Konventskirche von Salamanca mit der Statue des Francisco de Vitoria im Vordergrund, Fotografie, 2016.

Der Dominikanerpriester Francisco de Vitoria (1483–1546) war seit 1526 Theologieprofessor an der Universität zu Salamanca.

Lösungshinweise

Mögliche Leitfrage: Besitzen die Europäer einen Rechtsanspruch auf die „Neue Welt"?

Analyse

Formale Aspekte
Autor: Francisco de Vitoria, spanischer Dominikaner und Theologieprofessor
Entstehungszeit: 1538
Textart: Vorlesung
Thema: Rechtsanspruch der Europäer auf die „Neue Welt"
Adressaten: Öffentlichkeit, insbesondere spanische und portugiesische Krone, Papst und spanische Konquistadoren

Inhaltliche Aspekte
Argumentation: Vitoria analysiert in seiner Vorlesung „unbegründete [...] und begründete [...] Titel", mit denen die Unterwerfung der Eingeborenen gerechtfertigt wurde; in dem Auszug werden nur die unbegründeten Rechtstitel thematisiert (Z. 1–4).
Der erste Rechtstitel: Der Kaiser sei „nicht der Herr der Welt" und habe auch keinen „Anspruch auf die Weltherrschaft" (Z. 5–10).
Der zweite: Der Papst sei „nicht weltlicher und zeitlicher Herr des Erdkreises", also habe er weder geistliche noch weltliche Gewalt über die Ungläubigen (Z. 13–26).
Der dritte: Die Spanier hätten auch nicht das Recht der Entdeckung besessen, da „die Eingeborenen die rechtmäßigen Herren waren" (Z. 31–39).
Der vierte: Der Autor bezweifelt, ob der christliche Glaube den Eingeborenen so verkündet worden sei, „dass sie bei Sündenstrafen zum Glauben verpflichtet wären" (Z. 48–53); wenn sie den Glauben nicht annehmen wollten, „dürfe man sie doch nicht mit Krieg überziehen oder ihrer Güter berauben" (Z. 60–62).
Zentrale Begriffe: Rechtstitel; Kaiser; Papst; Eingeborene; christlicher Glauben
Textsprache: sachlich, argumentativ
Kernaussage: Vitoria schlussfolgert auf der Grundlage seiner Argumentation, dass die Spanier keinerlei Rechte besaßen, die Gebiete der Eingeborenen in Besitz zu nehmen.

Historischer Kontext

Zeitliche Einordnung: Anfänge der europäischen Expansion um 1500
Intention der Europäer: Die Europäer sicherten ihre globalen Interessensphären nicht nur mit politischen und militärischen Mitteln ab, sondern auch durch eine behauptete rechtliche Legitimierung. Dieser Rechtsanspruch beruhte im Wesentlichen auf drei Rechtstiteln: 1. dem Entdeckungs- oder Finderrecht bei unbewohnten Inseln, 2. dem päpstlichen Verleihungsrecht unter dem Vorbehalt der Missionsverpflichtung und 3. auf Verträgen zwischen den Seemächten.
Theoretische Rechtfertigung durch den Papst: Idee einer päpstlichen Weltherrschaft, die eine direkte Gewalt des Papstes auch in weltlichen Dingen behauptete (Zwei-Schwerter-Theorie) und dem Papst eine Oberhoheit über alle Heidenvölker zuerkannte
Rechtsgrundlage: päpstliche Bullen (z. B. mehrere Bullen Papst Alexanders VI. von 1493) und Staatsverträge zwischen Spanien und Portugal (z. B. Vertrag von Alcáçovas-Toledo von 1479 oder Vertrag von Tordesillas von 1494).

Beurteilung

Sachurteil: Vitoria widerlegt den Rechtsanspruch der Europäer, indem er sich argumentativ mit den drei relevanten Rechtstiteln auseinandersetzt. Entschieden weist er damit die Herrschaftsansprüche der weltlichen Fürsten, insbesondere der spanischen Krone, sowie des Papsttums zurück. Sein Text steht im Gegensatz sowohl zu den theoretischen Rechtfertigungen (z. B. der Schrift des Kronjuristen Palacios Rubios) als auch zu den päpstlichen Bullen und den Staatsverträgen zwischen Spanien und Portugal über die Aufteilung der „Neuen Welt".
Werturteil: Aus heutiger Sicht kann gesagt werden, dass die Europäer keinen Rechtsanspruch auf die „Neue Welt" besaßen. Vitoria formuliert mit seiner differenzierten und nachvollziehbaren Argumentation die Ideen des heute gültigen Völkerrechts, das von der Gleichberechtigung und dem Selbstbestimmungsrecht der Völker ausgeht.

Ein historisches Urteil auf der Grundlage von Sekundärtexten entwickeln

Tipp:
sprachliche Formulierungshilfen S. 296 f.

Webcode:
KH301261-068

Urteilskompetenz

Zu den zentralen fachspezifischen Fähigkeiten im Geschichtsunterricht gehört die Urteilskompetenz. Urteilen bedeutet die Fähigkeit, eine eigenständige, begründete und nachvollziehbare Stellungnahme zu einer Fragestellung zu formulieren. Kriterien eines gelungenen Urteils sind
– sachliche Angemessenheit,
– logische Gedankenführung und
– differenzierte Argumentation.

Um einen historischen Gegenstand angemessen beurteilen zu können, ist es sinnvoll, ihn aus unterschiedlicher Sicht zu untersuchen:
– aus der Perspektive historischer Zeitgenossen (Prinzip der Multiperspektivität)
– und/oder aus der Perspektive von Nachgeborenen, z. B. Historikern (Prinzip der Kontroversität).

Auf einer dritten Ebene erfolgt im Rahmen des Unterrichts, z. B. in der Gruppe oder im Plenum, die Auseinandersetzung mit den Wahrnehmungen der Zeitgenossen und den Deutungen der Nachgeborenen (Prinzip der Pluralität). Dies ist die Grundlage für eine selbstständige Stellungnahme zum historischen Gegenstand.

Bei der Urteilsbildung wird zwischen Sach- und Werturteil unterschieden: Während das Sachurteil ein Urteil auf der Ebene des historischen Gegenstandes ist, werden bei einem Werturteil gegenwärtige gesellschaftliche Normen auf historische Sachverhalte bezogen und eigene Wertmaßstäbe reflektiert.

Prozess der Urteilsbildung

Das Urteilsmodell M 1 zeigt einen idealtypischen Prozess der Urteilsbildung, der auch variiert werden kann. So lässt sich eine Stellungnahme auf der Basis a) von Quellen, b) von Sekundärtexten, in der Regel Deutungen von Historikern (wie im folgenden Übungsbeispiel), oder c) von Quellen und Sekundärtexten formulieren.

Zunächst erfordert die Fähigkeit, ein Urteil zu bilden, sowohl Kenntnisse über den zu untersuchenden historischen Sachverhalt (Sachkompetenz) als auch methodische Verfahren, sich solche Kenntnisse anzueignen, diese mit vorhandenem Wissen zu vernetzen und auf neue Zusammenhänge anzuwenden (Methodenkompetenz). Mit methodischen Verfahren ist in erster Linie der Vergleich von Quellen und Darstellungen anhand von Vergleichsaspekten gemeint.

Der Prozess der Urteilsbildung verläuft in mehreren Phasen:

1. Entwicklung einer Leitfrage: Für die Untersuchung des historischen Gegenstandes wird eine Fragestellung entwickelt, die im Prozess der Urteilsbildung beantwortet werden soll.

2. Erwerb von Kenntnissen: Als Voraussetzung für die Beschäftigung mit dem historischen Sachverhalt ist die Beschaffung von Informationen (Grundwissen) notwendig, die sich aus Gesamtdarstellungen, Schulbuchtexten, Lexika sowie aus Quellen gewinnen lassen.

3. Auseinandersetzung mit dem historischen Gegenstand aus verschiedenen Sichtweisen (Perspektiven): Vergleich anhand geeigneter Aspekte

a) von mindestens zwei Quellen oder bzw. und
b) von mindestens zwei Sekundärtexten oder
c) von mindestens zwei schriftlichen Produkten oder mündlichen Äußerungen einzelner Schüler bzw. Gruppen.

4. Formulierung eines Sachurteils: Urteilsbildung auf der Ebene des historischen Gegenstands.

5. Formulierung eines Werturteils: Urteilsbildung auf der Grundlage gegenwärtiger gesellschaftlicher und subjektiver Normen und Werte.

M 1 Modell der Urteilsbildung

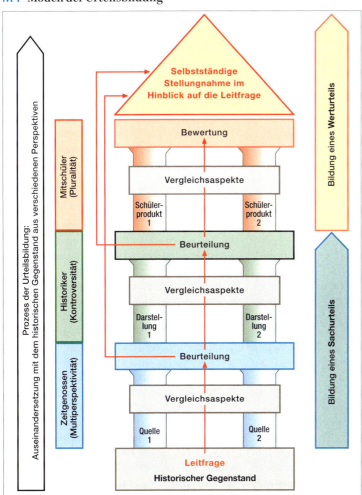

**Übungsbeispiel:
Die Beurteilung der Konquista**

M 2 Der uruguayische Journalist und Schriftsteller Eduardo Galeano (1973)

Die Wundertat der Entdeckung Amerikas ließ keine Erklärung zu, die nicht auf der im mittelalterlichen Kastilien herrschenden, militärischen und kriegerischen Tradition der Kreuzzüge fußte, und die Kirche ließ sich nicht lange bitten, der Eroberung der unbekannten Regionen jenseits des Meeres geweihten Charakter zu verleihen. Papst Alexander VI., der Spanier war, machte Königin Isabella zur Herrin der Neuen Welt. Die Expansion des Königreiches Kastilien erweiterte das Reich Gottes auf Erden.

Drei Jahre nach der Entdeckung führte Christoph Kolumbus persönlich den Feldzug gegen die Eingeborenen Santo Domingos an. Eine Handvoll Ritter, zweihundert Fußsoldaten und ein paar eigens für den Angriff dressierte Hunde dezimierten die Indianer. Mehr als fünfhundert von ihnen wurden nach Spanien verfrachtet, in Sevilla als Sklaven verkauft und gingen elend zugrunde. Aber einige Theologen protestierten, und der Sklavenhandel mit den Indianern wurde zu Beginn des 16. Jahrhunderts formell verboten. In Wirklichkeit wurde er nicht verboten, sondern gesegnet: Vor jeder Kampfaktion hatten die Befehlshaber der Eroberungskampagne den Indianern, ohne Dolmetscher, aber in Anwesenheit eines öffentlichen Notars, einen ausgedehnten und rhetorischen Aufruf zu verlesen, in dem sie dazu angehalten wurden, zum heiligen katholischen Glauben überzutreten: „Wenn ihr es nicht tun solltet oder es bösartig verzögert, bestätige ich euch, dass ich mit Gottes Hilfe machtvoll bei euch einziehen und Krieg gegen euch führen werde […]."

Das Epos der Spanier und der Portugiesen in Amerika verknüpfte die Verbreitung des christlichen Glaubens mit der unrechtmäßigen Inbesitznahme und der Plünderung des Reichtums der Eingeborenen. Die unerschlossenen, gefahrenumwobenen Gebiete voll dichten Urwalds stachelten die Habgier der Feldkapitäne an, der adligen Ritter und der in Lumpen gehüllten Soldaten […]. Es gab wohl Gold und Silber in großen Mengen […]. Schließlich hörte die Bevölkerung der Karibischen Inseln auf, Abgaben zu entrichten, da sie selbst zu bestehen aufhörte: Die Eingeborenen wurden in den Goldwäschereien bei der furchtbaren Arbeit, mit dem halben Leib unter Wasser den goldhaltigen Sand zu durchwühlen, völlig aufgerieben. Viele Eingeborene Santo Domingos eilten dem ihnen von ihren neuen weißen Unterdrückern auferlegten Schicksal voraus. Sie töteten ihre Kinder und begingen massenweise Selbstmord.

Eduardo Galeano, Die offenen Adern Lateinamerikas. Die Geschichte eines Kontinents von der Entdeckung bis zur Gegenwart, übers. v. Leonardo Halpern und Anneliese Schwarzer de Ruiz, Hammer, Wuppertal 1973, S. 21 ff.

M 3 Der deutsch-chilenische Journalist und Historiker Ernst Samhaber (1976)

Die weltgeschichtliche Bedeutung der spanischen Eroberung Amerikas lag zunächst darin, dass zwei scheinbar so mächtige Reiche beim ersten Ansturm zusammenbrachen, sodann aber in der gründlichen Umgestaltung des Erdteils. Europäische Lebensformen, die europäische Landwirtschaft, die spanische Sprache und das Christentum setzten sich in weiten Bereichen durch. Die Spanier haben einen sehr viel fester organisierten Staat in Mexiko und Peru aufgebaut, als das Azteken und Inka möglich gewesen war. Eine geordnete Verwaltung reichte bis in das letzte Indianerdorf hinein. Die geistliche Hierarchie erstreckte sich vom Erzbischof bis in die einzelnen Pfarreien hinunter. Die Landwirtschaft gliederte sich in große Rittergüter – *Encomiendas*. Mit dem Getreide kam der Pflug, mit den Pferden der Wagen. Als die reichen Silberminen von Potosí und Guanajuato – Mexiko – entdeckt wurden, begann der Bergbau. […] Die Erschließung des weiten Erdteils und die Bekehrung der Indianer war einmal der Kirche zu verdanken, vor allem der nimmermüden Hingabe der Mönche, sodann den freien Unternehmern, die sowohl die Kriegszüge wie die wirtschaftliche Entwicklung des riesigen

Gebietes auf eigene Rechnung unternahmen [...]. Die Konquistadoren waren raue Gesellen, aber auch nicht härter als die christlichen Adligen damals gegenüber ihren Bauern in Europa und als Osmanen, Mongolen oder Türken in Mittelasien und in Indien. Die schlimmsten Opfer kosteten die eingeschleppten Krankheiten: Pocken und andere Seuchen rafften häufig ein Drittel der Bevölkerung hinweg. Da bei den kurzen Kriegen der Widerstand bald zusammenbrach, blieben ihre Verluste an Toten begrenzt. Dagegen hörten die entsetzlichen Kriege auf, die vorher das Hochland von Mexiko verwüstet und Tausende zum Opferstein gebracht hatten [...]. Die Eingeborenen sollten zum christlichen Glauben bekehrt werden, womit sie den Schutz der katholischen Kirche genossen. Das führte zwar zu Reibungen und Streitigkeiten zwischen Krone, Kirche und Siedlern, aber Krone und Kirche haben sich durchgesetzt, obwohl sie sich nur auf die moralische Autorität stützen konnten.

Ernst Samhaber, Weltgeschichte, Bertelsmann, Gütersloh 1976, S. 332 ff., 346.

1 Setzen Sie sich mit der Beurteilung der Autoren auseinander, indem Sie
   a) eine Leitfrage formulieren,
   b) sich über die wesentlichen Aspekte der Konquista informieren,
   c) die Sekundärtexte analysieren (M 2, M 3),
   d) die Sekundärtexte anhand geeigneter Aspekte vergleichen und
   e) im Hinblick auf die Leitfrage ein Sach- und ein Werturteil formulieren.

Lösungshinweise

1. Entwicklung einer Leitfrage
Mögliche Fragestellung: Die Konquista – Fluch oder Segen für Amerika?

2. (Grund-)Kenntnisse über den historischen Gegenstand
- „Entdeckung" Amerikas durch Kolumbus (S. 38 ff.)
- Rechtsanspruch der Konquistadoren, insbesondere die päpstlichen Bullen (S. 35)
- Eroberung am Beispiel des Aztekenreiches (S. 40 ff.)
- Umgang mit der indigenen Bevölkerung (S. 42 ff.)
- Auswirkungen des Kolonialismus für Lateinamerika (S. 43 ff.)

3. Auseinandersetzung mit dem historischen Gegenstand
a) Analyse
Formale Aspekte
M 2
Autor: Eduardo Galeano, uruguayischer Journalist und Schriftsteller
Veröffentlichung: 1973
M 3
Autor: Ernst Samhaber, deutsch-chilenischer Journalist und Historiker
Veröffentlichung: 1976
M 2 und M 3
Textart: Auszug aus einer wissenschaftlichen Darstellung
Thema: Beurteilung der Konquista
Adressaten: Historiker, Studenten, Schüler sowie interessierte Öffentlichkeit, insbesondere in Lateinamerika und Europa
Inhaltliche Aspekte
M 2
Thesen:
- Die Eroberung der Neuen Welt wurde durch die katholische Kirche legitimiert.
- Die Inbesitznahme und Plünderung durch die Konquistadoren war nicht rechtmäßig und führte zur Vernichtung und Versklavung der Eingeborenen.

Argumentation:
Entdeckung Amerikas fußte auf der kriegerischen Tradition der Kreuzzüge (Z. 4 f.)
Legitimation durch das Papsttum:
- Kirche habe sich nicht lange bitten lassen, „der Eroberung der unbekannten Regionen [...] geweihten Charakter zu verleihen" (Z. 5 ff.)
- Papst Alexander VI. habe die spanische Königin Isabella zur „Herrin der Welt" gemacht (Z. 8 ff.)

Folgen von Kolumbus' Feldzug 1495 für die Eingeborenen Santo Domingos:
- Dezimierung, Verschleppung und Versklavung (Z. 16 ff.)

Sklavenhandel sei im 16. Jh. nicht verboten, sondern gesegnet worden:
- Androhung von Krieg, wenn Indianer nicht „zum heiligen katholischen Glauben über[…]treten" (Z. 33 ff.)

Spanier und Portugiesen hätten Verbreitung des christlichen Glaubens mit „der unrechtmäßigen Inbesitznahme und Plünderung des Reichtums der Eingeborenen" verbunden (Z. 39 ff.)

Motiv für die Eroberung: „Habgier der Feldkapitäne […], der adligen Ritter und der in Lumpen gehüllten Soldaten" (Z. 43 ff.)

Vernichtung der Eingeborenen:
- aufgrund unmenschlicher Arbeitsbedingungen bei der Goldwäscherei (Z. 50 ff.)
- durch kollektiven Selbstmord aus Angst vor den „weißen Unterdrückern" (Z. 55 ff.)

M 3

Thesen:
- Die weltgeschichtliche Bedeutung der spanischen Eroberung bestand in der europäischen Umgestaltung Amerikas.
- Die Konquistadoren gingen zwar hart gegen die Eingeborenen vor, aber der Großteil kam nicht durch die Kriegszüge, sondern durch die eingeschleppten Krankheiten um.
- Die nicht versklavten Indianer standen unter dem Schutz der Kirche.

Argumentation:
weltgeschichtliche Bedeutung der spanischen Eroberung:
- Zusammenbruch der „scheinbar so mächtige[n] Reiche" der Azteken und Inka (Z. 3 ff.)
- „gründliche Umgestaltung" Amerikas (Z. 5 ff.): europäische Lebensformen, Landwirtschaft (Pflug und Wagen), spanische Sprache, weitgehende Durchsetzung des Christentums, fest organisierte Staatsformen, geordnete Verwaltung, Bergbau

Erschließung des weiten Erdteils und Bekehrung der Indianer seien zu verdanken (Z. 22 ff.):
- der Kirche, v. a. „der nimmermüden Hingabe der Mönche"
- den freien Unternehmern, die Kriegszüge wie wirtschaftliche Entwicklung „auf eigene Rechnung unternahmen"

Beurteilung der Konquistadoren:
- seien zwar „raue Gesellen" gewesen, aber „auch nicht härter" als die christlichen Adligen gegenüber den Bauern in Europa und als die Osmanen, Mongolen oder Türken in Mittelasien und Indien (Z. 29 ff.)
- begrenzte Opferanzahl infolge der Kriegszüge, da der Widerstand der Eingeborenen gering gewesen sei (Z. 37 ff.)
- dagegen hätte ein Großteil der Eingeborenen erleichtert aufgeatmet, da die „entsetzlichen Kriege" zwischen der indianischen Bevölkerung aufhörten (Z. 39 f.)

Schutz der Indianer durch die Kirche:
- Kirche habe sich im Streit mit den Siedlern zusammen mit der Krone durchgesetzt (Z. 46 ff.)

b) Vergleich der Sekundärtexte
siehe Seite 71

4. Sachurteil

Mögliche Ansätze: Stellungnahme zu den Beurteilungen der Konquista durch die Autoren
- grundsätzliche Positionen: Während Galeano ausschließlich die negativen Folgen der Konquista sowie das unheilvolle Wirken der katholischen Kirche betont, spricht Samhaber von der weltgeschichtlichen Bedeutung der Eroberung und nennt positive Gesichtspunkte hinsichtlich der wirtschaftlichen, politischen und kulturellen Entwicklung Amerikas.
- Rolle der Konquistadoren: Das Vorgehen der Eroberer ist aus der Sicht Galeanos nicht rechtmäßig gewesen. Zudem wurden sie durch niedere Motive wie Habgier angetrieben. Samhaber argumentiert ansatzweise differenziert, indem er einräumt, die Eroberer seien durchaus „raue Gesellen" gewesen. Gleichzeitig entlastet er sie aber mit dem Hinweis auf das übliche Vorgehen der Herrschenden bzw. Sieger in Europa und Asien zur damaligen Zeit und unterstreicht, dass der Großteil der Eingeborenen durch die eingeschleppten Krankheiten umgekommen sei.
- Argumentation: Beide Autoren argumentieren weitgehend einseitig. Auch die Darstellung Samhabers ist nur scheinbar differenziert.

5. Werturteil

Mögliche Ansätze: Stellungnahme zur Konquista aus der heutigen Sicht auf der Grundlage der Beurteilungen der beiden Autoren:
- Frage der Legitimität: Aus heutiger Sicht besaßen die Europäer keinen Anspruch auf die Inbesitznahme der Neuen Welt. Bezug: Völkerrecht
- Einzelne Argumente, z. B. den von Samhaber angeführten Hauptgrund für die Dezimierung der Eingeborenen: In der Geschichtswissenschaft herrscht heute Einigkeit darüber, dass der Großteil der indigenen Bevölkerung durch die von den Europäern eingeschleppten Infektionskrankheiten umgekommen ist.
- Differenzierte Bewertung, z. B. der Rolle der Kirche: Die katholische Kirche hat die Konquista zwar durch päpstliche Bullen legitimiert und zur Verbreitung des christlichen Glaubens in den eroberten Gebieten aufgerufen; Vertreter der Kirche haben sich jedoch auch vehement für den Schutz der Indios eingesetzt.
- Bezug zur Leitfrage: eigenständige, begründete Gewichtung der einzelnen Aspekte

b) Vergleich der Sekundärtexte anhand geeigneter Aspekte

Vergleichsaspekte	M 2 (Galeano)	M 3 (Samhaber)
Grundsätzliche Beurteilung der Konquista	Die Konquista, d. h. die Inbesitznahme des Landes und Plünderung der Eingeborenen durch die spanischen und portugiesischen Konquistadoren, war nicht rechtmäßig und führte zur Vernichtung und Versklavung der Eingeborenen.	Die weltgeschichtliche Bedeutung der Konquista bestand in der europäischen Umgestaltung, die in politischer, wirtschaftlicher, religiöser und kultureller Hinsicht für die Entwicklung Amerikas Fortschritte brachte.
Rolle der katholischen Kirche	– Eroberung sei durch die katholische Kirche und das Papsttum im Hinblick auf die Verbreitung des christlichen Glaubens legitimiert gewesen (Z. 5 ff.) – Entdeckung Amerikas fußte auf der militärischen und kriegerischen Tradition der Kreuzzüge (Z. 4 f.) – Papst Alexander VI. habe die spanische Königin Isabella zur „Herrin der Welt" gemacht (Z. 8 ff.)	– Erschließung des weiten Erdteils und Bekehrung der Indianer seien der Kirche zu verdanken, vor allem dem Einsatz der Mönche (Z. 21 ff.) – Schutz der nicht versklavten Indianer habe die Kirche übernommen (Z. 43 ff.) – im Streit mit den Siedlern um den Schutz der Indianer hätten sich Krone und Kirche durchgesetzt, „obwohl sie sich nur auf die moralische Autorität stützen konnten" (Z. 46 ff.)
Rolle der Konquistadoren	– Inbesitznahme des Landes und Plünderung der Eingeborenen seien nicht rechtmäßig gewesen (Z. 38 ff.) – Motiv der Konquistadoren: Habgier hinsichtlich der zu erwartenden Kriegsbeute in Form von Gold und Silber (Z. 42 ff.)	– seien zwar „raue Gesellen" gewesen, aber „auch nicht härter" als die christlichen Adligen gegenüber den Bauern in Europa und als die Osmanen, Mongolen oder Türken in Mittelasien und Indien (Z. 29 ff.) – nur eine geringe Anzahl sei durch die Kriegszüge der Konquistadoren umgekommen (Z. 37 f.)
Folgen für die Eingeborenen	Dezimierung, Verschleppung und Vernichtung der Eingeborenen aufgrund: – unmenschlicher Arbeitsbedingungen bei der Goldwäscherei (Z. 50 ff.) – des kollektiven Selbstmords aus Angst vor den „neuen weißen Unterdrückern" (Z. 54 ff.)	– „die schlimmsten Opfer" hätten die eingeschleppten Krankheiten gekostet (Z. 34 ff.) – bei der Mehrheit erleichtertes Aufatmen über Beendigung der „entsetzlichen Kriege" zwischen den Eingeborenen (Z. 39 ff.) – Schutz durch die katholische Kirche für die nicht versklavten Indianer (Z. 43 ff.)
Bezug zur Leitfrage	= Konquista war ein Fluch für Amerika.	= Konquista war ein Segen für Amerika.

Erarbeiten Sie Präsentationen

Thema 1
Malintzin – eine kulturelle „Überläuferin"?
Die gebürtige Aztekin Malintzin (auch Malinche oder Malinalli; christlicher Taufname Doña Marina) war eine der 20 Sklavinnen, die Cortés 1519 in der Nähe von Potochan von den dort ansässigen Maya als Tribut erhielt. Sie wurde nicht nur seine Geliebte, sondern aufgrund ihrer Sprachkenntnisse auch zur Dolmetscherin und wichtigsten Beraterin. Erarbeiten Sie eine Präsentation zur Rolle und historischen Bewertung von Malintzin.

Literaturtipps
Barbara Dröscher, Carlos Rincón (Hg.), La Malinche. Übersetzung, Interkulturalität und Geschlecht, Verlag Walter Freu, 2. Aufl., Berlin 2010.

Eva Karnofsky, Barbara Potthast, Mächtig, mutig und genial, Vierzig außergewöhnliche Frauen aus Lateinamerika, Rotbuch, Berlin 2013, S. 29–36.

Hanns J. Prem, Die Azteken. Geschichte – Kultur – Religion, C. H. Beck, München 2011.

M 1 Malintzin dolmetscht zwischen Cortés und einer Abordnung der Xaltelcolco, Zeichnung aus der mexikanischen Bilderhandschrift „*Lienzo de Tlaxcala*" („Die Geschichte der Tlaxcala"), um 1550

Webcode:
KH301261-074

Thema 2
Die nautisch-technische „Revolution"
Zur Seefahrt um 1500 gehörten neben der Risikobereitschaft der Seefahrer weitere Voraussetzungen: hochseetaugliche Schiffe, exakte Karten und Navigationsinstrumente. Die Europäer griffen dabei auch auf Erfindungen der Araber und Chinesen zurück und entwickelten diese weiter. Stellen Sie ausgewählte Neuerungen vor und erörtern Sie, ob die Bezeichnung „nautisch-technische Revolution" gerechtfertigt ist.

Literaturtipp
Horst Gründer, Voraussetzungen für Fahrten auf hoher See: Neuerungen in Schiffbau, Kartografie und Navigation, in: Die Zeit Welt- und Kulturgeschichte, Bd. 8: Frühe Neuzeit und Altamerika, Zeitverlag, Hamburg 2006, S. 100–105.

M 2 Titelblatt von „The Mariners Mirror", kolorierte Radierung von Theodor de Bry (1528–1598).

Das Titelblatt zeigt mehrere Instrumente, mit denen die Seefahrer ihren Kurs bestimmten.

Überprüfen Sie Ihre Kompetenzen

M 3 „*Plaza de la independencia*" in Quito, Ecuador, Fotografie 2008

Die Gründung von Städten war ein wichtiger Faktor bei der Etablierung der spanischen Herrschaft in Mittel- und Südamerika. Quito wurde 1534 nach der Eroberung durch die Spanier vom Konquistador Sebastián de Belalcázar unter dem Namen San Francisco de Quito auf den Resten einer alten Siedlung gegründet. Die Anlage der Städte folgte meist einem bestimmten, am europäischen Vorbild orientierten Muster: Um einen Hauptplatz mit Rathaus und Kirche gruppierten sich schachbrettartig angeordnete Häuserblocks.

Zentrale Begriffe

Azteken
Encomienda
Entdecker
Europäische Expansion
Europäisierung
Globalisierung
Indigene Völker
Kolonialismus
Konquistador
Mythos "El Dorado"
Rekonquista
Repartimiento

Sachkompetenz
1 Charakterisieren Sie Rahmenbedingungen und Motive der europäischen Entdecker.
2 Erläutern Sie die Rolle der Kirche im Rahmen der spanischen Kolonialherrschaft.

Methodenkompetenz
3 Beschreiben Sie die Fotografie M 3 und zeigen Sie, in welcher Form die Stadtgründungen in der Neuen Welt Teil des „Europäisierungsprozesses" waren.

Urteilskompetenz
4 Beurteilen Sie den Umgang der Spanier mit der indigenen Bevölkerung. Beziehen Sie die Begriffe Kulturkontakt/Kulturzusammenstoß und Kolonialismus in Ihre Argumentation mit ein.
5 Führen Sie eine Podiumsdiskussion durch mit je einem Vertreter Spaniens, eines süd- oder mittelamerikanischen Landes sowie der Kirche. Diskutieren Sie: Kolonialherrschaft: Segen oder Fluch? Ziehen Sie die Materialien M 2 und M 3 von S. 70 f. hinzu.

4 Handelshäuser, Handelsmächte, Geldwirtschaft – Beginn der Globalisierung? (Wahlmodul 2)

Kompetenzen erwerben

Sachkompetenz:
- Neuerungen der frühkapitalistischen Wirtschaft beschreiben
- die Entwicklung der europäischen Geldwirtschaft am Beispiel italienischer Stadtstaaten analysieren
- Macht und Einfluss von Handelshäusern und Handelsmächten am Beispiel der Fugger sowie der niederländischen Vereinigten Ostindischen Companie (VOC) und der englischen East India Company (EIC) bestimmen
- globale Handelswege und Handelsströme am Beispiel von Indien und Südostasien vor und nach der Ankunft der Europäer charakterisieren

Methodenkompetenz:
- Geschichtskarten analysieren

Urteilskompetenz:
- den Einfluss von Neuerungen im frühkapitalistischen Wirtschaftssystem beurteilen
- die Macht von Handelshäusern und Handelsmächten diskutieren
- sich mit der These auseinandersetzen, dass die Globalisierung im 15. und 16. Jahrhundert begonnen hat

Grundbedingungen des Wirtschaftens um 1500

An der Wende zur Neuzeit verfügten große Teile der Bevölkerung über wenig Vermögen oder waren arm. Auch konnten sie weder lesen noch schreiben. Wesentliche Teile ihrer Einkommen verbrauchte die Mehrheit für die Grundbedürfnisse Nahrung, Kleidung und Wohnung. Unter solchen Voraussetzungen konnte sich keine dynamische, arbeitsteilige Wirtschaft entfalten. Zwar lagen die Dinge bei den städtischen Oberschichten (Adlige, Fernhändler) anders, sodass von diesen eine erhebliche Nachfrage nach Luxusgütern, Schmuck, Gewürzen und feinen Stoffen, ausging. Doch insgesamt war das Spektrum von Nachfrage und Angebot bis in das 18. Jahrhundert hinein eng. In einer Gesellschaft, in der das Einkommen zum großen Teil für die Befriedigung der Grundbedürfnisse verwendet wird, spielt die Landwirtschaft eine große Rolle. Teilweise bis zu 90 Prozent der arbeitenden Menschen lebten in und von der Landwirtschaft. Einen tiefen Einschnitt in das Leben der Menschen und in die Wirtschaft stellte die **große Pest 1347–1350** dar, die mit einer langfristigen Klimaverschlechterung, Serien von Hungersnöten und anderen Krisen zusammenfiel. Historiker können die Auswirkungen der Seuche meist nur indirekt aus Angaben zur Steuer- und Abgabenentwicklung oder aus dem Erlöschen oder der Verlagerung von Siedlungen ablesen. Fest steht allerdings, dass Millionen Menschen starben und dass bis um 1470 die Sterblichkeitsrate über der Geburtenquote lag. Erst um 1500 kam es wieder zu einem Wachstum der Bevölkerung.

Stadtwirtschaft

Schneller als das Land überwanden die Städte die Krisen des Spätmittelalters. Sie wurden im Folgenden zu dynamischen Keimzellen des wirtschaftlichen Wandels. Durch Zuzug vom Land konnten sie ihre Bevölkerungsverluste ausgleichen, denn das Leben in der Stadt war unter anderem wegen des Mangels an Arbeitskräften und wegen niedriger Lebensmittelpreise attraktiv geworden. Im Wirtschaftsleben der Städte spielten die Zünfte, eine Vereinigung der ortsansässigen Mitglieder eines Handwerks, eine immer wichtigere Rolle. Sie regelten nicht nur Produktion, Ausbildung und Zugang zum Beruf, sondern auch das gesamte Alltagsleben ihrer Angehörigen. Mit wachsendem wirtschaftlichen Erfolg konnten sich einige Zünfte und Zunftmeister seit dem 14. Jahrhundert neben dem traditionellen Patriziat und der Kaufmannschaft als einflussreicher Faktor in der Stadtwirtschaft etablieren (siehe auch Kap. 2, S. 21). Bei der Gruppe der Kaufleute gab es ebenfalls große Unterschiede. Das Spektrum reichte vom kleinen Händler, der seine Waren lediglich im Nachbarort verkaufte, bis hin zu großen Handelsgesellschaften, die, wie die Fugger aus Augsburg, ihre Waren in ganz Europa ein- und verkauften bzw. produzieren ließen. Während die städtischen Handwerker ein „standesgemäßes" Arbeiten und Auskommen zum Ziel hatten, dominierte bei Kaufleuten und vor allem den Fernhändlern der Leistungsgedanke und das Gewinnstreben. Das Streben nach dem „großen Geld" veränderte das Wirtschaften und die Sozialstruktur in der Stadt. Auch die Handwerker wurden vom Gewinndenken erfasst, außen vor standen Tagelöhner, Gesellen und das Gesinde. Das Gefälle zwischen Arm und Reich in der Stadt verstärkte sich.

M 1 Altes Bäckersiegel der Stadt Berlin, Holzschnitt, um 1440

„Frühkapitalismus"

Im Laufe des 16. Jahrhunderts kam es zu Veränderungen in der gewerblichen Produktion. Zwar blieb das in Zünften organisierte Handwerk der wichtigste Produzent, doch erforderte die erhöhte Nachfrage und die Steigerung des Fernhandels neue Produktionsformen. Da die Zünfte meist eine abwehrende Haltung gegenüber technischen und organisatorischen Neuerungen einnahmen, entwickelten sich zwei neue gewerbliche Produktionsformen. Der Verlag, der sich seit dem 14. Jahrhundert, herausbildete, zeichnete sich dadurch aus, dass kleine Bauern oder Landarbeiter bei sich zu Hause spannen und webten und Metall verarbeiteten. Den Absatz der Produkte übernahmen herumreisende Kaufleute, die Verleger, die manchmal auch die Rohstoffe besorgten. Sie stellten also das Kapital in Form von Materialien sowie von Lohnzahlungen. Noch „kapitalintensiver" war die Manufaktur, die im 17. Jahrhundert immer größere Bedeutung erlangte. Sie war eine zentralisierte Produktionsstätte, d. h. zahlreiche Beschäftigte waren in einem Gebäude oder Gebäudekomplex tätig und stellten in Arbeitsteilung Produkte her, vor allem Seiden-, Porzellan- und Glasprodukte. Beschaffung und Absatz lagen in der Hand des Unternehmers. Hinzu kamen noch Berg- und Hüttenwerke, die ebenfalls einen hohen Kapitaleinsatz erforderten.

Die immer engere Verzahnung von Handel und Gewerbe durch den steigenden Kapitalbedarf von Verlagswesen, Manufakturen und Bergbau sowie die Zunahme von abhängiger, arbeitsteiliger Lohnarbeit werden von Historikern mit den Begriffen „Protoindustrialisierung" oder „Frühkapitalismus" bezeichnet. Der erste Begriff legt den Schwerpunkt auf die Betrachtung der Produktionsformen, der zweite auf die Rolle von Kapital, Märkten und Gewinnmaximierung. Mit beiden Begriffen soll betont werden, dass diese wirtschaftlichen Neuerungen der Frühen Neuzeit die Grundlagen für Entwicklungen der Moderne legten. Einig sind sich die Historiker darin, dass um 1500 lediglich frühe Stadien einer neuen Entwicklung vorliegen. Ob es sich dabei jedoch um eine bahnbrechende Neuerung als Element einer Zeitenwende handelt, ist umstritten. Sowohl die überwiegende Produktion von Gütern für den Markt statt für den Eigenbedarf als auch der Konzentrationsprozess von Kaufmannskapital und die Investition in Handel und Gewerbe habe es schon im 14./15. Jahrhundert gegeben, betont der Historiker Winfried Schulze.

Entwicklung einer europäischen Geldwirtschaft

Sieht man einmal von der Antike ab, so setzte in Europa erst von der zweiten Hälfte des 12. Jahrhunderts bis zur Mitte des 14. Jahrhunderts die Münzproduktion und das Wirtschaften mit Geld ein – statt des Tausches Ware gegen Ware. Ihren Ausgang nahm die Entwicklung in den oberitalienischen Städten Genua, Venedig und Pisa. Auch Bauern waren bald in das System eingebunden und brachten ihre Waren gegen Geld an den Kunden. Im 14. Jahrhundert begann sich außerdem der Wechsel durchzusetzen, und zwar wieder zunächst im Handel der oberitalienischen Städte. Ein Schuldner verpflichtet sich dabei schriftlich zur Rückzahlung eines Darlehens an einem anderen Ort in einer anderen Währung. So konnte er praktisch „bargeldlos" zahlen. Der lokale Geldwechsler bekam in den Städten Oberitaliens in der Folge eine Schlüsselstellung. Sein Wechseltisch, die *banca*, gab der heutigen Bank und dem Bankier den Namen. Die Wechsler waren Experten im Erkennen der verschiedenen einheimischen und fremden Währungen, die wegen der Münzhoheit der europäischen Städte und Fürsten sehr zahlreich existierten. Daneben nahmen sie auch Einlagen auf ein *conto corrente*, also ein Konto an, das Privatleute oder Handelsleute bei ihnen eröffnen konnten. Auf mündliche Anweisungen wurden Gelder von Konto zu Konto oder zu anderen Wechslern überwiesen. So konnte der „Bankier" schließlich – wie heute – Überziehungskredite anbieten und Darlehen an Kaufleute, Handwerker oder den Staat gewähren. Auch begannen wohlhabende Großbauern und Kaufleute Bauern und Handwerkern Geld auf ihre Äcker oder Häuser zu leihen. Eine Neuerung des 16./17. Jahrhunderts wurden öffentliche Banken. Venedig ging dabei mit seiner Staatsgirobank von 1587, dem *Banco di Rialto*, voran. Amsterdam folgte 1609, Hamburg 1619. Bedeutsam wurde im Laufe des 16. Jahrhunderts auch die Börse. Im Gegensatz zu Markt und Messe war sie ein Ort, wo man Waren oder Gelder handelte, ohne sie mit sich zu führen. Von Brügge aus verbreitete sich die Börse weiter, im 16. Jahrhundert begannen auch deutsche Kaufleute, sich an einer Börse zu versammeln (Köln ab 1553, Hamburg seit 1558, Frankfurt am Main seit 1585).

Durch die Entdeckung neuer Seewege und das wirtschaftliche und militärische Ausgreifen europäischer Staaten nach Asien, Afrika und Amerika wurden seit Ende des 15. Jahrhunderts nicht nur die meisten Teile der Erde für den Warenaustausch erschlossen, es kam auch durch den Import von Silber aus Mittelamerika zu einem **enormen Anstieg des Geldvolumens in Europa**. Zwischen 1500 und 1800 wurden schätzungsweise 90 000 Tonnen Edelmetall von Amerika nach Spanien verschifft, d. h. 85 Prozent der damaligen Weltproduktion.

M 2 Der Geldwechsler mit seiner Frau, Gemälde von Marinus van Reymerswaele, 1537

Die italienischen Stadtstaaten

Seit dem 12. und 13. Jahrhundert hatten sich Genua, Mailand, Pisa, Venedig und Florenz die kommunale Freiheit erkämpft. Gleichzeitig wurden sie zu Zentren der europäischen Wirtschaft. Dies hing mit dem Aufstieg der Kaufleute zusammen, die sich im zunehmenden Wettbewerb um Handelswege und Handelsgüter eine führende Position in Europa erarbeitet hatten. Hier vermittelten Großkaufleute, Bankiers und Tuchhersteller den Waren- und Geldhandel zwischen Europa und dem Orient. Aufgrund ihrer wachsenden Macht begannen sie auch die Politik ihrer Städte zu beeinflussen. Der Adel profitierte ebenfalls vom wirtschaftlichen Reichtum der Unternehmer, sodass die Grenzen zwischen Adel und Bürgertum in Oberitalien weniger starr waren als im nördlichen Europa. Außerdem gab es eine lange Tradition der klassischen Bildung, sodass die Förderung von Bildung und Kunst in den Gesellschaften Oberitaliens im 14. und 15. Jahrhundert eine geistige und eine materielle Basis fand. Auf diese Weise wurden die italienischen Stadtstaaten zur **Keimzelle der Renaissancekultur** in einem umfassenden Sinne: Wettbewerbsdenken,

Finanzwesen, Politik, Wissenschaft und Kunst brachten viele Neuerungen hervor. In den Jahrzehnten um 1500 breitete sich das neue Denken auch nördlich der Alpen aus. Fürsten aus Nord- und Westeuropa luden italienische Gelehrte und Künstler an ihre Höfe. Studenten, Künstler und Gelehrte Nordeuropas wiederum zogen in die Städte und an die Universitäten Oberitaliens, um dort Kunst und Architektur zu studieren und sich mit den Texten der Antike vertraut zu machen.

Florenz und die Medici

Besonders deutlich zeigt sich die enge Verzahnung von Wirtschaft, Politik und Kultur am Beispiel von **Florenz**. Um 1300 zählte Florenz zu den größten und wirtschaftlich bedeutendsten Städten Europas. Bankiers, Großkaufleute und Wollproduzenten sorgten für den Reichtum der Stadt. Der Zusammenbruch großer Bankhäuser und die Pest Mitte des 14. Jahrhunderts trafen Florenz schwer. Die Bevölkerung wurde mehr als halbiert, politische Instabilität und soziale Spannungen nahmen zu. Charakteristisch für die Politik in der Stadtrepublik Florenz war der Widerspruch zwischen den Idealen der Verfassungsordnung und der tatsächlichen Machtausübung. Nur männliche Angehörige der Zünfte durften für die Ämter ausgelost werden; das waren um 1400 nur rund 4000 Männer. Sieben der neun Mitglieder der Signoria, des obersten Rates, mussten aus den „höheren" Zünften kommen, zu denen die Bankiers, Großkaufleute und Wollproduzenten gehörten. Die tatsächliche Macht aber lag in den Händen von nur wenigen Familien. Um 1400 bestimmte der Kampf zwischen den „Optimaten", den Interessenvertretern der patrizischen Oberschicht, und den „Popolani", den Vertretern des Volkes, die Innenpolitik. Gestützt auf die Popolani gelang schließlich der **Familie der Medici** der politische Durchbruch. Internationale Bankgeschäfte, insbesondere die Führung der Finanzgeschäfte des Papstes, bildeten das Fundament für die Macht der Medici, die seit dem 13. Jahrhundert in Florenz bezeugt sind. Nach kurzer Verbannung kam Cosimo der Ältere (1389–1464) im Jahre 1434 in die Stadt zurück. Ohne jemals ein Amt zu bekleiden, lenkte er über seine Anhänger die Politik der Republik. Auch sicherten finanzielle Abhängigkeiten, politisch bestimmte Kreditvergaben und die Manipulation von Steuer- und Finanzgesetzen zuungunsten politischer Gegner seinen Einfluss. Lorenzo (1449–1492) – der wegen seiner Förderung von Malern, Architekten, Literaten und humanistischen Wissenschaftlern den Beinamen „il Magnifico" erhielt – sorgte z. B. dafür, dass nur Namen seiner Anhänger in die Ledersäcke kamen, aus denen die Lose für die Ämterbesetzung gezogen wurden. Auch ließ er neue Gremien einrichten, in denen nur seine Anhänger saßen. Mit ausländischer Hilfe vertrieben die „Popolani" die Medici 1494 aus der Stadt, die aber schon 1512 mithilfe päpstlicher und spanischer Truppen wieder nach Florenz zurückkehrten. 1531 schaffte Cosimo I. (1519–1574) die republikanische Verfassung ab, ließ sich zum Herzog von Florenz ausrufen und 1569 vom Papst die Würde des Großherzogs der Toskana übertragen. Diese Funktion behielt die Familie bis zu ihrem Ende im Jahre 1737.

Macht und Einfluss von Handelshäusern

Insgesamt betrachtet waren Spätmittelalter und Frühe Neuzeit nicht Jahrhunderte des festen, sondern des zirkulierenden Kapitals. Es war die Zeit des Handelskapitalismus. Damit waren jene Kapitalbestände gemeint, die sich durch Investitionen in Handelsunternehmungen aufbauten und vermehrten und nicht durch die ausschließliche Investition in eine einzelne feste Produktionsstätte wie den Verlag, die Manufaktur oder das Bergwerk. Die großen Fernkaufleute oder auch Kauffrauen und ihre durch Geld und Gewinnstreben gekennzeichnete Wirtschaftsweise bestimmten das ökonomische Geschehen. Um über die weit verzweigten Handelsverbindungen stets auf dem Laufenden zu sein und um durch die Gegenüberstellung von Soll und Haben Kredite genau planen zu können, begannen die oberitalienischen Handelshäuser schon um 1300 mit der doppelten Buchführung. Die großen städtischen Handelshäuser hatten Vertretungen in allen Städten Europas und waren obendrein als Großbankiers, als Verleger im Textil- und Metallsektor oder als Unternehmer im Bergbau tätig. Neu, geradezu revolutionär war, dass die kapitalistische Handhabung des Geldes ständisch nicht gebunden war.

M 3 Der Kaufmann Georg Gisze, Ölgemälde von Hans Holbein d. J., 1532

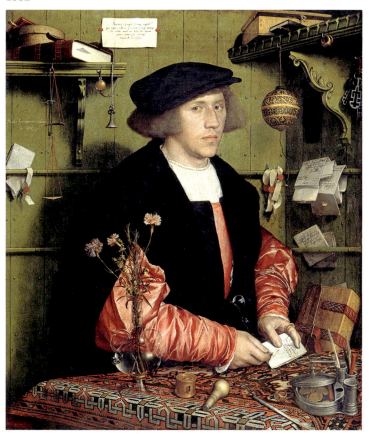

Das heißt: Die Macht der großen Handelsherren beruhte nicht auf Geburt, sondern auf ererbtem oder selbst geschaffenem Reichtum, auf Können, Risikobereitschaft – und Glück. Manche Familien wie die **Fugger** aus Augsburg oder die **Medici** aus Florenz schafften über mehrere Generationen hinweg ein weltweit agierendes Handels- und Bankenimperium, das zudem eng mit den Spitzen in Politik und Kirche verflochten war. Als Kreditgeber von Päpsten, Kaisern und Königen finanzierten sie Kriege, prächtige Hofhaltung und aufwendige Bauwerke. Im Gegenzug konnten sie Einfluss auf politische Entscheidungen nehmen bzw. im Fall der Medici sogar selbst führende Ämter bis hin zum Papst bekleiden.

Globale Handelsnetze

Im 15. und zu Beginn des 16. Jahrhunderts war Asien das wichtigste Zentrum der Weltwirtschaft. 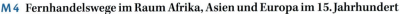**Indien und China** waren die bevölkerungsreichsten Länder der Welt, China das Land mit der größten Wirtschaftsleistung. Bestimmt wurde der asiatische Handel von muslimischen Händlern, die aus dem Vorderen Orient kamen. Europa war ein wichtiger Handelspartner und Absatzmarkt, bildete aber auch einen eigenen Wirtschaftsraum. Man spricht von einer „polyzentrischen eurasischen Weltwirtschaft" (Christian Kleinschmidt), d.h., es gab noch kein globales System, das von einer Macht dominiert wurde, sondern die verschiedenen wirtschaftlichen Großräume Europa, Vorderer Orient und Asien existierten für sich, waren aber auch eng miteinander vernetzt. Das änderte sich jedoch im Laufe des 16. Jahrhunderts, als Europa durch seine

M 4 Fernhandelswege im Raum Afrika, Asien und Europa im 15. Jahrhundert

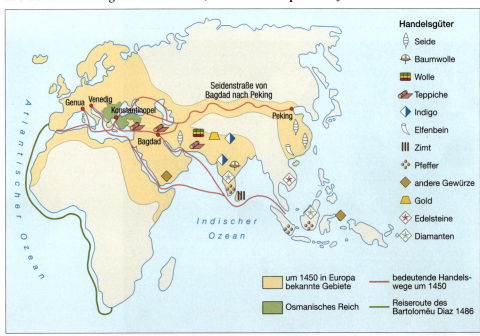

Entdeckungsfahrten, Kolonien und Handelsstützpunkte an Einfluss gewann und seine Wirtschaftsleistungen deutlich steigern konnte.

In Europa unterscheidet man grob zwei Handelsregionen: Nordwesteuropa (Zentren: Brügge und Gent, Nord-/Ostseeraum/Hanse, Messen der Champagne, später Leipzig und Frankfurt am Main) und Süd-/Südosteuropa einschließlich Mittelmeer (Zentren Genua und Venedig). In Asien spricht man von drei sich teilweise überschneidenden Handelsregionen: der muslimisch dominierte westliche Indische Ozean mit südlicher arabischer Halbinsel und Horn von Afrika, Indien sowie der südchinesisch-südostasiatische Raum. Im Vorderen Orient erstrecken sich die Handelssysteme entlang der drei wichtigsten Handelsrouten von Europa nach Asien: Die nördliche Route führte durch das Mongolenreich (Schwarzes und Kaspisches Meer, Samarkand bis China), die mittlere durch das Mittelmeer über Bagdad und den Persischen Golf zum Indischen Ozean, die südliche über Tunesien und Ägypten zum Indischen Ozean.

Aufstieg von europäischen Handelsmächten

Im Gefolge der Entdeckungsreisen verlagerten sich die Fernhandelswege, europäische Mächte stiegen zu Handelsmächten auf. Der Atlantik wurde zu einer wichtigen Route, über die vor allem Spanien, aber auch Portugal mit ihren Kolonialreichen in Süd- und Mittelamerika verbunden waren. Gehandelt wurden vor allem Gewürze, Getreide, Gold, Silber und Sklaven. Portugal besaß zudem noch wichtige Stützpunkte an der afrikanischen Küste sowie im Indischen Ozean und Indien. Diese gingen auf die Indienfahrten Vasco da Gamas zurück, der Ende des 15. Jahrhunderts die Südspitze Afrikas umsegelt hatte, um einen Seeweg für den Gewürzhandel mit Indien zu erschließen. Die Portugiesen errichteten Stützpunkte und Faktoreien* an den Küsten und erzwangen zum Teil auch gewaltsam den Zugang zu den lokalen Märkten und die Absicherung ihrer Handelsmonopole. Sie entwickelten ein umfassendes Verwaltungs- und Militärsystem, das über Handelsgewinne, Zölle und Steuern finanziert wurde. Dabei war nicht nur die portugiesische Krone als Geldgeber aktiv, sondern auch die großen Handelshäuser wie die Fugger und Welser oder italienische private Handelskonsortien. Schließlich überstieg der private Handelsanteil sogar den staatlichen.

Im 16. und 17. Jahrhundert kam es dann zum Aufstieg Englands und der Niederlande zu Seehandelsmächten. Beide profitierten von dem Rückzug Chinas, das bis ins 15. Jahrhundert hinein die größte Handelsflotte der Welt besessen hatte. Aufgrund von Pest, Naturkatastrophen, Korruption und der Bedrohung durch die Mongolen konzentrierten sie sich auf ihre Binnenwirtschaft, insbesondere die Landwirtschaft. Die Niederlande stiegen sowohl in den Atlantikhandel (v. a. mit Zuckerrohr) ein als auch in den Pazifikhandel. Die Gründung der niederländischen Vereinigten Ostindischen Companie (VOC) im Jahr 1602 bündelte die Aktivitäten. Die Handelskompanie führte in ihrer Organisation Staat, Fernhandel und Bankenwesen zusammen und wurde zu einem wichtigen Machtfaktor in den globalen Handelsnetzen. Sie besaß eine umfas-

Faktorei
Vom 16. bis zum 19. Jahrhundert Bezeichnung für eine (überseeische) Handelsniederlassung europäischer Kaufleute. Die Faktorei organisierte den Handel zwischen den europäischen Handelshäusern und der einheimischen Bevölkerung und verfügte meist über große Lager.

sende kaufmännische Infrastruktur. Hinzu kamen hoheitliche Befugnisse in ihren ostindischen Handelsstützpunkten (u. a. eine eigene Rechtsprechung) sowie eigene militärische Kräfte, um ihr Handelsmonopol notfalls gewaltsam durchzusetzen und die Stützpunkte dauerhaft abzusichern. Zu den wichtigsten Handelsgütern gehörten Zucker, Tee, Kaffee, Pfeffer und Seide. Im 17. Jahrhundert kam es zum Aufstieg Englands als weltweit agierende Handelsmacht. Mit der 1600 gegründeten East India Company (EIC) erarbeiteten sich englische Kaufleute eine Vorrangstellung im asiatischen Textilhandel. Der Baumwollhandel wurde neben Sklavenhandel und Plantagenwirtschaft zum wichtigsten Teil eines zunehmend weltumspannenden Wirtschaftssystems, in dessen Zentrum europäische Handelskompanien standen.

Globalisierung um 1500?

Der Beginn der Globalisierung, verstanden als Prozess der zunehmenden weltwirtschaftlichen Vernetzung und einer damit einhergehenden Angleichung („Konvergenz") der Wirtschaftsregionen auf verschiedenen Ebenen (Wirtschaft, Technik, Produkte, Kultur), wird normalerweise Mitte bis Ende des 19. Jahrhunderts angesetzt. Imperialismus, industrielle Massenproduktion, Freihandel, Einführung des Goldstandards sowie Kommunikationstechniken (Telegraph und Atlantikkabel) sorgten für eine immer engere Vernetzung und Angleichung der Standards. Doch die Experten sind sich einig, dass man auch von einer Phase der „Proto-Globalisierung" sprechen kann. Als Ausgangspunkt gelten die europäischen Entdeckungsfahrten und in der Folge die Etablierung der europäischen Dominanz auf dem Weltmarkt. Bis um 1500 gab es verschiedene wichtige Wirtschaftsräume, die zwar miteinander vernetzt waren, jedoch im Prinzip gleichberechtigt nebeneinanderstanden. Außerdem umfasste die „Weltwirtschaft" nur die Kontinente Afrika, Asien und Europa. Die Entdeckung Amerikas und der Beginn eines intensiven Atlantikhandels, der ausschließlich von europäischen Mächten dominiert wurde, bildeten dann den ersten Schritt zur immer weiter anwachsenden globalen Verflechtung. Allerdings kam es noch nicht zu einer weltweiten Anpassung der Märkte (Preise, Löhne etc.).

Webcode:
KH301261-084

1 Tragen Sie auf Basis der Darstellung die Neuerungen in der Wirtschaft des 15. und 16. Jahrhunderts zusammen und erläutern Sie Zusammenhänge zwischen den einzelnen Entwicklungen.
2 Analysieren Sie die Karte M 4 Fernhandelswege (siehe Methodenseiten S. 103 ff.).
3 **Schaubild:** Arbeiten Sie die wichtigsten Akteure im globalen Handel heraus und bestimmen Sie jeweils ihre Motive und Funktion. Erstellen Sie auf Basis Ihrer Ergebnisse ein Schaubild.

Hinweise zur Arbeit mit den Materialien

Das Kapitel 4 setzt sich mit den **Veränderungen der Wirtschaft im 15. und 16. Jahrhundert** auseinander, insbesondere mit der Rolle von Handelshäusern und Handelsmächten beim Aufstieg Europas zur zentralen Wirtschaftsmacht. Zunächst werden Neuerungen in der **Stadtwirtschaft** (M 5 bis M 9) sowie in der **europäischen Geldwirtschaft** (M 10 bis M 12) thematisiert. Anschließend können auf der Basis von Sekundärliteratur und Bildmaterialien die **Vorreiterrolle der italienischen Stadtstaaten** sowie der Familie **Medici** (M 13 bis M 17) erarbeitet werden. Es folgt ein Block zur Rolle der Handelshäuser am **Beispiel der Fugger** (M 18 bis M 23). Zum Einstieg in die Analyse von Veränderungen globaler Handelswege und in die Rolle von Handelsmächten dient ein Text zur Wirtschaftslage in **Asien vor Ankunft der Europäer** (M 24). Es folgen Texte und Bildmaterialien zur **niederländischen Vereinigten Ostindischen Companie (VOC)** sowie zur **englischen East India Company (EIC)**, die dank staatlicher Privilegien und Handelsmonopole zu wichtigen Handelsmächten in Asien und weltweit aufsteigen (M 25 bis M 29). Abschließend finden sich verschiedene Diskussionsbeiträge zur Frage, ob die Globalisierung um 1500 begonnen hat (M 30 bis M 33). Die **Methodenseiten** (S. 103 ff.) bieten Hilfen für die **Analyse von Geschichtskarten**.
Am Ende des Kapitels finden sich **weiterführende Arbeitsanregungen** und die Möglichkeit, die im Kapitel erworbenen **Kompetenzen zu überprüfen** (S. 106 f.).

Stadtwirtschaft und „Frühkapitalismus"

M 5 Aus der Verordnung über den Zutritt zur Ulmer Leineweberzunft und über das Baumwollweben (1403)

Zünfte waren Vereinigungen von Handwerkern und Handwerkerinnen in der Stadt. Entstanden im 12. Jahrhundert, regelten sie das Arbeitsleben, die Ausbildung und die Produktqualität, aber auch das Alltagsleben der Mitglieder und ihrer Familien. Gegen den Willen der Patrizier erkämpften sich die Zünfte und Zunftmeister im 14. Jahrhundert in zahlreichen Städten eine Beteiligung an der Stadtherrschaft. Erst im 19. Jahrhundert wurden sie – mit Beginn der Gewerbefreiheit – aufgelöst.

Wir Bürgermeister, großer und kleiner Rat der Stadt Ulm setzen fest:

1. Vom heutigen Tag an soll keiner unserer Bürger, der Handwerker ist und in der Stadt wohnt, ihrer Zunft beitreten, und sie [die Leineweber] sollen keinen in ihre Zunft aufnehmen.

2. Allen Bürgern und Bürgerinnen, die seit fünf Jahren bei uns wohnen, gestatten wir, dass ihre Kinder, die das Weberhandwerk lernen wollen, das tun dürfen. Wenn sie die Lehrzeit beendet haben, dürfen die Weber diesen Bürgerkindern ihr Zunftrecht verleihen [d. h. sie in die Zunft aufnehmen].

3. Weiter haben wir festgesetzt und befohlen: Wenn von heute an ein Fremder vom Land oder aus anderen Städten, der ihr Handwerk betreibt, zu uns zieht und Bürgerrecht haben will, soll er von dem Tag an, da er Bürger wird, fünf Jahre lang das Weberhandwerk nicht ausüben und sie [die Weber] sollen ihn auch nicht in die Zunft aufnehmen […].

4. […] Webergesellen, die in der Stadt wohnen und kein Bürgerrecht haben, hilft es nicht, wie lange sie auch hier ansässig sind oder im Handwerk tätig waren. Sie dürfen erst in die Zunft aufgenommen werden, wenn sie fünf Jahre lang das Bürgerrecht besitzen.

5. Kein Geselle darf selbstständig in Ulm arbeiten oder einen Webstuhl betreiben.

6. Wir haben ferner festgesetzt, dass fremde Weber und Weberinnen, die keine Bürger sind, außerhalb der Stadt und im Umkreis von einer halben Meile ihr Handwerk treiben und ihre Erzeugnisse zu unserer Leinwandschau bringen dürfen.

Friedrich Keutgen, Urkunden zur städtischen Verfassungsgeschichte, Nachdruck Aalen 1965, Nr. 287.

M 6 Wirtschaften in der Stadt, Miniaturmalereien aus dem „Hausbuch der Cerruti", um 1500

M 7 Aus der „Reformatio Sigismundi", einer anonymen Reformschrift, über die Zünfte (1439 als Handschrift, 1476 und 1522 als Druck)

Es ist auch zu wissen, dass in den guten Städten, nämlich Reichsstädten, Zünfte sind; die sind nun sehr gewaltig geworden und muss man sich in die Zünfte teuer einkaufen. Sie
5 machen Satzungen unter sich, wie etwa die Städte getan haben. Sie ordnen in vielen Städten den Rat, wie viel aus jeglicher Zunft in den Rat sollen gehen. […] Ist eine Zunft da, die man strafen sollte ihres Handwerks wegen,
10 das sie vollführt, dass es einer Gemeinde in einer Stadt nicht wohl kommt – Metzger, die das Fleisch zu teuer geben, oder Bäcker, die das Brot zu klein backen, oder Schneider, die zu großen Lohn nehmen und dergleichen: von
15 Zünften, die im Rat sitzen und der Stadt und der Gemeinde Treue und Wahrheit geschworen haben, hilft doch mächtig eine Zunft der anderen, als ob ich spräche: „Hilf mir, ich helfe dir desgleichen mit Übersehen." Damit ist
20 dann die Gemeinde betrogen. […] Will man aber wirklich Besserung herbeiführen und haben, dass jeder dem andern treu sei, so schaffe man die Zünfte ab und stelle eine wahre Gemeinschaft und eine unparteiische Gemein-
25 devertretung, einen lauteren Rat her. […] Es ist auch zu wissen ein Arges in Städten und auf dem Land an viel Enden, dass einer mehr Gewerbe treibt als ihm zugehört. Einer ist ein Weinmann und hat dabei Salz feil oder Tuch;
30 einer ist ein Schneider und treibt auch eine Kaufmannschaft. […] Es sind Handwerke darum erdacht, dass jedermann sein täglich Brot damit gewinne, und niemand soll dem andern in sein Handwerk greifen. Da soll man verhü-
35 ten bei kaiserlichem Gebot und vierzig Mark Geldes […].

Gottfried Guggenbühl/Otto Weiss (Hg.), Quellen zur allgemeinen Geschichte des Mittelalters, Zürich 1946, S. 282 f.

1 Erläutern Sie, welche Ziele die Zünfte verfolgten und welche Vorstellungen einer Wirtschaftsordnung sich darin zeigen (M 5 und M 7).
2 Beschreiben Sie die in den Miniaturen dargestellten Wirtschaftsformen (M 6).
3 Diskutieren Sie über Leistungen und Grenzen der „zünftigen" Wirtschaftsordnung und vergleichen Sie mit der heutigen Zeit.

M 8 Eine neue Wirtschaftsmentalität? – Korrespondenz einer Ravensburger Handelsgesellschaft (um 1450)

Die Ravensburger Handelsgesellschaft war ein Zusammenschluss von Kaufleuten aus den Reichsstädten in Oberschwaben und am Bodensee. Sie umfasste um 1450 etwa 70 bis 80 Gesellschafter. Mit ihrem breiten Warensortiment beherrschte sie den Handel mit Südwesteuropa;

Bank- und Geldgeschäfte betrieb sie nicht. Hier Auszüge aus den Schreiben der Geschäftsleitung an die Vertreter in Spanien, Frankreich und den Niederlanden.

[Über den Verkauf von Safran:]
- Da seid nun daran, dass er flugs hinauskomme. Fändet ihr einen, der sogleich damit bis Nürnberg (von Lyon) durchfahren würde, das wäre die Kunst. Denn, wer als Erster wird vor Ort sein, der wird das Seine schaffen.
- Kehret allen Fleiß vor, damit ihr das Geld nicht schlafen lasst; denn wie wenig man gewinnt, es ist besser, als es schlafen zu lassen.
- Alte Ware schiebt von der Hand, sei es mit Gewinn, sei es um Hauptgut, denn je länger alte Ware liegt, je böser es wird.
- Verhaltet euch zuvorkommend zu unseren Kunden und seid nicht zu hart im Verkaufen, besonders wenn man Gewinn macht.
- Uns dünkt, dass ihr etliche neue Kunden sehr beladen habt. [...] Und das Größte, das uns wunder nimmt, dass ihr das Gut zu gleichem Preis denen gegeben habt, die nie von uns gekauft haben. [...] Ist früher nie gewesen, denn damit macht Ihr [...] die besten [Kunden] unlustig. [...] Und, liebe Freunde, seht darein; seid nicht so gierig, viel zu verkaufen und dass es richtig sei.
- Doch sei nicht zu hitzig beim Verkaufen, dass du uns keine bösen Schulden machst, denn die Gewinne sind sonst schmal, und mit einer bösen Schuld wäre der Gewinn eines halben Jahres weg.
- Borget niemanden etwas, Ihr habt denn Sicherheit.

[Über die Behandlung von Lehrlingen und jungen Kaufleuten:]
- Darum, so tue jedermann sein Bestes, und Ihr jungen Leute seit Euren Obern gehorsam und willig in allen redlichen Sachen. So sollt Ihr Alten ihnen auch ein rechtes Vorbild tragen in allen Dingen, es sei mit Frauen, Kleidung, Zehrung. Dann seid Ihr schuldig, die Jungen zu unterweisen mit Rechnungen, Briefe abschreiben lassen. Heißt sie an Feiertagen in das *Scriptori* sitzen und rechnen, Briefe lesen, nicht dass sie spazieren gehen. Ist unsere ernstliche Meinung. Wer aber nicht gehorsam sein wollte, den sendet heraus; denn wir wollen es nicht leiden. Wer sich wohl anlässt, den braucht zu Großem; wer aber nicht will, den lässt man einen Esel sein. Du, Jung Hillesun, uns dünkt, Du seiest gar lass [= faul]. Hans Hinderofen, blase ihm den Staub von den Ohren. Wo denkst Du hin, was meinst Du, dass aus Dir werde, willst Du nicht emsig sein? Sei es bei Tag und Nacht, so wird ein rechter Mann aus Dir. Ihr habt viele junge Leute drinnen, die unterweisen mit Treue, so kann man Euch desto besser schonen und dann eine Weile herauslassen.

Aloys Schulte, Geschichte der Großen Ravensburger Handelsgesellschaft 1380–1530, Bd.1, Franz Steiner, Wiesbaden 1964, S. 125–128 und 141 f.

M 9 Eine Stellungnahme des Reichstags zu Trier und Köln zu Handelsgesellschaften (1512)

Zu Beginn des 16. Jahrhunderts beschäftigen sich die Reichstage, zu der Zeit eine Ständeversammlung der Fürsten, Grafen, freien Herren sowie der Reichs- und Bischofsstädte, regelmäßig mit Beschwerden über die Aktivitäten der Handelshäuser.

In den letzten Jahren sind im Reich viele Handelsgesellschaften entstanden. Auch etliche Einzelpersonen haben es darauf angelegt, allerlei Waren und Kaufmannsgüter wie Gewürze, Erze, Wolltuche und dergleichen mehr an sich zu bringen, um sie zu überhöhen, allein von ihnen festgelegten Preisen zu ihrem Vorteil zu verkaufen. Damit fügen sie dem Reich und all seinen Ständen erheblichen Schaden zu und verstoßen gegen geschriebenes kaiserliches Recht und die guten Sitten. Zur Förderung des gemeinen Nutzens haben wir deshalb angeordnet, [...] dass derartig schändliches Tun hinfür verboten ist und dass niemand solche Geschäfte betreiben soll. Wer es trotzdem tut, dessen Hab und Gut sollen konfisziert und der Obrigkeit übergeben werden. [...] Doch heißt das nicht, dass Kaufleute sich nicht zu Handelsgesellschaften zusammenschließen und Waren kaufen und verkaufen dürfen, wo es ihnen beliebt. Verboten ist nur, dass jemand eine Ware ausschließlich in seine Hand bringt und den Preis nach seinem Belieben festsetzt oder vom Verkäufer fordert, Waren nur ihm zu verkaufen oder andernfalls zu behalten. Sollten die Kaufleute ihre Waren aber unziemlich verteuern, so soll jegliche Obrigkeit dagegen vorgehen und für den Verkauf zu angemessenem Preis sorgen.

Adolf Wrede (Bearb.), Deutsche Reichstagsakten unter Kaiser Karl V., Bd. 2, Vandenhoeck & Ruprecht, 2. Aufl., Göttingen 1962, S. 351 f.

1 Beschreiben Sie auf der Basis von M 8 und M 9 die Form des Wirtschaftens der Handelsgesellschaften.
2 Vergleichen Sie mit den Zielen und Regeln der Zünfte (M 5 und M 7).
3 Arbeiten Sie die Neuerungen heraus, die durch die Handelsgesellschaften entstehen.

Entwicklung der europäischen Geldwirtschaft

M 10 Der Historiker Hans-Georg Hofacker über Adam Ries (2001)

„2 mal 2 sind nach Adam Riese 4" – jeder kennt diese Redensart aus den Anfängen des Rechenunterrichts. Doch wer war Adam Ries? 1522 erschien eines der einflussreichsten Bücher der Neuzeit: das Rechenbuch von Adam Ries (1492–1559). Der Autor betrieb in Erfurt eine Rechenschule und wollte mit seinem Werk sowohl seine Schüler als auch alle, die mit Zahlen zu tun hatten, in das „moderne" Rechnen einführen. Modern, das war das Rechnen mit Ziffern. Nur kurz behandelte er deshalb das „Linienrechnen", d. h. die mittelalterliche Version des Rechenbretts (= Abakus). Dazu dienten Rechentische und -tücher mit einem Linienschema, das mit dem römischen Zahlensystem kompatibel war. Selbst Analphabeten konnten damit einfache Aufgaben lösen, wenn sie nur das kleine Einmaleins beherrschten. Für kompliziertere Rechenoperationen genügte dieses System aber nicht mehr, wenngleich sich bis heute Redewendungen aus dieser Rechenmethode erhalten haben: Wir sprechen von „Rechnungslegung". Oder man spricht vom „grünen Tisch", an dem praxisferne Entscheidungen getroffen werden, denn das war der Tisch, über den das grüne Rechentuch mit den eingestickten Linien gebreitet wurde. […]

Gelehrte und oberitalienische Kaufleute rechneten schon seit dem Hochmittelalter mit den aus dem indisch-islamischen Kulturkreis stammenden Ziffern und der Null im dezimalen Stellensystem. Doch es gab erheblichen kulturellen Widerstand gegen die Verwendung dieser „heidnischen" Ziffern. Und die Null war vielen einfach suspekt: Sie besaß keinen eigenen Wert, konnte aber, wenn sie einer Ziffer rechts zugesetzt wurde, deren Wert erhöhen; aus einer 2 wurde eine 20.

Riesens Rechenbuch markiert den Durchbruch der neuen Rechenmethode mit arabischen Ziffern. Es führt zunächst in die Grundrechenarten ein, dann folgen Bruchrechnungen und der Dreisatz. Wer in Handwerk und Handel komplizierte Berechnungen durchzuführen hatte, fand hier Musteraufgaben aus allen Bereichen des damaligen Wirtschaftslebens. Ries zeigte, wie man Währungen und Gewichte umrechnete, die ja von Region zu Region verschieden waren, und er führte vor, wie man Preise, Frachtkosten, Zinserträge, Gewinn und Verlust in der neuen Rechenmethode kalkulierte.

Das Lehrbuch war das Werk eines Praktikers für künftige Praktiker. Nach seinem Umzug in die sächsische Bergbaustadt Annaberg (1522/23) nahm Ries verantwortungsvolle Aufgaben in der Buchführung und der Rechnungslegung der Silbergruben wahr und betrieb weiterhin eine Rechenschule. Im deutschen Sprachraum wurde sein Rechenbuch neben der von Luther übersetzten Bibel zu einem der großen Bucherfolge der Frühen Neuzeit.

Hans-Georg Hofacker, Europa und die Welt um 1500, Cornelsen, Berlin 2001, S. 56.

1 Skizzieren Sie mit eigenen Worten, wie die Einführung der arabischen Zahlen die Buchführung revolutionierte.

M 11 Der Geldwechsler, Buchmalerei von Marco dell'Avogadro, 15. Jh. (Ausschnitt)

M 12 Der Historiker Erich Maschke schreibt über den Wandel am Ende des 15. Jahrhunderts in Europa (1974)

Eben im Geld- und Kreditwesen kam es zu der Neuerung, die das städtische Leben am Ausgang des Mittelalters am intensivsten veränderte. Die Geldwirtschaft hatte sich allgemein
5 durchgesetzt. Damit vollzog sich ein geistiger Wandel von solcher Wirksamkeit, dass er stärker als alle Widerstände war. Weithin verbreitete sich ein geldwirtschaftliches Denken, das auf Gewinne in Form von Geld zielte. Die Mög-
10 lichkeit, Geld gewinnbringend anzulegen, war im Immobiliarbesitz, im Handel, dem Kreditwesen, der gewerblichen Produktion und dem Transportwesen gegeben. Die außerordentliche Verbreitung solcher Kapitalanlagen auch geringen Umfangs und die hohe Kapitalkon-
15 zentration waren dabei zwei neue Erscheinungen, die das Wirtschaftsleben gegen Ende des Mittelalters und darüber hinaus maßgeblich bestimmten. Sie waren mit einer Erhöhung der Risikobereitschaft in breiten Bevöl-
20 kerungsschichten verbunden. [...]

Die Form der Kapitalgesellschaft erlaubte die stille Teilhaberschaft von Nichtkaufleuten, nicht nur von Angehörigen des Adels oder des gehobenen Bürgertums, sondern auch von
25 kleinen Leuten. In Augsburg gab es gegen Ende des 15. Jahrhunderts Dienstmägde, die kleine Beträge von 10 Gulden in die Handelsgesellschaft der Höchstätter einlegten. [...]

In der geldwirtschaftlich orientierten Ge-
30 sellschaft der spätmittelalterlichen Stadt war die Vermögenshöhe das Kriterium der Geltung und des Ansehens. Doch gerade die Polarisierung der Gesellschaft, durch welche zunehmend Arme und Reiche ohne starke
35 vermittelnde Zwischenglieder einander gegenübergestellt wurden, löste Veränderungen im sozialen Bewusstsein aus, die ihrerseits nicht selten Aktivitäten zur Folge hatten. Weiterhin eingebettet in die christliche Glau-
40 bensordnung, brach angesichts der außerordentlichen Kapitalkonzentration eine neue Bewusstseinslage durch, in der die soziale Lage als solche wesentlich wurde und weithin kritisch diskutiert werden konnte. Ganz allge-
45 mein wird der Umfang dieser Veränderung unter anderem sichtbar in der veränderten Wertung von Armut und Arbeit. Hatte die christliche Caritas Jahrhunderte hindurch jedem Armen, der um ein Almosen bat, gehol-
50 fen, so wurde jetzt zwischen verschuldeter und unverschuldeter Armut unterschieden.

Erich Maschke, Deutsche Städte am Ausgang des Mittelalters, in: Die Stadt am Ausgang des Mittelalters, hg. von Wilhelm Rausch, Wimmer, Linz 1974, S. 6–17.

1 Erläutern Sie, inwieweit der Frühkapitalismus die Gesellschaft an der Schwelle zur Neuzeit nach Maschke (M 12) verändert hat.
2 **Mindmap:** Erstellen Sie ausgehend von M 7 bis M 12 und der Darstellung, S. 77 ff., eine Mindmap zum Thema „Frühkapitalismus".

Die italienischen Stadtstaaten und die Medici als Vorreiter

M 13 Der Historiker Giulianco Procacci schreibt über die oberitalienischen Seestädte (1983)

Doch Bedeutung und historische Wirkung der italienischen Seestädte erschöpften sich nicht in ihren militärischen Unternehmungen und dem Beitrag, den sie zur Durchsetzung der
5 abendländischen Hegemonie in Politik und Handel des Mittelmeerraumes leisteten. Amalfi, Pisa, Genua und Venedig haben auch und vor allem die Tore geöffnet (oder vielleicht besser: die Fühler ausgestreckt), durch
10 die die bis dahin isolierte und ganz auf sich selbst bezogene abendländische Welt in dauerhaften Kontakt mit dem Osten treten und sich allmählich dessen kulturelle Leistungen zu eigen machen konnte. Die Seestädte wur-
15 den sozusagen zum Vermittler zwischen den Kulturen. Die arabischen Ziffern, die die kaufmännische Rechnungsführung revolutionieren sollten, wurden im Abendland von dem Pisaner Leonardo Fibonacci, dem Autor des
20 „liber abbaci", um die Wende vom 12. zum 13. Jahrhundert eingeführt. Die Bewohner von Amalfi machten sich den Kompass, der bei den Arabern bereits bekannt war, zunutze, und das „lateinische" Segel der Kreuzfahrer-
25 schiffe kam in Wirklichkeit aus Byzanz oder Syrien. [...]
    Intellektuell und technisch allen anderen weit überlegen, waren die italienischen Seestädte auch die Ersten, in denen sich Form
30 und Ordnung der städtischen und bürgerlichen Selbstverwaltung sehr früh herausgebildet haben. Bereits im 8. Jahrhundert hatte sich in Venedig die Rolle des Dogen vom Würdenträger des oströmischen Reiches zum unab-
35 hängigen Stadtoberhaupt gewandelt. Im 12. Jahrhundert wurden die Wahlverfahren und die Machtbefugnisse seines Amtes genau festgelegt. Um diese Zeit bereits übte die kaufmännische Aristokratie, vertreten durch den
40 *Maggior Consiglio* (Großen Rat) die Entscheidungsgewalt in der Stadt unangefochten aus. In Pisa datiert die erste Erwähnung der Konsuln aus dem Jahre 1080; ihr Auftauchen bezeichnet zugleich den Niedergang der bischöflichen und feudalen Macht.
45

Zit. nach: Rainer Beck (Hg.), Streifzüge durch das Mittelalter. Ein historisches Lesebuch, C. H. Beck, 5. Aufl., München 2001, S. 189 ff.

M 14 Hafen von Venedig, Ölgemälde von Vittore Carpaccio (1460–1526), o. J.

M 15 Der Historiker und Journalist Marcel Hänggi über den Finanzplatz Florenz im 14. Jahrhundert (2008)

Der Aufstieg von Florenz zum Bankenzentrum
Es war eine harte Zeit. Damals, in Florenz. Zwischen 1343 und 1346 machten dort die drei größten Finanzdienstleister der damaligen Welt Bankrott. Die Pleitiers waren im
5 14. Jahrhundert die mächtigsten Bürgertumsfamilien in Florenz: die Bardi, die Peruzzi und die Acciaiuoli. Sie besaßen riesige multinationale Konzerne. Sie waren Teilhaber der Florentiner Textilmanufakturen und -handels-
10 häuser, hatten Filialen an allen wichtigen Handelsplätzen der christlichen Welt – und betrieben das Geldgeschäft fast nebenbei.
    Florenz war im 13. Jahrhundert zu Europas Finanzplatz Nummer eins aufgestiegen. Der
15 seit 1252 geprägte Goldflorin, die örtliche Währung, war die härteste jener Tage. Im Handel wie auch in der Finanzwirtschaft eroberten die Florentiner Spitzenpositionen: Um 1300 überholten sie die flämische Konkurrenz im Textilgeschäft, im Jahr 1307 dann ließen sie den bisherigen Marktführer im inter-
20

nationalen Zahlungsverkehr hinter sich: den Ritterorden der Templer. Diese Beschützer der Jerusalempilger [...] waren ebenfalls im Finanzgeschäft aktiv und hatten, wenn man so will, den Travellerscheck erfunden – einzahlen in Westeuropa, Bargeld beziehen in Jerusalem. [...]

In dieser Zeit gewann die Geldwirtschaft gegenüber der Naturalwirtschaft an Bedeutung. Im Hundertjährigen Krieg ab 1337 setzten Könige erstmals im großen Stil Söldner ein, die sie in bar (und mit dem Freibrief zum Plündern) entlohnten, während zuvor hauptsächlich Ritter aufgrund ihrer Feudalpflichten die Kriege ausgetragen hatten. Solche Kriege, aber auch eine immer aufwendigere Hofhaltung zwangen die Territorialherren, sich mit Finanzfachleuten zu umgeben. Adlige waren sich zu gut dafür, daher übernahmen Bürgerliche wie die Florentiner Kaufleute diese Aufgabe [...]. Der Frühkapitalismus des 14. Jahrhunderts war ein ebenso entfesselter wie der Kapitalismus heutiger Tage: mächtige Monopole und Oligopole[1], Spekulationsblasen, Streiks (unter anderem in der Florentiner Textilindustrie), die erste Arbeiterrevolution (der Ciompi-Aufstand von Florenz, 1378 bis 1382), spektakuläre Konkurse. [...]

Ursachen und Folgen der Finanzkrise
Ausschlaggebend für den Untergang der Banken dürfte das politische Engagement in ihrer Heimat gewesen sein. Die Finanzinstitute unterstützten Kriege ihrer Stadtrepublik in der Nordtoskana, was teuer war und nichts einbrachte.

Dazu kam das Wirtschaftsgebaren des politischen Verbündeten, aber wirtschaftlichen Rivalen Venedig – einer Wirtschaftsgroßmacht, die ihren Reichtum auch der Währungsspekulation verdankte. Währungsspekulation bedeutete damals: das Ausnutzen von Kursschwankungen zwischen Gold und Silber. So konnten die venezianischen Kaufleute Riesengewinne schreiben, selbst als die Realwirtschaft[2] stagnierte oder schrumpfte. Für die Florentiner mit ihrem schönen Goldflorin ging das so lange gut, wie der Goldpreis stieg, nämlich bis 1325. Danach sank der Kurs gegenüber dem Silber, binnen zweier Jahrzehnte von fünfzehn zu eins auf neun zu eins.

[...] Mit dem Fall der Häuser der Bardi, Peruzzi und Acciaiuoli verlor Florenz seine führende Stellung im Finanzgeschäft ans nahe Lucca. [...] Die Clans indessen konnten sich, manchen Managern heutiger Tage gleich, retten: Zwei der reichsten Familien im Florenz der 1350er-Jahre hießen Bardi und Peruzzi.

Marcel Hänggi, Parvenüs ihrer Zeit. Finanzplatz Florenz: Riskante Spekulationsgeschäfte brachten schon im 14. Jahrhundert die größten Banken zu Fall, in: Die Zeit, 25. Sept. 2008, S. 36.

---

1 Oligopol: Form des Monopols, bei der der Markt von wenigen Großunternehmen beherrscht wird
2 Realwirtschaft: der Teil der Wirtschaft, der nicht zum Finanzsektor zählt (der „reale" Produkte erstellt)

M 16 Der Historiker Volker Reinhardt über die Geschichte der Medici (2013)

In den ersten beiden Dritteln des 15. Jahrhunderts sind geschäftlicher und politischer Erfolg der Medici aufs engste verflochten. Die Umsetzung von Reichtum in Einfluss, später Macht, ist somit das erste große Transformationsunterfangen der Familiengeschichte.

In Angriff genommen wird es – in für Medici typischer Union der Generationen mit reibungsloser Rollenverteilung – von Giovanni und seinen Söhnen Cosimo und Lorenzo. Diese Ummünzung von Geld in Status war kein automatischer Vorgang, sondern ein vielschichtiger Prozess, in dem es letztlich darum ging, den stärkeren Teil der Ober- und einen gewichtigen Ausschnitt der Mittelschicht an die Interessen des Hauses zu binden. [...]

Schufen die römischen Geschäfte [mit dem Papst] mit ihren hohen Gewinnspannen die vorerst unerschütterliche wirtschaftliche Basis der Bank, so erfolgte die Ummünzung des Gewinns in sozialen und politischen Einfluss in Florenz, wo die Firma, wie schon ihre viel größeren Vorläufer als Depositenbank, im Wechsel von Valuta und im Kreditgewerbe tätig war. Prekäre wirtschaftliche Rahmenbedingungen und ein aufgrund kriegerischer Verwicklungen immer unersättlicher Fiskus mussten die Medici-Bank zu einer unverzichtbaren Anlaufstation werden lassen; ihre

30 Kredite haften nicht nur gegen den Verlust der Amtsfähigkeit als Folge von Steuerschulden, sondern, etwa durch Finanzierung von Mitgiften, auch bei der Behauptung von sozialem Status. Solche Darlehen aber brachten sowohl
35 Zinsen als auch gute Dienste ein.

Dieses Prinzip galt auch außerhalb von Florenz. Die durch geliehenes Geld angebahnten oder vertieften guten Beziehungen zu auswärtigen Mächten werden die Medici-Herrschaft
40 immer wieder stützen [...].

Volker Reinhardt, Die Medici, C. H. Beck, 5. überarbeit. Aufl., München 2013, S. 20 und 26 f.

M 17 Lorenzo de Medici, Herzog von Urbino, Ölgemälde von Raffael, 1518

1 Erläutern Sie die Gründe für die wirtschaftliche Vorreiterrolle der oberitalienischen Städte (M 13 und M 14).
2 Skizzieren Sie den wirtschaftlichen Aufstieg der Stadt Florenz (M 15).
3 **Referat:** Informieren Sie sich über den Lebenslauf von Giovanni, Cosimo oder Lorenzo Medici und präsentieren Sie die Ergebnisse in einem Referat (M 16).
4 Vergleichen Sie die Darstellung von Lorenzo de Medici (M 17) mit dem Porträt des Kaufmanns Georg Gisze (M 3), S. 81.

Macht und Einfluss von Handelshäusern am Beispiel der Fugger

M 18 Aus einer Chronik des Hauses über Jakob Fugger (1599)

1367 wanderte der Weber Hans Fugger mit seiner Familie nach Augsburg, die sich dort auf den Tuchhandel verlegte. Eine Generation später erhielten die Fugger bereits einen Sitz im Rat der Stadt. Durch Jakob Fugger (1459–1525) stieg die Fuggersche Handelsgesellschaft zu Weltgeltung auf; ihr Vermögen bezifferte sich inzwischen auf ca. 2 Millionen Gulden. 1511 wurden die Fugger als Grafen in den Reichsadel erhoben.

Herr Jakob Fugger ist geboren anno 1459 am 6. März und ist durch seinen Herrn Vater mit seinen Präzeptores erstlich zum Studium angehalten und letztlich geistlich und durch päpstliche Heiligkeit ein Domherr zu Herrie- 5
den in Franken, das zum Bistum Eichstätt gehört, geworden. Er hat aber diesen geistlichen Stand auf Betreiben seiner Brüder wiederum abgelegt, seine Pfründe aufgegeben und ist in den Fuggerschen Kaufhandel eingetreten. Er 10
wurde zuerst von seinen beiden Brüdern Ulrich und Georg in das Fuggersche Lager zu Venedig geschickt, woselbst er etliche Jahre geblieben und sich des Handels so wohl angenommen, dass er wiederum durch seine 15
Brüder ist nach Augsburg berufen worden und sich daselbst mit einer schönen Jungfrau, Sibilla Artztin, anno 1498 am 20. Januar ehelich vermählt, welche aus einem gar alten Geschlecht in der Stadt Augsburg geboren war. 20
Er hat aber in seinem ehelichen Stand, in welchem er 27 Jahre gelebt, keine Kinder erzeugen mögen. Er hat den Fuggerschen Namen an Ehren und Gut sehr hoch gebracht, denn er hat sich vorgenommen, den vorigen Handel mit 25
Spezerei, Seiden und Wolle nicht mehr zu führen, sondern begab sich auf Bergwerke und Wechsel, zu welchen die Herren Turzo, welche in dem Reich Ungarn und Polen bei den Königen in großem Ansehen und den Fuggern 30
durch Schwagerschaft verwandt waren, ihm treffliche Förderung bewiesen. Den ganzen Kupferkauf in dem alten und neuen Soll samt der königlichen Handlung in der Grafschaft Tirol hat er all angenommen und mit gutem 35

Glück viele Jahre gar stattlich verrichtet. In Kärnten hat er ein Bleibergwerk gebaut und daselbst ein Kastell und Schloss errichtet, die Fuggerei genannt. Bei dem römischen Kaiser Maximilian, auch König zu Ungarn und Polen, wie auch bei allen Kur- und Fürsten in den deutschen Landen ist er seiner höfischen Art wegen sehr geliebt worden und zu großem Ansehen gekommen. Viele Graf- und Herrschaften, Schlösser, Dörfer und Flecken hat er an sich und an den Fuggerischen Namen gebracht und auch von neuem aufbauen lassen und erweitert.

Christian Meyer (Hg.), Chronik der Familie Fugger vom Jahr 1599, Selbstverlag, München 1902, S. 26 f.

M 19 Jakob Fugger mit seinem Buchhalter Matthäus Schwarz, Miniatur, nachträglich koloriert, 1519

1 Erarbeiten Sie anhand der Person Jakob Fuggers (M 18 und M 19) ein Persönlichkeitsprofil von Fernhandelskaufleuten (siehe auch Darstellung S. 81 f.).

M 20 Aus einem Vertrag der Fugger und anderer Handelshäuser über gemeinsamen Kupferhandel (Anfang 16. Jh.)

Sigmund Gossembrot, Ulrich Fugger, Horg Herwart, jeder für sich, seine Gesellschaft und Brüder, die ausstehende Summe Schwazer[1] Kupfer, die ihnen die Gesellschaft Baumgartners noch überantworten soll, herrührend von wegen der K.M.[2], welche Summe bringt etwa 960 Meiler[3] Kupfer, sollen die oben genannten zusammenlegen. Weiter sollen Hans Baumgartner und Hans Knoll und ihre Gesellschaft oder Partner 800 Meiler Schwazer Kupfer hinzulegen. Auch sollen Ulrich Fugger und Gebrüder 800 Meiler [...] Kupfer aus Ungarn hinzulegen [...] und man ist einhellig einig geworden, dass solche drei Summen Kupfer, das zusammen in einer Summe 2 560 Meiler bringt, allein durch eine Hand in Venedig verkauft werden sollen, nämlich durch Ulrich Fugger und Gebrüder. [...] Es sollen auch die genannten Gossembrot, Baumgartner und Knoll, Herwart und Fugger, jeder zusammen mit seiner Gesellschaft sowie Brüdern und Partnern kein Kupfer außerhalb dieses Vertrages in Venedig verkaufen.

Nach: Gisela Möncke (Hg.), Quellen zur Wirtschafts- und Sozialgeschichte mittel- und oberdeutscher Städte, Wiss. Buchgesellschaft, Darmstadt 1982, S. 389–391.

---

1 Schwaz in Tirol war der Hauptort des Kupferabbaus.
2 K.M. = Königliche Majestät, hier Maximilian I. Über Maximilian hatte Jakob Fugger 1496 zusammen mit Herwart und Gossembrot einen großen Schwazer Kupferkauf getätigt.
3 960 Meiler = 9600 Zentner

M 21 Der Historiker Michael North über die Rolle der Fugger beim europäischen Edelmetallimport aus Amerika (1994)

Wie verbreitete sich das amerikanische Silber in Europa? Das wichtigste Medium [...] war natürlich der Handel. Die allseits negative Bilanz Kastiliens im Handel mit Italien, Frankreich, den Niederlanden und England bewirkte die Edelmetallausfuhr in diese Länder. [...]

Ein weiterer wichtiger Faktor für die Verteilung des amerikanischen Silbers in Europa waren der aus Krieg und Politik entstehende Finanzbedarf des Kaisers oder der spanischen Krone.[1] Diese verfügten zwar über die Edelmetallvorräte der Neuen Welt, waren aber nicht in der Lage, das Silber dann zu mobilisieren, wenn es irgendwo in Europa benötigt wurde. Die spanische Silberflotte verkehrte nämlich nur einmal im Jahr [...]. Die Mobilisierung der spanischen Edelmetalle übernahmen daher oberdeutsche Handelshäuser wie die Fugger und Antwerpener Firmen wie die Schetz sowie vor allem die Genueser Bankiers. Sie schlossen mit der spanischen Finanzverwaltung einen Vertrag (den sog. *asiento*) und verpflichteten sich beispielsweise, der spanischen Krone in Antwerpen während des niederländischen Aufstands eine bestimmte Summe Bargeld vorzuschießen [...]. Der Bankier oder *asientista* transportierte nun aber nicht etwa Münzgeld nach Antwerpen, sondern versuchte möglichst viele Wechsel zu kaufen, die in Antwerpen fällig wurden [...].

Wie die Edelmetalltransfers von Spanien nach West- und Mitteleuropa im Einzelnen vor sich gingen, zeigt ein Beispiel aus den 1550er-Jahren. 1552 gab die Krone die Erlaubnis, im Rahmen des Asiento 200 000 Ducados auszuführen. Der Faktor des Handelshauses der Fugger in Sevilla, Christoph Raiser, war beauftragt, die Ausfuhr zu organisieren. Er trug die Hälfte dieser Summe in Gold- und Silberbarren zusammen und schickte diese in 56 Kisten mit Maultieren nach Cádiz, wo die spanische Flandernflotte vor Anker lag. Per Schiff wurde das Edelmetall dann nach Seeland befördert und dort dem Antwerpener Fugger-Faktor Matthäus Örtel übergeben. Über die niederländischen Münzstätten wird das Metall schließlich in den europäischen Geldumlauf gelangt sein. Gewöhnlich berechnete der Augsburger Fugger-Buchhalter Matthäus Schwarz anhand der Prägekosten und des lokalen Silberpreises genau, auf welchem Edelmetallmarkt (Genua, Florenz, Mailand, Venedig, Rom, Antwerpen und Nürnberg) das Silber mit dem größten Gewinn in Verkehr gebracht werden konnte.

Michael North, Das Geld und seine Geschichte, C. H. Beck, München 1994, S. 79f.

---

[1] Der Habsburger Kaiser Karl V. (Reg.1519–1556), der über weite Teile Mitteleuropas regierte, war auch König von Spanien.

M 22 Die wirtschaftlichen Verflechtungen einer frühkapitalistischen Handelsgesellschaft

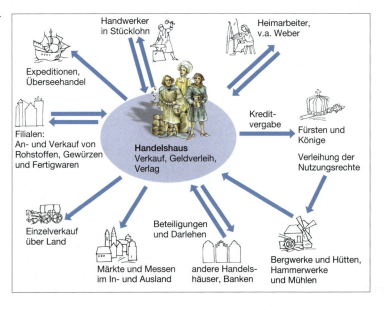

M 23 Niederlassungen und Fernverbindungen des Bank- und Handelshauses der Fugger zu Beginn des 16. Jahrhunderts

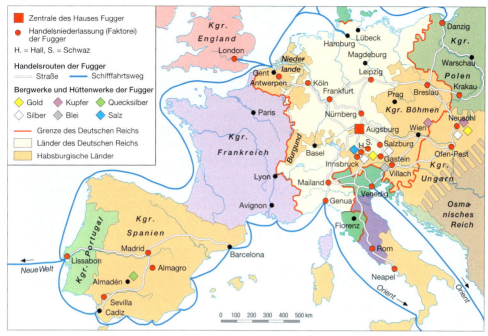

1. Skizzieren Sie mithilfe von M 18 bis M 23 Art und räumliche Ausdehnung der Tätigkeiten der Fugger.
2. Erläutern Sie mithilfe von M 23 die Grundzüge der Wirtschaftsweise eines Handelsunternehmens um 1500 und arbeiten Sie die wirtschaftlichen Abhängigkeiten heraus.
3. Diskutieren Sie, inwieweit das Fernhandelshaus der Fugger „modern" war. Vergleichen Sie mit einem heutigen Unternehmen.

Handelsnetze in Asien vor Ankunft der Europäer

M 24 Ein Historikerteam schreibt über den ostasiatischen Handelsraum im 15. Jahrhundert (2008)

Politische Strukturen
Diese Welt zwischen dem Kap der Guten Hoffnung und Japan, auf die seit 1498 die Portugiesen und später Spanier, Niederländer und Briten trafen, war vielfältig und keineswegs statisch. [...]

Sowohl den hinduistischen Fürsten und Aristokraten des [indischen] Südens als auch den islamischen Herrschern im Norden [Indiens], deren Kriegstüchtigkeit außer Frage steht, ging es infolge des Binnenlandcharakters ihrer Reiche zumeist etwas mehr um Macht über Land und Leute als um die Kontrolle des Meeres- und Fernhandels; ein Umstand, der später Portugals friedliche Koexistenz mit Vijayanagar und dem Mogul-Reich [im Norden Indiens] ebenso zu erklären hilft wie die portugiesischen Expansionserfolge an der Küste von Gujarat. Selbst die Machthaber der Hafenstädte haben kaum einmal versucht, den Handel mit Waffengewalt zu beeinflussen, da die Kaufleute im Rahmen des gut funktionierenden „Freihandelssystems" des Indischen Ozeans einfach ausgewichen wären. [...] Zum zentralen Stapelplatz des Indonesischen Archipels [wurde ...] Malakka. Malakka wurde das typische Beispiel eines nach außen orientierten Stapelhafens [Emporion], der keine nennenswerte eigene Produktion aufwies, mehr oder minder von indischem, chinesischem und javanischem Kaufmannskapital beherrscht wurde und in der Nahrungsmittelversorgung auf Java, Siam und andere Exportgebiete angewiesen war. [...] Malakka war um 1500 zum reichsten und mächtigsten Sultanat der malaiischen Halbinsel, zum wichtigsten Markt für die Gewürze der Molukken und zur Drehscheibe des Handels zwischen Indischem Ozean und Ostasien geworden. Am Vorabend der portugiesischen Eroberung soll die Stadt zwischen 50 000 und 100 000 Einwohner gezählt haben. [...]

Die riesige Region [um den Indischen Ozean] wurde weder von einer politischen Vormacht beherrscht noch von einer verbindenden Kultur bestimmt. Vielmehr handelte es sich um ein vielgesichtiges Handelssystem in der Überschneidungszone von vier bis fünf großen Zivilisationen, wo ein halbes Dutzend großer Stapelhäfen einerseits die Geschäftsbeziehungen zwischen etwa 50 kleineren Küstenstädten vermittelte und andererseits die Kontakte zu den landeinwärts gelegenen Drehscheiben des Binnen- und Karawanenhandels herstellte. In allen Häfen gab es [...] gegen relativ geringe Schutzgebühren sichere Lagerplätze für die Waren, Finanzinstitutionen und Marktinformationen. [...]

Innerhalb dieses von China bis zum Roten Meer reichenden Emporionhandels sank die Bedeutung der einstmals mächtigen arabischen und persischen Händlergruppen seit dem 11. und verstärkt seit dem 14. Jahrhundert gegenüber ihren indischen Konkurrenten: vielfach ebenfalls Muslime, aber auch Hindus, Juden und sogar Christen. [...]

Warenströme und Handelsrouten
Manche Vorstellungen über Warenströme und Warenstruktur des asiatischen Fernhandels [bedürfen] der Revision. Zu stark ist in älteren Standardwerken der Luxusfernhandel gegenüber den Massentransporten betont worden – wenngleich auch die neuere Forschung die Bedeutung des Pfeffer- und Gewürzhandels durchaus anerkennt. Gerade die zentralen Handelsrouten zeichneten sich durch die Tätigkeit von Händlern verschiedener Herkunft, durch differenzierte Geschäftspraktiken und eine vielfältige Warenpalette aus, die viele Massen- und Alltagsgüter umfasste.

Die meistfrequentierten innerasiatischen Handelsverbindungen um 1500 führten östlich von Malakka nach China, zu den indonesischen Exporthäfen auch nach Japan; westlich von Malakka nach Bengalen, an die Koromandel- und Malabarküste und insbesondere nach Gujarat. Von Gujarat mit Cambay als wichtigstem Hafen, und ebenso von der Malabarküste aus herrschte reger Verkehr mit Aden (Rotes Meer) und Ormuz (Persischer Golf), aber auch mit Ostafrika. Einige Schiffe hielten direkten Kontakt zwischen dem Roten Meer und Malakka. [...]

Der Transport von hochwertigen Gütern geringen Volumens spielte auf den meisten dieser Handelswege eine bedeutende, aber keineswegs die wichtigste Rolle. Spätestens seit dem 13. Jahrhundert traten Massengüter, insbesondere Gewerbeprodukte – etwa Textilien und Eisenwaren –, Pferde, Rohstoffe wie Holz und große Mengen von Nahrungsmitteln in den Vordergrund. [...] Im Rahmen des Geschäfts mit [Luxusprodukten wie] Gewürzen war Pfeffer schon im 15. Jahrhundert sowohl für die asiatischen Märkte – insbesondere Ostasien und arabisch-persischer Raum – als auch für den Export nach Europa über die Levanterouten[1] am wichtigsten. [...]

Obwohl Gewürze im Mittelpunkt des Levantehandels standen, gelangte nur ein Bruchteil der asiatischen Produktion nach Europa – vermutlich nicht einmal ein Viertel und im Fall von Pfeffer noch erheblich weniger. Allein Indien dürfte wesentlich mehr konsumiert haben als Europa, und sowohl der islamische Orient als auch China fragten – insbesondere im Fall von Pfeffer – große Quantitäten nach. [...]

Abgerundet wurde das Angebot kostspieliger Güter im Asienhandel durch arabische bzw. indonesische Duftstoffe, Diamanten und Edelsteine aus Indien sowie Perlen aus Ceylon und vom Persischen Golf. Gold kam aus Sumatra oder Ostafrika, das auch Elfenbein und Sklaven lieferte. [...] Für die Verschiffung von Pferden aus Arabien, Persien und Somalia [liegen ...] brauchbare Zahlen vor: Allein über Ormuz sollen jährlich etwa 3 000 bis 4 000 Pferde an die Küstenstädte Gujarats und Kanaras und weiter zu den islamischen Sultanaten des

Dekkan bzw. ins südindische Hindureich Vijayanagar geliefert worden sein. [...]

Organisation des Handels

Der Luxus- und Massengüterhandel wies aber nicht bloß ein breites Spektrum an Waren und an Handelsrouten auf, sondern auch eine große Vielfalt und Komplexität der Organisationsformen und kommerziellen Praktiken. Neben dem individuell kalkulierenden Kaufmann, der Einzelverträge mit Schiffskapitänen – aber auch Karawanenführern und Kameltreibern – abschloss, um die mit eigenem Kapital erworbenen Waren auf ferne Märkte zu bringen und an Ort und Stelle über ihren Verkauf und den Ankauf neuer Waren zu entscheiden, gab es verschiedenste Kontrakt- und Beteiligungssysteme, die das Risiko verteilten, dem ansässigen Großhändler den Einsatz von Waren und Kapital in Übersee ermöglichten sowie seinem reisenden Partner trotz geringer Finanzkraft beträchtliche Gewinne erlaubten. Des Öfteren formierten sich weit verzweigte Händlerassoziationen, die [...] bisweilen erhebliche politischen Einfluss erlangten. Sie machten über ethnische und Religionsgrenzen hinweg gemeinsame Geschäfte für günstige Finanzierungs- und Absatzmöglichkeiten, trafen Preisabsprachen und hatten in allen wichtigen Häfen ihre Agenten. [...]

Abgesehen von der auf vielen asiatischen Märkten wahrscheinlich wirklich etwas geringeren Markttransparenz und den daraus resultierenden Einschränkungen von kommerzieller Kalkulation und langfristiger Planung – man sollte allerdings auch große Teile des spätmittelalterlichen Europa in dieser Hinsicht nicht überschätzen – wich die Situation im Fernhandel Asiens nicht allzu sehr von mediterranen und westeuropäischen Verhältnissen des 15. und 16. Jahrhunderts ab.

Bernhard Dahm u. a., Agrarzivilisationen, Hafenfürstentümer, Kolonialsiedlungen. Indischer Ozean, Süd- und Südostasien, in: Peter Feldbauer/Jean-Paul Lehners (Hg.), Die Welt im 16. Jahrhundert. Globalgeschichte. Die Welt 1000–2000, Mandelbaum, Wien 2008, S. 211–230.

1 Levante: Bezeichnung für den Raum des östlichen Mittelmeeres

1 Arbeiten Sie zentrale Befunde zum ostasiatischen Handelsraum heraus.
2 Beurteilen Sie die erste Landung der Europäer aus globalgeschichtlicher Perspektive.

Die niederländische Vereinigte Ostindische Companie (VOC) und die englische East India Company (EIC)

M 25 Bombardierung von Bantam, Indonesien, durch die niederländische Flotte 1596, von Levinus Hulsius, 1598

M 26 Der Historiker Wolfgang Reinhard über die niederländische Vereinigte Ostindische Companie/VOC (2016)

Die 1594 von neun Kaufleuten in Amsterdam gegründete *Gesellschaft für Fernhandel* [...] hatte für 290 000 Gulden vier Schiffe ausgerüstet, die 1595 bis 1597 unterwegs waren. Sie sollten Gewürze einkaufen, aber die Portugiesen meiden und die Eingeborenen freundlich behandeln. Nicht zuletzt durch eigenes Ungeschick kam ihr Führer Cornelis de Houtman nur mit drei Schiffen [...] und einer unzureichenden Ladung zurück, aber der Weg zu dem Gewürzmarkt Bantam in Westjava war eröffnet.

Konkurrenzunternehmen schossen aus dem Boden. Bis 1601 hatten acht verschiedene Gesellschaften 14 Flotten mit insgesamt 65 Schiffen nach Bantam und Malaya geschickt.

[...] Statt eine Gesellschaft zu privilegieren, schlossen sich nicht zuletzt mithilfe des führenden Staatsmannes Johan van Oldenbarnevelt, die Konkurrenten als *Vereenigde Oost-Indisch Compagnie* (V.O.C.) zusammen. Für Van Oldenbarnevelt hatte diese wirtschaftspolitische Maßnahme vor allem außenpolitische Bedeutung: „Es ist wohl bekannt, dass der König von Spanien sich über die Zwietracht freut, weil es sehr schwierig für ihn wäre, eine starke EinheitsCompanie zu bekämpfen. Es ist daher im Interesse der Republik, dass alle Parteien sich zusammenfinden und einer einzigen Organisation einfügen [...]."

Gerade noch rechtzeitig vor dem Ausreisetermin im Frühjahr 1602 kam der Zusammenschluss unter Dach; am 20. März stellten die Generalstaaten[1] ihr Patent (*octrooi*) aus, das der V.O.C. für 21 Jahre das Monopol des niederländischen Handels zwischen dem Kap der Guten Hoffnung und der Magellanstraße verlieh, mit dem Recht, Krieg zu führen, Verträge zu schließen, Land in Besitz zu nehmen und Festungen zu bauen. [...]

Die Vorcompanien hatten Faktoreien hinterlassen; der 1600 geschaffene Stützpunkt auf Amboina war aber zunächst verloren gegangen. Doch 1605 konnte als erste Territorialerwerbung der V.O.C. das Fort Victoria auf Amboina für Dauer in Besitz genommen werden; die Einwohner verstanden sich zu einem Gewürzmonopolvertrag. Im selben Jahr wurden die Portugiesen aus Tidore vertrieben, aber die Spanier von den Philippinen eroberten es 1606 für ein halbes Jahrhundert zurück. Ternate begab sich 1607 unter niederländischen Schutz und schloss einen Monopolvertrag für Nelken. Die Banda-Insulaner fanden sich unter dem Druck niederländischer Präsenz 1605 ebenfalls zu Monopolverträgen bereit, die sie aber unter dem Einfluss javanischer und englischer Konkurrenten der Niederländer nicht lange einhielten.

Wolfgang Reinhard, Die Unterwerfung der Welt. Globalgeschichte der europäischen Expansion 1415–2015, C. H. Beck, München 2016, S. 184–189.

---

1 Generalstaaten: seit 1588 Bezeichnung für den Zusammenschluss der von Spanien abgefallenen niederländischen Provinzen

---

1 Skizzieren Sie die Entstehungsgeschichte der VOC und analysieren Sie die wichtigsten Motive.
2 Erläutern Sie die Aktivitäten der VOC in ihren überseeischen Stützpunkten.

M 27 Die britische Faktorei in Surat, Stich aus einer Beschreibung der Reisen des Johann Albrecht de Mandelslo, 1727 (Erstveröffentlichung um 1650).

De Mandelslo war 1638 in Surat.

M 28 Der Ökonom und Journalist Thomas Fischermann über die Geschichte der englischen East India Company/EIC (2003)

Als der ehrenwerte Londoner Kaufmann Thomas Smythe am 24. September 1599 die Founder's Hall betrat, um mit 30 Kaufleuten ein Unternehmen zu gründen, konnte er nicht ahnen, dass seine „Kompanie der Kaufleute von London, die mit Ostindien Handel treiben", den Grundstein für ein britisches Imperium legen sollte. [...]

Thomas Smythe ging es nicht um politische Macht, nicht um Kolonialherrschaft, sondern bloß um Geld. Seinen Landsleuten drohte gerade das Geschäft des Jahrhunderts zu entgehen: Gewürzhändler aus Amsterdam segelten seit einigen Jahren erfolgreich nach Ostindien. Sie hatten eine Handelsstation auf Java eröffnet und kürzlich sogar frech in London angefragt, ob sie ungenutzte Schiffe kaufen könnten. „Wir brauchen alle unsere Schiffe", schrieben Londons Kaufleute verärgert zurück, „wir wollen künftig selbst Handel mit Indien treiben."

Die englische Herrscherin Elisabeth I. wollte Ärger mit anderen Königshäusern vermeiden. Erst nach einem Jahr gewährte sie den Kaufleuten die Handelslizenz. Doch Probleme blieben: Die Fahrt in den Indischen Ozean war teurer und riskanter als Handelsexkursionen in andere Teile der Welt. Englands Kaufleute waren zu jener Zeit in *companies* organisiert, Kaufmannsgilden, die Monopole für bestimmte Teile der Welt genossen und sich den Handel aufteilten. Doch ihre Schiffe schickten die Kaufleute auf eigenes Risiko los, jeder für sich.

In der Ostindischen Kompanie wollten sie gemeinsam aufbrechen, und neben den Kaufleuten konnten auch andere Bürger Anteilsscheine an der ersten Expedition erwerben. 100 bis 300 Pfund betrug die übliche Investitionssumme pro Kopf, insgesamt kamen stolze 60 000 Pfund zusammen. Im Februar 1601 verließen vier Schiffe den Londoner Hafen. Zweieinhalb Jahre später kehrten sie zurück, hatten zwei Fünftel der Besatzung verloren, aber 500 Tonnen Pfeffer mitgebracht. Reiche Ausbeute eigentlich. Aber durch einen Zufall quollen die Londoner Märkte im Herbst 1603 von Pfeffer nur so über: Das Königshaus hatte selbst große Mengen zu verkaufen, vermutlich stammten sie von einem gekaperten Handelsschiff, und gegen die Konkurrenz verhängte es erst einmal ein Verkaufsverbot. Verärgert ließ Smythe seinen Pfeffer schließlich als eine Art Dividende an die Anteilseigner auszahlen und brachte 219 zornigen Aktionären noch zusätzlich schlechte Nachrichten: Sie würden nur ein Fünftel ihres Aktienkapitals wieder zurückbekommen. Der Rest müsse eine neue Reise nach Ostindien finanzieren.

Auf einige Neuaktionäre wirkte das wie Enteignung. Sie hatte die Aussicht auf schnelle Renditen gelockt, nun sahen sie sich betrogen. Im *General Court*, einer Art Hauptversammlung der East India Company, hatten diese Finanzinvestoren die Mehrheit. Andere Anteilseigner waren durchaus zu neuen Abenteuern aufgelegt. Als Kaufleute verdienten sie an den Expeditionen. Viele von ihnen waren an der Bereitstellung von Schiffen, Proviant oder Devisen für Fahrten in die weite Welt beteiligt, oder sie erledigten den ebenfalls profitablen Wiederexport angelandeter Güter. Diese Kaufleute dominierten den *Court of Committees*, also den Vorstand der East India Company. Zwischen den beiden Gremien entbrannte ein Dauerkonflikt.

Notgedrungen spielte Thomas Smythe die Rolle eines Mittlers zwischen den Welten. Im Kerngeschäft seiner jungen Firma galten raue Sitten. Ein hartes Völkchen fuhr zur See auf Segelschiffen, die vollgepackt waren mit spanischem Silber, getrocknetem Fleisch und Gin. In fernöstlichen Handelsstädten prügelten sie sich mit den Holländern, holten sich Durchfall oder die Syphilis, am Ende einer Reise war so manches Logbuch mit Totenköpfen vollgekritzelt. Doch daheim in London, in der Zentrale der Ehrenwerten Kompanie, waren eher die Qualitäten eines smarten Politikers gefragt.

Smythe war der Sprössling einer reichen Familie mit guten politischen Verbindungen, ein Mann, der als „karg und aufrecht und immense Energie" beschrieben wurde. [...] Als er zur Jahrhundertwende 1600 die Führung der East India Company übernahm, hatte er seine Hände bereits überall im Spiel: in der Politik, in der Verwaltung und in zahllosen Handelsgeschäften in aller Welt. [...]

Schon bald war die East India Company keine klassische Handelsfirma mehr, die für den englischen Bedarf einführte und englische Produkte ausführte. [...] Investoren aus Holland und Frankreich stiegen bei der East India ein. [...] Im Jahr 1620 war die East India Company zum Konzern gewachsen. Die Chefs der Handelsstützpunkte von Bantam (Java) und Surat (Indien) hießen jetzt Präsidenten, sie kontrollierten 200 Abgesandte in regionalen Handelszentren. Die Kompanie schickte 30 bis 40 „große Schiffe" um die Welt, besaß zwei eigene Werften und war ein Devisengigant geworden. In Asien bevorzugten die Händler nach wie vor spanisches Silbergeld, und so war ein Direktorat der Firma hauptsächlich mit der Beschaffung von Devisen beschäftigt.

Doch der Konzern war noch klein im Vergleich zu dem Koloss, der entstehen sollte: ein Handelsimperium, das sich in immer neue

Teile Südafrikas, Chinas, Indiens, Japans und Südostasiens ausstreckte, das sich seine eigene Armee hielt und Kriege führte, ganze Länder unter seine Verwaltung stellte und die Grundlage für das britische Empire bildete. Erst 1873 wurde die East India Company aufgelöst – Großbritannien brauchte sie nicht mehr.

Thomas Fischermann, Konzern mit eigener Armee. Wie die East India Company ein globales Handelsreich aufbaute, in: Die Zeit vom 26. Juni 2003, S. 24.

M 29 Bericht über einen Vertrag zwischen der englischen East India Company (EIC) und einem einheimischen Herrscher (1639)

1639 bekam Francis Day, der EIC-Faktoreivorsteher von Armagon, von dem einheimischen Herrscher die Erlaubnis, eine Niederlassung in Madras zu gründen. In einem Bericht schrieb die EIC-Handelsvertretung in Masulipatnam an die Londoner EIC-Zentrale:

Im letzten August kam der genannte Francis Day nach Erledigung der Dinge, die ihm aufgetragen waren, hierher zurück und berichtete uns von seiner Tätigkeit. Zunächst machte er uns deutlich, dass an einem Ort namens Madraspatam, der bei St. Thomas gelegen ist, die besten Farbstoffe hergestellt werden oder zumindest so gute wie nur irgendwo an dieser Küste, desgleichen feiner Kattun von ausgezeichneter Qualität, auch Morees und Percalla[1], von denen wir Muster gesehen haben, und dies um 20 Prozent billiger als anderswo. Der Naik[2] dieses Landes wünscht sehr, dass wir uns dort niederlassen, denn er hat uns sehr günstige Angebote gemacht.

Als Erstes bietet er uns an, dass wir dort ein Fort errichten können, in einer von uns festzulegenden Anlage, und zwar auf einem hochgelegenen Stück Land, das an das Meer grenzt, dort, wo ein Schiff beliebiger Tragfähigkeit innerhalb der Reichweite einer Muskete vor Anker liegen kann und das nah an einem Fluss gelegen ist, der für Boote von fünfzig Tonnen Tragfähigkeit schiffbar ist. Und erst nachdem er uns die Besitzrechte übertragen hat, […] sollen wir die Unkosten erstatten, die ihm dabei entstanden sind.

Zweitens überträgt er uns für die Dauer von zwei Jahren alle Nutzungsrechte einer nahe gelegenen Stadt, die augenblicklich etwa 2000 Pagodas[3] pro Jahr ausmachen mögen. Nach Ablauf dieser Zweijahresfrist sollen die Einnahmen aus dieser Stadt zu gleichen Teilen an ihn und an uns gehen.

Drittens sind wir im Hafen von Madraspatam auf Dauer von Zollabgaben befreit, und falls wir irgendwelche unserer Waren durch sein Land befördern, zahlen wir nur den halben Betrag des Zollsatzes, der gewöhnlich von anderen Kaufleuten erhoben wird.

Viertens werden wir das Münzprivileg besitzen, ohne dafür Gebühren entrichten zu müssen.

[…] Dies sind ansehnliche Vorrechte, und man mag die Frage stellen, warum er uns diese günstigen Angebote unterbreitet. Er beantwortet diese Frage selbst: Erstens hegt er den Wunsch, dass sein Land reich werden und gedeihen möge, was seiner Ansicht nach dadurch geschehen kann, dass er Kaufleute in sein Herrschaftsgebiet zieht. Zweitens will er für sein Geld gute Pferde aus Persien einhandeln. Drittens möchte er jedes Jahr einen Bediensteten auf unseren Schiffen nach dem Golf von Bengalen schicken, der für ihn Falken, Affen, Papageien und dergleichen kauft; und falls er Veranlassung hat, eines seiner eigenen Schiffe dorthin oder nach Persien zu schicken, dann kann einer unserer Männer mitfahren. Und schließlich ermöglicht es ihm das Fort, wenn es stabil gebaut ist, sich nötigenfalls gegen seine Nachbarn zu verteidigen.

Zit. nach: Eberhard Schmitt (Hg.), Aufbau der Kolonialreiche. Dokumente zur Geschichte der europäischen Expansion, Bd. 4: Wirtschaft und Handel der Kolonialreiche, C. H. Beck, München 1988, S. 253 f.

1 Baumwollstoffsorten
2 der einheimische Militärführer von Madras
3 Goldmünze aus Südindien

---

1 Erarbeiten Sie Funktionsweisen und Motive der englischen East India Company (M 27 bis M 29). Gehen Sie auf die Interessen der Beteiligten ein (Kaufleute, Staat und Herrscher vor Ort).

2 Erläutern Sie das Funktionieren der englischen East India Company und erklären Sie die Dynamik, mit der sie sich entwickelte.
3 Zeigen Sie am Beispiel der Materialien M 25 bis M 29, wie es den europäischen Handelsorganisationen gelang, in Asien Fuß zu fassen.

Geschichte kontrovers: Beginn der Globalisierung um 1500?

M 30 Der Wirtschaftshistoriker Christian Kleinschmidt über „Proto-Globalisierung" (2017)

Drittens schließlich soll der hier aufgezeigte Prozess des Aufstiegs der Weltwirtschaft als Phase der „Proto-Globalisierung", vergleichbar dem Begriff der „Proto-Industrialisierung",
5 verstanden werden. Ähnlich wie die „Industrialisierung vor der Industrialisierung" [...] und in etwa zeitgleich verlaufend, vollzog sich ein Prozess der „Globalisierung vor der Globalisierung", gekennzeichnet durch eine zuneh-
10 mende weltwirtschaftliche Verflechtung, die als langfristige, jedoch nicht linear und zielgerichtete, sondern durch Brüche und Rückschläge gekennzeichnete Entwicklung zu verstehen ist. Die Phase der „Proto-Globalisie-
15 rung", die im Unterschied zu den nachfolgenden Globalisierungsphasen nur ansatzweise Konvergenzentwicklungen[1] (z. B. Preiskonvergenzen, Löhne) erkennen ließ, endete Anfang/Mitte des 19. Jahrhunderts. [...]
20 Im 15. und frühen 16. Jahrhundert war Asien das Zentrum der Weltwirtschaft. China war die größte Wirtschaftsmacht und der muslimische Handel dominierte die interregionalen Wirtschaftsbeziehungen. [...] Danach
25 hatte Asien um 1500 einen Anteil am weltweiten BIP[2] von etwa 65 Prozent, Europa von knapp 24 Prozent, Nord- und Südamerika von 3,5 Prozent und Afrika von 7,4 Prozent. [...] Dies änderte sich seit dem 16. Jahrhundert
30 grundlegend. [...] Die europäischen Volkswirtschaften stiegen seit dem 16. Jahrhundert deutlich stärker an als in allen anderen Regionen der Welt (ausgenommen Nordamerika). [...]

Dieser tief greifende Wandel hatte etwas
35 mit den Verschiebungen der weltwirtschaftlichen Zusammenhänge seit dem 16. Jahrhundert zu tun, in deren Folge Europa [...] zum neuen Gravitationszentrum globaler weltwirtschaftlicher Verflechtungen aufstieg.
40

Christian Kleinschmidt, Wirtschaftsgeschichte der Neuzeit, C. H. Beck, München 2017, S. 11–14.

1 Konvergenz: Übereinstimmung
2 BIP: Abkürzung für Bruttoinlandsprodukt, das den Wert aller Produkte und Dienstleistungen umfasst, die in einem Jahr in einer Volkswirtschaft erwirtschaftet werden

M 31 Die Historiker Jürgen Osterhammel und Niels P. Petersson über „Globalisierung" bis Mitte des 18. Jahrhunderts (2003)

Es ist eine Frage [...], ob für die Zeit bis etwa zur Mitte des 18. Jahrhunderts die vorausweisenden Momente wachsender Vernetzung oder eher die Löcher im Netz, gleichsam die Globalisierungsdefizite betont werden sollen.
5 Wir weisen hier auf die Widersprüchlichkeiten der Zeittendenzen hin.
Zum einen verstärkte sich die großräumige, dabei aber subglobale Integration in den herkömmlichen Formen von Großreichen, re-
10 ligiösen Ökumenen und lockeren Fernhandelsnetzen [...] eher, als dass sie sich abschwächte. Die Welt wuchs allmählich zusammen. Obwohl in mehreren Zivilisationen Städte aufblühten und sich auch kulturell
15 zunehmend selbstbewusste und kreative Milieus von Großkaufleuten herausbildeten, [...] blieb das Gewicht des grenzüberschreitenden Fernhandels gegenüber der lokal und regional erzeugten Produktion gering. Nur wenige Fle-
20 cken auf der Welt – die Niederlande an erster Stelle – verdankten ihren Reichtum solchem Fernhandel, und außerhalb der Sklavengesellschaften Amerikas waren Ökonomien sehr selten, die überwiegend für den Export produ-
25 zierten. Wirtschaftskrisen pflanzten sich noch nicht von Land zu Land und von Kontinent zu Kontinent fort. Wirtschaftlich nicht vernetzt zu sein, war noch kein gravierendes Problem, Autarkie für einigermaßen entwi-
30

M 32 Ankunft eines portugiesischen Transportschiffes in Japan, japanischer Wandschirm, um 1600

ckelte Großräume, allen voran Japan und China, ein geradezu natürlicher Zustand. [...]

Die Welt war nach wie vor polyzentrisch. Westeuropa war zum Ausgangspunkt einer fundamentalen Umgestaltung der atlantischen Welt geworden. Doch es bleibt fraglich, ob die neu erschlossenen und ausgebeuteten kolonialen Peripherien am Westatlantik maßgeblich zur wachsenden Prosperität Europas beitrugen. Plakativ gesagt: Großbritannien wurde nicht deshalb zum Land der Industriellen Revolution, weil es Zuckerinseln in der Karibik besaß und Steuern in Bengalen kassierte. Ökonomisch war Europa noch nicht der unbestrittene Gestalter des Planeten.

Jürgen Osterhammel, Niels P. Petersson, Geschichte der Globalisierung. Dimensionen, Prozesse, Epochen, C. H. Beck, 5. überarb. Auflage, München 2012, S. 41f.

M 33 Die Historikerin Luise Schorn-Schütte (2009)

Vom Atlantikhandel gingen seit dem 16. Jahrhundert jene weltweit reichenden Impulse aus, die nicht nur wirtschaftsgeschichtlich von Bedeutung waren, sondern Europa aus seinen Grenzen führten und die Europäisierung der Welt eröffneten, deren Folgen für die europäische und die Weltgeschichte höchst bedeutsam wurden. [...]

Die Niederlande, England und Frankreich wurden seit dem frühen 17. Jahrhundert zu den für die Entwicklung der Weltwirtschaft tonangebenden europäischen Regionen. Mit der geografischen Öffnung verbunden war ein radikaler Wechsel der Trägergruppen. Statt der Familiengesellschaften wurden staatlich lizenzierte Handelskompanien tätig, in den Niederlanden etwa die „Vereinigte Ostindische" und die „Vereinigte Westindische Kompanie" oder in England die „Joint Stock Companies", die mit staatlichen Privilegien ausgestattet wurden und den kolonialen Erweiterungsprozess organisierten. [...]

[...] Der wirtschaftliche Austausch nahm zu, mit wechselseitigem Ertrag. Die Bodenschätze, die die Europäer mitnahmen, wurden für die europäische Wirtschaft sehr schnell unverzichtbar (Gold, Silber). Allmählich entwickelte sich ein eng verflochtener Weltmarkt, der die Globalisierung vorwegnahm.

Luise Schorn-Schütte, Geschichte Europas in der Frühen Neuzeit. Studienhandbuch 1500–1789, Schöningh UTB, 2. aktualisierte Auflage, Paderborn 2013, S. 56f.

1 Beschreiben Sie mit eigenen Worten, was man unter „Proto-Globalisierung" versteht (M 31).
2 **Arbeitsteilige Gruppenarbeit:** Fassen Sie in der Gruppe thesenartig jeweils die Argumentation eines Autors zusammen. Beurteilen Sie die Stichhaltigkeit der Argumente. Stellen Sie anschließend die Position Ihres Autors im Kurs vor (M 30 bis M 31, M 33).
3 Setzen Sie sich mit den Unterschieden und Gemeinsamkeiten von „Fernhandel" (M 32) und „Globalisierung" auseinander.
4 Diskutieren Sie auf der Basis der Materialien des Kapitels Tendenzen der Globalisierung im 15. und 16. Jahrhundert.

Geschichtskarten analysieren

In unserer Lebenswelt sind Karten ein alltägliches Medium für eine bessere räumliche Orientierung. Die Vorzüge kartografischer Darstellungen liegen auf der Hand: Karten sind anschaulich, übersichtlich und reduzieren Tatsachen und Erscheinungen auf das Wesentliche.

Die Geschichtswissenschaft unterscheidet zwischen historischen Karten und Geschichtskarten. Historische Karten wie antike, mittelalterliche und frühneuzeitliche, aber auch Postrouten- und Reisekarten, alte Stadtpläne und Propagandakarten sind Quellen der Vergangenheit und entsprechen im Gegensatz zu den Geschichtskarten nicht dem heutigen Anspruch an Wissenschaftlichkeit und Gestaltung. Unter Geschichtskarten versteht man maßstäblich verkleinerte, vereinfachte und verebnete sowie durch verschiedene Zeichen kodierte Raummodelle. Sie stellen aus heutiger Sicht historische Sachverhalte aus Politik, Wirtschaft, Kultur und Gesellschaft in einem häufig begrenzten geografischen Raum und zu einer bestimmten Zeit dar. Die verwendeten Zeichen sind äußerst vielfältig und werden in der Legende erklärt: Farbgebung, Symbole, Schrifttypen und Signaturen wie Punkte, Linien oder Pfeile.

Für die Analyse unterscheidet man hinsichtlich der dargestellten Zeit zwischen statischen (Zustand) und dynamischen (Entwicklung), hinsichtlich des Kartentyps zwischen topografischen und thematischen Geschichtskarten. Bei der Analyse muss berücksichtigt werden, dass es sich bei Geschichtskarten um eine stark abstrahierende Darstellung handelt. Sie deutet die zugrunde liegende historische Wirklichkeit durch die Wahl des Kartenausschnittes und der Zeichen.

Tipp: sprachliche Formulierungshilfen S. 296 f.

Webcode: KH301261-103

Mögliche Arbeitsschritte für die Analyse

1. Leitfrage	– Welche Fragestellung bestimmt die Untersuchung der Geschichtskarte?
2. Analyse	*Formale Aspekte* – Welchen Titel trägt die Karte? – Welche Zeichen werden in der Legende verwendet und was bedeuten sie? *Inhaltliche Aspekte* – Welcher Gegenstand wird thematisiert? – Welche Zeit stellt die Karte dar? – Handelt es sich um eine statische oder dynamische Karte? – Handelt es sich um eine topografische oder thematische Karte? – Welche Einzelinformationen lassen sich der Karte mithilfe der Legende entnehmen? – Welche Beziehungen bestehen zwischen den Einzelinformationen? – Welche weitergehenden Schlüsse lassen sich ziehen?
3. Historischer Kontext	– Auf welchen historischen Sachverhalt (Epoche, Ereignis, Prozess bzw. Konflikt) bezieht sich die Geschichtskarte?
4. Beurteilung	– Welche kartografischen Informationen fehlen? – Welche thematischen, zeitlichen und räumlichen Aspekte werden unter- bzw. übergewichtet, welche fehlen? – Welche Gesamtaussage lässt sich hinsichtlich der Leitfrage formulieren?

Übungsbeispiel

M 1 Das Heilige Römische Reich um 1550 (Ausschnitt)

1 Interpretieren Sie M 1 mithilfe der Arbeitsschritte von S. 103.

Lösungshinweise

1. Leitfrage
Mögliche Untersuchungsfrage: Wie gestaltete sich die politische Struktur des Heiligen Römischen Reiches zu Beginn der Frühen Neuzeit?

2. Analyse
Formale Aspekte
Kartentitel: Das Heilige Römische Reich um 1550 (Ausschnitt)
Farbgebung: Darstellung des Reichsgebietes in Flächenfarben (abgestufte Farbintensitäten); fünf Fürstengeschlechter und ihre jeweiligen Linien (z. B. innerhalb der Hohenzollernschen Lande: hellblau → Brandenburgische Linie; dunkelblau → fränkische und schwäbische Linie); lila → geistliche Gebiete; rot → Reichsstädte
Signatur: rote Linie → Grenze des Heiligen Römischen Reiches
Inhaltliche Aspekte
Gegenstand: politische Strukturen des Deutschen Reiches
Zeit: 1550 → Epoche: Frühe Neuzeit
Zeitebene: statische Karte, mit Ausnahme der Darstellung der Wettinischen Lande (vor und nach 1547)
Raum: Mitteleuropa
Kartentyp: thematische Karte → Politikgeschichte (Verzicht auf topografische Angaben, bis auf Gewässer wie Nord- und Ostsee)
Geografische Ausdehnung des Deutschen Reiches: deckte den größten Teil Mitteleuropas ab; umfasste neben den Kernbereichen (z. B. Sachsen, Brandenburg, Bayern) auch die Niederlande, Herzogtum Lothringen, Freigrafschaft Burgund, die Schweiz, Savoyen sowie Teile Norditaliens
Struktur des Reiches: politisches Gebilde mit zahlreichen regionalen – weltlichen wie geistlichen – Kleinstaaten → Fehlen eines „Kernraumes" königlicher Herrschaft; Herrschaft von fünf mächtigen Fürstengeschlechtern im Reich → Konkurrenz um politischen Vorrang und die Königsherrschaft
Struktur der einzelnen Territorialherrschaften: z. T. auch keine geschlossenen Gebiete (z. B. fränkische und schwäbische Linie der Hohenzollern)
Verteilung der einzelnen Herrschaftszentren: im Innern des Reiches → Konzentration der geistlichen Gebiete, der Reichsstädte sowie der territorialen Zerstückelung (v. a. im Nordwesten); an den Rändern des Reiches → große Flächenstaaten (z. B. Königreich Böhmen)
Fürstengeschlecht mit dem größten Machtbereich: Habsburger

3. Historischer Kontext
Epoche: Frühe Neuzeit
Prozess: Entstehung moderner Staaten in Europa: vom Personenverbandsstaat zum Territorialstaat
Konflikt: Auseinandersetzung zwischen Zentral- (König bzw. Kaiser) und Regionalgewalt (Fürsten) im Heiligen Römischen Reich Deutscher Nation

4. Beurteilung
Kartenkritik/fehlende kartografische Aspekte:
– Unübersichtlichkeit: Auflösung der Karte in kaum erkennbare Gebiete mit zahlreichen selbstständigen Kleinstaaten ohne Bezeichnung
– Ausschnitt: einzelne Reichsgebiete im Nordwesten und Süden fehlen

Gesamtaussage im Hinblick auf die Leitfrage:
Die thematische Karte mit dem Titel „Das Heilige Römische Reich um 1550" zeigt einen Ausschnitt der politischen Struktur des Deutschen Reiches zu Beginn der Frühen Neuzeit. Das Reich war ein politisches Gebilde mit zahlreichen regionalen – weltlichen und geistlichen – Machtzentren, in dem mächtige Fürstengeschlechter ihre Herrschaft ausübten und in dem ein Kernraum königlicher Herrschaft fehlte. Die Habsburger waren das Fürstenhaus mit dem größten Machtbereich. Im Innern des Reiches, v. a. im Nordwesten, konzentrierten sich die geistlichen Gebiete, die Reichsstädte sowie die territoriale Zerstückelung des Reiches.

Möglicher weiterer Untersuchungsaspekt:
Überlegen Sie, welche Vor- und Nachteile eine solche Herrschaftsstruktur im Zusammenhang mit Handel und Fernhandel bietet. Beziehen Sie M 9, S. 87 f., mit ein.

Erarbeiten Sie Präsentationen

Thema 1
Die Fugger – eine erfolgreiche frühkapitalistische Familiengeschichte
Die Fugger waren eine der erfolgreichsten Familien des süddeutschen Bürgertums in der Frühen Neuzeit. Innerhalb kurzer Zeit bauten sie eines der größten europäischen Handels- und Bergbauunternehmen auf. Sie entwickelten sich aber auch zu wichtigen Finanziers der europäischen Politik und prägten die Kultur der europäischen Renaissance als Stifter und Mäzene. Dokumentieren Sie in Worten und Bildern den wirtschaftlichen Erfolg und sozialen Aufstieg dieser frühkapitalistischen Familie.

Literaturtipps
Bayerische Staatsbibliothek, Die Fugger im Bild. Selbstdarstellung einer Dynastie der Renaissance, Wissenschaftliche Buchgesellschaft, Darmstadt 2010.

Mark Häberlein, Die Fugger. Geschichte einer Augsburger Familie (1367–1650), Kohlhammer, Stuttgart 2006.

Thema 2
Globalisierung als Thema in den Medien
„Globalisierung" ist ein häufig gebrauchter Begriff, um die heutige Zeit zu charakterisieren. Er spielt eine wichtige Rolle in unserer Alltagssprache, in der Wissenschaft und in den Medien. Dabei stehen ganz verschiedene Bereiche im Fokus: Weltwirtschaft, Klima, Migration, Massenmedien und Kultur.

Untersuchen Sie über einen bestimmten Zeitraum eine Tageszeitung, ein Online-Magazin oder eine Nachrichtensendung und sammeln Sie Berichte, die sich mit Aspekten der Globalisierung beschäftigen. Stellen Sie Ihre Ergebnisse mithilfe eines Plakates vor.

Literaturtipps
Jürgen Osterhammel und Niels P. Petersson, Geschichte der Globalisierung, C. H. Beck, 5. durchges. Auflage, München 2012.

Globalisierung. Unterrichtsmagazine Spiegel@Klett, Stuttgart 2003.

M 1 Tor der Fürst Fugger Privatbank in Augsburg, Fotografie, 2007

Webcode:
KH301261-106

M 2 Arbeiter hängen Werbeschilder in Peking auf, Fotografie, 1999

Überprüfen Sie Ihre Kompetenzen

M 3 Be- und Entladen von Handelsschiffen im Hafen einer Hansestadt um 1500, Zeichnung, aquarelliert, 19. Jahrhundert

Sachkompetenz
1. Erläutern Sie die Veränderungen in der europäischen Wirtschaft im 16. Jahrhundert.
2. Skizzieren Sie die Vorreiterrolle der italienischen Stadtstaaten im Geld- und Finanzwesen sowie im Fernhandel.
3. Analysieren Sie den Aufstieg Portugals, Spaniens, der Niederlande und Englands zu weltweit agierenden Handelsmächten.

Methodenkompetenz
4. Informieren Sie sich über die Geschichte der Hanse (M 3) und der britischen *East India Company*. Vergleichen Sie Organisation und Aktivitäten miteinander.

Urteilskompetenz
5. Das Heilige Römische Reich Deutscher Nation gehörte nicht zu den führenden See- und Handelsmächten im 16. Jahrhundert. Nur einzelne Handelshäuser wie die Fugger waren Teil des globalen Handelsnetzwerkes. Überlegen Sie, welche Gründe eine Rolle gespielt haben könnten.

Zentrale Begriffe

Banken
Fernhandel
Frühkapitalismus
Globalisierung
Handelshäuser
Handelskompanien
Handelsmächte
Kaufleute
Protoindustrialisierung
Zünfte

5 Das 15. und 16. Jahrhundert – eine Zeit des geistigen Umbruchs? (Wahlmodul 3)

Kompetenzen erwerben

Sachkompetenz:
– Neuerungen im Denken durch die Wiederentdeckung der Antike und den Humanismus erläutern
– den Wissenstransfer aus der arabisch-muslimischen Welt bestimmen
– Veränderungen des Menschenbildes (*uomo universale*) beschreiben
– den Perspektivwechsel in der Kunst charakterisieren
– Neuerungen in den Naturwissenschaften und ihre Folgen erläutern
– die Rolle von Buchdruck, Flugschriften etc. als Teil einer „Medienrevolution" beschreiben
– Kräfte der Beharrung und der Reform bestimmen
– den Mythos Renaissance diskutieren

Methoden-
kompetenz:
– Gemälde analysieren

Urteilskompetenz:
– die Auswirkungen des neuen Denkens auf die Welt im 15. und 16. Jahrhundert analysieren und bewerten
– die Frage nach einem geistigen Umbruch diskutieren und beurteilen
– den Einfluss von Reform- und Beharrungskräften gegeneinander abwägen
– den Mythos Renaissance bewerten

Neues Denken und Wiederentdeckung der Antike

M 1 Francesco Petrarca (1304–1374), italienischer Dichter und Humanist, Zeichnung, 15. Jh.

Mit dem Lorbeerkranz wurden nach einem wiederaufgenommenen antiken Brauch hervorragende Dichter geehrt.

Im Jahr 1492 schrieb der Florentiner Philosoph Marsilio Ficino (1433–1499) einem deutschen Gelehrten, dass ein neues, „goldenes" Zeitalter angebrochen sei: Das vergessene Wissen der griechischen und römischen Antike, Redekunst, Philosophie, Dichtung und alle Zweige der bildenden Kunst seien aus langem Schlaf zu neuem Leben erweckt worden. Ficino war nicht der Erste, der von der Antike schwärmte, schon seit dem Florentiner Dichter **Francesco Petrarca (1304–1374)** wurde die Antike als das geistig produktivste Zeitalter der Menschheitsgeschichte gelobt. Aus diesen Vorstellungen von der „Wiedergeburt" der Antike ging schließlich der Begriff der **Renaissance** hervor. Allerdings prägten nicht Zeitgenossen den Begriff, sondern Historiker des 19. Jahrhunderts. Für sie war die Renaissance eine Epoche, in der ausgehend von Oberitalien Künstler und Gelehrte den Menschen als ein eigenverantwortliches, schöpferisches Individuum entdeckten, das nicht mehr nur für Gott da war und das die engen geistigen Grenzen der Jahrhunderte seit Ende der Antike – eben das „Mittelalter" – überwunden hat. Coluccio Salutati (1331–1406), ein Schüler Petrarcas, der als Kanzler die Stadtverwaltung von Florenz leitete, bezeichnete die neue Gelehrsamkeit als „humanitas": als Wissen von der wahren und guten Natur des Menschen. Die **Humanisten** – auch dieser Begriff wurde erst im 19. Jahrhundert geprägt –

konzentrierten ihre Studien auf Geschichte, Rhetorik, Philologie und Philosophie. Im traditionellen Universitätsbetrieb gehörten diese Fächer zu den untergeordneten „Sieben Freien Künsten". Jetzt betrachtete man sie als Grundlage aller wissenschaftlichen Bildung und stellte sie den bisher höher geachteten Fakultäten der Theologie, Jurisprudenz und Medizin gleich. Später wurden sie in der „philosophischen" Fakultät zusammengefasst. Ziel war es, die Bildung von der kirchlichen Theologie zu trennen und den Menschen als das vollkommenste Geschöpf Gottes mit seinen Erfahrungen und eigenen Beobachtungen in den Mittelpunkt zu rücken. Es wäre allerdings ein Missverständnis, würde man die Forderung nach „Trennung" als eine „Abkehr" auffassen. Die Humanisten wollten Christentum und Kirche lediglich von den „Verirrungen" des Mittelalters befreien und mit der Antike verbinden.

Wissenstransfer aus der arabisch-muslimischen Welt

Dass die Europäer die Kultur der Antike wiederentdecken konnten, verdanken sie auch den Arabern, die das Wissen der Antike besser bewahrt hatten. Bei der Eroberung neuer Gebiete im Mittelmeerraum nahmen sie wissenschaftliche, künstlerische und architektonische Errungenschaften auf und ließen antike Schriften ins Arabische übersetzen. So auch im muslimischen Spanien. Hier führten die Kalifen antike und arabische Schriften in Bibliotheken zusammen, versammelten viele Gelehrte an ihren Höfen und unterstützten ihre Forschungen in Medizin, Astronomie, Mathematik und Recht. Über wandernde Studenten und Gelehrte sowie den Austausch von Schriften erfolgte ein Transfer des Wissens an andere europäische Universitäten. Die Schriften des Philosophen Ibn Rushd (christl. Name Averroës, 1126–1198) über Aristoteles wurden beispielsweise zur Grundlage der christlichen Scholastik im Mittelalter und der Renaissance. Nach der christlichen Rückeroberung wurden in Übersetzerschulen die Texte griechischer Philosophen von arabischen, jüdischen und christlichen Gelehrten aus dem Arabischen ins Lateinische übertragen. Erst durch ihre Arbeit lernte das christliche Europa Platon und Aristoteles wieder richtig kennen.

Neues Denken in der Politik

Die Beschäftigung mit der Geschichte der griechischen Stadtstaaten, vor allem aber mit der Geschichte der Römischen Republik hatte auch Auswirkungen auf politische Ideen der Zeit. Die oberitalienischen Humanisten erarbeiteten auf Grundlage des antiken Wis-

M2 Der Astronom Takiuddin in seinem Observatorium in Galata, Türkei, Buchmalerei, 16. Jahrhundert.

Auf der Abbildung führen die Gelehrten verschiedene zu der Zeit in Gebrauch befindliche astronomische Instrumente vor. Rechts oben ist beispielsweise ein Astrolabium zu sehen, ein scheibenförmiges Messgerät, das den Himmel abbildet und so Entfernungsmessungen ermöglicht.

Staatsräson
Der Begriff bezeichnet nach Machiavelli ein Prinzip, nach dem das Staatswohl Maßstab und Ziel staatlichen Handelns ist und Vorrang vor allem anderen hat, selbst wenn es gegen Recht und Moral verstößt.

sens Modelle und Kriterien für die Gestaltung ihres eigenen Staates. Entscheidend für die Entwicklung des europäischen Staatsdenkens war, dass Politik jetzt als eine rational zu betreibende Kunst verstanden wurde, die nüchtern die eigenen Interessen verfolgte. Der Florentiner Francesco Guicciardini (1483–1540) prägte den Begriff der Staatsräson*. Aus der Analyse der Konflikte in Florenz, der Spannungen zwischen den italienischen Staaten und der Kämpfe zwischen Habsburg und Frankreich um die Vorherrschaft in Italien entwickelte Niccolò Machiavelli (1469–1527) seine Lehre von den Grundlagen der Politik: Ziel aller Politik müsse es sein, formulierte er 1514 in „Der Fürst", das Staatswesen zu erhalten und die Macht des Fürsten auszuweiten.

Künstler und Kunstwerke

Die Veränderung des Denkens zeigte sich auch in der Kunst. Der Künstler trat aus dem Status des Zunfthandwerkers heraus und verstand sich jetzt als „uomo universale": als ein umfassend gebildeter Mensch, dem Spezialistentum fremd war und der seine Werke als individuelle Schöpfungen verstand. Die Maler stellten nicht mehr stilisierte Heilige auf Goldgrund dar, sondern Menschen mit ihren individuellen Charakterzügen. Das Gleiche galt für die Bildhauer. Ein Höhepunkt war um 1500 mit dem Florentiner Universalgelehrten Leonardo da Vinci (1452–1519) erreicht, der feinste Details, flüchtige Stimmungen, Licht und Schatten und genaue Proportionen darstellte. Als neue Gattungen entstanden die Porträt-, die Landschafts- und die Historienmalerei. Die radikalste Veränderung im Bereich des künstlerischen Ausdrucks war der Übergang zur Zentralperspektive: Die Bilder zeigten jetzt eine Wirklichkeit, die vom Maler geplant und nach einem System mathematisch festgelegter Bezugspunkte konstruiert und gestaltet ist. Der Architekt Filippo Brunelleschi (1377–1446) verhalf der neuen Architektur durch die Übernahme antiker Formen und des Zentralbaus zum Durchbruch.

M 3 Die Verkündigung, Ölgemälde von Leonardo da Vinci, 1472–1475

Neue Wege in Technik und Naturwissenschaften

Im europäischen Mittelalter waren praktische Tätigkeit, das heißt Technik, und theoretische Naturwissenschaft streng geschiedene Bereiche. Die mittelalterliche Physik beschrieb Naturvorgänge beobachtend und analysierend in ihrem ungestörten Ablauf. Experimente, die Anwendung technischer Hilfsmittel zur Erforschung der Natur waren undenkbar; denn Technik wurde als „*machinatio*" betrachtet, das heißt als „listiges Mittel", was sich von „*mechanomai*" (griech. = ich ersinne eine List) ableitet. Im ausgehenden Mittelalter wurden die „mechanischen Künste" zwar hoch geschätzt, aber sie wurden ebenso wenig wie die sich ausformenden modernen Naturwissenschaften in das von der Theologie und den Autoritäten der Antike bestimmte offizielle Bildungssystem integriert. Das änderte sich erst im 14. und 15. Jahrhundert. Humanismus und Renaissance bildeten eine der zentralen Grundlagen der „neuen Wissenschaft" – ein Begriff, der in der Mitte des 16. Jahrhunderts in Italien entstand. Erst das humanistische Ideal der moralisch-geistigen Autonomie des Menschen, der Glaube an die Möglichkeit vernunftbestimmter Erkenntnis und nicht zuletzt die Wiederentdeckung der antiken Naturwissenschaft bildeten die Basis des wissenschaftlich-technischen Aufbruchs. Technische Erfindungen wurden jetzt als individuelle geistige Leistungen betrachtet, die schützenswert waren. 1474 führte Venedig als erster Staat ein Patentrecht zum Schutze des Erfinders vor Nachahmungen ein. Die Künstleringenieure des ausgehenden 15. und des 16. Jahrhunderts, wie z. B. Leonardo da Vinci, verbanden künstlerische mit technisch-mathematischer Kompetenz. Sie waren die ersten „Techniker" in modernem Sinn, weil sie über die Praxis hinaus auch die „wissenschaftlichen" Grundlagen ihrer Tätigkeit reflektierten.

Ein neues Weltbild

Die wissenschaftliche Revolution wird vor allem mit dem Namen des Frauenburger Domherrn Nikolaus Kopernikus (1473–1543) verbunden. In seinem letzten Lebensjahr veröffentlichte er sein berühmtes Werk „*De revolutionibus orbium coelestium*" („Über die Kreisbewegung der Himmelskörper") und stellte darin die Gültigkeit des alten, mittelalterlichen Weltbildes mit der Vorstellung von der Erde als Mittelpunkt der Welt infrage: Nicht die Erde sei das Zentrum, sondern die Sonne, um die die Erde und die anderen Planeten kreisen. Die „kopernikanische Wende" – so der Titel eines Buches des amerikanischen Wissenschaftshistorikers Thomas S. Kuhn – war allerdings viel eher die wissenschaftliche Leistung des in Weil der Stadt geborenen und in Tübingen ausgebildeten Johannes Kepler (1571–1630). Während Kopernikus seine Auffassung des heliozentrischen Weltbildes mit den traditionellen Methoden der Astronomie erklärt hatte, wies Kepler nach, dass sich die Planeten in elliptischen Bahnen um die Erde bewegten. Das war der eigentliche Durchbruch in der Astrophysik. Galileo Galilei (1564–1642), der als erster bedeutender Naturwissenschaftler in seiner Muttersprache schrieb, führte mit einem neu konstruierten Fernrohr erstmals genaue astronomische

M 4 Johannes Kepler, Stich, 19. Jahrhundert

Beobachtungen durch. Er entdeckte die Mondkrater, die Ringe des Saturn und die Monde des Jupiter. Außerdem stellte er fest, dass die Venus wie der Mond verschiedene Phasen aufwies, sich also drehte und von der Sonne beschienen wurde. Aus der Durchmusterung der Milchstraße schloss er, dass die Zahl der Sterne unendlich groß und das Weltall grenzenlos sein müsse. Seine Zeichnungen von der Oberfläche des Mondes waren eine wissenschaftliche Sensation. Seine Forschungen zeigten den Menschen, wie unermesslich groß der Weltraum und wie klein ihre Erde war.

Naturwissenschaft als exakte Wissenschaft

Vor allem im 17. Jahrhundert stärkte eine Fülle neuer Entdeckungen das Bewusstsein, dass das bislang so bewunderte Wissen der Antike übertroffen worden und eine neue Epoche angebrochen sei. Der Mensch und seine Stellung im Kosmos veränderten sich: Der Mensch entdeckte sich jetzt als Herrscher über die Natur. In dieser Welt brauchte er neue Orientierungspunkte. Als Berechnender und Messender konnte sich der Mensch selbst zum Bezugspunkt machen, indem er die Gesetze der Natur erforschte. Galilei, Kepler und der französische Mathematiker und Philosoph René Descartes (1596–1650) erhoben daher die Mathematik zur neuen Leitwissenschaft. Descartes war überzeugt, dass sich der über sein Tun reflektierende und rational handelnde Mensch von vorgegebenen Wissens- und Lehrautoritäten lösen müsse. Alle Erscheinungen der Natur, so Descartes, seien sowohl rational erfassbar als auch mathematisch erklärbar. Lebendige Organismen könnten komplizierten Maschinen gleichgesetzt werden. Seit Descartes die analytische Geometrie, Isaak Newton (1643–1727) und Gottfried W. Leibniz (1646–1716) unabhängig voneinander die Infinitesimalrechnung entwickelt hatten, hieß Naturwissenschaft: exakte mathematische Berechnung. Neben der Mathematisierung der Naturerforschung propagierte Francis Bacon (1560–1626), von ihm stammt der Ausspruch „Wissen ist Macht", das systematische Experiment, um Einsichten in die Natur und ihre Gesetzlichkeit zu gewinnen.

M 5 Forschungsinstrumente des Galileo Galilei, 1. Hälfte 17. Jahrhundert, Fotografie, 1998

Zwischen Umbruch und Beharrung: Die Kirche, der Glauben und das Wissen

Den Neuerungen im Denken und in den Wissenschaften standen jedoch auch verschiedene Kräfte der Beharrung gegenüber. Eine zentrale Institution der Beharrung war die Kirche. Zu welch radikalen Maßnahmen sie griff, um ihre Deutungshoheit und das traditionelle Weltbild zu erhalten, zeigt das Beispiel von Galileo Galilei. Die astronomischen Beobachtungen von Galilei standen im Gegensatz zu dem von der katholischen Kirche akzeptierten ptolemäischen Weltbild. Aus den Schriften Galileis schlossen die Kirchenvertreter, dass er ein Anhänger des kopernikanischen heliozentrischen Weltbilds war, und zogen ihn vor das Inquisitionsgericht. 1633 zwangen sie ihn unter Androhung der Folter zum Widerruf. Der Fall Galilei zeigt auch, wie sehr die Epoche der wissenschaftlichen Revolution eine Zeit extremer Widersprüche zwischen Glauben und Wissen war. Auch der Aberglaube blühte weiter, wie die paradoxe Situation zeigt, in der sich Johannes Kepler befand. In den Jahren 1616 bis 1621 stand die Mutter Keplers unter dem Verdacht der Hexerei. Anschuldigungen von Nachbarn führten zu einem langwierigen Gerichtsverfahren, in dessen Verlauf die Mutter des bereits weltberühmten Wissenschaftlers inhaftiert und mit der Folter bedroht wurde. Kepler nahm seine Mutter in Schutz, bat die württembergischen Behörden um bessere Haftbedingungen und ein schnelles Verfahren – an der Existenz von Hexen zweifelte er aber ebenso wenig wie an der „Wissenschaftlichkeit" der Astrologie. Nur weil seine Mutter standhaft blieb und kein Geständnis ablegte, kam sie wieder frei. Wissenschaftliches Denken, kirchliche Autorität und Volksglauben befanden sich an der Wende zum 17. Jahrhundert in einem schwierigen Spannungsverhältnis.

Zwischen Umbruch und Beharrung: Reformation und Staatsreform

Schon zu Beginn des 16. Jahrhunderts hatte sich die Kirche mit verschiedenen Reformbestrebungen konfrontiert gesehen, die in den 95 Thesen von Martin Luther 1517 gipfelten. Im Jahr 1520 legte er seine Theologie in drei großen Reformschriften dar: „An den christlichen Adel deutscher Nation", „Von der Freiheit eines Christenmenschen" und „Von der babylonischen Gefangenschaft der Kirche". Darin verurteilte er den Ablasshandel zur Erlassung der Sündenstrafen und setzte Gottes Erbarmen und den Glauben, allein basierend auf der Bibel, dagegen. Er stellte also die Autorität des Papstes und der Kirche infrage, was letztlich zur Spaltung der Kirche und der Begründung des Protestantismus führte. In der protestantischen Kirche galt das „Priestertum aller Gläubigen", d. h., die Gemeinde und ihre individuellen Gläubigen bekamen eine neue Bedeutung. Sie sollten das Recht erhalten, Prediger selbst zu wählen, wobei diese nach Luther keine besondere Macht der Heilsvermittlung besaßen, sondern letztlich nur ein Teil der Gemeinde waren. Die Gottesdienste wurden nun statt in Latein in Deutsch gehalten. Vor allem in den Städten fanden die Lehren Luthers schnell Anhänger. Außerdem stellten sich einige Landesherren auf Luthers Seite. Alle Versuche von Karl V., die Reformation zu stoppen, scheiterten, erst der Augsburger Religionsfrieden von 1555 brachte den Ausgleich und die Anerkennung der Existenz zweier unterschiedlicher Konfessionen.

Doch auch der Staat erlebte sowohl Reformen als auch die Sicherung von traditionellen Vorrechten. Im Kern ging es um die Zentralisierung staatlicher Macht bzw. um die Machtverteilung zwischen den Landesfürsten, die in einem Parallelprozess ihre Territorien staatlich zu organisieren begannen, und dem Heiligen Römischen Reich, repräsentiert durch den Kaiser. Die Reichsreform, die 1495 mit dem „Ewigen Landfrieden" begann, schuf zentrale Einrichtungen des Reiches, wie das Reichskammergericht, eine Reichssteuer und das Reichsregiment, ein Gremium von zwanzig Personen, ohne die der Kaiser keine Entscheidung durchsetzen konnte. Die Umsetzung scheiterte jedoch am Unwillen der Stände (das sind die Kurfürsten, die anderen geistlichen und weltlichen Fürsten und Grafen mit ihren Landesherrschaften sowie die Reichsstädte), diese zu finanzieren. Erhalten blieb nur der Reichstag, der sich Ende des 15. Jahrhunderts zu einem Verfassungsorgan entwickelt hatte, das für alle verbindliche Entscheidungen traf und ohne das der Kaiser nicht regieren konnte. Auch die Einteilung des Reiches in sechs Kreise als Basis für die organisatorische Umsetzung von rechtlichen, finanziellen und militärischen Maßnahmen blieb erhalten und modernisierte den Föderalismus.

„Medienrevolution"

Humanisten und Wissenschaftler sorgten für neues Wissen, Theologen und Juristen für Reformideen bezüglich Kirche und Staat. Einen wichtigen, wenn nicht entscheidenden Faktor bei der Verbreitung der neuen Ideen stellte die Erfindung des Buchdrucks dar. Mitte des 15. Jahrhunderts konstruierte Johannes Gutenberg (1397–1468) in Mainz bewegliche Metalllettern, die er mithilfe verschiedener spezieller Werkzeuge beliebig in eine bis zu 42-zeilige Druckplatte einsetzen konnte und dank einer Presse immer wieder auf Papier abbilden konnte. Auf diese Weise konnten Bücher und andere Schriften billiger und schneller hergestellt werden als mit den alten Druckplatten aus Holz bzw. durch das noch ältere Abschreiben von Manuskripten. Folge war die massenhafte und schnelle Verbreitung von Schriften und Erkenntnissen in Form von gedruckten Büchern, mehrseitigen Artikeln und Flugblättern. Die Zahl der Veröffentlichung von Druckschriften wuchs zwischen 1450 und 1600 von 30 000 auf um die 200 000 an, die Anzahl der gedruckten Exemplare insgesamt stieg um das Zehnfache auf 15 bis 20 Millionen.

M 6 Gutenberg-Bibel, Druckseite mit Malerei, 1455/56

Das neue Medium Druck erzeugte auch völlig neue Formen der Kommunikation. Zunächst ist die Verbreitung der Lesefähigkeit zu nennen. Immer mehr Menschen hatten Zugang zu Texten und lernten das Lesen. Durch die wiederholte Lektüre eines Textes konnte zudem das Wissen tiefer verankert und durch den Abgleich mit weiteren Büchern eingeordnet werden. Das Wissen wurde so nicht abschließend gesetzt, sondern immer wieder neu infrage gestellt. Forschung wurde angeregt und Meinungsvielfalt erzeugt. Das galt auch für die Politik. Die Obrigkeiten versuchten zwar mithilfe von Zensur auf politische Inhalte Einfluss zu nehmen bzw. Schriften ganz zu verbieten, doch die Ausweichmöglichkeiten auf Druckereien in Nachbarstaaten waren so zahlreich, dass eine Kontrolle kaum mehr möglich war. Staatliche Institutionen nutzten den Druck aber auch für sich, um Anordnungen und Gesetzestexte allen Untertanen zugänglich zu machen und so ihre Allgemeingültigkeit durchzusetzen. Die entstehenden staatlichen Verwaltungen konnten Verfahren und Entscheidungen schrittweise dokumentieren und archivieren.

Mythos Renaissance

Die Verklärung der Renaissance als „Goldenes Zeitalter" des Individualismus und als der Beginn der Moderne wurde vor allem von dem Schweizer Kulturhistoriker Jacob Burckhardt (1818–1897) und seinen Schriften im 19. Jahrhundert geprägt. In Abgrenzung zum „finsteren" Mittelalter sah er in der Epoche der Renaissance eine Zeit des Lichts: Der Mensch erwacht aus seiner Erstarrung, erkennt sich selbst und seine Welt, er bildet sich, forscht, bricht auf zu neuen Ufern und schafft neue Kunst, neues Wissen und neue Bauwerke. Damit seien die Grundlagen für den modernen Menschen gelegt worden. Diese Form der Mythisierung der Renaissance als quasi revolutionärer Umbruch zur Moderne war in der Geschichtswissenschaft lange sehr verbreitet, wenn auch in abgeschwächter Form. Inzwischen überwiegt jedoch die kritische Auseinandersetzung. Dabei steht die Frage nach der Renaissance als eigenständiger Epoche, als „Zeitenwende" oder Umbruch sowie als Ursprung der Moderne im Vordergrund. Wissenschaftler wie der britische Historiker Peter Burke (*1937) argumentieren gegen den Epochencharakter der Renaissance, indem sie eine lange Phase der kulturellen Veränderungen zwischen den Jahren 1000 und 1800 verorten. Ein weiteres Argument gegen die Renaissance als „kulturelle Revolution" ist ihr Wirkungsgrad. Letztlich waren nur die Gebildeten Teil dieser Bewegung. Die große Masse der europäischen Bevölkerung blieb davon weitgehend unberührt. Befürworter des Epochencharakters wie der deutsche Historiker Volker Reinhardt (*1954) verweisen dagegen auf nachweisliche Neuerungen der Zeit, wie den Individualismus (im Denken der Humanisten, in der Kunst, in der Politik), neue Kommunikationsformen (Alphabetisierung, umfassendere Bildung sowie Erweiterung des geografischen und geistigen Horizonts) und neue Herrschaftsformen (Zivilisierung der Gesellschaft durch die allmähliche Etablierung einer Zentralgewalt sowie allgemeingültiger Gesetze). Sie relativieren zwar den Umbruchcharakter der Renaissance, sehen sie aber als eine Phase der „mittleren Dauer", in der sich die „Konturen eines Zeitraums beschleunigten Wandels" (Reinhardt) zeigen.

Webcode:
KH301261-115

1. Beschreiben Sie mit eigenen Worten das neue Menschenbild (*uomo universale*) um 1500 und seine Auswirkungen auf Wissenschaft, Kunst und Politik.
2. **Tabelle**: Erstellen Sie auf der Basis der Darstellung eine Tabelle mit den naturwissenschaftlich-technischen Erfindungen und Ansichten des 15. und 16. Jahrhunderts. Nennen Sie Jahr der Neuerung, Namen des Forschers, Art der Neuerung und Auswirkungen.
3. Vergleichen Sie die „Medienrevolution" des 15. Jahrhunderts mit der „digitalen Revolution" des 20./21. Jahrhunderts.

Hinweise zur Arbeit mit den Materialien

Das Kapitel nähert sich der in der Überschrift gestellten Frage nach einem „geistigen Umbruch" im 15. und 16. Jahrhundert zunächst mit drei Materialien zur **Wiederentdeckung der Antike** (M 7 bis M 9). Darauf aufbauend finden sich Text- und Bildmaterialen zum **neuen Menschenbild** (M 10 kirchliche Sicht des 13. Jh.; M 11 humanistische Sicht des 15. Jh., M 12 Selbstporträt von Albrecht Dürer). Ergänzt werden diese Materialien durch die Gedanken Machiavellis und Erasmus' von Rotterdam zur Rolle des Fürsten (M 13 bis M 15). Es folgt ein Materialblock zu den **neuen Regeln der Kunst** (M 16 bis M 19). Anschließend kann der „geistige Umbruch" anhand von **neuen Wegen und Denkweisen in den Naturwissenschaften** untersucht werden. Nach einem einführenden Text zum aristotelischen Weltbild und der Wissenschaft im 16./17. Jh. (M 20) können das alte aristotelisch-mittelalterliche Weltbild und das neue kopernikanische Weltbild (M 21 und M 22) verglichen werden. Die folgenden Texte sind dem Wissenschaftler **Galileo Galilei** gewidmet (M 23 bis M 26) und ermöglichen die exemplarische Herausarbeitung des Neuen. Anschließend werden „Wissenschafts-revolution" und **„Medienrevolution"** zueinander in Beziehung gesetzt (M 27 bis M 29). Die das ganze Rahmenthema durchziehende Fragestellung nach **Reformbewegungen und Beharrungskräften** kann am Beispiel von Reichsreform versus Territorialherrschaft bearbeitet werden (M 30 bis M 32). Abschließend wird dem kontrovers diskutierten **„Mythos Renaissance"** nachgegangen. Drei Sekundärtexte (M 33, M 35 und M 36) decken die wissenschaftliche Diskussion mit ihren verschiedenen Positionen ab, Botticellis „Drei Grazien" (M 34) beschwören dagegen bildlich-sinnlich den „Zauber der Renaissance".

Der **Methodenteil** bietet eine Einführung in die **Analyse von Gemälden** (S. 136 ff.).

Am Ende des Kapitels finden sich **weiterführende Arbeitsanregungen** und die Möglichkeit, die im Kapitel erworbenen **Kompetenzen zu überprüfen** (S. 140 f.).

Wiederentdeckung der Antike

M 7 Der Theologe Augustinus Valerius über das Studium (1563)

Augustinus Valerius (1531–1606) war Theologe und als Diplomat im Dienste Venedigs tätig. 1563 gab er dem venezianischen Adligen Aloisio Contarini Ratschläge zum Studium:

So groß waren bei Griechen wie Römern Begabung und Fleiß, so hervorragend war ihre Bildung auf allen Gebieten, dass sie selbst sämtliche eines freien und edlen Menschen
5 würdigen Künste und Wissenschaften erfunden und uns in formvollendeten literarischen Werken überliefert haben. Um von der Philosophie, als der vornehmsten Wissenschaft, die die Prinzipien und Ursachen der Natur untersucht, zuerst zu sprechen: Welches naturphi-
10 losophische Problem ist so entlegen oder so schwierig, dass es nicht – wenn ich Pythagoras, Empedokles, Demokrit und die alten Philosophen hier einmal übergehe – zuerst Plato, dann Aristoteles mit höchster Eleganz behan-
15 delt hätten? Jenes Gebiet der Philosophie vollends, das sich mit Ethik und der richtigen Lebensgestaltung und Staatsverwaltung beschäftigt, haben nicht nur die beiden eben genannten größten Philosophen, Plato und
20 Aristoteles, sondern auch Xenophon, dann – auf Lateinisch – unser Cicero, schließlich Seneca und Plutarch so erhellt und bereichert, dass uns nichts zu wünschen übrig bleibt. Was ferner die Mathematik betrifft, wer kann hier
25 ohne Euklid, Archimedes und Ptolemäus auch nur das Geringste zu lernen hoffen? Zur Dialektik, die gewissermaßen das Instrumentarium bereitstellt, dessen wir uns zur Erkenntnis des Wahren und Guten bedienen, hat in man-
30 chem Plato in seinen Dialogen, haben in anderem die Stoiker den Grund gelegt; aber erst Aristoteles mit seinem göttlichen Verstand hat diese Disziplin vollkommen erhellt. […]

Wozu das alles, wirst Du sagen. Sollen wir Heutigen nur die Weisheit der Alten anstaunen […] und überhaupt nichts Eigenes zu denken oder zu schreiben wagen, sondern unser ganzes Leben mit dem Begreifen der Schriften anderer zubringen? Nun, das ist keineswegs meine Meinung, vielmehr sollen wir mit Eifer und Sorgfalt die Autoren derjenigen Wissenschaften, denen wir uns von Kindheit an ergeben haben, lesen, und wenn wir ihre Ansichten kennen gelernt haben, werden wir sorgfältig mit uns zu Rate gehen müssen, ob wir uns entweder dadurch, dass wir sie an Fleiß übertreffen, oder aber dadurch, dass wir ihre Schriften kommentieren, um unsere Zeitgenossen verdient machen und der Nachwelt irgendein Werk hinterlassen können, woran sie zu erkennen vermag, dass wir wirklich gelebt und unseren Beitrag zum Gemeinwohl geleistet haben.

Nicolette Mout (Hg.), Die Kultur des Humanismus. Reden, Briefe, Traktate, Gespräche von Petrarca bis Kepler, C. H. Beck, München 1998, S. 70f.

1 Arbeiten Sie aus M 7 die Bedeutung der Antike für die Renaissance heraus.
2 **Recherche:** Informieren Sie sich über die erwähnten Personen und ordnen Sie diese den verschiedenen Wissenschaften zu.

M 8 Der Wissenschaftshistoriker John Freely über den Wissenstransfer aus der arabisch-muslimischen Welt (2012)

Die islamische Wissenschaft in Al-Andalus stand in voller Blüte, als die ersten christlichen Gelehrten zum Studium auf die Halbinsel kamen. Dort studierten sie die Naturwissenschaften in arabischen Quellen und übersetzten diese ins Lateinische, häufig in Zusammenarbeit mit den vielsprachigen Schreibern vor Ort, meist Juden, von denen einige freiwillig zum Christentum konvertiert waren. Von Toledo bis Palermo fertigten Gelehrte Übersetzungen vom Arabischen ins Lateinische an und arbeiteten an eigenen wissenschaftlichen Werken.

Der erste Beleg für die europäische Aneignung der islamischen Wissenschaft ist eine lateinische Handschrift aus dem 10. Jahrhundert. Sie stammt aus der Bibliothek des Klosters Santa María de Ripoll in Katalonien […]. Die Handschrift beginnt mit einem kurzen Aufsatz über das Astrolab und enthält eine Tafel der hellsten Sterne, die mit den arabischen Namen bezeichnet sind, unter denen wir sie noch heute kennen, zum Beispiel Altair, Vega, Rigel, Aldebaran und Algol. […]

Die erste bedeutende Persönlichkeit in der europäischen Aneignung der griechisch-arabischen Wissenschaft war Gerbert d'Aurillac (um 945–1003), der spätere Papst Silvester II. (reg. 999–1003). Unter Gerberts schriftlichen Dokumenten findet sich ein Brief, mit dem er im Mai 984 an einen gewissen Lupitus von Barcelona die Bitte richtete, ihm eine Übersetzung, vermutlich eines arabischen Werks, zuzusenden, die dieser von einer Abhandlung zur Astrologie angefertigt hatte.

Gerbert selbst soll ein Traktat zum Astrolab mit dem Titel *De astrolabia* verfasst haben, sowie den ersten Teil des Werks *De utilitatibus astrolabii*, beide unter arabischem Einfluss. […] Er konstruierte auch ein Gerät zur Darstellung der Himmelssphäre, das er in seinen Astronomiekursen an der Kathedralschule von Reims anwendete. Seine Schüler unterrichteten später an acht anderen Schulen in Nordwesteuropa, wo sie – ganz nach dem Vorbild des Lehrers – den Schwerpunkt auf die mathematischen Wissenschaften legten, die dieser aus islamischen Quellen in Spanien kennengelernt hatte.

John Freely, Platon in Bagdad. Wie das Wissen der Antike zurück nach Europa kam, Klett-Cotta, Stuttgart 2012, S. 161f.

1 Klären Sie unbekannte Begriffe und Namen des Textes.
2 Skizzieren Sie auf der Basis von M 8 die verschiedenen Wege des Wissenstransfers aus der arabisch-muslimischen Welt nach Europa und ihre Verbreitung in Europa.

M 9 Bibliothek von San Marco, 1. Hälfte des 15. Jh., Florenz, Fotografie, 2011

1 Recherche: Tragen Sie Informationen zu Florenz im 15. Jahrhundert zusammen (siehe auch Kap. 4, S. 80 und S. 90 ff.). Begründen Sie, warum die Renaissance ihren Ausgang in Oberitalien nahm.

Neues Menschenbild

M 10 Papst Innozenz III. (1198–1216) über den Menschen

Wer gibt meinen Augen den Tränenquell, dass ich beweine den bejammernswerten Eintritt in das menschliche Dasein, beweine das schuldhafte Fortschreiten menschlichen Lebens, beweine das verdammenswerte Ende menschlicher Vernichtung? [...] Aus Erde geschaffen, in Schuld empfangen, zur Strafe geboren, tut der Mensch Böses, was er nicht soll, Verwerfliches, was sich nicht ziemt, Nutzloses, was sich nicht lohnt, wird er Nahrung für das Feuer, Köder für den Wurm, ein Haufen Dreck. [...] Geschaffen ist der Mensch aus Staub, aus Lehm, aus Asche. [...] Empfangen ist er [...] im Sumpf der Sünde. Geboren ist er für die Qual, für die Furcht, für den Schmerz und was noch elender ist: für den Tod.

Zit. nach: Arnold Bühler, Imago Mundi, in: Geschichte in Wissenschaft und Unterricht 41, 1990, S. 485.

M 11 Giovanni Pico della Mirandola über die Würde des Menschen (1487)

Giovanni Pico della Mirandola (1463–1494) war ein Humanist und Philosoph. 1486 plante er einen Gelehrtenkongress in Rom, der jedoch am Einspruch des Papstes scheiterte. 1487 veröffentlichte er 900 Thesen über Philosophie, die in Rom hätten diskutiert werden sollen mit dem Ziel, die Richtungen der Philosophie zu harmonisieren. Eingeleitet wurden die Thesen mit einer Rede über die Würde des Menschen:

Ich habe mich denn schließlich um die Einsicht bemüht, warum das glücklichste und aller Bewunderung würdigste Lebewesen der Mensch sei und unter welchen Bedingungen es möglich sein konnte, dass er aus der Reihe des Universums hervorschritt, beneidenswert nicht nur für die Tiere, sondern auch für die Sterne, ja sogar für die überweltlichen Intelligenzen. Geht das doch fast über den Glauben hinaus, so wunderbar ist es. [...]

Bereits hatte Gott-Vater, der höchste Baumeister, dieses irdische Haus der Gottheit, das wir jetzt sehen, diesen Tempel des Erhabensten, nach den Gesetzen einer verborgenen Weisheit errichtet. Das überirdische Gefilde hatte er mit Geistern geschmückt, die ätherischen Sphären hatte er mit ewigen Seelen belebt, die materiellen und fruchtbaren Teile der unteren Welt hatte er mit einer bunten Schar von Tieren angefüllt. Aber als er dieses Werk vollendet hatte, da wünschte der Baumeister, es möge jemand da sein, der die Vernunft eines so hohen Werkes nachdenklich erwäge, seine Schönheit liebe, seine Größe bewundere. Deswegen dachte er, nachdem bereits alle Dinge fertig gestellt waren, wie es Moses und

Timaeus bezeugen, zuletzt an die Schöpfung des Menschen. Nun befand sich aber unter den Archetypen in Wahrheit kein Einziger, nach dem er einen neuen Sprössling hätte bilden sollen. [...]

Daher ließ sich Gott den Menschen gefallen als ein Geschöpf, das kein deutlich unterscheidbares Bild besitzt, stellte ihn in die Mitte der Welt und sprach zu ihm: „Wir haben dir keinen bestimmten Wohnsitz noch ein eigenes Gesicht, noch irgendeine besondere Gabe verliehen, o Adam, damit du jeden beliebigen Wohnsitz, jedes beliebige Gesicht und alle Gaben, die du dir sicher wünschst, auch nach deinem Willen und nach deiner eigenen Meinung haben und besitzen mögest. Den übrigen Wesen ist ihre Natur durch die von uns vorgeschriebenen Gesetze bestimmt und wird dadurch in Schranken gehalten. Du bist durch keinerlei unüberwindliche Schranken gehemmt, sondern du sollst nach deinem eigenen freien Willen, in dessen Hand ich dein Geschick gelegt habe, sogar jene Natur dir selbst vorherbestimmen. Ich habe dich in die Mitte der Welt gesetzt, damit du von dort bequem um dich schaust, was es alles in dieser Welt gibt. Wir haben dich weder als einen Himmlischen noch als einen Irdischen, weder als einen Sterblichen noch einen Unsterblichen geschaffen, damit du als dein eigener, vollkommen frei und ehrenhalber schaltender Bildhauer und Dichter dir selbst die Form bestimmst, in der du zu leben wünschst. Es steht dir frei, in die Unterwelt des Viehes zu entarten. Es steht dir ebenso frei, in die höhere Welt des Göttlichen dich durch den Entschluss deines eigenen Geistes zu erheben."

Zit. nach: Nicolette Mout, Die Kultur des Humanismus, C. H. Beck, München 1998, S. 308 f.

1 Beschreiben Sie das Menschenbild der Kirche im 13. Jahrhundert (M 10) und zeigen Sie, wie es abgeleitet wird.
2 Charakterisieren Sie das Menschenbild von Mirandola und seine Belege (M 11).
3 Zeigen Sie auf, welche unterschiedlichen Folgen sich daraus für das Leben des einzelnen Menschen ergeben.

M 12 Selbstporträt mit Distel, Ölgemälde von Albrecht Dürer, 1493

1 Beschreiben Sie das Porträt Dürers (M 12).
2 Erläutern Sie, inwiefern sich in dem Bild das neue Menschenbild der Renaissance widerspiegelt.

M 13 Niccolò Machiavelli in seiner Schrift „Der Fürst" (1514)

Ich möchte den vorgenannten Eigenschaften eines Herrschers [d. h. Freigebigkeit und Sparsamkeit] noch andere hinzufügen, indem ich bemerke, dass jeder Herrscher danach trachten sollte, im Ruf der Milde und nicht in dem der Grausamkeit zu stehen. Doch muss er darauf achten, dass er von der Milde keinen schlechten Gebrauch macht.

Cesare Borgia galt als grausam. Trotzdem hat diese Grausamkeit die Romagna geordnet und geeinigt und ihr wieder Frieden und Ergebenheit (gegenüber dem Herrscher) gebracht. [...]

Ein Herrscher darf sich also um den Vorwurf der Grausamkeit nicht kümmern, wenn er dadurch seine Untertanen in Einigkeit und Ergebenheit halten kann. Statuiert er nämlich einige wenige abschreckende Beispiele, so ist er barmherziger als diejenigen, die infolge allzu großer Milde Unordnung einreißen lassen, aus der Mord und Plünderung entstehen. Diese treffen gewöhnlich die Allgemeinheit; Exekutionen, die vom Herrscher ausgehen, treffen nur Einzelne. Unter allen Herrschern ist es einem neu zur Macht gekommenen unmöglich, den Ruf der Grausamkeit zu vermeiden, da eine neu gegründete Herrschaft voller Gefahren ist. [...]

Daran schließt sich eine Streitfrage: Ist es besser, geliebt als gefürchtet zu werden, oder umgekehrt? Die Antwort lautet, dass man wohl das eine als das andere sein sollte. Da es aber schwer ist, beides zu vereinigen, ist es viel sicherer, gefürchtet als geliebt zu sein, wenn man schon auf eines von beiden verzichten muss. Denn von den Menschen kann man im Allgemeinen sagen, dass sie undankbar, wankelmütig, verlogen, heuchlerisch, ängstlich und raffgierig sind. Solange du ihnen Vorteile verschaffst, sind sie dir ergeben und bieten dir Blut, Habe, Leben und Söhne an, aber nur, wie ich oben schon sagte, wenn die Not ferne ist. Rückt sie aber näher, so empören sie sich. [...]

Trotzdem soll ein Herrscher nur insoweit gefürchtet sein, dass er, falls er schon keine Liebe erwirbt, doch nicht verhasst ist; denn es kann sehr wohl vorkommen, dass man gefürchtet und doch nicht verhasst ist. Einem Herrscher wird dies stets gelingen, wenn er sich nicht an der Habe und den Frauen seiner Mitbürger und Untertanen vergreift. Und wird er auch in die Notwendigkeit versetzt, jemandem das Leben zu nehmen, so mag er es tun, wenn er eine hinreichende Rechtfertigung und einen ersichtlichen Grund hierfür hat. Doch keinesfalls darf er das Eigentum anderer antasten; denn die Menschen vergessen rascher den Tod ihres Vaters als den Verlust ihres väterlichen Erbes. [...]

Sollten Fürsten ihr Wort halten?
Ihr müsst euch nämlich darüber im Klaren sein, dass es zweierlei Arten der Auseinandersetzung gibt: die mit Hilfe des Rechts und die mit Gewalt. Die erstere entspricht dem Menschen, die letztere den Tieren. Da die erstere oft nicht zum Ziele führt, ist es nötig, zur zweiten zu greifen. Deshalb muss ein Herrscher gut verstehen, die Natur des Tieres und des Menschen anzunehmen [...]

Wenn sich also ein Herrscher gut darauf verstehen muss, die Natur des Tieres anzunehmen, soll er sich den Fuchs und den Löwen wählen; denn der Löwe ist wehrlos gegen Schlingen, der Fuchs ist wehrlos gegen Wölfe. Man muss also Fuchs sein, um die Schlingen zu wittern, und Löwe, um die Wölfe zu schrecken. Wer nur Löwe sein will, versteht seine Sache schlecht. Ein kluger Machthaber kann und darf daher sein Wort nicht halten, wenn ihm dies zum Schaden gereichen würde und wenn die Gründe weggefallen sind, die ihn zu seinem Versprechen veranlasst haben. Wären die Menschen alle gut, so wäre dieser Vorschlag nicht gut; da sie aber schlecht sind und das gegebene Wort auch nicht halten würden, hast auch du keinen Anlass, es ihnen gegenüber zu halten. Auch hat es einem Herrscher noch nie an rechtmäßigen Gründen gefehlt, seinen Wortbruch zu bemänteln. [...]

Ein Herrscher braucht also alle die vorgenannten guten Eigenschaften nicht in Wirklichkeit zu besitzen; doch muss er sich den Anschein geben, als ob er sie besäße. [...] Man muss Verständnis dafür haben, dass ein Herrscher [...] nicht alles beachten kann, wodurch die Menschen in einen guten Ruf kommen, sondern oft gezwungen ist, gegen Treue, Barmherzigkeit, Menschlichkeit und Religion zu verstoßen, eben um die Herrschaft zu behaupten. Darum muss er die Seelenstärke haben, sich nach den Winden des Glücks und dem Wechsel der Verhältnisse zu richten und, wie ich oben sagte, vom Guten so lange nicht abzugehen, als es möglich ist, aber im Notfall auch verstehen, Böses zu tun. [...] Die Handlungen aller Menschen und besonders die eines Herrschers, der keinen Richter über sich hat, beurteilt man nach dem Enderfolg. Ein Herrscher braucht also nur zu siegen [...], so werden die Mittel dazu stets für ehrenvoll angesehen und von jedem gelobt. Denn der Pöbel hält sich immer an den Schein und den Erfolg; und in der Welt gibt es nur Pöbel. Die wenigen zählen nicht gegen die Masse, wenn dieser am Staat einen Rückhalt hat.

Arnold Bergsträsser u. a. (Hg.), Klassiker der Staatsphilosophie, Bd. 1, Köhler, Stuttgart 1962, S. 109 ff.

M 14 Statue von Niccolò Machiavelli an den Uffizien in Florenz, Fotografie, 2014

1. Erarbeiten Sie, welches nach Machiavelli die Kriterien erfolgreicher Politik sind.
2. Erläutern Sie, wie Machiavelli das Verhältnis von Herrscher und Volk sieht.
3. Charakterisieren Sie die Darstellung Machiavellis in M 14.
4. Heute bezeichnet „Machiavellismus" eine Machtpolitik, die keine Bedenken gegen die Wahl ihrer Mittel kennt. Beurteilen Sie, ob dieser Begriff zu Recht verwendet wird.

M 15 Erasmus von Rotterdam über die „Erziehung des christlichen Fürsten" (1515)

Die Schrift „Erziehung des christlichen Fürsten" widmete Erasmus dem gerade volljährig gewordenen künftigen Kaiser Karl V. Obwohl nicht anzunehmen ist, dass Erasmus den 1514 entstandenen „Principe" Machiavellis kannte, erscheint seine Erziehungsschrift in vielen Aspekten wie ein Gegenentwurf:

Eines nur muss der Fürst beim Regieren bedenken, eines das Volk bei der Wahl des Herrschers, nämlich das Wohl der Allgemeinheit, nachdem alle persönlichen Gefühle ausgeschaltet wurden. Und je weniger es rechtlich möglich ist, den Gewählten auszutauschen, umso sorgfältiger ist die Wahl zu treffen, damit uns nicht die Unbesonnenheit einer einzigen Stunde lange anhaltende Qualen bereite.

Wo das Fürstentum erblich ist, wird der Herrscher nicht gewählt. Aristoteles bezeugt, dass das einst Sitte bei einigen Barbarenstämmen war, es wurde in unserer Zeit beinahe überall übernommen. Da hängt die Hoffnung auf einen guten Herrscher vor allem von der richtigen Erziehung ab, die umso sorgfältiger durchgeführt werden muss, damit das, was durch das Fehlen des Wahlrechtes eingebüßt wurde, durch umsichtige Erziehung ausgeglichen wird. [...]

Was ist törichter, als einen Fürsten danach zu beurteilen, ob er gut tanze, geschickt im Würfelspiel, trinkfest und von Hochmut erfüllt sei, ob er es verstehe, das Volk auf königliche Weise auszuplündern, ob er noch anderes tue, was ich mich schäme anzuführen, obwohl sich einige nicht schämen, es zu tun? Je mehr die Masse der Herrscher danach strebt, sich von der Lebensweise und dem Verhalten des Volkes zu unterscheiden, umso mehr muss der wahre Fürst sich fernhalten von den hässlichen Auffassungen des Volkes und von seinen Interessen. Er halte es vielmehr für gemein, verächtlich und seiner unwürdig, wie der Pöbel gesinnt zu sein, dem noch nie die höchsten Werte gefallen haben.[...]

Wenn du dich als hervorragender Herrscher erweisen willst, sorge, dass dich keiner an eigenen guten Taten, an Klugheit, Seelengröße, Maßhalten und Anständigkeit über-

treffe. Wenn du es für gut hältst, dich mit anderen Herrschern zu messen, glaube nicht, dass du dann überlegen bist, wenn du ihnen einen Teil ihres Machtgebietes entreißt oder
⁴⁵ ihre Truppen in die Flucht schlägst, sondern dann, wenn du unbestechlicher, weniger geldgierig, weniger anmaßend, weniger jähzornig und wenn du besonnener bist als sie. [...] Viel eher sollst du durch dein sittliches Verhalten
⁵⁰ Denkmäler der Tugend errichten. [...]

Sooft es dir in den Sinn kommt, dass du Herrscher bist, soll dir auch einfallen, dass du ein christlicher Herrscher bist, und du sollst erfassen, dass du dich auch von den edlen
⁵⁵ Fürsten der Heiden so viel unterscheiden musst, wie sich der Christ vom Heiden unterscheidet. [...]

Auch du musst dein Kreuz tragen oder Christus wird dich nicht kennen. Du wirst fragen,
⁶⁰ welches ist aber nun mein Kreuz? Ich möchte sagen, wenn du dem Rechten folgst, wenn du niemanden gewalttätig behandelst, niemanden ausplünderst, kein Amt verkaufst, durch kein Geschenk bestochen wirst; allerdings
⁶⁵ wird dann deine Kasse weniger enthalten. Setze dich über den Verlust deines Vermögens hinweg, wenn du nur einen Gewinn an Gerechtigkeit hast. Solange du außerdem mit allen Mitteln für den Staat sorgst, wirst du ein
⁷⁰ Leben voll Sorge führen, wirst du deiner Jugend, deiner Natur und den Unterhaltungen Abbruch tun, wirst du dich in Nachtwachen und anstrengenden Beschäftigungen abhärmen. Mache dir nichts daraus, sondern suche
⁷⁵ Vergnügen im Bewusstsein des Rechten. Ebenso wirst du vielleicht, wenn du lieber Unrecht ertragen statt zum großen Schaden des Staates Rache nehmen willst, etwas von deinem Herrschaftsgebiet einbüßen. Mögest du
⁸⁰ es ertragen, indem du es für einen unermesslichen Gewinn ansiehst, dass du einer geringeren Anzahl von Menschen Schaden zugefügt hast. [...] Kannst du endlich die Herrschaft nur durch Verletzung der Gerechtigkeit, durch
⁸⁵ Blutvergießen und durch unermesslichen Schaden für die Religion schützen, dann lege sie eher nieder und weiche den Zeitumständen. Kannst du aber das Hab und Gut deiner Untertanen nur unter Gefahr deines Lebens
⁹⁰ schützen, dann ziehe den Schutz der Allgemeinheit deinem Leben vor. Aber solange du so handelst, wie es die Pflicht des echten christlichen Herrschers ist, werden vielleicht einige dich dumm nennen und sagen, du seiest zu wenig Herrscher. Stärke dein Herz, dass ⁹⁵ du lieber ein gerechter Mann als ein ungerechter Fürst sein willst. [...]

[...] Wenn du die unermessliche Zahl deiner Untertanen erblickst, hüte dich zu denken: So viele Sklaven habe ich, sondern: So viele ¹⁰⁰ Tausende von Menschen hängen von meiner Sorge ab, mir allein haben sie sich und ihre Habe zum Schutze anvertraut, auf mich blicken sie wie auf einen Vater [...]. Zwischen Herrscher und Volk besteht das Verhältnis ge- ¹⁰⁵ genseitigen Austausches. Dir schuldet das Volk Steuer, Gehorsam und Achtung. Du deinerseits aber schuldest dem Volk einen guten und wachsamen Herrscher.

Zit. nach: Werner Weizig (Hg.), Ausgewählte Schriften, Bd. 5, Wiss. Buchgesellschaft, Darmstadt 1968, S. 113–203.

1 Erstellen Sie eine Liste mit Grundsätzen und Verhaltensregeln, die ein Fürst nach Erasmus von Rotterdam befolgen sollte (M 15).

2 Vergleichen Sie die Auffassungen Machiavellis (M 13) mit dem Menschenbild und Politikverständnis von Erasmus (M 15).

Neue Regeln der Kunst

M 16 Lorenzo Ghiberti (1378–1455) über das Können eines Malers

Lorenzo Ghiberti stammte aus Florenz und war gelernter Goldschmied, Maler und Bildhauer. Seine „Commentarii" sind eine wichtige Quelle zur Kunst der Renaissance:
In allem, was ich über die Kunst zu reden habe, will ich kurz und klar sein, als bildender Künstler, nicht als einer, der den Vorschriften der Redekunst zu folgen hat. Der Bildner wie der Maler muss also in allen freien Künsten ⁵ wohl erfahren sein, als da sind Grammatik, Geometrie, Philosophie, Medizin, Astrologie, Perspektive, Geschichte, Anatomie, Theorie der Zeichnung, Arithmetik [...]. Insbesondere sei er in der Perspektivlehre wohl beschlagen, ¹⁰

und vor allem ein guter Zeichner, denn die Zeichnung ist die Grundlage sowohl für die Kunst des Bildhauers als des Malers. Auch muss er in der Theorie wohl bewandert sein, denn sonst vermag er kein vollendeter Meister in diesen Künsten zu sein; ein vollkommener Bildner oder Maler wird er nur, wenn er ein vollkommener Zeichner ist. Und muss die Werke der fürtrefflichen alten Mathematici und Perspektivlehrer gründlich sich angeeignet haben […]. Und gleichermaßen die Lehre von der Zergliederung [d. h. Anatomie], denn der Bildhauer muss wissen, wenn er das Standbild zu arbeiten hat, welche Knochen, Muskeln, Nerven und Bänder im menschlichen Körper sind […]. Er braucht nicht ein Arzt gleich Hippokrates, Avicenna und Galenus zu sein, aber er muss sich ihre Schriften wohl zu Gemüte geführt haben, vor allem die Anatomie. Anderes aus der Heilkunde ist ihm eben nicht so nötig.

Denkwürdigkeiten des florentinischen Bildhauers Lorenzo Ghiberti, übers. von J. Schlosser, Brand, Berlin 1920, S. 47 f.

1 Erarbeiten Sie auf der Basis von M 16 einen Kriterienkatalog, nach dem Zeitgenossen der Renaissance Kunstwerke beurteilten.
2 **Partnerarbeit:** Entwickeln Sie in Partnerarbeit Kriterien, nach denen Sie Kunstwerke beurteilen würden.

M 17 Leonardo da Vinci (1452–1519) über die Gewinnung neuer Erkenntnisse (1508)

Man sagt, dass die Erkenntnis, die von der Erfahrung erzeugt wird, rein handwerksmäßig sei und nur diejenige wissenschaftlich, die im Geist entsteht und endet, und auf halbem Weg zwischen Wissenschaft und Handwerk diejenige, die aus der Wissenschaft entsteht und im Werk der Hände endet. Doch scheint mir, dass jene Wissenschaften eitel und voller Irrtümer sind, die nicht geboren wurden aus der Erfahrung, der Mutter jeder Gewissheit, oder nicht in einer bekannten Erfahrung enden, das heißt solche, bei denen weder Ursprung noch Mittelweg noch Ende durch irgendeinen der fünf Sinne hindurchgehen. Und wenn wir an der Gewissheit aller Dinge, die durch die Sinne gehen, zweifeln, um wie viel mehr müssen wir an den Dingen zweifeln, die diesen Sinnen aufsässig sind, wie etwa die Wesenheit Gottes und der Seele und Ähnliches, worüber man streitet und kämpft; denn wahrlich, es geschieht, dass immer, wo die Vernunft ausbleibt, das Gezänk einspringt, was bei den Dingen, die gewiss sind, nicht geschieht. […]

[A]lso, ihr Forscher, traut nicht den Autoren, die sich nur vermittels der Einbildungskraft zu Dolmetschern zwischen Natur und Mensch haben machen wollen, sondern einzig denen, die nicht aufgrund der Zeichen der Natur, vielmehr durch die Ergebnisse ihrer Versuche den Geist geübt haben.

Leonardo da Vinci, Philosophische Tagebücher, übersetzt v. Guiseppe Zamboni, Rowohlt, Reinbek 1958, S. 27 ff.

M 18 Studien zu Arm, Schultern und Nacken, Leonardo da Vinci, 1510

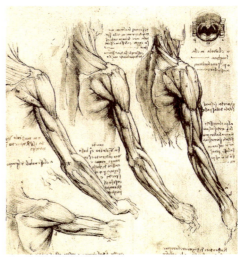

1 **Internetrecherche/Collage:** Tragen Sie verschiedene Werke von Leonardo da Vinci zusammen und ordnen Sie diese nach Themen und Entstehungszeit. Stellen Sie sie in thematischen Collagen zusammen.
2 Skizzieren Sie den Zusammenhang zwischen der „sinnlichen Erfahrung" (M 17) und den Zeichenstudien da Vincis (M 18).

Zeit geistigen Umbruchs?

M 19 „Die Schule von Athen", Wandfresko von Raffael, 1510/11.

In Auftrag gegeben hatte das Bild Papst Julius II. Dargestellt sind in der Mitte Platon und Aristoteles. An der linken Ecke der Säulenwand steht Sokrates mit seinen Schülern. Im Vordergrund links Pythagoras mit seiner Zahlenlehre, rechts daneben, an einen Block gelehnt, der Naturphilosoph Heraklit. Auf der rechte Seite der Treppe beugt sich Euklid mit Zirkel über eine Tafel, darüber sieht man Ptolemäus mit einem Globus.

1 Interpretieren Sie das Gemälde. Achten Sie insbesondere auf neue Stilelemente der Renaissance, die hier umgesetzt wurden.
2 Überlegen Sie, warum der Papst die „Schule von Athen" für den Vatikan in Auftrag gab.

Neue Wege in den Naturwissenschaften

M 20 Die Wissenschaftsjournalistin Monika Weiner über das aristotelische Weltbild und die Wissenschaft im 16./17. Jahrhundert (2000)

Die Wissenschaft des 17. Jahrhunderts stand noch unter dem Einfluss des mittelalterlichen Philosophen Thomas von Aquin. Dieser hatte vierhundert Jahre zuvor die Schriften des Aristoteles studiert und dessen Lehre in Einklang mit dem christlichen Glauben gebracht: Im Zentrum des Universums stand demnach die Erde, umgeben von kristallenen himmlischen Sphären, auf denen die Planeten kreisten. In der äußersten Sphäre befanden sich die Fixsterne. Nach Aristoteles wurde dieser Kosmos von der Sphäre des sogenannten ersten Bewegers umschlossen, der den himmlischen Reigen dirigierte und in Umlauf hielt. Diesen ersten Beweger ersetzte man im Mittelalter durch den christlichen Gott. Indem sich die Theologen auf Aristoteles beriefen, schufen sie eine Synthese von Glauben und Wissen, die bis in die Renaissance das abendländische Denken beherrschte. Und die Kirche, die an den Klosterschulen und Universitäten großen Einfluss hatte, achtete darauf, dass niemand die gottgegebene Ordnung infrage stellte.

Monika Weiner, Und er hat doch Recht! Galilei und der Konflikt zwischen Religion und Wissenschaft, in: PM History, Nr. 2, 2000, S. 52 f.

1 Erläutern Sie das aristotelische Weltbild (M 20).

M 21 Das aristotelisch-mittelalterliche Weltbild, Buchmalerei aus der Weltchronik des Hartmann Schedel, 1493

M 22 Weltgebäude nach der Vorstellung von Nikolaus Kopernikus, Buchmalerei aus der „*Harmonia Macrocosmica*" des Andreas Cellarius, 1660

1 Vergleichen Sie die Weltbilder in M 21 und M 22. Achten Sie auch auf Auswahl, Anordnung und Darstellung der Figuren.
2 Beurteilen Sie, welche Bedeutung das neue Weltbild in M 22 für das Selbstverständnis der Menschen hatte.

M 23 Der Historiker Friedrich Klemm über die Forschungen Galileis (1982)

Mit 21 Jahren fasst Galilei […] eine Abhandlung über den Schwerpunkt der Körper ab, die sich an Archimedes anschließt […]. 1586 erfindet Galilei […] eine hydrostatische Waage. Er
5 betont, dass er seine experimentellen Untersuchungen mit derselben Genauigkeit durchführen will, die man bei mathematischen Gegenständen fordert. Die Sätze des Archimedes werden von Galilei aus dem Bereich theoretischer Betrachtung ins Gebiet exakter experimenteller Untersuchung und nützlicher Anwendung übertragen. […]
Kurz vor 1600 macht Galilei Versuche, die ihm demonstrieren, dass der Unterschied in der Fallgeschwindigkeit von gleich großen Körpern verschiedenen spezifischen Gewichts umso kleiner wird, je dünner das Medium ist. Pendelversuche zeigen ihm, dass die Pendelfrequenz unabhängig ist vom Gewicht der Pendelkugeln. All das legt ihm nahe, anzunehmen, dass die Fallgeschwindigkeit im Vakuum für alle Körper gleich groß wird. […]
Endlich kommt er, es ist wohl im Jahre 1609, in demselben Jahr, in welchem er sein erstes Fernrohr baut, zur Einsicht, dass die Fallgeschwindigkeit mit der Fallzeit wachse. Er gelangt also zur Erkenntnis des Fallvorgan-

ges, d. h. des idealen Fallvorganges im Vakuum, als einer gleichförmig beschleunigten Bewegung. […]

Dass diese Relation richtig ist und damit auch der erste, doch rein deduktiv[1] gewonnene Ansatz (der Ansatz nämlich, dass die Fallgeschwindigkeit mit der Fallzeit wächst), das ließ sich jetzt durch einfache Fallversuche in einer Fallrinne nachprüfen, wobei nur Wege und Zeiten zu messen waren. Mangels exakter Uhren, die Pendeluhr war noch nicht erfunden, misst Galilei die Zeit durch in feinem Strahl aus einem Gefäß ausfließendes Wasser, das auf einer Waage gewogen wird.

Galilei erklärt das Wirkliche durch das nur in der Idee zu Setzende, durch das ideelle mathematische Modell. Das komplexe Phänomen wird analysiert. Aristoteles hingegen ging vom Phänomen in seiner ganzen Fülle aus; er lehnte es ab, das Phänomen durch eine geometrische Abstraktion zu ersetzen. Hier liegt sein Empirizismus[2], der ihn daran hinderte, die Mathematik auf die Natur anzuwenden.

Bei Galilei wird von Nebenbedingungen abstrahiert. Und die Abstraktion geht so weit, dass das mathematische Begriffsschema in einfacher Form sich anwenden lässt. An Stelle der empirisch gegebenen Wirklichkeit tritt das mathematische Modell. Das bedeutet natürlich, dass zwischen Theorie und Phänomen eine Differenz besteht. Aber diese kann durch die fortschreitende Wissenschaft aufgehoben werden, indem die Nebenbedingungen nach und nach mathematisch betrachtet werden.

Galilei beginnt also mit dem hypothetisch-deduktiven Ansatz, dem mathematischen Ansatz, der am Ende durch das Experiment verifiziert (oder falsifiziert) wird. Das Experiment hat also hier, so etwa bei seinen Betrachtungen über den freien Fall, keinen heuristischen[3] Charakter. Allerdings geht er zuweilen bei physikalischen Untersuchungen auch rein induktiv[4] vor. Sehr viel bedient sich Galilei des Gedankenexperiments. Man darf die Bedeutung des Versuchs für die Methode Galileis nicht überschätzen. 1624 sagt er einmal: „Ich habe einen Versuch darüber angestellt, aber zuvor hatte die natürliche Vernunft, die natürliche vernünftige Erörterung („*il natural discorso*") mich ganz fest davon überzeugt, dass die Erscheinung so verlaufen musste, wie sie auch tatsächlich verlaufen ist."

Friedrich Klemm, Zur Kulturgeschichte der Technik, 2. Aufl., München (Dt. Museum) 1982, S. 171–177.

---

1 deduktiv: den Einzelfall aus dem Allgemeinen ableiten
2 Empirizismus: Nur das selbst Erfahrene wird als gültiges Wissen akzeptiert.
3 heuristisch: vorläufige Annahme zum besseren Verständnis eines Sachverhalts
4 induktiv: das Allgemeine vom Einzelfall ableiten

---

1 Beschreiben Sie Experimente und Forschungsweise des Galilei (M 23).
2 Erläutern Sie, worin der grundlegende Neuansatz im Vorgehen Galileis besteht.

M 24 Galilei in einem Brief an Johannes Kepler (1610)

Was ist jetzt zu tun? Sollen wir uns an Demokrit oder an Heraklit halten? Wir wollen über die ungewöhnliche Dummheit der Menge lachen, lieber Kepler. Was sagen Sie zu den führenden Philosophen unseres Gymnasiums, die – mit der Borniertheit einer Natter – niemals die Planeten, den Mond oder das Fernrohr zu sehen wünschten, obwohl ich es ihnen tausendmal angeboten habe, sie ihnen zu zeigen. Wahrhaftig, einige schließen vor dem Licht der Wahrheit die Augen, andere die Ohren. Das ist betrüblich, aber es wundert mich nicht. Diese Art von Zeitgenossen hält nämlich die Philosophie für ein Buch wie die Aeneis oder die Odyssee und glaubt, man müsse die Wahrheit […] in der Natur nicht suchen, sondern es genüge […] ein Vergleich der Texte.

Schade – ich möchte gerne mit Ihnen noch ein bisschen länger lachen! Sie würden sich überkugeln, mein lieber Kepler, wenn Sie hören würden, was der Hauptphilosoph des Gymnasiums in Pisa dem Großherzog über mich erzählte, als er mit logischen Gründen – wie wenn es Zauberformeln wären – die neuen Planeten vom Himmel herunterholen und wegdisputieren wollte!

Carola Baumgardt (Hg.), Kepler. Leben und Briefe, Limes Verlag, Wiesbaden 1953, S. 73.

M 25 Galilei vor dem Gericht des Heiligen Offiziums, Ölgemälde von Joseph Nicolas Robert-Fleury, 1847

M 26 Der Jesuit Kardinal Robert Bellarmin (1542–1621) in einem Brief an den „Kopernikaner" Paolo Antonio Foscarini (ca. 1615)

Bellarmin war Mitglied der obersten vatikanischen Glaubensbehörde, die 1616 die kopernikanische Lehre verworfen hatte:
Ich habe mit Vergnügen den italienischen Brief und die lateinische Schrift gelesen, die Sie mir geschickt haben. [...]
Es scheint mir, dass Sie und Galilei klug täten, wenn Sie sich begnügten, nicht absolut, sondern „*ex suppositione*" zu sprechen, wie es, wie ich immer geglaubt habe, Kopernikus getan hat. Denn wenn man sagt, unter der Voraussetzung, dass die Erde sich bewege und die Sonne still stehe, lassen sich alle Erscheinungen besser erklären als durch die Annahme der exzentrischen Kreise und Epizyklen[1], so ist das sehr gut gesagt und hat keine Gefahr, und das genügt dem Mathematiker.
Wenn man aber behaupten will, die Sonne stehe wirklich im Mittelpunkte der Welt und bewege sich nur um sich selbst, ohne von Osten nach Westen zu laufen, und die Erde stehe am dritten Himmel und bewege sich mit der größten Schnelligkeit um die Sonne, so läuft man damit große Gefahr, nicht nur alle Philosophen und scholastischen Theologen zu reizen, sondern auch dem heiligen Glauben zu schaden, indem man die Heilige Schrift Lügen straft. Denn Sie haben zwar viele Weisen, die Heilige Schrift auszulegen, aufgezeigt, aber dieselben nicht im Einzelnen angewendet; Sie würden ohne Zweifel auf sehr große Schwierigkeiten gestoßen sein, wenn Sie alle jene Stellen hätten auslegen wollen, die Sie selbst zitiert haben. [...]
Wenn ein wirklicher Beweis dafür vorhanden wäre, dass die Sonne im Mittelpunkte der Welt stehe und die Erde am dritten Himmel und dass nicht die Sonne um die Erde, sondern die Erde um die Sonne gehe, dann müsste man bei der Erklärung der Bibelstellen, welche das Gegenteil zu sagen scheinen, mit großer Vorsicht vorgehen und eher sagen, wir verständen dieselben nicht, als, das sei falsch, was bewiesen wird. Aber ich werde nicht eher glauben, dass ein solcher Beweis geliefert sei, bis er mir gezeigt ist. Wenn bewiesen ist, dass

unter der Voraussetzung, dass die Sonne im Mittelpunkt und die Erde am Himmel stehe, sich die Erscheinungen erklären lassen, so ist damit nicht auch schon bewiesen, dass wirklich die Sonne im Mittelpunkt und die Erde am Himmel steht. Das Erstere lässt sich, glaube ich, beweisen; aber ob sich das Zweite beweisen lasse, ist mir sehr zweifelhaft.

Franz Heinrich Reusch, Der Prozess Galileis und die Jesuiten, Webers Verlag, Bonn 1879, S. 62 f.

---

1 Epizyklen: Kreise, deren Mittelpunkte sich auf anderen Kreisen bewegen

> 1 Erläutern Sie Galileis Argumente gegen die Auffassung der Kirche (M 24).
> 2 Analysieren Sie die Argumente der Kirche gegen Galilei (M 26).
> 3 Informieren Sie sich über das „Gericht des Heiligen Offiziums" und seine Funktion gegenüber der Bevölkerung (M 25).

„Wissenschaftsrevolution" und „Medienrevolution"

M 27 Der Historiker Roy Porter über Ursachen der wissenschaftlichen Revolution in der Frühen Neuzeit (1996)

Weithin glaubt man, dass die wissenschaftliche Revolution nur als Reaktion auf tiefer gehende Veränderungen Europas zu verstehen sei. Zum Beispiel haben Marxisten in der wissenschaftlichen Revolution ein wesentliches Element des Übergangs von der feudalen zur bürgerlichen Gesellschaftsordnung gesehen, indem die wissenschaftliche Revolution die technologischen Hindernisse wegräumte, die den Vormarsch des Kapitalismus [...] aufgehalten hatten. Die astronomische Revolution war für sie die Antwort der Wissenschaft auf die Navigationsprobleme des kapitalistischen Überseehandels. Darüber hinaus konnte die Wissenschaft der bürgerlichen Gesellschaft als neue Religion dienen, die ihr im Naturrecht eine rationale Rechtfertigung lieferte.

Andere Historiker haben die wissenschaftliche Revolution auf die Reformation zurückgeführt. Danach habe der Protestantismus eine neue Einstellung gegenüber der Natur zur Folge gehabt, bei der jede Autorität abgelehnt, Erfahrung und Experiment höher gewertet, Magie und Okkultismus verworfen und die Natur als Werkzeug Gottes gesehen wurden. An der wissenschaftlichen Revolution sei eine unverhältnismäßig große Zahl protestantischer Wissenschaftler beteiligt gewesen.

In neuerer Zeit hat man dem Buchdruck eine maßgebliche Rolle bei der wissenschaftlichen Revolution beigemessen. Die massenhafte Verbreitung exakter, beliebig reproduzierbarer Informationen durch das Medium des gedruckten Buches habe der abergläubischen Verehrung für die alte Wissenschaft mit ihren endlosen Schönheitspflastern der Kommentarliteratur ein Ende bereitet und ein Klima wissenschaftlicher Diskussion, Kritik und Konkurrenz erzeugt. [...]

[D]er Zweifel an der gesellschaftlichen Bedingtheit wissenschaftlicher Theorien [darf] nicht zum anderen Extrem verleiten, wonach die wissenschaftliche Revolution überhaupt keine gesellschaftliche Grundlage gehabt und nur das benötigt habe, was ihr zur Verfügung stand, nämlich eine geistige Heimstätte. Angeregt durch das Werk von Alexander Koyré, haben die einflussreichsten Historiker, die sich mit der wissenschaftlichen Revolution beschäftigt haben, eine idealistische Interpretation entwickelt, die darauf zielt, gesellschaftliche oder ideologische Einflüsse auf den kreativen Wissenschaftler zu verneinen und ihn stattdessen oft als einsames Genie vorzustellen, das die tief greifenden theoretischen Innovationen in seinem Kopf ausarbeitet. Dies kommt in einer Anekdote über Newton treffend zum Ausdruck: Gefragt von einem Bewunderer: „Wie machen Sie Ihre Entdeckungen?", antwortete Newton: „Indem ich ständig über sie nachdenke."

Roy Porter, Die wissenschaftliche Revolution und die Universitäten, in: Geschichte der Universität in Europa, hg. von Walter Rüegg, C. H. Beck, Bd. 2, München 1996, S. 431 f.

> 1 Skizzieren Sie die verschiedenen Erklärungsansätze für die wissenschaftliche Revolution.
> 2 Entwickeln Sie eine eigene Argumentation.

M 28 Der Historiker Thomas Maissen über die Folgen des Buchdrucks (2013)

Derartige Wissensumbrüche wären so schnell und so weitreichend nicht möglich gewesen ohne die Beschleunigung, Ausdehnung und Verdichtung der Kommunikation durch den Buchdruck. Um 1454 schuf Johannes Gutenberg neben kürzeren Texten auch seine 42-zeilige Bibel im Hochdruckverfahren mit beweglichen Metalllettern. Dazu erfand er in systematischer Tüftelei die notwendigen Voraussetzungen: das Handgießinstrument für die serielle Anfertigung von Drucktypen in hoher und identischer Qualität, die Legierung für diese Metalllettern, die geeignete Druckfarbe und den Druckballen, welcher die Farbe regelmäßig verteilte, den Winkelhaken für das Zusammenstellen der Lettern und das Setzschiff. [...]

Dank dem überschaubaren lateinischen Alphabet wurde der Buchdruck [...] in Europa ein privatwirtschaftliches Unterfangen, das sich schnell verbreitete, obwohl Gutenberg und Mainz ihr Monopol zu wahren suchten. Bis 1500 gab es 250 Druckorte in Europa. Es wurden 30 000 verschiedene Wiegendrucke (Inkunabeln) gedruckt, mit einer Gesamtauflage von etwa neun Millionen Exemplaren. Da die arbeitsteiligen Buchdruckereien hoher Investitionen bedurften, suchten die Drucker einerseits ihre Erzeugnisse durch obrigkeitliche Privilegien vor Raubkopien zu schützen [...]. Anderseits waren viele Drucker bereit, das zu drucken, was sich verkaufen ließ. Die Marktnachfrage prägte also die Publikationen, obwohl weltliche und geistliche Obrigkeit durch Zensur Inhalte zu kontrollieren trachteten. Aber die Vielzahl autonomer Herrscher und ihre Konkurrenz untereinander schufen anders als in Ostasien viele Druckorte. Diese ließen sich zudem vertuschen, ebenso der Verfassername, wenn es sich um brisante Texte handelte. Normalerweise informierten allerdings bibliographische Angaben auf dem Titelblatt über den Charakter der Publikation, die ihren Verfasser auch in seiner Individualität greifbar machten. Anonym war dagegen der Leserkreis. Ein Drucktext, der prinzipiell unbeschränkt vervielfältigt werden konnte, wandte sich an eine Öffentlichkeit von interessierten Lesefähigen [...]. Im Vergleich zum Luxusartikel Manuskript wurde das gedruckte Buch immer billiger, und erst recht galt das für Flugschriften und Flugblätter, die mit Bildern auch Analphabeten erreichten.

Mit dem Buchdruck breitete sich die Fähigkeit zu lesen nicht nur deutlich schneller aus als zuvor, sie veränderte sich auch. Die oft wiederholte Lektüre, die sich wenige wertvolle (religiöse) Texte aneignete, wurde durch ein sichtendes Lesen vieler unterschiedlicher ersetzt, um aus deren Vergleich Neues zu entwickeln. [...]

Thomas Maissen, Geschichte der Frühen Neuzeit, C. H. Beck, München 2013, S. 21–24.

M 29 Brustbilder der Gegner Luthers, Einblattdruck, Holzschnitt, 16. Jh.
Dargestellt sind von links:
Thomas Murner,
Hieronymus Emser,
Papst Leo X.,
Johann Eck,
Jakob Lemp.

1 Fassen Sie die Folgen des Buchdrucks zusammen (M 28).
2 **Diskussion:** Diskutieren Sie in Ihrem Kurs die politischen Folgen der „Medienrevolution". Wer profitiert am meisten? Reformer, Staaten, Wissenschaftler? Beziehen Sie M 29 in Ihre Argumentation mit ein.

Reformbewegungen und Beharrungskräfte

M 30 Anonymer Entwurf zur Reichsreform, vermutlich aus dem Umkreis des Kurfürsten und Erzbischofs von Trier (um 1452)

Der Weg wie man das Reich stärken könne.
Erstens, dass der Kaiser in eine reiche Stadt komme, die etwa in der Mitte liege, in der Absicht und mit dem Willen, längere Zeit persönlich zu bleiben. Ferner, dass ebenso wir Kurfürsten auch persönlich dorthin kommen und ebenso bleiben, wie die Kardinäle bei dem Papst [sind] und ihre geheimen Beratungen halten, um die meisten Dinge zu erledigen. Ferner, dass ein Gericht bestellt werde mit einer bestimmten Zahl von Personen aus dem Stand, die regelmäßig alle Rechtsangelegenheiten erledigen sollen […]. Ferner zur Exekution des Rechts sollen drei weltliche Fürsten bestimmt werden, das seien die Hauptleute in drei Teilen des Reichs. Und das sollen die drei weltlichen Kurfürsten sein, von denen jeder der Hauptmann der Exekution in dem Teil Deutschlands sein soll, das ihm zugeordnet wird. Ferner sollen der Exekution alle Untertanen des Reichs unterworfen sein, wenn sie von dem Fürsten zitiert werden, der über den Teil des Reiches ein Hauptmann ist, in dem sie sitzen.
Ferner kann man auch annehmen, dass nach der Schaffung einer solchen guten Gerichtsordnung auch die kaiserliche Acht rechtmäßig und wirkungsvoll vor sich gehe. […]
Ferner sollen die Kanzlei und die Kammer des Reichs errichtet werden und sie sollen ebenso wie am Hof von Rom eingerichtet sein. Ferner sollen alle Angelegenheiten, die zur Vollführung der Gerichtsbarkeit, auch zur Ordnung des kaiserlichen Hofs nötig sind, durch uns Kurfürsten und die Räte, die wir dazu beiziehen, auch in Anwesenheit des Kaisers, rechtmäßig eingerichtet werden. […]
Zu allen diesen Dingen braucht man Geld. Das Reich hat so geringe Einkünfte, dass der Kaiser die Last dieser Ordnung nicht tragen könnte, es sei denn, dass man es anders einrichtet. Und es ist notwendig, dass man nach Wegen sucht, Geld zu haben, wie das mit der geringsten Belastung sein kann.
[…] Denn es besteht kein Zweifel, wenn die Untertanen des Reichs, geistliche und weltliche, im Reich gute Ordnung, Gericht, Frieden und einen Rückgang der mutwilligen Kriege sehen, wenn sie Fürstentümer Herrschaft und Straßen dadurch befriedet sehen und des Kaisers und unser, der Kurfürsten, ernste Absicht erkennen, so wird es ihnen nicht schwer fallen, dafür eine Last zu erleiden […].

Sprachlich vereinfachte Fassung aus: Das Mittelalter. Ein Lesebuch aus Texten und Zeugnissen vom 6. bis 16. Jahrhundert, hg. von Hartmut Boockmann, C. H. Beck, München 1988, S. 195–197.

M 31 Der Historiker Hans-Georg Hofacker über die Landesherrschaften im Deutschen Reich (2001)

Stärker als dem Kaiser gelang es den Landesfürsten, ab dem 15. Jahrhundert Recht und Verwaltung in ihren Herrschaftsgebieten zu vereinheitlichen. Ihre Territorien teilten sie in Amtsbezirke ein, die von Amtmännern verwaltet wurden. Der landesfürstliche Rat entwickelte sich zur zentralen Regierungsbehörde mit universitär ausgebildeten Juristen aus dem Bürgerstand.
Die Vergrößerung des Besitzes, seine Verteidigung gegen andere Fürsten und der Ausbau verursachten – neben der Hofhaltung – hohe Kosten. Die Einnahmen aus dem fürstlichen Grundbesitz (Domäne) reichten dafür nicht mehr aus. […]
Das Recht, Abgaben und Steuern zu bewilligen, besaßen die Landstände. Vertreter der Ritter, der Geistlichkeit und der Städte trafen sich auf Landtagen und verhandelten mit dem Landesfürsten. […] Auf den Landtagen wurde auch über Gesetzgebung, Landesteilungen

und andere Fragen beraten. Nicht selten kam es zwischen Landständen und Fürsten zu Auseinandersetzungen. Doch die Fürsten brauchten ihre Stände, die eine Vorform der modernen Parlamente waren. Fürst und Landstände waren die Träger der Staatsmacht im Territorium jener Zeit.

Hans-Georg Hofacker, Europa und die Welt um 1500, Cornelsen, Berlin 2001, S. 75.

1 Erläutern Sie die Vorschläge zur Reform des Heiligen Römischen Reiches (M 30).
2 Überlegen Sie, welche Position die Landesfürsten gegenüber der Reform vertreten haben könnten (M 31). Beziehen Sie bei Ihrer Argumentation auch die Karte M 1, S. 104, mit ein.
3 Nehmen Sie Stellung: Was überwiegt, Beharrung oder Reform der staatlichen Strukturen im Heiligen Römischen Reich?

M 32 Schema zur Entwicklung der Territorialherrschaft in Europa

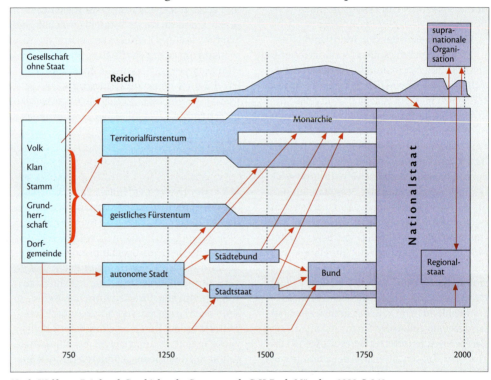

Nach: Wolfgang Reinhard, Geschichte der Staatsgewalt, C. H. Beck, München 1999, S. 241.

1 Analysieren Sie die Grafik M 32. Zeigen Sie auf, welche Entwicklungsschritte das Heilige Römische Reich durchläuft, und versuchen Sie diese zu datieren.

Geschichte und Theorie: Mythos Renaissance

M 33 Der Historiker Peter Burke (1990)

Beim Klang des Wortes „Renaissance", so bemerkte der holländische Historiker Johan Huizinga, „sieht der Träumer vergangener Schönheit Purpur und Gold". Vor seinem – oder ihrem – geistigen Auge erscheinen Botticellis Geburt der Venus, Michelangelos David, Leonardos Mona Lisa, Erasmus, die Loireschlösser und Spensers Faerie Queene, verschmolzen zur Gesamtschau eines goldenen Zeitalters der Kreativität und Kultur.

Dieses Bild *der* Renaissance – mit bestimmtem Artikel – geht auf die Mitte des neunzehnten Jahrhunderts zurück, auf den französischen Historiker Jules Michelet (den es begeisterte), auf den Kunsthistoriker John Ruskin (dem es missfiel), vor allem aber auf den Schweizer Kulturhistoriker Jacob Burckhardt, dessen berühmtes Werk *Die Kultur der Renaissance in Italien* von 1860 die Epoche durch die beiden Begriffe „Individualismus" und „Moderne" definierte. „Im Mittelalter", meinte Burckhardt, „lagen die beiden Seiten des Bewusstseins … wie unter einem gemeinsamen Schleier träumend oder halbwach; … der Mensch … erkannte sich nur als Rasse, Volk, Partei, Korporation, Familie oder sonst in irgendeiner Form des Allgemeinen." „Im Italien der Renaissance jedoch verweht dieser Schleier in die Lüfte; … der Mensch wird geistiges *Individuum* und erkennt sich als solches." Die Renaissance bedeutete den Anbruch der Moderne. Die Italiener waren, so Burckhardt, „die Erstgeborenen unter Europas Söhnen". […]

Dieses Bild der Renaissance ist ein Mythos. […]

Erstens war die Renaissance von Burckhardt als der Anbruch der Moderne definiert worden, eine These, über die die Historiker im Laufe der Zeit immer weniger glücklich sind. Dies liegt teils daran, dass Burckhardt von einem einfachen evolutionistischen Modell des kulturellen Wandels ausgeht, das in dieser Form heute fast niemanden mehr überzeugt, teils an dem veränderten Selbstverständnis der westlichen Intellektuellen, die im Laufe der letzten Generation mehr oder weniger zähneknirschend zu der Überzeugung gelangt sind, dass sie in einer „postmodernen" Welt leben. Jedem, der diese Überzeugung teilt, muss die Renaissance zwangsläufig ferner liegen denn je zuvor.

Zweitens fällt es uns doch viel schwerer als noch zu Burckhardts Tagen, die Errungenschaften der Renaissance gegen die des Mittelalters auf der einen und des siebzehnten und achtzehnten Jahrhunderts auf der anderen Seite abzugrenzen, obwohl die Leistungen Petrarcas, Leonardos und der vielen anderen Künstler, Schriftsteller und Gelehrten uns nach wie vor Bewunderung abverlangen. […]

Was also bleibt uns? Es besteht in der Geschichtsforschung keine Einigkeit. Manche Historiker der immer noch „Renaissanceforschung" genannten Disziplin arbeiten weiter, als wäre nichts geschehen. Andere, auch der Autor dieses Essays, bemühen sich, die Ereignisse im Florenz des vierzehnten, im Italien des fünfzehnten und im Europa des sechzehnten Jahrhunderts in eine Sequenz von miteinander verknüpften Veränderungen zu stellen, die etwa vom Jahr 1000 bis zum Jahr 1800 reicht. Diese langfristigen Entwicklungen könnte man als „Verwestlichung des Abendlandes" bezeichnen. Gemeint ist, dass sich zumindest die oberen Klassen Europas im Laufe dieser Entwicklungen zunehmend von anderen Menschen zu unterscheiden begannen, wie an der Geschichte der sogenannten „Entdeckung" und Eroberung des restlichen Globus abzulesen ist. Manche dieser Entwicklungen waren technischer Natur: die Erfindung der Feuerwaffen, mechanischer Uhren, des Buchdrucks, neuer Typen von Segelschiffen und von Maschinen, die das Spinnen und Weben beschleunigten.

Peter Burke, Die Renaissance, Wagenbach, Berlin 1990, S. 7 und 101 f.

1 Arbeiten Sie die Thesen Burkes zur Renaissance und zum Begriff „Moderne" heraus.

M 34 Die drei Grazien, Ausschnitt aus „Der Frühling" (ital. primavera), Ölgemälde von Sandro Botticelli, um 1478

1. Stephen Greenblatt (M 35) verweist auf „Primavera" (M 34), um den Umbruch der Renaissance zu „erspüren". Erläutern Sie seine Aussage.
2. **Tabelle:** Stellen Sie die Argumente der drei Wissenschaftler (M 33, M 35, M 36) in einer Tabelle zusammen (Spalten: Zeitrahmen, Veränderungen, Kontinuitäten, Mythos ja oder nein).

M 35 Der Literaturwissenschaftler Stephen Greenblatt (2012)

Es muss etwas geschehen sein in der Renaissance, etwas, das anbrandete gegen die Dämme und Grenzen, die Jahrhunderte gegen Neugier, Begehren, Individualität, gegen
5 nachhaltige Aufmerksamkeit für die Welt [...] errichtet hatten. Dieser kulturelle Umbruch ist schwer zu fassen, und um seine Bedeutung wurde erbittert gestritten. Doch lässt sich, was damals geschehen sein muss, leicht erspüren,
10 wenn man in Siena die Maestà, Duccio di Buoninsegnas Altar mit der thronenden Jungfrau betrachtet, dann in Florenz Botticellis *Primavera*, ein Gemälde, in dem nicht zufällig Einflüsse von Lukrez' *De rerum natura* zu erken-
15 nen sind. [...]

Auch wenn er sich in der Kunst am deutlichsten zeigt, so beschränkt sich der Übergang von einer Wahrnehmung des Lebens in der Welt zu einer anderen nicht auf Ästheti-
20 sches: Er hilft auch zu erklären, wie es zu den geistigen Wagnissen eines Kopernikus oder eines Versalius, eines Giordano Bruno oder William Harvey [...] kommen konnte. Der Wandel kam nicht plötzlich, geschah nicht ein für alle
25 Mal, sondern schrittweise, zunehmend wurde es möglich, sich aus der Präokkupation mit Engeln und Dämonen und immateriellen Ursachen zu lösen, sich stattdessen Dingen in dieser Welt zuzuwenden; zu erkennen, dass
30 die Menschen aus dem gleichen Stoff bestehen wie alles andere auch; dass sie Teil der natürlichen Ordnung sind; dass man, ohne fürchten zu müssen, Experimente durchführen, Autoritäten anzweifeln, überlieferte Leh-
35 ren infrage stellen kann [...]; das man sich andere Welten vorstellen kann neben der einen, die wir bewohnen, den Gedanken fassen kann, dass unsere Sonne nur ein Stern ist unter vielen in einem unendlichen Weltraum; dass wir
40 ein moralisches Leben führen können, ohne dass man uns mit Lohn locken, mit Strafe nach dem Tod schrecken müsste [...].

Stephen Greenblatt, Die Wende. Wie die Renaissance begann, Pantheon, 4. Aufl., München 2013, S. 17–19.

M 36 Der Historiker Volker Reinhardt in einem Interview (2013)

SPIEGEL: Manche Historiker definieren die Renaissance sehr weiträumig, etwa von 1300 bis 1650. Sie selbst datieren sie genau von 1430 bis 1560. Warum?
Reinhardt: Geschichtsepochen sind Konventi-
5 onen, Pflöcke, die man einschlägt, um Geschichte überschaubar zu machen. Man braucht die Renaissance als Beginn der Moderne, um sich selbst auf dem Weg durch die Geschichte zu verorten. Jahreszahlen sind
10 Eckpunkte, die etwas Fließendes markieren.
SPIEGEL: Aber was passiert 1430, wo Sie den Beginn ansetzen?
Reinhardt: Von diesem Zeitpunkt an gibt es neue Medienwelten: dreidimensional aufge-
15 baute, monumental gestaltete Gemälde von Menschen mit individuellen Gesichtszügen. Die Selbstdarstellung und Imagepflege der Mächtigen vollzieht sich in neuer Weise. In Republiken wie in Fürstenstaaten verwandelt
20 sich der Hof in eine Bühne für die Feier von Herrschaft und Exklusivität. Der Hof selber wird zum Medium, zu einer Art Gesamtkunstwerk aus Menschen, Musik, Architektur, Bildern, Schauspielern. Sein Personal ist nun 30-
25 mal oder 40-mal so zahlreich wie noch im 14. Jahrhundert.
SPIEGEL: Was ist die Botschaft?
Reinhardt: Die gottgewollte Legitimierung des Herrschers und seiner Symbiose mit einer
30 Oberschicht, die sich klar gegen die Mittelschicht abgrenzt.
SPIEGEL: Wie begründen Sie Ihren anderen Eckpunkt, 1560?
Reinhardt: Die immer strenger ausformulierte
35 Rechtgläubigkeit – sei es die katholische, lutherische, calvinistische Form der Religion – gewinnt [...] an Bedeutung. Die politische und soziale Landschaft Italiens kommt unter spanischer Vorherrschaft zur Ruhe.

Die Renaissance. Aufbruch aus dem Mittelalter, SPIEGEL Geschichte 6, 2013, S. 25.

Gemälde analysieren

Tipp:
sprachliche Formulierungshilfen S. 296 f.

Neben schriftlichen Quellen gehören Malereien zu den wichtigsten Quellen, aus denen Historiker Erkenntnisse gewinnen. Sie ermöglichen vielfältige Einblicke in die Vergangenheit:
- Malereien dokumentieren historische Ereignisse,
- geben Auskunft über die Alltagskultur,
- über gesellschaftliche Wertvorstellungen oder
über das Selbstverständnis eines Herrschers.

Malereien lassen sich anhand von Kriterien in verschiedene Arten einteilen. Hinsichtlich des Malgrundes und Farbstoffes unterscheidet man zwischen Höhlen-, Wand-, Vasen-, Buch-, Aquarell-, Glas- sowie Mosaikmalerei und hinsichtlich des Bildinhalts zwischen Historien-, Landschafts-, Porträt-, Herrscher-, Architektur-, Stillleben-, Tier- und Genremalerei.

Gemälde waren neben Zeichnungen und Kupferstichen bis zur Erfindung der Fotografie die einzige Möglichkeit, geschichtliche Ereignisse und Verhältnisse abzubilden. Historiker interessieren sich insbesondere für die Gattung **Historienmalerei**, die in der Regel in zwei Typen unterteilt wird:
- **Ereignisbilder** wurden zeitnah zum dargestellten Ereignis oder in der Epoche erstellt, die der Historiker gerade untersucht. Häufig handelt es sich auch um Begebenheiten, die zur Lebenszeit des Malers stattfanden oder an denen er selbst teilgenommen hat.
- **Historienbilder** sind dagegen Malereien, die rückblickend historische Ereignisse oder Personen darstellen, die nicht in die Lebenszeit des Malers fallen. Beispiele hierfür sind die Gemälde des 19. Jahrhunderts, die die Herrschaftszeit des preußischen Königs Friedrichs II. (Reg. 1740–86) thematisieren.

Ungeachtet aller Bemühungen um historische Genauigkeit muss jedoch berücksichtigt werden, dass Malereien nicht die historische Wirklichkeit widerspiegeln, sondern nur eine Sichtweise. Sie zeigen unabhängig von ihrer künstlerischen Qualität immer nur einen Ausschnitt aus einer bestimmten Perspektive und wurden stets mit einer speziellen Absicht gemalt. Es handelt sich also immer um eine Deutung eines historischen Ereignisses oder einer Person bzw. die Deutung von Vergangenheit durch den Künstler bzw. seine(n) Auftraggeber.

Eine weitere Ebene der Information bietet die kunsthistorische Analyse eines Werkes. Maltechniken, Motive, Perspektiven u. Ä. prägen den Kunststil einer bestimmen Zeit, spiegeln selbst aber auch oft allgemeine geistige und kulturelle Entwicklungen wider. Ihre Analyse trägt zum historischen Erkenntnisgewinn bei.

Webcode:
KH301261-136

M 1 Erzengel Michael, Ikone, 14. Jahrhundert

M 2 Engel, Ausschnitt aus „Das Jüngste Gericht" von Fra Angelico, Ölgemälde, um 1431

Mögliche Arbeitsschritte für die Analyse

1. Leitfrage	– Welche Fragestellung bestimmt die Untersuchung der Malerei?
2. Formale Aspekte	– Wer ist der Maler und/bzw. Auftraggeber (ggf. soziale Herkunft, gesellschaftliche Stellung, Wertmaßstäbe)? – Für welchen Zweck wurde das Bild gemalt? – Wann ist das Gemälde entstanden? – Um welche Art von Gemälde handelt es sich? – Gibt es einen Titel? – Wer ist der Adressat bzw. sind die Adressaten?
3. Inhaltliche Aspekte	*Beschreibung* – Welche Gestaltungsmittel (Figurendarstellung wie Mimik, Gestik, Kleidung, Gegenstände, Symbole, Farbgebung, Komposition, Perspektive, Proportionen, Schrift) sind verwendet worden? *Deutung* – Was bedeuten die einzelnen Gestaltungsmittel? – Welche Fragen bleiben bei der Deutung offen?
4. Historischer Kontext	– In welchen historischen Zusammenhang (Epoche, Ereignis, Prozess bzw. Konflikt) lässt sich die Malerei einordnen?
5. Urteilen	– Welche Intention verfolgte(n) Maler und/bzw. Auftraggeber? – Welche Wirkung soll beim zeitgenössischen Betrachter erzielt werden? – Mit welchen bildlichen und textlichen Quellen lässt sich das Bild ggf. vergleichen? – Inwieweit gibt die Malerei den historischen Gegenstand sachlich angemessen wieder? – Welche Schlussfolgerungen lassen sich im Hinblick auf die Leitfrage ziehen? – Wie lässt sich das Bild aus heutiger Sicht bewerten?

Übungsbeispiel

M 3 Penelope mit den Freiern, Fresko von Bernardino Pintoricchio, um 1509

1 Interpretieren Sie M 3 mithilfe der Arbeitsschritte von S. 137.

Lösungsansätze

1. Leitfrage
Mögliche Untersuchungsfrage: Wie werden auf dem Bild Mythologie und die Zeit um 1500 miteinander verknüpft?

2. Formale Aspekte
Maler: Bernardino Pintoricchio (um 1454–1513), spezialisiert auf Fresken (Wandmalereien), arbeitete u. a. an der Ausgestaltung der Sixtinischen Kapelle in Rom mit, schuf v. a. Bilder mit religiösen Motiven.
Auftraggeber: Pandolfo Petrucci, wohlhabender Adliger aus Siena, Bürgermeister der Stadtrepublik Siena

Zweck der Entstehung: Wandfresko zur Ausgestaltung eines Raumes im neu erbauten Palazzo Pandolfo Petrucci in Siena, einem der prachtvollsten Gebäude der Stadt um diese Zeit
Entstehungszeit: um 1509
Gemäldeart: Fresko (Wandmalerei)
Titel: Penelope mit den Freiern
Adressaten: Besucher des Palastes

3. Inhaltliche Aspekte
Thema: Szene aus der griechischen Mythologie, Penelope wartete zwanzig Jahre auf die Rückkehr ihres Mannes Odysseus, wurde von Freiern umworben, sagte aber, dass sie ihnen erst nachgeben würde, wenn sie einen Um-

hang für ihren Schwiegervater fertiggestellt habe. Sie webte tagsüber und löste es nachts wieder auf.

Personen/Gegenstände:
linke Bildhälfte: Penelope sitzt am Webrahmen, sie ist vornehm zurückhaltend gekleidet, senkt den Blick, ihr blaues Kleid korrespondiert mit den Strümpfen des Mannes im Vordergrund; ihr zu Füßen ein Mädchen/eine Magd, die das Garn hält; hinter ihr an der Wand: Bogen und ein Köcher mit Pfeilen, Symbole der Liebe (Gott Amor); die Katze am Boden steht für etwas Bedrohliches, für die Jagd, obwohl sie friedlich und verspielt aussieht.

rechte Bildhälfte: Fünf Männer kommen zu Besuch, stehen Penelope gegenüber und werben um sie, der Mann im Bildvordergrund ist vornehm angezogen, beugt die Knie vor ihr; ein ärmlich gekleideter Mann kommt gerade durch die Tür, es ist Odysseus als Bettler verkleidet, der zu seiner Frau zurückkehrt. Die fünf Männer drängen in die Bildmitte und dominieren die gegenüber sitzende Penelope. Gesichter und Kleidung aller Personen sind individuell, mit Mimik und Gestik gestaltet.

Komposition: Der Webrahmen trennt einerseits optisch die Frauen von den Männern, er lenkt andererseits zusammen mit den Fensterbalken den Blick auf die Szenen im Hintergrund, dort sieht man Szenen aus der Sage des Odysseus: Odysseus an den Mast gebunden, um nicht von dem Gesang der Sirenen angezogen zu werden; Seeleute springen ins Wasser, weil sie schon verrückt geworden sind, auf der Insel trifft Odysseus auf Circe, umgeben von Schweinen, bereits verwandelte, frühere Besucher.

Die Szenen im Hintergrund, die Balken sowie der Fußboden geben dem Bild eine zentrale Perspektive und eine räumliche Tiefe.

4. Historischer Kontext

Kunstepoche: Das Fresko entstand zur Zeit der Hochrenaissance der Malerei in Italien. Leonardo da Vinci, Raffael und Michelangelo prägten den Stil von klassischer Schönheit, Anmut und Harmonie. Die Verfeinerung der Maltechniken erreichte ihren Höhepunkt. Während im Mittelalter Bilder meist nur einen Goldhintergrund hatten, wird in der Renaissance der Hintergrund mit Landschaft und Natur genau gestaltet. Damit einher geht die Schaffung von Perspektiven (räumliche Tiefe, bewusst gesetzte Blickrichtungen). Siehe auch M 1 und M 2 im Vergleich.

Politik/Geschichte: Als Petrucci 1508 seinen Palast in Siena errichten und ausgestalten ließ, war er auf dem Gipfel seiner Macht in der Stadtrepublik Siena. Nach dem Tod seines Bruders 1497 übernahm er dessen öffentliche Ämter und durch die Heirat mit Aurelia Borghese, Tochter des mächtigen Niccolo Borghese, erhielt er politische Rückendeckung. Der neue Palast spiegelte seine persönliche Macht und war typisch für die führende Rolle und das Selbstverständnis der italienischen Stadtrepubliken der Zeit.

5. Urteilen

Intention: Maler und Auftraggeber stellten sich mit dem Fresko als Gebildete ihrer Zeit, als Kenner der griechischen Mythologie und damit der antiken Kultur dar. Petrucci untermauerte so seinen Führungsanspruch und sein Selbstverständnis als Stadtoberer.

Fazit hinsichtlich der Leitfrage: Das Bild hat zwar die Geschichte von Penelope und Odysseus als Thema, doch die Personen sind wie Zeitgenossen gekleidet. Auch die Ausgestaltung des Raumes und die Alltagsgegenstände wie der große Webrahmen verweisen auf die Zeit um 1500. Auf diese Weise illustriert das Fresko den Alltag und die moralischen Standards der Zeit. Die standhafte und tugendhafte Penelope verkörpert den idealen Frauentypus: schön, zurückhaltend, fleißig, rein und ihrem Mann treu in Liebe ergeben. Die Männer werben zwar mit Nachdruck um sie, aber sie bedrängen sie nicht, die Szene gleicht eher einem höfischen Zeremoniell, bei dem die Männer Penelope ihre Verehrung und Achtung kundtun.

Erarbeiten Sie Präsentationen

Thema 1
Der Kampf um das neue Weltbild
Die Auseinandersetzungen Keplers und Galileis mit der Kirche verdeutlichen auch den Konflikt zwischen Kräften der Beharrung und des Neuen. Informieren Sie sich über die Positionen in dem Kampf um das neue Weltbild. Organisieren Sie eine Podiumsdiskussion, bei der Kepler, Galilei und die Kirche ihre Positionen vertreten.

Literaturtipps
Bertolt Brecht, Leben des Galilei, Suhrkamp, Frankfurt am Main 1998.
Klaus Fischer, Galileo Galilei. Biographie seines Denkens, Kohlhammer, Stuttgart 2015.
Thomas de Padova, Das Weltgeheimnis. Kepler, Galilei und die Vermessung des Himmels, Piper, München 2010.

Thema 2
Mythos Renaissance
Nicht nur Fachhistoriker setzen den Begriff Renaissance gerne auf die Titelseiten ihrer Bücher, auch eine breitere Öffentlichkeit kann über TV-Serien und Geschichtsmagazine für die „Highlights" wie die Macht der Medici, die „Mona Lisa" oder den „bösen" Machiavelli interessiert werden. Untersuchen Sie mithilfe der unten genannten Geschichtsmagazine, wie die Renaissance für ein breites Publikum präsentiert wird. Fertigen Sie eine Collage aus Themen, Überschriften und Bildern an und zeigen Sie, ob hier auch der Mythos Renaissance beschworen wird.

Literaturtipps
DER SPIEGEL Geschichte, Die Renaissance. Aufbruch aus dem Mittelalter, Nr. 6, 2013
GEO Epoche, Das Florenz der Medici, Nr. 85, 2017.

M 1 „Systema Cosmicum", Schrift von Galileo Galilei, Druck, 1635

Webcode:
KH301261-140

M 2 Mona Lisa, Ölgemälde von Leonardo da Vinci, 1503–1506

Überprüfen Sie Ihre Kompetenzen

M 3 Madonna des Kanzlers Nicholas Rolin, Ölgemälde von Jan van Eyck, um 1434/36

Zentrale Begriffe

Antike
aristotelisches Weltbild
Beharrung
Humanismus
kopernikanisches Weltbild
Medienrevolution
Moderne
Mythos Renaissance
Reform
Reichsreform
Renaissance
Renaissancemalerei
Territorialisierung
uomo universale

Sachkompetenz
1 Erläutern Sie die Zusammenhänge zwischen Wiederentdeckung der Antike, neuem Denken und neuem Menschenbild.
2 Skizzieren Sie Wege des Wissenstransfers von der arabisch-muslimischen Welt nach Europa.
3 Stellen Sie alte und neue Denkweisen in den Naturwissenschaften einander gegenüber.

Methodenkompetenz
4 Interpretieren Sie das Bild M 3 mithilfe der Arbeitsschritte aus dem Methodenteil, S. 137, und zeigen Sie insbesondere die Folgen der Zentralperspektive auf.

Urteilskompetenz
5 Beurteilen Sie den geistigen Umbruchcharakter des 15. und 16. Jahrhunderts. Setzen Sie sich dabei mit dem Argument auseinander, dass sich die Veränderungen vor allem bei den Eliten vollzogen.

6 Einführung: Vom 20. ins 21. Jahrhundert – eine Zeitenwende? (Kernmodul)

Zeitenwende zum 21. Jahrhundert?

Die Jahrtausendwende 1999/2000 wurde überall auf der Welt als großes Ereignis gefeiert und vielfältig medial inszeniert. Es wurde Bilanz gezogen, Endzeitfantasien wurden beschworen, aber auch neue Konzepte für die Zukunftsgestaltung entwickelt. Und tatsächlich empfinden die meisten Menschen, wenn sie nur zehn oder zwanzig Jahre zurückblicken, die Welt heute als grundlegend verändert. Diese Phasen des Umbruchs werden rückblickend als Zeitenwende, als eine Periode der tief greifenden Veränderungen bezeichnet. Dies schließt aber nicht aus, dass viele Strukturen (Wertvorstellungen, politische Systeme, Lebensformen, Wirtschaftssysteme etc.) gleich bleiben. Die zeitlichen Übergänge sind zudem fließend, nicht ein einzelnes Ereignis bestimmt den Umbruch, sondern verschiedene Transformationsprozesse laufen unabhängig voneinander oder miteinander verknüpft ab. Solche Prozesse sind beispielsweise die digitale Vernetzung, der Klimawandel oder die Globalisierung insgesamt. Sie haben ihre Wurzeln im 20. Jahrhundert, gewinnen jedoch im 21. Jahrhundert an Dynamik. Dem gegenüber können auch Ereignisse transformatorische Prozesse prägen oder auch auslösen. Die Terroranschläge vom 11. September 2001 in den USA zählen ebenso dazu wie die Maueröffnung am 9. November 1989.

Der Ost-West-Konflikt im 20. Jahrhundert

Das Jahr 1917 veränderte die Geschichte des noch jungen 20. Jahrhunderts grundlegend. Die Vereinigten Staaten von Amerika traten in den Ersten Weltkrieg ein und die Oktoberrevolution installierte mit dem Sozialismus eine antikapitalistische und antibürgerliche Gesellschafts- und Herrschaftsform, die mit der Gründung der Union der Sozialistischen Sowjetrepubliken (UdSSR) im Jahr 1922 staatliche Gestalt annahm. Damit waren die Grundbedingungen eines politischen und ideologischen Gegensatzes zwischen „Ost" und „West" geschaffen, der sich – nach einer kurzzeitigen Kooperation von USA und UdSSR in der Anti-Hitler-Koalition während des Zweiten Weltkrieges – nach 1945 immer weiter vertiefte und verschärfte. Die politischen und ideologischen Gegensätze traten offen zutage: hier Demokratie, Liberalismus und Kapitalismus, dort eine planwirtschaftlich agierende, kommunistische Einparteien-Herrschaft. Um ihren Einflussbereich zu sichern, versuchten die beiden Antipoden ihr ideologisches, politisches und wirtschaftliches System auf andere Staaten zu übertragen, wodurch es zu einer Blockbildung unter der Führung der jeweiligen „Super-

M1 DDR-Grenzanlagen in der Nähe von Eisenach, Fotografie, Dezember 1989.
Die innerdeutsche Grenze war ein Sinnbild für die bipolare Welt und den „Eisernen Vorhang".

M 2 Blockbildung während der Zeit des „Kalten Krieges"*

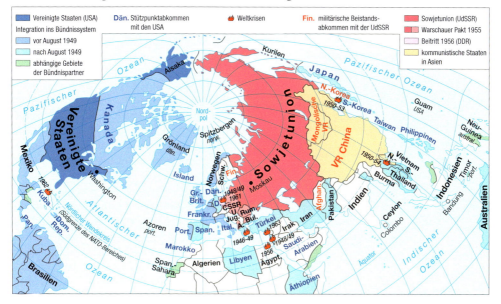

mächte" USA und UdSSR kam. Diese Blockbildung schlug sich auch in zwei militärischen Bündnissystemen, der NATO (Gründung am 4. April 1949) und dem Warschauer Pakt* (Gründung am 14. Mai 1955), nieder. Dies führte dazu, dass bald von einem „Eisernen Vorhang" gesprochen wurde, der die Welt scheinbar unüberwindbar teilte und insbesondere in Deutschland durch die Gründung zweier Staaten, der westlich orientierten BRD und der zum Ostblock zugehörigen DDR, sichtbar wurde. Untermauert wurde der hegemoniale Anspruch der beiden Supermächte durch verschiedene Doktrinen*. In der Truman-Doktrin von 1947 (M 5) sicherten die USA beispielsweise Ländern, die von einer russischen Einflussnahme bedroht wurden, im konkreten Fall Griechenland und die Türkei, militärische und wirtschaftliche Unterstützung zu. Auf der anderen Seite rechtfertigte der sowjetische Parteivorsitzende und ZK-Sekretär Leonid Breschnew in der Breschnew-Doktrin von 1968 (M 7) das militärische Eingreifen der Sowjetunion beim sogenannten „Prager Frühling" mit dem Recht, den Bestand des Sozialismus und des Warschauer Paktes zu schützen.

Als **„Kalter Krieg"** wird der Konflikt zwischen den Westmächten und dem sogenannten Ostblock zwischen den Jahren 1947 und 1989 bezeichnet. Zur Problematik des Begriffs vgl. M 13.

Korrekt wäre die wörtliche Übersetzung **„Warschauer Vertrag"**, jedoch hat sich der Begriff „Warschauer Pakt" etabliert.

Der Begriff **Doktrin** (von lat. *doctrina* = Lehre) bezeichnet ein System programmatischer Festlegungen bzw. Ansichten.

Die politische Neuordnung der Welt nach 1989/1990

Die Ereignisse des „Prager Frühlings" im Frühjahr 1968 sind nur ein Beispiel dafür, dass innerhalb der Staaten des Warschauer Paktes immer wieder Liberalisierungs- und Demokratisierungsbestrebungen artikuliert wurden. Auslöser dafür waren einerseits politische Repressionen und die wirtschaftliche Stagnation, andererseits aber auch eine Politik des „Tauwetters" seit 1953 (Tod Stalins), die sich um eine Entstalinisierung und eine Entschärfung des Ost-West-Konflikts bemühte.

M 3 Michail Gorbatschow und US-Präsident Ronald Reagan vor dem Weißen Haus in Washington, Fotografie, 8. Dezember 1987

Unter **„Geopolitik"** versteht man die Betrachtung außenpolitischer Handlungen von Großmächten im Hinblick auf die Bedeutung geographischer Räume, z. B. in Bezug auf Machterweiterung und -sicherung.

Tipp:
Die arte-Sendung „Mit offenen Karten" widmet sich verschiedenen geopolitischen Themen (http://ddc.arte.tv/alle-folgen).

Eine neue Art des „Tauwetters" wurde im Jahr 1985 vom Generalsekretär der KPdSU, Michail Gorbatschow, eingeleitet. Die Bevölkerung der Sowjetunion war vor allem durch das Wettrüsten mit den USA, den Krieg in Afghanistan (seit 1979 gegen Gruppen der Mudschahedin, die u. a. von der NATO unterstützt wurden), aber auch durch Repressionen (z. B. Zensur, niedriges Konsumniveau) im eigenen Land demoralisiert. Mit den Schlagworten „Glasnost" und „Perestroika" sollten das politische und wirtschaftliche System reformiert und die Menschen durch mehr Teilhabemöglichkeiten wieder an den Sozialismus gebunden werden. Die Veränderungen in der Sowjetunion ließen auch Liberalisierungsbestrebungen in anderen Staaten des Ostblocks erstarken. Polen, Ungarn und die Tschechoslowakei leiteten erste Reformen ein. In der DDR kam es 1989 zu Demonstrationen sowie schließlich zur Maueröffnung und der Wiedervereinigung mit der BRD. Die Sowjetunion selbst zerfiel 1991, und die Folgeorganisation der „Gemeinschaft Unabhängiger Staaten" (GUS) unter Führung Russlands hat heute politisch keine Bedeutung mehr.

Einige Jahre später trug die Politik der NATO-Osterweiterung, die seit 1997 betrieben wurde, mit dazu bei, dass die Hegemonialansprüche beider ehemaliger „Supermächte" neu überdacht werden mussten. 1999 traten Polen, Tschechien und Ungarn der NATO bei. 2004 folgten Bulgarien, Rumänien, Slowenien, die Slowakei und die drei baltischen Staaten Litauen, Estland und Lettland. Am 5. Juni 2017 trat Montenegro als 29. Mitgliedsland der NATO bei. Diese Politik der Osterweiterung, zu der auch die EU-Osterweiterung (1990 Beitritt der DDR, seit 2004 auch Staaten des ehemaligen „Warschauer Pakts", s. auch S. 224 ff.) gehört, blieb nicht ohne Widerspruch (Gorbatschow sprach in einem Interview 2009 von einem „Zusammenbruch des Vertrauens" und einem „neuen Kalten Krieg"), da die Westmächte der Sowjetunion im Zuge der deutschen Wiedervereinigung zugesagt hatten, auf eine Erweiterung des NATO-Einflussbereiches nach Osten zu verzichten.

Mit Beginn der Präsidentschaft Wladimir Putins (2000–2008, wieder seit 2012) ist auch eine neue Hegemonialstrategie Russlands zu konstatieren, wie sie vor allem in einer Rede Putins im Jahr 2014 zum Anschluss der Krim formuliert wurde und in Analogie zu den Reden Trumans und Breschnews als Putin-Doktrin (M 12) bezeichnet werden kann. Putin argumentiert darin einerseits auf Grundlage einer historisch-kulturellen Selbstbestimmung von Ethnien (hier: Russen und Krimtataren), die in Kombination mit der traditionellen Idee des Nationalstaates zu einer Integration von Bevölkerungsteilen, die sich kulturell und ethnisch als Russen definieren, in das russische Territorium führen und mithin zu einer Stabilisierung und Ausdehnung des russischen Einflussbereiches führen soll. Andererseits besteht Putin auf der Revision einer für ihn illegalen Entscheidung, bei der die Krim im Jahr 1954 von Chruschtschow an die Ukraine übergeben worden war.

Der „Sieg" des Westens – das „Ende der Geschichte"?

Der Zerfall des Ostblocks und die NATO-Osterweiterung hatten den Eindruck vermittelt, dass der Westen den Kampf der Supermächte gewonnen habe und sich sein Politik- und Gesellschaftsmodell nun auf der gesamten Welt durchsetzen würde. In der Philosophie war es vor allem Georg Wilhelm Friedrich Hegel (1770–1831), der den Verlauf der Geschichte als teleologisch (auf ein Ziel hin ausgerichtet) gedacht hatte. Der amerikanische Politikwissenschaftler Francis Fukuyama griff im Jahr 1992 diese Idee auf und übertrug sie auf den Zerfall des Ostblocks und scheinbaren „Sieg" des Westens und stellte die These vom „Ende der Geschichte" auf (M 18). Laut Fukuyama habe die Ideologie des Liberalismus in Form von Demokratie und freier Marktwirtschaft den Kampf der Systeme gewonnen, eine Weiterentwicklung der Geschichte der Menschheit sei nicht mehr nötig. Schon bald musste Fukuyama seine Deutung wegen des von ihm selbst konstatierten „asiatischen Sonderwegs" (z. B. mit Blick auf die Entwicklung Chinas, M 13, M 14) und aufgrund der Entwicklung des Islam einschränken, denn offensichtlich setzten sich Liberalismus, Demokratie und freie Marktwirtschaft nicht überall gleichermaßen durch.

Eine geradezu gegenteilige Deutung der Zeitenwende nach dem Zerfall der Sowjetunion lieferte der amerikanische Politikwissenschaftler Samuel P. Huntington (1927–2008). In seinem Buch „The Clash of Civilizations" (dt. „Kampf der Kulturen") aus dem Jahr 1996 wendet sich Huntington gegen die Vorstellung einer unter dem Liberalismus geeinten Weltkultur (M 15). Huntington prognostiziert für das 21. Jahrhundert eine multipolare Geopolitik, die nicht mehr von ideologischen, sondern von zivilisatorischen Konflikten geprägt sein werde. An die Stelle des Liberalismus würden hier vor allem kulturelle Wertvorstellungen des Westens (z. B. Demokratie, Modernisierung, Gleichheit, Marktwirtschaft) treten, die sich gegenüber aufstrebenden Kulturen wie der des Islam behaupten müssten. Da der Islam die westlichen Werte aggressiv ablehne, müsse sich der Westen im Prozess der Globalisierung unter der Führung der USA (auch militärisch) aktiv für seine Kultur einsetzen und seine Interessen vertreten, so Huntington.

Schließlich ist aber auch diese in die Zukunft verweisende Deutung von Geschichte kritisch zu betrachten, da historische Abläufe nicht linear prognostizierbar sind. Dass die Auseinandersetzung mit dem (politischen) Islam allerdings die Geopolitik dynamisieren sollte, war spätestens mit den Terroranschlägen vom

M 4 Anschlag auf das World Trade Center in New York, Fotografie, 11. September 2001

11. September 2001 deutlich geworden. Mitglieder des Terror-Netzwerkes Al-Qaida kaperten drei Flugzeuge und lenkten zwei davon in das New Yorker World Trade Center. Der damals amtierende Präsident der USA, George W. Bush, reagierte in der *National Security Strategy* der Vereinigten Staaten – auch als **Bush-Doktrin** bekannt – mit einer Neuausrichtung der US-amerikanischen Hegemonialpolitik unter dem Schlagwort „Krieg gegen den Terror". Dies führte unter anderem zu einer militärischen Intervention in Afghanistan und zur Tötung des Al-Qaida-Führers Osama Bin Laden im Jahr 2011. Damit ist aber die Terrorgefahr nicht gebannt: Immer wieder kommt es auch in Europa zu Anschlägen. Die Weltpolitik scheint vor einer neuartigen Herausforderung zu stehen. Der Ausgang ist ungewiss.

Nationale und internationale Transformationsprozesse

Das Rahmenthema 2 richtet den Blick auf die zeitgeschichtlichen Prozesse seit Ende des Ost-West-Konflikts 1989/1990 und legt deren historische Genese offen. Zunächst werden die **Transformationsprozesse der 1980er-Jahre in Osteuropa** am Beispiel von Polen und Rumänien kontrastierend thematisiert (Kapitel 7). Die Systemkrise der DDR sowie die Schritte der **Friedlichen Revolution** weisen durch die enge Verknüpfung mit der Bundesrepublik einige Besonderheiten auf. Auch auf der internationalen Ebene bildet die deutsche Wiedervereinigung einen Sonderfall (Kapitel 8). Der Prozess der **europäischen Einigung** wurde in seinen Anfängen von den Erfahrungen des Zweiten Weltkriegs und der bipolaren Welt geprägt, fungierte dann als Motor der ökonomischen und politischen Integration und machte Europa zu einem wichtigen, weltweit handelnden Akteur. Heute sieht sich auch Europa mit neuen Herausforderungen konfrontiert (Kapitel 9). Der **11. September 2001** ist für viele Sinnbild einer Zeitenwende im 21. Jahrhundert. Er veränderte nicht nur die USA, sondern auch die internationale Politik (Kapitel 10). Das abschließende Kapitel zu **Afghanistan** fasst viele Aspekte noch einmal zusammen: Das Land ist Spielball internationaler Politik zur Zeit des Kalten Krieges, erlebt Aufstieg und Dominanz islamistischer Gruppen und ist heute einer der wichtigsten internationalen Krisenherde (Kapitel 11).

Webcode:
KH301261-146

1 **Zeitleiste:** Stellen Sie auf einer Zeitleiste die wichtigsten geopolitischen Zäsuren (Einschnitte) und Phasen des 20. Jahrhunderts und des beginnenden 21. Jahrhunderts dar.
2 Charakterisieren Sie auf Grundlage der Karte M 2 und vor dem Hintergrund geopolitischer Ansprüche (z. B. im Hinblick auf die wirtschaftliche Entwicklung) die Verschiebungen des Einflussbereichs der ehemaligen Supermächte. Beziehen Sie ggf. auch folgende Informationen mit ein: Mit offenen Karten, Sendung: Die Beziehungen zwischen Russland und China vom 6. September 2008 (unter http://ddc.arte.tv/allefolgen).
3 **Recherche:** Informieren Sie sich im Internet über den Begriff „Nord-Süd-Konflikt" (z. B. unter www.bpb.de). Setzen Sie sich mit der Bedeutung des „Nord-Süd-Konflikts" für die geopolitische Entwicklung im 21. Jahrhundert auseinander.

Hinweise zur Arbeit mit den Materialien

Das einführende Kapitel richtet den Blick zunächst auf die **bipolaren Politikkonzepte während des Ost-West-Konflikts**. Anhand zweier Quellen (M 5 „Truman-Doktrin", M 7 „Breschnew-Doktrin") werden zunächst die hegemonialen Ansprüche des „Westens" und des „Ostens" in ihrem jeweiligen Einflussbereich im 20. Jahrhundert verdeutlicht. Eine Grafik ermöglicht die strukturelle Unterscheidung imperialer und hegemonialer Politikkonzepte (M 8). Eine Karikatur illustriert die bipolare Welt und die Mechanismen der Entspannungspolitik (M 6). Daran schließt die Dekonstruktion des Begriffes „Kalter Krieg" auf Grundlage eines Historikertextes an (M 9). In einem nächsten Schritt werden die **multipolaren Politikkonzepte im 21. Jahrhundert** analysiert. Hierbei werden exemplarisch sowohl die Neuausrichtung der US-amerikanischen Politik nach den Anschlägen des 11. September (M 10 mit M 11) wie auch die neue Hegemonialpolitik Russlands („Annexion" der Krim 2014) in den Blick genommen (M 12). Neben den USA und Russland muss aber auch China als Global Player oder „Kernstaat" (Huntington) von weltpolitischer Bedeutung betrachtet werden. Einen Blick auf die wirtschaftliche und politische Bedeutung Chinas ermöglichen die Materialien M 13 und M 14. Abschließend sollen verschiedene grundlegende **Deutungen der Zeitenwende zum 21. Jahrhundert** vorgestellt werden. Mit dem „Konflikt der Kulturen" legte **Samuel P. Huntington** eine vorausschauende Deutung der Geschichte vor, die die Rolle der unterschiedlichen Kulturen und insbesondere die Rolle des Islam als Grundlage weltpolitischer Handlungsrahmen im 21. Jahrhundert auslotet (M 15 und M 16). Ein Bild schlägt den Bogen zu antiken „Kämpfen der Kulturen" (M 17). Entgegen dieser die Dynamik politischer und kultureller Konflikte betonenden Deutung nimmt **Francis Fukuyama** eine rückblickende Deutung vom Ende der Geschichte (Posthistoire) vor, die es ebenso kritisch zu reflektieren gilt (M 18 bis M 20).

Die **Methodenseiten**, S. 158 ff., bieten Arbeitsschritte für die **Dekonstruktion historischer Begriffe**. Hierbei wird das Kernmodul auch thematisch weitergeführt, indem die Begriffe „Glasnost" und „Perestroika" exemplarisch dekonstruiert und somit in ihrer historischen Bedeutung reflektiert werden.

Der Ost-West-Konflikt

M 5 Rede des amerikanischen Präsidenten Harry S. Truman vor beiden Häusern des Kongresses der USA (12. März 1947)

Es ist eines der Hauptziele der Außenpolitik der Vereinigten Staaten, Bedingungen zu schaffen, die es uns und anderen Nationen ermöglichen, eine Lebensform zu gestalten, die frei ist von Zwang. Hauptsächlich um diesen Punkt ging es in dem Krieg gegen Deutschland und Japan.

Unser Sieg wurde über Länder errungen, die versuchten, anderen Nationen ihren Willen und ihre Lebensform aufzuzwingen. [...] In jüngster Zeit wurden den Völkern einer Anzahl von Staaten gegen ihren Willen totalitäre Regierungsformen aufgezwungen. Die Regierung der Vereinigten Staaten hat immer wieder gegen den Zwang und die Einschüchterungen in Polen, Rumänien und Bulgarien protestiert, die eine Verletzung der Vereinbarungen von Jalta darstellen. [...]

Zum gegenwärtigen Zeitpunkt der Weltgeschichte muss fast jede Nation zwischen alternativen Lebensformen wählen. [...] Die eine Lebensform gründet sich auf den Willen der Mehrheit und ist gekennzeichnet durch freie Institutionen, repräsentative Regierungsform, freie Wahlen, Garantien für die persönliche Freiheit, Rede- und Religionsfreiheit und Freiheit von politischer Unterdrückung.

Die andere Lebensform gründet sich auf den Willen einer Minderheit, den diese der Mehrheit gewaltsam aufzwingt. Sie stützt sich auf Terror und Unterdrückung, auf die Zensur von Presse und Rundfunk, auf manipulierte Wahlen und auf den Entzug der persönlichen Freiheiten.

Ich glaube, es muss die Politik der Vereinigten Staaten sein, freien Völkern beizustehen, die sich der angestrebten Unterwerfung durch bewaffnete Minderheiten oder durch äußeren Druck widersetzen. [...] Unter einem solchen Beistand verstehe ich vor allem wirtschaftliche und finanzielle Hilfe, die die Grundlage für wirtschaftliche Stabilität und geordnete politische Verhältnisse bildet. [...]

Wenn wir in unserer Führungsrolle zaudern, gefährden wir den Frieden der Welt – und wir schaden mit Sicherheit der Wohlfahrt unserer eigenen Nation.

Zit. nach: Wolfgang Lautemann/Manfred Schlenke (Hg.), Die Welt seit 1945, bsv, München 1980, S. 576 f.

M 6 „Testing Detente" (dt. Austesten der Entspannung), Karikatur, 1974.
Das Bild zeigt US-Präsident Nixon und den sowjetischen Staats- und Parteichef Breschnew. Im Hintergrund sieht man den demokratischen Senator Henry M. Jackson, der als Lobbyist der Waffenindustrie galt. Es erschien auf dem Cover des Time Magazine im Vorfeld des Moskauer Gipfeltreffens vom Juli 1974.

1 Beschreiben Sie die Karikatur und ziehen Sie Rückschlüsse auf den Stand der sowjetisch-amerikanischen Beziehungen.
2 **Recherche:** Überprüfen Sie Ihre Ergebnisse, indem Sie den Stand der Beziehungen von 1974 recherchieren.

M 7 Rede des sowjetischen Staats- und Parteichefs Leonid Breschnew auf dem V. Parteitag der Polnischen Vereinigten Arbeiterpartei (12. November 1968)

Die sozialistischen Staaten setzen sich für die strikte Beachtung der Souveränität aller Länder ein, und wir wenden uns nachdrücklich gegen die Einmischung in die inneren Angelegenheiten anderer Staaten, gegen die Verletzung ihrer Souveränität. Für uns Kommunisten sind dabei von besonders großer Bedeutung die Festigung und der Schutz der Souveränität der Staaten, die den Weg des sozialistischen Aufbaus beschritten haben. Die Kräfte des Imperialismus und der Reaktion [gemeint sind hier die USA] trachten danach, die Völker einmal des einen und dann des anderen sozialistischen Landes ihres erkämpften souveränen Rechts zu berauben, den Aufstieg ihres Landes, das Wohlergehen und das Glück der breiten Massen der Werktätigen durch die Errichtung einer von jeder Unterdrückung und Ausbeutung freien Gesellschaft zu sichern. [...]

Die KPdSU setzte sich immer dafür ein, dass jedes sozialistische Land die konkreten Formen seiner Entwicklung auf dem Wege zum Sozialismus unter Berücksichtigung der Eigenart seiner nationalen Bedingungen selbst bestimmte. Aber bekanntlich, Genossen, gibt es auch allgemeine Gesetzmäßigkeiten des sozialistischen Aufbaus, und ein Abweichen von diesen Gesetzmäßigkeiten könnte zu einem Abweichen vom Sozialismus im Allgemeinen führen. Und wenn innere und äußere dem Sozialismus feindliche Kräfte die Entwicklung eines sozialistischen Landes zu wenden und auf eine Wiederherstellung der kapitalistischen Zustände zu drängen versuchen, [...] dann wird dies nicht nur zu einem Problem für das Volk dieses Landes, sondern auch zu einem gemeinsamen Problem, zu einem Gegenstand der Sorge aller sozialistischen Länder.

Begreiflicherweise stellt militärische Hilfe für ein Bruderland zur Unterbindung einer für die sozialistische Ordnung entstandenen Gefahr eine erzwungene, außerordentliche Maßnahme dar.

Zit. nach: Europa-Archiv, XXIV. Jg. 1969, Folge 11, 10. Juni 1969, S. 257 ff.

1 Charakterisieren Sie die Ziele der US-amerikanischen Außenpolitik und erläutern Sie die Bedeutung der Truman-Doktrin für das Verhältnis zur UdSSR (M 5).
2 Beurteilen Sie, inwiefern die Breschnew-Doktrin (M 7) eine „begrenzte Souveränität" der sozialistischen Staaten im Einflussbereich der Sowjetunion begründet.
3 Erläutern Sie mögliche geopolitische Konsequenzen der Breschnew-Doktrin, indem Sie die sowjetischen Hegemonialansprüche mit denen der USA vergleichen.

M 8 Machtfiguren in der internationalen Politik

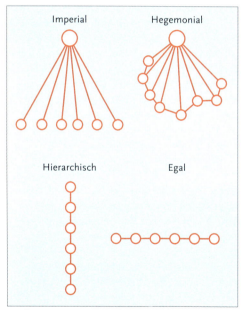

Nach: Ernst-Otto Czempiel, Internationale Politik, UTB, Paderborn 1981, S. 189.

1 Ordnen Sie die geopolitischen Strategien der USA sowie der Sowjetunion während des Ost-West-Konflikts einer der vier Machtfiguren zu (M 5 bis M 7).
2 Überlegen Sie, welcher Machtfigur die Organisation der EU entspricht.

M 9 Der Historiker Jost Dülffer über den Begriff „Kalter Krieg" (2004)

Die Geschichte Europas nach dem Zweiten Weltkrieg muss insgesamt zwar welthistorisch eingebettet werden, aber zentral die Wechselwirkungen zwischen „Westen" und „Osten" berücksichtigen. […] Gemeinhin wird dieses Beziehungsgeflecht als „Kalter Krieg" bezeichnet. In einer gängigen Lesart dieses Kalten Krieges kam es […] zu einer „Teilung der Welt" und damit auch Europas, die bis 1989/90 andauerte. Dieser Begriff „Kalter Krieg" wird seither häufig gebraucht, ist jedoch problematisch. Kalter Krieg bezeichnet einen Zustand des Staatensystems, der kriegsähnlich ist, bei dem sich aber die beiden Seiten unter amerikanischer bzw. sowjetischer Führung nicht direkt militärisch bekämpfen. […] Tatsächlich wurde aber auch im Kalten Krieg zwischen den Blöcken geschossen: Das galt etwa in Korea 1950–53, in Vietnam in den Sechziger- und Siebziger-Jahren, sodann in einer Reihe von weiteren, „Stellvertreterkriege" genannten Konflikten in der Dritten Welt während des gesamten Zeitraums. Der Kalte Krieg schloss also herkömmliche, „heiße" Kriege ein. Ferner fanden mehrere Aufstände im sowjetischen Machtbereich statt, die auch mit Kriegen und dem Ost-West-Problem zu tun hatten. Diese Aufstände weiteten sich nur deswegen nicht zu Bürgerkriegen aus, weil die sowjetische Macht die von ihr gestützten Regierungen mit militärischen Mitteln schützte, so vor allem in der DDR 1953, in Ungarn und Polen 1956, in der ČSSR 1968. Der Begriff Kalter Krieg ist schließlich deswegen problematisch, weil er […] den ständigen Wandel der Beziehungen zwischen den „Blöcken" vernachlässigt. „Kalter Krieg" wird zwar weiter als Epochenbezeichnung gebraucht, ist aber ein vereinfachender Begriff für wesentlich komplexere Vorgänge. Besser sollte man von einem Ost-West-Gegensatz sprechen, der allerdings zwischen 1945 und 1990 in Europa dreimal akut bedrohlichen Charakter annahm. Nur diese Phasen können tatsächlich als „Kalte Kriege" bezeichnet werden […].

Jost Dülffer, Europa im Ost-West-Konflikt 1945–1990, Oldenbourg, München 2004, S. 4 f.

1 Dekonstruieren Sie auf Grundlage von M 9 und ggf. eigener Recherchen den Begriff „Kalter Krieg". Verfassen Sie ein Sachurteil (s. Methodenseiten „Historische Begriffe dekonstruieren").

Multipolare Politik im 21. Jahrhundert

M 10 Aus der National Security Strategy der Vereinigten Staaten (2002)

Die großen Auseinandersetzungen des 20. Jahrhunderts zwischen Freiheit und Totalitarismus endeten mit einem deutlichen Sieg für die freiheitlichen Kräfte – und einem einzi-
5 gen nachhaltigen Modell für nationalen Erfolg: Freiheit, Demokratie und freies Unternehmertum. [...] Da wir unserem Erbe und unseren Grundsätzen treu bleiben, nutzen wir unsere Stärke nicht für die Durchsetzung ein-
10 seitiger Vorteile. Wir streben vielmehr danach, ein Gleichgewicht der Kräfte zu schaffen, in dem die menschliche Freiheit begünstigt wird: Bedingungen, die es allen Nationen und Gesellschaften ermöglichen, für
15 sich selbst den Lohn und die Herausforderungen politischer und wirtschaftlicher Freiheit zu wählen. Eine sichere Welt ermöglicht es den Menschen ein besseres Leben zu führen. Wir werden den Frieden gegen Bedrohungen
20 durch Terroristen und Tyrannen verteidigen. [...] Und wir werden Frieden verbreiten, indem wir freie und offene Gesellschaften auf jedem Kontinent fördern.
Die Verteidigung unserer Nation gegen ihre
25 Feinde ist die wichtigste Verpflichtung der Regierung. Diese Aufgabe hat sich jetzt dramatisch verändert. [...] Terroristen infiltrieren offene Gesellschaften und richten moderne Technologien gegen uns. [...] Der Krieg gegen
30 weltweit agierende Terroristen ist eine globale Aufgabe von ungewisser Dauer. Amerika wird Nationen helfen, die im Kampf gegen den Terrorismus unsere Unterstützung brauchen. Und Amerika wird Länder zur Rechenschaft
35 ziehen, die dem Terrorismus Vorschub leisten, und solche, die Terroristen Zuflucht gewähren, denn die Verbündeten des Terrors sind die Feinde der Zivilisation. [...]

Russland befindet sich inmitten eines hoff-
40 nungsvollen Übergangsprozesses und strebt eine demokratische Zukunft und eine Partnerschaft im Krieg gegen den Terrorismus an. In China entdecken führende Politiker, dass wirtschaftliche Freiheit die einzige Quelle nationalen Wohlstands ist. [...] Amerika wird
45 das Streben nach Demokratie und wirtschaftlicher Offenheit in beiden Ländern unterstützen, denn dies sind die besten Voraussetzungen für innere Stabilität und internationale Ordnung. [...]
50
Schließlich werden die Vereinigten Staaten die Gunst der Stunde nutzen, um die Vorzüge der Freiheit in der ganzen Welt zu verbreiten. [...] Die Ereignisse des 11. September 2001 haben uns gelehrt, dass schwache Staaten wie
55 Afghanistan eine ebenso große Gefahr für unsere nationalen Interessen darstellen können wie starke Staaten. Armut macht Menschen nicht zu Terroristen oder Mördern. Dennoch können Armut, schwache staatliche Institutio-
60 nen und Korruption Staaten anfällig für Terrornetzwerke und Drogenkartelle machen.
Die Vereinigten Staaten werden jedem Land zur Seite stehen, das entschlossen ist, eine bessere Zukunft zu bauen, indem es die
65 Früchte der Freiheit für seine Bürger erntet.

https://www.state.gov/documents/organization/ 63562.pdf (Download am 5. 12. 2017), übersetzt von Markus Rassiller.

M 11 Der Politikwissenschaftler Ernst-Otto Czempiel über eine „Pax Americana", d. h. eine weltpolitische Friedensordnung unter der Führung der USA (2003)

Die 1945 gestiftete Weltordnung ist weitgehend zerstört, eine neue nicht eingerichtet worden. Vielmehr werden die Machtfigur und die politische Ordnung des internationalen Systems vornehmlich von den Entscheidun-
5 gen der Vereinigten Staaten, und das heißt bis 2004 oder 2008 von der Bush-Administration, beeinflusst. [...] Die Bush-Administration setzte von Anfang an eindeutig auf Herrschaft, also auf die Fähigkeit, für einen bestimmten
10 Befehl Gehorsam zu finden, ihn notfalls mit Gewalt zu erzwingen.

Erkennbar wird auch die Absicht, die regionalisierte Welt durch die Globalisierung der Sicherheitspolitik wieder zu vereinheitlichen und den amerikanischen Regelungsvorstellungen zu unterwerfen. […]

Den konzeptuellen Höhepunkt dieser Objektverschiebung [gemeint ist hier die Verschiebung der Aufmerksamkeit von innerstaatlichen (z. B. durch die Teilhabe am wirtschaftlichen Wohlstand) auf zwischenstaatliche Konflikte] bildete Präsident Bushs Ansprache vor der Militärakademie West Point am 1. Juni 2002, in der er mehr als 60 Staaten, immerhin ein Drittel des Staatensystems, zum möglichen Objekt präemptiver[1] Amerika-Militärschläge erklärte. Er machte sich damit, wie die Washington Post schrieb, zum „aggressivsten Internationalisten aller Präsidenten".

Ernst-Otto Czempiel, Weltpolitik im Umbruch. Die Pax Americana, der Terrorismus und die Zukunft der internationalen Beziehungen, 2. Auflage, C. H. Beck, München 2003, S. 174–176.

---

1 präemptiv: Handlungsstrategie, die einer sich bereits abzeichnenden Entwicklung zuvorkommt; auch: proaktiv

---

1. Charakterisieren Sie die Neuausrichtung der US-amerikanischen Außenpolitik in der Folge der Anschläge des 11. September (M 10 und M 11). Beurteilen Sie ihre möglichen Folgen im Verhältnis zu anderen Großmächten.
2. Nehmen Sie Stellung zu dem Konzept einer Pax Americana. Gehen Sie dabei auf die Möglichkeit ein, durch eine solche Pax Americana eine den Frieden sichernde Weltordnung zu etablieren.

M 12 Der russische Präsident Wladimir Putin über die „Annexion" der Krim und das im Anschluss auf der Krim durchgeführte Referendum (2014)

Am 21. März fand unter Beachtung von demokratischen Verfahren und internationalen Normen auf der Krim ein Referendum statt. Mehr als 82 Prozent der Wähler nahmen an der Abstimmung teil. Über 96 % der Wähler stimmten für die Wiedervereinigung mit Russland. Diese Zahl ist in hohem Maße überzeugend. Damit man versteht, warum diese Wahl getroffen wurde, reicht es, die Geschichte der Krim zu kennen, zu wissen, was Russland für die Krim und die Krim für Russland bedeutete und bedeutet. Auf der Krim zeugt alles von unserer gemeinsamen Geschichte und unserem gemeinsamen Stolz. Hier liegt die antike Stadt Chersones, wo der Heilige Fürst Wladimir [ein Großfürst der Rus] sich taufen ließ. Seine spirituelle Großtat, die Einführung des orthodoxen Glaubens, schuf die Grundlage unserer Kultur, unserer Zivilisation und unserer Werte, die die Völker Russlands, der Ukraine und Weißrusslands einen. Auf der Krim liegen die Gräber der russischen Soldaten, deren Tapferkeit die Krim [im Jahr 1783] für das russische Reich gewonnen hatte. Dort liegt auch Sewastopol, der Ursprungsort der russischen Schwarzmeerflotte.

[…] Auf der Krim leben heute 2,2 Millionen Menschen, davon ca. 1,5 Millionen Russen, 350 000 Ukrainer mit überwiegend russischer Muttersprache und ca. 90 000–300 000 Krimtataren, die sich, wie das Referendum gezeigt hat, Russland zugehörig fühlen. […]

In den Herzen der Menschen war die Krim immer untrennbar mit Russland verbunden. […] Dann wurde 1954 eine Entscheidung getroffen, die Krimregion der Ukraine zu überlassen, zusammen mit Sewastopol, obwohl die Stadt damals eine Bundesstadt war. Dies war die persönliche Initiative des Anführers der kommunistischen Partei, Nikita Chruschtschow. Was hinter dieser Entscheidung stand – der Wunsch, die Unterstützung des ukrainischen politischen Establishments zu gewinnen oder um die Massenrepressionen der 1930er-Jahre in der Ukraine zu sühnen –, das sollen Historiker herausfinden.

Worauf es jetzt ankommt, ist, dass diese Entscheidung unter einer klaren Verletzung der damals bestehenden Verfassungsnormen getroffen wurde. Diese Entscheidung wurde hinter den Kulissen gefällt.[…] Erst als die Krim Teil eines anderen Landes wurde, erkannte Russland, dass es nicht nur bestohlen, sondern ausgeraubt worden war. […] Millionen Menschen legten sich im eigenen Land schlafen und wachten im Ausland wieder auf, als ethnische Minderheiten in ehemaligen Unionsrepubliken. [...] Westeuropa und Nordamerika werfen uns vor, dass wir internationales Recht verletzen.

http://kremlin.ru/events/president/news/20603 (Download vom 23.9.2017), übers. v. Alexander Grodskij.

1 Charakterisieren Sie die Hegemonialstrategie Russlands auf der Grundlage der Putin-Doktrin (M 12). Überprüfen Sie die Stichhaltigkeit von Putins Argumentation, indem Sie a) die Rolle der Krimtataren und b) die tatsächlichen Zahlen der Beteiligung am Referendum berücksichtigen.

M 13 Anteile am Welthandel (Güter) – Exporte und Importe auf US-Dollar-Basis in Prozent des Welthandels, 2016

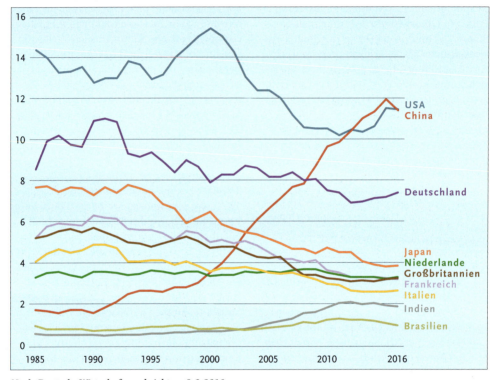

Nach: Deutsche Wirtschaftsnachrichten, 2.3.2016.

M 14 Der ehemalige Chef der Europäischen Handelskammer in Peking, Jörg Wuttke, über die geopolitische Bedeutung Chinas (2017)

SPIEGEL: Auf ihrem Kongress diese Woche feiert Chinas Kommunistische Partei sich selbst und ihren Chef Xi Jinping – laut dem „Economist" der „mächtigste Mann der Welt". Ist China wirtschaftlich so stark, wie es sich politisch gibt?

Wuttke: Ich glaube nicht, dass Xi der mächtigste Mann der Welt ist. Aber eine Volkswirtschaft von 1,4 Milliarden Menschen stellt natürlich eine Macht dar. Das nutzen die Chinesen sehr kunstvoll aus [...].

SPIEGEL: Chinas Auslandsinvestitionen sind über Jahre deutlich angestiegen, zuletzt aber eingebrochen. Ist die erste Welle der großen Übernahmen vorüber?

Wuttke: Die Führung tritt gerade etwas auf die Bremse, um zu verhindern, dass zu viel Kapital abfließt und ihre Devisenreserven wieder fallen. Chinesische Unternehmen werden künftig also nicht mehr so viele Fußballklubs, Weingüter und teure Immobilien im Ausland kaufen. Aber in den Bereichen, die Peking als künftige Kernindustrien definiert hat, wird die Investitionswelle bald wieder anrollen. […]

SPIEGEL: Mit dem Entwicklungsplan „Made in China 2025" will Peking im Hightech-Sektor zum Weltmarktführer aufsteigen. Wird das gelingen?

Wuttke: China wird nur Erfolg haben, wenn es die Kräfte des Marktes nutzt, und nicht, indem es mit Geld um sich wirft und künstlich Staatsfirmen zusammenbaut. So etwas schafft Verschwendung und Überkapazitäten statt Innovation. […] Staatsfirmen, wie sie in diesem Entwicklungsplan vorgesehen sind, würden […] Unternehmer an die Wand drücken – und uns Europäer sowieso. […] Gleichzeitig müssen wir aber auch begreifen, dass China so groß geworden ist, dass es die Zukunft prägen wird. […]

SPIEGEL: Will China Europa schaden, will es die EU wirtschaftlich an den Rand drängen?

Wuttke: China hat ein natürliches Interesse daran, dass Europa nicht zu stark wird, deshalb verhandelt Peking mal mit den osteuropäischen Staaten, mal mit den Mittelmeer-Anrainern durchaus, um uns auseinanderzudividieren. Also müssen wir zusammenstehen, was gegenüber China leider nur alle paar Jahre einmal passiert. Unser Solidaritätsgen ist extrem unterentwickelt, viel zu schwach auf jeden Fall für die rauen Zeiten, die uns bevorstehen.

SPIEGEL ONLINE, http://www.spiegel.de/wirtschaft/unternehmen/joerg-wuttke-ueber-chinaswirtschaftspolitik-a-1173088.html (Download vom 18. 10. 2017).

1 Analysieren Sie die Materialien M 13 und M 14 hinsichtlich der Anteile der Großmächte am Weltwirtschaftshandel. Beurteilen Sie, inwiefern China und die EU politisch und kulturell Einfluss auf die geopolitische Entwicklung nehmen bzw. zukünftig nehmen werden.

Geschichte und Theorie: Deutungen von Geschichte

M 15 Der US-amerikanische Politologe Samuel P. Huntington über seine These vom „Konflikt der Kulturen" (1997)

Die wichtigsten und mächtigsten Akteure des Weltgeschehens bleiben offenkundig die Nationalstaaten. Ihr Verhalten wird, wie dies auch in der Vergangenheit der Fall war, vom Streben nach Macht und Wohlstand geprägt, in der heutigen Welt aber auch von kulturellen Präferenzen, Gemeinsamkeiten und Unterschieden. […] Staaten mit gemeinsamer Kultur werden einander eher verstehen und vertrauen. Weltweit wird die Politik unter Gesichtspunkten der Kultur und Zivilisation umgestaltet. Aus dieser Entwicklung sind fünf wesentliche Schlüsse zu ziehen.

Erstens: Zum ersten Mal in der Geschichte ist die globale Politik multipolar und gleichzeitig multizivilisational. […] Im Kalten Krieg war […] die Macht geteilt zwischen der Freien Welt und der Sowjetunion, die […] den Westen zu einem Ringen um die Weltherrschaft heraus[forderte], was zu einem großen Teil in der weniger entwickelten Dritten Welt ausgetragen wurde. Die Welt nach dem Kalten Krieg ist komplexer. Die wichtigsten Staatengruppen sind nicht mehr die drei Blöcke des Kalten Krieges, sondern die […] großen Weltkulturen [USA, Europa, China, Japan, Russland und Indien]. Diese sechs Großmächte […] gehören zu fünf ganz verschiedenen Kulturen, in denen sie gleichzeitig Führungs- oder Kernstaat sind. Darüber hinaus gibt es wichtige islamische Staaten, die dank ihrer strategischen Lage, ihrer großen Bevölkerung und/oder ihrer Erdölvorkommen Einfluss auf das Weltgeschehen ausüben werden. […] Der „Kampf der Kulturen" ist dabei, die Rivalität der Supermächte zu verdrängen.

Zweitens: Der Westen ist jahrhundertelang die erdrückend dominierende Kultur gewesen und wird dies noch bis weit ins nächste Jahrhundert hinein bleiben. Gleichwohl sind starke Kräfte am Werk, die eine Veränderung der relativen Macht bewirken. Zu diesen Kräften gehören die demografische Stagnation und die wirtschaftliche Verlangsamung des Westens auf der einen Seite und die wirtschaftliche Dynamik ostasiatischer Gesellschaften und die demografische Dynamik islamischer Gesellschaften auf der anderen Seite. [...] Eine der bedeutsamsten Entwicklungen in kultureller wie in politischer Hinsicht ist außerdem die „Islamische Resurgenz", das Wiedererstarken des Islams, das die ganze islamische Welt erfasst [...]. [Die] neue Hingabe an die islamische Zivilisation bedeutet auch ganz ausdrücklich die Ablehnung der westlichen Zivilisation.

Drittens: [...] Die Hauptursachen für [...] die politische Instabilität im nächsten Vierteljahrhundert werden die Resurgenz des Islams und der Aufstieg Chinas sein. Die Beziehungen des Westens zu diesen Herausforderer-Kulturen [...] werden sich besonders schwierig und feindselig gestalten. [...]

Viertens: [...] Im Laufe der Zeit und in dem Maße, wie die muslimischen Populationen altern, wird das islamistische Feuer in Nordafrika, auf dem Balkan, in der Levante und anderswo verlöschen. Dann wird der Weg zu einer freundlicheren Koexistenz zwischen dem Islam und dem Westen frei sein. Bis dahin aber muss der Westen fest und entschieden handeln, um seine Sicherheit, seine Kultur und seine Lebensweise gegen die vom islamischen Militarismus und von der islamischen Migration ausgehenden Gefahren zu verteidigen. [...]

Fünftens: [...] Die Frage heute lautet: Wie können wir verhindern, dass lokale Bruchlinienkriege und Kernstaaten-Rivalitäten zu großen interkulturellen Kriegen eskalieren? [...] Die Ordnung, die während des Kalten Krieges existierte, resultierte aus der Dominanz der Supermächte über ihren jeweiligen Block und dem Einfluss der Supermächte auf die Dritte Welt. [...] Die Ordnungskomponenten in der heutigen, komplexeren und heterogeneren Welt müssen in den einzelnen Kulturen und zwischen ihnen gefunden werden.

Samuel P. Huntington, Kampf der Kulturen oder Weltkultur? In: Kampf der Kulturen oder Weltkultur? Diskussion mit Samuel P. Huntington, übers. v. Holger Fliesbach, Alfred Herrhausen Gesellschaft, Frankfurt/M. 1997, S. 14–29.

M 16 Der Politologe Ulrich Menzel über die Theorie Huntingtons (1998)

Zuzustimmen ist Huntington mit seiner Aussage, dass Modernisierung nicht zwangsläufig mit Verwestlichung gleichbedeutend sein muss [...]. Die Länder Ost- und Südostasiens, allen voran China, aber auch Malaysia, Indonesien und Singapur, sind Beispiele für eine Industrialisierung ohne gleichzeitige Demokratisierung nach westlichem Vorbild. [...] Zuzustimmen ist Huntington ferner, dass das asiatische Wirtschaftswunder die weltwirtschaftlichen und weltpolitischen Gewichte verschoben hat. [...]

Zuzustimmen ist Huntington schließlich darin, dass es eine wachsende Zahl ethnonationalistischer Konflikte gibt, bei denen auch die Religion eine Rolle spielt, und dass der religiöse Fundamentalismus in vielen Ländern auf dem Vormarsch ist. [...] Dass damit vielerorts zu innergesellschaftlichen Konflikten, auch im Westen, beigetragen wird, zeigt das Beispiel Frankreich mit seinen moslemischen Immigranten nur zu deutlich. [...] Allerdings sind diese Konflikte nicht unbedingt der von Huntington anvisierten geopolitischen Globalebene zuzurechnen.

Aber: Das alles konzediert – muss das auch zwangsläufig heißen, dass die schiere Existenz unterschiedlicher Kulturen die einzig relevante oder zumindest die dominante Konfliktursache des 21. Jahrhunderts sein wird? Und selbst wenn es Kulturkonflikte gibt, was spricht dagegen, sie auf kooperative Weise lösen zu können? Ganz so, wie die zweifellos immer vorhandenen unterschiedlichen wirtschaftlichen Interessen nicht zwangsläufig immer zu militärischen Konflikten geführt haben, sondern durchaus konsensual gelöst werden können und vielfach auch gelöst wurden. [...]

Alle Menschen sind in der westlichen Vorstellung nicht nur gleich, sie haben auch gleiche Rechte, und zwar nicht nur gleiche soziale und ökonomische, sondern auch gleiche Freiheitsrechte. Und das heißt zweitens, dass die Bekräftigung und Verfolgung westlicher Werte eben gerade die Einmischung weltweit, die universale Deklaration der Menschenrechte, die Charta der Vereinten Nationen, [...] die Vorstellung der one world, der global governance [...] als paradigmatischen Gegenentwurf zu Huntington, die Ausweitung der westlichen Wertegemeinschaft verlangt. [...] Das Festhalten an den universalistischen Werten bedeutet allerdings, hierin ist Huntington zuzustimmen, dass Migranten, die sich aus anderen Kulturkreisen im Westen niederlassen, auch die westliche Kultur zu akzeptieren haben, wenn nicht in der ersten, so doch in der zweiten Einwanderergeneration.

Insofern ist Huntingtons Ablehnung des Multikulturalismus nur zuzustimmen. Denn Multikulturalismus heißt implizit auch Kulturrelativismus, und Kulturrelativismus lässt sich nur schwerlich mit dem Universalismus der Aufklärung verbinden, ist im Grunde sogar antiaufklärerisch [...].

Ulrich Menzel, The West against the Rest: Samuel Huntingtons Rekonstruktion des Westens, in: ders., Globalisierung versus Fragmentierung, Suhrkamp, Frankfurt/M. 1998, S. 86–90.

1 Beurteilen Sie die Rolle der Kultur(en) und Staaten für die Entwicklung der Weltpolitik nach dem Ende des „Kalten Krieges" auf der Grundlage der Theorie Huntingtons. (M 15)
2 Arbeiten Sie heraus, in welchen Aspekten Menzel Huntington kritisiert.
3 Erörtern Sie, ob die Bush-Doktrin eine adäquate Handlungsgrundlage zum Umgang mit den von Huntington avisierten Konflikten des 21. Jahrhunderts sein kann.

M 17 „Der Kampf auf der Brücke", Ölgemälde von Arnold Böcklin, 1890.
Das Bild des Schweizer Malers zeigt den Angriff der germanischen Kimber und Teutonen auf die Römer Ende des 2. Jh. v. Chr.

1 Charakterisieren Sie den dargestellten „Kulturzusammenstoß" (Urs Bitterli) zwischen Römern und Germanen und suchen Sie nach weiteren historischen Beispielen. (zu Bitterli und Formen der Kulturberührung siehe S. 62 ff.)

M 18 Der amerikanische Philosoph Francis Fukuyama über seine These vom „Ende der Geschichte" (1992)

SPIEGEL: In Ihrem Buch sprechen Sie [...] von „einem zielgerichteten Verlauf der Menschheitsgeschichte", der „letztlich den größten Teil der Menschheit zur liberalen Demokratie führen" werde. Es geht also [...] aufwärts. [...] Der Kampf der Systeme ist vorbei. Ist das nicht ein allzu grober Holzschnitt?
Fukuyama: Der Trend, denke ich, stimmt. Tausende von Jahren haben Gesellschaftsformen untereinander konkurriert. Ein Verlierer nach dem andern musste ausscheiden, weil er an inneren Widersprüchen zerbrach. Das letzte Beispiel dafür ist der Sozialismus mit seiner Planwirtschaft gewesen. Nun ist auf der ganzen Erde nur noch die freiheitliche Demokratie als politisches Ideal übrig. Deshalb spreche ich vom Ende der Geschichte.
SPIEGEL: Auf der ganzen Erde? Trifft Ihre Diagnose nicht vielleicht nur auf Europa und die sogenannte westliche Welt zu, Japan eingeschlossen?
Fukuyama: Ich mache einen Unterschied zwischen Staaten, die noch im Geschichtslauf sind, und solchen, die bereits das Ende erreicht haben. Das ist dann wie bei einem Zug: Ist der erste Waggon angekommen, braucht der letzte sicher noch eine Weile, bis er zur gleichen Stelle kommt. Aber alle sind zusammengekoppelt, also werden auch alle irgendwann am Ziel sein. Und das Ziel, behaupte ich, ist die westliche Demokratie. [...]
SPIEGEL: Entspricht Japans Demokratie mit ihrer autoritären Gesellschaftsstruktur denn noch dem West-Modell, das Sie für endgültig halten?
Fukuyama: Der Form nach schon. Aber es gibt tatsächlich Anzeichen für einen asiatischen Sonderweg. In Taiwan oder Singapur etwa sind Marktwirtschaften ohne Demokratie entstanden, mit einer Vaterfigur an der Spitze, einer Art sanftem Diktator. [...] Der frühere Premier von Singapur, Kuan Yew, hat oft erklärt, ein autoritäres System stimme viel besser mit dem Konfuzianismus überein und sei außerdem wirtschaftlich stärker. Er hat nicht ganz unrecht damit.
SPIEGEL: Mag sein, aber wie passt das dazu, dass in Ihrem posthistorischen Paradies Marktwirtschaft und Demokratie miteinander gekoppelt sein sollen?
Fukuyama: Vielleicht passt es gar nicht. Das ist offen. Die neue asiatische Ideologie, die den Bürgern ihre Freiheit beschneidet, aber höheres Wachstum erwirtschaftet, ist für mich ein Beleg dafür, dass freie Märkte nicht gleich Bürgerfreiheit bringen. Ob sich dies Modell in Ostasien verbreitet, ist sogar spannender zu beobachten als der Zerfall des Ostblocks. Es könnte ein neues Nebengleis für den Zug der Geschichte werden.

Francis Fukuyama, Der Mensch braucht das Risiko, in: Der Spiegel, 15/1992, S. 256–261.

M 19 Die Nanking Road, Einkaufsstraße in Shanghai, China, Fotografie, 2006

1 Erläutern Sie auf Basis der Fotografie den Einfluss der von Fukuyama definierten „westlichen Welt" auf asiatische Staaten wie China.

M 20   Der britische Historiker Perry Anderson über die Theorie Fukuyamas (1993)

Letztlich ist es der Zusammenbruch der Sowjetunion und ihres glacis [gemeint sind hier die Staaten des Warschauer Vertrages], der seine These überzeugend macht und die Welt völlig veränderte. [...] Die Überzeugung, zum freien Markt gebe es keine lebensfähige Alternative, verdankt dem Scheitern des Sowjetkommunismus weit mehr als dem Erfolg des koreanischen Kapitalismus. Entscheidend bestätigt wurde die liberale Demokratie [...] durch die Kapitulation der bürokratischen Regimes des Warschauer Pakts, die in der Vergangenheit stets als ihre schärfsten Kritiker aufgetreten waren. Ist das Ende der Geschichte angebrochen, dann vor allem, weil das sozialistische Experiment passé ist. Ein Gutteil der intuitiven Überzeugungskraft von Fukuyamas These geht auf das Gefühl zurück, dass wir Augenzeugen eines gigantischen historischen Umsturzes im ehemaligen Ostblock sind, der zum ersten Mal in der Geschichte keine neuen Prinzipien zu gebären scheint [...].

Die überlegene wirtschaftliche Leistung des Westens war der Magnet, der am östlichen System zerrte und Regierende wie Regierte in sein Kraftfeld zog. Auch fiel selbstverständlich die politische Anziehungskraft liberaler Demokratie ins Gewicht, vorzüglich bei den Gebildeten und Privilegierten. Doch im Großen und Ganzen war die Demokratie für die Bevölkerung an sich weniger unwiderstehlich. Attraktiv wurde sie vielmehr als Begleiterscheinung des Konsumüberflusses, den sie im Ausland wahrnahm. Der Sturz des Kommunismus hat den Sowjetmenschen eine liberale Demokratie beschert und bringt ihnen den Kapitalismus. Welches Konsumniveau dürfen sie nach dem Wandel erwarten?

Diese Frage aufzuwerfen bedeutet, die wirklichen Grenzen von Fukuyamas Vision zu erkennen. Denn auf den Rest der Welt außerhalb der OECD-Länder eine Zukunft nach dem Vorbild Taiwans oder Koreas zu projizieren, setzt nicht nur als erwiesen voraus, dass sich deren Entwicklung kopieren lässt [...]. Schwerer wiegt vielmehr, dass Fukuyama einem Fehlschluss erliegt. Aus der Tatsache, dass ein oder zwei Akteure ein Ziel erreichen können, folgt nicht, dass es für alle erreichbar ist. Es mag im Gegenteil sehr wohl der Fall sein, dass niemand es erreichen kann, wenn alle es erreichen wollen. [...] Nehmen wir einmal an, Taiwans Wirtschaftswachstum würde für alle unterentwickelten Länder zur Normalität und sie alle bewegten sich auf den heutigen OECD-Standard zu [...], bestünde dann eine materielle Möglichkeit für die Zweite und Dritte Welt, die gegenwärtigen Konsummuster der Ersten Welt zu reproduzieren? Sicherlich nicht. Der allgemeine Lebensstil von Bürgern reicher kapitalistischer Nationen wird [...] als positionelles Gut bezeichnet, d. h., es handelt sich um ein Gut, dass es [...] nur geben kann, solange es einer Minderheit vorbehalten bleibt. Würde die gesamte Weltbevölkerung dieselbe Anzahl an Kühlschränken und Autos besitzen wie die Menschen in Nordamerika und Westeuropa, wäre dieser Planet unbewohnbar. Soll die globale Ökologie des Kapitals nicht aus den Fugen geraten, müssen die vielen in Armut leben, damit wenige privilegiert sein können. [...] Fukuyama hat dazu nichts zu sagen.

Perry Anderson, Zum Ende der Geschichte, aus dem Englischen von Christiane Goldmann, Rotbuch Verlag, Berlin 1993, S. 128–132.

1   Stellen Sie die Analysen Samuel P. Huntingtons (M 15) und Francis Fukuyamas (M 18) gegenüber und nehmen Sie – auch unter Berücksichtigung der Kritik Andersons (M 20) – Stellung zur These vom „Ende der Geschichte".

2   **Weiterführende Projektaufgabe:** Der Soziologe Hartmut Rosa hat sich mit der Veränderung zeitlicher Abläufe und Wahrnehmungen in der Moderne beschäftigt und spricht von „Beschleunigungserfahrungen". Recherchieren Sie zur These Rosas und nehmen Sie auf Grundlage dieses Kernmoduls Stellung zu dieser Theorie.

Historische Begriffe dekonstruieren

Tipp:
sprachliche Formulierungshilfen S. 296 f.

Webcode:
KH301261-158

Die Vergangenheit begegnet uns in Quellen. Aus Quellen gewinnen Historiker Erkenntnisse über die Vergangenheit. Auch wenn viele verschiedene Quellen herangezogen werden, können die Überreste aus der Vergangenheit nie ein vollständiges Bild des vermutlich Gewesenen zeigen. Daher müssen Historiker eine plausible Erzählung über die Vergangenheit entwerfen. In diesem Sinne ist Geschichte eine in der Gegenwart gemachte Narration über die Vergangenheit. Teil dieser narrativen Rekonstruktionen sind auch Begriffe, die Ereignisse, Prozesse, Zusammenhänge, Problemlagen oder Ideologien in einem Wort zusammenfassen sollen: In Begriffen wird Vergangenheit als Geschichte konzentriert auf den Punkt gebracht (man sagt daher auch: etwas auf den Begriff bringen). Aber nicht nur Historiker, auch Akteure der Geschichte, z. B. politische Gruppen, gebrauchen Begriffe. Wie Quellen entstehen Begriffe in einem bestimmten Verwendungszusammenhang und werden in einem bestimmten Kontext gebraucht – so beispielsweise der Begriff „Kalter Krieg" (vgl. S. 149). Begriffe werden oft nicht wertneutral gebraucht, sondern verweisen auf bestimmte Intentionen (z. B. bei der Verwendung eines Begriffes wie „Machtergreifung"). Daher müssen Begriffe ‚durchleuchtet' werden, denn sie enthalten Deutungen der Vergangenheit, die man offenlegen muss, um sich kritisch mit der Geschichte auseinanderzusetzen – denn nicht jede Deutung ist plausibel und lückenlos, berücksichtigt alle nötigen Perspektiven oder ist frei von (ideologisch geprägten) Vorentscheidungen. Hinterfragt man die Zeit- und Interessengebundenheit von Begriffen, fragt man also nach deren Gemachtheit, so dekonstruiert man diese Begriffe und die durch sie zum Ausdruck gebrachte Geschichte. Um zu signalisieren, dass Begriffe auf ihren Bedeutungsgehalt und ihre Verwendung überprüft, also dekonstruiert werden müssen, setzt man diese in Anführungszeichen.

Arbeitsschritte für die Dekonstruktion historischer Begriffe

1. Leitfrage	In welche übergreifende Fragestellung ist die Untersuchung des historischen Begriffs eingebettet?
2. Analyse	*Formale Aspekte* – Wer verwendet den Begriff (z. B. politische Akteure, gesellschaftliche Gruppen)? – Wann ist der Begriff eingeführt worden? – Handelt es sich um einen Begriff „aus der Zeit" oder ist er Teil einer nachträglichen historischen Begriffsbildung? – Lässt die Begriffsverwendung auf einen bestimmten Adressatenkreis schließen? *Inhaltliche Aspekte* – Was sind die Kerninhalte des Begriffs? (Begriffsintension) – Sind für das Verständnis oder die Verwendung des Begriffes weitere Teilbegriffe von Bedeutung? – Wie ist die sprachliche Wirkung (z. B. emotional, appellativ, informativ, manipulierend etc.)?
3. Historischer Kontext	– In welchen historischen Zusammenhang (Ereignis, Epoche, Prozess, Konflikt, Ideologie etc.) lässt sich der Begriff einordnen?

4. Urteilsbildung	*Sachurteil*
	– Wird durch die Begriffsverwendung ein spezifisch politisch-ideologischer Standpunkt ausgedrückt?
	– Erklärt bzw. deutet der Begriff die Vergangenheit angemessen differenziert oder einseitig?
	Werturteil
	– Welche (emotionale) Wirkung soll durch die Verwendung des Begriffes erzielt werden?
	– Ist der Begriffe heute wertneutral verwendbar? Was muss bei der Verwendung beachtet werden?

M 1 Der Generalsekretär der KPdSU, Michail Gorbatschow, über „Perestroika" und „Glasnost" (1986)

Die Umgestaltung [= Perestroika] […] setzt die Schaffung einer Atmosphäre in der Gesellschaft voraus, die die Menschen anregen würde, die angestaute Trägheit und Gleichgültigkeit zu überwinden, in der Arbeit und im Leben alles zu überwinden, was nicht den Prinzipien des Sozialismus, unserer Weltanschauung und Lebensweise entspricht. Offen gesagt gibt es da vieles, woran gearbeitet werden muss.

Aber auch in diesem Fall muss jeder vor allem vor der eigenen Tür kehren, Genossen – sowohl im Politbüro als auch in der Parteigrundorganisation –, jeder Einzelne muss versuchen, mit sich selbst zu Rande zu kommen. Wir haben in einer Situation unzureichender Kritik, Offenheit und Verantwortung uns in den vergangenen Jahren an so manches gewöhnt, auch an Erscheinungen, die den Prinzipien des Sozialismus überhaupt nicht entsprechen. Ich beziehe das sowohl auf die einfachen Arbeiter als auch auf die Funktionäre. Wir müssen die ganze „Muschelschicht", die sich abgesetzt hat, abkratzen, uns säubern. Und die Parteikomitees müssen bei diesem Prozess aktiv helfen. […] Und in diesem Zusammenhang möchte ich etwas zur Offenheit [= Glasnost] sagen. Bisweilen heißt es: Wozu bloß hat das Zentralkomitee so weitgehend einen Prozess der Kritik und Selbstkritik, der Offenheit entfaltet? Und ich sage Ihnen, dass wir bislang nichts verloren, sondern nur gewonnen haben. Das Volk hat einen Zustrom neuer Kraft verspürt, es ist mutiger und in der Arbeit sowie gesellschaftlich aktiver geworden. Man trifft auch weniger Leute an, die versuchen, unsere Gesetze zu umgehen.

Michail Gorbatschow, Die Umgestaltung ist unaufschiebbar. Rede vor dem Aktiv der Parteiorganisation Chabarowsk, 31. Juli 1986, in: Ders., Ausgewählte Reden und Aufsätze, Bd. 4, Juli 1986–April 1987, Dietz Verlag, Berlin 1988, S. 38–57, hier S. 42f., 55.

M 2 Michail Gorbatschow über Demokratisierung und „Perestroika" (1987)

Das ist, Genossen, jener Hebel, der es ermöglichen wird, in die Umgestaltung [= Perestroika] deren entscheidende Kraft – das Volk – einzubeziehen. Wenn wir das unterlassen, werden wir die Aufgaben der Beschleunigung nicht lösen und die Umgestaltung nicht sicherstellen. Es wird sie einfach nicht geben. Andererseits schaffen wir durch weitere Entwicklung und Voranbringen der sozialistischen Demokratie und Entfaltung ihres Potenzials die denkbar zuverlässigsten Garantien dafür, dass sich die Fehler der Vergangenheit nicht wiederholen. Doch es kommt nicht nur darauf an.

Wenn wir […] keine realen, ernsthaften Schritte zu ihrer Erweiterung, ihrem Voranbringen und zur umfassenden Einbeziehung der Werktätigen des Landes in den Prozess der Umgestaltung unternehmen, so werden, Genossen, unsere Politik und die Umgestaltung zusammenbrechen. Wir brauchen Demokratie wie die Luft zum Atmen.

Michail Gorbatschow, Schlusswort auf dem Plenum des Zentralkomitees der KPdSU, 28. Januar 1987, in: Ders., Ausgewählte Reden und Aufsätze, Bd. 4, Juli 1986–April 1987, Dietz Verlag, Berlin 1988, S. 397.

Lösungshinweise

1. Mögliche Leitfrage
„Glasnost" und „Perestroika" – Beginn einer Demokratisierung der Sowjetunion nach westlichem Vorbild?

2. Analyse

Formale Aspekte:
Beide Begriffe wurden von Michail Gorbatschow geprägt, der im Jahr 1985 Generalsekretär der KPdSU wurde und damit maßgeblich die Politik der Sowjetunion bestimmte. In den beiden Materialien wendet sich Gorbatschow an Mitglieder der Partei, was darauf schließen lässt, dass es sich hierbei um eine Reform ‚von oben' handelt, die das System stützen und nur in Teilen verändern soll.

Inhaltliche Aspekte:
„Perestroika" meint, dass die Menschen („Arbeiter" und „Funktionäre") wieder zu einer aktiven Teilhabe an den gesellschaftlichen und wirtschaftlichen Prozessen animiert werden sollen. „Glasnost" meint in diesem Rahmen die Möglichkeit, öffentliche Kritik am System zu äußern. Der Staatsapparat, hier die „Parteikomitees", muss in diesen Prozess durch „Selbstkritik" mit einbezogen werden (M 1). Beide Begriffe sind über Teilbegriffe positiv konnotiert: Offenheit und Umgestaltung sollen zu einer Demokratisierung, zu einer „Entfaltung" des „Potenzials" führen. Dies wird durch den Vergleich, man benötige die Demokratie, somit auch Glasnost und Perestroika „wie die Luft zum Atmen", zusätzlich unterstrichen (M 2).

3. Historischer Kontext
„Glasnost" und „Perestroika" beziehen sich auf Reformprozesse, die unter anderem die sogenannte Sinatra-Doktrin Gorbatschows umfassen, die den Mitgliedstaaten des Warschauer Vertrages erlaubte, ihre innenpolitischen Vorhaben souverän zu regeln. Damit war das Ende der Breschnew-Doktrin eingeleitet worden. Zudem sollte die Demokratisierung auch Pressefreiheit und die Möglichkeit zu mehr marktwirtschaftlichem Agieren eröffnen.

4. Urteilsbildung
Als Vertreter der Reformkräfte strebte Gorbatschow eine Reform des Sozialismus an. Die Sowjetunion sollte nach Jahren wirtschaftlicher „Krise" (im Vergleich mit dem Westen) konkurrenzfähig gemacht werden. Umgestaltung und Offenheit sollten sich aber im Rahmen des Sozialismus vollziehen, es gab also einen deutlich ideologischen Rahmen, den die Menschen und die zuvor abhängigen Staaten bald überwinden wollten: Die baltischen Staaten votierten schon 1989 für ihre Unabhängigkeit, der Westen und seine Ideologie zerfielen als Feindbild immer mehr. So trugen „Glasnost" und „Perestroika" nicht nur zur Reform, sondern auch zum Ende des Sowjetsystems bei.

M 3 Die Forderung nach „Glasnost jetzt" auf einer Hauswand in Berlin, Prenzlauer Berg, Fotografie, Oktober 1989

Testen Sie Ihr Vorwissen zur Zeitenwende vom 20. zum 21. Jahrhundert

1 Was bezeichnet der Begriff „Kalter Krieg"?
A die atomare Bewaffnung der Staatenwelt nach 1945
B die Aufteilung der Welt in Ost und West
C das Verhältnis zwischen den Staaten des Ostblocks und der westlichen Welt

2 Was versteht man unter der Truman-Doktrin?
A die Übertragung der Werte der US-amerikanischen Verfassung auf andere Länder
B die Gewährung von militärischer und wirtschaftlicher Hilfe für Länder im Kampf gegen kommunistische Kräfte
C die Gewährung von finanziellen Hilfen für den Aufbau von Infrastruktur in Entwicklungsländern

3 Wie heißt die islamistische Terrorgruppe, die für die Anschläge vom 11. September 2001 in den USA verantwortlich war?
A Islamischer Staat / IS
B Al-Qaida
C Boko Haram

4 In welchem Land regierte bis 1989 Nicolae Ceaușescu?
A in Rumänien
B in Polen
C in der Tschechoslowakei

5 Welcher Pole erhielt 1983 den Friedensnobelpreis?
A Johannes Paul II.
B Tadeusz Mazowiecki
C Lech Wałęsa

6 Wie lautete einer der wichtigsten Slogans der Leipziger Montagsdemonstrationen im Oktober 1989?
A „Wir sind das Volk"
B „Das Volk sind wir"
C „Wir wollen Freiheit"

7 Was ist ein „Runder Tisch"?
A ein Gremium, in dem Regierungsvertreter und Oppositionelle über die politische Zukunft des Landes beraten
B ein Gremium, in dem nach einer Wahl die Wahlergebnisse geprüft und veröffentlicht werden
C ein Gremium, das bei internationalen Konflikten Lösungsstrategien erarbeitet

8 Welche beiden Politiker legten nach 1945 den Grundstein für die engen deutsch-französischen Beziehungen?
A Charles de Gaulle und Konrad Adenauer
B Giscard d'Estaing und Helmut Schmidt
C Robert Schuman und Gustav Stresemann

9 Wie viele Länder gehören aktuell der Europäischen Union an (Stand 2018)?
A 25
B 28
C 20

10 Wie nennt man die Gründungsverträge der Europäischen Union (EU)?
A Römische Verträge
B Verträge von Maastricht
C Verträge von Lissabon

11 Wer sind die Mudschahedin in Afghanistan?
A islamische Geistliche, die zum Kampf gegen den Westen aufrufen
B islamistische Kämpfer gegen die US-Truppen
C islamistische Kämpfer gegen die sowjetische Truppen

12 Welche Eckdaten begrenzen die sogenannte „Bipolare Welt"?
A 1953 bis 1989/90
B 1945 bis 1989/90
C 1945 bis 2001

7 Transformationsgesellschaften in Osteuropa – die Umbrüche in Polen und Rumänien im Vergleich (Wahlmodul 1)

Kompetenzen erwerben

Sachkompetenz:	– politische Reformversuche als Antwort auf die polnische Staatskrise der 1980er-Jahre analysieren
	– Akteure und politische Gruppierungen in der Umbruchphase in Polen beschreiben
	– Herrschaftssicherung in Rumänien unter Nicolae Ceaușescu charakterisieren
Methoden-kompetenz:	– einen historischen Vergleich durchführen
Urteilskompetenz:	– die „Runden Tische" als Übergangsinstrument in ein demokratisches System erörtern

Transformationsprozesse in Osteuropa im Vergleich

1989 brach das sozialistische Staatensystem in Mittel- und Osteuropa zusammen. Der Prozess, der zu diesem Umbruch führte, verlief in den einzelnen Staaten des Ostblocks aber weder gleichmäßig noch gleichförmig. Nach einem geflügelten Wort des britischen Historikers Timothy Garton Ash dauerte der Wandel in Polen etwa zehn Jahre, in Ungarn zehn Monate, in der DDR zehn Wochen, in der Tschechoslowakei zehn Tage – und in Rumänien fiel das Regime des neostalinistischen Diktators Nicolae Ceaușescu innerhalb weniger Stunden. Polen und Rumänien markieren die Endpunkte dieser Aufzählung. Ein Vergleich der beiden Länder gibt Aufschluss über die sehr unterschiedlichen Wege, die von der kommunistischen Diktatur in ein demokratisches System führten. Welche Entwicklungen führten in Polen zur friedlichen Entmachtung der kommunistischen Führung, in Rumänien dagegen zu einer gewaltsamen Revolution? Und wie gestalteten die neuen Regierungen den Übergang zu Demokratie und Marktwirtschaft?

Die polnische Staatskrise der 1980er-Jahre

In Polen hatte die Mehrheit der Bevölkerung das sozialistische System, das die Sowjetunion dem Land nach dem Ende der deutschen Besatzungsherrschaft aufgezwungen hatte, nie akzeptiert. Seit der zweiten Hälfte der 1970er-Jahre wuchsen die wirtschaftlichen Probleme. Der **allgemeine Lebensstandard** sank, die Versorgung mit Konsumgütern verschlechterte sich und der Abstand zum Westen wurde größer.

M 1 Lebensmittelgeschäft in Warschau, Fotografie, 1989

Ein dramatischer Wohnungsmangel und lange Schlangen vor den Geschäften verstärkten die Unzufriedenheit in der Bevölkerung. Der Anspruch der Kommunisten, mehr Wohlstand und Gleichheit zu schaffen, geriet in immer größeren Widerspruch zur Realität. Auftrieb bekam die Oppositionsbewegung durch die KSZE-Schlussakte von Helsinki, in der sich die osteuropäischen Staaten 1975 zur Achtung der Menschenrechte verpflichtet hatten. Auch die Wahl des Krakauer Kardinals Karol Wojtyła zum Papst im Oktober 1978 stärkte das Selbstbewusstsein der Opposition gegenüber der kommunistischen Regierung. 95 Prozent der polnischen Bevölkerung gehörten der katholischen Kirche an. Seine erste Auslandsreise führte Papst Johannes Paul II. in sein Heimatland, wo Hunderttausende von Menschen zu seinen Veranstaltungen strömten.

Am 1. Juli 1980 entschied die polnische Regierung, die Preise für Fleisch und Fleischprodukte deutlich zu erhöhen. Proteste von Arbeitern wurden zunächst durch innerbetriebliche Vereinbarungen beigelegt. Doch die Entlassung einer Kranführerin auf der Lenin-Werft in Danzig (polnisch: Gdansk), die dem „Gründungskomitee Unabhängiger Gewerkschaften" angehörte, führte zu einer Streikwelle, die rasch das ganze Land erfasste. Nach den Arbeitern der Lenin-Werft legten innerhalb weniger Tage auch Beschäftigte in den Küstenstädten, im oberschlesischen Industrierevier und in großen Kombinaten die Arbeit nieder. Ein Überbetriebliches Streikkomitee unter dem Vorsitz des Elektrikers Lech Wałęsa legte am 18. August 1980 „21 Forderungen" vor (M 10).

M 2 Streikführer Lech Wałęsa spricht zu Arbeitern der Danziger Lenin-Werft, Fotografie, 1980

M 3 Der polnische Staatschef Jaruzelski verkündet in einer Rede im Fernsehen den Kriegszustand, 1981

Breschnew-Doktrin
Sie besagte, dass alle Staaten des sozialistischen Lagers nur eine begrenzte Souveränität in Anspruch nehmen könnten, wenn die Gefahr einer Loslösung aus der sozialistischen Gemeinschaft bestehe.

Die polnische Regierung begann daraufhin Verhandlungen mit dem Streikkomitee. Am stärksten umstritten war die Forderung nach unabhängigen freien Gewerkschaften. Der Kompromiss vom 31. August, das „Danziger Abkommen" (M 11), ließ „unabhängige und sich selbst verwaltende" Gewerkschaften zu, die jedoch die sozialistische Gesellschaftsordnung und die führende Rolle der Polnischen Vereinigten Arbeiterpartei anerkennen und das „bestehende internationale Bündnissystem" nicht infrage stellen sollten. Die neu gegründeten Gewerkschaften schlossen sich in der Organisation „Solidarność" (Solidarität) zusammen, die rasch auf rund zehn Millionen Mitglieder wuchs. Damit war sie die größte Organisation in Polen.

Unter dem Druck anderer Staaten des Ostblocks, die ein Übergreifen der Bewegung befürchteten, trat Ministerpräsident Pinkowski im Februar 1981 zurück. Sein Nachfolger wurde General Wojciech Jaruzelski, der auch sein Amt als Verteidigungsminister behielt. Nachdem der erste Landeskongress der Solidarność eine Botschaft an die Arbeiter der anderen sozialistischen Staaten gerichtet hatte, entschloss sich Jaruzelski zum Konfrontationskurs: Am 13. Dezember 1981 verhängte er das Kriegsrecht. Demonstrationen waren verboten, das Streikrecht aufgehoben. Die Solidarność wurde aufgelöst, ihr Vorsitzender Lech Wałęsa und andere Gewerkschaftsmitglieder über Monate interniert.

Reformversuche der polnischen Regierung

Das Kriegsrecht wurde im Juli 1983 wieder aufgehoben. Um die politische und wirtschaftliche Krise zu entschärfen, strebte Jaruzelski zudem vorsichtige Reformen an. Hauptziel war es, die katholische Kirche politisch zu neutralisieren. Ein Reformdialog fand seit 1982 in der „Patriotischen Bewegung der nationalen Wiedergeburt" (PRON) statt, in der alle legalen politischen und gesellschaftlichen Organisationen Polens vertreten waren – nicht jedoch die weiterhin verbotene Solidarność. 1986 kamen nach einer Amnestie alle politischen Gefangenen frei. Im selben Jahr berief Jaruzelski einen „Konsultativrat" ein, in dem auch Oppositionelle vertreten waren. Großen Teilen der Bevölkerung gingen diese Schritte aber nicht weit genug, zumal sich die Versorgungslage nicht besserte. Die zögerlichen Wirtschaftsreformen führten nur zu einer extrem steigenden Inflation. Ein Referendum, mit dem sich die Regierung ihr Reformprogramm bestätigen lassen wollte, verfehlte 1987 die erforderliche absolute Mehrheit der Wahlberechtigten. Im folgenden Jahr erfasste eine neue Streikwelle das Land.

Während Anfang der 1980er-Jahre ein militärisches Eingreifen der Sowjetunion in Polen nicht unwahrscheinlich erschien, hatte sich die außenpolitische Lage seit dem Machtantritt von Michail Gorbatschow gewandelt (siehe S. 144). Seine Konzeption vom „Neuen Denken" (S. 315) hatte die Breschnew-Doktrin* abgelöst: Gorbatschow erklärte, jedes sozialistische Land habe die Freiheit, den „eigenen Weg" zu gehen. Vor diesem Hintergrund gelangte die politische Führung Polens zu der Einsicht, dass nur direkte politische Entscheidungsfreiheit der Gesellschaft das Land aus der Dauerkrise führen könnte.

Akteure und politische Gruppierungen in der Umbruchphase in Polen

Ende der 1980er-Jahre gab es in Polen drei politische Kräfte: General Jaruzelski genoss als Staats- und Parteichef sowie als Oberbefehlshaber der Armee große Machtfülle. Gegen parteiinterne Gegner hatte er sich durchgesetzt, mit Gorbatschow stand er in einem Vertrauensverhältnis. Die Gewerkschaft Solidarność unter Lech Wałęsa war die mit Abstand wichtigste Vertreterin der Opposition. Zu ihren Beratern und Experten gehörten unter anderem die Publizisten Tadeusz Mazowiecki und Jacek Kuroń sowie der Historiker Bronisław Geremek. Dritte Kraft war die katholische Kirche mit dem Primas von Polen, Józef Glemp, an der Spitze. Die Bischöfe standen während der 1980er-Jahre im kontinuierlichen Dialog mit den Machthabern, unterstützten aber zugleich die Solidarność. So traf sich Papst Johannes Paul II. bei seinem zweiten Besuch in Polen 1983 demonstrativ mit Wałęsa.

Im August 1988 bot die kommunistische Führung an, mit Vertretern unterschiedlicher Gruppierungen an einem „Runden Tisch" zu verhandeln. Das bot den Machthabern und der Solidarność die Möglichkeit, miteinander zu sprechen, ohne die Legitimität der jeweils anderen Seite anzuerkennen. Die polnischen Bischöfe spielten bei der Vorbereitung eine wichtige Vermittlerrolle. Im Dezember 1988 rief die Solidarność ein „Bürgerkomitee" ins Leben, an dem sich auch die meisten anderen oppositionellen Gruppen beteiligten. Nur Vertreter der Fundamentalopposition blieben dem Komitee fern, da sie Gespräche mit den kommunistischen Machthabern grundsätzlich ablehnten.

Verhandelt wurde vom 5. Februar bis zum 22. März 1989 in drei paritätisch besetzten Arbeitsgruppen bzw. an drei „Runden Tischen": dem „Politischen Tisch", dem „Wirtschaftstisch" und dem „Gewerkschaftstisch". Die Gespräche führten zu grundlegenden Veränderungen des politischen Systems. Vereinbart wurden vorgezogene Parlamentswahlen, die Einführung eines Senats als zweite Kammer des Parlaments, die Schaffung eines Präsidentenamtes, die Zulassung freier Gewerkschaften und ein liberalisiertes Vereinsrecht.

Die Wahlen im Juni 1989 waren nur „halbfrei", denn 65 Prozent der Sitze in der ersten Parlamentskammer, dem Sejm, wurden vorab der kommunistischen Staatspartei PZPR und den Blockparteien zugesichert. Diese und andere Zugeständnisse der Solidarność wurden von Angehörigen der Fundamentalopposition noch Jahre später scharf kritisiert. Völlig frei gewählt wurden die Abgeordneten des neuen Senats. Eine aus beiden Kammern gebildete Nationalversammlung sollte den Präsidenten wählen. Alle Teilnehmer am Runden Tisch gingen davon aus, dass Jaruzelski dieser Präsident werden würde. Bei den Wahlen errang die Opposition jedoch 99 der hundert Sitze im Senat, sodass Jaruzelski nur dank der Enthaltung einiger bürgerlicher Abgeordneter eine äußerst knappe Mehrheit erhielt. Zum Regierungschef wurde am 13. September 1989 mit überwältigender Mehrheit Tadeusz Mazowiecki gewählt. Zwei Tage zuvor hatte Ungarn die Grenze zu Österreich geöffnet. Mit diesen beiden Ereignissen begann ein neues politisches Zeitalter: Innerhalb weniger Monate verloren auch die übrigen kommunistischen Regime im osteuropäischen Einflussbereich der Sowjetunion ihre Macht.

Zur Transformation des sozialistischen Wirtschaftssystems setzte Finanzminister Leszek Balcerowicz eine marktwirtschaftliche „Schocktherapie" durch, die mit hohen sozialen Kosten verbunden war, aber schnell zu Erfolgen führte. Die Mangelwirtschaft wurde mit der völligen Freigabe der Preise schlagartig beseitigt. Außenpolitisch orientierte sich die neue Regierung nach Westen, zu den wichtigsten Partnerländern wurden die USA und Deutschland. **Ende 1990 wurde Lech Wałęsa zum Präsidenten gewählt.** Mit den ersten völlig freien Parlamentswahlen im Herbst 1991 war der Übergang in ein demokratisches System auch formal abgeschlossen.

Der rumänische „Sonderweg"

RGW
Der 1949 gegründete „Rat für gegenseitige Wirtschaftshilfe" organisierte die wirtschaftliche Arbeitsteilung zwischen den Staaten des Ostblocks. Die Sowjetunion spielte die führende Rolle im RGW.

Das Verhältnis zwischen Rumänien und der Sowjetunion war seit den 1960er-Jahren gespannt. Die kommunistische Regierung führte eine heftige Kampagne gegen sowjetische Pläne, die Arbeitsteilung im RGW* zulasten der rumänischen Schwerindustrie neu zu organisieren, und schaffte Russisch als Pflichtfach an den Schulen ab. Nicolae Ceaușescu, der im März 1965 an die Spitze der Staatspartei PCR (Rumänische Kommunistische Partei) rückte, führte diese Politik der Abgrenzung von Moskau fort und sprach sich für den Vorrang des Nationalen vor den Prinzipien des Internationalismus aus. Im August 1968 kritisierte er öffentlich den Einmarsch sowjetischer Truppen in die Tschechoslowakei, mit dem dort die politische Liberalisierung – der „Prager Frühling" – gewaltsam beendet wurde. Diese Äußerung verschaffte Ceaușescu im Westen hohes Ansehen, führende Politiker der USA und Frankreichs reisten nach Bukarest.

Herrschaftssicherung in Rumänien

M 4 Präsident Nicolae Ceaușescu beim Staatsbesuch in den USA, Fotografie, 1978

Die innenpolitische Entwicklung verlief nach einer kurzen Phase der Liberalisierung entgegengesetzt zum außenpolitischen Kurs. Politische Gegner wurden unter Hausarrest gestellt oder in psychiatrische Anstalten eingewiesen. Die wegen ihrer Brutalität gefürchtete Geheimpolizei Securitate entwickelte sich zu einem allgegenwärtigen Kontrollorgan. Die ethnischen Minderheiten in Rumänien (Ungarn, Deutsche, Roma) wurden systematisch unterdrückt.

Seit 1974 war Ceaușescu auch Präsident Rumäniens und de facto Alleinherrscher. Er ließ sich „Conducător" (Führer) nennen und trug zu offiziellen Anlässen ein goldenes Zepter. In einem ausufernden Personenkult wurde dem Diktator gehuldigt. Um den Aufstieg potenzieller Rivalen um die Macht zu verhindern, führte Ceaușescu ein Rotationsprinzip in Partei- und Regierungsämtern ein und besetzte darüber hinaus zahlreiche wichtige Posten mit Familienmitgliedern. Seine Frau Elena, die 1980 zur stellvertretenden Ministerpräsidentin ernannt wurde, war die zweitmächtigste Person im Staat.

Wirtschaftliche und soziale Maßnahmen zur Stabilisierung der Machtverhältnisse in Rumänien und Gegenreaktionen

Im Mittelpunkt von Ceaușescus Wirtschaftspolitik stand der Ausbau der Petrochemie- und Schwerindustrie. Diese Politik scheiterte im Laufe der 1970er-Jahre an den stark steigenden Ölpreisen: Die rumänischen Raffinerien waren nicht mehr ausgelastet und die sinkenden Exporte trieben die Staatsverschuldung in die Höhe. 1981 musste Rumänien seine Zahlungsunfähigkeit erklären. Ceaușescu trieb daraufhin die Rückzahlung der Auslandsschulden so radikal voran, dass praktisch alles, was im Land produziert wurde, in den Export ging. Das führte zu einer katastrophalen Versorgungslage: Zum ersten Mal seit dem Krieg wurden wieder Lebensmittel – auch Grundnahrungsmittel – rationiert. Es kam zu häufigen Strom- und Heizungssperren, die Temperatur in privaten Haushalten lag im Winter durchschnittlich bei etwa zwölf Grad.

Ungeachtet der Verelendung der Bevölkerung betrieb der Diktator teure Großprojekte wie den Bau des Donau-Schwarzmeer-Kanals und ließ große Teile der historischen Altstadt von Bukarest abreißen, um ein gigantisches neues Regierungsviertel zu errichten. Sein „Programm zur Systematisierung der Dörfer", das 1988 konkretisiert und vorgestellt wurde, sah vor, etwa die Hälfte der rund 13 000 Dörfer Rumäniens abzureißen und an ihrer Stelle 500 agroindustrielle Zentren zu errichten. Das Programm stieß nicht nur im Ausland und bei rumänischen Bürgerrechtlern, sondern sogar bei sechs ehemaligen Führungspersonen der kommunistischen Staatspartei RCP auf offene Kritik. Die Gegner wurden unter Hausarrest gestellt.

Der gewaltsame Sturz des Ceaușescu-Regimes

Noch auf dem XIV. Parteitag der RCP Ende November 1989 kamen die Umbrüche in Mittel- und Osteuropa nicht zur Sprache, Ceaușescu ließ sich wie gewohnt von den Abgeordneten feiern. Den Auftakt zur Revolution bildeten Unruhen in Temeswar in Siebenbürgen. Am 16. Dezember protestierten dort Demonstranten gegen den Abtransport des ungarisch-reformierten Pfarrers László Tőkés, der in seinen Predigten zum Widerstand gegen das Regime aufgerufen hatte. Armee und Securitate gingen gewaltsam gegen die Demonstranten vor, mehrere Menschen starben. Die Proteste weiteten sich auf andere Städte aus. Der Wendepunkt war am 22. Dezember erreicht, als Hunderttausende gegen das Regime auf die Straße gingen. Nicolae Ceaușescu versuchte, die Demonstranten mit einer Rede zu beschwichtigen, wurde niedergeschrien und flüchtete mit seiner Frau per Hubschrauber, während Demonstranten und Armeesoldaten, die sich verbrüdert hatten, gemeinsam den Präsidentenpalast stürmten. Wenig später verkündete der Dichter Mircea Dinescu den Sturz des Diktators im Fernsehen. Am Nachmittag konstituierte sich eine „Front zur nationalen Rettung" (FSN) unter Führung des Kommunisten Ion Iliescu, den Ceaușescu mehrmals aus hohen Parteiämtern abgesetzt hatte. Neben zahlreichen anderen Parteifunktionären gehörten zunächst auch prominente Dissidenten der FSN an.

M 5 Zivilisten suchen Schutz vor Kreuzfeuer auf dem Platz der Republik in Bukarest, Fotografie, 23. Dezember 1989

Bei den noch mehrere Tage andauernden Straßenkämpfen kamen fast tausend Menschen ums Leben, unter ihnen viele Zivilisten. Über das Fernsehen wurden zahlreiche Gerüchte verbreitet, die sich später als falsch herausstellten. Am 24. Dezember wurden Nicolae und Elena Ceaușescu festgenommen. Einen Tag später wurde das Paar von einem improvisierten Militärgericht verurteilt und sofort erschossen. Nachdem die Nachricht von der Hinrichtung im Fernsehen ausgestrahlt worden war, endeten die Kämpfe. Die FSN konstituierte sich als Partei und setzte Wahlen für Mai 1990 an, bei denen sie zwei Drittel der Stimmen errang. Ion Iliescu wurde Präsident.

Da alle wichtigen Positionen sogleich von exkommunistischen Funktionären besetzt wurden, traten die meisten Dissidenten schon im Januar wieder aus der FSN aus. Demonstrationen gegen seine Regierung ließ Iliescu im Januar und im Juni 1990 brutal niederschlagen. Auch nach dem Übergang zur Demokratie verzögerte sich der wirtschaftliche Wandel noch jahrelang. Erst der Wahlsieg der demokratischen Opposition 1996 brachte grundlegende Reformen in Gang. Zeithistoriker und Politikwissenschaftler betrachten die Ereignisse vom Dezember 1989 heute als eine Mischung aus Revolution und Staatsstreich: Parteiinterne Gegner Ceaușescus hätten das Chaos der Revolutionstage genutzt, um die Macht an sich zu reißen.

Webcode:
KH301261-168

1 **Zeitstrahl:** Beschreiben Sie mithilfe eines Zeitstrahls die wichtigsten Ereignisse der Jahre 1980 bis 1990 in Polen und Rumänien.
2 Charakterisieren Sie die Akteure und politischen Gruppierungen während der Umbruchphase in Polen.
3 Erläutern Sie die Herrschaftssysteme in Polen und Rumänien und die jeweiligen Handlungsspielräume der Opposition Ende der 1980er-Jahre.
4 Vergleichen Sie, wie sich in beiden Ländern der Übergang in ein demokratisches System gestaltete.

Hinweise zur Arbeit mit den Materialien

Die erste Hälfte der Materialien befasst sich mit **Polen**. Zunächst wird die Vorgeschichte der **polnischen Staatskrise der 1980er-Jahre** durch eine Grafik zur Einkommensentwicklung (M 6) und ein Foto von der Papstreise 1979 (M 8) dargestellt. Ein umfangreicher Materialblock widmet sich dann der Staatskrise selbst: von ersten Protesten in Danzig (M 7) und der Gründung der Gewerkschaft Solidarność (M 9, M 10) über das Danziger Abkommen (M 11) bis zur Verhängung des Kriegsrechts (M 12). Eine Quelle (M 14) und ein Sekundärtext (M 13) beleuchten die politischen Reformversuche der Regierung Jaruzelski. Auszüge aus Reden Johannes Pauls II. (M 16) und der Offene Brief des Dissidenten Jerzy Holzer (M 17) geben Aufschluss über **Akteure und politische Gruppierungen in der Umbruchphase**. Ein Foto und ein Sekundärtext zu den Runden Tischen (M 15, M 18) schließen den Komplex zum Umbruch in Polen ab.

Im zweiten Teil wird zunächst der **„Sonderweg" Rumäniens** mit Quellen dargestellt, die die Abgrenzungspolitik zur Sowjetunion in den 1960er-Jahren beleuchten (M 19, M 20). Im Folgenden geben Quellen, Bildmaterial und Sekundärliteratur Aufschluss über die Mechanismen der **Herrschaftssicherung** in Rumänien, im Besonderen über den Personenkult um Nicolae Ceaușescu (M 21 bis M 23), die Stellung seiner Familie (M 24) und seine innen- und außenpolitische Strategie (M 25). Mit einem Offenen Brief der Dissidentin Doina Cornea (M 28) und einer Rede von Bundespräsident Richard von Weizsäcker (M 29) kann die Kritik an Ceaușescus Politik erarbeitet werden. Der **gewaltsame Sturz des Regimes** wird durch eine Schilderung des Dichters Mircea Dinescu (M 30) und Bildmaterial von Massenprotesten auf der Straße (M 31) anschaulich gemacht. Über die Debatte um die „gestohlene Revolution" informieren Quellen und Sekundärtexte (M 32, M 33). Abschließend werden die **Schwierigkeiten des Übergangs** in ein demokratisches System (M 34 bis M 36) beleuchtet.

Die **Methodenseite** (S. 185) führt in Arbeitsschritte eines **historischen Vergleichs** ein und gibt mit einer Tabelle Anhaltspunkte für den konkreten Vergleich zwischen den Umbrüchen in Polen und Rumänien.

Am Ende des Kapitels finden sich **weiterführende Arbeitsanregungen** und die Möglichkeit, die im Kapitel erworbenen **Kompetenzen zu überprüfen** (S. 186 f.).

Die polnische Staatskrise der 1980er-Jahre

M 6 Entwicklung der durchschnittlichen Monatslöhne pro Kopf in Złoty seit 1974

Jahr	Nomineller Lohn	Reallohn (Preise von 1977)
1974	3074	3528
1975	3446	3784
1976	3749	3933
1977	4023	4023
1978	4256	3914
1979	4631	3993
1980	5256	4152
1981	6696	4252
1982	10111	3185

Johannes von Thadden, Krisen in Polen: 1956, 1970 und 1980, Peter Lang Verlag, Frankfurt am Main 1986, S. 188, 198.

M 7 Der Regimekritiker Jacek Kuroń in einem Interview (1980)

Kuroń: Der Lebensstandard sinkt schon seit langem. Das gibt sogar die Regierung indirekt zu. Allenthalben fehlt es an Waren und Gütern, und die Waren, die vorübergehend einmal vorhanden sind, werden immer teurer.
SPIEGEL: Demnach ist die chronische Versorgungskrise bei Grundnahrungsmitteln der Anlass für die Streiks?
Kuroń: Nicht allein. Im Bereich des Gesundheitswesens, der Versorgung mit Medikamenten, ja in allen Lebensbereichen ist durch die fortschreitende Planlosigkeit und Inkompetenz ein solches Desaster entstanden, dass dem Durchschnitts-Polen seine Verhältnisse unerträglich erscheinen.

SPIEGEL: Und die Regierung, der Staat kann nichts dagegen tun?

Kuroń: Ich will hier nicht darüber sprechen, ob diese Staatsführung überhaupt eine mora-
20 lische Autorität darstellt. Konkret geht es jetzt darum, dass einfach keiner mehr glaubt, die Staatsführung könne ihre Aufgaben erfüllen. Die Führung hat total versagt. Wir von der Opposition haben seit vielen, vielen Jahren davor
25 gewarnt, dass man nicht einerseits von der Bevölkerung Opfer fordern und sie andererseits wie Unmündige behandeln kann.

SPIEGEL: Aber bei den Streiks ging es doch um ganz konkrete Forderungen aus sehr konkre-
30 tem Anlass, zum Beispiel um die Preiserhöhung für Fleischwaren.

Kuroń: Die Preiserhöhung ist keine strukturelle Verbesserung der Preispolitik, sondern ganz einfach Diebstahl. […] Der einzige Ausweg,
35 den ich sehe, ist, schnellstens die Möglichkeit zu schaffen, dass sich die Arbeiter aus freiem Willen organisieren können.

SPIEGEL: Das ändert aber doch wenig an der ökonomischen Krise.

40 Kuroń: In dem Moment, in dem demokratische gewählte Gewerkschaften entstanden sind, wird auch eine qualitativ neue Situation entstehen. […] Die jetzige Protestbewegung ist deshalb so wichtig, weil sie der Anfang ei-
45 ner Neuorientierung der Arbeiter ist. Deshalb sage ich, dass wir heute in Polen schon in einem anderen Land sind. Dies ist der einzige Weg zur Rettung für unser Land, ein Weg zu Demokratie und zur Überwindung der Krise
50 zugleich: Nur eine in freien Wahlen organisierte Gesellschaft ist in der Lage, ein vernünftiges Programm anzunehmen.

Der Spiegel 32/1980, 4. August 1980, S. 98–100, http://www.spiegel.de/spiegel/print/d-14319230.html (Download vom 30. 10. 2017).

1 Interpretieren Sie die Tabelle M 6.
2 Erklären Sie mithilfe von M 6 und M 7 die Ursachen der Protestbewegung seit 1980.
3 Arbeiten Sie Kurońs Einschätzung der politischen Bedeutung freier Gewerkschaften heraus (M 7).
4 Beurteilen Sie diese Einschätzung aus heutiger Perspektive.

M 8 Papst Johannes Paul II. zu Besuch in Warschau, Fotografie, Juni 1979

1 Beschreiben Sie anhand des Fotos die Bedeutung der katholischen Kirche in Polen.
2 Erklären Sie, wie sich die Papstreise von 1979 auf die Stimmung in der Gesellschaft auswirkte.

M 9 Das Logo der Solidarność, Fotografie, 2015.

Das Logo wurde vom Grafiker Jerzy Janiszewski entwickelt. Eine Texttafel der Ausstellung „Das Phänomen der Solidarność", Warschau 2005, zitiert den Grafiker mit folgenden Worten: „Ich suchte eine grafische Form, die den Streikenden Kraft gab. […] Der Entwurf ging von folgender Entsprechung aus: Wie Menschen in einer geschlossenen Menge einander solidarisch stützen […], so sollten auch die Buchstaben des Worts einander stützen. Die Flagge fügte ich hinzu,

weil mir bewusst war, dass es nicht mehr nur um einen kleinen Kreis ging, sondern um die Allgemeinheit."

1 Diskutieren Sie die Gestaltung des Solidarność-Schriftzugs auf der Grundlage der Äußerung des Künstlers.

M 10 Aus den 21 Forderungen des zentralen Ausschusses des überbetrieblichen Streikkomitees in Danzig (18. August 1980)

1. Anerkennung freier, von Partei und Arbeitgebern unabhängiger Gewerkschaften auf der Grundlage der Konvention Nr. 87 der Internationalen Arbeitsorganisation (IAO), die von Polen ratifiziert worden ist.
2. Garantie für die Beachtung des Streikrechts, der Sicherheit der Streikenden und der Personen, die ihnen helfen.
3. Beachtung der Freiheit von Meinungsäußerungen, Veröffentlichungen und Druckerzeugnissen, wie sie von der Verfassung garantiert ist. Einstellung aller Unterdrückungsmaßnahmen gegen unabhängige Veröffentlichungen und Zugang von Vertretern aller Kirchen zu den Medien. [...]
6. Auslösung geeigneter Aktionen, die zum Ziel haben, das Land aus seiner Krisenlage hinauszuführen, so zum Beispiel: öffentliche Verbreitung aller Informationen über die sozialökonomische Lage Polens, Einräumung der Möglichkeit für alle sozialen Umfelder und Schichten, an der Diskussion über ein Reformprogramm teilzunehmen. [...]
8. Erhöhung des Grundlohnes aller Arbeitenden um 2 000 Złoty pro Monat, um die Erhöhung der Fleischpreise auszugleichen. [...]
10. Verwirklichung einer vollständigen Versorgung des Binnenmarktes mit Nahrungsmitteln und Begrenzung des Exports auf Überschüsse. [...]
13. Manager dürfen nur aufgrund ihrer Qualifikation und nicht ihrer Parteizugehörigkeit wegen bestimmt werden. Aufhebung der Vorrechte für die Polizei, den Geheimdienst und die Angestellten des Parteiapparates durch die Gleichschaltung der Familienzulagen und die Aufhebung des Systems von Sonderläden.

1 Analysieren Sie anhand der ersten drei Forderungen die Situation von Arbeitern in Polen Anfang der 1980er-Jahre.
2 **Tabelle:** Arbeiten Sie heraus, welche der Punkte typisch gewerkschaftliche Forderungen und welche politische Forderungen sind, und stellen Sie sie in einer Tabelle gegenüber.

M 11 Aus dem Abkommen von Danzig zwischen der polnischen Regierung und der Solidarność (31. August 1980)

1. Die Tätigkeit der Gewerkschaften in der Volksrepublik Polen (VR) erfüllt die Hoffnungen und Erwartungen der Werktätigen nicht. Für sinnvoll erachtet wird die Schaffung von neuen, sich selbst verwaltenden Gewerkschaften, die echte Repräsentanten der arbeitenden Klasse darstellen. [...]
Das Überbetriebliche Streikkomitee [...] schafft neue, unabhängige und sich selbst verwaltende Gewerkschaften und stellt fest, dass diese die in der Verfassung der VRP verankerten Prinzipien einhalten werden. Die neuen Gewerkschaften werden die sozialen und materiellen Interessen der Arbeiter schützen und beabsichtigen nicht, die Rolle einer politischen Partei zu spielen. [...] In Anerkennung dessen, dass die PVAP[1] die führende Rolle im Staat ausübt, und ohne das festgelegte internationale Bündnissystem anzutasten, sind sie bestrebt, den Werktätigen entsprechende Kontrollmittel zu sichern, deren Meinung auszusprechen und deren Interessen zu verteidigen. [...]
2. Das Streikrecht wird im vorbereiteten Gesetz über die Gewerkschaften garantiert. [...]
3. Die Regierung legt innerhalb von drei Monaten dem Sejm einen Gesetzentwurf über die Kontrolle von Presse, Publikationen und öffentlichen Aufführungen auf der Grundlage von folgenden Prinzipien vor.
Die Zensur sollte die Interessen des Staates schützen. [...]

Die Nutzung der Massenmedien durch Glaubensgemeinschaften in ihrem religiösen Wirken wird verwirklicht. Die Regierung sichert eine sonntägliche Gottesdienstübertragung im Rundfunk. […]

8. Eingeführt werden allmähliche Lohnaufstockungen für alle Berufsgruppen, insbesondere für die Mindestlohnempfänger. […]

10.–12. Es wurde festgelegt, dass sich die Fleischversorgung für die Bevölkerung bis zum 31.12.1980 u. a. verbessert durch: eine noch stärkere Rentabilität der Agrarproduktion, die Beschränkung des Fleischexports auf das unbedingte Minimum und Zusatzimporte von Fleisch. […]

13. Die Forderung nach einer konsequenten Anwendung der Auswahlkriterien für Leitungskader entsprechend ihren Qualifikationen und Kompetenzen […] wird erfüllt. Ihr Programm für die Angleichung der Familiengelder für alle Berufsgruppen legt die Regierung bis zum 31.12.1980 vor. […]

Die Regierung verpflichtet sich:
– die persönliche Sicherheit und die Beibehaltung des bisherigen Arbeitsverhältnisses für alle Teilnehmer am gegenwärtigen Streik und für alle sie unterstützenden Personen zu gewährleisten; […]
– unverzüglich in den Massenmedien für das gesamte Land (Presse, Rundfunk und Fernsehen) den vollen Wortlaut des Protokolls der vorliegenden Vereinbarung zu veröffentlichen.

Das Überbetriebliche Streikkomitee verpflichtet sich, den Streik am 31. August 1980 um 17 Uhr zu beenden.

M 10 und M 11 zit. nach: Hermann Volle/Wolfgang Wagner (Hg.), Krise in Polen. Beiträge und Dokumente aus dem Europa-Archiv, Verlag für Internationale Politik, Bonn 1982, S. 137–145.

1 PVAP: Polnische Vereinigte Arbeiterpartei

1 Stellen Sie die Forderungen der Solidarność (M 10) und die entsprechenden Vereinbarungen des Danziger Abkommens (M 11) mithilfe einer Tabelle einander gegenüber.
2 Beurteilen Sie das Ausmaß der Zugeständnisse der Regierung.

M 12 Aus der Rede General Jaruzelskis (13. Dezember 1980)

Unser Vaterland steht vor dem Abgrund. […] Streiks, Streikbereitschaft und Protestaktionen sind zur Norm geworden. […] Die mir in diesem dramatischen Augenblick der polnischen Geschichte zufallende Last der Verantwortung ist groß. Es ist meine Pflicht, diese Verantwortung zu übernehmen. Es geht um die Zukunft Polens. […]

Ich verkünde, dass sich am heutigen Tag ein Militärrat der Nationalen Rettung konstituiert hat. Der Staatsrat hat in Übereinstimmung mit den Bestimmungen der Verfassung heute Mitternacht den Kriegszustand im ganzen Land eingeführt.

Zit. nach: Hermann Volle/Wolfgang Wagner (Hg.), Krise in Polen. Beiträge und Dokumente aus dem Europa-Archiv, Verlag für Internationale Politik, 1982, S. 304 f.

1 Beschreiben Sie Ursachen und Folgen der Verhängung des Kriegsrechts. Ziehen Sie dazu auch den Darstellungstext heran.
2 Erörtern und bewerten Sie Jaruzelskis Begründung für seinen Schritt (M 12).

Die Reformversuche der polnischen Regierung

M 13 Der Historiker Dieter Bingen über Jaruzelskis Reformpolitik (2011)

Neben dem Kampf gegen ideologische Gegner in den Parteireihen und in der Gesellschaft deklarierte die Jaruzelski-Führung seit Mitte der 1980er-Jahre eine neue Politik des Dialogs und der Verständigung, die sich vor allem an die katholische Kirche und politisch nicht engagierte Persönlichkeiten richtete und die politische Opposition ausdrücklich ausschloss. Das reichte zwar weit über das hinaus, was die Parteiführungen in den anderen „realsozialistischen" Staaten ihren Gesellschaften offerierten, fiel in Polen aber nicht mehr auf fruchtbaren Boden. Die polnische Gesellschaft stellte vielmehr fest, dass das bestehende System nicht mehr reformierbar war, und interpretierte es als Zeichen der Schwäche der Regierenden, dass die Solidarność am 8. Oktober 1982 verboten worden war.

Jaruzelski hatte bis zum X. Parteitag der PZPR (29. Juni – 3. Juli 1986) seine Position gegenüber innerparteilichen Gegnern seines „mittleren" Kurses in der Innenpolitik ausgebaut. Der Parteikongress sollte dem Prozess der „sozialistischen Erneuerung" neue Impulse geben: Aufgrund einer am 17. Juli 1986 verkündeten Amnestie kamen überraschend alle politischen Gefangenen frei. Im Dezember 1986 wurde von Jaruzelski ein „Konsultativrat beim Staatsratsvorsitzenden" einberufen. Darunter waren auch von der demokratischen Opposition respektierte Persönlichkeiten, die jedoch von dieser kein Mandat besaßen.

Weitere Anzeichen für eine Öffnung der Innenpolitik waren eine liberalere Kulturpolitik und die Bestellung einer Bürgerrechtsbeauftragten beim Sejm im November 1987. Die innenpolitische Liberalisierung vollzog sich jedoch zu langsam, als dass sie die Verschärfung der sozioökonomischen Situation der Gesellschaft noch hätte auffangen können.

Dieter Bingen, „1000 Jahre wechselvolle Geschichte", in: Bundeszentrale für politische Bildung, Polen. Informationen zur politischen Bildung, Heft 311, Bonn 2011, S. 17.

1 Beschreiben Sie den politischen Kurs der Regierung Jaruzelski seit der Verhängung des Kriegsrechts (M 13).
2 Ordnen Sie diese Entwicklung in den internationalen Kontext ein.
3 Erläutern Sie die Gründe für das Scheitern der Reformversuche.

M 14 Aus einem Gespräch der Sozialwissenschaftlerin Claudia Kundigraber mit General Jaruzelski (1994)

Wir waren das erste und einzige Land des Sozialismus, das keine politischen Gefangenen hatte. Das (zusammen mit den polnischen Besonderheiten wie private Landwirtschaft, Stellung der Kirche und der breiten dynamischen Kultur) war die kritische Masse, die den Runden Tisch ermöglichte.

Im Konsultativrat saßen sehr bekannte Oppositionelle [...] und die Diskussion wurde ohne Zensur veröffentlicht. Der Konsultativrat, das war eine Schule für mich, für die Leute des Establishments und für die Opposition. Ab 1986 war die Opposition de facto legal.

Der Runde Tisch entstand nicht von heute auf morgen, er war das Ergebnis eines Prozesses, da waren die Streiks, die Regierungswechsel, die Idee. Das ist aber nur die halbe Wahrheit. Die ganze Wahrheit: Wir hatten keine Chance, mit dem alten Kurs weiterzumachen! [...] [Eine] Änderung der Wirtschaftspolitik ging nicht ohne eine Änderung des politischen Systems. Ohne die Gründung einer politischen Front, die die wirtschaftspolitischen Reformen unterstützte. Damals habe ich nicht gesehen, wie weit das gehen würde, so weit wie heute. Wir suchten eine Art Perestroika.

Zit. nach: Claudia Kundigraber, Polens Weg in die Demokratie. Der Runde Tisch und der unerwartete Machtwechsel, Cuvillier Verlag, Göttingen 1997, Anhang S. XXVII–XXIX.

1 Arbeiten Sie Jaruzelskis Sicht auf Ziele und Erfolg seines Reformkurses heraus (M 14).
2 Bewerten Sie Jaruzelskis Aussage, Opposition sei ab 1986 „de facto legal" gewesen.
3 Diskutieren und beurteilen Sie die Bedeutung der Reformversuche für die weitere politische Entwicklung in Polen. Berücksichtigen Sie dabei die „polnischen Besonderheiten", die Jaruzelski nennt.

Akteure und politische Gruppierungen in der Umbruchphase in Polen

M 15 Gespräche am Runden Tisch in Warschau (hier am 5. 4. 89), Fotografie, 1989

1 Erklären Sie, warum der Tisch, der extra für die Verhandlungen angefertigt wurde, rund sein musste.

M 16 Aus Reden von Papst Johannes Paul II. auf seiner 3. Polenreise (1987)

Danzig, 12. Juni 1987
Menschliche Arbeit muss entlohnt werden, aber der Lohn kann nicht die einzige Antwort auf die Arbeit sein. Der Mensch ist ja nicht nur
5 der „Ausführende", sondern auch der Mitschöpfer des Werkes, das in seiner Werkstatt entsteht. Er hat also auch das Recht, über seine Werkstatt zu bestimmen. Er hat das Recht auf Selbstverwaltung bei der Arbeit. Ausdruck
10 dessen sind unter anderem Gewerkschaften – „unabhängige und sich selbst verwaltende", wie das gerade hier in Danzig unterstrichen wurde.

Warschau, 14. Juni 1987
Ein Volk lebt nur dann authentisch sein Leben, wenn es in der ganzen Organisation des staatlichen Lebens sich als Subjekt erlebt.
5 Wenn es feststellt, dass es Herr im eigenen Hause ist, dass es durch seine Arbeit und seinen Beitrag mitentscheidet. [...] Nur dann, wenn der Mensch sich als Subjekt empfindet, wenn die Arbeit und die Wirtschaft für ihn sind, ist auch er für die Arbeit und die Wirtschaft. Nur so kann auch wirtschaftlicher 10 Fortschritt erreicht werden. Der Mensch muss immer im Vordergrund stehen.

Zit. nach: Rainer W. Fuhrmann: Polen. Handbuch Geschichte, Politik, Wirtschaft. Fackelträger, Hannover 1991, S. 158.

1 Arbeiten Sie die Argumente heraus, mit welchen sich Johannes Paul für die Gewerkschaft Solidarność einsetzt (M 18).
2 Charakterisieren Sie die Art und Weise, wie diese Argumente vorgebracht werden.

M 17 Offener Brief des Bürgerrechtlers und Historikers Jerzy Holzer an Lech Wałęsa und Wojciech Jaruzelski (1988)

Auf dem Land lastet ein Gefühl der Hoffnungslosigkeit, der Enttäuschung und der Apathie, über dem Land hängt die vergiftende Wolke des Alkoholismus, dem immer mehr Menschen auf ihrer Flucht vor der Wirklichkeit verfallen.
    Trotz aller Bemühungen der Behörden ist es ihnen seit der Ausrufung des Kriegszustan-

des nicht gelungen, die aktive Unterstützung der Mehrheit zu erlangen. Die „Solidarność", welche sich in den Jahren 1980/81 großer Sympathien erfreuen konnte, hat heute ebenfalls eine begrenzte Zahl von aktiven Anhängern. Die überwältigende Mehrheit der Gesellschaft wartet mit abnehmender Hoffnung darauf, dass ihr die Machthaber oder die „Solidarność" vor Augen führen, wie die Krise überwunden werden könnte. Aber es kommen keine überzeugenden Antworten, welche die Phantasie der Menschen beflügeln und eine reale Chance eröffnen, die Katastrophe anzuwenden. Der Kampf der Machthaber mit der „Solidarność" zerstört die Autorität beider Seiten und hinterlässt ein Vakuum.

Es ist an der Zeit, einen letzten Versuch zu machen, um zu erreichen, dass die Vertreter derjenigen, welche die Macht im Lande ausüben, und diejenigen, welche […] die Sorge um die Interessen der arbeitenden Menschen verkörpern, sich ohne Vorbedingungen, aber mit gutem Willen treffen. […] Es hat sich gezeigt, dass der Staat genauso wenig in der Lage ist, die Gesellschaft zu unterwerfen, wie die Gesellschaft außerstande ist, ihre Probleme zu lösen, wenn der Staat nicht funktioniert. […]

Herr Vorsitzender des Staatsrats, Herr Vorsitzender der „Solidarność"! Die Zukunft Polens liegt in unser aller Hände, aber auf sie blicken Ihre Mitbürger, von Ihnen erwarten sie eine Initiative. Sie haben noch eine reelle Chance, das Rad der Geschichte durch gemeinsame Anstrengungen und mit moralischer Unterstützung der Kirche in letzter Minute anzuhalten und auf eine neue Bahn zu lenken.

Polityka, 16. 1. 1988. Zit. nach: Osteuropa-Archiv Nr. 5/1988, S. A 273 f.

1 Charakterisieren Sie anhand von M 17 die Vorgeschichte des Runden Tisches in Polen.
2 Arbeiten Sie heraus, welche Akteure Holzer nennt und welche Rollen er ihnen zuschreibt.
3 Erörtern Sie die Bedeutung der Formulierung „ohne Vorbedingungen, aber mit gutem Willen".

M 18 Aus einem Gespräch des polnischen Journalisten Janusz Reiter, Beobachter am politischen Runden Tisch in Polen, mit der Sozialwissenschaftlerin Claudia Kundigraber (1990)

Kundigraber: Hat der Runde Tisch rumänische Verhältnisse verhindert, auch angesichts der wilden Streiks von 1988?
Reiter: Es gab doch Unterschiede zwischen Polen und Rumänien, z. B. war die Gesellschaft viel besser organisiert, sodass der Protest hier keine ganz wilden, unkontrollierbaren Formen annehmen musste. Die Frustration, der Hass, die Kluft zwischen den Regierenden und Regierten und der Terror war nicht so groß wie dort. […]
Trotzdem ist der Vergleich legitim, denn hier werden zwei extreme Modelle verglichen. Vielleicht hätte die polnische Situation nicht die Schärfe angenommen, wie in Rumänien, aber in ihren Grundzügen wäre sie vielleicht ähnlich gewesen.
Insofern stimmt, dass der Runde Tisch verhindert hat, dass ein Massenprotest ausbrach, der schwer kontrollierbar gewesen wäre. […] Es gab im polnischen Machtapparat durchaus Kräfte, die bereit gewesen wären, wie in Rumänien zu reagieren, aber das waren nicht die maßgebenden Kräfte.
Polen war nicht nur aus diesen Gründen anders, Polen hatte auch eine andere außen- und weltpolitische Situation. Polens Abhängigkeit vom Ausland war in vielerlei Hinsicht größer als die Rumäniens. Einmal die Abhängigkeit vom Westen, von den westlichen Wirtschaftspartnern. Aber auch die Abhängigkeit von der Sowjetunion war insofern größer, als dass Moskau einer gewaltsamen Lösung in Polen nicht einfach zugesehen hätte. Insofern war der Spielraum der polnischen Regierung geringer, gewaltsam zu reagieren. […]
Kundigraber: Wie würden Sie den Runden Tisch insgesamt und rückblickend bewerten?
Reiter: [Ich] glaube, dass der Runde Tisch sich bewährt hat, weil hier eine Konfliktlösung gefunden wurde, die dem Land Erschütterungen erspart hat. […] Dass die Ergebnisse schon bald überholt waren, spricht nicht gegen, sondern für den Runden Tisch. Der Runde Tisch

hat ein offenes Modell geschaffen, es lag in der Logik des Prozesses, dass man weitergehen konnte. Der Runde Tisch hat erweiterungsfähige Strukturen geschaffen. Die positive Entwicklung in Polen war ein Signal für die übrigen Länder.

Zit. nach: Claudia Kundigraber, Polens Weg in die Demokratie. Der Runde Tisch und der unerwartete Machtwechsel, Cuvillier Verlag, Göttingen 1997, Anhang S. V–VIII.

1 **Tabelle:** Erläutern Sie mithilfe einer Tabelle die unterschiedlichen Ausgangsbedingungen in Polen und in Rumänien Ende der 1980er-Jahre (M 18).
2 Arbeiten Sie heraus, welche Bedeutung Reiter dem Runden Tisch in Polen zumisst.
3 Diskutieren und beurteilen Sie Reiters Einschätzung.

Der rumänische „Sonderweg"

M 19 Aus der Erklärung des Zentralkomitees der Rumänischen Arbeiterpartei (22. April 1964)

Der Gedanke eines allen RGW-Ländern gemeinsamen einheitlichen Planungsorgans bringt äußerst ernste wirtschaftliche und politische Verwicklungen mit sich. Die planmäßige Leitung der Volkswirtschaft ist eine der grundlegenden, wesentlichen und unveräußerlichen Attribute der Souveränität des sozialistischen Staates – da der Staatsplan das Hauptinstrument ist, durch das dieser seine politischen und sozialwirtschaftlichen Ziele verwirklicht, die Richtungen und den Rhythmus der Entwicklung der Volkswirtschaft, ihre grundlegenden Proportionen, die Akkumulationen sowie die Maßnahmen für die Hebung des materiellen und kulturellen Lebensstands des Volkes festlegt. Die Souveränität des sozialistischen Staates setzt voraus, dass er tatsächlich und uneingeschränkt über die Mittel zur praktischen Verwirklichung dieser Attribute verfügt und sämtliche Hebel der Leitung des wirtschaftlichen und sozialen Lebens in seinen Händen hält. Der Übergang eines solchen Hebels in den Zuständigkeitsbereich überstaatlicher oder außerstaatlicher Organe würde die Souveränität in einen inhaltslosen Begriff verwandeln. [...]

Die Rumänische Volksrepublik, die sich für die Förderung normaler, gegenseitig vorteilhafter Wirtschaftsbeziehungen ohne politische Bedingungen, ohne Einschränkungen und Diskriminierungen einsetzt, entwickelt wie die anderen sozialistischen Staaten ihre Wirtschaftsbeziehungen zu allen Staaten, unabhängig von deren Gesellschaftsordnung.

M 20 Aus einer Sendung von Radio Moskau (30. Mai 1964)

Ist es nicht seltsam, dass jene, die gegen die Zusammenarbeit mit anderen sozialistischen Staaten agieren, sich wegen technischer Hilfe an kapitalistische Staaten wenden und große Summen ausländischer Währung dafür ausgeben? Die Verfasser des Schlagwortes vom Vertrauen in die eigenen Kräfte malen das Bild der wirtschaftlichen Zusammenarbeit zwischen Ländern des sozialistischen Weltsystems in düsteren Farben. Sie sagen, dass diese Zusammenarbeit zu einer Umwandlung von gewissen Ländern in Anhängsel für Rohstoffe und Landwirtschaft führen würde und dass sie ihren Status der Gleichberechtigung und, mehr noch, ihre politische Unabhängigkeit verlieren würden. Dies kann nicht anders als eine bewusste Verzerrung der wirtschaftlichen Beziehungen zwischen den sozialistischen Staaten angesehen werden. Zwischen diesen Ländern gibt es keinen Platz für ein „Diktat" oder eine Unterordnung.

M 19 und M 20 zit. nach: Curt Gasteyger, Europa von der Spaltung zur Einigung. Bundeszentrale für politische Bildung, Bonn 2001, S. 242–244.

1 Erklären Sie anhand von M 19, wie Rumänien die sowjetische Vorherrschaft infrage stellte.
2 Charakterisieren Sie die Reaktion der Sowjetunion (M 20).
3 Erklären Sie, wie sich die Politik Rumäniens gegenüber der Sowjetunion auf seine Stellung innerhalb des Ostblocks und die Beziehungen zum Westen auswirkte. Berücksichtigen Sie den Darstellungstext auf S. 166.

Herrschaftssicherung in Rumänien

M 21 Brief der Jugendorganisation Rumäniens an Nicolae Ceaușescu (1987)

Vielgeliebter und geschätzter Genosse Nicolae Ceaușescu!
Im Namen der Millionen von Pionieren und Falken¹ unseres Vaterlandes sowie aller Kinder Rumäniens möchten wir, die Teilnehmer
5 der Nationalversammlung der Pioniere, Ihnen mit besonderem Respekt und tiefer Bewunderung die erlesensten Gefühle der innigen Liebe und übergreifenden Anerkennung aus
10 tiefstem Herzen entgegenbringen, welche die jungen Nachkommen unseres Vaterlandes Ihnen, liebster Genosse Nicolae Ceaușescu – geliebter und geschätzter Führer unserer Nation, Held unter den Helden unseres Volkes,
15 einsichtsvoller Lenker des neuen Schicksals Rumäniens – bezeugen.
Wir danken für die wundervollen Lebensbedingungen, für Arbeit und Unterricht, die uns gesichert sind, für die Aufmerksamkeit
20 und väterliche Sorge, mit der Sie ständig über unserem mannigfaltigen Wachstum und Fortschritt wachen, um als Mensch den Anforderungen vom wahren revolutionären Kommunisten gerecht zu werden. [...]
25 Zum Schluss möchten wir Ihnen, vielgeliebter Genosse Nicolae Ceaușescu, nochmals die Huldigungen [...] aller Pioniere und Falken des Vaterlandes übermitteln und entrichten Ihnen [...] die besten Wünsche für Gesundheit
30 und Schaffenskraft, für neue große Erfolge bei Ihrer großen Aktivität, welche Sie ausüben, für den Ruhm und das Glück unseres gesamten Volkes, für den Frieden und die leuchtende Zukunft unseres teuren Vaterlandes, der Sozi-
35 alistischen Republik Rumäniens.

Zit. nach: Der Spiegel, Nr. 32/1987, http://www.spiegel.de/spiegel/print/d-13523622.html (letzter Download vom 28.12.2017).

1 Die „Falken" waren eine sogenannte Jungpionier-Organisation im sozialistischen Rumänien.

1 Analysieren Sie, welche Attribute Ceaușescu in dem Brief zugeschrieben werden (M 21).

2 Weisen Sie anhand von Stil und Wortwahl nach, welche Stellung Ceaușescu in Rumänien hatte.

3 Vergleichen Sie die Schilderung der Lebensbedingungen rumänischer Kinder mit den tatsächlichen Verhältnissen 1987.

M 22 Propagandaplakat in Bukarest, Fotografie, November 1989.
Der Text „Stima noastră şi mândria, Ceaușescu România" (Unsere Wertschätzung und Stolz, Ceaușescu, Rumänien) stammt aus einem verbreiteten Propagandalied.

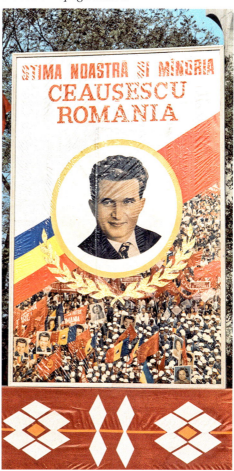

1 Analysieren Sie Gestaltung und Text des Plakats M 22 im Hinblick auf den Personenkult um Ceaușescu.

M 23 Der Zeithistoriker Thomas Kunze über den Personenkult um Nicolae Ceaușescu (2013)

An einem einzigen Tag empfing Ceaușescu den eigens für ihn geschaffenen Titel Held der Sozialistischen Republik Rumänien und den Orden Sieg des Sozialismus. Pünktlich zu jedem seiner Geburtstage erschien ein „Omagiu" – ein mehrere Kilogramm schweres Buch mit Liedern und Gesängen auf den Großen Kommandanten. Darin ließ er sich feiern als Titan der Titanen, als geliebter Führer und Wegweiser wirksamen Schaffens, als des Vaterlandes erster Diener, als Erbauer von allem, was gut und gerecht ist, als gloriose Eiche aus Scornicesti, als Garant des Reichtums Rumäniens, als Schöpfer einer Epoche von nie geahnter Erneuerung. [...] Andere nahmen schlicht Anleihen bei der Religion auf. Der Kommunist Ceaușescu als der Auserwählte, als unser irdischer Gott. [...]

Wenn der Conducator über Land fuhr, sollte er keine mageren Rinder sehen. Ein Vorauskommando postierte wohlgenährte Kühe auf den Weiden. [...] Auf einer Obstplantage in Siebenbürgen, die den Besuch des Staatschefs erwartete, ließen lokale Parteifunktionäre zusätzliche Äpfel mit Draht an den Bäumen befestigen.

Die Führervergötzung nahm im Laufe der Jahre immer bizarrere Züge an. Die Presse-, Rundfunk- und Fernsehberichterstattung verkam zu einem Einheitsbrei aus Kult, Demagogie, Halbwahrheiten und Lügen. Jeglicher Realitätsbezug verschwand.

Thomas Kunze, „Nicolai Ceaușescu – ‚Er ist der Honig der Welt'", in: Thomas Kunze/Thomas Vogel (Hg.), Oh Du, geliebter Führer. Personenkult im 20. und 21. Jahrhundert, Ch. Links Verlag, Berlin 2013, S. 80–85.

1 Nennen Sie verschiedene Ausdrucksformen des Personenkults um Ceaușescu.
2 Diskutieren Sie die Auswirkungen auf die Bevölkerung.
3 **Recherche:** Informieren Sie sich über den Personenkult in anderen kommunistischen Diktaturen (Sowjetunion, China, Nordkorea) und arbeiten Sie Gemeinsamkeiten und Unterschiede heraus.

M 24 Der Zeithistoriker Thomas Kunze über den Ceaușescu-Clan (2000)

Nicolae und Elena Ceaușescu [versorgten] vor allem Brüder und Schwester, aber auch Angehörige zweiten und dritten Grades mit hohen Posten. Ceaușescus jüngerer Bruder Ilie wurde [...] zum obersten Politkommissar des Landes und wachte darüber, dass die offiziellen Angaben über die revolutionäre Vergangenheit von Nicolae Ceaușescu durch „Forschungsarbeit" belegt wurde. Diese Aufgabe verband er mit dem Amt des stellvertretenden Verteidigungsministers.

Marin Ceaușescu wickelte als Chef der rumänischen Handelsmission in Wien diverse Geschäfte ab. Er versorgte die rumänische Nomenklatura mit westlichen Luxusgegenständen und kümmerte sich aktiv um den Aufbau eines Spionagenetzes sowie um Waffengeschäfte. [...]

Ilie Verdet, der Ehemann von Nicolae Ceaușescus jüngerer Schwester Maria, wurde 1978 stellvertretender Ministerpräsident in der Regierung Manescu. 1980 folgte er Manea Manescu dann als Regierungschef nach, der seinerseits zu einem der mächtigsten Männer im Politischen Exekutivkomitee aufstieg. Denn auch Manescu hatte in die Familie Ceaușescu eingeheiratet. Gheorghe Petrescu, ein Bruder von Elena Ceaușescu, [...] leitete das Ministerium für Maschinenbau. [...] An den Schalthebeln der Macht saß auch Nicolae-Andruta, ein weiterer Ceaușescu-Bruder. Er kommandierte im Rang eines Generalleutnants die Offiziersschule der Securitate in Bukarest und kontrollierte im Innenministerium die Polizei und den Geheimdienst. Bruder Florea Ceaușescu hatte eine leitende Funktion bei der Parteizeitung „Scinteia" inne. Er kümmerte sich um die regimetreue Berichterstattung der Medien.

Für die Angehörigen der Familien von Elena und Nicolae Ceaușescu galt das 1972 eingeführte Prinzip der Kaderrotation nicht. Viele Verwandte brachte das Herrscherpaar zudem geschickt auf Stellvertreterposten unter. So konnten sie Kontrolle ausüben, aber die Verantwortung für etwaige Fehler mussten die jeweiligen Vorgesetzten tragen, die natürlich ihrerseits dem Kaderrotationsprinzip unterlagen.

Thomas Kunze, Nicolae Ceaușescu, Ch. Links Verlag, Berlin 2000, S. 242–244.

1 Erläutern Sie die Personalpolitik, mit der Ceaușescu seine Herrschaft sicherte.

M 25 Der Politikwissenschaftler Wolf Oschlies über die Ceaușescu-Herrschaft und die Haltung des Westen (1998)

Ceaușescu [hatte] sich gewissermaßen entschieden, dass der gesamte Staat Rumänien sein und seines Clans Privatbesitz wäre und dass alle Organisationen und Institutionen
5 diesen Besitzanspruch durchzusetzen hätten – die Regierung durch die entsprechenden Gesetze, die PCR durch die ideologische Legitimierung, die Armee durch äußere Sicherung und die Securitate durch inneren Terror.
10 Natürlich dauerte es ein paar Jahre, bis Rumänien sozusagen in der „Privatschatulle" Ceaușescus verschwand, aber spätestens eingangs der 1980er-Jahre war es dann so weit: Rumänien gehörte Ceaușescu und seiner Fa-
15 milie, und wenn dieser Clan von seinem Besitz überhaupt etwas herausrückte, dann um seine ergebenen Diener und Helfer in Nomenklatura und Securitate erfolgreicher zu mafiöser Loyalität zu verpflichten. Und all das wurde
20 im Westen viel zu spät bemerkt: Die von Henry Kissinger auf Ceaușescus angebliche „Unabhängigkeit gegenüber den Russen" festgelegte amerikanische Politik hielt an dieser Fehlperzeption überlange fest [...]. Seit 1978 finan-
25 zierte die Bundesrepublik dieses Regime ganz direkt, als es auf dessen Forderung einging, für jeden ausreisenden Deutschen eine „Kopfsteuer" [...] zu zahlen. [...]
Im übrigen Osteuropa stand eine gut orga-
30 nisierte und mit klaren Konzepten ausgestattete Dissidentenszene bereit [...], in Rumänien war dergleichen so gut wie inexistent. [...] Václav Havel[1] hat einmal gesagt, dass jeder Dissident in dem Bewusstsein agierte, dass
35 seine Aktivitäten im Westen wahrgenommen würden. Der Westen aber bewunderte jahrzehntelang Ceaușescu, und das reichte hin,

potenzielle rumänische Dissidenten von vornherein abzuschrecken, weil sie sich verlassen und machtlos vorkommen mussten.
40

Wolf Oschlies, Ceaușescus Schatten schwindet. Politische Geschichte Rumäniens 1988–1998, Böhlau Verlag, Köln/Weimar/Wien 1998, S. 28–31.

1 Václav Havel war ein führender Regimekritiker in der kommunistischen Tschechoslowakei. Nach der „samtenen Revolution" von 1989 wurde er Staatspräsident.

1 Beschreiben Sie Aufbau und Funktionsweise von Ceaușescus Herrschaftssystem (M 25).
2 Charakterisieren Sie die Stellung von Oppositionellen in Rumänien.
3 Arbeiten Sie die Argumente des Autors für seine Einschätzung heraus, wonach der Westen einen beträchtlichen Beitrag zur Stabilisierung dieses Systems leistete.
4 Diskutieren und beurteilen Sie diese Einschätzung.

M 26 Akten des rumänischen Geheimdienstes Securitate, Fotografie, 2000.
Die Securitate trug in ihren Archiven 1,5 Millionen Akten mit Informationen zu „Verdächtigen" zusammen, wobei jede Akte ca. 200 Seiten umfasste. Besonders berüchtigt waren die Gefängnisse und „psychiatrischen Anstalten" der Securitate.

1 Informieren Sie sich über die Rolle der Securitate im System Ceaușescu.

M 27 Parlamentspalast in Bukarest, Fotografie, 2007.
Das „Haus des Volkes", mit 7 000 Räumen eines der größten Gebäude der Welt, wurde von 1984 an gebaut. Zeitweise waren 20 000 Arbeiter auf der Baustelle beschäftigt, die Kosten werden auf zwei Milliarden US-Dollar geschätzt.

M 28 Offener Brief der Bürgerrechtlerin Doina Cornea an Ceaușescu (4. April 1989)

Die Hochschullehrerin stand seit 1987 in Klausenburg unter Hausarrest.

Das rumänische Volk und, wie ich meine, Sie ebenfalls befinden sich an einer Wegkreuzung. Die Herrschaft, die Sie uns gegen unser eigentliches Wesen, gegen unsere moralische und auch biologische Existenz aufzwingen, ist ermüdend und immer schwerer zu ertragen. Unsere liebsten und ältesten Kirchen haben Sie zerstört. Die Grabstätten unserer Fürsten haben Sie geschändet. Jahrhundertealte Dörfer unseres Landes haben Sie niederzureißen, ihre natürliche Ordnung zu zerstören begonnen. Das innerste Wesen der Menschen haben Sie zermalmt, ihre Hoffnungen und berechtigten Wünsche entwürdigt, ihr Gewissen erniedrigt, indem Sie sie unter Druck und Terror zwangen, die Lüge für Wahrheit und die Wahrheit für Lüge zu nehmen — dass sie also ihrer eigenen moralischen Verstümmelung zustimmten. Und nun sind die Dichter an der Reihe.

Muss die Tatsache noch besonders erläutert werden, dass die Dichter die Seele unseres Volkes sind? Die Dichter, und nicht die sterile (wenn auch manchmal gereimte!) Ideologie, die Sie uns aufzwingen. [...] Machen Sie Schluss mit dieser repressiven Politik, die weit zerstörerischer ist als das wirtschaftliche Desaster, in das Sie uns geführt haben! Ana Blandiana, Dan Desliu, Mircea Dinescu[1] gehören unserem ganzen Volk, sie sind nicht Ihr Privateigentum. Es sind Dichter der Wahrheit, sie verkörpern und beschützen unser Wesen. Sie zum Schweigen zu bringen ist ein Verbrechen wider den Geist. Sie können sie nicht bestrafen, erniedrigen, mit Schreibverbot belegen, es sei denn, Sie begingen Verrat an dem, was den tiefsten Sinn unserer Existenz ausmacht. [...]

Machen Sie Schluss mit der Verfolgung ehemaliger kommunistischer Funktionäre, die Ihnen zu Recht vorgeworfen haben, das Land auf den Weg eines anachronistischen und repressiven Sozialismus geführt zu haben. Deren Vorschläge zu beachten, um das Land vor dem Untergang zu retten, wäre viel klüger. Sicher ist: Das Volk hat seit langem schon die Art von Sozialismus satt, den Sie verwirklichen wollen.

Süddeutsche Zeitung vom 17.04.1989, http://www.2plus4.de/chronik.php3?date_value=12.04.89+-14.&sort=001-000 (Download vom 10.11.2017).

---

1 bekannte rumänische Dissidenten

1 Analysieren Sie die Vorwürfe Corneas gegen Ceaușescu (M 28).
2 Ordnen Sie die Vorwürfe in den historischen Kontext ein. Berücksichtigen Sie dabei auch M 27.
3 Vergleichen Sie Corneas Appell im Hinblick auf Voraussetzungen und Wirkung mit dem Offenen Brief des polnischen Dissidenten Jerzy Holzer (M 17).

M 29 Aus einer Rede des deutschen Bundespräsidenten Richard von Weizsäcker (14. Oktober 1988)

Die Rede wurde in Lübeck auf der Schlusskundgebung einer Kampagne des Europarates für den ländlichen Raum gehalten.
Der Reichtum der europäischen Kultur spiegelt sich auch in der Vielfalt seiner Landschaften und Dörfer, in den bäuerlichen Lebensweisen und Traditionen wider. […] Dieses Erbe ist
5 kein Vorbehaltsgut allein des Westens oder des Ostens […]. Auch deshalb verfolgen wir mit großer Sorge und Betroffenheit […] die Pläne der rumänischen Regierung, in den nächsten Jahren Tausende von Dörfern der
10 Gefahr der Verödung auszuliefern. Die Folgen dieses sogenannten Systematisierungsprogrammes wären schrecklich, nicht nur für das gemeinsame europäische Kulturerbe, das damit zerstört würde, sondern vor allem für die
15 Menschen, die gegen ihren Willen aus der heimatlichen Umgebung herausgerissen [werden] oder eine seelenlose Umgestaltung hinnehmen sollen. Die Angleichung der Lebensbedingungen von Stadt und Land, wie es das
20 erklärte Ziel eines solchen Programmes ist, lassen sich nicht dadurch erreichen, dass man eine bewährte Lebensgrundlage der Menschen einfach zerstört. Ich bitte die rumänische Regierung, die geplanten Maßnahmen zu
25 überprüfen.

https://www.bundesregierung.de/Content/DE/Bulletin/1980–1989/1988/134-88_Weizsaecker.html (Download vom 28.12.2017).

1 Geben Sie von Weizsäckers Argumente gegen das „Programm zur Systematisierung der Dörfer" wieder.

Der gewaltsame Sturz des Ceaușescu-Regimes

M 30 Der Dichter Mircea Dinescu über den 22. Dezember 1989 (2009)

Der Ausbruch der Revolution fand mich zu Hause. Ich wusste gar nicht, was vor sich ging. Ich stand unter Hausarrest, weil ich der französischen Zeitung „Libération" ein Interview gegeben hatte. Es erschien am 17. März 1989. 5
Am nächsten Tag wurde ich aus der Redaktion von „Romania literara", wo ich angestellt war, gefeuert. Und da blieb ich zu Hause und schrieb Gedichte bis zum 22. Dezember.
  Am Tor meines Hauses wachten sechs 10
Agenten pro Schicht, insgesamt also 18 Mann, die dank dem „großen Dichter" ein leicht verdientes Brot bekamen. Plötzlich kam dann eine Nachbarin und sagte mir, die Agenten wären geflüchtet. Ich verließ das Haus und, 15
tatsächlich, das Auto, das zehn Monate lang vor meiner Tür wachte, war verschwunden. Auf der Straße traf ich auf eine Menschenkolonne, deren Anführer Geza Domokos erkannte mich und hielt die Menschen an: „Das ist 20
der Dichter aus dem Radio Freies Europa!" Die Menge warf mich dreimal in die Luft, abgefangen haben sie mich allerdings nur einmal, sie setzten mich auf einen mit roten Fahnen geschmückten Panzerwagen und los 25
ging's zum Rumänischen Fernsehen, wie in einem schlechten Film über die kubanische Revolution.
  Jemand verkündete dann, das Fernsehgebäude sei umstellt. Ich fragte nur: „Gehen 30
wir?" – „Wir gehen!" Die Meute setzte sich in Bewegung und riss mich mit. Beim Fernsehen hatten sich die Soldaten schon mit den Mädchen aus der Menschenmenge angefreundet, Fensterscheiben wurden eingeschlagen. Es 35
kam eine weitere Kolonne, mit Ion Caramitru, ein berühmter Schauspieler. Da wir beide aus „Radio Free Europe"[1] bekannt wie ein bunter Hund waren, hieß es, wir sollen zur Bevölkerung sprechen. Die haben uns eine Stunde 40
lang gefilmt, wir wussten gar nicht, was los war, und erwarteten jeden Moment die Secu-

ritate. Als wir sahen, dass nichts dergleichen geschieht, legten wir los.

Aus einem Interview mit der österreichischen Tageszeitung „Die Presse" vom 11.10.2009, http://diepresse.com/home/kultur/literatur/514267/Dinescu_Man-ueberlebt-wie-bei-Ceausescu (Download vom 7.11.2017).

---

1 Radio Free Europe: US-amerikanischer Rundfunksender, der während des Kalten Krieges von München aus Hörer in Osteuropa mit Informationen aus dem Westen versorgte.

---

1 Ordnen Sie Dinescus Schilderung mithilfe des Darstellungstextes auf S. 167 f. in den Ablauf der Revolution ein.

M 31 Massendemonstrationen in Bukarest gegen Ceaușescu, Fotografie, Dezember 1989

1 Diskutieren Sie den Zusammenhang zwischen den Unruhen auf der Straße und der schnellen Verurteilung und Hinrichtung des Ehepaars Ceaușescu.

M 32 Die Bürgerrechtlerin Doina Cornea über eine „gestohlene Revolution" (1990)

[Ich] habe die Begriffe geklärt, habe gesagt, dass ich das eine Revolte nenne (keine Revolution), was die jungen Leute gemacht haben, die Massen, die auf die Straße gegangen sind, unter Kugeln und in verschiedenen Städten. [...] Die Menschen haben sich spontan erhoben, sie haben eine antikommunistische Revolte gemacht, natürlich auch eine gegen Ceaușescu. Nur hatten die, die revoltierten, nach der Befreiung überhaupt keine Struktur zur Verfügung. Im Gegenteil: Ihnen gegenüber standen jene, die schon eine Macht fertig vorbereitet hatten, die Fortsetzung einer Macht, die von ehemaligen Kommunisten repräsentiert wurde, welche sich mit Ceaușescu in einen Machtkampf eingelassen hatten, nicht in einen ideologischen Konflikt zum Sturz des Systems.

Aus einem Interview mit der rumänischen Wochenzeitschrift „Revista 22", Nr. 37/1990 vom 28.9.1990. Zit. nach: Wolf Oschlies, Ceausescus Schatten schwindet. Politische Geschichte Rumäniens 1988–1998, Böhlau Verlag. Köln/Weimar/Wien 1998, S. 43.

M 33 Der Zeithistoriker Thomas Kunze über eine „gestohlene Revolution" (2000)

Lief in den Dezembertagen ein Staatsstreich ab, oder wurde die Revolution von der neuen Führung, einer kleinen Clique von Postkommunisten, „gestohlen"? [...]

Die Theorie der gezielten Provokation der Volksrevolte im Rahmen einer Verschwörung von abgefallenen Funktionären und Militärs ist unwahrscheinlich. Dagegen kann gewiss angenommen werden, dass in kleinen, privaten Kreisen von Funktionären und Militärs Alternativen zur Ceaușescu-Herrschaft diskutiert wurden. Die Volksrevolte, die von Temeswar aus durch das Land fegte, stürzte den Diktator und schuf ein Machtvakuum an der Spitze des Staates. Es wurde nicht „vom Volk" gefüllt, sondern von Mitgliedern der Kaste, die über das notwendige Know-how verfügten. Während man den Fernsehbildschirm zunächst noch enthusiastischen jungen Revolutionären überließ, wurden im Hintergrund Fäden gezogen, Verbindungen aufgebaut und interne Machtkämpfe ausgetragen. Die These, in Rumänien habe ein „revolutionärer Staatsstreich" stattgefunden, der sich aus zwei sich teils überschneidenden, teils sich bedingenden Handlungssträngen zusammensetzte, ist somit ein Kompromiss.

Thomas Kunze, Nicolae Ceaușescu, Ch. Links Verlag, Berlin 2000, S. 391 f.

1 Klären Sie mithilfe eines Politiklexikons die Begriffe Revolution, Revolte und Staatsstreich.
2 Analysieren Sie, warum Cornea die rumänische Revolution nur als „Revolte" bezeichnet (M 32).
3 Erläutern Sie Kunzes Einschätzung der Ereignisse (M 33).
4 In der politischen und historischen Debatte über den Umbruch in Rumänien wird häufig der Begriff der „gestohlenen" oder „unvollendeten" Revolution verwendet. Erörtern Sie die Gründe dafür.

Der Übergang in ein demokratisches System

M 34 Polizisten greifen Demonstranten an, die in Bukarest gegen die Iliescu-Regierung protestieren, Fotografie, Juni 1990

1 Beschreiben Sie den Umgang mit Regierungskritikern in Rumänien 1990.

M 35 Die Politikwissenschaftlerin Anneli Ute Gabanyi über den Runden Tisch in Rumänien (1998)

Der „Provisorische Rat der Nationalen Einheit" tagte vom 8. Februar bis zum 20. Mai 1990 in Bukarest.
Von den 253 Sitzen am rumänischen Runden Tisch sicherte sich der Rat der Front der Nationalen Rettung die Hälfte, die restlichen Sitze teilten sich die Vertreter der neu zugelassenen
5 politischen Parteien und Organisationen. [...]

An den tatsächlichen Machtverhältnissen änderte die Gründung des Runden Tisches wenig. Kritiker dieses Gremiums verwiesen darauf, dass die Vertretung der Opposition in diesem Organ bestenfalls symbolisch gewesen sei. Ion Iliescu war zugleich der Vorsitzende des Rates der Front der Nationalen Rettung und des Runden Tisches. [...]
Es war die Aufgabe des im Sinne eines Vorparlaments agierenden Provisorischen Rates der Nationalen Einheit, die gesetzlichen Voraussetzungen für die Wahlen zur Verfassunggebenden Versammlung zu schaffen. Doch die im Wahlgesetz vom 18. März 1990 enthaltenen Bestimmungen gehen weit über den Rahmen einer Wahlgesetzgebung hinaus. Tatsächlich stellte dieses Dekretgesetz eine vorweggenommene Verfassung dar. Sie enthielt detaillierte Vorgaben zur künftigen Staatsform (Präsidialrepublik), zum Wahlmodus des Staatspräsidenten (allgemeine direkte Wahlen), zur Struktur des künftigen Parlaments (ein Zweikammer-System) und zur Schaffung neuer Institutionen wie des Obersten Nationalen Verteidigungsrats. [...]
In allen ehemals kommunistischen Staaten spielte die Frage der machtpolitischen Stellung des Staatspräsidenten eine herausragende Rolle. In Rumänien hatte der Rat der Front der Nationalen Rettung seit seinem Machtantritt das Ziel verfolgt, die starke Position des Präsidenten in der neuen Verfassung abzusichern. Die neue Führungsgruppe war dabei von der Annahme ausgegangen, dass sie stark genug sein würde, die mit derart weitreichenden Prärogativen[1] ausgestattete Funktion mit einem Vertreter ihrer Wahl zu besetzen. Die am rumänischen Runden Tisch vertretenen Oppositionsparteien waren ihrerseits zu schwach und zu uneinig, um diese Strategie der Führung zu vereiteln.

Anneli Ute Gabanyi, Systemwechsel in Rumänien. Von der Revolution zur Transformation. R. Oldenbourg Verlag, München 1998, S. 212 f.

1 Prärogative = Vorrechte

1 Fassen Sie zusammen, welche Entscheidungen am Runden Tisch in Rumänien getroffen wurden (M 35).

2 Charakterisieren Sie die Rolle der Opposition.

3 Vergleichen Sie die politische Bedeutung der Runden Tische in Polen und in Rumänien. Berücksichtigen Sie dabei auch M 20.

M 36 Der Politikwissenschaftler Wolf Oschlies über die Transformation in Rumänien (1998)

Der jugendliche Impetus der Revolution wurde sehr bald durch kalte Polit-Profis, bei Ceaușescu in Ungnade gefallene und darum nur „zufällig" zur Revolution gestoßene Par-
5 teigänger des Regimes ausgespielt und abgetötet. [...]

Die zu Jahresbeginn 1990 [...] allgemeine Identifikation der PCR mit Ceaușescu war gefährlich für die FSN, deren Führung zum größ-
10 ten Teil aus langjährigen PCR-Mitgliedern bestand. Demgegenüber insistierte Iliescu darauf, dass die FSN-Führung aus „Menschen mit voller moralischer Autorität, die sich des Vertrauens der Bürger erfreuten", bestünde.
15 Mit diesem vagen Kriterium der „moralischen Autorität" hatte es die FSN von Anfang an geschafft, zwei Hauptstützen des Ceaușescu-Regimes auch zu den ihrigen zu machen: Erstens die Armee, die kollektiv rehabilitiert und
20 als Freund und Helfer des ganzen Volks hingestellt wurde. Und zweitens Ceaușescus Geheimpolizei Securitate [...]. Die Securitate wurde kurz nach der Revolution der Armee unterstellt, was sie ebenso unangreifbar wie
25 manipulierbar durch alte Ceaușescu-Kader machte [...], und in den Folgejahren faktisch parlamentarischer Kontrolle entzogen. [...]

In den ersten Monaten und Jahren nach der Revolution tauchten in der rumänischen poli-
30 tischen Debatte immer wieder die Wörter frică und teamă auf, die beide Angst, Furcht bedeuten. Die Angst war vom Ceaușescu-Regime systematisch erzeugt worden, aber nach dessen Ende nicht geschwunden – in Ru-
35 mänien verblieb auch nach dem Dezember 1989 eine „verschreckte Gesellschaft". Die Jugendlichen hatten Angst, dass sie trotz der Revolution ein Leben wie ihre Eltern führen müssten. Die Bauern fürchteten um ihr Land,
40 die Arbeiter um ihre Arbeitsplätze, die Soldaten hatten Angst davor, wieder die Garde einer neuen Nomenklatura werden zu müssen. Die FSN-Mitglieder fürchteten sich vor der eigenen Führung, die Oppositionsparteien vor der
45 wachsenden Macht der FSN, die Regierung vor einer Überforderung durch die unumgänglichen Reformen – selbst der Präsident hatte Angst, dass er zum Rücktritt gezwungen werden könnte, bevor er seine Macht ausrei-
50 chend abgesichert hatte. [...] Doppelt demaskierend für das Iliescu-Regime aber war, dass es sich die allgemeine Furcht zunutze machte, um Reformen zu verschleppen oder im Namen einer vorgeblichen „Humanisierung der
55 Wirtschaft" gar nicht erst zu beginnen [...].

Wolf Oschlies, Ceaușescus Schatten schwindet. Politische Geschichte Rumäniens 1988–1998, Böhlau Verlag, Köln/Weimar/Wien 1998, S. 54–57.

1 Charakterisieren Sie die Stimmung in Rumänien nach dem Sturz des Ceaușescu-Regimes (M 36).

2 Erläutern Sie die Strategie, mit der die FSN ihre Macht sicherte.

3 Diskutieren Sie, warum die Voraussetzungen für den Übergang in ein demokratisches System in Rumänien ungünstiger waren als in Polen.

Einen historischen Vergleich durchführen

Der Vergleich ist eine grundlegende wissenschaftliche Methode: Jede Klassifikation und jede Typologie beruht auf Vergleichen. Der Historiker Hans-Ulrich Wehler bezeichnete die international vergleichende Geschichtsschreibung sogar als „Königsweg der Geschichtswissenschaft". Wenn zwei oder mehr historische Phänomene auf Gemeinsamkeiten und Unterschiede untersucht werden, können:
- historische Besonderheiten besser erkannt, verstanden und beschrieben werden,
- anhand der Unterschiede neue historische Fragestellungen nach deren Ursachen aufgeworfen werden,
- gängige historische Erklärungen auf ihre Validität überprüft werden,
- historische Alternativen aufgezeigt werden, da der Vergleich das historische Phänomen als eine von mehreren Möglichkeiten erkennbar macht.

Tipp: sprachliche Formulierungshilfen S. 296 f.

Webcode: KH301261-185

Arbeitsschritte für die Interpretation

Vergleichskriterien	Polen	Rumänien
1. Situation vor dem Umbruch – Herrschaftsstrukturen – Wirtschaftslage – Stellung der Opposition – Außenpolitische Beziehungen		
2. Ursachen des Umbruchs – Langfristige Ursachen – Kurzfristige Ursachen – Maßgebliche Akteure – Hemmende Faktoren		
3. Verlauf des Umbruchs – Dauer – Grad der Strukturiertheit – Grad der Gewalt		
4. Folgen des Umbruchs – Kurzfristige Folgen – Langfristige Folgen		

Erarbeiten Sie Präsentationen

Thema 1
Schwierige Nachbarschaft – die deutsch-polnischen Beziehungen seit 1991

Mit der Unterzeichnung des deutsch-polnischen Nachbarschaftsvertrags 1991 traten die Beziehungen beider Länder in eine neue Phase. Welche Erfolge und welche Belastungen prägten die weitere Entwicklung der Beziehungen? Wie ist ihr aktueller Stand?
Fertigen Sie auf Basis der zusammengetragenen Informationen eine Mindmap an und präsentieren Sie diese in Ihrem Kurs.

Literaturtipps
Dieter Bingen, Hans-Jürgen Bömelburg, Peter Oliver Loew, Andrzej Klamt (Hg.), Die Deutschen und die Polen. Geschichte einer Nachbarschaft, Theiss, Darmstadt 2016.

Dialog. Deutsch-Polnisches Magazin Nr. 115/2016 zum Thema „1991–2016: Jubiläum des deutsch-polnischen Nachbarschaftsvertrages" und Nr. 119/2017 zum Thema „30 Jahre Dialog", hg. von der Deutsch-Polnischen Gesellschaft, Berlin.

Thema 2
Doch kein „dicker Schlussstrich"? Die Aufarbeitung der kommunistischen Vergangenheit in Rumänien und Polen im Vergleich

Wie gingen Polen und Rumänien nach dem Umbruch von 1989/90 mit der Vergangenheit um? Wie groß war das öffentliche Interesse an diesem Thema? In welchem Ausmaß wurden die Verantwortlichen für Verbrechen zur Rechenschaft gezogen?
Beschäftigen Sie sich arbeitsteilig mit den Bereichen Justiz, Politik, Literatur, Erinnerungskultur (Museen, Denkmäler) und Film in jeweils einem Land. Stellen Sie Ihre Ergebnisse in einem Referat vor.

Literaturtipps
Wolf Oschlies, Ceaușescus Schatten schwindet. Politische Geschichte Rumäniens 1988–1998, Böhlau Verlag, Köln/Weimar/Wien 1998.

Dieter Bingen, Die Aufarbeitung der kommunistischen Vergangenheit in Polen. Bundesinstitut für ostwissenschaftliche und internationale Studien, Köln 1997. *(auch online zugänglich)*

M 1 Symbolisches Tor am Grenzübergang nach Polen in Ahlbeck, Usedom, Fotografie, 2016

Webcode:
KH301261-186

M 2 Denkmal für die Opfer des Kommunismus in der Gedenkstätte Memorial Sighet in Rumänien, Fotografie, 2012

Überprüfen Sie Ihre Kompetenzen

M 3 Wandgemälde in Danzig, in einer Wohnsiedlung aus den 1980er-Jahren, Fotografie, 2012

Zentrale Begriffe

Danziger Abkommen
Kriegsrecht
„Neues Denken"
Personenkult
Postkommunismus
Rumänische Revolution
Runder Tisch
Solidarność

Sachkompetenz
1 Erläutern Sie die politischen Reformversuche, mit denen die polnische Regierung auf die Staatskrise der 1980er-Jahre reagierte.
2 Charakterisieren Sie die Stellung Nicolae Ceaușescus in Rumänien und die Maßnahmen, mit denen der Diktator die Machtverhältnisse zu stabilisieren versuchte.
3 Beschreiben Sie den gewaltsamen Sturz des Ceaușescu-Regimes.

Methodenkompetenz
4 Interpretieren Sie das Wandgemälde. Analysieren Sie davon ausgehend die politische Rolle der katholischen Kirche in Polen.

Urteilskompetenz
5 Beurteilen Sie die Bedeutung der Runden Tische als Übergangsinstrument in ein demokratisches System.
6 Der Historiker Timothy Garton Ash bezeichnete den Umbruch in Polen als „Refolution" (Mischung aus Reform und Revolution). Diskutieren Sie über diesen Begriff und vergleichen Sie ihn mit der Bezeichnung „revolutionärer Staatsstreich" für den Umbruch in Rumänien.

8 Friedliche Revolution in der DDR 1989/1990 (Wahlmodul 4)

Kompetenzen erwerben

Sachkompetenz:
- die Systemkrise in der DDR darstellen
- die ideologische Erstarrung der SED-Führung als Reaktion auf den Wandlungsprozess in Osteuropa erklären
- die Möglichkeiten von Distanz und Opposition zum SED-Staat charakterisieren
- den Weg der DDR von der Friedlichen Revolution zur Wiedervereinigung beschreiben

Methodenkompetenz:
- Fotografien analysieren
- historische Spielfilme untersuchen

Urteilskompetenz:
- das Handeln der historischen Akteure in der Friedlichen Revolution beurteilen
- die Frage, ob es sich bei dem Umbruchprozess im Herbst 1989 um eine Revolution oder einen Zusammenbruch handelte, diskutieren

Revolution – Wende – Zusammenbruch?

Die Jahre 1989/1990 gelten in der deutschen Geschichte als **Epochenjahre**. Nach vier Jahrzehnten wurde die Teilung Deutschlands in zwei Staaten überwunden. Symbolhaft verdichtet sich diese historische Zäsur im Fall der Berliner Mauer am 9. November 1989 und im Beitritt der DDR zur Bundesrepublik Deutschland am 3. Oktober 1990. Ermöglicht wurde die deutsche Wiedervereinigung durch die „Friedliche Revolution" in der DDR. Allerdings werden für die Ereignisse im Herbst 1989 unterschiedliche Termini verwendet. In der ostdeutschen Bevölkerung ist der Begriff **„Wende"** bis heute weit verbreitet. Er geht zurück auf Egon Krenz, der als Nachfolger von SED- und Staatschef Erich Honecker in seiner Antrittsrede am 18. Oktober 1989 ankündigte, die SED werde nun eine „Wende" einleiten. Er meinte damit jedoch keinen Systemwechsel und schon gar nicht die Wiedervereinigung. In der wissenschaftlichen Literatur hat sich dagegen der Begriff **„Friedliche Revolution"** durchgesetzt. Damit werden zum einen der friedliche Verlauf und zum anderen die Rolle des Volkes in dem Umbruchprozess betont. Das Attribut „friedlich" deutet jedoch auf eine Relativierung des Revolutionsbegriffes hin. Daher sprechen einige Historiker von einem **„Zusammenbruch"**. Der Begriff der „Friedlichen Revolution" sei eine geschichtspolitische Konstruktion von Bürgerrechtlern. Die mangelnde Gegenwehr des SED-Staates lasse eher auf eine Aushöhlung der bestehenden politischen Verhältnisse schließen, die die Herrschaft der SED am Ende wie ein Kartenhaus zusammenfallen ließ.

Geschichte und Theorie: Revolutionen siehe S. 210 ff.

Die Systemkrise in der DDR

Die Krisensymptome in der DDR reichen bis in die 1970er-Jahre zurück. Nach der Entmachtung des langjährigen SED- und Staatschefs Walter Ulbricht im Jahr 1971 übernahm Erich Honecker dessen Ämter und verkündete ein Jahr später das Programm der „Einheit von Wirtschafts- und Sozialpolitik". Die SED-Führung wollte den Lebensstandard der Bevölkerung erhöhen, um deren Loyalität zum System zu stärken. Hierfür wurde eine Reihe sozialpolitischer Maßnahmen umgesetzt, beispielsweise eine Verbesserung der Wohnverhältnisse durch Neubau- und Sanierungsprogramme, die Erhöhung von Mindestlöhnen und Renten sowie die Einführung des Babyjahres. Selbst Wirtschaftsexperten in der eigenen Führung warnten vor einer Überforderung der wirtschaftlichen Leistungsfähigkeit der DDR (M 10). Denn diese sozialpolitischen Wohltaten mussten neben der staatlichen Subventionierung von Mieten und Waren des täglichen Bedarfs gegenfinanziert werden. Da insbesondere die Arbeitsproduktivität niedrig blieb, mussten ständig neue Kredite aufgenommen werden. Die Verschuldung stieg unaufhaltsam an. Verschärft wurden die finanzwirtschaftlichen Probleme durch die internationalen Ölkrisen 1973 und 1979.

M1 Erich Honecker (Reg. 1971–1989), offizielles Propagandafoto, ca. 1980

Die prekäre Finanzsituation war für die Bevölkerung angesichts der ständigen Erfolgspropaganda der gleichgeschalteten DDR-Medien nicht genau ersichtlich. Es blieb jedoch nicht verborgen, dass die DDR für den Erhalt von Devisen ihre hochwertigen Güter in den Westen exportieren musste, statt sie der eigenen Bevölkerung zur Verfügung zu stellen. Und die Arbeiter sahen, dass die notwendige technologische Modernisierung in den Betrieben aufgrund fehlender Mittel ausblieb. Eine drohende Zahlungsunfähigkeit konnte 1983 nur durch einen vom damaligen CSU-Vorsitzenden Franz Josef Strauß vermittelten Milliardenkredit abgewendet werden. Im Gegenzug erklärte sich die SED-Führung bereit, die ab 1970 noch unter Ulbricht installierten Selbstschussanlagen an der innerdeutschen Grenze wieder abzubauen.

Die ökonomische Krise zeigte sich auch in den ökologischen Problemen. Für den Umweltschutz stand kein Geld zur Verfügung und die Verteuerung des importierten Öls machte einen verstärkten Braunkohleabbau im Inland notwendig. Die Verbrennung der Braunkohle führte in den Industriezentren zu einer hohen Luftverschmutzung durch Schwefeldioxid. Dramatisch war auch die Wasserverschmutzung in dem von Chemiebetrieben dicht besiedelten Raum Halle, Leipzig und Bitterfeld.

Ungeachtet der ökonomischen und ökologischen Krise verschärften sich auch die innenpolitischen Probleme. Denn Honeckers sozialpolitisches Reformprogramm war nicht begleitet von einer Lockerung des Herrschaftsanspruches der SED. Im Gegenteil: In der

M2 Marode Häuser in einem Wohnbezirk in Gotha/Thüringen, Fotografie, 1989

Wirtschaft wurden die gut funktionierenden Reste der Privatwirtschaft zerschlagen. Zugleich baute die SED-Führung angesichts der steigenden Unzufriedenheit in der Bevölkerung den Überwachungsapparat aus, indem sie beispielsweise die Zahl der hauptamtlichen und inoffiziellen Mitarbeiter der Staatssicherheit (Stasi) erhöhte. Dennoch entstanden unter dem Dach der evangelischen Kirche kleinere oppositionelle Gruppen, die sich insbesondere für Bürgerrechte und Umweltschutz engagierten. Sie beriefen sich dabei auf die 1975 auch von der DDR unterzeichnete KSZE-Schlussakte. Darin verpflichteten sich die Staaten zur Wahrung der Menschenrechte. Die SED-Führung hielt sich jedoch nicht daran, sondern verfolgte und kriminalisierte Oppositionelle.

Die Unzufriedenheit der DDR-Bürger mit der wirtschaftlichen und politischen Situation führte in den 1980er-Jahren zu einer **Glaubwürdigkeitskrise**. Viele Menschen gaben die Hoffnung auf bessere Verhältnisse auf. Die politische Distanz zum Staat wuchs. Vor allem viele Jüngere waren nicht mehr bereit, die fehlenden Freiheiten, die begrenzten Reisemöglichkeiten sowie die gelenkte Berufsausbildung und die eingeschränkten Studienmöglichkeiten einfach hinzunehmen. Immer mehr Bürger stellten einen Antrag auf „Ständige Ausreise" aus der DDR, um in die Bundesrepublik überzusiedeln. 1987 überschritt die Zahl der Ausreiseanträge die 100 000-Marke.

Die Reaktion des SED-Staates

Die Systemkrise verschärfte sich durch Reformunwilligkeit der SED-Führung, die sich in der **ideologischen Erstarrung als Reaktion auf den Wandlungsprozess in Osteuropa**, insbesondere in der Sowjetunion, zeigte. Die SED-Führung begrüßte zwar die vom sowjetischen Staats- und Parteichef Michael Gorbatschow (Reg. 1985–1991) eingeleitete Phase der Entspannungspolitik, weigerte sich aber, die innenpolitischen Reformen, „Perestroika" (russ. = Umgestaltung) und „Glasnost" (russ. = Offenheit, Öffentlichkeit), auf die DDR zu übertragen. Stattdessen propagierte sie den „Sozialismus in den Farben der DDR", obwohl über Jahrzehnte die Parole „Von der Sowjetunion lernen heißt siegen lernen" galt.

M 3 Militärparade zum 40. Jahrestag der DDR in Ost-Berlin am 7. Oktober 1989, Fotografie

Ein besonders offensichtliches Indiz war 1988 das Verbot der deutschsprachigen sowjetischen Zeitschrift „Sputnik", weil sie kritische Beiträge zur Geschichte des Stalinismus in der Sowjetunion veröffentlicht hatte.

Damit isolierte sich die SED-Führung außenpolitisch und begab sich in einen ideologischen Zweifrontenkrieg. Es fiel ihr immer schwerer, ihren Bürgern zu erklären, dass nicht nur der „imperialistische Westen", sondern auch die „brüderliche Schutzmacht" Sowjetunion eine Gefahr für die DDR darstellte. Die prinzipielle Reformunwilligkeit steigerte den

Willen vieler Bürger, sich für Reformen auszusprechen, auch innerhalb der Staatspartei SED, zumal in Ungarn und Polen infolge von Gorbatschows Kurswechsel schon 1988 erste Reformen initiiert wurden.

Der zunehmende Unmut und das wachsende Selbstbewusstsein der Opposition zeigten sich erstmals bei den Kommunalwahlen am 7. Mai 1989. Bürgerrechtsgruppen hatten von dem Recht Gebrauch gemacht, die Auszählungen zu beobachten, und konnten so Wahlmanipulationen nachweisen (M 11). Es war jedoch nicht vorauszusehen, ob und wie sich das SED-Regime gegen offene Proteste zur Wehr setzen würde. Zwar drohte aufgrund der Rücknahme der Breschnew-Doktrin (siehe S. 148 f.) durch Gorbatschow 1988 kein Einsatz sowjetischer Truppen, aber die gewaltsame Niederschlagung der Studentenproteste in China durch die kommunistische Führung im Juni 1989 hatte gezeigt, dass auch in der DDR eine „chinesische Lösung" drohen könnte. Diese Befürchtung war nicht unberechtigt, da die SED-Führung angesichts ihrer Reformunwilligkeit die Niederschlagung ausdrücklich befürwortet hatte.

Im Rahmen der Feierlichkeiten zum 40. Jahrestag der DDR weilte Gorbatschow zum Staatsbesuch in Ost-Berlin. Bei einer Zusammenkunft mit dem SED-Politbüro am 7. Oktober 1989 im Pankower Schloss Schönhausen erklärte er, es sei „keine leichte Sache, einen Beschluss über politische Veränderungen zu fassen", und variierte damit seine Mahnung, die er einen Tag zuvor Unter den Linden in Ost-Berlin geäußert hatte: „Wenn die Partei nicht auf das Leben reagiert, ist sie verurteilt." Während am Abend im Palast der Republik ein Staatsempfang stattfand, gingen in Ost-Berlin Polizei und Staatssicherheit brutal gegen Demonstranten vor. Es war ein letztes Aufbäumen des SED-Regimes. Eine Politbüro-Mehrheit beschloss am 17./18. Oktober 1989 schließlich die Absetzung Honeckers.

Opposition zum SED-Staat

Distanz und Opposition zum SED-Staat äußerten sich in verschiedenen Formen. Neben dem Rückzug ins Private („Nischengesellschaft") gab es die Option, die DDR durch einen Ausreiseantrag oder Flucht zu verlassen („Abstimmung mit den Füßen"). Im Sommer 1989 beantragten 120 000 DDR-Bürger die Ausreise in die Bundesrepublik Deutschland. Tausende Ostdeutsche flüchteten in die bundesdeutschen Botschaften in Budapest, Warschau und Prag sowie die Ständige Vertretung in Ost-Berlin, um ihre Ausreise in den Westen zu erzwingen. Am 10. September 1989 entschied die ungarische Regierung, dass Ostdeutsche das Land frei in Richtung Westen verlassen durften. Die Flücht-

M 4 Karikatur aus der Tageszeitung „taz", September 1989

M 5 Aufnäher „Schwerter zu Pflugscharen"

Der Ausspruch „Schwerter zu Pflugscharen" wurde in der DDR zum Symbol der oppositionellen Friedensbewegung. Als Aufnäher wurde es seit 1980 in einer Auflage von mehr als 100 000 Stück hergestellt und insbesondere von Jugendlichen getragen. Der Ausspruch ist ein Bibel-Zitat. In der Mitte befindet sich eine Nachbildung eines Denkmals, das die UdSSR der UNO geschenkt hat. Es steht in New York.

lingszahlen schwollen daraufhin lawinenartig an: Noch im September 1989 reisten über 25 000 Menschen in die Bundesrepublik Deutschland aus.

Darüber hinaus gab es in der DDR die Möglichkeit, sich in der Opposition zu engagieren. Die Kirchen bildeten den einzigen staatsfreien Raum in der DDR, den Befürworter von Reformen zu nutzen verstanden. Im Gegensatz zur Sowjetunion wurden die Kirchen von der SED weitgehend geduldet, solange sie sich auf kirchliche und karitative Aufgaben beschränkten. 1989 gehörte noch mehr als ein Drittel der DDR-Bürger einer Kirche an, allein 30 Prozent der evangelischen. Ihrem Verständnis von der Aufgabe der Christen in der Welt folgend, ließ sich die evangelische Kirche die Grenzen ihres Handelns nicht von der SED vorschreiben und riskierte Konflikte. Es waren hauptsächlich Proteste aus den Reihen der Kirche, die beispielsweise die DDR 1964 bewogen, als einziger Ostblockstaat einen zivilen Ersatzdienst einzuführen, bei dem religiös motivierte Pazifisten als „Bausoldaten" eingesetzt wurden. Die mehrdeutige Formel „Kirche im Sozialismus" nutzten die kirchlichen Vertreter auch für Kritik am „real existierenden Sozialismus". Obwohl die meisten evangelischen Gemeinden sich eher als „unpolitisch" verstanden, solange Staat und Partei sie in Ruhe ließen, engagierte sich eine wachsende Zahl überwiegend jüngerer Menschen in kirchlichen Bürgerrechts-, Umwelt- und Friedensgruppen.

Seit Ende der 1970er-Jahre entstanden auch unabhängige Oppositionsgruppen wie die „Initiative Frieden und Menschenrechte". Diese Gruppen forderten nicht die Abkehr vom sozialistischen Gesellschaftsmodell, sondern forderten einen „freiheitlichen Sozialismus". Für die Mehrheit ihrer Vertreter schien ein „dritter Weg" zwischen Kapitalismus und Sozialismus möglich.

Neben dem unterschiedlich motivierten Widerstand bzw. der Distanz zum System provozierten auch scheinbar unpolitische Aktionen das SED-Regime. In Leipzig organisierten 1985 einige Maler staatsunabhängige Ausstellungen, die Zehntausende besuchten. 1987 versammelten sich bei Westberliner Rockkonzerten vor dem Berliner Reichstag auf Ostberliner Seite der Mauer Tausende von Jugendlichen und riefen: „Die Mauer muss weg!" Die SED-Führung reagierte auf den zivilen Ungehorsam mit Verhaftungen und Ausweisungen.

Im Sommer 1989 begannen sich die oppositionellen Kräfte politisch zu organisieren und offenen politischen Widerstand zu leisten. Es bildeten sich Bürgerrechtsbewegungen und neue Parteien, die in ihren Aufrufen und Programmen für Reformen plädierten und eine gesellschaftliche Alternative zum SED-Staat entwarfen. Zunächst versuchte die SED-Führung ihr Macht- und Meinungsmonopol zu verteidigen. So wurde der Antrag des „Neuen Forums" auf Zulassung vom 19. September 1989 abgelehnt und die Oppositionsgruppe als „staatsfeindlich" bezeichnet. Dass die Bevölkerung sich dennoch nicht mehr einschüchtern ließ, bewiesen Tausende Unterschriften in den Mitgliederlisten.

Die größte Wirkung entfalteten jedoch die Straßenproteste, die sich im Herbst 1989 zu landesweiten Demonstrationen unter der Parole „Wir sind das Volk" ausweiteten. Im Zentrum der Massenproteste standen die Leipziger Montagsdemonstrationen. Beteiligten sich am 2. September

1989 etwa 2000 Menschen, so waren es am 9. Oktober ca. 70000, ungeachtet der Gerüchte über einen Armeeeinsatz gegen die Demonstranten. Diese Demonstration – zwei Tage nach den offiziellen Feierlichkeiten der SED-Führung zum 40. Jahrestag der DDR – gilt als Durchbruch für die friedlichen Proteste, die das Ende der SED-Diktatur einleiteten.

Von der Friedlichen Revolution zum Beitritt zur Bundesrepublik

Nach dem erzwungenen **Rücktritt von Partei- und Staatschef Erich Honecker** am 18. Oktober 1989 übernahm das langjährige SED-Politbüro-Mitglied Egon Krenz dessen Ämter. Als Leiter der Zentralen Wahlkommission bei den Kommunalwahlen trug der langjährige SED-Funktionär eine Mitverantwortung für die Fälschungen. Er verkündete noch am gleichen Abend in einer TV-Ansprache, man werde nun eine „Wende" einleiten. Wenn die SED-Führung sich von diesem personellen Wechsel und der verbalen Bekundung der Bereitschaft zu Dialog und Reformen durch Krenz eine Beruhigung der Lage erhofft hatte, sah sie sich getäuscht: Der Umbruchprozess hatte bereits eine erhebliche Eigendynamik entwickelt. Wie stark die SED-Führung mittlerweile in die Defensive geraten war, zeigte die Tatsache, dass eine für den 4. November geplante **Demonstration auf dem Berliner Alexanderplatz** nunmehr offiziell genehmigt und sogar im DDR-Fernsehen übertragen wurde. Mit einer halben Million Teilnehmer wurde sie zur größten Demonstration in der Geschichte der DDR, auf der zahlreiche Künstler und Intellektuelle sprachen. Der Zerfallsprozess der politischen Führung setzte sich rasch fort. Wenige Tage später traten die DDR-Regierung und das Politbüro der SED komplett zurück.

Ungeachtet dessen wurden die Forderungen nach Reisefreiheit überraschend schnell Wirklichkeit: Auf einer Pressekonferenz am Abend des 9. November 1989 verkündete SED-Politbüromitglied Schabowski eher

M 6 Transparent von der Demonstration am Berliner Alexanderplatz vom 4. November 1989, Fotografie

M 7 Grenzübergang Invalidenstraße in Berlin, Fotografie, 9. November 1989

M 8 Der Zentrale Runde Tisch in der DDR 1989/90

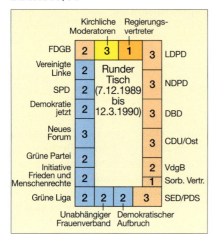

FDGB = Freier Deutscher Gewerkschaftsbund
LDPD = Liberal-Demokratische Partei Deutschlands
NDPD = National-Demokratische Partei Deutschlands
DBD = Demokratische Bauernpartei Deutschlands
CDU = Christlich-Demokratische Union (der DDR)
VdgB = Vereinigung der gegenseitigen Bauernhilfe
PDS = Partei des demokratischen Sozialismus

beiläufig ein neues Reisegesetz mit vollständiger Reisefreiheit („ohne Vorliegen von Voraussetzungen") mit dem irrtümlichen Zusatz, es gelte „sofort, unverzüglich". Noch in der Nacht strömten Zehntausende von Ost-Berlinern zu den Grenzübergängen und erzwangen die **Öffnung der Berliner Mauer**. So kam es zu einer Öffnung der DDR-Staatsgrenze zwischen Ost- und Westberlin. Politisch trat die Friedliche Revolution damit in eine neue Phase ein.

Mit dem Mauerfall gelangte die Frage der deutschen Wiedervereinigung wieder auf die politische Tagesordnung. Dabei wurden unterschiedliche **deutschlandpolitische Konzeptionen** diskutiert: Sollte die Eigenständigkeit der DDR bewahrt werden, wie z. B. der Appell „Für unser Land" vom 26. November 1989 einer DDR-Initiativgruppe um die Schriftsteller Christa Wolf und Stefan Heym forderte? Sollten beide deutsche Staaten eine Vertragsgemeinschaft vereinbaren, wie sie der neue, reformkommunistische DDR-Ministerpräsident Hans Modrow (Reg. 1989/90) in seiner ersten Regierungserklärung am 17. November 1989 vorstellte? Oder sollten konföderative Strukturen zur schrittweisen Überwindung der Teilung entwickelt werden, wie Bundeskanzler Helmut Kohl (Reg. 1982–1998) in seinem Zehn-Punkte-Plan vom 28. November 1989 vorschlug?

Eine wichtige Rolle für den weiteren Umbruchprozess in der DDR spielte der **„Zentrale Runde Tisch der DDR"**. In diesem von der Kirche moderierten Forum trafen sich Vertreter von Regierung und Opposition (7.12.1989–12.3.1990). Der Runde Tisch verstand sich als Kontrollinstanz der SED-Übergangsregierung Modrow und der Volkskammer. Zudem sollte er den reibungslosen Übergang zur Demokratie gewährleisten. Dazu gehörten neben der Auflösung des Staatssicherheitsdienstes und der Ausarbeitung einer neuen Verfassung in erster Linie die Vorbereitung von freien Wahlen. Der Verfassungsentwurf basierte auf radikaldemokratischen und sozialen Grundrechten und zielte auf die Stabilisierung der DDR-Staatlichkeit. Indirekt war der Entwurf damit eine Absage an eine schnelle Vereinigung mit der Bundesrepublik.

Der Wahlkampf für die vom Zentralen Runden Tisch auf den 18. März 1990 vorgezogene Volkskammerwahl wurde bestimmt von der Auseinandersetzung über den Weg zur Herstellung der deutschen Einheit. Konkret ging es um die vom Grundgesetz bestimmten **verfassungsrechtlichen Alternativen**: Das konservative Wahlbündnis „Allianz für Deutschland", das die Ost-CDU anführte, warb für einen sofortigen Beitritt der DDR nach Artikel 23 des Grundgesetzes. Die ostdeutsche SPD plädierte für eine gleichberechtigte Vereinigung nach Artikel 146. Und die SED/PDS trat für eine eigenständige DDR ein, die als souveräner Staat am Einigungsprozess teilnimmt. Einen „Anschluss an die BRD" lehnte sie kategorisch ab.

Die **Volkskammerwahl am 18. März 1990**, an der sich über 90 Prozent der Wahlberechtigten beteiligten, gewann mit 48 Prozent die „Allianz für Deutschland". Der erste frei gewählte und zugleich letzte DDR-

Ministerpräsident Lothar de Maizière (CDU) bildete zusammen mit der SPD eine breite Koalitionsregierung und bekannte sich in seiner Regierungserklärung zur Herstellung der staatlichen Einheit Deutschlands, d. h. zur Auflösung der DDR und ihrem Beitritt zur Bundesrepublik nach Artikel 23 des Grundgesetzes

Der Vereinigungsprozess verlief auf zwei Ebenen: Einerseits bereiteten die beiden deutschen Regierungen die Zusammenführung der unterschiedlichen politischen und wirtschaftlichen Systeme vor. Und andererseits verhandelten sie parallel mit den Siegermächten (zwei plus vier) über einen völkerrechtlichen Vertrag zur Wiederherstellung der deutschen Einheit.

Die deutsch-deutschen Verhandlungen auf dem Weg zur Wiedervereinigung mündeten zunächst im „Staatvertrag zur Wirtschafts-, Währungs- und Sozialunion". Die erste konkrete Folge war die Einführung der (westdeutschen) D-Mark in der DDR am 1. Juli 1990. Erfüllt war damit auch eine zentrale Forderung der Demonstranten: „Kommt die D-Mark nicht zu uns, gehen wir zu ihr." In einem zweiten Schritt wurde der „Einigungsvertrag" ausgehandelt. Beide Parlamente stimmten dem Vertrag im September mit großer Mehrheit zu. Zuvor hatten die Abgeordneten der DDR-Volkskammer am 23. August nach einer turbulenten Nachtsitzung mit 294 Stimmen bei 64 Gegenstimmen, u. a. die SED/PDS (vormals SED), den Beitritt beschlossen und ihn auf den 3. Oktober 1990 festgelegt.

Schwieriger gestalteten sich die Gespräche mit den vier Siegermächten über einen völkerrechtlichen Vertrag, weil sich die Positionen gegenüber einer deutschen Wiedervereinigung unterschieden. Erst nach langen Verhandlungen wurden die Bedenken aufgegeben. Zudem musste die sowjetische Führung davon überzeugt werden, dass ein vereintes Deutschland nicht neutral, sondern Mitglied der NATO bleiben werde. Dank vertrauensvoller Zusammenarbeit zwischen Bundeskanzler Kohl und dem sowjetischen Staatschef Gorbatschow akzeptierte die SU diese Position. Im Gegenzug sicherte die Bundesrepublik ihr großzügige Wirtschaftshilfe zu. Am 12. September 1990 konnten in Moskau die Zwei-plus-vier-Verhandlungen mit einem Vertrag zum Abschluss geführt werden. Damit war die „neue" Bundesrepublik Deutschland ein souveräner Staat. Zugleich beendete der Zwei-plus-vier-Vertrag auf völkerrechtlicher Ebene nach 45 Jahren den Zweiten Weltkrieg (1939–1945).

Die Bilanz der deutschen Einheit fällt ambivalent aus. Mit großer Freude wurde überall in Deutschland am 3. Oktober 1990 die Wiedervereinigung gefeiert. Bundeskanzler Kohl versprach „blühende Landschaften" in den neuen Bundesländern und eine rasche Angleichung an den Lebensstandard im Westen. Die Einführung der D-Mark und die mit Westprodukten gefüllten Läden steigerten diese Hoffnungen. Doch die Menschen fanden sich praktisch „über Nacht" in einem ganz anderen politischen, gesellschaftlichen und wirtschaftlichen System wieder. Die DDR-Wirtschaft war maroder als angenommen. Für den Übergang von der Plan- zur Marktwirtschaft gründete die Bundesregierung im März 1990 die Treuhandanstalt. Sie übernahm die Privatisierung der staatlichen Betriebe der ehemaligen DDR. Millionen von Ostdeutschen verloren ihren Arbeitsplatz. Viele Arbeitslose suchten sich Arbeit in den alten Bundesländern. Viele fühlten sich als Verlierer der Einheit.

Wege zur Einheit im Grundgesetz vom 23. Mai 1949:

Artikel 23
„Dieses Grundgesetz gilt zunächst im Gebiete der Länder [... Aufzählung der alten Bundesländer]. In anderen Teilen Deutschlands ist es nach deren Beitritt in Kraft zu setzen."

Artikel 146
„Dieses Grundgesetz verliert seine Gültigkeit an dem Tage, an dem eine Verfassung in Kraft tritt, die von dem deutschen Volke in freier Entscheidung beschlossen worden ist."

Ergebnisse der größten Parteien bzw. Gruppierungen bei der DDR-Volkskammerwahl vom 18. März 1990 (in Prozent)
CDU: 40,8
SPD: 21,9
PDS: 16,4
DSU: 6,3
Bund Freier Demokraten: 5,3
Bündnis 90: 2,9

M 9 Verträge zur Wiederherstellung der deutschen Einheit 1990

Deutsch-deutsche Verträge
(Bundesrepublik und DDR)

„Staatsvertrag zur Wirtschafts-, Währungs- und Sozialunion"
18.5.1990

- **Wirtschaftsunion:** Einführung der sozialen Marktwirtschaft in der DDR
- **Währungsunion:** Bildung eines einheitlichen Währungsgebietes (Einführung der D-Mark in der DDR am 1.7.1990)
- **Sozialunion:** Einführung einer gegliederten Sozialversicherung (mit Renten-, Kranken-, Arbeitslosen- und Unfallversicherung) in der DDR

→ Aufgabe der Souveränität der DDR als Staat
→ legt den Weg zur schnellen Vereinigung durch Beitritt nach Art. 23 GG fest

„Einigungsvertrag"
31.8.1990

- **Beitritt der DDR-Länder zum** Geltungsbereich des Grundgesetzes (3.10.1990)
- **Rechtsangleichung** durch Übertragung des bundesrepublikanischen Rechts auf die Bundesländer der DDR
- **Hauptstadt:** Berlin, Regierungssitz bleibt offen
- **keine Revision der Enteignung** auf besatzungsrechtlicher Grundlage in der Sowjetischen Besatzungszone (1945–1949)

→ beschließt die staatsrechtliche Vereinigung beider deutscher Staaten

Völkerrechtlicher Vertrag
(Bundesrepublik, DDR, UdSSR, GB, F, USA)

„Vertrag über die abschließende Regelung in Bezug auf Deutschland" (2+4-Vertrag)
12.9.1990

- **Bestätigung der Grenzen** des vereinten Deutschlands
- **Bekenntnis zum Frieden**
- **Verzicht auf ABC-Waffen**
- **Beschränkung der Streitkräfte** auf 370 000 Soldaten
- **Abzug der sowjetischen Truppen** bis 1994 aus Ostdeutschland
- **volle Souveränität** des vereinten Deutschlands

→ ersetzt einen Friedensvertrag
→ beendet völkerrechtlich den Zweiten Weltkrieg (1939–1945)
→ ermöglicht Zugehörigkeit des vereinten Deutschlands zum westlichen Bündnissystem (EU, NATO)

Für Kontroversen sorgte auch die Aufarbeitung der DDR-Geschichte. Viele Ostdeutsche wehren sich gegen den Begriff „Unrechtsstaat", verweisen auf ihre nicht gewürdigte Lebensleistung und die „guten Seiten" der DDR. Auch die Aufdeckung und Bestrafung des vom SED-Regime verübten Unrechts, insbesondere durch die Stasi, sorgte für Zündstoff. Die **„Bundesbehörde für die Unterlagen des Staatssicherheitsdienstes der ehemaligen DDR"** verwahrt Tausende von Akten. Dort kann jeder von der MfS-Überwachung Betroffene Einsicht in seine personenbezogenen Akten nehmen.

Ungeachtet aller Probleme sieht eine große Mehrheit der Deutschen – wie Umfragen immer wieder zeigen – die deutsche Einheit positiv.

Webcode: KH301261-196

1 **Schaubild:** Fassen Sie die Gründe für die Systemkrise in einem Schaubild zusammen.
2 Erklären Sie die Reaktion der SED-Führung auf die Systemkrise.
3 Erläutern Sie Möglichkeiten von Distanz und Opposition zum SED-Staat.
4 **Zeitleiste:** Beschreiben Sie den Weg der DDR von der Friedlichen Revolution bis zur Wiedervereinigung, indem Sie eine Zeitleiste erstellen.

Hinweise zur Arbeit mit den Materialien

Kapitel 3 beschäftigt sich mit der Friedlichen Revolution in der DDR. Zunächst werden die **Systemkrise** am Beispiel der wirtschaftlichen Probleme (M 10) sowie die **Reaktion der SED-Führung** auf die innenpolitischen Probleme am Beispiel der Kommunalwahlen am 7. Mai 1989 (M 11, M 12) thematisiert. Die **Motive der Ausreisenden und Demonstranten** werden mit unterschiedlichen Materialien beschrieben (M 13 bis M 16). Die Rolle der **Akteure des politischen Widerstands** zeigen M 17 bis M 20. Die Positionen zur weiteren **Entwicklung der DDR (Eigenständigkeit oder Wiedervereinigung)** nach dem **Mauerfall** am 9. November 1989 verdeutlicht die Diskussion über den Aufruf „Für unser Land" (M 23, M 24). Wie umstritten die beiden Ebenen des **Wiedervereinigungsprozesses** (innerdeutsch und außenpolitisch) waren, zeigen zum einen die Kontroverse um die Währungsunion (M 25 bis M 27) und zum anderen die Stellungnahmen der Regierungschefs der Siegermächte des Zweiten Weltkrieges (M 28 bis M 30). Die unterschiedliche **Bilanz der deutschen Einheit** geben M 31 und M 32 wieder. Anhand von M 33 und M 34 wird die Debatte über die Frage, ob die DDR ein **Unrechtsstaat** war, nachvollzogen. Am Ende des Kapitels wird anhand von zwei **Revolutionsdefinitionen** (M 35 und M 36) und zwei Darstellungen die Frage diskutiert, ob es sich um ein **Zusammenbruch oder eine Revolution** handelte (M 37 und M 39).
Die **Methodenseiten** geben Hinweise zur Analyse von **Fotografien** und **historischen Spielfilmen** (S. 213 ff. und S. 216 ff.).
Am Ende des Kapitels finden sich **weiterführende Arbeitsanregungen** und die Möglichkeit, die im Kapitel erworbenen **Kompetenzen zu überprüfen** (S. 220 f.).

M 10 SED-Funktionär Gerhard Schürer über die wirtschaftlichen Probleme in der DDR (2003)

Noch wollte ich es nicht glauben, dass Erich Honecker ökonomisch so ungebildet war, um nicht zu verstehen, dass man mit vier Prozent Wachstum der Leistungen auf die Dauer nicht
5 fünf bis sieben Prozent Zuwachs im Lebensstandard bilanzieren kann. Das war auch gegen die Losung von der Einheit von Wirtschafts- und Sozialpolitik gerichtet […]. Ich sah die Gefahr, dass dieses Programm nur
10 durch wachsende Kreditaufnahmen im westlichen Ausland oder, was noch schlimmer war, durch die Vernachlässigung der Investitionen zur Modernisierung der Wirtschaft oder durch beides zu finanzieren war. In der […]
15 Diskussion im Politbüro wurde ich jedoch so scharf und einmütig zurückgewiesen, dass mich selbst Zweifel plagten, ob mein Auftreten richtig war. […]
Es war schlimm, dass ich mit meinem Einspruch
20 im Politbüro aus dem Jahre 1972 Recht behielt und dass eben manches nicht realisierbar war, auch wenn die Partei es wollte. Fakten sind hartnäckig. Trotz gutem Wirtschaftswachstum von jährlich stabil vier Prozent
25 reichten die Mittel aus eigener Leistung nicht zur Finanzierung aus. Der ungenügende Effektivitätsgrad der Wirtschaft verdaute nicht die Maßstäbe des Programms. […] Meine Interventionen bei Honecker zur Zahlungsbilanz
30 bei jeder Vorlage der Jahrespläne „beantwortete" er stets mit einer Sitzung „im kleinen Kreis", an der […] im Wesentlichen die für Wirtschaftsfragen im Politbüro verantwortlichen Mitglieder und wenige Experten […] teil-
35 nahmen. Diese Beratungen gingen immer aus wie das „Hornberger Schießen" […], d. h., die Sitzungen führten zu keinen grundsätzlichen Beschlüssen, sondern nur zu kosmetischen Veränderungen […].

Zit. nach: Jörg Roesler, Ostdeutsche Wirtschaft im Umbruch 1970–2000, Bundeszentrale für politische Bildung, Bonn 2003, S. 16 und 28.

1 Erläutern Sie, wovor Schürer 1972 warnte. Nutzen Sie den Darstellungstext zur Systemkrise in der DDR.
2 Beurteilen Sie die Reaktion Honeckers.

Diskussion um die Kommunalwahlen am 7. Mai 1989 in der DDR

M 11 Stellungnahme der Bürgerbewegung zur DDR-Kommunalwahl am 7. Mai 1989

Wir wollen unsere Gesellschaft konstruktiv gestalten. Darum nahmen wir in Wahrnehmung unserer staatsbürgerlichen Rechte und Pflichten an der öffentlichen Auszählung der
5 Kommunalwahlen am 6. und 7. 5. 1989 teil, andere haben die Ergebnisse zur Kenntnis genommen.
Die in 66 von 67 Wahllokalen des Stadtbezirkes Weißensee [Berlin] öffentlich verkünde-
10 ten Resultate lauten:
Laut Bekanntgabe der Wahlvorstände:
- abgegebene Stimmen: 27 680
- ungültige Stimmen: 46
- Stimmen für den Wahlvorschlag: 25 410
15 - Stimmen gegen den Wahlvorschlag: 2 224
Die Veröffentlichung des endgültigen Wahlergebnisses in der Presse vom 10. 5. 89 zeigt folgende Ergebnisse:
- abgegebene Stimmen: 43 042
20 - ungültige Stimmen: 24
- Stimmen für den Wahlvorschlag: 42 007
- Stimmen gegen den Wahlvorschlag: 1 011
Es ergeben sich folgende schwerwiegende Differenzen:
25 1. Zwischen den Angaben der gültigen Stimmen gegen den Wahlvorschlag besteht ein Unterschied von 1 213 Stimmen.
2. Zwischen den Angaben der ungültigen Stimmen besteht ein Unterschied von 22
30 Stimmen. [...]
Hinzu kommen folgende Verstöße gegen das Wahlgesetz der DDR:
§ 30, Abs. 1: Die Wahllokale wurden insgesamt nicht öffentlich bekannt gegeben.
35 § 37, Abs. 1: Die Öffentlichkeit wurde in mehreren Fällen von der Auszählung ausgeschlossen.
§ 37, Abs. 2: Die Kontrolle der abgegebenen Stimmen anhand der Wählerliste und der vor-
40 handenen Wahlscheine wurde weitestgehend unterlassen.
§ 38, Abs. 2: Es erfolgte teilweise keine korrekte Auszählung und Differenzierung der abgegebenen Stimmen. [...]

Darum fordern wir Sie auf, gemäß Wahlge- 45
setz § 43, Abs. 1, gegen die Gültigkeit der Wahl vom 7. 5. 1989 in Berlin bei der zuständigen Volksvertretung Einspruch zu einzulegen.

Zit. nach: Bernd Lindner, Die demokratische Revolution in der DDR 1989/90, Bundeszentrale für politische Bildung, Bonn 2001, S. 29.

M 12 Stellungnahme der SED-Führung zu den Kommunalwahlen in der DDR am 7. Mai 1989

Politbüromitglied Egon Krenz bezeichnete das Wahlergebnis als ein „klares Votum des Volkes für starken Sozialismus und sicheren Frieden". Er nannte es einen „Höhepunkt" im 40-jährigen Bestehen der DDR; die vorausge- 5
gangene „demokratische Volksaussprache" habe Gelegenheit geboten, sich mit der Bevölkerung auf die künftige Politik zu verständigen. [...] Die DDR habe unter Führung der SED „eine Gesellschaftsordnung mit wahrhaft 10
menschlichem Antlitz errichtet. Vollbeschäftigung statt Massenarbeitslosigkeit. Soziale Sicherheit und Geborgenheit statt Sozialabbau, Mietwucher, Obdachlosigkeit und neuer Armut. Gleiche Bildungschancen für alle Kinder 15
des Volkes statt Bildungsnotstand. Zukunftsgewissheit statt Existenzangst. Die Werte und Vorzüge unseres Lebens sind unübersehbar". Die „Einheit von Wirtschafts- und Sozialpolitik sind in jeder Familie erlebbar. Darin be- 20
gründet liegt das Verhältnis festen Vertrauens und enger Verbundenheit zwischen Partei und Volk, das sich im gestrigen Wahlergebnis erneut so deutlich widerspiegelt."

Archiv der Gegenwart, 7. 5. 1989, S. 33317.

1 Fassen Sie die Kritik der Bürgerrechtsbewegungen am Wahlergebnis zusammen (M 11).
2 Erarbeiten Sie die Position der SED-Führung zur Wahl (M 12).
3 Vergleichen Sie die beiden Stellungnahmen. Berücksichtigen Sie die zugespitzte Lage im Frühjahr 1989 (Darstellungstext).

Motive von Ausreisenden und Demonstranten 1989

M 13 Montagsdemonstration in Leipzig am 13. November 1989, Fotografie

M 14 Auszug aus einem Lagebericht der Staatssicherheit (September 1989)

Die zu diesem Komplex in den letzten Monaten zielgerichtet erarbeiteten Erkenntnisse beweisen erneut, dass die tatsächlichen Handlungsmotive zum Verlassen der DDR sowohl bei Antragstellungen auf ständige Ausreise als auch für das ungesetzliche Verlassen im Wesentlichen identisch sind.

Sie haben sich in der Regel im Ergebnis eines längeren Prozesses der Entwicklung bestimmter Auffassungen und Haltungen und des Abwägens daraus abzuleitender persönlicher Schlussfolgerungen herausgebildet und sind häufig verfestigt. Im Wesentlichen handelt es sich um ein ganzes Bündel im Komplex wirkender Faktoren. [...]

Die überwiegende Anzahl dieser Personen wertet Probleme und Mängel in der gesellschaftlichen Entwicklung, vor allem im persönlichen Umfeld, in den persönlichen Lebensbedingungen und bezogen auf die sogenannten täglichen Unzulänglichkeiten, im Wesentlichen negativ und kommt, davon ausgehend, insbesondere durch Vergleiche mit den Verhältnissen in der BRD und in Westberlin, zu einer negativen Bewertung der Entwicklung in der DDR. [...]

Als wesentliche Gründe/Anlässe für Bestrebungen zur ständigen Ausreise bzw. das ungesetzliche Verlassen der DDR – die auch in Übereinstimmung mit einer Vielzahl Eingaben an zentrale und örtliche Organe/Einrichtungen stehen – werden angeführt:
- Unzufriedenheit über die Versorgungslage;
- Verärgerung über unzureichende Dienstleistungen;
- Unverständnis für Mängel in der medizinischen Betreuung und Versorgung;
- eingeschränkte Reisemöglichkeiten innerhalb der DDR und nach dem Ausland;
- unbefriedigende Arbeitsbedingungen und Diskontinuität im Produktionsablauf;
- Unzulänglichkeiten/Inkonsequenz bei der Anwendung/Durchsetzung des Leistungsprinzips sowie Unzufriedenheit über die Entwicklung der Löhne und Gehälter;
- Verärgerung über bürokratisches Verhalten von Leitern und Mitarbeitern staatlicher Organe, Betriebe und Einrichtungen sowie über Herzlosigkeit im Umgang mit den Bürgern;
- Unverständnis über die Medienpolitik der DDR.

Zit. nach: Dieter Grosser u. a. (Hg.), Deutsche Geschichte in Quellen und Darstellung. Bd. 11, Reclam, Stuttgart 1996, S. 320–323.

M 15 Aussagen von Zeitzeugen aus Leipzig (Ende September/Anfang Oktober 1989)

Thomas, 16 Jahre:
Meine Schwester hatte mir von der Demonstration erzählt. Ich wollte dann einfach mal mit hingehen und hab' mir das angeschaut – von der Seite. Da standen unheimlich viel Schaulustige. Der eigentliche Kern war vor der Nikolaikirche. Bis dahin war's ja immer so gewesen, dass die Ausreisewilligen riefen: Wir wollen raus! Das hatte sich aber gewandelt. Einige riefen: Wir bleiben hier. Ich stand bei den Schaulustigen. Ich muss sagen, ich hab' Angst gehabt und viele um mich herum auch. Man wusste ja nicht, wer neben einem steht, ob das einer von der Staatssicherheit war oder wer? Und wie sich die Polizeiketten darum herum gebildet hatten und Zivilisten kleine Plakate heruntergerissen.

Jens Hartig in der Leipziger Volkszeitung, 29. 9.:
Mit Bestürzung nahm ich bei meiner Rückkehr aus dem Urlaub die Mitteilung meiner Freunde entgegen, dass es im Leipziger Stadtzentrum zu „Demonstrationen" antisozialistischer Gruppierungen kam. Es ist meiner Meinung nach an der Zeit, dass alle Glaubensrichtungen, Vereinigungen und Organisationen zu den Ereignissen unserer Tage, insbesondere in Leipzig, Farbe bekennen, damit nicht einige weiter im zwiespältigen Licht von Wort und Tat erscheinen. Selbst verurteile ich solcherart Aktionen, weil sie nichts vorwärtsbewegen. Den Genossen der Partei und des Ministeriums des Inneren gelten meine volle Unterstützung und mein Dank für die Wiederherstellung von Ruhe, Ordnung.

Brigitte Giebler, Rentnerin:
Am 2. 10. 89 war ich in der Stadt einkaufen und wunderte mich, als ich zu einer kurzen Andacht in die Nikolaikirche gehen wollte, über die vielen Polizisten auf der Straße zur Nikolaikirche. Da ich in die Kirche nicht mehr hineinkam, habe ich mich auf eine Bank gesetzt. Ich kann es nicht mit Worten wiedergeben, was mich bewegte, als ich die Hundertschaften der Bereitschaftspolizei sah, welche hinter den Bauzäunen gegenüber der Uni warteten. Es erinnerte mich als Kind in Halle, nur hatten die Uniformen eine andere Farbe. Betroffen war ich, als sie dann aufmarschierten, als die Kirche zu Ende war und ich in die jungen Gesichter blickte. Sie waren doch alle nur ihre 18 Monate dabei. Auf dem Nachhauseweg habe ich nur geweint und habe die ganze Nacht kein Auge zugetan.

Dirk Barthel, 24 Jahre, Student:
Das erste Mal war ich am 2. 10. zur Demo, vorher zum Friedensgebet in der Reformierten Kirche. Ich habe diese Friedensgebete immer als einzige realistische Informationsquelle betrachtet, also keine Sensationslust [...]. Montags am Nachmittag ist eine gewisse Unruhe unter den Menschen zu spüren, so ein Fiebern [...] ich habe mich dann miteingereiht oder besser, ich bin immer an der Seite gelaufen, denn ich hatte Angst, da ich auch wusste, was für mich auf dem Spiel stehen würde, wenn ich in die Fänge der Polizei komme. Am Bahnhof die erste Polizeikette, der Bahnhof wurde geschlossen, die Trapo stand im Mittelgang bereits hinter dem Fenster. Aber irgendwie ging es weiter bis zur Fußgängerbrücke, und plötzlich kam es mir vor, als hätte man uns in einen Kessel getrieben, und als ich versuchte, an der Seite irgendwie durchzukommen, war alles dicht, Polizeiketten. So blieb mir nichts anderes übrig, als in Richtung Bahnhof zurückzulaufen, alles ging gut [...]. Sprechchöre hießen: Gorbi! Wir bleiben hier! Neues Forum zulassen! Reiht euch ein! Die Internationale wurde gesungen [...].

Gerald Pilz, Staatlicher Leiter, Kampfgruppenmitglied:
Ich bin seit 11 Jahren in der Kampfgruppe und erst in der letzten Zeit Gruppenführer. Da hat man 10 Mann unter sich. Wir haben unsere Aufgaben immer ernst genommen, haben auch weitergemacht, obwohl nach dem 7. 5. große Diskussionen um Wahlfälschungen losgingen. [...] Am 25. 9. kamen ja zum ersten Mal die Menschen aus dem Kirchenhof – für den 2. 10. wurden noch mehr erwartet. Und um 13.00 Uhr gab's dann Alarm, d. h., wir hatten uns zu den Stützpunkten zu begeben und Uniformen in Empfang zu nehmen. [...]
Uns wurde gesagt, dass da nur Chaoten kämen, und wir sollten die Bürger vor den Ausschreitungen chaotischer Leute und Gruppierungen schützen. Gegen 18.20 Uhr hörten wir es vom Karl-Marx-Platz her rumoren. Und es kam zwar eine Polizeistaffel – aber die rannten vorbei, und wir standen da, im Blickfeld, Aug' in Aug'. Mit wem? Ich habe keine Chaoten gesehen! Zugegeben, was sie mir zuriefen, war nicht eben schmeichelhaft, sondern eher richtig. Meine Gruppe fühlte sich ganz schön angeschmiert. Wir sind dann zurück in die Unterkunft und haben mitbekommen, dass es am Konsument und an der Thomaskirche später zu Übergriffen kam. Dort waren auch Wasserwerfer, standen Einheiten mit Helmen und Schilden und Hundestaffeln. Die haben dann die Leute durch die Stadt gejagt. Darunter wohl auch viele, die gar nichts mit der De-

monstration zu tun hatten, die eben nur auf der Straße waren.

Später haben wir gehört, dass wir die Leute
35 durch unser bloßes Dastehen provozieren sollten, damit man dazwischengehen kann. Heinz Fröhlich, der 1. Sekretär der Stadtbezirksleitung der SED, soll am lautesten dafür gestimmt haben, dass wir uns dorthin stellen.
40 Als wir dann am nächsten Tag in der Zeitung lasen, dass wir die Stadt vor Rowdies und Chaoten geschützt hätten, haben wir in der Hundertschaft gesagt: Wenn noch einmal ein Befehl zum Ausrücken kommt, werden wir ihn
45 verweigern. Wir wären nicht noch einmal rausgegangen.

Zit. nach: Neues Forum Leipzig (Hg.), Jetzt oder nie – Demokratie. Leipziger Herbst '89, Bertelsmann, München 1990, S. 33–48.

1 Erarbeiten Sie die Motive der verschiedenen Zeitzeugen (M 13 bis M 15).
2 Nehmen Sie eine begründete Gewichtung vor.

M 16 Reaktion des SED-Staates auf die Ausreisewelle in einem Zeitungskommentar (2. Oktober 1989)

Zügellos wird von Politikern und Medien der BRD eine stabsmäßig vorbereitete „Heim-ins-Reich"-Psychose geführt, um Menschen in die Irre zu führen und auf einen Weg in ein unge-
5 wisses Schicksal zu treiben. Das vorgegaukelte Bild vom Leben im Westen soll vergessen machen, was diese Menschen von der sozialistischen Gesellschaft bekommen haben und was sie nun aufgeben. Sie schaden sich selbst und
10 verraten ihre Heimat. […]

Sie haben sich selbst von ihren Arbeitsstellen und von den Menschen getrennt, mit denen sie bisher zusammen lebten und arbeiteten. Bar jeder Verantwortung handelten
15 Eltern auch gegenüber ihren Kindern, die im sozialistischen deutschen Staat wohlbehütet aufwuchsen und denen alle Bildungs- und Entfaltungsmöglichkeiten offenstanden. […] Sie alle haben durch ihr Verhalten die morali-
20 schen Werte mit Füßen getreten und sich selbst aus unserer Gesellschaft ausgegrenzt.

Man sollte ihnen deshalb keine Träne nachweinen.

Zit. nach: Matthias Judt (Hg.), DDR-Geschichte in Dokumenten. Beschlüsse, Berichte, interne Materialien und Alltagszeugnisse, Bundeszentrale für politische Bildung, Bonn 1998, S. 531.

1 Analysieren Sie die Reaktion unter besonderer Berücksichtigung der Sprache (M 16).
2 Formulieren Sie einen Leserbrief, wahlweise eines Oppositionellen, eines reformorientierten SED-Mitgliedes oder eines Bürgers, aus dessen Familie gerade ein Mitglied ausgereist ist.

Akteure des offenen politischen Widerstands

M 17 Tagung des Neuen Forums in Ost-Berlin am 10./11. November 1989, Fotografie

1 **Biografie:** Setzen Sie sich mit den Biografien von Rolf Henrich, Jens Reich und Bärbel Bohley (Mitte Foto, von links) auseinander.

M 18 Gründungsaufruf des „Neuen Forums" (10. September 1989)

In unserem Lande ist die Kommunikation zwischen Staat und Gesellschaft offensichtlich gestört. Belege dafür sind die weitverbreitete Verdrossenheit bis hin zum Rückzug in
5 die private Nische oder zur massenhaften Auswanderung: Fluchtbewegungen dieses

Ausmaßes sind anderswo durch Not, Hunger und Gewalt verursacht. Davon kann bei uns keine Rede sein. [...]

In Staat und Wirtschaft funktioniert der Interessenausgleich zwischen den Gruppen und Schichten nur mangelhaft. Auch die Kommunikation über die Situation und die Interessenlage ist gehemmt. Im privaten Kreis sagt jeder leichthin, wie seine Diagnose lautet, und nennt die ihm wichtigsten Maßnahmen. [...] Auf der einen Seite wünschen wir uns eine Erweiterung des Warenangebots und bessere Versorgung, andererseits sehen wir deren soziale und ökologische Kosten und plädieren für die Abkehr von ungehemmtem Wachstum. Wir wollen Spielraum für wirtschaftliche Initiative, aber keine Entartung in eine Ellenbogengesellschaft. Wir wollen das Bewährte erhalten und doch Platz für Erneuerung schaffen, um sparsamer und weniger naturfeindlich zu leben. Wir wollen geordnete Verhältnisse, aber keine Bevormundung. Wir wollen freie, selbstbewusste Menschen, die doch gemeinschaftsbewusst handeln. Wir wollen vor Gewalt geschützt sein und dabei nicht einen Staat von Büttel und Spitzeln ertragen. [...]

Um alle diese Widersprüche zu erkennen, Meinungen und Argumente dazu anzuhören und zu bewerten, allgemeine von Sonderinteressen zu unterscheiden, bedarf es eines demokratischen Dialogs über die Aufgaben des Rechtsstaates, der Wirtschaft und der Kultur. Über diese Fragen müssen wir in aller Öffentlichkeit, gemeinsam und im ganzen Land, nachdenken und miteinander sprechen. [...]

Die Tätigkeit des Neuen Forum werden wir auf gesetzliche Grundlage stellen. Wir berufen uns hierbei auf das in Art. 29 der Verfassung der DDR geregelte Grundrecht, durch gemeinsames Handeln in einer Vereinigung unser politisches Interesse zu verwirklichen. [...] Wir rufen alle Bürger und Bürgerinnen der DDR, die an der Umgestaltung unserer Gesellschaft mitwirken wollen, auf, Mitglieder des Neuen Forum zu werden. Die Zeit ist reif.

Zit. nach: Charles Schüddekopf (Hg.), „Wir sind das Volk!" Flugschriften, Aufrufe und Texte einer deutschen Revolution, Rowohlt, Reinbek 1990, S. 29 f.

M 19 Gemeinsame Erklärung der Bürgerbewegung (4. Oktober 1989)

Am 4. Oktober 1989 haben sich Vertreter
– der Bürgerbewegung Demokratie Jetzt,
– des Demokratischen Aufbruchs,
– der Gruppe Demokratischer SozialistInnen,
– der Initiative Frieden und Menschenrechte,
– der Initiativgruppe Sozialdemokratische Partei in der DDR,
– des Neuen Forums
– sowie Vertreter von Friedenskreisen
zusammengefunden, um Möglichkeiten gemeinsamen politischen Handelns zu besprechen. Wir begrüßen die sich entwickelnde Vielfalt der Initiativen als Zeichen des Aufbruchs und des wachsenden Mutes, eigene politische Positionen öffentlich zu vertreten. Uns verbindet der Wille, Staat und Gesellschaft demokratisch umzugestalten. Es kommt darauf an, einen Zustand zu beenden, in dem Bürgerinnen und Bürger dieser Gesellschaft nicht die Möglichkeit haben, ihre politischen Rechte so auszuüben, wie es die Menschenrechtskonventionen der Vereinten Nationen und die KSZE-Dokumente verlangen. Wir erklären uns solidarisch mit allen, die wegen ihres Einsatzes für diese Ziele verfolgt werden. Wir setzen uns ein für die Freilassung der Inhaftierten, die Aufhebung ergangener Urteile und die Einstellung laufender Ermittlungsverfahren. Wir halten es für vorrangig, in unserem Lande eine Diskussion darüber zu eröffnen, welche Mindestbedingungen für eine demokratische Wahl eingehalten werden müssen.

Sie muss unterschiedliche politische Entscheidungen ermöglichen.

Sie muss geheim sein, d. h., die Wähler sind verpflichtet, eine Wahlkabine zu benutzen. Sie muss frei sein, d. h., niemand darf durch Druck zu einem bestimmten Wahlverhalten genötigt werden.

Die nächsten Wahlen sollten unter UNO-Kontrolle stattfinden. Wir wollen zusammenarbeiten und prüfen, in welchem Umfang wir ein Wahlbündnis mit gemeinsamen eigenen Kandidaten verwirklichen können. Um unser Land politisch zu verändern, bedarf es der Be-

teiligung und der Kritik aller. Wir rufen alle Bürgerinnen und Bürger der DDR auf, an der
50 demokratischen Erneuerung mitzuwirken.

Zit. nach: Volker Gransow, Konrad H. Jarausch (Hg.), Die deutsche Vereinigung. Dokumente zu Bürgerbewegung, Annäherung und Beitritt, Verlag Wissenschaft und Politik, Köln 1991, S. 69.

1 Erarbeiten Sie arbeitsteilig (M 18, M 19) die Kritik an den gesellschaftlichen Verhältnissen sowie die Forderungen der Bürgerbewegung für eine künftige Gesellschaft.
2 Vergleichen Sie Ihre Ergebnisse.

M 20 Zur Bedeutung der Bürgerbewegung im Rückblick von Akteuren (1994)

Edgar Dusdal vom Neuen Forum Leipzig:
Die Gruppen waren für das Zustandekommen der Wende nicht unwichtig. [Indem] sie das kurzzeitig vorhandene Machtvakuum und die Sprachlosigkeit der Machthaber nutzen konn-
5 ten, um dorthinein zu sprechen. Es waren keine anderen Trägergruppen dagewesen, die auf so eine Situation vorbereitet gewesen wären, die sich längere Zeit mit Demokratie, mit Strukturen innerhalb der offenen Gesellschaft
10 auseinandergesetzt hätten. [...] Und als die alten Machtstrukturen infrage gestellt waren [...], gab es eigentlich nur noch die moralisch integren Gruppen oder Persönlichkeiten aus diesen Gruppen, die in dieser Zeit Gehör fan-
15 den und einige Popularität erhielten. In dieser Übergangsphase ist der wesentliche Beitrag der Gruppen zu verorten. [...] Diese Bedeutung aber haben sie bald verloren. [...] Die Erschütterung der Umbruchszeit machte die
20 Suche nach neuen Angeboten und Orientierungen notwendig. Da wirkten die durch den Westen gestützten Ostparteien, denen Identifikationsanleihen gegeben wurden – Genscher für die LDPD, Kohl für die CDU –, verlässlicher
25 [...] als diese doch recht diffus erscheinenden Gruppen, wo überhaupt nicht klar war, was die eigentlich wollten und wo jeder etwas anderes sagte.

Zit. nach: Bernd Lindner, Die demokratische Revolution in der DDR 1989/90, Bundeszentrale für politische Bildung, Bonn 2001, S. 54.

Martin Schramm, Vereinigte Linke, Berlin:
Für eine latente Politisierung haben die Gruppen in jedem Fall gesorgt. Alles in allem würde ich aber die Rolle der Gruppen bei diesem ganzen Prozess als sehr gering einschätzen. Darüber kann man ein bisschen enttäuscht 5
sein, aber letztlich ist das die Realität. [...] Das heißt, nicht die Gruppen haben den Umbruch bewirkt, sondern etwas, das ihnen in ihren politischen Zielen zunächst wahnsinnig geschadet hat, nämlich die ganzen Ausreiser. 10

Zit. nach: Hagen Finders, Die Entzauberung des Politischen. Was ist aus den politischen Gruppen der DDR geworden? Evangelische Verlagsanstalt, Leipzig/Berlin 1994.

1 Erläutern Sie die Bedeutung der Bürgerbewegung für die Friedliche Revolution (M 20).
2 Diskutieren Sie die These des Historikers Klaus Schroeder: Die Bürgerrechtler seien „nur Katalysator für den Sturz, die meisten von ihnen wollten ja eine reformierte, aber weiter sozialistische DDR. Sie bekamen bei der ersten freien Wahl dann auch nur ein paar Prozent. Kohl hat also recht: Die Rolle der Bürgerrechtler wird überschätzt."

Mauerfall

M 21 Brandenburger Tor am Tag nach dem Mauerfall, Fotografie, 10. November 1989

M 22 Der niederländische Schriftsteller Cees Nooteboom schreibt in seinen „Berliner Notizen" am 18. November 1989

Wie sieht ein Fisch den Fluss, in dem er schwimmt? Er kann nicht raus, um Abstand zu gewinnen. So ist es hier in Berlin. Alles fließt. Jeden Augenblick gibt es neue Ereignisse, Berichte, wenn ich aus dem Haus gehe, bin ich innerhalb weniger Minuten Teil einer wogenden Menge, wird mir aus Zeitungsschlagzeilen zugeschrien: Abschied von der Insel. Deutschland umarmt sich. Das Volk hat gesiegt. Achthunderttausend eroberten Westberlin. Vor und in den Banken und Postämtern lange Reihen von DDR-Bürgern, die ihr Begrüßungsgeld abholen. Alte Leute mit verstörten Blicken, die zum ersten Mal seit fast dreißig Jahren wieder in diesem Teil der Stadt sind und ihre Erinnerungen suchen, junge Leute, die nach dem Mauerbau geboren wurden, vielleicht gar nur einen Kilometer weiter weg wohnen, bewegen sich in einer Welt, die sie nie gesehen haben, und sie laufen, als ob der Asphalt sie nicht tragen könnte.

Während ich dies schreibe, läuten ringsherum die Kirchenglocken, wie vor ein paar Tagen, als die Glocken der Gedächtniskirche die Nachricht von der geöffneten Mauer bronzen über die Stadt ergossen haben und die Menschen auf der Straße knieten und weinten. Sichtbare Geschichte hat immer etwas Ekstatisches, Ergreifendes, Beängstigendes. Niemand […] weiß, was geschehen wird. […] Zu Zehntausenden strömen sie durch die östlichen Schleusen in den Westen, bringen ihre Emotionen mit, als könnte man sie anfassen, ihre Gefühle spiegeln sich in den Gesichtern der Westberliner wider, die vom Geräusch ihrer eigenen Millionen Schritte in den für den Autoverkehr gesperrten Straßen angefeuert werden […] von den fragenden Stimmen und deren Geräuschen, den ungeschriebenen Worten des Szenarios, das keiner ersonnen hat. Keiner und jeder. Wir sind das Volk! skandierten die Menschen noch vor zwei Wochen in Leipzig. Nun sind sie hier, ihre Führung haben sie zu Hause gelassen.

Cees Nooteboom, Berliner Notizen, Suhrkamp, Frankfurt/M. 1991, S. 93 ff.

1 Beschreiben Sie, wie der Autor die Tage nach dem Mauerfall erlebt (M 22).
2 Diskutieren Sie auf Basis des Fotos (M 21) die Aussage: „Sichtbare Geschichte hat immer etwas Ekstatisches, Ergreifendes, Beängstigendes."

Eigenständigkeit der DDR oder Wiedervereinigung?

M 23 Aufruf „Für unser Land" (26. November 1989)

Unser Land steckt in einer tiefen Krise. Wie wir bisher gelebt haben, können und wollen wir nicht mehr leben. Die Führung einer Partei hatte sich die Herrschaft über das Volk und seine Vertretungen angemaßt … Gewaltfrei, durch Massendemonstrationen hat das Volk den Prozess der revolutionären Erneuerung erzwungen, der sich in atemberaubender Geschwindigkeit vollzieht. Uns bleibt nur wenig Zeit, auf die verschiedenen Möglichkeiten Einfluss zu nehmen, die sich als Auswege aus der Krise anbieten.

Entweder können wir auf der Eigenständigkeit der DDR bestehen und versuchen, mit allen unseren Kräften und in Zusammenarbeit mit denjenigen Staaten und Interessengruppen, die dazu bereit sind, in unserem Land eine solidarische Gesellschaft zu entwickeln, in der Frieden und soziale Gerechtigkeit, Freiheit des einzelnen, Freizügigkeit aller und die Bewahrung der Umwelt gewährleistet sind.

Oder wir müssen dulden, dass, veranlasst durch starke ökonomische Zwänge und durch unzumutbare Bedingungen, an die einflussreiche Kreise aus Wirtschaft und Politik in der Bundesrepublik ihre Hilfe für die DDR knüpfen, ein Ausverkauf unserer materiellen und moralischen Werte beginnt und über kurz oder lang die Deutsche Demokratische Republik durch die Bundesrepublik Deutschland vereinnahmt wird.

Lasst uns den ersten Weg gehen. Noch haben wir die Chance, in gleichberechtigter Nachbarschaft zu allen Staaten Europas eine sozialistische Alternative zur Bundesrepublik zu entwickeln.

Zit. nach: Neues Deutschland vom 29. 11. 1989, S. 2.

M 24 Der Schriftsteller Günter Kunert zum Aufruf „Für unser Land" (Dezember 1989)

Trotz überwältigender Kenntnis der trostlosen Lage und ihrer kaum minder trostlosen Ursachen wird die längst mumifizierte Utopie beschworen. Ob Christa Wolf auf dem Alexanderplatz in Berlin [= bei der Demonstration am 4. 11. 1989] oder der aus seiner Versenkung auferstandene Rudolf Bahro [= Oppositioneller in der DDR] im Fernsehen – entgegen jeder Erfahrung, auch ihrer eigenen, meinen sie ernsthaft, nun sei der Zeitpunkt gekommen, den „demokratischen Sozialismus" einzuläuten: das Himmelreich schon auf Erden errichten …. Die gegenwärtig erhobene Forderung nach einer Erneuerung des Systems übertüchtiger Ruinenbaumeister [wirkt] wie ein später und deplazierter Scherz. Nun endlich, heißt es, werde man auf den Trümmern des zusammengebrochenen ein wahrhaft bewohnbares Haus errichten. Ergo jene angestrebte Gesellschaft, die ihre Widersprüche und Gegensätze gewaltfrei und menschlich behandeln würde. Diese Hoffnung ist trügerisch. Denn sie ignoriert den ökonomischen und ökologischen Zustand des Landes …

Auch der Traum vom „demokratischen Sozialismus" wird wohl eher verhallen, als dass er irgendwelche Wirkung zeitigt. Nach vier Jahrzehnten einer am Grünen Tisch erdachten, der Bevölkerungsmajorität aufgenötigten Ordnung kann eine Modifikation dieser oder analoger Ordnungen keine Chance mehr haben.

Zit. nach: Michael Naumann (Hg.), Die Geschichte ist offen. Die DDR 1990: Hoffnung auf eine neue Republik, Rowohlt, Hamburg 1990, S. 97 ff.

1. Analysieren und vergleichen Sie M 23 und M 24.
2. Erörtern Sie, ob es nach dem Mauerfall in der DDR eine Chance für eine „sozialistische Alternative zur Bundesrepublik" gegeben hat.

Kontroverse um die Währungsunion

M 25 Warteschlange vor einer Sparkasse in Dresden, Fotografie, 1990

M 26 Regierungserklärung von Bundeskanzler Helmut Kohl (15. Februar 1990)

Was bedeutet unser Angebot konkret? Das Angebot besteht im Kern aus zwei Teilen: erstens: Zu einem Stichtag wird die Mark der DDR als Währungseinheit und gesetzliches Zahlungsmittel durch die D-Mark ersetzt. Zweitens: Zeitgleich müssen von der DDR die notwendigen rechtlichen Voraussetzungen für die Einführung einer sozialen Marktwirtschaft geschaffen werden.

Beide Elemente, meine Damen und Herren, stehen für die Bundesregierung in einem unauflösbaren Zusammenhang.

Ich füge hinzu: Politisch und ökonomisch bedeutet dieses Angebot der Bundesregierung, dass wir bereit sind, auf ungewöhnliche Ereignisse und Herausforderungen in der DDR unsererseits mit einer ungewöhnlichen Antwort zu reagieren. Ich sage dies auch im Blick auf den einen oder anderen, der – das ist aus seiner Sicht verständlich – vor allem die ökonomischen Faktoren sieht und dabei die politische Lage in unserem Land unzureichend berücksichtigt. Über eines kann kein Zweifel bestehen: In einer politisch und wirtschaftlich normalen Situation wäre der Weg ein anderer gewesen, und zwar derjenige schrittweiser Reformen und Anpassungen mit der gemeinsamen Währung erst zu einem späteren Zeitpunkt. Vor diesem Hintergrund – ich sagte es – gibt es kritische Stimmen von Experten. Auch der Wirtschaftssachverständigenrat hat sich in dieser Weise geäußert. Wir nehmen die Argumente ernst. Und dennoch sage ich: Wir entscheiden uns für den eben skizzierten Weg. Die krisenhafte Zuspitzung der Lage in der DDR macht mutige Antworten erforderlich. Politische und gesellschaftliche Umwälzungen haben zu einer dramatischen Verkürzung des Zeithorizonts geführt, so dass für – wie auch immer definierte und auch ökonomisch begründete – Stufenpläne aus meiner Sicht die Voraussetzungen entfallen sind. In einer solchen Situation geht es um mehr als um Ökonomie, so wichtig Ökonomie ist. Es geht jetzt darum, ein klares Signal der Hoffnung und der Ermutigung für die Menschen in der DDR zu setzen. Deswegen und nur deswegen haben wir in dieser konkreten Situation die in der Tat historisch zu nennende Entscheidung getroffen, der DDR jetzt das Angebot einer Währungsunion und Wirtschaftsgemeinschaft zu machen – ein Angebot, für das es kein vergleichbares Beispiel gibt.

Zit. nach: Presse- und Informationsamt der Bundesregierung, Bulletin vom 16. 2. 1990.

M 27 SPD-Kanzlerkandidat Oskar Lafontaine in einem Interview (28. Mai 1990)

SPIEGEL: Sie haben ein vorläufiges Nein zum Vertrag [zur Währungsunion] in der jetzt vorliegenden Form durchgesetzt [in der SPD]. Reicht das, um den Wählern klarzumachen, Kandidat und SPD tragen keine Verantwortung für die Folgen?
Lafontaine: Die Diskussion der nächsten Wochen muss deutlich machen, dass wir keine Verantwortung für jene Teile des Vertrages tragen, die ich für nicht verantwortbar halte. Ich halte die Ausdehnung des Geltungsbereichs der D-Mark zum 1. Juli in der DDR nach wie vor für einen schweren Fehler, weil sie Massenarbeitslosigkeit zur Folge hat. Das habe ich schon vor der Volkskammerwahl in der DDR gesagt, obwohl es damals nicht populär war.
[...]
SPIEGEL: Man kann sich des Eindrucks nicht erwehren, dass Ihnen nach wie vor die Einheit suspekt ist, nicht nur das Tempo, mit dem Kohl sie anstrebt. Sie haben stets gesagt, die europäische Integration solle Priorität haben.
Lafontaine: Es gibt Leute, die unter Einheit nur die staatliche Einheit verstehen. Die Sozialdemokraten verstehen darunter aber auch die Herstellung der Einheitlichkeit der Lebensverhältnisse. Die abrupte Einführung der D-Mark ist der teuerste Weg für beide Teile Deutschlands. Den richtigen Weg haben Sachverständigenrat, Bundesbank, Bundeswirtschafts- und Bundesfinanzministerium vor dem 7. Februar gewiesen: Konvertibilität der Ost-Mark herstellen und einen festen Wechselkurs anpeilen, um sich des marktwirtschaftlichen Instruments [...] der außenwirtschaftlichen Anpassung nicht zu begeben. Was machen die ganzen Helden in Bonn, die den falschen Weg befürworten, wenn die Produktivität und die Löhne auseinanderdriften? Dann haben sie keine Antwort außer der, den deutschen Steuerzahler ständig zur Kasse zu bitten.
SPIEGEL: Das Modell des behutsamen Angleichens der Währungen ist durch den Druck aus der DDR-Bevölkerung überrollt worden.
Lafontaine: Was ökonomisch falsch ist, kann politisch nicht richtig sein. Der Bundeskanzler hat gegen die eigenen Ministerien und gegen den Rat der Sachverständigen und der Bundesbank entschieden. Auf welcher Grundlage, frage ich. [...]
SPIEGEL: In der DDR sind alle Parteien, auch die SPD, für die Radikalkur.
Lafontaine: Ich kann eine Radikalkur nicht akzeptieren. Sie kann jemand vorschlagen, der hier in sicheren Verhältnissen lebt und keinerlei Sorge hat, einen Arbeitsplatz oder eine Wohnung zu finden. Sicherlich gibt es in der DDR große Erwartungen in die Einführung der D-Mark, die im Wahlkampf leichtfertig geschürt wurden. Man kann einer Bevölkerung, die jahrzehntelang nicht im marktwirtschaftlichen System gelebt hat, nicht abverlangen, dass sie die Auswirkungen auf die Wettbe-

werbsfähigkeit ihrer eigenen Wirtschaft und damit ihrer Arbeitsplätze überblickt. Das wäre Aufgabe der verantwortlichen Politiker gewesen, die hier eklatant versagt haben.

Zit. nach: Der Spiegel vom 28. 5. 1990.

1 Analysieren und vergleichen Sie die Positionen der Regierung (CDU) und Opposition (SPD) in der Bundesrepublik gegenüber der Einführung der D-Mark in der DDR (M 25 bis M 27).

2 Wählen Sie eine Aufgabe aus:
a) **Rede:** Schreiben Sie eine Rede aus der Sicht eines DDR-Bürgers, der die schnelle Währungsunion befürwortet oder ablehnt.
b) **Mindmap:** Informieren Sie sich über die mittelfristigen Folgen der Währungsunion und erstellen Sie eine Mindmap.
c) Bewerten Sie auf der Grundlage Ihrer Arbeitsergebnisse und Kenntnisse die Währungsunion aus heutiger Sicht.

Die Haltung der Siegermächte des Zweiten Weltkriegs zur Wiedervereinigung

M 28 Treffen zwischen Bundeskanzler Kohl und dem sowjetischen Staats- und Parteichef Michael Gorbatschow im Kaukasus, Fotografie, Juli 1990

1 Beschreiben Sie die Szene.
2 Recherchieren Sie die Bedeutung des Treffens.

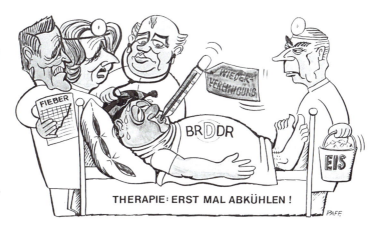

M 29 „Therapie: Erst mal abkühlen!", Karikatur für einen Karnevalswagen auf dem Kölner Rosenmontagszug, 11. Januar 1990

1 Untersuchen Sie die Karikatur und fassen Sie die zentrale Aussage in einem Satz zusammen (M 29).

M 30 Stellungnahmen der Regierungschefs zur Frage der deutschen Einheit (Anfang 1990)

Margaret Thatcher (Großbritannien):
Im Unterschied zu George Bush war ich von Anfang an gegen die deutsche Wiedervereinigung [...]. Deutschland zu vereinigen hieß, es zur beherrschenden Nation in der Europäi-
5 schen Gemeinschaft zu machen. [...] Ich hielt es auch für falsch, dass Ostdeutschland, gegen das wir schließlich gekämpft hatten, sich als erstes [Land] der Europäischen Gemeinschaft anschließen sollte, während Polen und die
10 Tschechoslowakei, für die wir in den Krieg gezogen waren, noch warten mussten.

George Bush (USA):
Um ganz ehrlich zu sein: Wir hatten unsere Differenzen mit Lady Thatcher und François Mitterand, vielleicht weil Amerika weit entfernt ist. [...] Aber ich hatte das Gefühl, die
5 deutsche Wiedervereinigung wäre im fundamentalen Interesse des Westens [...]. Ich war überzeugt, dass Helmut Kohl ein vereintes Deutschland nicht aus der NATO herausführen würde. Ich war mir sicher, dass er sich für
10 den Westen und nicht für die Neutralität zwischen NATO und Warschauer Pakt entscheiden würde, wie Herr Gorbatschow es sich wünschte.

Michail Gorbatschow (Sowjetunion):
Wie Kanzler Kohl nahmen wir ursprünglich an, es werde eine Art Assoziation deutscher Staaten geben, eine Konföderation vielleicht. [...] Wir hatten den Kalten Krieg beendet. [...]
5 Sollte all das aufs Spiel gesetzt werden für den Versuch, das aufzuheben, was die Deutschen selbst wollten, indem wir Truppen einmarschieren ließen? Nein!
Zit. nach: DIE ZEIT vom 8. März 1990.

1 Erarbeiten und vergleichen Sie die Positionen der Siegermächte (M 30).
2 Erklären Sie einerseits, warum es in Europa Vorbehalte gab, und andererseits, wie sie überwunden wurden. Berücksichtigen Sie die Bestimmungen des Zwei-plus-vier-Vertrages (S. 196, M 9).

Bilanz der deutschen Einheit

M 31 „Metamorphosen des aufrechten Gangs", Karikatur von Peter Dittrich, 1990

1 Untersuchen Sie die Karikatur und deuten Sie den Titel (M 31). Formulieren Sie für jedes Teilbild eine Zwischenüberschrift.
2 Bewerten Sie die Botschaft der Karikatur.

M 32 Der ostdeutsche Theologe und Publizist Richard Schröder (2005)

Der Osten hat seit 1990 zwei Prozesse zu durchlaufen, den Einigungsprozess, also die Übernahme der westdeutschen politischen, sozialen und wirtschaftlichen Ordnungen,
5 und den Transformationsprozess von Diktatur und Planwirtschaft zu Demokratie und Marktwirtschaft, einen gewaltigen Umbruch. [...] Alle ehemals sozialistischen Länder durchlaufen [den Transformationsprozess].
10 Überall ist dieser Prozess mit schweren wirtschaftlichen Verwerfungen und hoher Arbeitslosigkeit, auch mit Abwanderung verbunden. [...] Überall sind das Wahlverhalten und die Wahlbeteiligung sehr wechselhaft. Überall
15 gibt es das Problem des Elitenwechsels, zer-

mürbende Auseinandersetzungen um die Vergangenheit und um Eigentumsfragen. [...] Von allen ehemals sozialistischen Ländern hat Ostdeutschland den höchsten Lebensstandard und die beste Infrastruktur. Aber dieser Vergleich wird in Ost und West vermieden. Im Westen fragt man: Warum sind die noch nicht wie wir? [...] Und im Osten: Warum leben wir noch nicht wie sie, sondern mit 70 Prozent Westlohn und doppelt so vielen Arbeitslosen? Der Blick nach Westen verdeckt im Osten auch den Vergleich mit den DDR-Verhältnissen. Manche – eine Minderheit – verklären sie. [...] Nur das Unvertraute wirkt unheimlich. Deshalb eignet sich der Osten vorzüglich zur Projektionsfläche für allerlei Ängste und als negative Folie vorteilhafter Selbstwahrnehmung. Ja, es gibt „die Frustrierten" im Osten. Das hat zu tun mit anfänglichen Übererwartungen und weit überzogenen Versprechungen, auch mit enttäuschtem Vertrauen. Viele im Osten haben tatsächlich geglaubt, was die Politiker versprochen haben, dass sie nämlich schnell Arbeitsplätze schaffen können und die „Angleichung der Lebensverhältnisse". [...] Nicht die Mehrheit, aber eine beachtliche Anzahl sieht sich durch den Einigungsprozess enttäuscht. [...] Und warum eigentlich dankt niemand den Ostdeutschen, deren Zivilcourage im Herbst 1989 die deutsche Einheit möglich machte und die eine unglaubliche Umstellungsleistung erbracht haben? Zweifellos haben sie den größeren Teil der Kriegsfolgelasten zu tragen gehabt. [...] Im Ausland hält man die deutsche Einigung für gelungen.

Frankfurter Allgemeine Zeitung, 25. August 2005, S. 9.

1 Analysieren Sie die Position und zentrale Argumente Schröders im Hinblick auf die Frage, ob die deutsche Einigung gelungen sei (M 32).
2 Diskutieren Sie die verwendeten Vergleichskriterien.
3 Nehmen Sie Stellung zu den Thesen Schröders.

Geschichte kontrovers:
Die DDR – ein Unrechtsstaat?

M 33 Die Politikwissenschaftlerin Gesine Schwan, Mitglied der SPD sowie 2004 und 2009 Kandidatin für das Amt der Bundespräsidentin (2009)

Es macht also einen Unterschied aus, ob man den Menschen in der DDR, die seit dem Mauerbau Gefangene dieses Staates waren, pauschal unterstellt, dass sie sich als Staatsbürger in ihrem beruflichen wie privaten Leben an diesem Unrecht beteiligt haben, weil sie unvermeidbar involviert waren, oder ob man ihnen innerhalb des Staates der DDR die Möglichkeit rechtlichen Handelns einräumt. Entweder der DDR-Staat hat als „Unrechtsstaat" 40 Jahre lang jede Schule, jeden Kindergarten, jedes Bauamt geprägt und die Menschen jederzeit in sein Unrecht gleichsam hineingezogen. Dann verliert die gegenwärtig gängige und „politisch korrekte" Unterscheidung zwischen den Menschen und dem politischen System, unter dem sie leben mussten, jeden Sinn. Denn dann mussten sich alle kompromittieren. Oder man konzediert, dass es [...] Bereiche im Staat der DDR gab, in denen es trotz des Damoklesschwerts der SED-Willkür faktisch, wenn auch nie gesichert, auch rechtlich zuging. In denen die Menschen sich auch um Rechtlichkeit bemühten. Um diese Unterscheidung geht es mir in der Abwehr der totalisierenden Deutung des „Unrechtsstaats".

[...] Wird man den Opfern des SED-Unrechts mit einer solchen Unterscheidung gerecht? Jedenfalls eher als mit einem Pauschalverdacht des „Unrechtsstaats", in dessen Folge alle Katzen grau sind. Viele Bürgerrechtler vermeiden deshalb ihrerseits diesen Begriff. Was sie zu Recht kränkt, ist die Entwertung ihres persönlichen Muts, ihrer Opferbereitschaft und ihres Leids. Die Diktatur wurde den Ostdeutschen auferlegt. Der totalisierende „Unrechtsstaat" stellt sie flächendeckend moralisch unter Verdacht. In der rechtsstaatlichen Demokratie des vereinigten Deutschland gilt aber zunächst die Unschuldsvermutung für alle Bürger – nicht nur für die Westdeutschen.

Zit. nach: DIE ZEIT, Nr. 27 vom 25. Juni 2009, S. 13.

M 34 Die DDR-Bürgerrechtlerin Marianne Birthler, Mitglied von Bündnis 90/Die Grünen und Bundesbeauftragte für die Stasi-Unterlagen (2000–2011) antwortet (2009)

Gesine Schwans Begründung dafür, den Begriff Unrechtsstaat zu verwerfen, [...] erinnert fatal an die von der SED propagierte Einheit von Staat und Volk [...]. Doch ein Staat des Volkes war der SED-Staat nie. Die DDR war eine Diktatur – und deren Wesen besteht ja gerade darin, dass die politische Macht des Staates nicht demokratisch durch das Volk legitimiert ist. Der Staat war allein das Instrument der Herrschaft der führenden Partei – ihr vollständig unterworfen. Das Volk hatte weder theoretisch noch praktisch die Möglichkeit, an diesem Machtverhältnis vorbei Einfluss auf staatliches Handeln zu nehmen.

Es liegt also ein Widerspruch darin, wenn Schwan einerseits schreibt, dass die Diktatur „den Ostdeutschen auferlegt" worden sei, andererseits erklärt, der Staat sei „keine separate Organisation innerhalb oder neben der Gesellschaft, sondern die Gesellschaft in ihrer politischen Verfasstheit". Aber nicht nur das. Zu meinen, in einer Diktatur sei der Staat mit der Gesellschaft identisch, würde in letzter Konsequenz bedeuten, dass die Ostdeutschen kollektiv für alles DDR-Unrecht verantwortlich oder mitverantwortlich sind – eingeschlossen das Unrecht, das ihnen selbst widerfuhr [...].

Doch nur dort, wo das Volk als Souverän seine Macht in freier Entscheidung und auf Zeit auf den Staat übertragen hat, ist es auch mitverantwortlich für staatliches Handeln. In der DDR war der Staat kein Treuhänder der Volksgewalt, sondern ihr Räuber. Er stand nicht für die Gesamtheit seiner Staatsbürger ein, sondern er fürchtete sie [...].

Zit. nach: DIE ZEIT, Nr. 28 vom 2. Juli 2009, S. 11.

1 Analysieren Sie arbeitsteilig und vergleichen Sie die Position und Argumentation der Politikerinnen (M 33, M 34).
2 Diskutieren Sie auf der Grundlage Ihrer Ergebnisse die Frage, ob die DDR ein Unrechtsstaat war.

Geschichte und Theorie: Revolutionsbegriff

M 35 Der Politikwissenschaftler Hans Wassmund zum Revolutionsbegriff (1978)

Nimmt man die [...] vorgestellten Komponenten zusammen, dann ergeben sich für eine Revolutionsdefinition die folgenden wichtigsten Elemente: Sie muss erstens die Neuartigkeit der Werte und Normen [...] beinhalten. Es muss zweitens von den plötzlich, gewaltsam und illegal durchgeführten Veränderungen der Rechtsordnung und politischen Institutionen sowie der an utopischen Vorstellungen orientierten Rechtfertigung die Rede sein. Schließlich muss deutlich werden, dass Diskrepanzen, Krisen und Disharmonien in einer Vielzahl gesellschaftlicher Bereiche durch gemeinsame Aktionen [...] und durch die Herausbildung einer [...] Massenbewegung überwunden werden sollen.

Es sollte deshalb von Revolutionen überhaupt nur dann gesprochen werden, wenn im Gefolge einer akuten, ausgedehnten Krise in einem oder mehreren der traditionellen Systeme der Stratifikation[1] (Klasse, Status und Herrschaft) eines Staates ein von einer Massenbewegung getragener, gewaltsam durchgesetzter, ideologisch an den Idealen von Fortschritt, Emanzipation und Freiheit orientierter, schneller und radikaler Wandel in der politischen Organisation, der Sozial- und Wirtschaftsstruktur sowie der Eigentumskontrolle und den Legitimierungsprinzipien durchgeführt wird.

Hans Wassmund, Revolutionstheorien. Eine Einführung, C. H. Beck, München 1978, S. 41 f.

1 Stratifikation: soziale Schichtung

M 36 Der Historiker Jürgen Osterhammel über den Revolutionsbegriff (2009)

Nimmt man die Programme der Nordamerikanischen und der Französischen Revolution beim Wort, dann gehören seither zu jeder Revolution, die sich so nennen darf, das „Pathos des Neubeginns" (Arendt) und der Anspruch, mehr zu vertreten als nur die selbstsüchtigen Interessen der Protestierenden. Eine Revolution ist in diesem Verständnis ein lokales Ereignis mit universalem Geltungsanspruch. Und jede spätere Revolution zehrt von den Ideenpotenzialen, die mit der revolutionären Urzeugung von 1776 und 1789 in die Welt kamen, jede ist in gewissem Sinne imitativ.

Ein solcher philosophischer Begriff von „Revolution" ist freilich sehr eng, und er wird noch enger, wenn man verlangt, dass Revolutionen notwendig unter der Parole der „Freiheit" zu geschehen hätten und stets dem „Fortschritt" dienen sollten. Auch verallgemeinert er einen Universalitätsanspruch, der eine Erfindung des Okzidents[1] war und sich nirgendwo sonst ähnlich findet. Eine größere Zahl von Fällen in einem weiteren Raum bekommt man in den Blick, wenn man nicht nach Zielen und ihrer philosophischen Begründung fragt, auch nicht nach der geschichtsphilosophischen Sonderrolle der Großen Revolutionen, sondern nach dem beobachtbaren Geschehen und seinen strukturellen Ergebnissen. Eine Revolution ist dann ein Fall von kollektivem Protest mit besonderer Tragweite: ein tief greifender politischer Systemwechsel unter Beteiligung von Menschen, die nicht dem Kreis der bisherigen Inhaber der Macht angehörten. In der umsichtigen Sprache eines Sozialwissenschaftlers, der darauf achtet, seine begrifflichen Werkzeuge scharf zu halten, lässt sich definieren, eine Revolution sei „der erfolgreiche Umsturz der bisher herrschenden Eliten durch neue Eliten [...], die nach ihrer (meist mit größerem Gewaltgebrauch und der Mobilisierung von Massen verbundenen) Machtübernahme die Sozialstruktur (und damit auch Herrschaftsstruktur) fundamental verändern".

Hier ist nichts über einen geschichtsphilosophischen Augenblick gesagt, das Pathos der Modernität verflüchtigt sich. Revolutionen in dieser Bedeutung kann es nahezu überall und in jeder Epoche geben. In der gesamten dokumentierten Geschichte ist es tatsächlich immer wieder zu radikalen Einschnitten gekommen, auch solchen, bei denen viele Menschen glaubten, alles Gewohnte sei auf den Kopf gestellt oder gar zerstört worden.

Jürgen Osterhammel, Die Verwandlung der Welt. Eine Geschichte des 19. Jahrhunderts, C. H. Beck, München 2009, S. 738.

1 Analysieren Sie arbeitsteilig M 35 und M 36 im Hinblick auf den Revolutionsbegriff.
2 Vergleichen Sie Ihre Ergebnisse anhand selbst gewählter Kriterien (z. B. Akteure und Ziele der Revolution).
3 Erörtern Sie Vor- und Nachteile dieser Begriffe für die Analyse historischer Umbrüche.

Revolution oder Zusammenbruch?

M 37 Der Historiker Charles S. Maier (1999)

Manche Beobachter aus der Bundesrepublik behaupteten, es habe gar keine Revolution stattgefunden. Die DDR sei [...] in der Folge ihrer innenpolitischen Schwierigkeiten kollabiert, habe an „Systemversagen" gelitten [...]. Solche Urteile haben gelegentlich etwas Herablassendes. [...] Eine Volksbewegung steigerte sich zu einer Leidenschaft, zu einer Explosion der Massen, wie sie die Bundesrepublik bis dahin niemals erlebt hatte, mit Ausnahme vielleicht der Studentenunruhen Ende der Sechzigerjahre. [...]

Tatsächlich hat das Regime Symptome von „Systemversagen" gezeigt, doch schmälert dies die Bedeutung der Volksbewegung keineswegs. Jedes Regime, das einer Revolution unterliegt, durchläuft zuvor eine Phase des Drucks auf seine Institutionen, ja deren Zusammenbruch. Zu direkten Aktionen kommt es, wenn Finanzkrisen und administrative Verkrustung bereits eingesetzt haben. Selbst wenn gewalttätige Aktionen ausbleiben – auch das hat man gegen die Vorstellung angeführt, 1989 sei eine Revolution gewesen –, schmälert diese nicht die Authentizität eines revolutionären Aufstandes. Sterbende Regierungssysteme greifen oft nicht mehr zu gewaltsamer Unterdrückung. Die Mobilisierung des Volkes, nicht das Blutvergießen, ist das Kriterium. [...] In einem entscheidenden Moment in der Geschichte des kommunistischen

Regimes spaltete sich die Führungselite und schreckte vor einer Eskalation der Gewalt zurück. Die Macht ging an die Straße über, wo sich Demonstranten in anhaltendem Protest versammelten. Wie in den seltenen revolutionären Augenblicken der deutschen Geschichte – März 1848 oder November 1918 – ging die Macht von der zur Masse gewordenen Öffentlichkeit aus, nicht mehr von der noch amtierenden Regierung. Dass der Sieg so rasch kam, sollte das Ergebnis nicht disqualifizieren.

Zit. nach: Charles S. Maier, Das Verschwinden der DDR und der Untergang des Kommunismus, Fischer, Frankfurt/M. 1999, S. 205 f.

M 38 Demonstranten halten ein Plakat auf dem Balkon des Palastes der Republik hoch, Fotografie, 4. November 1989

M 39 Der Politikwissenschaftler Claus Offe (1993)

Welches waren die Gründe, die den Repressionsapparat der DDR im Herbst 1989 außer Funktion setzen? Sie waren sämtlich außenpolitischer Natur […]. Unmittelbar ausschlaggebend war […] die Unfähigkeit und Unwilligkeit der ungarischen Regierung, diejenigen DDR-Bürger, die (zunächst) als Urlauber in diesem Land weilten, an der Ausreise in die Bundesrepublik zu hindern. Ein zweiter Faktor war die klar voraussehbare Weigerung der von der Politik der Perestroika erfassten Sowjetunion, eine Repressionspolitik […] militärisch oder auch nur politisch zu unterstützen. Die Undenkbarkeit einer solchen Gewalteskalation war (außer in Rumänien) drittens durch das erschreckende und weltweit verurteilte Negativ-Vorbild des Massakers mitbedingt, das die chinesische Führung im Juni 1989 an der Demokratie-Bewegung in Peking verübt hatte. Eine solche Demokratie-Bewegung trat in der DDR erst zutage, als der Zusammenbruch der Repressionsfähigkeit des Regimes bereits in vollem Gange war und sich die Bürgerbewegung mithin relativ gefahrlos entfalten konnte. Nicht sie besiegte den Staatsapparat, sondern umgekehrt ermutigte die sichtbare Schwächung des Staatsapparates ihr Entstehen. […] Nicht der demokratische Protest und viertens das Verlangen des Volkes nach Freiheit und Demokratie besiegelten das Ende der DDR, sondern der Wunsch nach wirtschaftlichem Wohlstand […]. […] Nicht siegreicher kollektiver Kampf um eine neue politische Ordnung führte zum Ende des Staates der DDR, sondern die massenhafte und plötzlich nicht mehr aufhaltbare individuelle Abwanderung zerstörte seine ökonomische Basis.

Zit. nach: Claus Offe, Wohlstand – Nation – Republik; in: Hans Joas/Martin Kohli (Hg.), Der Zusammenbruch der DDR, Suhrkamp, Frankfurt/M. 1993, S. 290 ff.

1 Analysieren Sie arbeitsteilig M 37 und M 39 und vergleichen Sie die Positionen gegenüber der Leitfrage: Zusammenbruch oder Revolution?
2 Interpretieren Sie die Fotografie (M 38) unter Verwendung der Arbeitsschritte von S. 213 f.
3 Nehmen Sie nun selbst Stellung. Berücksichtigen Sie die Revolutionsbegriffe.

Fotografien analysieren

Die Fotografie gilt als die wichtigste Bildquelle der Zeitgeschichte. Die ersten Schwarzweißfotografien entstanden im ersten Drittel, die ersten Farbfotografien Ende des 19. Jahrhunderts. Die Verbilligung der Herstellungsverfahren Anfang des 20. Jahrhunderts ermöglichte eine massenhafte Verbreitung der Fotografie, die damit eines der Medien der Moderne wurde.

Fotografien scheinen dem Betrachter eine unverfälschte Wiedergabe der Wirklichkeit zu vermitteln. Sie suggerieren dokumentarische Authentizität. In der Tat ermöglichen Fotografien eine große Annäherung an die Realität und sind wichtige Quellen der Geschichte. Sie dokumentieren Kriegsereignisse, Friedensschlüsse, Staatsbesuche und Bürgerproteste.

Aber was und wie etwas fotografiert wird, entscheidet der Fotograf. Er stellt ein mediales Produkt her, das keine objektive Abbildung der Wirklichkeit ist. Er hält nur einen räumlich-zeitlichen Ausschnitt aus einer bestimmten (spontan oder bewusst gewählten) Perspektive fest. Auch die verwendete Technik (z. B. Objektiv, Belichtungszeit) wählt der Fotograf aus.

Hinzu kommen die Wünsche möglicher Auftraggeber und die Umstände der Veröffentlichung. Personen und Szenen der Zeitgeschichte, v. a. auf älteren Fotografien, wirken häufig „gestellt", weil repräsentative oder propagandistische Interessen verfolgt wurden. Fotografien können darüber hinaus lügen, weil sie nachträglich retuschiert wurden. In kommunistischen Parteien, v. a. in der Sowjetunion, war es üblich, in Ungnade gefallene Politiker aus bekannten und bereits veröffentlichten Fotos einfach zu „entfernen".

Für den kritischen Umgang mit Fotografien ist es daher notwendig, neben einer detaillierten Beschreibung sowie der Untersuchung der verwendeten Perspektive, des Ausschnittes und der Technik auch den historischen Kontext in die Interpretation einzubeziehen.

Tipp: sprachliche Formulierungshilfen S. 296 f.

Webcode: KH301261-213

Arbeitsschritte für die Analyse

1. Leitfrage	Welche Fragestellung bestimmt die Untersuchung der Fotografie?
2. Formale Analyse	– Wer ist der Fotograf und/bzw. der Auftraggeber? – Wann und wo ist das Foto entstanden? – Wann, wo und von wem ist es veröffentlicht worden? – Gibt es einen Titel oder einen Zusatzkommentar? – Was thematisiert das Foto? – Für welchen Zweck ist das Foto gemacht worden? – Für welche(n) Adressaten ist das Foto gemacht worden?
3. Inhaltliche Aspekte	*Beschreibung* – Was ist auf dem Foto zu sehen (z. B. Personen, Gegenstände, Gebäude)? – Welche Bildtechnik (Perspektive, Einstellung, Ausschnitt, Farbgebung) ist verwendet worden? – Handelt es sich um den Originalzustand oder wurde das Foto verändert (z. B. Retusche, Beschnitt)?

	Deutung – Was bedeuten die einzelnen Gestaltungsmittel? – Was ist die Kernaussage („Botschaft") der Fotografie? – Welche Fragen bleiben bei der Deutung offen?
4. Historischer Kontext	In welchen historischen Zusammenhang (Epoche, Ereignis, Prozess bzw. Konflikt) lässt sich das Foto einordnen?
5. Urteil	– Welche Intention verfolgte(n) Fotograf und/bzw. Auftraggeber? – Welche Wirkung soll beim Betrachter erzielt werden? – Mit welchen anderen bildlichen und textlichen Quellen lässt sich das Foto ggf. vergleichen? – Spiegelt das Foto die historische Realität wider? – Welche Schlussfolgerungen lassen sich im Hinblick auf die Leitfrage ziehen? – Wie lässt sich die Fotografie aus heutiger Sicht bewerten?

Übungsbeispiel

M 1 Demonstranten vor dem DDR-Staatsratsgebäude in Berlin, Fotografie von Andreas Kämper, 23. Oktober 1989, Berlin

Lösungsansätze

1. Leitfrage:
Mögliche Untersuchungsfrage: Wie protestierten die DDR-Bürger gegen das SED-Regime 1989?

2. Formale Aspekte
Fotograf: Andreas Kämper (geb. 1954)
– arbeitete als Bildreporter in der DDR und seit 1991 als freier Fotograf
– ab Oktober 1989 fotografierte er täglich in Berlin und dokumentierte so die Friedliche Revolution
Entstehungszeit: Abend des 23. Oktobers 1989, in Berlin; Erstveröffentlichung nicht bekannt
Titel: nicht bekannt
Thema: Proteste der DDR-Bürger im Herbst 1989
Adressaten: Öffentlichkeit; Nachwelt

3. Inhaltliche Aspekte
Beschreibung und Deutung
Personen und Gegenstände:
– *im Vordergrund:* mindestens sechs Personen im Halbkreis auf dem Straßenpflaster sitzend, vor bzw. neben ihnen brennende Kerzen → *Deutung:* Protestierende (ohne Protestplakate); sind nicht aggressiv gegenüber den Polizisten; ihre Blicke sind den Kerzen zugewandt
– *im Hintergrund:* zwei Polizisten in Uniform, rechts und links vom Eingangstor eines Gebäudes; Hände auf dem Rücken (keine

Knüppel oder Pistolen zu erkennen) → *Deutung:* DDR-Wachposten, wirken nicht aggressiv gegenüber den Protestierenden
Gebäude:
- Gebäude im Hintergrund mit einem großen (von Säulen begrenzten) und vergitterten Eingangstor, auf dem das DDR-Emblem befestigt ist → *Deutung:* DDR-Regierungsbau (mit eingebautem Schlossportal, dem sogenannten „Karl-Liebknecht-Portal") in Berlin-Mitte am Marx-Engels-Platz (heute Schlossplatz): Sitz des DDR-Staatsrates

Bildtechnik:
- *Perspektive:* Obersicht (Fotograf steht leicht erhöht) → *Deutung:* gewährt Übersicht
- *Einstellung:* sehr nah am Objekt (unmittelbar hinter den sitzenden Protestierenden) → *Deutung:* gewährleistet Authentizität
- *Ausschnitt:* zeigt nur den Mittelpunkt des Protestes (es ist davon auszugehen, dass sich rechts und links von den Sitzenden weitere Protestierende befinden, siehe Bildrand) → *Deutung:* Konzentration auf den Kontrast zwischen zwei Polizisten vor dem Eingangstor und den sitzenden Protestierenden
- *Lichtverhältnisse:* Szenerie wird durch die Kerzenlichter und die Bestrahlung des Gebäudes (DDR-Regierungsgebäude) „beleuchtet"
- keine Anzeichen von Retusche

4. Historischer Kontext
Epoche: Geteiltes Deutschland (1949–1990)
Ereignis: Friedliche Revolution in der DDR 1989/90
- Zeit der „Wende" in der DDR, nach den Fluchtbewegungen im Sommer, den Massenprotesten im Herbst, den brutalen Übergriffen der Staatsmacht auf Demonstranten am 7./8. Oktober sowie dem erzwungenen Rücktritt Erich Honeckers am 18./19. Oktober 1989
- 23. Okt. 1989: 300 000 protestieren am Abend in Leipzig (Montagsdemonstration); Proteste auch in anderen DDR-Städten
- 24. Okt. 1989: Wahl von Egon Krenz (seit 19. Okt. 1989 SED-Generalsekretär und Nachfolger Honeckers) zum Staatsratsvorsitzenden (DDR-Staatsoberhaupt) durch die Volkskammer; am Nachmittag Demonstrationen gegen die Alleinherrschaft
Konflikt: Auseinandersetzungen zwischen DDR-Bürgern und dem SED-Staat

5. Urteilen
Mögliche Ansätze
Intention: Der Fotograf Andreas Kämper wollte den friedlichen Protest der DDR-Bürger gegen das SED-Regime in Berlin dokumentieren. Er wählte am Abend des 23. Oktober 1989 einen symbolträchtigen Ort: das DDR-Staatsratsgebäude in Berlin-Mitte. Die Wahl des Ortes hatte womöglich auch technische Gründe: Der Platz vor dem Staatsratsgebäude war durch den Kerzenschein und die Bestrahlung des Gebäudes (DDR-Regierungsbau) gut „ausgeleuchtet".
Schlussfolgerung im Hinblick auf die Leitfrage: Das Foto dokumentiert den friedlichen Protest der DDR-Bürger gegen den SED-Staat im Herbst 1989. Die Bürger drücken ihren gewaltfreien Widerstand im Sitzen und mit Kerzen aus. Die Polizisten greifen nicht ein und wirken nicht aggressiv. Nach den erfolgreichen Mahnwachen in vielen Kirchen gegen die gewaltsamen Übergriffe der Staatsmacht auf Demonstranten am 7./8. Oktober 1989 im Rahmen der offiziellen Feierlichkeiten zum 40. DDR-Gründungstag in Berlin und dem erzwungenen Rücktritt Honeckers am 18./19. Oktober 1989 gehörte der offene und friedliche Protest zum Alltagsbild in der DDR. Es ist davon auszugehen, dass die Demonstranten bewusst das DDR-Staatsratsgebäude wählten, weil in den Medien bekannt gegeben worden war, dass der neue SED-Generalsekretär Krenz am nächsten Tag zum Staatsratsvorsitzenden gewählt werden sollte. Sie drückten damit ihre Ablehnung gegenüber der SED-Alleinherrschaft in der DDR aus.

Historische Spielfilme untersuchen

M 1 Filmplakat zu „Good Bye, Lenin", 2003

Tipp:
sprachliche Formulierungshilfen S. 296 f.

Webcode:
KH301261-216

Filme gehören zu den großen Geschichtserzählern unserer Zeit. Sie vermitteln durch ihre visuellen und auditiven Möglichkeiten einen anschaulichen Eindruck vergangenen Geschehens und prägen dadurch unsere Vorstellungen von der Vergangenheit. Dabei sind Filmemacher als Künstler nicht gebunden an die historische Wirklichkeit bzw. an das, was die Wissenschaft als gesichertes Wissen erarbeitet hat

Für die Geschichtswissenschaft sind Filme in doppelter Hinsicht interessant: Zum einen sind Spielfilme eine gute Quelle für die Mentalität einer Zeit. In ihnen spiegeln sich Vorstellungen, Sehnsüchte, Wünsche und Hoffnungen ebenso wider wie Ängste und Vorurteile. Zum anderen sind Spielfilme, die Historisches als Gegenstand wählen („Historienfilme" oder „geschichtliche Spielfilme"), Geschichtsdarstellungen: Sie wählen interessierende historische Gegenstände aus, erzählen hierzu eine Geschichte und nutzen Verfahren wie Personalisierung, Dramatisierung, Kostümierung und Emotionalisierung sowie die filmsprachlichen Mittel, um den Zuschauern ein bestimmtes Bild der Geschichte zu präsentieren. Geschichtsfilme aus früheren Zeiten sind zusätzlich auch Quellen, weil sich aus dem jeweiligen zeitspezifischen Umgang mit Geschichte ebenfalls Einblicke in die Mentalität der Zeit oder in politische Absichten gewinnen lassen – ein Beispiel sind die Preußenfilme, die in der NS-Zeit produziert wurden. Bei der Analyse von Spielfilmen geht es also nicht nur darum, den Realitäts- und Fiktionalitätsgehalt von Filmen durch einen Vergleich von Film und historischer Wirklichkeit zu erfassen, sondern es geht auch – und häufig in erster Linie – um die Motive der Geschichtserzählung, um Deutungen und Schwerpunktsetzungen.

Arbeitsschritte für die Analyse

1. Leitfrage	Welches historische Ereignis thematisiert der Film?
2. Analyse	*Formale Aspekte* – Wer sind Regisseur, Drehbuchautor, ggf. Auftraggeber, Produzenten? – Zu welchem Genre gehört der Film? – Wie lang ist der Film? – Wann ist der Film entstanden und aufgeführt worden? – Aus welchem Anlass wurde der Film gedreht? *Inhaltliche Aspekte* Filminhalt – Mit welchem historischen Thema setzt sich der Film auseinander? – Wie lässt sich die Handlung kurz zusammenfassen? – Wer sind die Hauptfiguren und in welcher Beziehung stehen sie zueinander? Filmmittel – Welche Gestaltungsmittel (z. B. Einstellungsgrößen, Perspektiven und Bewegung) werden verwendet? – Wie werden Ton und Beleuchtung eingesetzt? – Nimmt der Film die Perspektive der Hauptfigur ein oder werden auch andere Sichtweisen dargestellt?
3. Historischer Kontext	– Auf welchen historischen Sachverhalt bezieht sich das Thema des Films? – Wie ist die Entstehungsgeschichte des Films?

4. Urteil	*Intention*
	– Welche Intentionen verfolgt der Film? Wie wirkt der Film auf den Betrachter?
	– Welche zeitgenössischen Reaktionen rief der Film hervor?
	– Welche gesellschaftlichen Anschauungen, Normen und Werte spiegelt der Film aus der Zeit wider, in der er entstanden ist?
	Authentizität der Handlung
	– Ist die Handlung logisch und glaubhaft?
	– Halten sich Regisseur und/bzw. Autor an die historische Realität? (Welche Änderungen wurden vorgenommen? Gibt es fiktive Szenen?
	Bewertung
	– Wie lässt sich der Film aus heutiger Sicht bewerten?

Lexikon filmsprachlicher Mittel

Mittel	Varianten	Wirkung
Kamera: Einstellungsgröße	Panorama: Landschaft/Übersicht Totale: Abbildung einer oder mehrerer Personen, Umgebung dominiert Halbtotale: Person/en und Umgebung in ausgewogenem Verhältnis Halbnah: keine Ganzkörperansicht; Gestik steht im Vordergrund Nah: Brustbild einer Person, die Mimik ist wichtig Groß: Gesicht der Person, starke Betonung der Mimik, deutliche Sichtbarkeit des Gefühlsausdrucks Detail: Teile des Gesichts oder bestimmter Objekte sind so dargestellt, dass sie das Bild füllen	Die unterschiedlichen Einstellungsgrößen können z. B. Nähe oder Distanz zeigen: die Einsamkeit der Totale (ein einzelner Mensch in einer Landschaft); die Körpersprache eines Menschen ist erst ab der Halbtotale erkennbar, eine Kommunikationssituation wird in der Regel halbnah gezeigt, die Mimik eines Menschen erfordert eine Naheinstellung
Kamera: Blickwinkel	Normalsicht Untersicht (Froschperspektive) Obersicht (Vogelperspektive)	N: alltägliche Wahrnehmung des Betrachters, Realismus, vermittelt Objektivität der filmischen Darstellung U.: Person wird als übermächtig, unheimlich gezeigt (manchmal auch karikiert) O.: Person erscheint klein, unbedeutend; Perspektive kann auch Überlegenheit vermitteln
Kamera: Bewegung	Kameraschwenk Kamerafahrt Statik Simulierte Bewegung (Zoom)	Durch Schwenk und Fahrten werden z. B. Personen begleitet, verfolgt, ihnen wird vorausgeeilt Handlungsfluss kann beschleunigt (Fahrt) oder verlangsamt werden (Statik) Dramatik lässt sich z. B. durch schnelle Schwenks verstärken
Bilder	Licht Schatten Farben Schwarz-Weiß	Licht: erzeugt Stimmungen, Atmosphäre, betont Bedeutsames (Unwichtiges im Schatten, aber auch Unheimliches) Farben können Realismus erzeugen, aber auch eine symbolische Bedeutung tragen (z. B. rot) und Emotionen hervorrufen Bewusster Einsatz von Schwarz-Weiß kann z. B. historische Szenen innerhalb eines die Gegenwart darstellenden Films anzeigen

Mittel	Varianten	Wirkung
Schnitt und Montage		Schnelle Schnitte: atemlos, Spannung Montage: Durch In-Beziehung-Setzen von Einstellungen wird die Geschichte erzählt
Ton	Geräusche Musik Stille Dialoge Kommentare (vom sichtbaren Sprecher oder aus dem Hintergrund, „Off")	Geräusche stellen manchmal Unsichtbares dar, das sich der Zuschauer dann vorstellt; sie vermitteln aber auch Realität Musik kann unterschiedliche Funktionen erfüllen (Emotionalisierung; Unterstützung des Tempos einer Handlung; Höhepunkte werden unterstrichen usw.)

Übungsbeispiel: „Good Bye, Lenin!", Spielfilm von Wolfgang Becker, 2003

M 2 Szenenbilder aus „Good Bye, Lenin!"

a) Alex' Freund Denis als Nachrichtensprecher in einer selbst gedrehten Sendung der „Aktuellen Kamera"

b) Alex beobachtet seine Mutter während der „Aktuellen Kamera"-Sendung

1 Interpretieren Sie den Spielfilm „Good Bye, Lenin!" mithilfe der Arbeitsschritte von S. 216 f.

Lösungshinweise

1. Leitfrage
Der Film thematisiert das Ende der DDR und die sich aus der Wende ergebenden Komplikationen.

2. Analyse
Formale Aspekte
Buch: Bernd Lichtenberg (*1966), Wolfgang Becker (*1954), beide Westdeutsche
Regie: Wolfgang Becker
Produktionsland: Deutschland
Genre: Komödie, mit dramatischen Elementen
Länge: 120 Minuten
Entstehungszeit: 2001–2003, also gut zehn Jahre nach friedlicher Revolution und Vereinigung

Inhaltliche Aspekte
Filminhalt
Thema: Der Film spielt mit dem Untergang der DDR: Im Mittelpunkt steht die Familie Kerner, die in der DDR lebt. Die nach der Republikflucht des Vaters politisch engagierte Mutter fällt vor dem Fall der Mauer 1989 durch einen Herzinfarkt ins Koma und wacht acht Monate später nach der Friedlichen Revolution wieder auf. Da der Sohn sie angesichts ihres Gesundheitszustandes schonen will, verheimlicht er die zwischenzeitliche politische Entwicklung und spielt der Mutter mit verschiedenen Mitteln (Ostprodukten, Re-Möblierung der Wohnung mit DDR-Möbeln, Inszenierung von fiktiven DDR-TV-Sendungen, Lügen) einen Fortbestand der DDR vor, die sogar flüchten-

de Bundesbürger zu Tausenden aufnimmt. Mit zunehmender Dauer wird es allerdings immer schwieriger, das Bild aufrechtzuerhalten. Die Mutter gibt schließlich zu, dass die Geschichte der Republikflucht des Vaters eine Lüge gewesen war, sie eigentlich hatte folgen wollen, aber aus Angst darauf verzichtete. Am Schluss des Films stirbt sie, nach Auffassung von Alex, ohne die Wahrheit über die DDR erfahren zu haben.

Personenkonstellation: Im Mittelpunkt stehen drei Personen: Mutter, Sohn und Tochter.

- Die Mutter (Christiane Kerner) engagiert sich für den Sozialismus und die DDR, ist idealistisch und setzt sich für die Menschen und für Verbesserungen ein. Sie leidet unter der Republikflucht ihres Mannes und ist im Hauptteil des Films eher passiv, ein Objekt der Manipulation ihrer Familie. Erst kurz vor ihrem Tod kann sie die Lebenslüge über die Flucht ihres Mannes aufklären und sieht ihn noch ein letztes Mal.
- Der Sohn (Alex Kerner) ist eher passiv, demonstriert aber im Oktober 1989 für politische Reformen. Nach der „Wende" genießt er zunächst die neuen Möglichkeiten, arbeitet für eine Firma, die die DDR-Bürger mit Satellitenanlagen versorgt, und spielt seiner Mutter, an der er sehr hängt, mit vielen kreativen Tricks eine idealisierte DDR vor.
- Die Tochter (Ariane Kerner) ist allein erziehende Mutter und deutlich pragmatischer als ihr Bruder, passt sich nach dem Ende der DDR rasch an die neue Situation an und tauscht ihr Wirtschaftsstudium gegen eine Arbeit bei „Burger King". Sie unterstützt Alex bei seinen Manipulationen, auch wenn sie immer wieder skeptisch ist.

Filmsprachliche Mittel
- Bemerkenswertestes filmsprachliches Mittel ist der Einbau von dokumentarischen Filmszenen sowie die „Neuerfindung" von angeblichen Filmdokumenten der DDR (vor allem schein-authentische Nachrichtensendungen) durch Alex Kerner und seinen Freund. Daneben treibt der meist ironische Off-Kommentar Alex Kerners die Geschichte voran, bildet einen roten Faden der Handlung. Zeitraffer und schnelle Schnitte symbolisieren das neue Zeit- und Lebensgefühl nach der Friedlichen Revolution.

3. Historischer Kontext

Die DDR und die Friedliche Revolution wurden in der Öffentlichkeit um 2000 vielfach thematisiert, allerdings stellte sich die Vereinigung wirtschaftlich, sozial, politisch und mental schwieriger heraus als gedacht; „ostalgische" Strömungen waren u. a. die Folge; mehrere Spielfilme („Sonnenallee", „Das Leben der Anderen"), Fernsehfilme und -shows nahmen sich des Themas seit Ende der 1990er-Jahre an.

4. Bewertung

Intention: „Good Bye, Lenin!" verbindet das private Schicksal der Hauptpersonen (und einiger Randfiguren) in gelungener, ironischer Weise mit den politischen und wirtschaftlichen Entwicklungen (rasche Durchsetzung der westlichen Konsumgesellschaft, Arbeitslosigkeit und Statusverlust bei Älteren). Er lädt mit der spielerischen Umkehrung der tatsächlichen Geschichte gleichzeitig dazu ein, über mögliche Alternativen zur Geschichte nachzudenken.

Rezeption: Erfolgreichster deutscher Film 2003, mehr als sechs Millionen Kinobesucher, neun deutsche Filmpreise (u. a. Bester Film), mehrere europäische Filmpreise; nach ersten wissenschaftlichen Untersuchungen war das Bild von Schülerinnen und Schülern über die DDR nach 2003 stark von dem Film „Good Bye, Lenin!" geprägt, allerdings ist unklar, wie nachhaltig dies geschah.

Erarbeiten Sie Präsentationen

Thema 1
Der 9. Oktober 1989 – „Tag der Entscheidung"?
Die Montagsdemonstrationen in Leipzig gab es seit Anfang September, die Demonstration am 9. Oktober war jedoch eine besondere: Sie fand zwei Tage nach den Feiern zum 40. Jahrestag der DDR statt, bei denen Partei- und Staatschef Honecker Reformen eine Absage erteilte. Die Demonstranten befürchteten eine gewaltsame Niederschlagung, aber der Protest endete friedlich.
Recherchieren Sie die Ereignisse und das Handeln der historischen Akteure am 9. Oktober 1989 in Leipzig und Berlin.

Literatur- und Internettipps
Wolfgang Schuller, Die deutsche Revolution 1989, Rowohlt, Berlin 2009.

http://revolution89.de/revolution/wir-sind-das-volk/der-9-oktober-in-leipzig/ (Stand: 5. 12. 2017)

M 1 Leipziger Lichterfest zum 20. Jahrestag der Demonstration vom 9. Oktober 1989, Fotografie, 2009

Webcode:
KH301261-220

Thema 2
Die Währungsunion 1990 – ein finanzpolitischer Fehler?
Die Unterzeichnung des Vertrags über die Währungs-, Wirtschafts- und Sozialunion am 18. Mai 1990 war der erste wichtige Schritt auf dem Weg zur deutschen Einheit. Damit erhielten die Ostdeutschen die D-Mark, deren Einführung sie auf Demonstrationen mit dem Slogan „Kommt die DM, bleiben wir; kommt sie nicht, gehen wir zu ihr!" eingefordert hatten. Einige Experten warnten vor den unabsehbaren Folgen. Andere wie Bundeskanzler Helmut Kohl sahen die schnelle Einführung der D-Mark als alternativlos an.
Erarbeiten Sie die Inhalte sowie die unterschiedlichen Positionen zur Währungsunion.

Literaturtipps
Dieter Grosser, Das Wagnis der Währungs-, Wirtschafts- und Sozialunion, Politische Zwänge im Konflikt mit ökonomischen Regeln, DVA, Stuttgart 1998.

Gerlinde und Hans-Werner Sinn, Kaltstart. Volkswirtschaftliche Aspekte der Deutschen Vereinigung, 2. Auflage, Verlag J. C. B. Mohr (Paul Siebeck), Tübingen 1992.

M 2 Unterzeichnung des Staatsvertrags zur Währungs-, Wirtschafts- und Sozialunion am 18. Mai 1990, Fotografie

Überprüfen Sie Ihre Kompetenzen

M 3 Sturm auf die Leipziger Stasi-Zentrale während der Montagsdemonstration am 4. Dezember 1989, Fotografie

Zentrale Begriffe

Bürgerrechtsbewegung
Friedliche Revolution
Mauerfall
Montagsdemonstrationen
Revolution
Unrechtsstaat
Währungsunion
Zwei-plus-vier-Verträge
Zusammenbruch

Sachkompetenz
1 Nennen Sie die Ursachen für die Friedliche Revolution.
2 Erläutern Sie die Forderungen der Opposition im Herbst 1989.
3 Skizzieren Sie die unterschiedlichen verfassungsrechtlichen Wege zur deutschen Einheit.

Methodenkompetenz
4 Beschreiben Sie das Foto (M 3) und recherchieren Sie den historischen Kontext.

Urteilskompetenz
5 Der Vizepräsident des Bundesverfassungsgericht Ernst Gottfried Mahrenholz schrieb in einem Zeitungsbeitrag im Juni 1990 (also noch vor der Wiedervereinigung): „Das Grundgesetz kann also nicht – auch nicht nach einem Beitritt gemäß Artikel 23 – neue gesamtdeutsche Verfassung sein." Verfassen Sie ein Werturteil zu der Frage, ob 1990 die Verabschiedung einer neuen gesamtdeutschen Verfassung mittels einer Volksabstimmung sinnvoll gewesen wäre.
6 Diskutieren Sie die These des Historikers Klaus Schroeder: „Das Ende der DDR war viel eher ein Zusammenbruch denn eine Revolution. Der Begriff der ‚Friedlichen Revolution' ist eine geschichtspolitische Konstruktion von Bürgerrechtlern."

9 Die europäische Einigung – eine Erfolgsgeschichte? (Wahlmodul 5)

Kompetenzen erwerben

Sachkompetenz:	– die Gründungsphase des vereinten Europa beschreiben – das Projekt der politischen Einigung Europas und seine Begründung erläutern
Methoden- kompetenz:	– schriftliche Quellen interpretieren
Urteilskompetenz:	– neue Herausforderungen in Osteuropa erörtern – EU-Skepsis und -Feindlichkeit diskutieren und bewerten

Visionen von Europa

M 1 Winston Churchill (1874–1965), Fotografie, 7. Mai 1948

Nach der Katastrophe des Ersten Weltkriegs warben Politiker und Publizisten für die Idee eines europäischen Staatenbundes, der in Zukunft den Frieden bewahren sollte. Mit diesem Ziel wurde 1922 die „Paneuropa-Union" gegründet. Die Außenminister von Frankreich und Deutschland, Aristide Briand und Gustav Stresemann, setzten sich gemeinsam für eine stärkere europäische Zusammenarbeit ein. Doch scheiterten die Einigungsbemühungen an der Weltwirtschaftskrise ab 1929 und der folgenden politischen Radikalisierung. Nach den furchtbaren Zerstörungen des Zweiten Weltkriegs griff der britische Politiker Winston Churchill die Idee wieder auf. In einer visionären Rede an der Universität Zürich sprach er sich für einen europäischen Zusammenschluss unter Führung von Frankreich und Deutschland aus. Großbritannien selbst hatte zunächst kein Interesse an dem Projekt. Unter Churchills Schirmherrschaft trafen sich 1948 politische Gruppen aus fast 30 Ländern auf dem Haager Kongress. Ein Jahr später wurde in London der Europarat* gegründet.

Europarat
Forum für Debatten über allgemeine europäische Fragen. Heute gehören dem Rat 42 Staaten an.

Die Gründungsphase des vereinten Europa

Der Ost-West-Konflikt und die Entstehung der Bundesrepublik bestimmten nach 1949 den Weg in die europäische Integration. Die interessierten Regierungen waren von mehreren Motiven geleitet: Sie wollten in einem vereinten Europa den Frieden sichern, mittels eines gemeinsamen Marktes Wohlstand und Demokratie aufbauen sowie Europa gegenüber den beiden Großmächten USA und Sowjetunion stärken. Zudem wollten die westlichen Nachbarstaaten die Bundesrepublik Deutschland durch die Einbindung in ein Sicherheitssystem kontrollieren. Der erste bedeutsame Schritt zur Integration ging auf den französischen Außenminister Robert Schuman zurück, der am 9. Mai 1950 den sogenannten „Schuman-Plan"* vorlegte. Er schlug vor, den Zusammenschluss zunächst auf wirtschaftliche Ziele zu beschränken, einen gemeinsamen Markt für die damaligen Schlüsselindustrien Kohle und Stahl zu schaffen und ihn einer gemeinsamen Kontrolle zu unterstellen. Im deutschen Bundeskanzler Konrad Adenauer und dem italienischen Ministerpräsidenten Alcide de Gasperi fand Schuman Befürworter. 1951 wurde die Montanunion (Europäische Gemeinschaft für Kohle und Stahl/EKGS) gegründet. 1957 unterzeichnete die „Gemeinschaft der Sechs" – Frankreich, Bundesrepublik Deutschland, Italien, Belgien, Niederlande und Luxemburg – die Römischen Verträge. Das Vertragswerk regelte die Nutzung der Atomenergie (Europäische Atomgemeinschaft/EURATOM) und rief die Europäische Wirtschaftsgemeinschaft (EWG) ins Leben, eine Zollunion mit dem Ziel eines gemeinsamen Marktes. 1967 beschlossen die „Sechs", die drei Bereiche (EGKS, EURATOM, EWG) zur Europäischen Gemeinschaft (EG) zusammenzufassen.

Schuman-Plan
Der Plan wurde von dem Planungskommissar Jean Monnet (1888–1979) entworfen, der von 1952 bis 1956 die Hohe Behörde („Haute Autorité") der Montanunion leitete.

Das Projekt der politischen Einigung Europas

Der Montan-Union lagen vor allem wirtschaftliche Überlegungen zugrunde. Doch wurde durch sie auch die Aussöhnung zwischen Frankreich und Deutschland eingeleitet. Die Annäherung gipfelte 1963 im Vertrag über die deutsch-französische Zusammenarbeit, dem „Elysée-Vertrag", der unter anderem regelmäßige Konsultationen vorsah. Als besondere Schwerpunkte wurden die europäische Zusammenarbeit und der Jugendaustausch festgelegt. Zur Förderung des Austauschs wurde das deutsch-französische Jugendwerk gegründet. Nach dem Umbruch in Osteuropa entstand nach diesem Vorbild 1991 das deutsch-polnische Jugendwerk.

Der wirtschaftliche Zusammenschluss beflügelte nicht nur die Handelsbeziehungen zwischen den Mitgliedstaaten, sondern führte auch zu einer Spitzenstellung der EG im Welthandel. Diese Erfolge machten die EG für weitere Staaten attraktiv: 1973 traten Großbritannien, Irland und Dänemark bei und verließen die EFTA* (Norderweiterung). Nach der Ablösung autoritärer Regierungssysteme in Griechenland, Spanien und Portugal wollte die EG den Demokratisierungsprozess in diesen Ländern mit einer Beitrittsperspektive unterstützen. 1981 wurde Griechenland aufgenommen, 1985 Spanien und Portugal (Süderweiterung). Die immer engere wirtschaftliche Zusammenarbeit, die alle politischen Bereiche betraf, und die Erweiterung zur „Gemeinschaft der Zwölf" machten eine Reform der politischen Institutionen nötig. 1985 gewann die Integrationspolitik nach einer Phase der Stagnation neue Dynamik. Die Einheitliche Europäische Akte von 1986 erweiterte die Zuständigkeiten der Gemeinschaft und schrieb die Vollendung des europäischen Binnenmarktes bis 1993 fest. Mit dem Vertrag von Maastricht, der am 7. Februar 1992 unterzeichnet wurde, entstand die Europäische Union in ihrer heutigen Form. Die Mitgliedstaaten einigten sich auf die Abtretung nationaler Souveränitätsrechte durch die Einführung einer gemeinsamen Wirtschafts- und Währungs- sowie Außen- und Sicherheitspolitik. Mit der Umbenennung in „Europäische Union" sollte klargestellt werden,

EFTA *(European Free Trade Association)* 1960 gegründete Freihandelszone europäischer Staaten, die nicht der EG angehörten. Heute sind noch Island, Liechtenstein, Norwegen und die Schweiz Mitglieder.

M 2 Europaflagge

dass eine qualitativ neue Phase des Vereinigungsprozesses begonnen hatte. Als grundlegendes Ziel wird die „Verwirklichung einer immer engeren Union der Völker Europas" in Artikel 1 des Vertrages hervorgehoben. Diese Formulierung hält sowohl die Prozesshaftigkeit als auch die Offenheit des Integrationsprozesses fest. Auf die Fragen, wie weit die „immer engere Union" entwickelt werden und welcher Endzustand einmal erreicht werden soll, gibt der Vertrag keine Antwort. In der europäischen Öffentlichkeit und unter den Entscheidungsträgern der Mitgliedstaaten bestehen darüber bis heute erhebliche Auffassungsunterschiede. Der Vertrag von Maastricht wurde durch die Verträge von Amsterdam (1997) und Nizza (2001) ergänzt und weiterentwickelt.

M3 Die Entwicklung der Europäischen Union bis 2015

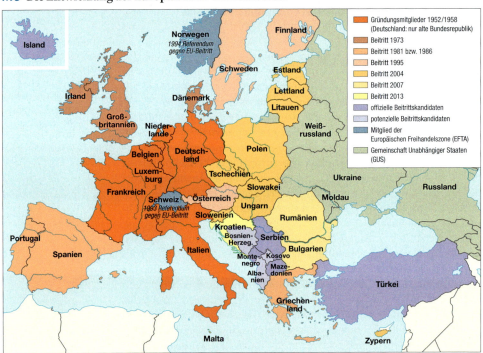

Die Osterweiterung der EU (s. S. 227) machte eine weitere innere Reform notwendig, damit die Institutionen der Gemeinschaft handlungsfähig bleiben konnten. Die Reformbestrebungen im Rahmen einer Verfassung des vereinigten Europa scheiterten jedoch, weil der 2004 unterzeichnete Verfassungsentwurf bei Volksabstimmungen in den Niederlanden und in Frankreich abgelehnt wurde und deshalb nicht in Kraft trat. Nach einer Diskussionsphase wurde im Jahre 2007 ein neuer Unionsvertrag, der **Vertrag von Lissabon**, verabschiedet und 2009 ratifiziert. Inhaltlich wurden darin die wesentlichen Elemente des Verfassungsentwurfs übernommen. Mit dem Vertrag von Lissabon wurde die EU demokratischer: Das Europäische Parlament erhielt mehr Befugnisse, durch die Einführung des Bürgerbegehrens können die europäischen Bürgerinnen und

Bürger direkt politisch Einfluss nehmen. Die neue Verbindlichkeit der Grundrechtecharta verbesserte den Grundrechteschutz. Die Union wurde auch handlungsfähiger: Sie erhielt den Charakter eines völkerrechtlichen Subjektes und kann nun im eigenen Namen völkerrechtliche Verträge abschließen und internationalen Organisationen beitreten. Ihre Zuständigkeiten wurden erweitert und präzisiert, so z. B. in der Währungspolitik, in der Außen- und Sicherheitspolitik, aber auch in der Justiz- und Innenpolitik. Die nationalen und supranationalen Zuständigkeiten wurden klarer abgegrenzt, einerseits durch die Festschreibung von Kompetenzen, andererseits durch das Subsidiaritätsprinzip*.

Subsidiaritätsprinzip
Von lat. *subsidium* = Hilfe. Nach diesem Prinzip soll eine (staatliche) Aufgabe so weit wie möglich von der unteren Ebene bzw. kleineren Einheit wahrgenommen werden.

M 4 Die Institutionen der EU nach dem Vertrag von Lissabon (2012)

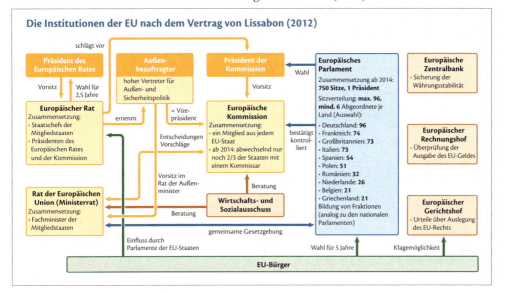

Die Währungsunion

Bereits im Vertrag von Maastricht wurde die Einrichtung einer „Wirtschafts- und Währungsunion" (WWU) als weiterer Integrationsschritt festgelegt. Damit war beabsichtigt, eine europäische Währungszone und eine Gemeinschaftswährung, den heutigen Euro, einzuführen. Vor der Einführung waren die Mitgliedstaaten verpflichtet, wirtschaftspolitische Stabilisierungsmaßnahmen einzuleiten. Als Ziele wurden der Nachweis dauerhaft solider Staatsfinanzen, stabiler Preise und Wechselkurse festgelegt. Im Jahre 1997 wurde außerdem der Stabilitäts- und Wachstumspakt (SWP) abgeschlossen, der die Haushaltsdisziplin der Mitgliedstaaten auch nach der Einführung des Euro sicherstellen sollte. Die Einführung erfolgte stufenweise und wurde vom Europäischen Währungsinstitut (EWI)* und der Europäischen Kommission vorbereitet. Diese Institutionen legten dem Europäischen Rat die Prüfungsberichte über den wirtschaftlichen Anpassungsprozess in den Mitgliedstaaten

Europäisches Währungsinstitut
gegründet 1994; Vorläufer der Europäischen Zentralbank (EZB), die 1999 ihre Arbeit aufnahm

vor. Zwischen 1999 und 2001 wurde daraufhin der Euro in elf Staaten eingeführt, zunächst als elektronisches Buchgeld, seit 2001 als Bargeld. Diese bildeten die sogenannte Eurozone, der mittlerweile 19 Staaten angehören.

Der Euro etablierte sich als stabile Währung. Unter dem Einfluss der weltweiten Finanz- und Wirtschaftskrise von 2008/09 hielten die meisten Staaten der Eurozone die Stabilitätskriterien des SWP jedoch nicht ein und verschuldeten sich aufgrund der niedrigen Zinsen für Staatsanleihen weiterhin. Die Sanktionsmöglichkeiten des SWP wurden nicht angewendet. Daraus resultierte die sogenannte Schuldenkrise. Griechenland drohte 2010 wegen Überschuldung der Staatsbankrott, auch andere Mitgliedstaaten, nämlich Irland, Portugal, Spanien und Zypern, gerieten in Bedrängnis. Um das Vertrauen in den Euro und die Eurozone zu erhalten, wurde nach ersten temporären Stabilisierungsmaßnahmen 2012 der sogenannte Europäische Stabilitäts-Mechanismus (ESM)* als dauerhafter „Rettungsschirm" geschaffen und durch weitere Maßnahmen ergänzt: So wurden der Fiskalpakt mit strengeren Haushaltsregeln für die Mitgliedstaaten gegen eine weitere Verschuldung abgeschlossen und eine Europäische Bankenaufsicht eingerichtet. Ob die Maßnahmen ausreichen, um die betroffenen Mitgliedstaaten und die Union wirtschaftlich dauerhaft zu stabilisieren, ist strittig und wird sich erst in der Zukunft erweisen.

ESM
Überschuldete Eurostaaten können Kredite zu günstigeren Konditionen als am übrigen Kapitalmarkt aus dem ESM erhalten, um einen Staatsbankrott abzuwenden. Dazu müssen sie gemäß dem Fiskalpakt Maßnahmen zur Entschuldung und Sanierung ihrer Staatshaushalte umsetzen.

EU-Außenpolitik

Die Jugoslawienkriege* erlebte die EU als Geschichte des eigenen politischen Scheiterns, weil der Konflikt erst durch das Eingreifen der USA beigelegt werden konnte. Im Maastrichter Vertrag 1992 wurden die Grundlagen einer Gemeinsamen Außen- und Sicherheitspolitik (GASP) gelegt. Die islamistischen Terroranschläge 2001 führten in der Union zu der Erkenntnis, dass neuartige Bedrohungslagen eine gemeinsame Antwort erforderten. Mit dem Vertrag von Nizza wurde 2001 eine Europäische Sicherheits- und Verteidigungspolitik (ESVP) ins Leben gerufen. In den folgenden Jahren beschloss der Europäische Rat die Grundzüge einer europäischen Sicherheitsstrategie und die Aufstellung militärischer Einsatzkräfte der EU („Battle Groups"). 2007 wurde im Vertrag von Lissabon das außen- und sicherheitspolitische Konzept der EU überarbeitet und neu strukturiert. In den übergeordneten Rahmen der Gemeinsamen Außen- und Sicherheitspolitik wurden die Bestimmungen über die Gemeinsame Sicherheits- und Verteidigungspolitik (GSVP) eingefügt. Die EU sieht sich damit in der globalen Verantwortung für die Friedenssicherung. Das Konzept beruht auf einem multilateralen Ansatz und einem weit gefassten Sicherheitsbegriff und wird durch die Charta der Vereinten Nationen und der OSZE legitimiert.

Jugoslawienkriege
Die ersten freien Wahlen im Jahr 1990 brachten in den Teilrepubliken Jugoslawiens vor allem national gesinnte Politiker an die Macht. Anschließende Referenden bestätigten die nationalen Abspaltungstendenzen. Mit den Unabhängigkeitserklärungen durch Slowenien und Kroatien am 25. Juni 1991 mündete der Staatszerfall in Gewalt und mehrere Kriege: Zehn-Tage-Krieg um Slowenien, Kroatien-Krieg (1991–1995), Bosnien-Krieg (1992–1995) und Kosovo-Krieg (1999).

Die Entscheidungskompetenz bleibt bei den Mitgliedstaaten, Entscheidungen müssen also einstimmig getroffen werden. Der Europäische Rat gibt die Leitlinien vor, für deren Umsetzung ist der Rat für Auswärtige Angelegenheiten zuständig. Gegenüber dem Europäischen Parlament besteht Informations- und Anhörungspflicht. Als spezielles

Spitzenamt wurde der Hohe Vertreter für Außen- und Sicherheitspolitik geschaffen. Er/sie führt den Vorsitz im Rat für Auswärtige Angelegenheiten und ist zugleich Vizepräsident/-in der Europäischen Kommission.

Die GSVP dient der Prävention, Bewältigung und Nachsorge von Krisen. Die Missionen können zivile, polizeiliche und militärische Maßnahmen umfassen. Für militärische Krisenoperationen mit Kampftruppen ist ein Mandat des UN-Sicherheitsrats Voraussetzung. Im Laufe der letzten Jahre hat die Union mehr als 30 Missionen durchgeführt. Die meisten waren ziviler Natur und dienten der Stabilisierung der inneren Sicherheit in den betroffenen Ländern.

Neue Herausforderungen in Osteuropa in den 1990er-Jahren

Das Ende des Kalten Krieges 1989/90 schuf für die neutralen Staaten Finnland, Österreich und Schweden die Voraussetzung, Mitglied der Europäischen Union zu werden und die EFTA 1995 zu verlassen. Auch viele osteuropäische Staaten, die vor der Wende zum Einflussbereich der Sowjetunion gehört hatten, strebten danach, der EU beizutreten (EU-Osterweiterung). Dies stellte die westlichen EU-Mitglieder vor ein Dilemma: Einerseits hatten sie großes Interesse an der politischen und wirtschaftlichen Stabilität der osteuropäischen Staaten, andererseits befürchteten sie enorme Belastungen durch deren Beitritt. In den strukturschwachen ehemals sozialistischen Ländern waren umfangreiche politische und ökonomische Transformationsprozesse erforderlich. Der Übergang von Sozialismus und Planwirtschaft zu Demokratie und Marktwirtschaft erforderte den gleichzeitigen Umbau der politischen, wirtschaftlichen, rechtlichen und sozialen Systeme, der zudem in möglichst kurzer Zeit geschehen sollte.

Um die Osterweiterung vorzubereiten, wurden 1993 auf dem EU-Gipfel in Kopenhagen klar definierte Beitrittskriterien* festgelegt und die Phasen der Beitrittsverhandlungen in 35 Kapiteln systematisiert. Sie sehen die Beteiligung aller Entscheidungsträger der Union einschließlich der nationalen Parlamente vor; das Europäische Parlament muss einem Beitrittsbeschluss mit absoluter Mehrheit zustimmen. Der strukturelle Anpassungsprozess der Beitrittskandidaten kann durch Fördermittel und Förderprogramme der Union unterstützt werden.

Estland, Lettland, Litauen, Polen, die Slowakei, Slowenien, die Tschechische Republik sowie Ungarn wurden 2004 aufgenommen. Im selben Jahr kamen die Mittelmeerstaaten Malta und Zypern hinzu. Bulgarien und Rumänien wurden erst 2007 in die EU aufgenommen. Mit dem Beitritt Kroatiens 2013 erhöhte sich die Zahl der Mitgliedstaaten auf 28. 2005 nahm die EU auch mit der Türkei Beitrittsverhandlungen auf, die jedoch nur sehr langsam vorankamen. Unter Präsident Recep Erdogan wurde die Türkei seit 2015 zunehmend autoritär regiert. Im April 2017 stimmten die türkischen Wähler in einem Referendum für eine Verfassungsänderung, die dem Präsidenten weitere große Machtbefugnisse einräumt. Seither haben sich die Beziehungen des Landes zur EU weiter verschlechtert. Ein Beitritt ist damit unwahrscheinlich geworden. Weitere Beitrittskandidaten im Jahr 2017 waren Serbien und Montenegro.

Kopenhagener Beitrittskriterien
– institutionelle Stabilität als Garantie für eine demokratische und rechtsstaatliche Ordnung, die Wahrung der Menschenrechte und den Schutz von Minderheiten
– eine funktionsfähige Marktwirtschaft sowie die Fähigkeit, dem Wettbewerbsdruck und den Marktkräften der EU standzuhalten,
– die Übernahme aller Verträge, Vorschriften und Regelungen der EU („Acquis")

EU-Skepsis und -Feindlichkeit

Populismus
Politische Strömungen, die für sich in Anspruch nehmen, gegen politische Eliten und für die Interessen des „wahren Volkes" anzutreten, werden als populistisch bezeichnet. Populismus kann links- oder rechtsorientiert sein, tradiert aber häufig konservative Gesellschaftsbilder (z. B. hinsichtlich der Rolle der Frau) und weist tendenziell fremdenfeindliche Züge auf (Abgrenzung des eigenen Volkes gegen die „Anderen").

Seit einigen Jahren steht Europa vor neuen großen Herausforderungen. Die Auswirkungen der Finanz- und Wirtschaftskrise verstärkten das Wohlstandsgefälle zwischen dem Norden und dem Süden Europas und führten in den südlichen Mitgliedstaaten zu einer sehr hohen Jugendarbeitslosigkeit. Zur Bewältigung der Flüchtlingskrise an den Grenzen Europas seit dem Jahre 2015 fand die Union vorerst zu keiner gemeinsamen und überzeugenden Politik.

Mit diesen Entwicklungen ging ein fortschreitender Vertrauensverlust der Bürgerinnen und Bürger in die europäische Integration einher. Symptome dafür waren erstarkende rechtspopulistische, nationalistische Bewegungen in vielen Ländern Europas. Die Fidesz-Partei in Ungarn und die Partei „Recht und Gerechtigkeit" in Polen gewannen 2010 bzw. 2015 die Parlamentswahlen und kamen an die Regierung. Mit der „Alternative für Deutschland" (AfD) zog 2017 erstmals auch in den Bundestag eine rechtspopulistische Partei ein. Rechtspopulisten in Europa verbinden die Ablehnung der EU mit Forderungen nach einer Rückbesinnung auf nationale Werte. Während einige Politikwissenschaftler den Erfolg dieser Bewegungen vor allem mit Ängsten vor Globalisierung und sozialem Abstieg zu erklären suchen, nehmen andere stärker die ideologischen Grundlagen des Rechtspopulismus in den Blick.

M 5 Erste Pressekonferenz der polnischen Ministerpräsidentin Beata Szydlo, Fotografie, 2015.
Die Europaflagge wurde aus dem Sitzungssaal entfernt.

Webcode:
KH301261-228

In der Bevölkerung Großbritanniens war die Skepsis gegenüber der europäischen Integration traditionell stark ausgeprägt. Die Arbeitsmigration aus Osteuropa nach der EU-Osterweiterung und die Finanz- und Währungskrise verstärkten diese Tendenzen. Die Forderung der rechtspopulistischen UKIP-Partei nach einem Austritt aus der EU fand auch die Unterstützung zahlreicher prominenter Politiker der seit 2010 regierenden Konservativen. In einem Referendum stimmte 2016 eine knappe Mehrheit der Briten für den Austritt aus der EU (Brexit). Im März 2017 beantragte Großbritannien offiziell die Loslösung von der Union. Damit steht zum ersten Mal in der Geschichte der europäischen Einigung der Austritt eines Mitglieds bevor.

1 **Zeitleiste:** Beschreiben Sie die Gründungsphase des vereinten Europa mithilfe einer Zeitleiste.
2 Erläutern Sie die Begründungen für das Projekt der politischen Einigung Europas.
3 Charakterisieren Sie den Erweiterungsprozess der EU anhand der Karte M 3.
4 Interpretieren Sie das Institutionenschaubild auf S. 225.
5 Erörtern Sie die Probleme, vor denen die EU heute steht.

Hinweise zur Arbeit mit den Materialien

Zur Einführung ins Thema dienen Texte von Coudenhove-Kalergi (M 6) und Winston Churchill (M 7). Die folgenden Materialien zur **Gründungsphase des vereinten Europa** umfassen Quellen und Bildmaterial zum Schuman-Plan und zur Reaktion Adenauers (M 8 bis M 10) sowie Auszüge aus der Präambel zur EGKS/Montanunion und den Römischen Verträgen (M 11, M 12). Der Themenbereich **Projekt der politischen Einigung Europas und dessen Begründung** wird mit Bildmaterial und Dokumenten zu den Anfängen der deutsch-französischen Freundschaft (M 13), dem Elysée-Vertrag (M 14) sowie zum deutsch-französischen Jugendwerk (M 15) eingeleitet. Es folgen Dokumente und eine Grafik zum europäischen Binnenmarkt (M 16, M 17), dem Vertrag von Maastricht (M 18, M 19) sowie zur Verfassung des vereinigten Europa (M 20, M 21). Auszüge aus dem Vertrag von Lissabon (M 22), eine Karikatur (M 23) und zwei Beiträge zur Debatte über eine europäische Identität (M 24, M 25) schließen diesen Komplex ab. Im Folgenden steht die **EU-Osterweiterung bis 2004** im Mittelpunkt. Quellentexte (M 26, M 27), zwei Grafiken (M 28, M 29) sowie ein Sekundärtext (M 30) beleuchten Ausgangssituation und Elemente des Transformationsprozesses. Ein politikwissenschaftlicher Text (M 31) gibt Aufschluss über die Folgen des Systemwandels in Osteuropa. Ein abschließender Materialblock zu **EU-Skepsis und -Feindlichkeit** startet mit einem Foto zum Austritt Großbritanniens aus der EU (M 32). Mit Quellentexten (M 33, M 35), Bildmaterial (M 34) und einer Tabelle (M 36) lässt sich das Thema **rechtspopulistische, nationalistische Parteien** in Europa erschließen. Zur tiefergehenden Analyse können abschließend zwei politikwissenschaftliche Texte zu **Rechtspopulismus und Populismus** (Geschichte und Theorie, M 37, M 38) sowie ein Wahlplakat (M 39) herangezogen werden.

Die **Methodenseiten**, S. 245 ff., zeigen Arbeitsschritte der **Interpretation schriftlicher Quellen** und erläutern diese anhand eines Beispiels mit Lösungshinweisen.

Am Ende des Kapitels finden sich **weiterführende Arbeitsanregungen** und die Möglichkeit, die im Kapitel erworbenen **Kompetenzen zu überprüfen** (S. 248 f.).

Visionen von Europa

M 6 Graf Coudenhove-Kalergi, Gründer der Paneuropa-Union, in seinem Buch „Paneuropa" (1923)

Europa als politischer Begriff besteht nicht. Der Weltteil, der diesen Namen trägt, birgt ein Chaos von Völkern und Staaten, eine Pulverkammer internationaler Konflikte, eine Retorte künftiger Weltkriege. Die europäische Frage und der europäische Hass verseuchen die internationale Atmosphäre und beunruhigen ständig auch die friedlichsten Teile der Welt. Deshalb ist die europäische Frage kein lokales, sondern ein internationales Problem; bevor es nicht gelöst ist, kann auch eine friedliche Entwicklung der Welt nicht gedacht werden. [...]

Die europäische Frage wird erst gelöst werden durch einen Zusammenschluss seiner Völker. Dieser Zusammenschluss wird entweder freiwillig erfolgen durch Bildung eines paneuropäischen Staatenbundes – oder aber gewaltsam durch eine russische Eroberung. Ob die europäische Frage durch Europa beantwortet werden wird oder durch Russland – auf keinen Fall ist es möglich, dass sich die „europäische Kleinstaaterei" dauernd neben den vier großen Weltreichen der Zukunft behauptet: neben dem britischen und russischen, dem amerikanischen und ostasiatischen.

Richard N. Graf Coudenhove-Kalergi, Paneuropa (1923), Paneuropa Verlag, Wien 1926, S. 22 f.

1 Erläutern Sie das Europa-Verständnis des Autors vor dem Hintergrund der Zwischenkriegszeit (M 6).
2 Setzen Sie sich mit seiner Vision „der vier großen Weltreiche der Zukunft" auseinander.

M 7 Rede Winston Churchills an der Universität Zürich (19. September 1946)

Wenn die große Republik jenseits des Atlantischen Ozeans nicht endlich erkannt hätte, dass der Zusammenbruch oder die Versklavung Europas auch ihr eigenes Geschick mit sich in den Abgrund reißen würde, und nicht eine helfende und führende Hand Europa entgegengestreckt hätte, so würden die dunklen Zeiten mit all ihrer Grausamkeit wiedergekehrt sein. Und sie könnte noch immer wiederkehren. Trotzdem gibt es ein Heilmittel, das, allgemein und spontan angewendet, die ganze Szene wie durch ein Wunder verwandeln und innerhalb weniger Jahre ganz Europa, oder doch dessen größten Teil, so frei und glücklich machen könnte, wie es heute die Schweiz ist. Dieses Mittel besteht in der Erneuerung der europäischen Völkerfamilie oder doch einer so großen Zahl ihrer Mitglieder, als es im Rahmen des Möglichen liegt, und ihrem Neuaufbau unter einer Ordnung, unter der sie Freiheit, Sicherheit und Frieden leben kann. Wir müssen eine Art Vereinigte Staaten von Europa errichten. […]

Wir alle müssen dem Schrecken der Vergangenheit den Rücken kehren und uns der Zukunft zuwenden. Wir können es uns einfach nicht leisten, durch all die kommenden Jahre den Hass und die Rache mit uns fortzuschleppen, die den Ungerechtigkeiten der Vergangenheit entsprossen sind. Sollte das die einzige Lehre der Geschichte sein, die die Menschheit zu erlernen unfähig ist? Lasst Gerechtigkeit, Barmherzigkeit und Freiheit walten! Ich will jetzt etwas sagen, was Sie vielleicht in Erstaunen setzen wird: Der erste Schritt bei der Neubildung der europäischen Familie muss ein Zusammengehen zwischen Frankreich und Deutschland sein. Nur so kann Frankreich die Führung in Europa wiedererlangen. Es gibt kein Wiedererstehen Europas ohne ein geistig großes Frankreich und ein geistig großes Deutschland. Die Struktur der Vereinigten Staaten von Europa wird, wenn sie richtig und dauerhaft errichtet werden soll, so geartet sein müssen, dass die materielle Stärke einzelner Staaten an Bedeutung einbüßt. Kleine Nationen werden so viel wie große gelten und sich durch ihren Beitrag für die gemeinsame Sache Ruhm erringen können. […] Der erste Schritt hierzu wäre es, einen Europäischen Rat ins Leben zu rufen. […] Bei diesem dringend notwendigen Werk müssen Frankreich und Deutschland zusammen die Führung übernehmen. […] Wenn wir die Vereinigten Staaten von Europa bilden wollen, so müssen wir es jetzt tun.

Zit. nach: Anton Schäfer (Hg.), Die Verfassungsentwürfe zur Gründung einer Europäischen Union von 1923 bis 2000, übers. v. Heinrich Siegler, BSA-Verlag, Dornbirn 2001, S. 64f.

1 Analysieren Sie die Rede im Hinblick auf die Konzeption der „Vereinigten Staaten von Europa" (M 7).
2 Beurteilen Sie die Rede in ihrem historischen Kontext.
3 Bewerten Sie die Rede aus heutiger Sicht.

Die Gründungsphase des vereinten Europa

M 8 Erklärung des französischen Außenministers Robert Schuman (9. Mai 1950)

Europa lässt sich nicht mit einem Schlage herstellen und auch nicht durch eine einfache Zusammenfassung: Es wird durch konkrete Tatsachen entstehen, die zunächst eine Solidarität der Tat schaffen. Die Vereinigung der europäischen Nationen erfordert, dass der jahrhundertealte Gegensatz zwischen Frankreich und Deutschland ausgelöscht wird. Das begonnene Werk muss in erster Linie Deutschland und Frankreich umfassen. Zu diesem Zweck schlägt die französische Regierung vor, in einem begrenzten, doch entscheidenden Punkt sofort zur Tat zu schreiten. Die französische Regierung schlägt vor, die Gesamtheit der französisch-deutschen Kohle und Stahlproduktion unter eine Gemeinsame Oberste Aufsichtsbehörde (Haute Autorité) zu stellen, in einer Organisation, die den anderen europäischen Ländern zum Beitritt offensteht. Die Zusammenlegung der Kohle- und Stahlproduktion wird sofort die Schaffung gemeinsamer Grundlagen für die wirtschaftliche Entwicklung sichern – die erste Etappe der europäischen Föderation – und die Bestimmung der Gebiete ändern, die lange Zeit der Herstellung von Waffen gewidmet waren, deren sicherste Opfer sie gewesen sind. Die Solidarität der Produktion, die so geschaffen wird, wird bekunden, dass jeder Krieg zwischen Frankreich und Deutschland nicht nur undenkbar, sondern materiell unmöglich ist.

Hans Teske, Europa zwischen gestern und morgen, Bundesanzeiger, Köln 1988, S. 32 f.

M 9 Rede des deutschen Bundeskanzler Konrad Adenauer vor dem Deutschen Bundestag (1951)

Wir müssen uns darüber klar sein, dass französische Bevölkerungskreise vielfach noch immer in dem Gedanken leben, dass Deutschland ein eventueller zukünftiger Gegner sein würde. Die psychologische Bedeutung, die Frage der Beruhigung solcher Befürchtungen im eigenen Lande und die Erweckung des Gefühls der Zusammengehörigkeit zwischen Deutschland und Frankreich waren die politischen Gründe, die Herrn Schuman damals geleitet haben. Aber wie bei wirklich konstruktiven Gedanken hat sich im Laufe der Entwicklung gezeigt, dass in diesem Vorschlag eine solche lebendige Kraft lag, dass man über den ursprünglichen Zweck jetzt schon weit hinausgekommen ist. Man hat seit dem Mai 1950 erkannt, dass die Integration Europas für alle europäischen Länder eine absolute Notwendigkeit ist, wenn sie überhaupt am Leben bleiben wollen. Man hat weiter erkannt, dass man die Integration Europas nicht mit Reden, mit Erklärungen herbeiführen kann, sondern dass man sie nur herbeiführen kann durch gemeinsame Interessen und durch gemeinsames Handeln. Etwas Weiteres hat sich im Laufe der Verhandlungen ergeben. Ich glaube, dass wohl zum ersten Mal in der Geschichte, sicher der Geschichte der letzten Jahrhunderte, Länder freiwillig und ohne Zwang auf einen Teil ihrer Souveränität verzichten wollen, um die Souveränität einem supranationalen Gebilde zu übertragen. Das ist – ich betone das nachdrücklich –, wie mir scheint, ein Vorgang von welthistorischer Bedeutung, ein Vorgang, der das Ende des Nationalismus in all diesen Ländern bedeutet.

Verhandlungen des Deutschen Bundestages, 1. Wahlperiode, Band 8, S. 650.

1 Erläutern Sie den Vorschlag Schumans (M 8) und die Reaktion Adenauers (M 9).
2 Diskutieren Sie Adenauers Einschätzung, die Entwicklung sei ein „Vorgang von welthistorischer Bedeutung".

M 10 Britische Karikatur zum Schuman-Plan, Mai 1950.
Die Pont de la Concorde ist eine Brücke in Paris.

1 Interpretieren Sie die Karikatur (M 10).

M 11 Präambel der Europäischen Gemeinschaft für Kohle und Stahl/EGKS (1951)

In der Überzeugung, dass der Beitrag, den ein organisiertes und lebendiges Europa für die Zivilisation leisten kann, zur Aufrechterhaltung friedlicher Beziehungen unerlässlich ist, in dem Bewusstsein, dass Europa nur durch konkrete Leistungen, die zunächst eine tatsächliche Verbundenheit schaffen, […] aufgebaut werden kann, in dem Bemühen, durch die Ausweitung ihrer Grundproduktionen zur Hebung des Lebensstandards und zum Fortschritt der Werke des Friedens beizutragen, entschlossen, an die Stelle der jahrhundertealten Rivalitäten einen Zusammenschluss ihrer wesentlichen Interessen zu setzen, durch die Errichtung einer wirtschaftlichen Gemeinschaft den ersten Grundstein für eine weitere und vertiefte Gemeinschaft unter Völkern zu legen [...] und die institutionellen Grundlagen zu schaffen, die einem nunmehr allen gemeinsamen Schicksal die Richtung weisen können, haben [wir] beschlossen, eine Europäische Gemeinschaft für Kohle und Stahl zu gründen.

Zit. nach: www.cvce.eu/de/obj/vertrag_uber_die_ grundung_der_europaischen_gemeinschaft_fur_ kohle_und_stahl_paris_18_april_1951-de-11a21305-941e-49d7-a171-ed5be548cd58.html (Download vom 12.3.2018).

1 Fassen Sie die Ziele der EGKS zusammen (M 11).
2 Beurteilen Sie die Bedeutung für den europäischen Einigungsprozess.
3 Vergleichen Sie die Ziele der EGKS mit dem Schuman-Plan (M 8).

M 12 Die Römischen Verträge zur Gründung der Europäischen Wirtschaftsgemeinschaft / EWG (1957)

Artikel 3: Die Tätigkeit der Gemeinschaft [...] umfasst:
 a) die Abschaffung der Zölle und mengenmäßigen Beschränkungen bei der Ein- und Ausfuhr von Waren sowie aller sonstigen Maßnahmen gleicher Wirkung zwischen den Mitgliedsstaaten
 b) die Einführung eines gemeinsamen Zolltarifs und einer gemeinsamen Handelspolitik gegenüber dritten Ländern;
 c) die Einführung einer gemeinsamen Politik auf dem Gebiet der Landwirtschaft; [...]
 e) die Einführung einer gemeinsamen Politik auf dem Gebiet des Verkehrs;
 f) die Errichtung eines Systems, das den Wettbewerb innerhalb des Gemeinsamen Marktes vor Verfälschungen schützt; [...]

h) die Angleichung der innerstaatlichen Rechtsvorschriften, soweit dies für das ordnungsgemäße Funktionieren des Gemeinsamen Marktes erforderlich ist;
i) die Schaffung eines Europäischen Sozialfonds, um die Beschäftigungsmöglichkeiten der Arbeitnehmer zu verbessern und zur Hebung der Lebenshaltung beizutragen.

Zit. nach: Europa. Verträge und Gesetze, Bonn, 1972, S. 75 f.

1 Fassen Sie die Bestimmungen zusammen.
2 Beurteilen Sie die Bedeutung für den europäischen Einigungsprozess.

Das Projekt der politischen Einigung Europas

M 13 Der französische Staatspräsident Charles de Gaulle und Bundeskanzler Konrad Adenauer nach der Unterzeichnung des Elysée-Vertrages, Fotografie, 22. Januar 1963

M 14 Aus der Erklärung zum „Vertrag über die deutsch-französische Zusammenarbeit"/„Elysée-Vertrag" (1963)

Der Bundeskanzler der Bundesrepublik Deutschland, Dr. Konrad Adenauer, und der Präsident der Französischen Republik, General de Gaulle, haben sich zum Abschluss der Konferenz vom 21. und 22. Januar 1963 in Paris [...]
– in der Überzeugung, dass die Versöhnung zwischen dem deutschen und dem französischen Volk, die eine jahrhundertealte Rivalität beendet, ein geschichtliches Ereignis darstellt, das das Verhältnis der beiden

Völker zueinander von Grund auf neu gestaltet,
– in dem Bewusstsein, dass eine enge Solidarität die beiden Völker sowohl hinsichtlich ihrer Sicherheit als auch hinsichtlich ihrer wirtschaftlichen und kulturellen Entwicklung miteinander verbindet,
– angesichts der Tatsache, dass insbesondere die Jugend sich dieser Solidarität bewusst geworden ist und dass ihr eine entscheidende Rolle bei der Festigung der deutschfranzösischen Freundschaft zukommt,
– in der Erkenntnis, dass die Verstärkung der Zusammenarbeit zwischen den beiden Ländern einen unerlässlichen Schritt auf dem Wege zu dem vereinigten Europa bedeutet, welches Ziel beider Völker ist,
mit der Organisation und den Grundsätzen der Zusammenarbeit zwischen den beiden Staaten […] einverstanden erklärt.

Zit. nach: Helmut Krause/Karlheinz Reif (Bearb.), Geschichte in Quellen. Die Welt seit 1945, München (bsv) 1980, S. 368 f.

M 15 Aus dem Elysée-Vertrag (1963)

C Erziehungs- und Jugendfragen
2. Der deutschen und französischen Jugend sollen alle Möglichkeiten geboten werden, um die Bande, die zwischen ihnen bestehen, enger zu gestalten und ihr Verständnis füreinander zu vertiefen. Insbesondere wird der Gruppenaustausch weiter ausgebaut.

Es wird ein Austausch- und Förderungswerk der beiden Länder errichtet, an dessen Spitze ein unabhängiges Kuratorium steht. Diesem Werk wird ein deutsch-französischer Gemeinschaftsfonds zur Verfügung gestellt, der der Begegnung und dem Austausch von Schülern, Studenten, jungen Handwerkern und jungen Arbeitern zwischen beiden Ländern dient.

http://www.kas.de/upload/dokumente/Elysee-Vertrag.pdf (Download vom 11. 10. 2017).

1 Erläutern Sie Ziele und Bedeutung des Elysée-Vertrags (M 14).
2 Deuten Sie Gestik und Symbolik der Fotografie M 13.
3 Charakterisieren Sie die Zielgruppen, an die sich das „Austausch- und Förderungswerk" richten soll (M 15).

M 16 Jacques Delors, Präsident der EG-Kommission, in seiner Antrittsrede vor dem Europaparlament (14. Januar 1985)

Was uns außer einem gewissen Maß an Selbstvertrauen fehlt, ist der Dimensions- und Multiplikationseffekt. Nur ein stärker zusammengewachsenes Europa mit einem höheren Integrationsgrad kann uns diesen Effekt bringen. Für die vier Jahre ihrer Amtszeit plant die Kommission entscheidende Schritte in drei Richtungen: die Verwirklichung des europäischen Binnenmarktes und die industrielle Zusammenarbeit, die Stärkung des europäischen Währungssystems, die Konvergenz der Volkswirtschaften, weil sie mehr Wachstum und die Schaffung neuer Arbeitsplätze ermöglicht. Diese Schritte sind notwendig, um in einer von den großen Wirtschaftsmächten dominierten Welt […] überleben zu können.

[…] Auf diese Weise sagen wir nein zu Skepsis, nein zu Mutlosigkeit, nein zu zahlreichen Alibis, um nichts zu tun, selbst wenn sie der öffentlichen Meinung in den Mitgliedstaaten noch so intelligent präsentiert werden. Denn oft hat man den traurigen Eindruck, als ginge es in den europäischen Angelegenheiten um einen Wettbewerb zwischen den Mitgliedstaaten, während sie doch das Bild eines Teams bilden sollten […]. Es geht um nicht mehr und nicht weniger als um folgende drei Ziele: die Verwirklichung eines großen Binnenmarktes, die Harmonisierung von Vorschriften und die industrielle Kooperation.

Zit. nach: Jacques Delors, Das neue Europa, Übersetzung Jochen Grube, Hanser, München u. a. 1993, S. 35 f.

1 Beschreiben Sie die Ziele der EG-Kommission (M 16).
2 Arbeiten Sie heraus, wie Delors diese Ziele begründet.
3 Erörtern Sie, welcher Begriff diese Ziele im Hinblick auf die Entwicklung der Einigung bis 1985 am besten charakterisiert: Kontinuität, Wandel oder Umbruch.

M 17 Der europäische Binnenmarkt nach der Einheitlichen Europäischen Akte.
Nach einem in der Akte festgelegten Zeitplan trat der Binnenmarkt zum 1. Januar 1993 vollständig in Kraft.

Freier Personenverkehr Wegfall von Grenzkontrollen, Harmonisierung der Einreise-, Asyl-, Waffen-, Drogengesetze, Niederlassungs- und Beschäftigungsfreiheit für EG-Bürger, verstärkte Außenkontrollen	**Freier Dienstleistungsverkehr** Liberalisierung der Finanzdienste, Harmonisierung der Banken- und Versicherungsaufsicht, Öffnung der Transport- und Telekommunikationsmärkte
Freier Warenverkehr Wegfall von Grenzkontrollen, Harmonisierung oder gegenseitige Anerkennung von Normen und Vorschriften, Steuerharmonisierung	**Freier Kapitalverkehr** Größere Freizügigkeit für Geld- und Kapitalbewegungen, Schritte zu einem gemeinsamen Markt für Finanzleistungen, Liberalisierung des Wertpapierverkehrs

1 Erläutern Sie anhand von M 17 die Hauptelemente des europäischen Binnenmarktes.

M 18 Auszug aus dem Vertrag von Maastricht (1992)

Durch diesen Vertrag gründen die hohen Vertragsparteien untereinander eine Europäische Union, im Folgenden als „Union" bezeichnet.
Dieser Vertrag stellt eine neue Stufe bei der
5 Verwirklichung einer immer engeren Union der Völker Europas dar, in der die Entscheidungen möglichst bürgernah getroffen werden. Grundlage der Union sind die Europäischen Gemeinschaften, ergänzt durch die mit
10 diesem Vertrag eingeführten Politiken und Formen der Zusammenarbeit. Aufgabe der Union ist es, die Beziehungen zwischen den Mitgliedstaaten sowie zwischen ihren Völkern kohärent und solidarisch zu gestalten. [...]
15 Die Union setzt sich folgende Ziele:
– die Förderung eines ausgewogenen und dauerhaften wirtschaftlichen und sozialen Fortschritts, insbesondere durch Schaffung eines Raumes ohne Binnengrenzen, durch
20 Stärkung des wirtschaftlichen und sozialen Zusammenhalts und durch die Errichtung einer Wirtschafts- und Währungsunion, die auf längere Sicht auch eine einheitliche Währung nach Maßgabe dieses Vertrags
25 umfasst;
– die Behauptung ihrer Identität auf internationaler Ebene, insbesondere durch eine gemeinsame Außen- und Sicherheitspolitik, wozu auf längere Sicht auch die Festle-
30 gung einer gemeinsamen Verteidigungspolitik gehört, die zu gegebener Zeit zu einer gemeinsamen Verteidigung führen könnte;
– die Stärkung des Schutzes der Rechte und Interessen der Angehörigen ihrer Mitglied-
35 staaten durch Einführung einer Unionsbürgerschaft;
– die Entwicklung einer engen Zusammenarbeit in den Bereichen Justiz und Inneres. [...]
– Der Europäische Rat erstattet dem Europä-
40 ischen Parlament nach jeder Tagung Bericht und legt ihm alljährlich einen schriftlichen Bericht über die Fortschritte in der Union vor.

Zit. nach: Curt Gasteyger, Europa von der Spaltung zur Einigung, Neuauflage, Bundeszentrale für politische Bildung, Bonn 2001, S. 427 f.

1 Fassen Sie die wesentlichen Bestimmungen des Vertrags in einem Schaubild zusammen.
2 Diskutieren Sie über die These: „Die Wirtschaft ist der Motor des europäischen Einigungsprozesses". Nutzen Sie auch M 11, M 12 und M 16.

M 19 Kommentar zum Maastrichter Vertrag (1992)

[Der französische Staatspräsident] Mitterrand und sein Referendum-Manager Lang kämpfen gegen ein Gemisch aus irrationalen Ängsten und mangelnden Informationen. Einerseits sind es Bedenken, die auch schon die Dänen zum Nein trieben: Ein zentralistisches Europa könnte Frankreich die Identität kosten, könnte zur Fremdherrschaft eines anonymen Apparats führen. Andererseits beklagen die Franzosen etwa Europas Hilflosigkeit gegenüber dem Morden im ehemaligen Jugoslawien. Verbreitet ist die Furcht, dass Maastricht das Gewicht Deutschlands auf Kosten Frankreichs stärken werde. Mitterrand und auch bürgerliche Vertragsbefürworter versuchen das Gegenteil glaubhaft zu machen: Nur durch eine Wirtschafts- und Währungsunion könne Deutschland im Zaum gehalten, die Macht der Deutschen Bundesbank gebrochen werden.

Der Spiegel, Nr. 36, 31. 8. 1992, S. 148 f.

1 Erläutern Sie die Kritik am Maastrichter Vertrag (M 19).
2 **Leserbrief:** Schreiben Sie einen kurzen Leserbrief an die Zeitschrift, in dem Sie sich aus heutiger Sicht mit den Kritikpunkten auseinandersetzen.

M 20 Der deutsche Politikwissenschaftler Werner Weidenfeld über den EU-Verfassungsentwurf (2004)

Ein Europa, das magnetisch immer mehr Aufgaben und immer mehr Mitglieder an sich zieht, lechzt geradezu nach verbürgter Zuverlässigkeit. Es ist nicht länger bloß ein Gegenstand von Pathos und Vision, sondern Produzent von öffentlichen Gütern, an den harte Leistungserwartungen zu richten sind. Den Imperativ handlungsfähiger Zuverlässigkeit hat die Europäische Union in eine Verfassung zu gießen versucht. Dies gibt der Integration nicht nur Effizienz, es gibt ihr vor allem eine neue politische Dignität[1]. [...]

Die Verfassung lässt zu weiten Teilen das bisherige Wildwuchs-Europa hinter sich: die vielen verschiedenen Verfahren, die hohe Zahl von Einstimmigkeitserfordernissen. Qualifizierte Mehrheitsabstimmungen im Ministerrat werden deutlich ausgebaut. Zudem wird das Mitentscheidungsverfahren zum Regelverfahren, wodurch die Rechte des Europäischen Parlaments deutlich gestärkt werden. Europa wird praktisch zum Zwei-Kammer-System.

Werner Weidenfeld, „Die Bilanz der Europäischen Integration 2003/2004", in: Werner Weidenfeld, Wolfgang Wessels (Hg.), Jahrbuch der Europäischen Integration 2003/2004, Nomos, Baden-Baden 2004, S. 21 f.

1 Dignität: Würde

1 Analysieren Sie Weidenfelds Bewertung des Verfassungsentwurfs und deren Begründung (M 20).

M 21 Alt-Bundespräsident Roman Herzog und der Wirtschaftswissenschaftler Lüder Gerken zum Entwurf des Vertrags von Lissabon (2007)

Auf dem EU-Gipfel am 21./22. Juni 2007 in Brüssel wurde über den neuen EU-Grundlagenvertrag (Vertrag von Lissabon) verhandelt, der den gescheiterten Verfassungsentwurf ersetzen sollte.

Dass die bisherigen Sondierungen und Verhandlungen hinter verschlossenen Türen, unter gezieltem Ausschluss der Bevölkerung, geführt wurden und außerdem alles getan werden soll, damit erneute Volksabstimmungen in den Mitgliedstaaten verhindert werden, ist zwar dem Willen zum erfolgreichen Abschluss geschuldet, erzeugt aber im Hinblick auf den demokratischen Fundamentalsatz, dass alle Macht vom Volke ausgeht, ein beklemmendes Gefühl. [...]

Ausgangspunkt unserer Bewertung ist die Einsicht, dass die Europäische Union nur bestehen wird, wenn sie zum einen besser als bislang in die Lage versetzt wird, den globalen, von den Mitgliedstaaten allein nicht mehr bewältigbaren Herausforderungen gerecht zu werden, und wenn sie sich zum anderen nicht in Dinge einmischt, die von den Mitgliedstaaten mindestens genauso gut geregelt werden könnten. Ersteres ist legitimierende Voraussetzung für den fortschreitenden Integrationsprozess schlechthin, Letzteres ist notwendige Nebenbedingung, deren Nichterfüllung auf Dauer zum Scheitern der Europäischen Union insgesamt führen würde, weil die schon heute ausgeprägte emotionale Distanz der Bürger überhand nähme.

Roman Herzog und Lüder Gerken, „Warum die EU-Verfassung problematisch ist", in: „Die Welt" vom 18.06.2007, https://www.welt.de/politik/article955079/Warum-die-EU-Verfassung-problematisch-ist.html (Download vom 9.10.2017).

1 Charakterisieren Sie die Position der Autoren zur Legitimation des EU-Grundlagenvertrags und zu den Voraussetzungen für seine Akzeptanz in der Bevölkerung (M 21).
2 Beschreiben Sie das Dilemma, vor dem die EU nach dem Scheitern des Verfassungsentwurfs stand.
3 Beurteilen Sie aus heutiger Sicht die Warnung der Autoren vor einer wachsenden „emotionalen Distanz" der Bürger zur EU.

M 22 Aus dem Vertrag von Lissabon / EVU (2009)

Art. 3 [Ziele der Union]
(1) Ziel der Union ist es, den Frieden, ihre Werte und das Wohlergehen ihrer Völker zu fördern.
(2) Die Union bietet ihren Bürgerinnen und Bürgern einen Raum der Freiheit, der Sicherheit und des Rechts ohne Binnengrenzen, in dem – in Verbindung mit geeigneten Maßnahmen in Bezug auf die Kontrollen an den Außengrenzen, das Asyl, die Einwanderung sowie die Verhütung und Bekämpfung der Kriminalität – der freie Personenverkehr gewährleistet ist.
(3) Die Union errichtet einen Binnenmarkt. Sie wirkt auf die nachhaltige Entwicklung Europas auf der Grundlage eines ausgewogenen Wirtschaftswachstums und von Preisstabilität, eine in hohem Maße wettbewerbsfähige soziale Marktwirtschaft, die auf Vollbeschäftigung und sozialen Fortschritt abzielt, sowie ein hohes Maß an Umweltschutz und Verbesserung der Umweltqualität hin. Sie fördert den wissenschaftlichen und technischen Fortschritt.

Sie bekämpft soziale Ausgrenzung und Diskriminierungen und fördert soziale Gerechtigkeit und sozialen Schutz, die Gleichstellung von Frauen und Männern, die Solidarität zwischen den Generationen und den Schutz der Rechte des Kindes.

Sie fördert den wirtschaftlichen, sozialen und territorialen Zusammenhalt und die Solidarität zwischen den Mitgliedstaaten. Sie wahrt den Reichtum ihrer kulturellen und sprachlichen Vielfalt und sorgt für den Schutz und die Entwicklung des kulturellen Erbes Europas.

(4) Die Union errichtet eine Wirtschafts- und Währungsunion, deren Währung der Euro ist.

(5) In ihren Beziehungen zur übrigen Welt schützt und fördert die Union ihre Werte und Interessen und trägt zum Schutz ihrer Bürgerinnen und Bürger bei. Sie leistet einen Beitrag zu Frieden, Sicherheit, globaler nachhaltiger Entwicklung, Solidarität und gegenseitiger Achtung unter den Völkern, zu freiem und gerechtem Handel, zur Beseitigung der Armut und zum Schutz der Menschenrechte, insbesondere der Rechte des Kindes, sowie zur strikten Einhaltung und Weiterentwicklung des Völkerrechts, insbesondere zur Wahrung der Grundsätze der Charta der Vereinten Nationen.

Rudolf Streinz (Hg.), EUV/AEUV, Vertrag über die Europäische Union und Vertrag über die Arbeitsweise der Union, C.H. Beck, 2. Aufl., München 2012, S. 18.

1 Erläutern Sie die Ziele der Union (M 22).
2 Arbeiten Sie die Wirtschaftsordnung und Wertvorstellungen heraus, die diesen Zielen zugrunde liegen.
3 Beurteilen Sie, ob und inwieweit die Ziele bisher erreicht werden konnten.

M 23 „Europas Traumschiff – ohne Kapitän, aber mit zu vielen Steuermännern", Karikatur von Oliver Schopf, 2011

1 Interpretieren Sie die Karikatur (M 23).
2 Diskutieren Sie ausgehend von der Karikatur über die Schwierigkeiten der politischen Zusammenarbeit in der EU.

Die Frage nach einer „europäischen Identität"

M 24 Der Staatspräsident von Tschechien, Václav Havel, vor dem Europäischen Parlament in Straßburg (1994)

Die Europäische Union beruht auf einem großen Ensemble zivilisatorischer Werte, deren Wurzeln zweifellos auf Antike und Christentum zurückgehen und die sich durch zwei Jahrtausende hindurch zu der Gestalt entwickelt haben, die wir heute als die Grundlagen der modernen Demokratie, des Rechtsstaates und der Bürgergesellschaft begreifen. [...] Man kann also nicht sagen, der Europäischen Union mangele es an einem eigenen Geist, aus dem alle konkreten Prinzipien, auf denen sie beruht, hervorgegangen sind. Nur scheint es, dass dieser Geist zu wenig sichtbar wird. So, als ob er sich hinter all den Bergen von systematisierenden, technischen, administrativen, ökonomischen, wechselkursregelnden und sonstigen Maßnahmen, in die er eingegangen ist, allzu gründlich verberge. Und so kann bei manchen Menschen der durchaus begreifliche Eindruck entstehen, die Europäische Union bestehe [...] aus nichts anderem als aus endlosen Debatten darüber, wie viele Mohrrüben irgendwer irgendwoher irgendwohin ausführen darf, wer diese Ausfuhrmenge festlegt, wer sie kontrolliert und wer im Bedarfsfall den Sünder zur Rechenschaft zieht, der gegen die erlassenen Vorschriften verstößt. [...]

Deshalb scheint mir, dass die wichtigste Anforderung, vor welche die Europäische Union sich heute gestellt sieht, in einer neuen und unmissverständlich klaren Selbstreflexion dessen besteht, was man europäische Identität nennen könnte, in einer neuen und wirklich klaren Artikulation europäischer Verantwortlichkeit, in verstärktem Interesse an einer eigentlichen Sinngebung der europäischen Integration und aller ihrer weiteren Zusammenhänge in der Welt von heute und in der Wiedergewinnung ihres Ethos oder – wenn Sie so wollen – ihres Charismas. [...]

Begrüßen würde ich zum Beispiel, wenn die Europäische Union eine eigene Charta verabschiedete, die klar die Ideen zu definieren hätte, auf denen sie beruht, den Sinn, den sie hat, und die Werte, die sie zu verkörpern trachtet.

Václav Havel, Über europäische Identität, Rede vor dem europäischen Parlament vom 8. März 1994, http://www.europa-union.de/fileadmin/files_eud/ PDF-Dateien_EUD/CHARTA_DER_EUROP_ISCHEN _IDENTIT_T.pdf (Download vom 11.10.2017).

M 25 Die deutsche Historikerin Ute Frevert (2005)

Der Zukunftsentwurf Europas, in der Unionsverfassung festgeschrieben, begeistert die Bürger Europas nicht. Das haben die Referenden in Frankreich und den Niederlanden ge-
5 zeigt. Aber wie steht es mit der Vergangenheit? Kann man in der Geschichte Europas Anknüpfungspunkte finden für positive Gefühle, für mehr Identifikation mit dem Kontinent? [...]
10 Lassen sich nationale und europäische Identitäten aus historischer Sicht überhaupt vereinbaren?
  Geschichtsbewusstsein ist ein zentraler Baustein individueller und kollektiver Identi-
15 tät. [...] Nationale Identität im Europa des 19. und 20. Jahrhunderts beruhte [...] auf einem Geschichtsbewusstsein, das den heroischen Kampf um Einheit, Macht und Ehre in den Mittelpunkt stellte. Es ging stets darum, die ei-
20 gene Nation gegen andere benachbarte europäische Nationen zu profilieren, die eigene kulturelle, politische, militärische Überlegenheit zu betonen und zu behaupten. Nationalstolz und Patriotismus wirkten in der Vergan-
25 genheit vor allem ausschließend, abgrenzend und abwertend. [...]
  Nun gut, könnte man einwenden, das war bis in die Epoche der Weltkriege so, hat sich aber doch nach 1945 grundlegend geändert.
30 Stimmt das wirklich? Schauen wir uns um: Die nationalen Denkmäler stehen immer noch, viele neue sind hinzugekommen. Gerade in den osteuropäischen Staaten hat nach dem Ende der sowjetischen Blockpolitik die
35 Sehnsucht nach nationaler Orientierung um sich gegriffen. [...] Aber auch in den alten EU-Staaten wird Geschichte nach wie vor ausschließlich in der und für die eigene Nation konzipiert, und die Absicht ist fast immer eine
40 apologetische[1]. [...]
  Während Stolz an Hochmut grenzt und den Blick nach außen verengt, lädt ein Geschichtsbild, das die eigenen Brüche und Fehlleistungen offen benennt, zur Demut ein. Demut aber
45 erleichtert Mitgefühl und Wissen um die Leiden anderer Völker.
  Die Selbstkritik sollte nicht beim Zweiten Weltkrieg stehen bleiben. Vielen europäischen Ländern liefert ihre koloniale Vergangenheit einen weiteren Stein des Anstoßes. [...] Ähn-
50 lich steht es um die Geschichte nationaler Minderheiten, die von den Mehrheiten oft nicht gerade pfleglich behandelt wurden. [...]
  Mehr nationale Bescheidenheit und Selbstreflexion also tun Not, wenn tatsächlich so et-
55 was wie ein europäisches Geschichtsbewusstsein entstehen soll. Ohne dieses kann ein europäisches Zusammengehörigkeitsgefühl nicht wachsen.

Ute Frevert, „Was ist das bloß – ein Europäer?" In: Die Zeit, 23. Juni 2005, http://www.zeit.de/2005/26/Essay_Frevert (Download vom 11. 10. 2017).

1 apologetisch: rechtfertigend

1 Erläutern Sie die Vorstellungen Václav Havels von einer europäischen Identität (M 24).
2 Vergleichen Sie die Schwerpunkte, die Havel und Ute Frevert setzen (M 24, M 25).
3 Analysieren Sie, welche Rolle beide der Geschichte zuschreiben.
4 Ordnen Sie die Texte in den historischen Kontext der EU-Osterweiterung und der langjährigen Verfassungsdebatte ein.
5 **Podiumsdiskussion:** Erarbeiten Sie in Gruppen Argumente, ob eine „europäische Identität" möglich und sinnvoll ist. Führen Sie anschließend eine Podiumsdiskussion durch, bei der jede Gruppe einen Vertreter stellt.

Neue Herausforderungen in Osteuropa

M 26 Der polnische Ministerpräsident Tadeusz Masowiecki vor dem Europarat (1990)

Die Polen sind eine Nation, die sich ihrer Zugehörigkeit zu Europa und ihrer europäischen Identität bewusst ist. Für uns war Europa immer der Bezugspunkt, wenn wir uns über unsere Identität befragten. Jenes Europa, als dessen Verteidiger sich die Polen fühlten und das sie dermaßen liebten. Die Idee des „Schutzwalls" der Christenheit, also der Verteidigungslinie für Europa, blieb in Polen während

300 Jahren lebendig. In Europa sehen wir immer noch die Werte – Vaterland, Freiheit, Menschenrechte – und fahren fort, uns entschieden mit diesem Europa zu identifizieren. [...] Wenn wir als Gemeinschaft zu überleben vermochten, dann nicht zuletzt dank unserer Anhänglichkeit an bestimmte Institutionen und Werte europäischer Prägung. Wir verdanken dieses Überleben dem Glauben und der Kirche, dem Bekenntnis zur Demokratie und zum Pluralismus, den Menschenrechten und bürgerlichen Freiheiten, der Idee der Solidarität. [...] Die Mauer zwischen dem freien und dem unterdrückten Europa wurde bereits beseitigt. Jetzt bleibt die Lücke zwischen dem armen und dem reichen Europa zu füllen. Wenn Europa ein „gemeinsames Haus" werden soll, in dem die einen nicht den anderen die Türe verschließen dürfen, dann dürfen auch solche großen Unterschiede nicht lange bestehen. [...] Es ist Zeit, Institutionen zu schaffen, die das ganze Europa wirksam umfassen.

Zit. nach: Curt Gasteyger, Europa zwischen Spaltung und Einigung 1945–1993, Bonn 1994, S. 426 f.

M 27 Aus einem Interview mit dem estnischen Staatspräsidenten Lennart Meri (1999)

SPIEGEL: Die EU tut sich nun einmal schwer damit, neue Kostgänger an den Tisch zu bitten, bevor sie ihre eigenen Finanzen in Ordnung gebracht hat.
Meri: Die EU ist nicht nur eine Finanzkammer und auch kein Krämerladen. Sie kann sich nicht vor ihrer historischen Verantwortung drücken, indem sie auf innere Schwierigkeiten verweist; die wird es ja immer geben. Die Union wird einen großen Fehler machen, wenn sie die osteuropäischen Beitrittskandidaten hinhält. [...]
SPIEGEL: Treibt Sie die Angst vor Russland?
Meri: Wir haben gewisse Sorgen, die man sich in Deutschland oder Frankreich oder Spanien nicht vorstellen kann [...]. Die Russifizierung war eine Abart der Kolonisation. Nach der Erfahrung des Totalitarismus möchten wir eine Antwort auf die Frage finden: Wo kann eine kleine Kultur überleben und zugleich unbeschadet teilnehmen an einer Gesamtkultur?
SPIEGEL: Und diese Geborgenheit erwarten Sie sich von Europa?
Meri: Die Stärke Europas besteht eigentlich darin, dass es eine Summe verschiedener Mentalitäten und Kreativitäten ist, das Gegenteil von Gleichschaltung und Einebnung. In der EU können auch kleine Staaten das Gefühl haben, als Gleichberechtigte akzeptiert zu werden. Das ist sehr wichtig, wenn man wie wir gerade aus einem Imperium ausgebrochen ist.

Der Spiegel Nr. 11/1999, S. 30 f.

1 Arbeiten Sie aus M 26 heraus, welche Werte die polnische Nation laut Mazowiecki mit Europa verbindet.
2 Analysieren Sie mithilfe von M 26 und M 27 politische und wirtschaftliche Motive der osteuropäischen Beitrittskandidaten.
3 Diskutieren Sie, ob die EU tatsächlich eine „historische Verantwortung" für Osteuropa trägt.

M 28 Bruttoinlandsprodukt von Beitrittsländern (1999; 100 = Durchschnitt EU-15)

Beitrittsländer 2004:	Zypern	81
	Slowenien	71
	Tschechien	59
	Ungarn	51
	Slowakei	49
	Polen	37
	Estland	36
	Litauen	29
	Lettland	27
Beitritt 2007	Rumänien	27
	Bulgarien	22

Schmidt-Zahlenbilder Nr. 715298. Zit. nach: Frank Bärenbrinker/Christoph Jakubowsky, Europa im 20. Jahrhundert: Die europäische Einigungsbewegung und das Europa der Menschen- und Bürgerrechte, Cornelsen, Berlin 2004, S. 140.

M 29 Wirtschaftswachstum (BIP real) der Länder seit ihrem EU-Beitritt in Prozent (2015)

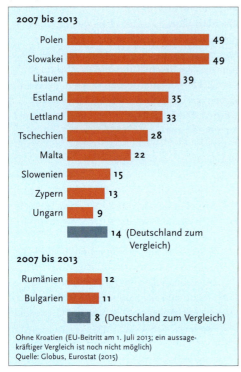

1 Interpretieren Sie die Grafiken (M 28 und M 29).

M 30 Der deutsche Historiker Gerhard Brunn über die EU-Osterweiterung (2009)

Mit der Erklärung von Kopenhagen legte sich die Union auf ein außerordentlich ehrgeiziges Projekt fest. Die Herausforderungen überstiegen die aller vorhergehenden Erweiterungen um ein Vielfaches. Die Union würde auf einen Schlag oder in kurzer Reihenfolge zwölf neue Staaten zu integrieren haben, während die davorliegenden drei Erweiterungen die Zahl der Mitgliedstaaten jeweils nur um drei von ursprünglich sechs auf fünfzehn angehoben hatten. Das Pro-Kopf-Einkommen der Kandidaten zusammengenommen lag gerade einmal bei etwa 50 % (2000) des EU-Durchschnitts. Würden nicht ungeheure Mittel für einen Aufbau Osteuropas aufgewendet werden müssen, und war nicht eine Flut von Arbeitsmigranten zu erwarten? Wie sollte man mit denen angesichts von achtzehn Millionen Arbeitslosen in der EU umgehen? Die Union war zudem, bildlich gesprochen, als ein Haus für sechs Mietparteien gebaut worden; nun sollte es siebenundzwanzig beherbergen. Daraus folgte, die EU musste umgebaut werden. Ihre Institutionen wie Entscheidungsstrukturen waren den Erfordernissen eines Funktionierens mit siebenundzwanzig Mitgliedern anzupassen.

Den Kandidaten legte die Vorbereitung auf den Beitritt die schwersten Lasten auf. Sie waren zum einen verpflichtet, wie alle anderen früheren Neumitglieder auch, den „gemeinschaftlichen Besitzstand" zu übernehmen, jenen riesigen Bestand an Rechtsakten, den die EG/EU über die Jahrzehnte hinweg angehäuft hat. Zum anderen aber mussten sie im Gegensatz zu den Kandidaten aus dem westlichen Europa ihre Politik-, Wirtschafts- und Rechtssysteme in wenigen Jahren radikal umbauen, um Rechtsstaatlichkeit, Menschenrechte, Achtung und Schutz von Minderheiten sowie eine funktionsfähige privatkapitalistische Marktwirtschaft garantieren zu können.

Gerhard Brunn, Die Europäische Einigung, 3., überarbeitete und aktualisierte Auflage, Philipp Reclam jun., Stuttgart 2009, S. 294 f.

1 Beschreiben Sie, mit welchen Herausforderungen die Osterweiterung einerseits für die EU und andererseits für die Beitrittskandidaten verbunden war (M 30).

2 Erörtern Sie, warum Rumänien und Bulgarien nicht zur Erweiterungsrunde 2004 gehörten. (M 28)

M 31 Der Politikwissenschaftler Gerd Meyer über den Systemwandel in Ost(mittel)europa nach 1989 (2018)

Bis in die heutige Zeit bleiben bestimmte Werte und Ordnungsvorstellungen vor allem aus sozialistischer Zeit wirksam: soziale Gleichheit und Gerechtigkeit, soziale Sicherheit und umfassende staatliche Daseinsvorsorge; Privatismus und Konsumorientierung, aber auch kollegialer und familiärer Zusammenhalt.

Im Gegensatz dazu fordert die kapitalistische Demokratie andere Werte und Verhaltensmuster: die Vorherrschaft von Privatbesitz und unternehmerischem Gewinnstreben; Konkurrenz, Leistungsdruck und Selbstvermarktung. Nur „die Zahlen", die Steigerung der Produktivität und Weltmarktorientierung sind wichtig. Akzeptiert werden soziale Ungleichheiten auf der Basis wirklicher Leistung, nicht aber Korruption und Mafia, die Selbstbereicherung der neuen Machteliten (oft sind es alte Kader!) in Wirtschaft und Politik. Angesichts wachsenden allgemeinen Wohlstands, aber z. B. auch neuer Massenarmut unter Rentnern ziehen viele Menschen eine zwiespältige „Sozialbilanz" der neuen Zeit.

Statt einer verbindlichen Staatsideologie suchen die Nationen nach einer neuen Identität, in Ostmitteleuropa als Demokratien in der EU. Dem stehen jedoch oft autoritäre Einstellungen und Strukturen, ein starker Nationalpatriotismus, teilweise auch Skepsis gegenüber der EU entgegen. Erst allmählich erlernen die Bürger die Spielregeln der Demokratie, wachsen demokratische politische Kulturen und Zivilgesellschaften auf der Basis von Toleranz, Pluralismus und Weltoffenheit.

Gerd Meyer, „Zwischen Haben und Sein". Psychische Aspekte des Transformationsprozesses in postkommunistischen Gesellschaften. In: Aus Politik und Zeitgeschichte, Beilage zur Wochenzeitung Das Parlament, 5/1997, S. 25f. (überarbeitet 2018).

1 Erläutern Sie die gesellschaftlichen Auswirkungen der Transformationsprozesse (M 31).
2 Analysieren Sie die Gründe für die Distanz vieler Osteuropäer zu Staat und Politik.

EU-Skepsis und -Feindlichkeit

M 32 Start der „Brexit"-Kampagne in London, Fotografie, 20. Februar 2016.
Politiker der regierenden britischen Konservativen starten ihre Brexit-Kampagne. Von links nach rechts: John Whittingdale, Theresa Villiers, Michael Gove, Chris Grayling, Iain Duncan Smith und Priti Patel.

1 Erläutern Sie den Kampagnen-Slogan (M 32).
2 Recherche: Informieren Sie sich über die Entwicklung seit dem Beginn der Austrittsverhandlungen. Diskutieren und bewerten Sie ausgehend von Ihren Ergebnissen, ob der Austritt Großbritannien eher nützt oder eher schadet.

M 33 Die französische Politikerin Marine Le Pen in einem Interview (2014)

Le Pens Partei „Front National" wurde bei der Europawahl 2014 in Frankreich mit 25,4 Prozent der Stimmen stärkste Kraft.
SPIEGEL: Wollen Sie Europa zerstören?
Le Pen: Ich will die EU zerstören, nicht Europa! Ich glaube an das Europa der Nationen. Ich glaube an Airbus und an „Ariane", an ein Europa der Kooperationen. Aber ich will nicht diese europäische Sowjetunion.
SPIEGEL: Die EU ist ein gewaltiges Friedensprojekt, das dazu geführt hat, dass es seit 70 Jahren keinen Krieg mehr gab.
Le Pen: Nein. Europa, das ist der Krieg. Der Wirtschaftskrieg. Das ist die Zunahme der Feindseligkeiten zwischen den Ländern. Die Deutschen werden als grausam beschimpft, die Griechen als Betrüger, die Franzosen als Faulpelze. Frau Merkel kann in kein europäisches Land reisen ohne Hundertschaften von Polizisten zu ihrem Schutz. Das ist nicht Brüderlichkeit.
SPIEGEL: Sie wollen nach Brüssel, nur um das System zu bekämpfen.
Le Pen: Warum auch nicht? Die EU ist ein großes Verhängnis, ein antidemokratisches Monster. Ich will verhindern, dass es fetter wird, weiter atmet, mit seinen Pfoten alles anfasst und mit seinen Tentakeln in alle Ecken unserer Gesetzgebung greift. Wir hatten in unserer glorreichen Geschichte Millionen von Toten, um ein freies Land zu bleiben. Heute lassen wir uns das Recht auf Selbstbestimmung einfach so stehlen.
SPIEGEL: Eigentlich haben Sie doch nicht wegen der EU gewonnen, sondern weil die Franzosen wütend sind über die schlechte Wirtschaftslage und auf Präsident François Hollande. Haben Sie ihn angerufen, um sich zu bedanken?
Le Pen: Nein, dann hätte ich auch Nicolas Sarkozy anrufen müssen. Frankreich befindet sich in dieser Situation, weil sich die konservative UMP und die Sozialisten europäischen Verträgen unterworfen haben.

„Der Spiegel" 23/2014, 02. 06. 2014, http://www.spiegel.de/spiegel/print/d-127307925.html (Download vom 9.1.2018).

M 34 Die französische Politikerin Marine Le Pen, Fotografie, 2011.
Am 1. Mai (Tag der Arbeit) 2011 veranstaltete der Front National das Jeanne-d'Arc-Fest auf der Ile de France, Paris. Marine Le Pen ist die Hauptrednerin. Im Hintergrund sieht man die Statue der Jeanne d'Arc.

1 Charakterisieren Sie die politischen Ziele Marine Le Pens (M 33).
2 Analysieren Sie, auf welche Weise sich die Politikerin inszeniert. Berücksichtigen Sie dabei neben Wortwahl und Rhetorik (M 33) auch geschichtskulturelle Aspekte (M 34).

M 35 Aus einer Rede des ungarischen Politikers Viktor Orbán (2010)

Debatten über spezifische politische Maßnahmen braucht es jetzt nicht, die Alternativen vor unseren Augen sind offensichtlich […]. Ich bin sicher, Sie haben schon einmal gesehen, was passiert, wenn ein Baum auf eine Straße fällt und viele Menschen darum herum stehen. Da findet man immer zwei Arten von

Leuten: diejenigen, die großartige Ideen haben, wie man den Baum wegräumen könnte, [...] und Ratschläge erteilen. Andere merken,
10 dass es das Beste ist, wenn man einfach mal anfängt, den Baum von der Straße zu ziehen. [...] Wir müssen verstehen, dass zum Wiederaufbau der Wirtschaft keine Theorien notwendig sind, sondern, sagen wir mal, dreißig
15 starke Burschen, die anfangen zu arbeiten und das tun, von dem alle wissen, dass es notwendig ist.

Zit. nach: Jan-Werner Müller, Was ist Populismus? Ein Essay, Suhrkamp Verlag, Berlin 2016, S. 48.

1 Arbeiten Sie heraus, welches Politikverständnis Orbáns Ausführungen zugrunde liegt.
2 Bewerten Sie Orbáns Haltung.

M 36 Rechtspopulisten in Europas Parlamenten (Stand 2018)

Land	Partei	Stimmenanteil bei letzter Wahl
Polen	Recht und Gerechtigkeit (PiS)	37,6 %
Österreich	FPÖ	26,0 %
Ungarn	Jobbik	20,2 %
Italien	Lega	17,7 %
Finnland	Wahre Finnen	17,7 %
Lettland	Nationale Allianz	13,9 %
Niederlande	PVV	13,1 %
Deutschland	AfD	12,6 %
Griechenland	Goldene Morgenröte/Unabhängige Griechen	7,0 %/3,7 %
Tschechien	SPD	10,64 %
Bulgarien	Wahlbündnis Vereinigte Patrioten	9,1 %
Frankreich	Front National	8,8 %
Belgien	Flaams Belang	7,8 %
Schweden	Schwedendemokraten	5,7 %
Litauen	Ordnung und Gerechtigkeit	5,3 %

1 Erläutern Sie die Tabelle (M 36).

Geschichte und Theorie: Rechtspopulismus

M 37 Der deutsche Politikwissenschaftler Frank Decker (2012)

Sozialwissenschaftler betrachten den Zulauf der neuen Rechtsparteien als ein Protestphänomen, das auf die desintegrativen Wirkungen der heutigen Modernisierungsprozesse
5 zurückzuführen sei. Anders als der Begriff des „Modernisierungsverlierers" suggeriert, liegen dem Protest dabei nicht primär materielle Entbehrungen zugrunde. Die rechten Wähler mögen objektiv noch etwas zu verlieren ha-
10 ben, befinden sich aber wirtschaftlich keineswegs am untersten Rand der Gesellschaft. [...] Im Kern geht es also um ein tiefer liegendes, soziokulturelles Problem, das mit den Folgen der gesellschaftlichen Individualisierung zu
15 tun hat. Der ökonomische Wandel spielt hier natürlich eine zentrale Rolle. Die fortschreitende Flexibilisierung der Produktions- und Arbeitsabläufe beschleunigt die Auflösung jener kollektiven Einheiten – Familie, soziale
20 Klasse, Nation –, auf denen der Zusammenhalt der alten Industriegesellschaft beruhte. Die Modernisierungs-Verlierer-Formel knüpft an dieser Stelle an; sie besagt, dass ein Teil der Menschen die Bindungsverluste nicht verkraf-
25 tet, sich von den neuartigen Einflüssen verängstigt und überfordert fühlt. Weil sie die Möglichkeiten einer stärker individualisierten Lebensführung nicht nutzen können oder wollen, flüchten sich diese Personen in anti-
30 liberale Ressentiments und „Wir-Gefühle", die von den populistischen Parteien ausgebeutet werden können. Zum Hauptkristallisationspunkt ihrer Angst werden dabei die Fremden.

Frank Decker, Wenn die Populisten kommen: Beiträge zum Zustand der Demokratie und des Parteiensystems, Springer VS, Berlin 2013, S. 14 f.

1 Fassen Sie Deckers Position zu den Ursachen des Erfolgs rechtspopulistischer Bewegungen zusammen (M 37).
2 Beurteilen Sie Deckers Ausführungen über die „Schwäche des neuen Rechtspopulismus in Deutschland" aus heutiger Sicht.

M 38 Der deutsche Politikwissenschaftler Jan-Werner Müller (2016)

Vor allem liberale Beobachter machen es sich zu einfach, wenn sie Populismus anhand scheinbar eindeutiger soziologischer Kriterien dingfest machen wollen. Besonders beliebt ist die Vorstellung, Populisten ließen sich ohne Weiteres an ihren Wählern erkennen: Diese fänden sich vor allem in der unteren, abstiegsbedrohten Mittelschicht oder, wie es früher etwas unverblümter hieß, im Kleinbürgertum. An diese politsoziologische These schließt sich häufig eine sozialpsychologische These nahtlos an: Die Unterstützer populistischer Parteien [...] seien von „Wut", „Ressentiment" und „Ängsten" vor sozialem Abstieg getrieben. [...]

Für Politiker ist es viel bequemer, auf die Argumente von einmal als Populisten oder als „Anti-Europäer" abgestempelten Akteuren erst gar nicht einzugehen. Eine besondere Versuchung besteht darin, die politische Herausforderung durch vermeintliche Populisten sofort als eine Art kollektiven Therapiefall zu behandeln: Natürlich müsse man die Ängste „der Leute" ernst nehmen – was sie sagen, wird dann aber immer nur als Symptom irgendwelcher Sozialpathologien interpretiert, nicht als eventuell doch bedenkenswerte Systemkritik. [...]

Was genau ist nun Populismus [...]? Populismus, so meine These, ist eine ganz bestimmte Politikvorstellung, laut der einem moralisch reinen, homogenen Volk stets unmoralische, korrupte und parasitäre Eliten gegenüberstehen. [...] Die Kritik an Eliten ist jedoch nur ein notwendiges, kein hinreichendes Kriterium populistischer Rhetorik (solange Populisten in der Opposition sind). Hinzukommen muss noch der dezidiert moralische Anspruch, dass einzig die Populisten das wahre Volk vertreten; alle anderen vermeintlichen Repräsentanten der Bürger seien auf die eine oder andere Art illegitim. Insofern reklamieren Populisten nicht so sehr den Satz „Wir sind das Volk" für sich, ihre Botschaft lautet vielmehr: „Nur wir vertreten das Volk". Populismus ist also nicht nur antielitär, er ist auch antipluralistisch. [...]

Populisten sind damit kein, wie es oft heißt, nützliches „Korrektiv" in einer Demokratie, die einen zu großen Abstand zum gemeinen Volk hält. [...] Diese fromme demokratische Hoffnung beruht jedoch auf einem grundlegenden Missverständnis: Populisten interessieren sich gar nicht für die Partizipation der Bürger an sich [...]. Denn man muss das wahre Volk ja gar nicht vorher fragen, um zu wissen, was es wirklich will.

Jan-Werner Müller, Was ist Populismus? Ein Essay, Suhrkamp Verlag, Berlin 2016, S. 29–47.

M 39 Wahlplakat der AfD im Bundestagswahlkampf, Fotografie, September 2017

1 Arbeiten Sie aus M 38 Kriterien zur Definition von Populismus heraus.
2 Analysieren Sie Müllers Position zur „Modernisierungsverlierer-Theorie" und vergleichen Sie sie mit derjenigen Deckers (M 37, M 38).
3 Erläutern Sie populistische bzw. rechtspopulistische Elemente des Wahlplakates (M 39).

Schriftliche Quellen interpretieren II

In der Gegenwart zeigt sich die Geschichte in Form von Quellen. Sie bilden die Grundlage unserer historischen Kenntnisse. Doch nicht die Quellen selbst stellen das Wissen dar, erst ihre systematische Analyse ermöglicht eine adäquate Rekonstruktion und Deutung von Geschichte. Daher gehört es zu den grundlegenden Kompetenzen im Geschichtsunterricht, Quellen angemessen erschließen und interpretieren zu können.

Zu den Quellen zählen konkrete **Sachzeugnisse** wie Bauwerke, Münzen, Schmuck oder Gebrauchsgegenstände und abstrakte Zeugnisse wie Sprache oder historische Landschaften. Die bedeutsamsten Quellen sind **schriftliche Zeugnisse**. Sie werden unterteilt in **erzählende Quellen**, die zum Zweck der Überlieferung verfasst wurden, z. B. Chroniken, Geschichtsepen, Mono- und Biografien, sowie in **dokumentarische Quellen**, z. B. Urkunden, Akten, Gesetzestexte und Zeitungen, die gesellschaftliche und private Ereignisse und Prozesse unmittelbar und meist unkommentiert wiedergeben.

Bei der Untersuchung schriftlicher Quellen kommt es darauf an, zusätzlich zur Analyse formaler und inhaltlicher Aspekte deren **Einordnung in den historischen Kontext** vorzunehmen und **ihren Aussagegehalt kritisch zu beurteilen**. Nur wenn der Interpretierende Tatsachen und Meinungen unterscheidet, ist das Ergebnis der Quellenarbeit eine weitgehende Annäherung an die historische Wirklichkeit.

Tipp: sprachliche Formulierungshilfen S. 296 f.

Webcode: KH301261-245

Arbeitsschritte für die Analyse

1. Leitfrage	Welche Fragestellung bestimmt die Untersuchung der Quelle?
2. Analyse	*Formale Aspekte* – Wer ist der Autor (ggf. Amt, Stellung, Funktion, soziale Schicht)? – Wann und wo ist der Text entstanden bzw. veröffentlicht worden? – Um welche Textart handelt es sich (z. B. Brief, Rede, Vertrag)? – Was ist das Thema des Textes? – An wen ist der Text gerichtet (z. B. Privatperson, Öffentlichkeit, Nachwelt)? *Inhaltliche Aspekte* – Was sind die wesentlichen Textaussagen (z. B. anhand des gedanklichen Aufbaus bzw. einzelner Abschnitte)? – Welche Begriffe sind von zentraler Bedeutung (Schlüsselbegriffe)? – Wie ist die Textsprache (z. B. sachlich, emotional, appellativ, informativ, argumentativ, manipulierend, ggf. rhetorische Mittel)? – Was ist die Kernaussage des Textes?
3. Historischer Kontext	In welchen historischen Zusammenhang (Ereignis, Epoche, Prozess bzw. Konflikt) lässt sich die Quelle einordnen?
4. Urteilen	*Sachurteil* – Welchen politisch-ideologischen Standpunkt nimmt der Autor ein? Welche Intention verfolgt der Verfasser des Textes? – Inwieweit ist der Text glaubwürdig? Enthält er Widersprüche? – Welche Wirkung sollte der Text bei den Adressaten erzielen? *Werturteil* – Wie lässt sich der Text im Hinblick auf die Leitfrage aus heutiger Sicht bewerten?

Übungsbeispiel

M 1 Die ehemalige Präsidentin des Bundesverfassungsgerichts, Jutta Limbach, zur zukünftigen Gestaltung der Union (2012)

Die Illusion der europäischen Identität
Der vermisste europäische Gemeinsinn stellt sich auch nicht automatisch ein, wenn der Prozess der Integration von heute auf morgen bis zum Bundesstaat vorangetrieben wird. Wer die Bürger dort abholen will, wo sie sich in ihrem europäischen Bewusstsein befinden, muss zunächst auf ihr Unbehagen und ihr fehlendes Verständnis der Funktionsmechanismen der EU eingehen. [...] Wie will ich von den Bürgern erwarten, dass sie sich auf das Projekt Europa einlassen, wenn sie nicht darauf vertrauen dürfen, dass sich die Politiker an die vereinbarten Verträge und deren Normen halten?

Vor leichtfertigen Analogien mit den Vereinigten Staaten von Amerika sei darum gewarnt. Zur Vorsicht mahnt bereits die Einsicht von Jürgen Kocka[1], dass Europa auf dem Weg zu seiner Einheit mit erheblich mehr eingeschliffener und institutionalisierter Vielfalt von Nationen und Traditionen zurechtkommen müsse. Daher ist es eine Illusion, darauf zu hoffen, dass die nationale Identität nach und nach durch eine europäische Identität abgelöst werden könnte. [...]

„Mehr Europa" ist nicht die Lösung
Der heutige Mensch muss sich sowohl als Franzose oder Deutscher als auch zugleich als Unionsbürger begreifen können. Gewiss erfreuen die offenen Grenzen und, bis vor kurzem auch, die gemeinsame Währung die Bürger. Sowohl die europäische Flagge als auch die gemeinsame Hymne sprechen die Sinne und das Gemüt an. Doch schaffen sie nicht das gleiche Gefühl der Verbundenheit wie in der staatlichen Gemeinschaft. Statt auf das Gefühl sollte auf die Vernunft vertraut werden. [...]

Wir brauchen nicht „mehr Europa". Den Bürgern sollte nicht vorgegaukelt werden, dass die Vereinigten Staaten von Europa ein Mittel wären, die Krise alsbald zu meistern. Der Schritt würde nicht nur die europäischen Völker, einschließlich ihrer Eliten, gegenwärtig überfordern. [...] In der Diskussion um die künftige Gestalt der Europäischen Union offenbart sich, dass das politische Denken nach wie vor in den überkommenen Formen von Staatlichkeit befangen ist. Hier gilt es [...], die Form eines europapolitischen Gemeinwesens zu entwerfen, das sich nicht um die bisherigen Modelle von Staatlichkeit schert. Das heißt, sich nicht an der Trias von Staatsvolk, Staatsgewalt und Staatsgebiet abarbeitet.

Ein „kollektives Abenteuer"
Eine solche Kopfgeburt eines supranational organisierten Gebildes setzt auch auf der Seite der Mitgliedstaaten Abstriche an Hoheitsrechten voraus. Denn der Fortbestand der gemeinsamen Währung lässt sich ohne den Willen und die Fähigkeit, das Finanz- und Wirtschaftsgebaren zu koordinieren, nicht gewährleisten. Wer die Bürger für die Europäische Union gewinnen will, muss vor allem das Subsidiaritätsprinzip ernst nehmen. Die überbordende Regelungswut gilt es zu bremsen. Der Vertrag von Lissabon hat die nationalen Parlamente zu Hütern des Subsidiaritätsprinzips gemacht. Die Abgeordneten der nationalen Parlamente sind damit verantwortlich für eine der Gretchenfragen der europäischen Integration, ob nämlich grenzüberschreitende Lebenssachverhalte zu koordinieren sind oder nicht. [...]

Jacques Delors hat die europäische Integration als ein „kollektives Abenteuer" bezeichnet. Das Beiwort „kollektiv" zielt nicht nur auf die Eliten, sondern schließt die Bürger mit ein. Der Begriff „Abenteuer" hat weniger das Spielerische als vielmehr das Experimentelle im Sinn und weist auf die Ungewissheit des Ausgangs hin.

FAZ vom 26. August 2012, zit. nach: http://www.faz.net/aktuell/feuilleton/debatten/europas-zukunft/jutta-limbach-ueber-europas-zukunft-es-gibt-keine-europaeische-identitaet-11868798.html?printPagedArticle=true#pageIndex_2 (Download vom 12. 9. 2016).

---

[1] deutscher Historiker

Lösungsansätze

1. Leitfrage:
Wie soll die Europäische Union künftig gestaltet werden?

2. Analyse:
Formale Aspekte:
Autor: Die Rechtswissenschaftlerin Jutta Limbach (1934–2016) war von 1994 bis 2002 Präsidentin des Bundesverfassungsgerichts.
Entstehung: Der Text wurde 2012 als Gastbeitrag für das Feuilleton der „Frankfurter Allgemeinen Zeitung" geschrieben.
Thema des Textes ist die Zukunft der europäischen Einigung. Im Mittelpunkt steht die Frage, ob und inwiefern eine weitere Vertiefung der politischen Integration wünschenswert ist.
Adressat: Der Text ist ein Beitrag zur öffentlichen Debatte und richtet sich an alle interessierten Leserinnen und Leser.

Inhaltliche Aspekte:
Textaussagen: Limbach spricht sich klar gegen einen europäischen Bundesstaat aus. Eine „europäische Identität" hält sie für unmöglich. Zugleich plädiert sie für neue Formen der Zusammenarbeit in der EU, etwa in der Wirtschafts- und Finanzpolitik.
Textsprache: Der Text ist engagiert und meinungsstark geschrieben, ohne die sachliche Ebene zu verlassen. Limbach verweist auch auf Äußerungen anderer Autoren zu Europa und macht damit deutlich, dass ihr Beitrag nicht für sich allein steht, sondern Teil einer kontroversen und andauernden Debatte ist.
Schlüsselbegriffe:
– europäische Identität versus nationale Identität
– „mehr Europa"
– Subsidiaritätsprinzip
– Bürger

3. Historischer Kontext:
Um die seit 2008 andauernde Wirtschafts- und Finanzkrise der EU zu bewältigen und ein Scheitern der Gemeinschaftswährung zu verhindern, beschlossen die Finanzminister der Eurostaaten die Einrichtung des Europäischen Stabilitäts-Mechanismus (ESM), der Bundestag und Bundesrat am 29. Juni 2012 zustimmten. Danach können überschuldete Eurostaaten günstigere Kredite erhalten als am allgemeinen Kapitalmarkt. Mehrere Eilanträge gegen den Beschluss lehnte das Bundesverfassungsgericht im September 2012 ab.
Limbachs Text ist zudem eine Antwort auf den 2011 erschienenen Essay „Die Verfassung Europas", in dem sich der deutsche Philosoph Jürgen Habermas für einen europäischen Bundesstaat einsetzte.

4. Urteilen:
Sachurteil:
Die Sozialdemokratin Jutta Limbach hat immer wieder öffentlich Stellung zu politischen Fragen bezogen. Unter anderem setzte sie sich für eine europäische Verfassung ein.
Mit dem Text appelliert Limbach an die Politik, das „Unbehagen" an der EU ernst zu nehmen und das Subsidiaritätsprinzip wieder in den Mittelpunkt zu stellen. Ziel ist, die Bürger, die sich im Laufe der Wirtschafts- und Finanzkrise von der EU abgewendet haben, wieder für sie zu gewinnen.

Werturteil:
Angesichts neuer krisenhafter Entwicklungen (Flüchtlingskrise, Brexit) erscheint die Debatte über einen „europäischen Bundesstaat" derzeit obsolet. Über eine engere Zusammenarbeit in der Wirtschafts- und Finanzpolitik, für die sich unter anderem der französische Präsident Emmanuel Macron einsetzt, wird hingegen weiterhin diskutiert, mit offenem Ergebnis.
Die EU-Skepsis vieler Bürger ist seit 2012 weiter stark gestiegen, was sich unter anderem im Aufstieg rechtspopulistischer Parteien und Bewegungen abbildet. Zugleich hat sich jedoch eine proeuropäische Gegenbewegung in der EU gebildet, die nicht nur von Politikern, sondern auch von der Zivilgesellschaft getragen wird.

Erarbeiten Sie Präsentationen

Thema 1
Großbritannien und Kontinentaleuropa – ein schwieriges Verhältnis

Vom EG-Beitritt 1973 bis zum „Brexit"-Referendum 2016 spielte Großbritannien eine Sonderrolle in der europäischen Gemeinschaft. Diese Politik wurde sowohl von konservativen also auch von Labour-Regierungen verfolgt.

Tragen Sie Informationen über die Entwicklung innerhalb dieses Zeitraums zusammen. Erstellen Sie eine Textsammlung aus Zeitungsartikeln, Reden und wissenschaftlichen Analysen, die Aufschluss über Ursachen der britischen EU-Skepsis geben, und stellen Sie diese in Ihrem Kurs vor.

Literaturtipps
Brexit. Aus Politik und Zeitgeschichte (APuZ 49–50), Bundeszentrale für politische Bildung, Bonn 2016.

Christian Schubert, Großbritannien – Insel zwischen den Welten, Olzog Verlag, München 2003.

Thema 2
Bürgerbeteiligung in der Europäischen Union

Die EU wird oft als wenig „bürgernah" und als zu bürokratisch empfunden.
Erarbeiten Sie eine Präsentation zu den wichtigsten EU-Institutionen (Standort, Mitglieder, Befugnisse, demokratische Legitimation). Vergleichen Sie die Rolle des EU-Parlaments vor und nach dem Vertrag von Lissabon und beschreiben Sie weitere Partizipationsmöglichkeiten für EU-Bürger

Literatur- und Internettipps
Online-Dossier der Bundeszentrale für politische Bildung zur EU
www.bpb.de/internationales/europa/europaeische-union/

Dietmar Herz, Christian Jetzlsperger, Die Europäische Union, Verlag C.H. Beck, München 2008.

Doris Dialer, Eva Lichtenberger und Heinrich Neisser (Hg.), Das europäische Parlament: Institution, Vision und Wirklichkeit. Europawissenschaftliche Reihe Bd. 2, innsbruck university press, Innsbruck 2010.

M 1 Die britische Premierministerin Margaret Thatcher und Bundeskanzler Helmut Schmidt beim EU-Gipfel in Luxemburg im Juni 1981, Fotografie

M 2 EU-Parlament in Straßburg, Fotografie, 2011

Webcode:
KH301261-248

Überprüfen Sie Ihre Kompetenzen

M 3 Karikatur in der britischen Zeitung „The Economist" vom 29. Mai 2014.
Bei der Europawahl vom 22.–25. Mai 2014 erzielten rechtspopulistische Parteien in mehreren EU-Staaten starke Zuwächse.

Zentrale Begriffe

Brexit
Elysée-Vertrag
Europäische Idee
Europäische Gemeinschaft
Europäische Union
Osterweiterung
Rechtspopulismus
Römische Verträge
Schuman-Plan
Vertrag von Lissabon
Vertrag von Maastricht

Sachkompetenz
1. Beschreiben Sie die wichtigsten Ereignisse in der Gründungsphase des vereinten Europa und deren Auswirkungen auf die Struktur der Gemeinschaft.
2. Erläutern Sie die Schwierigkeiten der ökonomischen und politischen Transformationsprozesse in Osteuropa.

Methodenkompetenz
3. Interpretieren Sie die Karikatur. Erläutern Sie davon ausgehend den Zusammenhang zwischen Rechtspopulismus und EU-Feindlichkeit.

Urteilskompetenz
4. Der Historiker Gerhard Brunn schreibt über die Geschichte der europäischen Integration: „Die Quellen sind so eindeutig, dass es töricht wäre zu leugnen, dass […] ‚nationale' Interessen in jeder Phase des Integrationsprozesses und bei jedem einzelnen Schritt eine erhebliche Bedeutung gehabt haben. […] Die ‚schnöden' Interessen wurden einerseits mit der ‚Idee Europa' immer wieder aufs Neue ideell überhöht und legitimiert, andererseits war die Realität der Idee unabdingbar als gemeinsamer Fluchtpunkt der Einzelinteressen." Erörtern Sie diese These. Beurteilen Sie, ob Idealismus, nationale Interessen oder eine Verbindung aus beidem das Projekt der politischen Einigung Europas vorangetrieben haben.

10 Der „11. September 2001" – ein Wendepunkt der Geschichte? (Wahlmodul 3)

Kompetenzen erwerben

Sachkompetenz:
– Hintergründe, Verlauf und Folgen der Terroranschläge des 11. September rekonstruieren
– das Ereignis „9/11" in seinem Verhältnis zu längerfristigen strukturellen Entwicklungen unterscheiden und in Beziehung setzen
– die US-amerikanische Außenpolitik im Mittleren Osten charakterisieren
– den Stellenwert von „9/11" in der Geschichtskultur exemplarisch erläutern

Methodenkompetenz:
– Präsentationen erstellen

Urteilskompetenz:
– die Konsistenz der Bewertung des 11. September als weltgeschichtliche Zäsur beurteilen (Sachurteilsbildung) und dabei den Konstruktcharakter von Geschichte reflektieren
– die (geo)politischen, gesellschaftlichen und ethischen Folgen der US-amerikanischen Politik sowie des Terrorismus beurteilen (Sachurteilsbildung)
– zu den (geo)politischen, gesellschaftlichen und ethischen Folgen der US-amerikanischen Politik sowie des Terrorismus Stellung nehmen (Werturteilsbildung)

M 1 Feuerwehrleute am „Ground Zero" am 12. September 2001, Fotografie, 2001

Der 11. September – ein mediales Jahrhundertereignis

Am 11. September 2001, um 8:46 Uhr der Eastern Daylight Time, schlägt eine Boing 747 des Fluges American Airlines 11 in den Nordturm des World Trade Centers in New York City ein. Bereits drei Minuten später ist der Nachrichtensender CNN live auf Sendung – die ersten Bilder des Terroranschlages gehen um die Welt. 17 Minuten später kollidiert ein zweites Flugzeug, Flug United Airlines 175, mit dem Südturm des WTC. Währenddessen hat Flug American Airlines 77 Kurs auf Arlington (Virginia) genommen: Das Flugzeug schlägt um 9:37 Uhr ins Pentagon ein, dem Hauptsitz des US-amerikanischen Verteidigungsministeriums. Innerhalb der nächsten 90 Minuten stürzen beide Türme des WTC ein, am Nachmittag, um 17:20 Uhr, kollabiert auch ein kleineres Nebengebäude des WTC, das Salomon Brothers Building. Das vierte entführte Flugzeug, Flug United Airlines 93, stürzt um 10:03 Uhr bei Shanksville ab, vermutlich nachdem Passagiere versucht hatten, das von Terroristen gekaperte und verriegelte Cockpit aufzubrechen. Es hatte vermutlich den US-Kongress zum Ziel. Insgesamt kamen bei den Anschlägen fast 3 000 Menschen ums Leben. Viele Überlebende, darunter vor allem Feuerwehrmänner, Polizisten und andere Rettungskräfte, leiden bis heute unter den Folgen der Giftwolke aus pulverisiertem Asbest, Zement, Fiberglas, Dioxinen und PCB.

Die USA waren schon in den Jahren zuvor Ziel terroristischer Angriffe gewesen (z.B. bei den Bombenanschlägen auf das WTC im Jahr 1993 oder auf die amerikanischen Botschaften in Nairobi und Daressalam im Jahr 1998, beide von Al-Qaida verübt). Die Anschläge von „9/11" wurden jedoch als einzigartig wahrgenommen und gedeutet: Kein anderer Terroranschlag führte bis dato zu einem solchen Ausmaß an Zerstörung und zu einer so hohen Anzahl von Opfern. Des Weiteren führten die Terroranschläge zu einer abrupten außenpolitischen Kehrtwende der USA, die das Land in den *War on Terror* führte und die die geopolitische Situation nach dem Ende des „Kalten Krieges" entscheidend prägen sollte. Drittens konnte kein anderer Anschlag eine solch symbolträchtige Wirkung entfalten wie „9/11" – was sicher auch der umfassenden Berichterstattung in den Massenmedien und der Präsenz in der Popkultur geschuldet ist. „9/11" hat sich als Ereignis in das kulturelle Gedächtnis der Welt signifikant eingeschrieben.

Von den Zeitgenossen wurde der 11. September als einschneidendes Erlebnis wahrgenommen und als Wendepunkt der Geschichte verhandelt. Der Terror und seine Folgen waren zweifellos erschütternd und sie prägten den Verlauf der Geschichte. Wie wäre aber die Geschichte verlaufen, wenn der 11. September nicht geschehen wäre? Fragt man in einem solchen kontrafaktischen* Modus nach dem Verlauf der Geschichte (vgl. M 20), dann ergeben sich für „9/11" zwei unterschiedliche Deutungsmöglichkeiten: 1. als ein singuläres Ereignis, das dem Verlauf der Weltgeschichte eine entscheidende Wendung gegeben hat, oder 2. als ein Ereignis in einer Kontinuitätslinie historischer Prozesse bzw. als Symptom eines längerfristigen historischen Prozesses.

Kontrafaktische Annahmen sind Annahmen, die bewusst den tatsächlichen Fakten widersprechen, um Hypothesen über mögliche Abläufe bilden zu können. Sie dienen also der Gewinnung von Hypothesen, die aber in einem zweiten Schritt an der „Realität" überprüft werden müssen.

Konfliktfeld Mittlerer Osten – der sowjetisch-afghanische Krieg und der Zweite Golfkrieg

Als sich Osama Bin Laden, der Anführer des Terrornetzwerkes Al-Qaida, am 7. Oktober 2001 zu den Anschlägen des 11. September bekannte, nannte er als Hauptmotiv die langjährige Unterdrückung der islamischen Welt durch die USA und „den Westen". Die Terroranschläge seien eine Vergeltung, u.a. für die Unterdrückung Palästinas, die Errichtung des Staates Israel und die „Entweihung" der islamischen Welt durch die westlichen „Kreuzfahrer".

Aus dieser Perspektive betrachtet musste auch die Stationierung US-amerikanischer Truppen am 7. August 1990 in Saudi-Arabien, Auftakt zum Zweiten Golfkrieg, als „Entweihung" gelten. Der US-amerikanischen Intervention war der Überfall und die Annexion des Fürstentums Kuwait durch den Irak unter der Führung des Diktators Saddam Hussein vorausgegangen. Kuwait hatte nämlich nicht nur wegen seiner Ölvorkommen eine große geostrategische Bedeutung für die USA, auch der Irak hatte ein großes Interesse am kleinen Emirat im Süden, stand er doch mit noch rund 10 Milliarden Dollar Kriegsdarlehen in der Pflicht, die der Irak infolge des von 1980 bis 1988 dauernden Iran-Irak-Kriegs (Erster Golfkrieg) aufgenommen hatte. Der Regierung George H. W. Bushs gelang es rasch, eine internationale Allianz zur Befreiung Kuwaits

M 2 Osama Bin Laden in einem undatierten Al-Qaida-Video, Fotografie, 3. November 2001

George H. W. Bush war der 41. Präsident der USA (Amtszeit 1989–1993) und der Vater von George W. Bush, dem 43. Präsidenten der USA (Amtszeit 2001–2009).

zu schmieden. Dabei trugen die Bündnispartner der USA fast 80 % der Kriegskosten; ein großer Teil davon wurde von Saudi-Arabien übernommen – eine Demütigung der islamischen Welt in den Augen radikal-islamischer Extremisten. *Operation Desert Storm* (17. Januar bis 12. April 1991) war ein eindrucksvoller Erfolg für die USA: Nach fast 6-wöchigem Bombardement und einem nur 100 Stunden dauernden Bodenangriff waren die irakischen Invasoren in Kuwait besiegt. Die USA hielten sich an die am 29. November 1990 vom UN-Sicherheitsrat verabschiedete Resolution 678 (sie billigte mit Unterstützung von China und der UdSSR das militärische Vorgehen gegen den Irak) und machte an der irakischen Grenze halt. Saddam Hussein wurde nicht gestürzt, allerdings akzeptierte der Irak mit seiner Kapitulation die Einrichtung einer Flugverbotszone (hauptsächlich von den USA und Großbritannien überwacht und propagandistisch wiederum als Demütigung der islamischen Welt gedeutet). Der Irak sicherte ebenfalls zu, alle biologischen und chemischen Waffen mit einer Reichweite von mehr als 150 km unter UN-Aufsicht zu vernichten. Diese Maßnahmen führten zu einer dauerhaften Präsenz der USA und der Briten am Persischen Golf, die bis 2001 von immer wiederkehrenden, kleineren Gefechten begleitet wurde.

Der Begriff **Mudschahedin** ist von „Dschihad" abgeleitet und bezeichnet hier islamistische Kämpfer oder islamistische Guerilla-Gruppierungen. Widerstandskämpfer und Terrorgruppen, die sich auf den Islam berufen, nennen sich ebenfalls selbst Mudschahedin.

Doch der Zweite Golfkrieg war nicht der einzige Krisenherd im Mittleren Osten, der als Motiv für eine Radikalisierung islamistischer Gruppen dienen konnte: Der sowjetisch-afghanische Krieg (1979–1989) destabilisierte Afghanistan dergestalt, dass das Land zu einem der Unterstützerstaaten des Terrors wurde, indem es militanten Gruppen Zuflucht oder finanzielle Hilfe bot – so auch für Osama Bin Laden und Teile von Al-Qaida. Am 27. April 1978 hatte die kommunistische Demokratische Volkspartei Afghanistans unter Muhammad Taraki die Macht in Kabul übernommen. Taraki strebte eine Modernisierung des Landes an und suchte dazu die Unterstützung der UdSSR. Um seine Macht zu sichern, ließ er einen Teil der afghanischen Oberschicht ermorden und leitete einen Säkularisierungsprozess ein, der die traditionellen religiösen Kräfte machtpolitisch ausschalten sollte. Unter Hafizullah Amin eskalierte ein afghanischer Bürgerkrieg, an dem mehr als 30 Mudschahedin-Gruppen* beteiligt waren. Die Sowjetunion intervenierte am 25. Dezember 1979 militärisch in Afghanistan, um das Land in den sowjetischen Einflussbereich einzugliedern. Die Besetzung wurde nicht nur vom Westen, sondern auch von den islamischen Staaten verurteilt; der Großteil der verbliebenen afghanischen Armee schloss sich im Widerstand gegen die Sowjetunion den Mudschahedin-Gruppen an. Um den Kommunismus in Afghanistan und die Annäherung der Regierung an den Ostblock zu unterbinden, unterstützten die USA die Mudschahedin finanziell und durch Waffenlieferungen. Aber nicht nur das: Die USA führten auch einen Propaganda-Krieg gegen die Sowjetunion, indem sie entscheidend zur fundamentalistischen Radikalisierung muslimischer Gruppierungen beitrugen. So waren unter anderen von den USA produzierte Schul- und Lehrbücher, die islamische Lehren mit Gewalt in

M 3 Mudschahedin-Kämpfer in Afghanistan, Fotografie, 1987

Verbindung bringen und bereits Schulkinder zu einem religiös begründeten *Dschihad* gegen die sowjetischen Besatzer überzeugen sollten, Teil dieses „Kalten Krieges" der Supermächte. Am 15. Februar 1989 endete die sowjetische Intervention in einem Fiasko. Die sowjetischen Truppen hinterließen ein zerstörtes und in verfeindete Gruppen gespaltenes Land, dessen politische Akteure in Form von Warlords sich immer stärker radikalisierten und in dem schließlich die radikal-muslimischen Taliban einen islamischen Gottesstaat errichteten (s. Kap. 11).

Die geopolitischen Folgen von „9/11" – der Krieg in Afghanistan und der Dritte Golfkrieg

Die Anfang 2001 ins Amt gewählte Regierung George W. Bush jun. folgte zunächst keiner erkennbaren außenpolitischen Agenda. Dies änderte sich mit den Anschlägen des 11. September schlagartig: Gemäß der sogenannten Bush-Doktrin vom 17. September 2002 sollte nun der (proaktive) Kampf gegen den Terror die Außenpolitik der USA prägen (vgl. Kap. 6, S. 150). Die neue Marschroute zeigte sich bereits am Beispiel Afghanistan, genauer am Kampf gegen die dort machthabenden Taliban: Die USA waren zu einer präventiven Interventionspolitik bereit, die auch ohne die Legitimation durch die UN nationale Sicherheitsinteressen über das internationale Völkerrecht stellte. Da Afghanistan nach dem Abzug der sowjetischen Besatzungstruppen ein Nährboden des radikal-islamischen Terrorismus geworden war, war ein Militärschlag als „Vergeltungsschlag" (V. Depkat) gut begründbar. Dabei gingen die USA ohne die NATO und ohne eine Abstimmung mit der UN vor. Am 7. Oktober 2001 begann die *Operation Enduring Freedom*, deren Kriegshandlungen am 7. Dezember für erfolgreich beendet erklärt werden konnten, nachdem sich die Taliban in das unmittelbare Grenzland zu Pakistan zurückgezogen hatten. Die USA verfolgten zwar die Absicht, nach der Vertreibung der Taliban einen Regimewechsel und eine tief greifende Demokratisierung in Afghanistan herbeizuführen, da sich die USA aber schon bald in den nächsten Krieg stürzen sollten, wurde das avisierte *Nation Building* bis zur Amtszeit Barack Obamas nur halbherzig verfolgt und trug nicht zur Stabilisierung des Landes bei.

Dass Afghanistan das Drehkreuz für die Verbreitung des Terrorismus war, wird am Beispiel der sogenannten „Hamburger Terrorzelle" ersichtlich. Als „Hamburger Terrorzelle" bezeichnet man eine Gruppe radikal-islamischer Muslime, die sich um Mohammed Atta formierte, der bis 1999 an der Technischen Universität in Hamburg-Harburg Städtebau und Stadtplanung studierte und sich mit seinen Kommilitonen Ramzi Bin al-Shibh und Said Bahaji dort eine Wohnung teilte. Das geistige Zentrum der Gruppe stellte die Hamburger Al-Quds-Moschee dar, die allem Anschein nach zur Radikalisierung der Studenten beitrug. Atta, Jarrah, Al-Shehhi und Bin al-Shibh bereiteten seit Frühjahr 1999 die Anschläge auf das WTC und das Pentagon vor. Im November 1999 reisten sie nach Afghanistan und wurden dort von Osama Bin Laden wegen ihrer technischen und sprachlichen Fähigkeiten für die Anschläge ausgewählt und in dessen Trainingslagern ausgebildet.

M 4 US-Präsident George W. Bush bei einer Rede zur Lage im Irak, Fotografie, 9. September 2008

Konnte der Krieg gegen die Taliban in Afghanistan ohne Probleme in einen unmittelbaren Zusammenhang mit den Anschlägen auf das World Trade Center gebracht werden, so musste die Bush-Regierung erst eine öffentliche Bereitschaft dazu schaffen, einen Krieg gegen Saddam Hussein im Irak (Dritter Golfkrieg) im Rahmen des War on Terror zu rechtfertigen. Der Irak wurde von den USA zu den sogenannten Schurkenstaaten gezählt, die angeblich den islamischen Terrorismus unterstützten. Saddam Hussein sollte nach Ansicht der Bush-Regierung nicht nur an biologischen und chemischen, sondern auch an atomaren Waffen arbeiten, wofür die UN-Waffeninspekteure, die seit dem Zweiten Golfkrieg unter Einschränkungen und Behinderungen Anlagen im Irak inspizierten, zwar Hinweise fanden, aber keinerlei eindeutige Beweise. Zwischen dem 19. und 21. März 2003 begann dann in mehreren Schritten die Operation Iraqi Freedom unter Führung der USA und Großbritanniens (auch Australien und Polen engagierten sich militärisch, Deutschland trat der „Koalition der Willigen" nicht bei). Der sehr kleinen und mobilen Armee gelang es rasch, nach Bagdad zu gelangen und die Hauptstadt unter Kontrolle zu bringen, ohne das Land selbst jedoch zu befrieden. Bereits am 1. Mai 2003 erklärte Präsident Bush den Krieg für erfolgreich beendet – und hinterließ ein Land im Chaos, da die USA keinerlei Pläne für eine Befriedung des Iraks sowie den Aufbau einer von den politischen Schichten und der Gesellschaft getragenen Demokratie entwickelt hatten. Der schnell eingesetzten provisorischen Koalitionsbehörde CPA gelang es lange nicht, das Land unter Kontrolle zu bekommen. Die im Irak staatstragende Baath-Partei und deren Funktionäre wurden ebenso wie das Militär aufgelöst bzw. entmachtet. Die US-Armee wurde in den folgenden Jahren immer wieder in Guerillakriege verwickelt, der Einsatz US-amerikanischer Truppen endete letztlich erst im Dezember 2011. Bis heute ist der Irak politisch, wirtschaftlich und gesellschaftlich destabilisiert.

Eine Weltmacht in der Krise – die USA nach dem 11. September

Den War on Terror führten die USA nicht nur nach außen, sondern auch nach innen. Bereits am 26. Oktober 2001 unterzeichnete George W. Bush den USA PATRIOT Act*, ein Bundesgesetz, das ohne Beteiligung des Rechtsausschusses des Senats verabschiedet wurde. Es beinhaltet teils neue, teils überarbeitete Regelungen verschiedener Bereiche wie der Überwachung und Informationsgewinnung, der Geldwäsche sowie der Grenz- und Einwanderungskontrolle. Kritiker sehen darin eine massive Einschränkung und Verletzung amerikanischer Bürgerrechte, wie sie durch den vierten Verfassungszusatz gesichert werden. Teile des Gesetzes sind zwar am 1. Juni 2015 ausgelaufen, wurden jedoch schon am darauffolgenden Tag durch die Bestimmungen des USA Freedom Act er-

USA PATRIOT Act steht für *Uniting and Strengthening America by Providing Appropriate Tools Required to Intercept and Obstruct Terrorism Act*

setzt bzw. fortgesetzt. Als weitere Reaktion auf die Ereignisse des 11. September kann auch die Einrichtung eines neuen Superministeriums, des Departement of Homeland Security, gesehen werden. „9/11" bereitete wie auch beim USA PATRIOT Act ein gesellschaftliches Klima, das für die politische Umsetzung förderlich war. Die Errichtung der Homeland Security wurde auch dazu genutzt, um auf die Versäumnisse von CIA und FBI zu reagieren. Verschiedene Hinweise auf terrorverdächtige Aktivitäten waren in den Monaten vor dem Anschlag von diesen Behörden entweder ignoriert worden oder der mangelnden Kooperationsbereitschaft von CIA und FBI zum Opfer gefallen. Zu erheblicher Kritik sowohl aus dem Inland, aber auch aus dem Ausland führte der Umgang der USA mit „Kriegsgefangenen" bzw. Terrorverdächtigen. Berichte und Bilder aus den Gefangenenlagern in Abu-Ghuraib (nahe Bagdad) und Guantánamo auf Kuba zeigten Zustände, die moralisch und nach geltenden Kriegs- und Menschenrechten unhaltbar waren. In Abu-Ghuraib wurden Gefangene vom Wachpersonal vielfach misshandelt und gedemütigt. Dazu gehörten auch Folter und Vergewaltigungen – oft mit Todesfolge. In einer teils öffentlich geführten Debatte, ob unter den gegebenen Umständen Folter erlaubt sein sollte, erklärte der spätere Justizminister Alberto R. Gonzales, dass die in den USA geltenden Gesetze zum Verbot von Folter nicht für „feindliche Kombattanten" gelten würden, die sich außerhalb der USA aufhalten würden. Foltermethoden wie Waterboarding wurden nicht als Folter, sondern als Verhörpraktik eingestuft. Im Dezember 2002 wurden von Verteidigungsminister Donald Rumsfeld in einem der Öffentlichkeit nicht zugänglichen Erlass spezielle Verhörmethoden für das Internierungslager Guantánamo genehmigt, darunter das Nackt-Ausziehen der Gefangenen bei Verhören, Isolationshaft, Verhöre bis zu 20 Stunden ohne Pause, Entzug warmer Mahlzeiten etc. All dies zog das internationale Ansehen der USA erheblich in Mitleidenschaft, gerade auch was die moralische Rechtfertigung hegemonialer Führungsansprüche auf der Grundlage freiheitlicher Wertevorstellungen betrifft.

M 5 Ein unbekannter Gefangener wird im Gefangenenlager Abu-Ghuraib mit Stromstößen gefoltert, Fotografie, 2006

Der 11. September in der Geschichtskultur

Aufgrund der teilweise sehr unglücklichen und zurückhaltenden Informationspolitik von US-Behörden und der US-Regierung rankten sich zeitweilig mannigfaltige Verschwörungstheorien um „9/11". Angefangen mit der Frage, warum CNN schon so kurz nach dem ersten Einschlag in den Nordturm auf Sendung gehen konnte, über die unmittelbare Reaktion von Präsident Bush auf die Anschlagsmeldungen durch seine Mitarbeiter – Bush besuchte gerade eine Schule – bis hin zu der Tatsache, dass die drei Abfangjäger, die vom Air-Force-Stützpunkt in Langley starteten, um AA77 abzufangen, zunächst in die falsche Richtung flogen: Wusste

M 6 Michael Moore mit der Auszeichnung „Goldene Palme" in Cannes, Fotografie, 2004.
Die Dokumentation „Fahrenheit 9/11" wurde als erste Dokumentation mit diesem wichtigen Filmpreis ausgezeichnet.

Webcode:
KH301261-256

die US-Regierung von den Anschlägen und hat sie billigend in Kauf genommen – oder gar selbst inszeniert? Nahezu alle scheinbaren Ungereimtheiten lassen sich jedoch plausibel erklären. Michael Moores preisgekrönter Dokumentarfilm „Fahrenheit 9/11" greift einige dieser Aspekte auf und setzt sie in Beziehung zu angeblichen persönlichen Verwicklungen der Rüstungs- und Ölindustrie mit Al-Qaida, zu den Hintergründen des Zweiten Irakkrieges sowie den Folgen des *USA PATRIOT Act*. Einerseits als Beitrag des investigativen Journalismus gefeiert, andererseits für seine Machart und inhaltliche Kohärenz auch deutlich kritisiert, ist spätestens seit diesem Film der Begriff „9/11" Teil der Geschichtskultur geworden. „Fahrenheit 9/11" hat zum einen dazu beigetragen, dass in der Öffentlichkeit ausführlich über die Rolle der Rüstungsindustrie, der Öl-Lobby sowie über die Folgen des *USA PATRIOT Act* diskutiert wurde, zum anderen hat er durch seine dramaturgische Realisierung verschiedenen Verschwörungstheorien durchaus Vorschub geleistet – nicht zuletzt auch dadurch, weil Michael Moore ausdrücklich als Zweck des Films nannte, die Wiederwahl George W. Bushs zu verhindern. Auch unter diesem Aspekt ist der Film als „Dokumentarfilm" kritisch zu betrachten. Eine ganz andere Dimension historischer Erinnerungskultur eröffnet Bruce Springsteens Rock-Album „The Rising". Bereits 2002 veröffentlicht thematisiert es mit seinen 15 Songs nicht die politischen Hintergründe und Folgen, sondern das persönliche und gesellschaftliche Leid, das die Terroranschläge in New York City verursacht haben. Es spiegelt auch eine Art von Heldenkult, der sich um die Helfer am World Trade Center entfaltet hat, insbesondere um die Feuerwehrleute. Da mindestens vier Songs des Albums schon vor den Anschlägen geschrieben worden waren, wurde kritisiert, Springsteen hätte „9/11" gezielt benutzt, um ein neues Album zu vermarkten. Zuletzt ist hierbei immer auch zu fragen, wie mit Produkten der Popkultur im Rahmen von Geschichts- und Erinnerungskultur umzugehen ist.

M 7 Bruce Springsteen vor dem Lincoln Center in Washington D.C., Fotografie, 18. Januar 2009.
Im Rahmen der Einführungsfeier für US-Präsident Barack Obama fand ein Konzert mit dem Titel „We are One" statt, bei dem u. a. Bruce Springsteen mit Songs aus seinem Album „The Rising" auftrat.

1 **Zeitleiste:** Erstellen Sie eine Zeitleiste zu diesem Kapitel. Legen Sie den Zeitstrahl über den Zeitstrahl, den Sie zum Kapitel „Vom 20. ins 21. Jahrhundert – eine Zeitenwende?" angefertigt haben.

2 Diskutieren Sie im Kurs auf Grundlage der Ereignisabfolgen und auf Grundlage der Darstellung, ob es sich beim 11. September um einen Wendepunkt der Geschichte handelt.

3 Vergegenwärtigen Sie sich auf einer Karte, in welchen Bereichen die USA militärisch interveniert haben. Diskutieren Sie, inwiefern es sich hierbei um eine neue Imperial- bzw. Hegemonialstrategie der USA handeln könnte.

Hinweise zur Arbeit mit den Materialien

Das Kapitel gibt zunächst einen **Überblick über die Hintergründe und die Folgen der Terroranschläge des 11. September 2011**. Die Materialien M 8 bis M 11 thematisieren die neue Art des internationalen, religiös begründeten Terrorismus. Die Materialien M 13 und M 14 werfen dabei auch einen Blick auf die Motive der **Attentäter von „9/11"** und Al-Qaidas, M 12 verdeutlicht insbesondere die **Rolle von Al-Qaida** in einem äußerst vielschichtigen Geflecht aus Interessen, handelnden Personen, Organisationen und Staaten. In Erweiterung des Kernmoduls steht dabei auch die **Außenpolitik der USA** im Fokus der Quellen, ebenso wie die innenpolitischen und internationalen Konsequenzen der US-amerikanischen Reaktion auf den Terror (M 15 bis M 17). Der medialen Verarbeitung von „9/11" und deren kritischer Reflexion im Rahmen von **Geschichtskultur** tragen die Materialien M 18 und M 19 Rechnung. Hier ist auch die Frage nach der Rolle von **populären Geschichtsbildern** für die Ausbildung eines kritischen **Geschichtsbewusstseins** zu stellen. Ein besonderes Augenmerk wird der Frage zuteil, ob es sich bei „9/11" um eine **weltgeschichtliche Zäsur** handelt (M 20 bis M 23). Hier werden sowohl **Kontinuitäten** als auch **Diskontinuitäten** deutlich: Die Ereignisse um „9/11" dürfen nicht (nur) als singuläres Ereignis wahrgenommen, sondern müssen in ihrer längerfristig angelegten, strukturellen Genese eingeordnet und gedeutet werden.
Die **Methodenseiten** geben einen Überblick über Formen und Arbeitstechniken von **Präsentationen** (S. 268 f.).
Am Ende des Kapitels finden sich **weiterführende Arbeitsanregungen** und die Möglichkeit, die im Kapitel erworbenen **Kompetenzen zu überprüfen** (S. 270 f.).

Ursachen und Hintergründe der Terroranschläge des 11. September 2001

M 8 Der US-amerikanische Terrorismusforscher Bruce Hoffman definiert den Begriff Terrorismus (2006)

Bei der Unterscheidung […] des Terrorismus von anderen Arten von Verbrechen oder irregulärer Kriegführung gelangen wir zu der Einsicht, dass der Terrorismus
- unausweichlich politisch ist hinsichtlich seiner Ziele und Motive;
- gewalttätig ist oder, was ebenso wichtig ist, mit Gewalt droht;
- darauf ausgerichtet ist, weitreichende psychologische Auswirkungen zu haben, die über das jeweilige unmittelbare Opfer oder Ziel hinausreichen;
- entweder von einer Organisation mit einer erkennbaren Kommandokette oder konspirativen Zellenstruktur (deren Mitglieder keine Uniformen oder Erkennungszeichen tragen) oder von Einzelnen bzw. einer kleinen Ansammlung von Individuen ausgeübt wird, die sich direkt von den ideologischen Zielsetzungen oder dem Vorbild einer bestehenden terroristischen Bewegung und/oder deren Führern leiten, motivieren oder inspirieren lassen;
- und schließlich von substaatlichen Gruppen oder nichtstaatlichen Gebilden begangen wird.

Wir können daher Terrorismus nun versuchsweise als bewusste Erzeugung und Ausbeutung von Angst durch Gewalt oder die Drohung mit Gewalt zum Zweck der Erreichung politischer Veränderung definieren. […] Der Terrorismus ist spezifisch darauf ausgerichtet, über die unmittelbaren Opfer oder Ziele des terroristischen Angriffs hinaus weitreichende psychologische Effekte zu erzielen. Er will innerhalb eines breiteren „Zielpublikums" Furcht erregen […]; zu diesem Publikum können eine gegnerische ethnische oder religiöse Gruppe gehören, aber auch ein ganzes Land, eine Regierung […] oder die öffentliche Meinung im Allgemeinen.

Aus: Bruce Hoffman, Terrorismus – der unerklärte Krieg. Neue Gefahren politischer Gewalt, übersetzt von Klaus Kochmann und Michael Bischoff, Fischer Verlag, erw. und akt. Ausgabe, Frankfurt/M. 2006, S. 79 f.

M 9 Osama Bin Laden (1957–2011), der Anführer von Al-Qaida, in einem Interview in einer US-amerikanischen TV-Dokumentation (Mai 1996)

Den ersten Teil des Interviews, aus dem diese Passage stammt, führte ein unbekannter Gesprächspartner aus dem Off.
Interviewer: Viele arabische und westliche Massenmedien beschuldigen Sie des Terrorismus und der Unterstützung des Terrorismus. Was haben Sie dazu zu sagen?
bin Laden: [...] Terrorismus kann lobenswert oder verwerflich sein. [...] Unterdrücker, Kriminelle, Diebe und Räuber zu terrorisieren ist notwendig, um die Sicherheit der Menschen und den Schutz ihres Eigentums zu garantieren. Daran besteht kein Zweifel. Jeder Staat, jede Zivilisation und Kultur muss unter bestimmten Umständen auf den Terrorismus zurückgreifen, um Tyrannei und Korruption zu beseitigen. [...] Der Terrorismus, den wir praktizieren, ist ein lobenswerter, denn er richtet sich gegen die Tyrannen und die Aggressoren und die Feinde Allahs [...]. Sie zu terrorisieren und sie zu bestrafen sind notwendige Maßnahmen, um die Welt in Ordnung zu bringen. Tyrannen und Unterdrücker, die die arabische Nation unterdrücken, müssen bestraft werden. [...] Amerika führt die Liste der Aggressoren gegen Muslime an. [...] Sie [die USA; M. R.] berauben uns unseres Reichtums, unserer Ressourcen und unseres Öls. Unsere Religion wird angegriffen. Sie töten und ermorden unsere Brüder. Sie schänden unsere Ehre und unsere Würde; und wagen wir ein einziges Wort des Protestes gegen die Ungerechtigkeit, sind wir es, die Terroristen genannt werden. Dies ist die schlimmste Ungerechtigkeit. [...]
Interviewer: Wir haben Ihre Nachricht an die amerikanische Regierung und später Ihre Nachricht an die europäischen Regierungen gehört, die an der Besetzung des Golfs teilgenommen haben. Ist es möglich, die Menschen in diesen Ländern zu erreichen?
bin Laden: Wie wir bereits sagten, ist unsere Berufung der Islam, wie er Mohammed offenbart wurde. Es ist ein Ruf an die ganze Menschheit. Wir treten aus gutem Grund in die Fußstapfen des Gesandten und verkünden seine Botschaft allen Nationen. Es ist eine Einladung an alle Nationen, den Islam anzunehmen, die Religion, die Gerechtigkeit, Barmherzigkeit und Brüderlichkeit unter allen Nationen fordert und nicht zwischen Schwarz und Weiß oder zwischen Rot und Gelb unterscheidet, außer in Bezug auf ihre Hingabe [zu Allah]. Alle Menschen, die Allah anbeten, und nicht einander, sind vor Ihm gleich.

Zit. nach Videotranskript: https://www.pbs.org/wgbh/pages/frontline/shows/binladen/who/interview.html (Download vom 31. 12. 2017); Übersetzung aus dem Englischen von Markus Rassiller.

1 Vergleichen Sie die beiden Definitionen des Terrorismus von Hoffman und von Bin Laden. Gehen Sie insbesondere auf die Motive und die Rechtfertigung des terroristischen Handelns ein.
2 Nehmen Sie Stellung zur Aussage Bin Ladens, es gebe eine legitime Art des Terrorismus.

M 10 Ausschnitt aus einem Bekennervideo islamistischer Terroristen zum Anschlag von Madrid am 11. März 2004, Fotografie, 2004

1 Beschreiben Sie den Bildausschnitt aus dem Bekennervideo und deuten Sie die Selbstinszenierung der Attentäter.

M 11   Der US-amerikanische Terrorismusforscher Bruce Hoffman über das Verhältnis von Religion und Terrorismus (2006)

Es stellt wohl keine Überraschung dar, dass die Religion in der Ära nach dem Kalten Krieg in ihrer Bedeutung als Triebkraft für den Terrorismus so gewonnen hat, wurden doch alte
5 Ideologien durch den Zusammenbruch der Sowjetunion [...] diskreditiert und erweist sich gleichzeitig das Versprechen großzügig zu gewährender Wohltaten durch den liberaldemokratischen, kapitalistischen Staat in vie-
10 len Ländern der Welt offensichtlich als unerfüllbar, ja, als Fiasko und nicht als das von Francis Fukuyama in seinem berühmten Aphorismus postulierte „Ende der Geschichte". Das „allgemeine Gefühl der Unsicherheit",
15 das durch diese Veränderungen verursacht worden ist [...], ist durch andere gesellschaftliche Faktoren vertieft worden [...]. Die herausragende Bedeutung von Religion als wichtigstem Impetus des internationalen Terrorismus
20 in der Zeit vor den Anschlägen vom 11. September 2001 wird weiterhin an der Tatsache deutlich, dass die gravierendsten Terrorakte des Jahrzehnts – sei es wegen ihrer politischen Auswirkungen und Konsequenzen oder we-
25 gen der Zahl der Opfer – allesamt signifikante religiöse Dimensionen und/oder Beweggründe hatten. [...] Das Gefühl der Entfremdung und der Notwendigkeit weitreichender Veränderungen in der Weltordnung wird in den
30 Werken einer Reihe von schiitischen Theologen deutlich. „Die Welt von heute ist so, wie andere (i. e. die Ungläubigen) sie geschaffen haben", schrieb Ayatollah Baqer al-Sadr. „Uns bleiben zwei Möglichkeiten: entweder sie de-
35 mütig anzuerkennen, was dem Untergang des Islam gleichkäme, oder aber sie zu zerstören, auf dass wir die Welt so schaffen können, wie es der Islam fordert." Mustafa Chamran hat festgestellt: „Wir kämpfen nicht innerhalb der
40 heutzutage gängigen Herrschaftssysteme der Welt. Wir lehnen all diese Systeme ab."

Aus: Bruce Hoffman, Terrorismus – der unerklärte Krieg. Neue Gefahren politischer Gewalt, übersetzt von Klaus Kochmann und Michael Bischoff, Fischer Verlag, erw. und akt. Ausgabe, Frankfurt/M. 2006, S. 144f., S. 151.

M 12   Der Historiker Bernd Greiner über die Rolle von Al-Qaida (2011)

Zur gleichen Zeit *[Anfang 1997, als bin Laden auf Geheiß der Taliban Tora Bora verlassen und in die Nähe Kandahars umsiedeln sollte; M.R.]* entwickelte sich Afghanistan zum Mekka für Gotteskrieger und Terroristen aus der ganzen Welt. Genaue Daten liegen nicht vor; aber zeitgenössische Beobachter gehen davon aus,
5 dass die Mehrheit aus Saudi-Arabien stammte. Die Ägypter stellten ebenfalls eine große Gruppe, zumeist Militante aus den Reihen der *Islamischen Vereinigung* und von *Al-Dschihad* [...]. Zu diesen von Haus aus gut situierten Le-
10 gionären gesellten sich Muslime aus Algerien und der westeuropäischen Diaspora, sozial und kulturell Entwurzelte mit dem gleichen Ziel: sich militärisch für einen Einsatz in ihrer Heimat oder an Brennpunkten muslimischen
15 Widerstands wie Bosnien oder Tschetschenien ausbilden zu lassen. Zwischen 1996 und 2001 sollen sich zwischen 10 000 und 20 000 Dschihadisten aus mehr als 40 islamischen Ländern in afghanischen Lagern aufgehalten
20 haben. Ihre Ausbildung dauerte mehrere Monate und deckte alle für den Terror relevanten Bereiche ab: den Bau von Bomben und Sprengfallen, Flugzeugentführungen [...]. Wie und mit wessen Hilfe Osama Bin Laden Zu-
25 griff auf diese paramilitärischen Lager bekam, ist unklar. [...] Al-Qaida [verfügte] seither über ein organisatorisches Zentrum für ein weltweites Netz teils informeller, teils enger Kontakte – die Spuren weisen nach Kenia, Soma-
30 lia, Ägypten, Usbekistan, die Philippinen, Libyen, Jemen, Tschetschenien und Palästina, um nur die wichtigsten zu nennen. [...] Offenbar beflügelt durch das Anwerben unerwartet vieler Dschihadisten und die militärischen Er-
35 folge der Taliban verkündeten Osama Bin Laden und Ayman al-Zawahiri im Februar 1998 die Gründung einer neuen Koalition namens „Internationale Islamische Front für den Dschihad gegen Juden und Kreuzfahrer". Vom
40 pompösen Namen abgesehen, hatte sich in der Sache nichts geändert. Al-Qaida war und blieb unter den sechs beteiligten Gruppen die beherrschende Organisation mit ungefähr 3 000 in Afghanistan präsenten Kämpfern.

„Organisation" ist streng genommen der falsche Begriff. Vielmehr handelt es sich um ein loses Netzwerk oder eine „Terror-Holding", die auf allen Erdteilen vertreten ist und diverse bewaffnete Zellen personell wie finanziell unterstützt. Wer unmittelbar beteiligt ist und auf wie viele Sympathisanten oder gelegentliche Unterstützer Al-Qaida zurückgreifen kann, ist kaum zu sagen. Rätsel gibt auch die operative Arbeit auf. Wie es scheint, wird von Fall zu Fall jeweils neu entschieden. Mal handeln die Anführer der weit verstreuten Gruppen autonom, mal ist wie bei der Planung und Durchführung von „9/11" die „Zentrale" um bin Laden federführend. Dass die jährlichen Etats von schätzungsweise 30 Millionen Dollar nicht aus bin Ladens Privatvermögen bestritten wurden, liegt angesichts der vergleichsweise bescheidenen Erbschaft und des Bankrotts im Sudan [bin Ladens früheres Operationsgebiet; M.R.] nahe. Vielmehr flossen private Gelder überwiegend aus Saudi-Arabien und den anderen Golfstaaten, darunter auch zweckentfremdete Spenden, die ursprünglich in Moscheen für wohltätige Zwecke gesammelt worden waren. Nicht in Geld aufzuwiegen war das von Bin Laden angehäufte propagandistische Kapital und die Tatsache, dass er einem Haufen chronisch verfeindeter Terroristen eine gemeinsame Stimme und Orientierung gab: den Dschihad gegen die USA.

Aus: Bernd Greiner, 9/11. Der Tag, die Angst, die Folgen, München 2011, S. 69–71.

> 1 **Schaubild:** Erklären Sie auf Grundlage von Hoffmans und Greiners Ausführungen die Entstehung und die Charakteristik des neuen internationalen oder transnationalen Terrorismus. Legen Sie dazu ein Schaubild an, das die Einflüsse von Religion, Ideologie, Lebenswelt, geopolitischer Ausdehnung und Finanzierungsströmen verdeutlicht.
> 2 Weisen Sie nach, dass die Terroranschläge vom 11. September einen Prototyp dieser neuen Art des Terrorismus darstellen.

M 13 Die Mitglieder der Hamburger Terrorzelle, Archivbilder, 2011.

Das Bild zeigt oben von links nach rechts Zakariya Essabar, Ramsi Bin al-Shibh, Said Bahaji und unten Mounir El Motassadeq, Mohammed Atta, Abdelghani Mzoudi.

> 1 Informieren Sie sich arbeitsteilig über die Lebensläufe der dargestellten Mitglieder der Hamburger Terrorzelle und ihre Rolle bei den Anschlägen vom 11. September.

M 14 Der Historiker Bernd Greiner über die „Hamburger Terrorzelle" (2011)

Allesamt, werden sie [Mohammed Atta, Marwan al-Shehhi, Ziad Jarrah u. a.], als hochintelligent, selbstbewusst und weltläufig geschildert, als sprachbegabt und körperlich wie geistig belastbar – beste Voraussetzungen für ein Studium im Ausland. Atta war von 1992 bis 1999 an der TU Hamburg-Harburg, Studiengang Stadtplanung, immatrikuliert, al-Shehhi studierte seit 1996 abwechselnd in Bonn und Hamburg und seit Juli 1999 Elektrotechnik an der TU Harburg, Jarrah wechselte nach anderthalb Jahren Zahnmedizin an der Universität Greifswald im Herbst 1997 zum Studium des Flugzeugbaus an die TU Harburg […]. [K]einer hatte in seiner Heimat den Kontakt zu radikal-islamischen Gruppen gesucht. Erst in der Fremde, in der westlichen Diaspora, knüpften sie einschlägige Kontakte, in einer Umgebung, die sie ausgrenzte oder in der sie sich marginalisiert glaubten und die sie für das Gefühl kultureller wie sozialer Entwurzelung verantwortlich machten. [Hani] Hanjour verkehrte in Arizona mit islamistischen Hasspredigern, für Atta, al-Shehhi und Jarrah wurde die Al-Quds-Moschee in Hamburg zu einer spirituellen Heimat, zu einem Schutzraum vor der unverstandenen und in ihren Augen verabscheuungswürdigen Kultur des Westens. Mag sein, dass sie dort unter dem Einfluss eines Predigers standen, der als Gotteskrieger in Afghanistan gekämpft hatte und seither mit Hingabe zum Dschihad, zum „heiligen Krieg", aufrief. Vielleicht gab auch die selbst gewählte Isolation den Ausschlag, die Tatsache, dass sie zusammen mit einem vierten Freund, dem 29-jährigen Ramsi Bin al-Schibh aus dem Jemen, das Leben einer Sekte führten – mit spärlichem Kontakt zur sozialen Umwelt, nur im Gespräch mit ihresgleichen, gebunden an die Moschee oder ihre Wohnung in der Harburger Marienstraße. Im April 1996, er hatte gerade eines der in der Al-Quds-Moschee kursierenden Mustertestamente unterschrieben, sprach Mohammed Atta erstmals davon, dereinst den Tod eines Märtyrers sterben zu wollen; [...] „Tu dies nicht für dich selbst, sondern für Gott den Allmächtigen. [...] Gott sagt, dass man auf Erden ohne Wünsche sein sollte, aber Gott will dich am Ende, wenn du stirbst, belohnen. [...] Gott hat gesagt, dass man in seinem Namen kämpfe und dass man das, was man im jetzigen Leben hat, für ein anderes, besseres Leben im Himmel aufgeben solle. [...]"

Einerseits hat man es bei Atta und den anderen „Anführern" also mit Anhängern eines religiösen Todeskultes zu tun, die im Selbstopfer und in der Gewalt gegen Ungläubige die Erfüllung ihrer irdischen Bestimmung sehen. Allen, die mit dem Schwert für Allah kämpfen, steht demnach das Paradies offen, die harmonische Gemeinschaft der Gläubigen. [...] Der Märtyrer stirbt nicht, sondern überschreitet die Schwelle in ein besseres Leben, [...].

Andererseits spielten auch säkulare Motive im Denken und Handeln der Täter vom 11. September eine wichtige Rolle. Der Hass auf die USA und auf Israel, das ewige Lamentieren über eine „jüdische Weltverschwörung", die Vorstellung vom Westen, der unter amerikanischer Führung die arabische Welt wirtschaftlich kolonisiert, kulturell aushöhlt und politisch demütigt – diese in allen Variationen stets aufs Neue vorgetragenen Versatzstücke sind alles andere als religiösen Ursprungs. [...] Und sobald die Rede auf die autokratischen Regime von Ägypten bis Indonesien kam, die sich dem Westen angeblich als Verkäufer der Seele ihres eigenen Volkes andienten, klang Atta wie ein egalitärer Nationalist, dem die Befreiung vom fremden Joch und das Recht auf Selbstverteidigung mindestens so wichtig sind wie der Respekt vor religiösen Geboten.

Bernd Greiner, 9/11. Der Tag, die Angst, die Folgen, München 2011, S. 31-34.

1 Stellen Sie die religiösen und säkularen Motive gegenüber, die die Mitglieder der „Hamburger Terrorzelle" zu ihren Taten bewegt haben könnten.
2 Vergleichen Sie die Ausführungen Greiners mit denen bin Ladens hinsichtlich der Rolle nicht-religiöser Motive der Terroristen und beurteilen Sie die Rolle beider Motivkomplexe.
3 Setzen Sie sich mit der These auseinander, dass der Terrorismus Symptom einer persönlichen und sozialen Entwurzelung sei. Erörtern Sie mögliche Lösungsstrategien vonseiten der Politik und der Gesellschaft.

Die Folgen des 11. September 2001

M 15 Die Politikwissenschaftlerin Marion Wieser über den USA PATRIOT Act vom 26. Oktober 2001 (2006)

So sieht der Act neben der Überwachung von Telefonleitungen und Gesprächen auch die Überwachung des E-Mail-Verkehrs und des Internets ohne Ausgangsverdacht vor. Der Verfassungsgrundsatz, nach dem sich die Überwachung nur auf eine konkrete Person und einen genauen Ort beziehen dürfe und die Person darüber in Kenntnis zu setzen sei, ist nun de facto außer Kraft gesetzt. Auch bedarf es nicht mehr einer richterlichen Anordnung, wenn die Ermittlungsbehörden der Ansicht sind, es liege ein „ernsthafter Grund" [*Title II,*

Section 218] für eine Ermittlung vor und die gesuchten Informationen seien für diese Ermittlung relevant. Sogenannte *pen register* und *trap-and-trace devices* erlauben es den Ermittlern, die Quelle und den Empfänger von Telefongesprächen und E-Mails zu identifizieren. [II, 214, 216] Dazu genügt eine Erklärung der Behörden, dass eine solche Überwachung „wahrscheinlich" Informationen zu laufenden Ermittlungen aller Art liefern wird, und ein Bericht, der im Anschluss an die durchgeführte Überwachung an das zuständige Gericht geschickt wird. Die überwachten Personen müssen von der erfolgten Abhörung nicht in Kenntnis gesetzt werden. Den Behörden wird es mit dem *Act* weiters erlaubt, Untersuchungen nicht mehr nur im Falle eines Terrorismusverdachts durchzuführen, sondern auch im Falle von „gewöhnlichen" Verbrechen und Straftaten im gesamten Staatsgebiet und nicht mehr, wie bisher, nur in einzelnen Bundesstaaten. [...] Besonders heftig umstritten ist *Section* 215 des neuen Gesetzes mit dem Titel „Access to records and other items under the Foreign Intelligence Surveillance Act ". Damit wird es den Behörden erlaubt, [...] bei einem losen Verdacht auf terroristische Aktivitäten [...] Bankdaten, Daten von Krankenhäusern, Telefon- und Stromgesellschaften, Kreditanstalten, Versicherungen, Schulen, Universitäten, Mietwagenfirmen und sogar Buchhandlungen und Bibliotheken anzufordern und zu überprüfen. Dies gilt nicht nur für die Daten von Einzelpersonen, sondern kann auch die gesamten Datenbanken einer Gesellschaft oder eines Betriebes betreffen. [...]

Eine weitere Bestimmung, welche die Bürgerrechte von US-Amerikanern und Amerikanerinnen wesentlich einschränkt, ist *Section* 213 [...]. [Hier] wird den Behörden erlaubt, sogenannte „*sneak-and-peek*"-Durchsuchungen durchzuführen, wobei Hausdurchsuchungen ohne richterlichen Beschluss und ohne umgehende und vorhergehende Mitteilung an die betreffende Person möglich sind.

Marion Wieser, Land of the Free ... ? Der Kampf gegen den Terrorismus als Herausforderung für die Bürgerrechte in den USA, Peter Lang Verlag, Frankfurt/M. 2006., S. 112–115.

1 Ordnen Sie die vorliegende Auswahl an Bestimmungen des *USA PATRIOT Act* im Hinblick auf die betroffenen Personengruppen bzw. Institutionen, die Maßnahmen und die Bürgerrechte, die jeweils betroffen sind.
2 Diskutieren Sie die Bestimmungen des *USA PATRIOT Act* hinsichtlich ihrer Effizienz zur Terrorabwehr bzw. Terrorbekämpfung.
3 Nehmen Sie Stellung dazu, ob der *War on Terror* eine Einschränkung von Grundrechten rechtfertigen darf.

M 16 „Mission Accomplished", Karikatur, 17. Juni 2014

1 Interpretieren Sie die Karikatur. Informieren Sie sich im Internet über die sogenannte „*mission-accomplished*-Rede" von Präsident Bush.

M 17 Der Historiker Volker Depkat über die Folgen des Afghanistan-Krieges (2016)

Ungeachtet des militärischen Erfolges blieb die Situation in Afghanistan prekär, denn der schnelle Sieg war trügerisch. Weder die Taliban noch Al-Qaida hatten sich dem Kampf gestellt. Al-Qaida hatte die Terrorlager unmittelbar nach den Angriffen vom 11. September geräumt, das Führungspersonal hatte sich in andere Länder abgesetzt oder war in die Berge geflohen, und zu allem Überfluss ließen die US-Amerikaner und ihre Verbündeten Osama Bin Laden bei der Schlacht um die Höhlenverstecke von Tora Bora nach Pakistan entkommen. Die Taliban zogen sich weitgehend kampflos in ihr angestammtes Siedlungsgebiet im afghanisch-pakistanischen Grenzraum zurück. Sie gruppierten sich dort neu und begannen im Frühjahr 2003 mit einer regelrechten Aufstandsbewegung gegen die NATO-Kontingente in den südlichen Provinzen Helmand, Kandahar und Khost, die zwischen 2006 und 2008 ihren Höhepunkt erreichte. [...] Allerdings ließen sowohl die USA als auch ihre Verbündeten einen energischen Gestaltungswillen beim *Nation Building* in Afghanistan vermissen. Der Aufbau von Polizei, Schulen, Verkehrsinfrastruktur und Wasserversorgung verlief schleppend, die tatsächliche politische Macht blieb weitgehend in den Händen der von Stammesältesten und Warlords repräsentierten Regionalgewalten, und der blühende Handel mit Heroin, das vielleicht größte Hindernis auf dem Weg zu Frieden und Stabilität in Afghanistan, wurde nicht unterbunden.

Diese Situation ist zum Gutteil Ergebnis der Tatsache, dass die Regierung von Präsident Bush im Jahr 2003 ohne Not im Irak eine zweite Front im Krieg gegen den Terror begann, die alle Kräfte der USA band und den Wiederaufbau in Afghanistan für sechs lange Jahre in den Hintergrund geraten ließ. Erst mit der Wahl Barack Obamas zum 44. Präsidenten der USA endete diese Phase der sträflichen Vernachlässigung, rückte Afghanistan wieder ins Zentrum der amerikanischen Außenpolitik und fanden die USA zu einer gezielten Antiterror- und Aufbaupolitik am Hindukusch zurück. Für Obama fand der eigentliche Krieg gegen den Terrorismus immer schon in Afghanistan statt, weshalb er alles daran setzte, die amerikanischen Truppen so schnell wie möglich aus dem Irak abzuziehen, um sie für den Anti-Terrorkampf in Afghanistan freizusetzen. In der ersten Hälfte des Jahres 2009 starben erstmals mehr G.I.s in Afghanistan als im Irak, und 2010 plante das Pentagon mit 65 Milliarden Dollar erstmals mehr Geld für den Krieg in Afghanistan als für den im Irak ein. Ein unmittelbares Ergebnis dieser neuen Afghanistanpolitik war am 2. Mai 2011 der Angriff von Spezialeinheiten der *Navy Seals* auf das Wohnhaus von Osama Bin Laden in Abbottabad, Pakistan, bei dem der Chef von Al-Qaida erschossen wurde. Gleichwohl ist die Zukunft in Afghanistan gegenwärtig offen. Anzeichen einer Stabilisierung des neuen Staates sind unübersehbar, aber ein Rückfall in die Taliban-Herrschaft ist weiterhin ebenso möglich, zumal die ISAF-Mission 2014 geendet hat.

Volker Depkat, Geschichte der USA, Kohlhammer, Stuttgart 2016, S. 305 f.

1 Charakterisieren Sie die Folgen des US-amerikanischen Krieges gegen die Taliban für das Land Afghanistan und seine Bevölkerung. Gehen Sie dabei auch auf die Unterschiede der politischen Strategie unter George W. Bush und seinem Nachfolger Barack Obama ein.
2 Nehmen Sie auf Grundlage ihrer Ergebnisse aus Aufgabe 1 Stellung zur Interventionspolitik der USA. Beziehen Sie dabei auch die Politik der USA im Hinblick auf den Zweiten Irakkrieg mit ein (s. Darstellung, S. 253 f.) und greifen Sie auf die „Bush-Doktrin" aus dem Kernmodul (Kap. 6) zurück.

Der 11. September 2001 in der Geschichtskultur

M 18 Denkmal für die Opfer des Terroranschlags vom 11. September am Ground Zero in New York, Fotografie, 2017

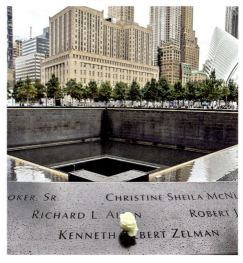

1 Bestimmen Sie auf Basis der Fotografie Elemente des öffentlichen Gedenkens an den 11. September in den USA.

M 19 Der US-amerikanische Journalist Christopher Hitchens über Michael Moores Film „Fahrenheit 9/11" (2004)

„Fahrenheit 9/11" behauptet nämlich über Bin Laden und Afghanistan Folgendes: 1. Bin Ladens Familie (wenn auch nicht gerade Osama selbst) unterhält eine enge, wenn auch verwi-
5 ckelte Geschäftsbeziehung zur Familie Bush, über die Carlyle Group. 2. Saudisches Kapital hat einen großen Anteil an ausländischen Investitionen in den Vereinigten Staaten. 3. Die Firma Unocal [Union Oil Company of Califor-
10 nia, gehört seit 2005 zu Chevron; M.R.] in Texas war bereit, über die Verlegung einer Gasleitung durch Afghanistan mit den Taliban zu verhandeln. 4. Die Bush-Administration hat viel zu wenig Truppen nach Afghanistan ge-
15 schickt und dadurch zu vielen Taliban und Al-Qaida-Mitgliedern erlaubt zu fliehen. [...] Jedem muss auffallen – trotz des Stakkatos, in dem Moores Regie das Publikum rasch an den Widersprüchlichkeiten vorbei zu dirigieren
20 pflegt – dass diese disparaten Schnellschüsse zu keinem Zeitpunkt ein kohärentes Bild ergeben. Entweder diktieren die Saudis die amerikanische Politik (durch Familienverbindungen oder ökonomische Interessen) oder sie
25 tun es nicht. Als Verbündete und Gönner des Taliban-Regimes haben sie deren Sturz durch Bush entweder unterstützt oder nicht (sie taten es in der Tat nicht: sie haben während der Kampfhandlungen nicht einmal Tony Blair er-
30 laubt, sein Flugzeug auf ihrem Boden zwischenlanden zu lassen). Entweder schicken wir zu viele Truppen, oder es war falsch, überhaupt welche zu schicken – was 2002 noch Moores Auffassung war – oder wir schicken zu
35 wenig. [...]
   An anderer Stelle von „Fahrenheit 9/11" wird uns der Irak als „souveräne Nation" vorgeführt (in Wahrheit war die Souveränität des Irak doch durch die internationalen Sanktio-
40 nen, wie fragwürdig auch immer, arg lädiert. Und die Sanktionen waren die Antwort auf die Verletzung von UN-Resolutionen). In diesem friedvollen Reich, so jedenfalls will es Moores verblüffende Bildauswahl, ließen Kinder klei-
45 ne Drachen steigen, Passanten lächeln im Sonnenschein und die sanften Rhythmen des Lebens plätschern so vor sich hin, bis plötzlich – rumms! – aus dem nächtlichen Himmel die Schreckenswaffen des amerikanischen Imperialismus herandonnern. Die Clips, die
50 Moore benutzt, habe ich gleich wiedererkannt: Saddams Paläste sind da, auch verschiedene Militäreinrichtungen und Polizeistationen – aber sie werden nicht als solche identifiziert. Ich glaube nicht, dass Al Jazeera
55 an seinen schlechtesten Tagen etwas so völlig Propagandistisches gezeigt hätte. [...]
   Die irakischen Streitkräfte haben jeden Tag, zehn Jahre lang, die Flugzeuge beschossen, die über den Flugverbotszonen im Nor-
60 den und Süden des Landes patrouillierten, und so einen weiteren Genozid an der Bevölkerung verhindert. Im Jahr 1993 mischte ein gewisser Yasin die Chemie für die Bombe auf das World Trade Center und zog sich dann in
65 den Irak zurück, wo er bis zum Sturz von Saddam als Staatsgast weilte. [...]
   Manche Leute sagen, man solle sich über all das nicht aufregen, es sei schließlich nur ein Film. [...] Radikale Unterhaltung eben.
70
Christopher Hitchens, Schlechter als Al-Dschasira. Michael Moore verhöhnt das Publikum. In: WELT online: https://www.welt.de/print-welt/article324318/ Schlechter-als-Al-Dschasira.html (Download vom 31.12.2017).

1 Sehen Sie sich die Dokumentation „Fahrenheit 9/11" an. Einigen Sie sich im Kurs auf mind. zwei Szenen, die Sie hinsichtlich ihrer inhaltlichen Aussage und ihrer dramaturgischen Umsetzung untersuchen.
2 Beurteilen Sie, welche Aspekte der von Ihnen ausgewählten Szenen neutral-dokumentarisch, welche wertend oder gar normativ wirken.
3 Fassen Sie die Kritik von Christopher Hitchens an Michael Moores Dokumentation zusammen.
4 Nehmen Sie auf Grundlage Ihrer Arbeitsergebnisse Stellung dazu, wie mit dem Film „Fahrenheit 9/11" im Hinblick auf die Ausbildung eines kritischen Geschichtsbewusstseins umgegangen werden sollte.

„9/11" – eine weltgeschichtliche Zäsur?

M 20 Der Historiker Manfred Berg über Zäsuren in der Geschichte (2011)

Der chinesische Premierminister Zhou Enlai soll in den 1970er-Jahren einmal bemerkt haben, es sei noch zu früh, die Bedeutung der Französischen Revolution zu beurteilen. [...] Wer in solchen Zeiträumen [...] denkt, dem muss der Versuch, nach gerade einmal zehn Jahren die Frage zu beantworten, ob die Terroranschläge des 11. September eine historische Zäsur markieren, einigermaßen absurd vorkommen. In der Tat ist gegenüber dem inflationären Gebrauch bedeutungsschwerer Begriffe wie Revolution, Epoche und Zäsur eine gesunde Skepsis angezeigt, denn in der Rückschau pflegt sich der historische Stellenwert vieler Ereignisse, welche die Zeitgenossen in Atem hielten, zu relativieren. Historiker sind sich bewusst, dass es sich bei Zäsuren um nachträgliche Konstruktionen von begrenzter räumlicher, zeitlicher und sachlicher Reichweite handelt. [...] Aber wie können wir auf der Deutungsebene überhaupt mit überzeugenden Gründen feststellen, ob ein Ereignis eine historische Zäsur markiert oder nicht? Wenn Zäsuren als Ereigniskomplexe verstanden werden, die existierende politische, soziale, ökonomische und kulturelle Entwicklungstrends abbrechen und neuen Trends und Kräften zum Durchbruch verhelfen, bietet sich die Methode des kontrafaktischen Gedankenexperimentes an. [...] Es geht also um Fragen wie diese: Was wäre geschehen, wenn ein bestimmtes Ereignis nicht eingetreten wäre? Welche nachfolgenden Ereignisse und Entwicklungen wären dann noch wahrscheinlich – und welche eher unwahrscheinlich? Für Weber war die kontrafaktische Analyse ein wichtiges heuristisches [hier: die methodische Gewinnung von wissenschaftlichen Erkenntnissen] Instrument: „Um die wirklichen Kausalzusammenhänge zu durchschauen, konstruieren wir unwirkliche."

Manfred Berg, Der 11. September 2001 – eine historische Zäsur? In: Zeithistorische Forschungen, 8/2011, S. 463–467.

M 21 „Empty Sky September 11 Memorial" im Liberty State Park von New Jersey, Fotografie, 2015.

Über das Design des Denkmals entschieden Familienangehörige von Opfern der Anschläge aus New Jersey. Der Name nimmt Bezug auf den Song „Empty Sky" aus dem Album „The Rising" von Bruce Springsteen (siehe S. 256).

1 Erläutern Sie die Verankerung des 11. September als Zäsur im kulturellen Gedächtnis der US-Amerikaner (M 20 bis M 23).

M 22 Der Historiker Manfred Berg über die Deutung des 11. September als Zäsur (2011)

Niemand wird ernsthaft bestreiten, dass „9/11" eine scharfe politische Zäsur bedeutete. Seit diesem Tag waren die Prioritäten der amerikanischen Außen- und Innenpolitik nahezu völlig auf ein Ziel fokussiert, den „Krieg gegen den Terror". [...] Die militärische und außenpolitische Strategie im Global War on

Terror, welche die Bush-Administration im September 2002 in einem viel beachteten Memorandum zur Nationalen Sicherheit darlegte, verkündete nichts grundsätzlich Neues, sondern bekräftigte ideologische und politische Grundpositionen. Die USA bekannten sich zur engen Zusammenarbeit mit ihren Verbündeten und den Vereinten Nationen, behielten sich jedoch das Recht vor, wenn nötig auch allein zu handeln. Das Recht zu Präventivschlägen (preemptive actions), um Bedrohungen durch „Schurkenstaaten" und Terroristen zuvorzukommen, „selbst wenn über Zeit und Ort des feindlichen Angriffs Unsicherheit herrscht", wurde mit Hinweis auf „9/11" ebenfalls als Weiterentwicklung des klassischen Völkerrechts begründet. Das Endziel des War on Terror sollte, wie in allen Kriegen seit dem Ersten Weltkrieg, die weltweite Verbreitung von Freiheit und Demokratie sein, diesmal allerdings in der muslimischen Welt. […]

Ob es ohne „9/11" auch keinen Irakkrieg gegeben hätte, lässt sich nicht so eindeutig behaupten. Inzwischen ist bekannt, dass George W. Bush bereits auf der ersten Sitzung des Nationalen Sicherheitsrats nach seinem Amtsantritt verlangte, „militärische Optionen" gegen Saddam Hussein zu prüfen. Es ist durchaus wahrscheinlich, dass die „Falken" um den Präsidenten ohnehin auf einen gewaltsamen Regimewechsel hingearbeitet hätten. […]

Aus der Rückschau ist offenkundig, dass der Krieg gegen den Terror nicht zur Weltvorherrschaft eines wohlwollenden Imperiums geführt hat, wie nach „9/11" selbst viele linksliberale Intellektuelle hofften, sondern vorerst einmal zur imperialen Überdehnung. Für den Historiker George C. Herring gehört es zu den „größten Ironien der jüngsten Geschichte", dass eine auf die Perpetuierung der US-Vormachtstellung fixierte Führung die materiellen und ideellen Machtressourcen Amerikas rücksichtslos verschwendet habe. In längerfristiger Perspektive könnte die wichtigste historische Bedeutung des 11. September 2001 darin liegen, dass die Reaktion der Bush-Administration den Prozess des relativen Niedergangs amerikanischer Macht beschleunigt hat. […] Der Krieg gegen den Terror hat den Aufstieg Chinas zum Rivalen der USA in einem zunehmend multipolaren Weltsystem sogar beschleunigt, weil Washington die Kooperation Pekings und chinesisches Kapital zur Finanzierung seines Haushaltsdefizits benötigt. Zu Beginn des 21. Jahrhunderts zeichnet sich „der Aufstieg der Anderen" ab. Von einer unipolaren Weltordnung, deren Regeln die USA offen und ohne schlechtes Gewissen definieren und durchsetzen, […] spricht heute niemand mehr. […] Auf der lebensweltlichen Ebene […] haben sich die Amerikaner und Europäer inzwischen mit der Gefahr des Terrorismus arrangiert und nehmen Einschränkungen der Mobilität und der Privatsphäre als notwendige Übel hin. Der 11. September 2001 hat zwar eine neue Dimension terroristischer Gewalt eröffnet, ist aber bisher glücklicherweise ein singuläres Ereignis geblieben, trotz der Anschläge 2004 in Madrid und 2005 in London, die zusammen rund 250 Menschenleben forderten.

Manfred Berg, Der 11. September 2001 – eine historische Zäsur? In: Zeithistorische Forschungen, 8/2011, S. 468–473.

M 23 Der Politologe Herfried Münkler über die Deutung des 11. September als Zäsur (2016)

Es gibt in der öffentlichen Diskussion eine ausgeprägte Neigung, den sich beschleunigenden Zerfall der politischen Ordnung des Nahen Ostens auf die vor allem von den Vereinigten Staaten getragenen Militärinterventionen gegen den Irak zurückzuführen und dabei die zwischen den Interventionen von 1991 und 2003 liegenden Anschläge vom 11. September 2001 auszusparen, als würden sie zu einem davon aparten Handlungsstrang gehören. Das ist nicht der Fall: Alle diesbezüglichen Äußerungen Osama Bin Ladins zeigen, dass die antiwestliche Stoßrichtung von Al-Qaida, die in Afghanistan noch gegen die Sowjets gekämpft hatte, auf die UN-mandatierte und von einer westlichen Militärkoalition durchgeführte Intervention zur Befreiung des von irakischen Truppen besetzten Kuwait zurückgeht – vor allem deswegen, weil im Rahmen dieser Operation für längere Zeit amerikanische Truppen in Saudi-Arabien standen, was von Al-Qaida als Angriff auf die arabische Identität und Verletzung der Heiligen Stätten des Islams verstanden wurde. Bin Ladin hat die irakische Kuwait-Besetzung als einen innerarabischen Konflikt angesehen, der von den Arabern selbst gelöst werden müsse, und dementsprechend wurden die Terroranschläge von New York und Washington als Vergeltung für das Eingreifen der Vereinigten Staaten in der arabischen Welt dargestellt. [...]

Wenn man die Annexion Kuwaits durch den Irak akzeptierte, weil die Entstehung Kuwaits ja ohnehin ein Akt des britischen Imperialismus gewesen sei, dann schuf man einen Präzedenzfall, der schnell Schule machen konnte und in dessen Folge militärische Gewalt zur Revision bestehender Grenzen politisch wieder salonfähig würde. [...] Einer solchen Entwicklung wollte man von Anfang an einen starken Riegel vorschieben; es ging um die Verteidigung der Ordnung, in der die Aneignung strategisch wichtiger Ressourcen, in diesem Fall Erdöl und Erdgas, allein durch Zahlung von Geld und nicht durch militärische Gewalt stattfand. Man kann das auch Verteidigung einer kapitalistischen Weltordnung nennen. Nach dem gerade erfolgten Zusammenbruch der sozialistischen Systeme war die Alternative zur kapitalistischen eine militärische Weltordnung. Die galt es in einem geopolitisch so sensiblen Raum zu verhindern. So wurde ein Weg beschritten, der schließlich zu den Anschlägen vom 11. September führte.

Nehmen wir einmal an, es wäre, aus welchen Gründen auch immer, nicht zu diesen Anschlägen [vom 11. September] gekommen. Was wäre dann anders geworden? [...] Durch die Anschläge ist der arabische Raum mit einem Paukenschlag in die weltpolitischen Konstellationen zurückgekehrt, nachdem er mit dem Ausklingen des Ölpreisschocks zu Beginn der Siebziger-Jahre und der Befreiung Kuwaits 1991 mehr und mehr daraus verschwunden war; im Zeichen der Vor- und Nachrüstungen hatte sich zunächst alles um den Ost-West-Gegensatz gedreht. Als dieser die Weltpolitik bestimmende Konflikt im Herbst 1989 in sich zusammengefallen ist, haben viele auf eine Welt ohne fundamentale politische Gegensätze gesetzt. Der 11. September 2001 hat diese Erwartung schlagartig beendet: Die Geschichte als Gegeneinander fundamentaler Antagonismen war doch nicht zu Ende, wie Francis Fukuyama dies erwartet hatte, und die Religion war entgegen der Säkularismusthese als Kraftzentrum in die politische Arena zurückgekehrt. [...] Das Ende des Ost-West-Konflikts hat die Bündnisoptionen vieler Länder explosionsartig vermehrt, und einige haben die ihnen daraus erwachsenen – vermeintlichen – Vorteile zu nutzen versucht. Daran haben die Anschläge vom 11. September nichts geändert. Insofern sind ihre längerfristigen Auswirkungen begrenzt. Der Fall der Berliner Mauer und nicht die Anschläge vom 11. September war die große weltpolitische Zäsur. Die Anschläge von New York und Washington haben die Angst der Menschen im reichen Norden vor terroristischen Attacken deutlich erhöht, sie haben leichtfertige Reaktionen der westlichen Politik provoziert und die Probleme der arabischen Welt in den Fokus der Aufmerksamkeit gerückt; zu einer weltpolitischen Zäsur sind sie deswegen nicht geworden.

Zit. nach: http://www.faz.net/aktuell/politik/ausland/der-11-september-die-folgen-fuer-unsere-heutige-welt-14427648.html (9. September 2016, Download vom 31.12.2017).

1 Arbeiten Sie Bergs Kerngedanken hinsichtlich der Beurteilung historischer Ereignisse als Zäsur heraus. Überprüfen Sie diese anhand ihnen bekannter Zäsuren der Weltgeschichte (z. B. Französische Revolution, Industrialisierung).
2 Vergleichen Sie die Argumentation Bergs und Münklers hinsichtlich einer Bewertung des 11. Septembers als historische Zäsur.
3 Beurteilen Sie die Konsistenz der Argumentation beider Autoren. Greifen Sie dazu auf die Ergebnisse ihrer Arbeiten mit dem Kernmodul zurück.
4 **Essay/Leserbrief:** Verfassen Sie einen historischen Essay oder Leserbrief zu der Frage, ob der 11. September als Zäsur der Weltgeschichte gelten kann.

Eine Präsentation erstellen

Tipp:
sprachliche Formulierungshilfen S. 296 f.

Webcode:
KH301261-268

Im Schulalltag werden Sie häufig mit dem Arbeitsauftrag „Präsentieren Sie Ihre Ergebnisse!" konfrontiert. Was versteht man jedoch unter einer Präsentation? Für die einen bedeutet Präsentation prinzipiell mehr als einen nur auf das gesprochene Wort gestützten Kurzvortrag, andere sehen eine Präsentation erst gegeben, wenn sich der Vortrag auf moderne, computergestützte Darstellungsmöglichkeiten, z. B. eine Powerpoint-Präsentation, stützt. Im Allgemeinen versteht man unter „Präsentation" eine gründlich vorbereitete, themen- und adressatenbezogene sowie vor allem mediengestützte Vorstellung von Informationen. Im Unterschied zum traditionellen „Kurzvortrag" oder „Referat" kommt bei der Präsentation dem **funktionalen Einsatz der verwendeten Medien** eine besondere Bedeutung zu. Um bei den Zuhörern eine optimale Aufmerksamkeit zu erlangen, sollte von Anfang an das Interesse der Adressaten für die präsentierten Inhalte geweckt werden. Besonders wirksam ist daher eine aktive Einbeziehung des Publikums. So wird die Präsentation zu einem gegenseitigen Prozess des Gebens und Nehmens von Informationen und Meinungen. In einigen Bundesländern ist die Präsentation neben dem schriftlichen und mündlichen Abitur inzwischen **Bestandteil der Abschlussprüfungen**.

Präsentationstypen
Unter Berücksichtigung verschiedener Kriterien lassen sich einzelne Präsentationstypen unterscheiden:

Autor	– Einzelpräsentation – Partnerpräsentation – Gruppenpräsentation
Adressaten	– Mitschüler, z. B. im Kurs – Öffentlichkeit, z. B. Schulveranstaltung in der Aula – Prüfungskommission, z. B. Präsentationsprüfung
Ziele	– Informationspräsentation – Überzeugungspräsentation
Kommunikationsstrukturen	– „Ein-Weg-Kommunikation" – Einbeziehung der Adressaten
Medien	– auditive Präsentation – visuelle Präsentation – multimediale Präsentation

Präsentationsformen

Für den Unterrichtsalltag bietet sich eine Reihe von Präsentationsformen an:

Schriftlich	– Referat – Facharbeit – Thesenpapier
Visualisiert	– Wandzeitung – Lernplakat – Strukturbild – Zeitstrahl
Auditiv	– Rede – Vortrag – Reportage – Interview
Audiovisuell	– Videodokumentation – Internetpräsentation
Gestalterisch	– Ausstellung – Rekonstruktion – Modell

Präsentationsstruktur

Die Präsentation sollte eine schlüssige Binnenstruktur mit klarer Phaseneinteilung und nachvollziehbarer Gewichtung der Teilaspekte aufweisen:

Einleitung	– Begrüßung der Zuhörer – Vorstellung des Themas, der Problemstellung bzw. Leitfrage und der Gliederung – Einstiegsmöglichkeiten: – Einbeziehung des Publikums, z. B. Vorwissen erfragen, Erwartungen aufnehmen – Interesse wecken, z. B. mit einem aktuellen Bezug, einem persönlichen Erlebnis, einer Provokation, einem Zitat
Hauptteil	– nachvollziehbare Gewichtung der Inhalte – Vorstellung von Zwischenergebnissen – Erläuterung verwendeter Fachbegriffe sowie gezeigter Statistiken, Tabellen und Strukturbilder – Einbeziehen von Beispielen – konsequenter Bezug zur Gliederung
Schlussteil	– Bezug zur Einleitung, insbesondere zur Problemstellung bzw. Leitfrage herstellen – kurze, ggf. thesenhafte Zusammenfassung der wesentlichen Ergebnisse – Formulierung eines Ausblickes – ggf. Reflexion des Arbeitsprozesses – Danksagung an die Zuhörer für die Aufmerksamkeit

Erarbeiten Sie Präsentationen

Thema 1
Das Internierungslager Guantánamo Bay
Im Januar 2002 richteten die USA mehrere Internierungslager im *Guantánamo Bay Naval Base* ein, um sogenannte „ungesetzliche Kombattanten" in Gewahrsam zu nehmen und zu verhören. Das stieß auf massive internationale Kritik.

Recherchieren Sie die Haftbedingungen und Menschenrechtsverstöße im Internierungslager Guantánamo Bay. Nehmen Sie in einem Thesenpapier Stellung dazu, inwiefern ein War on Terror diese Maßnahmen rechtfertigt

Literaturtipps
David Rose: Guantánamo Bay: Amerikas Krieg gegen die Menschenrechte. Verlag S. Fischer, Frankfurt am Main 2004.

Murat Kurnaz: Fünf Jahre meines Lebens. Ein Bericht aus Guantanamo. Rowohlt Berlin, Berlin 2007.

Thema 2
Der 11. September in der Erinnerungskultur
Das bekannteste Mahnmal ist das „National September 11 Memorial & Museum" in New York City (Fotografie s. S. 263). Weitere Beispiele sind das „Tear Drop Memorial" in Bayonne und das „Flight 93 National Memorial" bei Shanksville, Pennsylvania.

Stellen Sie das Konzept des „National September 11 Memorial & Museum" in einer Collage dar. Vergleichen Sie mit den anderen genannten Erinnerungsstätten. Diskutieren Sie über Möglichkeiten und Grenzen der Erinnerung in Form von Denkmälern oder Museen.

Literaturtipps
Jacob S. Eder, Trauer, Patriotismus und Entertainment. Das „National September 11 Memorial & Museum" in New York, in: Zeithistorische Forschungen, Online-Ausgabe, 13 (2016), H. 1, S. 158–171.

Aleida Assmann, Erinnerungsräume. Formen und Wandlungen des kulturellen Gedächtnisses, C. H. Beck, 3. Auflage, München 2006.

M 1 Gefangene Taliban und Mitglieder von Al-Qaida im Internierungslager Guantánamo, Fotografie, 2002

M 2 Das „Tear Drop Memorial" in Bayonne, New Jersey, Fotografie, 2015

Webcode:
KH301261-270

Überprüfen Sie Ihre Kompetenzen

M 3 „Sheriffs Revier", Karikatur von Horst Haitzinger, 2004

Zentrale Begriffe

„9/11"
Al-Qaida
Bürgerrechte
Bush-Doktrin
Golfkrieg
„Hamburger Terrorzelle"
Interventions- bzw. Präventionskrieg
Mittlerer Osten
Mudschahedin
USA PATRIOT Act
Sowjetisch-afghanischer Krieg
Terrorismus
„War on Terror"
Zäsur

Sachkompetenz

1 Erläutern Sie die Hintergründe und die Folgen der Terroranschläge des 11. September, indem Sie die wichtigsten Ereignisse und Prozesse grafisch in ihren Bezügen darstellen (z. B. in einem Fischgrätendiagramm oder einer Concept-Map).

2 Erläutern Sie anhand eines selbst gewählten Beispiels den Stellenwert von „9/11" in der (US-amerikanischen) Erinnerungskultur.

Methodenkompetenz

3 Interpretieren Sie die Karikatur (M 3). Charakterisieren Sie davon ausgehend die US-amerikanische Außenpolitik nach dem 11. September. Vergleichen Sie diese mit den Richtlinien der US-amerikanischen Außenpolitik während des „Kalten Krieges".

Urteilskompetenz

4 Beurteilen Sie die Deutung des 11. September als weltgeschichtliche Zäsur.

5 Nehmen Sie Stellung zu a) den Versuchen, den radikal-islamischen Terrorismus zu rechtfertigen, oder b) den menschenrechtlichen und ethischen Konsequenzen der US-amerikanischen Reaktionen auf die Terroranschläge des 11. September.

11 Afghanistan in der globalen Interessenpolitik (Wahlmodul 2)

Kompetenzen erwerben

Sachkompetenz:
- die Entwicklung Afghanistans seit der Lösung aus der britischen Kolonialpolitik (1919) bis in die 1970er-Jahre darstellen
- Afghanistans Rolle in der Interessenpolitik des Kalten Krieges erläutern
- den Bürgerkrieg und die Taliban-Herrschaft in Afghanistan (1989–2001) sowie die Folgen analysieren
- die Auswirkungen der Terroranschläge vom 11. September 2001 auf Afghanistan bestimmen

Methodenkompetenz:
- Internetseiten bewerten und zur Recherche nutzen

Urteilskompetenz:
- die historische Bedingtheit von Problemen in Afghanistan bewerten
- die Interessenpolitik der Großmächte in Afghanistan beurteilen
- die Politik der internationalen Mächte in Afghanistan nach dem 11. September 2001 und deren Folgen diskutieren und bewerten

Die Entstehung des modernen Afghanistans

Das Durrani-Reich im 18. Jahrhundert umfasste nicht nur das Gebiet des heutigen Afghanistans, sondern reichte bis zum Arabischen Golf und nach Indien hinein. Im 19. und zu Beginn des 20. Jahrhunderts wurde die Entwicklung Afghanistans vor allem durch die imperialistischen Interessen Großbritanniens und des Russischen Reiches bestimmt. In dem als „Great Game" bezeichneten Kampf um die Abgrenzung der kolonialen Machtsphären in Zentralasien wurde Afghanistan zum zentralen Objekt der britischen Politik, um das Vordringen des Russischen Reichs in die Golfregion zu verhindern. Dem **Emir Abdur Rahman (1844–1901)** gelang es Ende des 19. Jahrhunderts, aus dem in rivalisierende Stammesfürstentümer zerfallenen afghanischen Gebiet mithilfe der Armee eine Zentralisierung von Verwaltung und Militär durchzusetzen und einen weitgehend zentral regierten Staat aufzubauen. Der Preis dafür war jedoch hoch: Seine Herrschaft war von britischen Hilfsgeldern abhängig. Er musste akzeptieren, dass die Grenzen Afghanistans von Großbritannien und Russland gezogen wurden. Im Südosten Afghanistans wurde 1893 die **Durand-Linie*** als Grenze zu Britisch-Indien festgelegt. Anfang des 20. Jahrhunderts war Afghanistan faktisch ein britisches Protektorat. Dies änderte sich erst nach dem Ersten Weltkrieg, als Amanullah, der Enkel Abdur Rahmans, die Macht übernahm. Er nutzte die Kriegsmüdigkeit der britischen Truppen aus und erklärte einseitig die volle Souveränität und Unabhängigkeit Afghanistans, die von Großbritannien nach dreimonatigen kriegerischen Auseinandersetzungen im Frieden von Rawalpindi im August 1919 anerkannt wurde.

Durand-Linie
Nach dem Außenminister in Britisch-Indien Henry Durand benannte Grenze zwischen Afghanistan und Pakistan, die 1893 über ein Drittel des Stammesgebietes der Paschtunen von Afghanistan abtrennte und bis heute ein zentraler Konfliktherd zwischen beiden Ländern ist.

M 1 „Great Game" in Zentralasien, Ende des 19. Jahrhunderts

Der afghanische Staat bis in die 1970er-Jahre

Der Modernisierungsprozess Afghanistans im 20. Jahrhundert ist von den Schwierigkeiten bestimmt, das Land durch Reformen zu verändern, dabei aber einen Ausgleich zwischen den islamischen Traditionen der Stammesgesellschaft und den Aufgaben eines modernen Zentralstaates zu finden. Dieser Prozess der Modernisierungsversuche hat bis in die 1970er-Jahre hinein zwei Phasen erlebt.

Die erste Phase der Reformen erfolgte in der Zeit nach der Unabhängigkeit von 1919 bis 1929 unter König Amanullah (1892–1960). Grundlage seines Reformprogramms war die Verkündung einer Verfassung im Jahr 1923, die sich an dem Modell der Türkei unter Kemal Atatürk orientierte. Die Verfassung sah eine weltliche konstitutionelle Monarchie vor. Vor allem die Freiheit der Religionsausübung und die rechtliche Gleichstellung von Muslimen und Andersgläubigen riefen den massiven Widerstand der Geistlichen und der Stammesfürsten hervor. Auf der zur Legitimation der Verfassung 1924 einberufenen traditionellen Ratsversammlung der Stammes- und Regionalführer, der *Loya Dschirga*, wurden diese Bestimmungen wieder gestrichen und das Primat des sunnitischen Islam festgeschrieben. Um die Reformen der Verwaltung, des Steuerrechts und des Bildungswesens nicht zu gefährden, lenkte Amanullah ein. Zum Aufstand kam es dann aber, als er von einer mehrmonatigen Europareise mit revolutionären Ideen zur Einführung einer westlichen Lebensweise wie der Vorschrift zum Tragen von westlicher Kleidung und

M 2 König Zaher Schah (1914–2007), Fotografie, um 1935

dem Verbot der Polygamie zurückkehrte. Der König ging ins Exil und alle Reformen wurden aufgehoben. Die zweite Phase der Modernisierung erfolgte in der Zeit von 1933 bis 1973 unter König Zaher Schah. Nach einer Übergangszeit (bis 1963 regierten faktisch nacheinander zwei seiner Onkel und sein Vetter Mohammed Daud) wurde ein zweiter Anlauf zur Modernisierung Afghanistans unternommen. Anders als unter Amanullah wurde jetzt ein Weg beschritten, der versuchte, Tradition und Fortschritt in Einklang zu bringen. Der Zentralstaat akzeptierte die Autonomie der Stammesfürsten in ihren Gebieten, tastete das traditionelle Gefälle zwischen Stadt und Land kaum an und nahm auf die religiös geprägten Traditionen in der Bevölkerung Rücksicht. Im Gegenzug ließen die Stammes- und Regionalführer der Regierung in Kabul weitgehend freie Hand beim Ausbau der Verwaltung, bei Wirtschaftsmaßnahmen zur Verbesserung der Infrastruktur und der Aufrüstung der Armee. Im Jahr 1964 wurde eine neue liberal-demokratische Verfassung erlassen, die eine konstitutionelle Monarchie mit einem Zwei-Kammer-System, dem aktiven und passiven Wahlrecht aller Männer und einem weltlichen Rechtssystem einführte. Doch durch die Verfassung änderte sich das politische Leben in Afghanistan nicht grundlegend. Politische Parteien blieben verboten und radikalisierten sich zunehmend. So entstanden in Kabul auf der einen Seite kommunistische Parteien, die stark von der Sowjetunion beeinflusst waren, und auf der anderen Seite radikale islamistische Gruppen, die von Pakistan und Saudi-Arabien unterstützt wurden.

Afghanistan in der Interessenpolitik des Kalten Krieges

Bewegung blockfreier Staaten
Die Organisation wurde 1961 gegründet unter Führung von Jugoslawien, Indien, Ägypten und Indonesien. Ihr traten viele ehemalige Kolonialstaaten Asiens und Afrikas bei. Die Mitglieder lehnten die militärische Blockbildung ab und setzten sich für Abrüstung ein.

In der Zeit des Kalten Krieges verstanden es die afghanischen Regierungen in den 1950er- und 1960er-Jahren, sich nicht einseitig an das westliche Lager zu binden. Sie widerstanden dem Druck der USA, sich im Zuge der amerikanischen Eindämmungspolitik dem westlichen Bündnissystem anzuschließen, und beteiligten sich vielmehr an der Bewegung „blockfreier Staaten"*. Ein wesentlicher Grund dafür war, dass Pakistan Mitglied des westlichen Militärbündnisses Bagdad-Pakt war. Mit dem „Erzfeind" Pakistan lag Afghanistan aber wegen der paschtunischen Gebiete in ständigem Konflikt. Afghanistan profitierte allerdings von dem Ost-West-Gegensatz, indem es sowohl von westlichen Ländern als auch von der Sowjetunion Entwicklungshilfe erhielt. Die USA und Deutschland gaben Gelder und Kredite für zivile Infrastrukturmaßnahmen wie Straßen- und Kraftwerkbau sowie Bildungsprojekte, die Sowjetunion für die Modernisierung der Streitkräfte. Als die Hilfsgelder 1973 wegen der Ölkrise sanken, stand der afghanische Staat kurz vor dem Bankrott.

Die Krise nutzte der Vetter Zaher Schahs, Mohammed Daud, um sich 1973 mit Unterstützung sowjetischer Militärs an die Macht zu putschen. Dies führte jedoch aufgrund des Widerstands der islamischen Stammesführer und der Landbevölkerung noch weiter in die Krise. Um seine Macht zu retten, schwenkte Daud auf einen prowestlichen Kurs ein und suchte die Unterstützung der USA und des Iran. Dies nahmen 1978 die Kommunisten im Land und ihre sowjetischen Unterstützer zum Anlass, um Daud zu stürzen und ein **kommunistisches Regime** zu errichten. Die Kommunisten versuchten die afghanische Gesellschaft nach sowjetischen Vorstellungen zu modernisieren und die Herrschaft der lokalen Stammesführer zu beseitigen. Ergebnis war aber keine Stabilisierung, sondern der Beginn eines Bürgerkriegs zwischen islamischen Milizen (**Mudschahedin**) und Truppen der kommunistischen Regierung. Durch die internen Machtkämpfe in der kommunistischen Regierung Afghanistans und den massiven Widerstand der islamischen Milizen sah die Sowjetunion ihre Vorherrschaft in Afghanistan und als Supermacht bedroht. Die sowjetische Regierung entschloss sich deshalb zum Eingreifen und besetzte im Dezember 1979 innerhalb weniger Wochen das gesamte Land.

M 3 Mudschahedin im Kampf gegen die Sowjets im grenznahen Spin Buldak/Kandahar, Fotografie, 1988

Die sowjetische Besetzung 1979 bis 1989

Erst nach dem Zerfall der Sowjetunion und dem Aufstieg des internationalen Terrorismus wurde deutlich, welche einschneidende weltpolitische Bedeutung der sowjetischen Intervention in Afghanistan zukam. Zum einen läutete sie eine **neue Runde des Wettrüstens** ein, an deren ökonomischen und politischen Kosten die Sowjetunion letztlich zerbrach. Zum anderen wandelte sich der Afghanistankonflikt durch die sowjetische Intervention in einen **Stellvertreterkrieg der Weltmächte**, bei dem die massive finanzielle Unterstützung der islamischen Oppositionsgruppen durch die USA und einige arabische Staaten schließlich zur Entstehung radikal-islamistischer Gruppen wie Al-Qaida und der Taliban führte.

Mit dem Beginn der sowjetischen Besetzung steigerten alle oppositionellen Stammesgruppen, die seit 1973 zuerst gegen die Regierung Daud und dann gegen das kommunistische Regime gekämpft hatten, ihren Widerstandskampf, der die verschiedenen oppositionellen Strömungen zeitweise einigte. Die sowjetischen und afghanischen Militärs zerstörten mit massiven Bombardierungen Dörfer und ganze Landstriche. Dem setzten die Widerstandsgruppen einen Guerillakampf aus den unzugänglichen Gebirgsregionen oder von Pakistan aus entgegen. Zum Widerstand gehörten die islamischen Stammesgruppen und ihre Parteien wie die *Hezb-i-Islami* (Islamische Partei Afghanistans) von **Hekmatyar** und die vor allem in Nordafghanistan operierende *Jamiat-i-Islami* (Islamische Gemeinschaft Afghanistans) unter Führung des Tadschiken **Rabbani** und später **Ahmad Schah Massud**.

Die Wende im sowjetischen Afghanistankrieg leitete erst der neue Generalsekretär der KPdSU Michail Gorbatschow im Jahr 1986 ein, als er einen Teilabzug der sowjetischen Militärpräsenz ankündigte. Den Beweis dafür, dass der Afghanistankrieg als Stellvertreterkrieg eingeordnet werden muss, lieferten die beiden Supermächte selbst: In einem Friedensvertrag wurde – ohne Beteiligung der Widerstandsgruppen – im April 1988 ein Friedensvertrag zwischen der afghanischen und der pakistanischen Regierung mit der Sowjetunion und den USA als Garantiemächte unterzeichnet.

Bürgerkrieg und Taliban-Herrschaft

Auch nach dem Abzug der letzten sowjetischen Truppen im Februar 1989 trat kein Friede in Afghanistan ein. Die kommunistische Regierung unter dem von Gorbatschow 1986 eingesetzten Najibullah konnte sich zwar noch bis 1992 an der Macht halten. Als aber nach dem Zerfall der Sowjetunion die russischen Waffenlieferungen eingestellt wurden, dauerte es nur wenige Monate, bis Kabul von den Truppen des Paschtunenführers Hekmatyar eingenommen wurde. Ein Machtkampf zwischen den Stammes- und Milizgruppen setzte ein. Schnell weitete sich dieser zu einem Bürgerkrieg aus, der mit ständig wechselnden Allianzen geführt wurde. Der Staat Afghanistan zerfiel in autonome Hoheitsgebiete einzelner Warlordss, Afghanistan wurde ein *failed state*.

Das Opfer war die Zivilbevölkerung, die der korrupten Herrschaft der Milizführer schutzlos ausgesetzt waren. Der Wunsch nach Schutz, Sicherheit und religiösem Halt wuchs. In dieser Situation boten sich die Taliban als zukünftige Ordnungsmacht an. Die radikale orthodox-islamische Talibanbewegung war in den Koranschulen der Flüchtlingslager entlang der pakistanisch-afghanischen Grenze entstanden und vom pakistanischen Geheimdienst ISI vor allem mit Geldern aus Saudi-Arabien zu einer politischen und militärischen Miliz aufgebaut worden. Nachdem die Talibanbewegung 1994 erstmals in Südafghanistan aufgetreten war, gelang es ihr schnell, fast kampflos weitere Gebiete zu erobern und 1996 Kabul einzunehmen. Nur das nördliche Afghanistan blieb unter der Herrschaft der bisherigen Milizen, die zusammengeschlossen zur „Nordallianz" weiter die Taliban bekämpften. Alle internationalen Versuche, den Bürgerkrieg zwischen Taliban und „Nordallianz" zu beenden, blieben erfolglos.

Die Taliban konnten ihre Herrschaft so schnell ausbreiten, weil sie sich als neue Kraft darstellen konnten, die nicht durch Korruption, Vetternwirtschaft und Inkompetenz diskreditiert war. In dem von ihnen 1996 ausgerufenen „Islamischen Emirat Afghanistan" sollten nicht politische Zersplitterung und westliche Dekadenz das Leben bestimmen, sondern Sicherheit, Ordnung und Alltagsleben nach dem islamischen Rechtssystem, der Scharia, herrschen. Mit äußerster Brutalität setzten die Taliban während ihrer Herrschaft von 1996 bis 2001

Aus den pakistanischen Koranschulen rekrutieren die Taliban bis heute ihren Nachwuchs und erfahren dort große Unterstützung.

M4 Schüler einer Koranschule in Pakistan, Fotografie, 2003

die Anwendung der Scharia durch. Musik, Sport und Fernsehen wurden verboten, der größte Teil der Schulen und Universitäten geschlossen. Männer mussten sich Bärte wachsen lassen, und Frauen durften nur mit männlicher Begleitung und in der Burqa das Haus verlassen.

Während der Herrschaft der Taliban isolierte sich Afghanistan von der internationalen Staatengemeinschaft und wurde nur von Saudi-Arabien, Pakistan und den Vereinigten Arabischen Emiraten diplomatisch anerkannt. Attraktiv war Afghanistan jetzt aber für radikale Islamisten und für islamistische Terrororganisationen wie Al-Qaida. Ihr Führer Osama Bin Laden nutzte den Schutz des Taliban-Regimes als Basis für terroristische Ausbildungslager.

Die Terroranschläge vom 11. September 2001 und die Folgen

Die Terroranschläge vom 11. September in den USA wurden von Al-Qaida in Afghanistan geplant. Schon einen Tag nach den Anschlägen verabschiedete der Sicherheitsrat der Vereinten Nationen die Resolution 1368, die die Anschläge als Bedrohung für den internationalen Frieden verurteilte und zum Kampf gegen den internationalen Terrorismus aufrief, ohne allerdings Afghanistan als Hort des Terrorismus konkret zu benennen. Auf der Grundlage dieser Resolution begannen Anfang Oktober 2001 die USA und Großbritannien im Rahmen der „Operation Enduring Freedom" Stellungen der Taliban zu bombardieren. Im Bündnis mit der „Nordallianz" der afghanischen Milizführer gelang es, dass die Taliban sich bis Ende 2001 in die unzugänglichen Grenzregionen zu Pakistan zurückziehen mussten.

Um nach dem Sturz des Taliban-Regimes zu verhindern, dass in Afghanistan wieder ein Bürgerkrieg begann, beschloss die UN mit dem sogenannten Petersberger Prozess einen Plan, der den politischen, wirtschaftlichen und gesellschaftlichen Aufbau Afghanistans initiieren und begleiten sollte. Zur Absicherung des Prozesses wurde eine internationale militärische Sicherheitstruppe, die „International Security Assistance Force" (ISAF) unter Führung der NATO aufgestellt. Zuerst nur aus einigen Tausend Soldaten bestehend, wurde sie immer wieder aufgestockt, sodass sie Ende 2010 aus 130 000 Soldaten aus 48 Nationen bestand. Deutschland beteiligte sich von Anfang an am ISAF-Einsatz, bekam immer mehr Aufgaben und übernahm 2006 das Regionalkommando Nord mit dem Hauptquartier in Mazar-i Scharif.

Obwohl die im Petersberger Abkommen vorgesehenen Schritte zum Wiederaufbau bis 2005 mit den ersten Parlaments- und Provinzwahlen verwirklicht wurden, war spätestens 2010 offensichtlich, dass sich die zentralen Ziele der Befriedung Afghanistans und Errichtung eines stabilen demokratischen Staates mit der von der internationalen Gemeinschaft eingeschlagenen Strategie nicht verwirklichen ließen. Es gelang nicht, das Gewaltmonopol des Staates gegen die lokalen Stammesfürsten und Warlords durchzusetzen. Als Regierungsmitglieder, Abgeordnete im Parlament oder Gouverneure konnten sie weiterhin ihre Klientelpolitik betreiben und ihre vor allem durch Drogenanbau und -handel finanzierte Macht ausdehnen. Die Hoffnungen der Bevölkerung auf einen Neuanfang wurden enttäuscht. Die Taliban konnten sich erneut als Sammelbecken all derjenigen profilieren, die mit der Situation unzufrieden waren. Entsprechend verschlechterte sich seit 2006 die Sicherheitslage. Anschläge der Taliban, hauptsächlich in Südafghanistan und in den Städten, nahmen zu. Daran änderte auch die Aufstockung der ISAF-Truppen nichts, zumal gleichzeitig der Abzug der Kampftruppen für Ende 2014 angekündigt wurde.

M 5 „Resolute Support", Karikatur von Harm Bengen, 18. November 2014

Zum 1. Januar 2015 begann die ISAF-Nachfolgemission „Resolute Support". Mit etwa 13 000 Soldaten aus 40 Ländern sollen vor allem die afghanischen Sicherheitskräfte ausgebildet und unterstützt werden. Seit der Übergabe der Verantwortung an die afghanischen Polizei und das Militär hat sich die Sicherheitslage aber weiter verschlechtert. Ende 2017 waren ca. 60 Prozent des Landes, hauptsächlich die ländlichen Regionen, unter Kontrolle der Taliban bzw. – seit 2015 – des Ablegers der Terrormiliz „Islamischer Staat". Nachdem die militärische Lösung des „Afghanistanproblems" gescheitert ist, bestehen weder in der internationalen Gemeinschaft noch der afghanischen Bevölkerung Hoffnungen, dass es in nächster Zeit zu einer politischen Lösung kommt.

Webcode:
KH301261-278

1 Beschreiben Sie auf Grundlage der Karte M 1 sowie der Karte zum Nahen und Mittleren Osten (S. 327) die geografische Lage Afghanistans und die Folgen, die sich daraus ergeben haben.
2 **Schaubild:** Arbeiten Sie Konstanten der afghanischen Politik und Gesellschaft heraus (wie Islam, Loya Dschirga/Stammesversammlung etc.) und ordnen Sie diese in einem Schaubild.
3 Analysieren Sie die Karikatur M 5 und nehmen Sie Stellung zur Bewertung der Rolle der internationalen Einsatztruppen.
4 **Recherche:** Tragen Sie Zeitungsartikel zur aktuellen Situation in Afghanistan zusammen und diskutieren Sie diese in Ihrem Kurs.

Hinweise zur Arbeit mit den Materialien

Den **Einstieg in das Thema Afghanistan** sollen verschiedene Materialien zu historischer Entwicklung (Staatsgründung 1919), ethnischer Zusammensetzung (Karte und Tabelle) und den Stammesstrukturen ermöglichen (M 6 bis M 9). Im Anschluss beleuchten Sekundärtexte und Bildmaterialien **Reform- und Modernisierungsversuche** in den 1920er-Jahren, die von König Amanullah ausgingen und die die Basis für eine konstitutionelle Monarchie schufen (M 10 bis M 13). Mit Afghanistan im **Spannungsfeld des Kalten Krieges** beschäftigt sich der nächste Materialblock. Hierzu gehören konkurrierende Aktivitäten der Sowjetunion und der USA in dem Land in den 1950er- und 1960er-Jahren (M 14) sowie der sowjetisch-afghanische Krieg von 1979 bis 1989 mit seinen verschiedenen Akteuren (M 15 bis M 17). Als Nächstes werden der **Aufstieg der Taliban**, ihre Ideologie und die Folgen ihres Regimes für die afghanische Bevölkerung vorgestellt (M 18 bis M 20). Ein Bildmaterial (M 19) zeigt die Zerstörung von Kulturgütern. Die Materialien zu den **Folgen der Terroranschläge vom 11. September 2001** widmen sich der Rolle der UNO bzw. der von der NATO gestellten ISAF-Truppen (M 21), den militärischen Einsätzen von 2001 bis 2014 (Karte M 23) sowie dem sogenannten Petersberger Prozess, der den zivilen **Wiederaufbau und die Befriedung des Landes** als Ziel hatte (M 22, M 24). Schließlich kann anhand einer politikwissenschaftlichen Analyse Bilanz bezüglich des internationalen Engagements in Afghanistan gezogen werden (M 25) sowie anhand eines Bildmaterials (M 26) der Einsatz der ISAF-Truppen kritisch diskutiert werden.
Die **Methodenseite** (S. 291) gibt Hinweise zur **Internetrecherche**.
Am Ende des Kapitels finden sich **weiterführende Arbeitsanregungen** und die Möglichkeit, die im Kapitel erworbenen **Kompetenzen zu überprüfen** (S. 292 f.).

Entstehung Afghanistans und seine ethnischen Strukturen

M 6 Der Historiker Jörg Baberowski über die Geschichte Afghanistans (2009)

Es mag paradox erscheinen, doch es waren Großbritannien und Russland, die eine Staatswerdung und Unabhängigkeit Afghanistans überhaupt erst ermöglichten. Im Kampf gegen
5 die Fremden verbündeten sich am Ende sogar verfeindete Stämme miteinander. So kam es, dass die Anglo-Afghanischen Kriege[1] eine Einheit begründeten, die unter anderen Umständen niemals zustande gekommen wäre. Zwar
10 zerbrachen die Bündnisse zwischen den Stämmen wieder, sobald die äußere Gefahr verschwand. Aber es gelang den afghanischen Herrschern mithilfe britischer Unterstützung, ein stehendes Heer aufzubauen, dessen Loya-
15 lität dem König und nicht den Stämmen galt. Emir Abdurrachman[2] band die Stammesführer an den Hof, damit sie die Kontrolle über ihre Heimatregionen verlieren sollten, und er setzte sein Militär rücksichtslos gegen illoyale und rebellische Stämme ein. Die britische
20 Kolonialverwaltung in Indien erfüllte den afghanischen Potentaten jeden Wunsch und rüstete ihre Herrschaft systematisch auf, weil es ihr vor allem darauf ankam, den Einfluss Russlands in der Region zurückzudrängen.
25 Der afghanische Staat war also ein Produkt des britischen Imperialismus.

Jörg Baberowski, Afghanistan als Objekt britischer und russischer Fremdherrschaft im 19. Jahrhundert, in: Wegweiser zur Geschichte: Afghanistan, hg. von Bernhard Chiari, Schöningh, 3. Auflage, Paderborn 2009, S. 35.

---

1 Hierbei handelt es sich um drei britische militärische Interventionen zwischen 1839 und 1919, um die britische Vormacht in der Region zu sichern.
2 Auch: Emir Abdur Rahman (1844–1901). Er trieb unter brit. Oberhoheit als Emir/König von Afghanistan die Zentralisierung von Verwaltung und Militär voran, ging dabei äußerst brutal gegen einzelne Stämme vor.

M 7 Ethnische Gruppen in Afghanistan

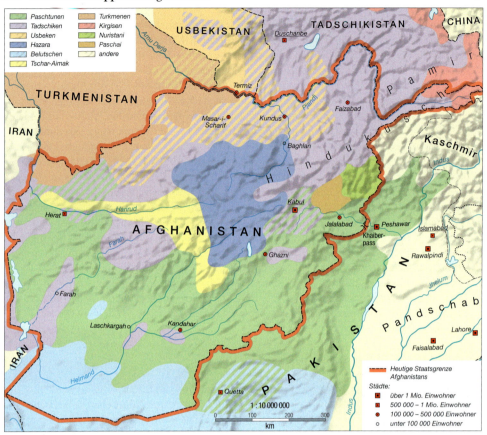

M 8 Ethnien, Sprachen und Religionen in Afghanistan

Ethnie*	Sprache*	Islamische Konfession	Anteil (in %)
Paschtunen	Paschto	Sunniten	40–50
Tadschiken	Dari (Persisch)	Sunniten	25–30
Usbeken	Usbekisch	Sunniten	10–15
Hazara	Dari (Persisch)	Schiiten	10–20
Aimak	Dari (Persisch)	Sunniten	3–6
Turkmenen	Turkmenisch	Sunniten	1–3
Belutschen	Belutschi	Sunniten	unter 1

Berechnung Conrad Schetter (siehe M 9)

* zahlreiche weitere Ethnien und Sprachen

M 9 Der Friedens- und Konfliktforscher Conrad Schetter über die Bedeutung der Stammesstrukturen in Afghanistan (2009)

Die Lage Afghanistans an der Schnittstelle zwischen Westasien, Zentralasien und dem indischen Subkontinent bedingt eine enorme kulturelle Vielfalt (Sprachen, Konfessionen etc.). Ein Ausdruck dessen ist auch die Vielzahl unterschiedlichster Volksgruppen. Wenngleich außenstehende Betrachter dazu neigen, eben diese ethnischen Gruppen zum wesentlichen Identitätsbezug der afghanischen Bevölkerung zu erheben, so stellen sie in der Praxis doch recht verschwommene Gebilde dar. Grenzen zwischen den Völkerschaften sind häufig kaum zu ziehen. Vielen Afghanen ist nicht einmal der Name ihrer Ethnie bekannt, und noch weniger verfügen sie über eine gemeinsame Identität. Je nach Situation wechseln einzelne Menschen sogar ihre ethnische Identität. Dies ist gebunden an den jeweiligen sozialen Kontext und kann von Nützlichkeitserwägungen oder dem Wunsch der Abgrenzung abhängen. […]

Ethnische Gruppen wie die Paschtunen, Belutschen, Tschahar-Aimak oder Turkmenen definieren sich vor allem über ihre Stammesstrukturen. In diesem Zusammenhang wird der Begriff „Stamm" in Afghanistan grundsätzlich positiv für diejenigen Gemeinschaften verwendet, die sich über einen gemeinsamen Ahnherrn definieren können. Zumindest in der Idealvorstellung ihrer Angehörigen bauen die Stämme auf verwandtschaftlichen Beziehungen auf. Ein solcher Stamm ist in verschiedene Unterstämme gegliedert, die sich wiederum in Substämme und Clans verästeln.

Die Volkszugehörigkeit gewann in der afghanischen Politik im Verlauf der letzten 100 Jahre stetig an Bedeutung. So sah die afghanische Nationalideologie bis in die 1970er-Jahre hinein die Paschtunen als die „eigentlichen Afghanen", weshalb die Begriffe „Afghane" und „Paschtune" auch synonym verwendet wurden. […] Den Staat sahen die meisten Einwohner als etwas Abstraktes, weit Entferntes und Feindliches an, sodass die Diskussion über die nationale Identität einer kleinen Schicht urbaner Intellektueller vorbehalten blieb.

Conrad Schetter, „Stammesstrukturen und ethnische Gruppen", in: Wegweiser zur Geschichte: Afghanistan, hg. von Bernhard Chiari, Schöningh, 3., durchgesehene und erweiterte Auflage, Paderborn 2009, S. 123 f.

1 Erläutern Sie die Besonderheiten der historischen Entwicklung in Afghanistan (M 6).
2 Beschreiben Sie die Verteilung der ethnischen Gruppen, Sprachen und Konfessionen in Afghanistan (M 7 und M 8).
3 Analysieren Sie das Verhältnis von ethnischen Gruppen, Stämmen und Clans zu einer zentralen Staatsgewalt und stellen Sie die Konsequenzen dar (M 9).

Der afghanische Staat bis in die 1970er-Jahre

M 10 In einem Artikel zum Islam in Afghanistan (2005)

Konsequente Schritte zu Modernisierung und Säkularisierung leitete König Amanullah (1919–1929) ein. Er säkularisierte das Schul- und Erziehungswesen, ließ Schüler im Ausland unterrichten, versuchte Frauenrechte durchzusetzen (Abschaffung der Schleierpflicht, Recht der Frau auf freie Eheschließung, Stimmrecht der Frau, Abschaffung von Polygamie und Kindereheschließung etc.) und beschnitt die Macht des Klerus. In der Verfassung der konstitutionellen Monarchie Afghanistan von 1923 hielt er fest, dass die Rechtsprechung nach den Prinzipien der Scharia (= religiöses Recht) und dem allgemeinen Zivil- und Strafrecht zu erfolgen habe. Ihm war klar, dass eine Abschaffung des Scharia-Systems in Afghanistan nicht durchsetzbar wäre. So schrieb er fest, dass alle Gesetze sowohl schariakonform wie auch an die Erfordernisse der Zeit angepasst sein sollen.

Christian Wagnsonner, „Religionen/Islam in Afghanistan", hg. v. Institut für Religion und Frieden, Wien 2005, zit. nach: http://www.irf.ac.at/index.php?option=com_content&task=view&id=168&Itemid=4 (Download vom 3. 1. 2018).

M 11 Der afghanische Politiker, Historiker und Schriftsteller Ghulam Muhammad Ghobar zu den Reformen König Amanullahs (1932)

Ghobar (1897–1978) war in den 1920er-Jahren unter König Amanullah im Sicherheits- und Kultusministerium sowie als Botschafter tätig.

Die Menschen in Afghanistan, die einen Fortschritt wollten, haben ernsthaft mit dem Staat zusammengearbeitet und haben alle Reformen begrüßt, so wie sie während des anglo-afghanischen Krieges mit ihrem Leben und ihrem Besitz für den Staat einstanden. Sie setzten sich für die Förderung des neuen Bildungssystems ein und akzeptierten die Steuererhöhung, die für diese Reform genutzt werden sollte. Sie beteiligten sich freiwillig am Ausbau der Infrastruktur und unterstützten die moderne Industrie und das demokratische System. [...]

Die Afghanen suchten ernsthaft den Fortschritt. Sie unterstützen die Politik der Regierung und befürworteten in der Tat die neuen Reformen. Genauso wie sie im Krieg gegen England ihr Leben und Gut eingesetzt hatten, unterstützen sie auch diese Maßnahmen. Um die moderne Bildung zu fördern, akzeptierten sie eine Zusatzsteuer als „Bildungsbeitrag". Die Bevölkerung unterstützte freiwillig den Ausbau von Straßen, die moderne Industrie und das demokratische System.

Ghulam Muhammad Ghobar, Afghanistan dar masire tarik" (Afghanistan im Laufe der Geschichte), Teheran 2011, S. 667, zit. nach: Sayed Asef Hossaini, Dossier: Afghanistan – das zweite Gesicht, Bundeszentrale für politische Bildung, Bonn 2015, S. 10.

M 12 Der ehemalige Kulturattaché der deutschen Botschaft in Afghanistan Reinhard Schlagintweit (2008)

Mit dem Versuch, das Land zu modernisieren, scheiterte Amanullah jedoch. Er hatte sich den türkischen Präsidenten Kemal Atatürk zum Vorbild genommen. Wie dieser wollte er Religion und Staat trennen, die traditionelle Rolle der Frauen ändern, die Schulpflicht für Jungen und Mädchen einführen und in einer Verfassung allen Bürgern, ungeachtet ihrer Religion und Herkunft, gleiche Rechte geben. [...]

Der damalige Versuch, eines der rückständigsten Länder Asiens wenigstens ein Stück weit in die Gegenwart zu führen, konnte nicht gelingen. Amanullah orientierte sich an fremden Vorbildern. Doch im Gegensatz zu ihnen gab es in Afghanistan keine bürgerliche Gesellschaftsschicht, die intellektuell, kulturell und finanziell die Reformen hätte tragen können. Die Neuerungen entsprangen dem Willen des Herrschers und weniger Intellektueller in seiner Umgebung. Die Bevölkerung lehnte sie ab; sie betrachtete sie als Angriff auf Religion und angestammte Lebensweise, insbesondere auf die Unantastbarkeit der Familie. Die Menschen sahen keine Notwendigkeit, irgendetwas zu ändern.

Reinhard Schlagintweit: „Afghanistan als Staat im 20. Jahrhundert", in: Wegweiser zur Geschichte: Afghanistan, hg. von Bernhard Chiari, Schöningh, 3. Auflage, Paderborn 2009, S. 38.

1 Stellen Sie aus den Materialien die Reformmaßnahmen zusammen, die Amanullah zur Modernisierung Afghanistans einleitete.
2 Vergleichen Sie M 11 und M 12. Erklären Sie, warum die Verfasser zu ganz unterschiedlichen Einschätzungen kommen.
3 Nehmen Sie Stellung dazu, dass die Reformen zur Modernisierung scheitern mussten (M 10 und M 12).

M 13 König Amanullah beim Staatsbesuch in Berlin mit Reichspräsident von Hindenburg, Fotografie, 22. Februar 1928

4 **Recherche/Bericht:** König Amanullah kam 1928 auf einer Europareise zu einem Staatsbesuch nach Berlin (M 13). Recherchieren Sie den Empfang und Ablauf dieses Besuchs im Internet und stellen Sie darüber einen Bericht zusammen.

Afghanistan in der Interessenpolitik des Kalten Krieges

M 14 Der Friedens- und Konfliktforscher Conrad Schetter über Afghanistan zur Zeit des Kalten Krieges (2017)

Die USA verloren Ende der Vierziger-Jahre das Interesse an Afghanistan, da sie sich Südostasien zuwandten. Das Verhältnis zwischen beiden Ländern kühlte merklich ab. So entsprachen die USA nicht der afghanischen Anfrage nach Waffenlieferungen, und Afghanistan trat 1955 nicht dem von den USA ins Leben gerufenen Bagdad-Pakt bei, dem Iran und der „Erzfeind" Pakistan angehörten. Stattdessen aktivierte Afghanistan die Beziehungen zur Sowjetunion, die sich seit dem Tod Stalins stärker in Ländern der Dritten Welt engagierte.

Bereits seit 1950 nutzte die Sowjetunion den Paschtunistankonflikt, um sich Afghanistan als Einfuhrland anzubieten, sobald Pakistan die Grenze schließen würde. Mitte der Fünfziger-Jahre nahm die Kooperation zwischen beiden Ländern Gestalt an. Afghanistan wurde zum Paradefall der „friedlichen Koexistenz": 1955 ratifizierte die *Loya Dschirga* eine militärische Kooperation mit der Sowjetunion, und 1956 erhielt Afghanistan bereits Militärhilfe in Höhe von 32,5 Millionen US-Dollar. Afghanische Offiziere gingen nun zur Ausbildung in die Sowjetunion, was zur Folge hatte, dass das afghanische Militär zur wesentlichen Säule Moskaus in Afghanistan wurde. Außerdem engagierte sich die Sowjetunion im Entwicklungsbereich: So vergab Moskau Kredite in Höhe von 100 Millionen US-Dollar zu günstigen Bedingungen und baute den Flughafen in Bagram sowie eine Allwetterstraße von Kabul durch den Salang-Tunnel zur sowjetischen Grenze. Der sowjetische Einfluss blieb nicht ohne Folgen für die afghanische Wirtschaftspolitik: So legte Daud 1956 den ersten Fünfjahresplan vor und forcierte die staatliche Einflussnahme auf die Wirtschaft mit dem Ziel, den allgemeinen Lebensstandard zu verbessern. […]

Aufgrund der massiven sowjetischen Einflussnahme wendeten sich die USA Afghanistan erneut zu. Interessanterweise traten die Amerikaner nicht in direkte Konkurrenz zu den Sowjets, sondern boten Entwicklungshilfe in Bereichen an, die diese nicht abdeckten, so etwa im Bildungswesen und in verschiedenen Wirtschaftsfeldern. Daneben ergab sich eine räumliche Arbeitsteilung. Während die Sowjets im Norden agierten, bauten die Amerikaner die Straße von Kabul nach Kandahar, Stichstraßen zur pakistanischen und iranischen Grenze sowie einen überdimensionalen Flughafen bei Kandahar […]. Afghanistan vollbrachte damit das Kunststück, bei strikter Neutralität Entwicklungshilfe aus der Sowjetunion und den USA zu beziehen, was sicherlich nur aufgrund seiner geostrategischen Lage am Südsaum der Sowjetunion möglich war.

Conrad Schetter, Kleine Geschichte Afghanistans, C. H. Beck, 4. Auflage, München 2017, S. 86 f.

1 Klären Sie unbekannte Namen und Begriffe.
2 Erläutern Sie die Strategien der Einflussnahme der Sowjetunion und der USA und vergleichen Sie diese miteinander.

M 15 Der Slawist Henning Sietz über die sowjetische Intervention in Afghanistan 1979 (2009)

Währenddessen lieferten sich Mudschahedin und Sowjetarmee einen brutalen Kampf; Gefangene wurden nicht gemacht. Die Besatzer führten einen Krieg der verbrannten Erde, gingen mit Napalm und Nervengas, mit Sprengfallen und als Spielzeug getarnten Kleinminen gegen die Bevölkerung vor, vernichteten Dörfer, Viehherden und Ernten. Von den 15,5 Millionen Afghanen 1978 flohen bis Kriegsende 1989 rund 3,5 Millionen Menschen nach Pakistan, etwa zwei Millionen in den Iran. Von allen Völkern auf der Flucht stellten die Afghanen weltweit den größten Anteil. Die Auffanglager in Pakistan wurden zur logistischen Basis der Mudschahedin. Dort wurden Waffen hergestellt, Kampfgruppen ausgebildet, dort gingen Agenten des amerikanischen Geheimdienstes CIA ein und aus und organisierten die Militärhilfe. [...]

Militärisch schien keine Seite die Oberhand zu gewinnen. Moskau schickte besser ausgebildete Truppen (im Laufe des Krieges insgesamt eine Million Mann), änderte seine Taktik durch den Einsatz kleiner, selbstständig operierender Einheiten und neuer Kampfhubschrauber vom Typ Mi 24. Diese fügten den Mudschahedin, die in den Hochgebirgstälern aus Tausenden weit verzweigten und gut getarnten Höhlen heraus operierten, hohe Verluste zu. Zwei Faktoren änderten allerdings bald die Bedingungen im mörderischen Spiel. Erstens erschien auf der Moskauer Bühne ein neuer Mann: Michail Gorbatschow, im April 1985 zum Generalsekretär der KPdSU gewählt. Als ein Ziel seiner Politik nannte er, den Krieg in Afghanistan beenden zu wollen. Wann, blieb jedoch offen. Der zweite Faktor wirkte unmittelbar: Im Herbst 1986 lieferten die USA erstmals Stinger-Raketen, eine hochwirksame, einfach zu bedienende High-Tech-Waffe, mit der die Mudschahedin zeitweise einen Hubschrauber pro Tag abschossen. Im Frühjahr 1987 war die Lufthoheit der sowjetischen Truppen gebrochen [...]. Moskau kam zu der Einsicht, dass der Krieg, den die eigene Bevölkerung als lähmende Belastung empfand, nicht zu gewinnen war. Karmal wurde fallen gelassen (er ging ins Ausland; 1996 ist er in Moskau gestorben). Als Nachfolger setzte man Geheimdienstchef Mohammed Najibullah ein. Im Februar 1988 verkündete Gorbatschow den Abzug der sowjetischen Truppen. Bis zum Schluss hielt Moskau Najibullah die Treue. [...] Das Regime Najibullahs hing am Tropf der Moskauer Waffenhilfe. 1992, nach dem Zerfall des Sowjetreichs, sollte es endgültig zu Ende sein: Gulbuddin Hekmatyar stürzte den Statthalter Moskaus. Zwei Jahre später ergriffen die Taliban die Macht in Kabul, und Najibullah, der nicht mehr fliehen konnte, baumelte am Galgen. Die Bilanz der sowjetischen Intervention war bitter: eine Million Tote, etwa 5,5 Millionen Flüchtlinge, über tausend zerstörte Dörfer. Reparationen wurden nicht gezahlt. Offiziell waren 15 000 Sowjetsoldaten umgekommen, inoffizielle Schätzungen nennen 60 000 Tote.

Zit. nach: http://www.zeit.de/zeitlaeufte/sietz_afghanistan (Download vom 24. 1. 2018).

M 16 „Das dient dem Friedenszweck", russische Karikatur, 1986

M 17 Der Asienwissenschaftler Selig G. Harrison (1995)

Der Reagan-Regierung war es in den 1980er-Jahren ziemlich egal, bei welchen Gruppen die US-Gelder in Afghanistan landeten, solange diese die sowjetischen Truppen bekämpften und entschlossen waren, das „Reich des Bösen" niederzuringen. Damit unterwarfen sich die USA der Strategie des pakistanischen Geheimdienstes ISI. Paradoxerweise war es also die Supermacht USA, die sich von lokalen Akteuren manipulieren und vereinnahmen ließ. In Washington ging man damals davon aus, die Sowjetunion werde niemals freiwillig abziehen, ihre Invasion in Afghanistan sei nur eine Zwischenetappe zum eigentlichen Expansionsziel: dem Zugang zur Golfregion. [...]

Nach dem Abzug der Sowjets 1989 verlor Washington zunächst das Interesse an dem umkämpften Land. Der CIA bekam zunächst nicht einmal mit, dass einige der früheren Verbündeten zu gefährlichen Feinden geworden waren.

Selig S. Harrison/Diego Cordovez, Verloren in Afghanistan, in: Atlas der Globalisierung spezial: Das 20. Jahrhundert, taz Verlags- und Vertriebs GmbH, Berlin 2011, S. 58.

1 Skizzieren Sie auf der Basis von M 15 und M17 sowie der Darstellung S. 275 f. den Verlauf des sowjetisch-afghanischen Krieges.
2 Beurteilen Sie die Rolle der USA in dem Konflikt.
3 Interpretieren Sie die russische Karikatur (M 16).

Bürgerkrieg und Aufstieg der Taliban

M 18 Der Islamwissenschaftler Guido Steinberg über Entstehung und Aufstieg der Taliban (2011)

Die Bewegung der Taliban (Paschtu und Dari für „Studenten") entstand in den frühen 1990er-Jahren als Organisation aus Pakistan zurückgekehrter paschtunisch-afghanischer Flüchtlinge und Veteranen des Krieges gegen die Sowjetunion. Ihre pakistanische Mutterorganisation war die Gemeinschaft der Gelehrten des Islam ([...] JUI). [...]

In Afghanistan selbst brach schon kurz nach dem Abzug der Sowjets ein Bürgerkrieg zwischen rivalisierenden Mudschahedin-Gruppierungen aus. Pakistan hatte diese Organisationen unterstützt, um Einfluss auf die künftige Politik des Nachbarlandes nehmen zu können. Idealerweise sollte in Kabul eine pro-pakistanische Regierung an die Macht kommen. Als der Ausbruch des Bürgerkrieges verdeutlichte, dass die Mudschahedin-Gruppen kein geeigneter Partner waren, benötigte die pakistanische Armee einen neuen Verbündeten. Zu diesem Zweck rekrutierte ihr militärischer Geheimdienst ISI *(Inter-Services Intelligence)* paschtunische Flüchtlinge aus den Schulen der JUI und baute eine schlagkräftige Miliz auf. So wurden die Taliban zu einem Instrument pakistanischer Außenpolitik.

In einem beispiellosen Siegeszug eroberten die Taliban Afghanistan. Nachdem sie im Herbst 1994 erstmals in der Provinz Kandahar in Südafghanistan aufgetaucht waren, nahmen sie rasch die paschtunischen Gebiete im Süden und Osten des Landes ein. 1995 bereits standen sie kurz vor Kabul und nahmen die westafghanische Metropole Herat ein. Die verfeindeten Mudschahedin in Kabul schlossen sich unter dem Druck der Taliban zusammen. Trotzdem konnten sie Kabul nicht halten und zogen sich 1996 in den Norden zurück. Unter der Führung von Ahmed Shah Masud (1953-2001) hielten sie sich als „Nordallianz" bis zur amerikanisch-britischen Invasion 2001.

Die Taliban boten der kriegsmüden afghanischen Bevölkerung nach fast 17 Jahren Krieg die Aussicht auf Ruhe und Ordnung. Dies erklärt ihren schnellen Siegeszug gegen die Allianz der Bürgerkriegsparteien, die das Land nach 1989 in den vollständigen Ruin getrieben hatten. Die Taliban traten mit der Forderung nach Einführung und Durchsetzung des Islamischen Rechts, der Scharia, an [...].

In den von ihnen beherrschten Gebieten setzten die Taliban unerbittlich ihre Verhaltensvorschriften durch. Männer mussten Bärte tragen, Musik und Fernsehen waren ebenso wie die meisten Sportarten verboten. Eine nach saudi-arabischem Vorbild eingerichtete Religionspolizei überwachte die Einhaltung dieser Ge- und Verbote. Bei Zuwiderhandlung drohten [...] Prügelstrafen, Auspeitschung oder Gefängnis. Die schlimmsten Einschränkungen trafen jedoch die Frauen, die weitgehend aus der Öffentlichkeit verbannt wurden. Die Taliban schlossen alle Mädchenschulen und verboten Frauen zu arbeiten.

Nach der Einnahme Kabuls riefen die Taliban im September 1996 das „Islamische Emirat Afghanistan" aus. Im selben Jahr gab sich ihr charismatischer Führer Mullah Mohammed Omar (geb. ca. 1959) den Titel „Beherrscher der Gläubigen" (Amir al-Mu'minin). Der in Kandahar residierende Mullah Omar war damals bereits die unumstrittene Führungsfigur der Taliban und regierte gemeinsam mit einem kleinen Führungszirkel einflussreicher

Funktionäre, dem sogenannten Schura (= Konsultations)-Rat. Jegliche Opposition wurde brutal unterdrückt; die Regierungsführung der Taliban war autoritär mit totalitären Zügen [...].

Das Emirat der Taliban wurde lediglich von Pakistan, Saudi-Arabien und den Vereinigten Arabischen Emiraten anerkannt. Die deutlichen Sympathien vieler konservativer Golfaraber gingen auf die Ähnlichkeit der religionspolitischen Vorstellungen der Taliban mit denen der saudi-arabischen Wahhabiya[1] zurück. Die teils staatliche und teils private Unterstützung aus den Golfstaaten für die Taliban erwies sich jedoch als schwerer Fehler, da die Taliban es neben zentralasiatischen und pakistanischen auch arabischen Jihadisten[2] gestatteten, ihre Hauptquartiere und Trainingslager auf afghanischem Territorium aufzuschlagen. Eine dieser Gruppen war die Al-Qaida Osama Bin Ladens. Nur die staatliche Unterstützung durch die Taliban ermöglichte es Al-Qaida, zu der internationalen Terrororganisation zu werden, die am 11. September 2001 sogar im Herzen der USA zuschlug.

Guido Steinberg, Taliban, Dossier Islamismus, 20. 9. 2011, Bundeszentrale für politische Bildung http://www.bpb.de/politik/extremismus/islamismus/36377/taliban (Download vom 24. 1. 2018).

---

1 islamisch-sunnitische Glaubensrichtung, die besonders puristisch-traditionell ist und in Saudi-Arabien vorherrscht
2 abgeleitet vom Begriff „dschihad", der im Islam „das Kämpfen um den Glauben" meint, was sowohl als innerliches Ringen, aber auch als militärisch-kriegerische Aktivität gemeint sein kann

---

1 Erläutern Sie die Unterschiede und Gemeinsamkeiten zwischen Mudschahedin und Taliban.
2 **Mindmap:** Arbeiten Sie heraus, welche Länder die Taliban unterstützten und welche Motive dabei eine Rolle spielten. Stellen Sie Ihre Ergebnisse in einer Mindmap dar.
3 **Referat:** Stellen Sie in einem Referat Informationen zu führenden Persönlichkeiten, Strukturen, Ideologie und Terrorakten von Al-Qaida zusammen.

M 19 Zerstörte Buddha-Statue in der afghanischen Provinz Bamiyan, Fotografie, 2014.

Im März 2001 zerstörten die Taliban auf Befehl von Mullah Omar trotz internationaler Proteste die antiken Buddha-Statuen von Bamiyan in Zentralafghanistan. Die Heiligtümer gehörten zum Weltkulturerbe.

1 Informieren Sie sich über die Begründung, die die Taliban für die Zerstörung anführten.

M 20 Der Taliban-Führer Mullah Omar in einem Interview mit dem amerikanischen Radiosender „Voice of America" (26. September 2001)

Voice of America (VOA): Warum vertreiben Sie nicht Osama Bin Laden?
Omar: Es geht hier nicht um Osama Bin Laden, sondern um den Islam. Das Ansehen des Islam steht auf dem Spiel, ebenso wie die Tradition Afghanistans.

VOA: Wissen Sie, dass die USA einen „*War on Terrorism*" erklärt haben?
Omar: Für mich gibt es zwei Versprechen: ein Versprechen von Gott und das andere von Bush. Das Versprechen Gottes besagt, dass mein Land überlegen ist. Wenn man sich auf eine Reise auf Gottes Wegen begibt, dann kann man auf der ganzen Welt ein Zuhause finden und wird beschützt werden. […] Das Versprechen von Bush besagt, dass es keinen Platz auf der Welt gibt, wo man sich so verstecken kann, dass man nicht gefunden wird. Wir werden sehen, welches der beiden Versprechen sich erfüllt.
VOA: Aber haben Sie nicht Angst um ihr Volk, um sich, die Taliban und ihr Land?
Omar: Der allmächtige Gott […] hilft den Gläubigen und den Muslimen. Gott sagt, dass er nie mit den Ungläubigen zufrieden sein wird. […] Wir vertrauen darauf, dass uns niemand etwas anhaben kann, wenn Gott mit uns ist. […]
VOA: Was meinen Sie mit Ihrer Äußerung, Amerika habe die Islamische Welt als Geisel genommen?
Omar: Amerika kontrolliert die Regierungen der islamischen Länder. Die Menschen möchten dem Islam folgen, aber ihre Regierungen hören nicht, weil sie im Griff der USA sind. Wenn jemand dem Islam folgen möchte, wird er verhaftet, gefoltert oder getötet. Das ist die Schuld der USA. Wenn sie aufhören, diese Regierungen zu unterstützen und die Menschen selbst bestimmen lassen, dann werden solche Dinge [wie der Anschlag vom 11. September, S.M] nicht mehr passieren. Die USA haben das Böse erschaffen, das sich nun gegen sie wendet. Das Böse wird nicht verschwinden, wenn ich oder Osama oder andere sterben. Die USA sollten sich zurückziehen und ihre Politik überdenken. Sie sollten damit aufhören zu versuchen, ihre Macht der ganzen Welt aufzuzwingen, und ganz besonders den islamischen Ländern.

https://www.theguardian.com/world/2001/sep/26/afghanistan.features11 (Download vom 24. 1. 2018), übersetzt von Silke Möller.

1 Erläutern Sie die Sichtweise von Mullah Omar auf die internationale Konfliktlage Ende September 2001.
2 Vergleichen Sie die Äußerungen Mullah Omars mit denen von Osama Bin Laden (Kapitel 5, M 9).
3 Beurteilen Sie, ob Mullah Omar einen „Kampf der Kulturen" im Sinne von Samuel P. Huntington beschreibt (siehe Kapitel 6, M 15).

Die Terroranschläge vom 11. September 2001 und die Folgen

M 21 Resolution 1368 des UN-Sicherheitsrates zum Kampf gegen den Terrorismus (2001)

Am Tag nach den Terroranschlägen vom 11. September 2001 beschloss der UN-Sicherheitsrat die Resolution „Durch terroristische Handlungen verursachte Bedrohungen des Weltfriedens und der internationalen Sicherheit" (Resolution 1368), die die Grundlage für die US-geführte militärische Intervention (Operation Enduring Freedom) und den NATO-Einsatz „International Security Assistance Force" (ISAF) in Afghanistan 2001 darstellte:
Der Sicherheitsrat […]
 1. verurteilt unmissverständlich mit allem Nachdruck die grauenhaften Terroranschläge, die am 11. September 2001 in New York, Washington und Pennsylvania stattgefunden haben, und betrachtet diese Handlungen, wie alle internationalen terroristischen Handlungen, als Bedrohung des Weltfriedens und der internationalen Sicherheit;
 2. bekundet den Opfern und ihren Angehörigen sowie dem Volk und der Regierung der Vereinigten Staaten von Amerika sein tiefstes Mitgefühl und Beileid;
 3. fordert alle Staaten dringend zur Zusammenarbeit auf, um die Täter, Organisatoren und Förderer dieser Terroranschläge vor Gericht zu stellen, und betont, dass diejenigen, die den Tätern, Organisatoren und Förderern dieser Handlungen geholfen, sie unterstützt oder ihnen Unterschlupf gewährt haben, zur Verantwortung gezogen werden;

4. fordert die internationale Gemeinschaft auf, verstärkte Anstrengungen zu unternehmen, um terroristische Handlungen zu verhüten und zu bekämpfen, namentlich durch verstärkte Zusammenarbeit und die volle Durchführung der einschlägigen internationalen Übereinkünfte gegen den Terrorismus [...];

5. bekundet seine Bereitschaft, alle erforderlichen Schritte zu unternehmen, um auf die Terroranschläge vom 11. September 2001 zu antworten und alle Formen des Terrorismus zu bekämpfen, im Einklang mit seiner Verantwortung nach der Charta der Vereinten Nationen.

Zit. nach: https://www.unric.org/de/component/content/article/11-peace/68-terrorismus-dokumente-des-sicherheitsrates-in-deutscher-uebersetzung (Download vom 21. 12. 2017).

M 22 Eckpunkte der ersten Petersberger Afghanistan-Konferenz (5. Dezember 2001)

Die Delegierten der Afghanistan-Konferenz auf dem Petersberg bei Bonn haben sich nach siebentägigen Verhandlungen auf einen Fahrplan für den Aufbau neuer Regierungsstrukturen nach dem Ende der Taliban-Herrschaft geeinigt. Das Petersberg-Abkommen wurde von den Abordnungen der Nord-Allianz und der drei Exil-Gruppen unterschrieben. Es folgen die Eckpunkte der Einigung, die unter Vermittlung der Vereinten Nationen (UNO) erreicht wurde:

Interimsregierung
Eine Interimsregierung mit 29 Mitgliedern soll die Geschicke des Landes zunächst für sechs Monate leiten. Das Kabinett besteht aus dem Regierungschef und seinen fünf Stellvertretern – darunter eine Frau – sowie 23 Ministern. Die Interimsregierung soll innerhalb einer Woche nach der Festlegung der Regierungsmitglieder ihre Arbeit aufnehmen. Das Abkommen sieht vor, dass der von der UNO anerkannte derzeitige Präsident Burhanuddin Rabbani die Macht an die Interimsregierung abgibt, in der er keine Rolle mehr spielen wird.

Loya Dschirga und Übergangsregierung
Nach sechs Monaten soll die traditionelle Große Versammlung der Afghanen, die *Loya Dschirga*, zusammenkommen und eine Übergangsregierung bestellen, die aus der Interimsregierung hervorgehen kann und für weitere 18 Monate die Staatsgeschäfte führen soll. Außerdem soll die *Loya Dschirga* die Mitglieder eines Übergangsparlaments benennen. Ein Verfassungsrat soll zudem eine neue Verfassung ausarbeiten. Nach Ablauf der 18 Monate soll die *Loya Dschirga* erneut zusammenkommen und die Verfassung verabschieden. Dann soll gewählt werden.

Friedenstruppe
In der Petersberg-Vereinbarung wird der UN-Sicherheitsrat aufgefordert, ein Mandat für eine internationale Friedenstruppe zu beschließen. Diese soll bis zum Aufbau eigener Polizeistrukturen die Sicherheit in Kabul garantieren. Eine Schutztruppe haben afghanische Exil-Politiker und der König zur Voraussetzung für ihre Rückkehr nach Kabul gemacht.

Aufbauhilfe
Nach Schätzungen von westlichen Diplomaten werden für den Wiederaufbau des in 23 Kriegsjahren zerstörten Landes zwischen fünf und zehn Milliarden US-Dollar über einen Zeitraum von zehn Jahren benötigt. Die EU hat bisher 70 Millionen Euro an Aufbauhilfe vorgesehen.

Frauenrechte
Die Petersberg-Einigung sieht eine Regierung „auf breiter Basis" vor, die die Rechte der Frauen berücksichtigt. Die Frauen waren in der Verfassung von 1964 bis 1992, als die streng islamischen Mudschahedin Kabul einnahmen, den Männern gleichgestellt. Der Petersberg-Kompromiss sieht die Wiederherstellung der meisten Rechte der Verfassung von 1964 vor. Die radikal-islamistischen Taliban hatten den Frauen jede Art von öffentlicher Betätigung verboten.

Pressemeldung der Agentur Reuters vom 5. Dezember 2001, zit. nach: http://www.tagesschau.de/inland/meldung254470.html (Download vom 21. 12. 2017).

M 23 Die internationale militärische Intervention in Afghanistan 2001–2014

M 24 „Petersberger Prozess" zum politischen Wiederaufbau in Afghanistan (2017)

5. Dez. 2001	1. Afghanistankonferenz in Bonn (Petersberger Abkommen)
Ende 2001	Einsetzung der Übergangsregierung unter Hamid Karzai
Juni 2002	Loya Dschirga (Große Ratsversammlung) bestätigt Übergangsregierung von Karzai
Jan. 2004	Verabschiedung der neuen Verfassung, Afghanistan wird Islamische Republik mit einem zentralisierten Präsidialsystem und einem Zwei-Kammern-Parlament
Okt. 2004	Erste Präsidentschaftswahlen: Karzai wird zum Präsidenten gewählt
Sept. 2005	Erste freie landesweite Parlaments- und Provinzwahlen seit 1973
Feb. 2006	Afghanistankonferenz in London zur Festlegung der nächsten Phase des Wiederaufbaus bis 2010
Aug. 2009	Präsidentschaftswahlen, nach Vorwürfen der Wahlmanipulation wird Hamid Karzai im November zum Gewinner erklärt
Jan. 2010	Afghanistankonferenz in London: Ankündigung des Rückzugs von ISAF-Truppen ab 2011 und Übergabe der Verantwortung an afghanische Sicherheitskräfte
Dez. 2011	Afghanistankonferenz in Bonn: Vereinbarung einer Übergansphase von 2014 bis 2024 der internationalen Unterstützung zum Wiederaufbau nach Abzug der ISAF-Truppen
Juni 2014	Stichwahlen für Präsidentschaft ohne klares Ergebnis, auf Vermittlung der USA Machtteilung: Präsident Ghani und Regierungschef Abdullah

Zusammengestellt vom Autor.

M 25 Der Politikwissenschaftler und Friedensforscher Jochen Hippler (2016)

Nach dem Sturz der Taliban hat die strategische Herausforderung des Westens darin bestanden, den Aufbau eines legitimen Staates und einer funktionierenden Verwaltung zu unterstützen und zu begleiten. In den ersten zwei oder drei Jahren hat es dazu vermutlich sogar eine Chance gegeben. Doch anstatt die schlimmsten und verhasstesten Warlords, Kriegsverbrecher und Drogenbosse von der Macht fernzuhalten und vor Gericht zu stellen, versuchte der Westen, sich deren Unterstützung dadurch zu erkaufen, dass er ihnen Schlüsselpositionen, Waffen und Geld zukommen ließ. Dadurch wurden alle Anstrengungen zum Aufbau eines neuen, post-Taliban Staates torpediert, der das Vertrauen der Bevölkerung hätte gewinnen können.

Es ist natürlich nicht sicher, ob der NATO und den westlichen Ländern, einschließlich der zivilen Akteure, ein solcher Erfolg tatsächlich möglich gewesen wäre, aber auf jeden Fall machte die massive Betonung der Sicherheitspolitik auf Kosten des Aufbaus legitimer Staatlichkeit diese Chance zunichte. Diesen politischen Kern des Konflikts haben die westlichen Akteure zwar gelegentlich rhetorisch beschworen, aber nie ins Zentrum ihrer Analyse und der daraus abgeleiteten Politik gestellt. Damit aber war der Krieg nicht zu gewinnen. Schon Clausewitz[1] hat darauf hingewiesen, dass man den Charakter eines Krieges verstehen muss, um ihn für sich entscheiden zu können. Und der Afghanistankrieg war und ist im Kern eine politische Auseinandersetzung – genau deshalb war die überwältigende militärische Überlegenheit der NATO über die Taliban nicht kriegsentscheidend. Den Krieg wird letztlich derjenige gewinnen, der von der Bevölkerung als das kleinere Übel akzeptiert wird.

Jochen Hippler, „Meinung: Afghanistan – wie weiter?", in: Dossier Afghanistan, hg. v. der Bundeszentrale für politische Bildung, Bonn 2016, S. 7.

---

[1] Carl von Clausewitz (1780–1831), preußischer Generalmajor und Verfasser des Werkes „Vom Kriege", einer umfassenden Theorie des Krieges

---

1 Erläutern Sie die Maßnahmen, die der UN-Sicherheitsrat im Kampf gegen den Terrorismus beschlossen hat (M 21).
2 Analysieren Sie die Schritte zum Wiederaufbau Afghanistans (M 22, M 24). Unterscheiden Sie nach politischen, gesellschaftlichen und wirtschaftlichen Maßnahmen.
3 Beschreiben Sie den ISAF-Einsatz 2001 bis 2010 und den Widerstand dagegen anhand von Karte M 23.
4 Erörtern Sie die Kritik an der westlichen Strategie des Wiederaufbaus Afghanistans (M 25).
5 **Diskussion:** „Der Westen musste scheitern, weil er die politischen, wirtschaftlichen und gesellschaftlichen Bedingungen in Afghanistan nicht berücksichtigt hat." Diskutieren Sie diese These auf der Grundlage der Materialien.

M 26 Italienischer ISAF-Soldat bewacht die Einweihung einer Einrichtung für Frauen in Herat, Fotografie, 6. Dezember 2010.
Das Frauen-Erholungszentrum wurde von einem zivilen italienischen Wiederaufbau-Team errichtet. Im Vordergrund ist eine afghanische Frau in der traditionellen blauen Burka zu sehen.

1 **Internetrecherche:** Informieren Sie sich im Internet über den zivilen Wiederaufbau in Afghanistan und stellen Sie einzelne Projekte in Ihrem Kurs vor.

Internetrecherche

Das Internet (dt. „Zwischennetz" oder „Verbundnetz"; von engl. *interconnected* „miteinander verbunden" und *networks* „Netzwerke" abgeleitet) bietet für die Suche nach historischen Quellen und aktuellen Sekundärtexten für nahezu alle Themen eine gute Ausgangsbasis. Die Internetrecherche ermöglicht einen schnellen Überblick über den gegenwärtigen Stand der wissenschaftlichen Forschung und Diskussion. Voraussetzung dafür sind jedoch geeignete Internetadressen und seriöse Informationen. Das Internet ist kein exklusives Medium für die wissenschaftliche Forschung; jede Privatperson, die über die technischen Voraussetzungen verfügt, kann eine eigene Homepage erstellen. Daher ist eine selbstständige Bewertung der Internetseiten unerlässlich. Im Unterschied zu gedruckten Textquellen kann sich die Quellenkritik (s. S. 245 ff.) bei Texten aus dem Internet schwierig gestalten, da die Anbieter der Informationen nicht immer bekannt sind. Darüber hinaus führen manche Links auf Internetseiten, deren Verbreitung strafrechtlich verfolgt wird. Neben einer Planung der Recherche und Strukturierung der gewonnenen Informationen ist daher auch eine kritische Prüfung der genutzten Internetseiten notwendig, um sachlich korrekte und aktuelle Informationen aus dem vielfältigen Internetangebot herauszufiltern.

Webcode: KH301261-291

Arbeitsschritte für die Interpretation

1. Anbieter	– Wer ist der Anbieter (Urheber bzw. Autor) der Internetseite? – Handelt es sich um eine Einzelperson, eine Institution bzw. Organisation? – Weist der Anbieter sich aus, indem er Informationen über sich zur Verfügung stellt? – Handelt es sich um einen seriösen Anbieter? (Renommierte Institutionen wie internationale politische Organisationen, Tageszeitungen oder große Museen lassen in der Regel auf größere Vertrauenswürdigkeit schließen als unbekannte Privatpersonen.)
2. Informationsgehalte	– Beinhaltet die Internetseite sachliche Informationen? – Gibt es Werbung? – Wird die Seite regelmäßig aktualisiert? – Werden Quellen und Belege korrekt angegeben? – Werden unterschiedliche Medien eingesetzt (z. B. Bild, Grafik, Video)?
3. Anwenderfreundlichkeit	– Ist die Startseite logisch aufgebaut und ermöglicht sie eine schnelle Orientierung, z. B. durch eine textliche und visuelle Strukturierung? – Ist die Navigation sinnvoll, z. B. durch eine nachvollziehbare Verlinkung? – Steht die Ladezeit in einem gerechtfertigten Verhältnis zum Umfang?
4. Interaktivität	– Besteht die Möglichkeit der Kontaktaufnahme mit dem Anbieter, z. B. Adresse, Telefon, E-Mail? – Kann man mit anderen Nutzern der Internetseite kommunizieren, z. B. über Foren, Chats, Newsgroups? – Existieren Suchmöglichkeiten auf der Internetseite? – Gibt es andere interaktive Elemente, z. B. Spiele oder Fragebogen?
5. Weiterführende Hinweise	– Gibt es auf der Internetseite Hinweise auf weitere Materialien, Literatur, Links? – Sind die Hinweise korrekt benannt und kommentiert? – Sind die Hinweise aktuell?

Erarbeiten Sie Präsentationen

Thema 1
Die Bundeswehr in Afghanistan

Seit Ende 2001 beteiligt sich die Bundeswehr am Krieg in Afghanistan. Obwohl das dafür notwendige Mandat immer mit großer Mehrheit im Bundestag beschlossen wurde, ist der Einsatz politisch und gesellschaftlich stark umstritten. Insbesondere bei Vorfällen mit Todesopfern (Luftangriff bei Kundus 2009 oder getötete Bundeswehrsoldaten) nimmt die Debatte an Schärfe zu.

Erarbeiten Sie die Standpunkte der im Bundestag vertretenen Parteien sowie von Vertretern der Bundeswehr und präsentieren Sie diese im Rahmen einer Podiumsdiskussion zu dem Thema.

Literatur- und Internettipps
Johannes Clair, Vier Tage im November: Mein Kampfeinsatz in Afghanistan, ullstein, Berlin 2014.

Zu den Debatten im Bundestag siehe u. a.: https://www.bundestag.de/dokumente/textarchiv/2014/kw49_de_afghanistan_mandat/343620?videodownload=on

Thema 2
Die USA und Afghanistan

Afghanistan war u. a. aufgrund seiner geografischen Lage schon immer Spielball der globalen Interessenpolitik. Mit den Terroranschlägen vom 11. September 2001 wurden die USA zum Hauptakteur in Afghanistan. Doch schon in der 2. Hälfte des 20. Jahrhunderts nahmen die USA immer wieder Einfluss auf das Land.

Arbeiten Sie unterschiedliche Phasen der US-amerikanischen Politik in Afghanistan heraus und bestimmen Sie arbeitsteilig jeweils die Motive, Aktivitäten und Folgen einer Phase. Formulieren Sie eine Überschrift für die untersuchte Phase und präsentieren Sie Ihre Ergebnisse.

Literatur- und Internettipps
Conrad Schetter, Kleine Geschichte Afghanistans, C. H. Beck, 4., aktual. Aufl., München 2017.

http://www.bpb.de/apuz/30982/die-aussenpolitik-der-bush-administration?p=all

M 1 Trauerfeier in Mazar-i-Scharif für getötete Bundeswehrsoldaten, Fotografie, 21. Februar 2011

M 2 US-Bombenangriff in den Bergen von Tora Bora, Fotografie, 15. Dezember 2001. *In Tora Bora wurde das Versteck des Al-Qaida-Führers Osama Bin Laden vermutet, dem Hauptverantwortlichen für die Anschläge vom 11. September.*

Webcode:
KH301261-292

Überprüfen Sie Ihre Kompetenzen

M 3 US-Außenministerin Hillary Clinton nimmt an einer internationalen Afghanistan-Konferenz in Kabul teil, Fotografie, 2010

Zentrale Begriffe

Afghanischer Bürgerkrieg
ISAF-Einsatz
Kalter Krieg
Kolonialpolitik
Modernisierung
NATO
Petersberger Prozess
Scharia
Sowjetisch-afghanischer Krieg
Taliban
ziviler Wiederaufbau

Sachkompetenz

1 Erläutern Sie historische, ethnische, politische und religiöse Aspekte, die Afghanistan geprägt haben.
2 Erklären Sie das Interesse der USA und der Sowjetunion an Afghanistan und nennen Sie historische Beispiele für ihre jeweilige Einflussnahme auf das Land.
3 Beschreiben Sie den Aufstieg der Taliban und die Grundzüge ihrer politischen Herrschaft.

Methodenkompetenz

4 Ermitteln Sie einige Personen der Fotografie M 3 sowie Themen und Ergebnisse der Internationalen Afghanistan-Konferenzen seit 2001 mithilfe einer Internetrecherche.

Urteilskompetenz

5 In Deutschland wird in Zusammenhang mit abgelehnten Asylbewerbern aus Afghanistan immer wieder die Frage diskutiert, ob Afghanistan ein sicheres Land sei, in das abgeschoben werden darf. Informieren Sie sich auf der Basis von Zeitungsartikeln und anderen Analysen über die aktuelle Lage in Afghanistan und kommen Sie zu einer eigenen Beurteilung.

„Wiedergeben, einordnen, beurteilen" – Arbeitsaufträge in der Klausur

Anforderungsbereich I – Wiedergeben von Sachverhalten aus einem abgegrenzten Gebiet und im gelernten Zusammenhang unter rein reproduktivem Benutzen geübter Arbeitstechniken, z. B.:

beschreiben: strukturiert und fachsprachlich angemessen Materialien vorstellen und/oder Sachverhalte darlegen;

gliedern: einen Raum, eine Zeit oder einen Sachverhalt nach selbst gewählten oder vorgegebenen Kriterien systematisierend ordnen;

wiedergeben: Kenntnisse (Sachverhalte, Fachbegriffe, Daten, Fakten, Modelle) und/oder (Teil-)Aussagen mit eigenen Worten sprachlich distanziert, unkommentiert und strukturiert darstellen;

zusammenfassen: Sachverhalte auf wesentliche Aspekte reduzieren und sprachlich distanziert, unkommentiert und strukturiert wiedergeben.

Anforderungsbereich II – selbstständiges Erklären, Bearbeiten, Ordnen bekannter Inhalte und das angemessene Anwenden gelernter Inhalte und Methoden auf andere Sachverhalte, z. B.:

analysieren: Materialien, Sachverhalte oder Räume beschreiben, kriterienorientiert oder aspektgeleitet erschließen und strukturiert darstellen;

charakterisieren: Sachverhalte in ihren Eigenarten beschreiben, typische Merkmale kennzeichnen und diese dann gegebenenfalls unter einem oder mehreren bestimmten Gesichtspunkten zusammenführen;

einordnen: begründet eine Position/Material zuordnen oder einen Sachverhalt begründet in einen Zusammenhang stellen;

erklären: Sachverhalte darstellen – gegebenenfalls mit Theorien und Modellen –, sodass Bedingungen, Ursachen, Gesetzmäßigkeiten und/oder Funktionszusammenhänge verständlich werden;

erläutern: Sachverhalte erklären und in ihren komplexen Beziehungen an Beispielen und/oder Theorien verdeutlichen (auf Grundlage von Kenntnissen bzw. Materialanalyse);

gegenüberstellen: Sachverhalte, Aussagen oder Materialien kontrastierend darstellen und gewichten;

herausarbeiten: Materialien auf bestimmte, explizit nicht unbedingt genannte Sachverhalte hin untersuchen und Zusammenhänge zwischen Sachverhalten herstellen;

in Beziehung setzen: Zusammenhänge zwischen Materialien, Sachverhalten aspektgeleitet und kriterienorientiert herstellen und erläutern;

nachweisen: Materialien auf Bekanntes hin untersuchen und belegen;

vergleichen: Gemeinsamkeiten, Ähnlichkeiten und Unterschiede von Sachverhalten kriterienorientiert darlegen.

Anforderungsbereich III – reflexiver Umgang mit neuen Problemstellungen, den eingesetzten Methoden und gewonnenen Erkenntnissen, um zu eigenständigen Begründungen, Folgerungen, Deutungen und Wertungen zu gelangen, z. B.:

beurteilen: den Stellenwert von Sachverhalten oder Prozessen in einem Zusammenhang bestimmen, um kriterienorientiert zu einem begründeten Sachurteil zu gelangen;

entwickeln: zu einem Sachverhalt oder zu einer Problemstellung eine Einschätzung, ein Lösungsmodell, eine Gegenposition oder ein begründetes Lösungskonzept darlegen;

erörtern: zu einer vorgegebenen Problemstellung eine reflektierte, abwägende Auseinandersetzung führen und zu einem begründeten Sach- und/oder Werturteil kommen;

sich auseinandersetzen: zu einem Sachverhalt, einem Konzept, einer Problemstellung oder einer These usw. eine Argumentation entwickeln, die zu einem begründeten Sach- und/oder Werturteil führt;

Stellung nehmen: Beurteilung mit zusätzlicher Reflexion individueller, sachbezogener und/oder politischer Wertmaßstäbe, die Pluralität gewährleisten und zu einem begründeten eigenen Werturteil führt;

überprüfen: Inhalte, Sachverhalte, Vermutungen oder Hypothesen auf der Grundlage eigener Kenntnisse oder mithilfe zusätzlicher Materialien auf ihre sachliche Richtigkeit bzw. auf ihre innere Logik hin untersuchen.

Der folgende Arbeitsauftrag verlangt Leistungen aus den **Anforderungsbereichen I, II und III:**

interpretieren: Sinnzusammenhänge aus Quellen erschließen und ein begründetes Sachurteil oder eine Stellungnahme abgeben, die auf einer Analyse beruhen.

Die Bundesländer arbeiten mit landesspezifischen Operatoren.
Sie finden diese Landesoperatoren im Internet:
Webcode: KH301261-295

Formulierungshilfen für die Bearbeitung von Textquellen und Sekundärtexten

Arbeitsschritte	Strukturierungsfunktion	Formulierungsmöglichkeiten	Beispiel
Analyse formale Aspekte	Einleitung	– Der Verfasser thematisiert/behandelt/greift (auf) … – Er beschäftigt sich/setzt sich auseinander mit der Frage/mit dem Thema … – Die Autorin legt dar/führt aus/äußert sich zu … – Das zentrale Problem/Die zentrale Frage des Textes/Briefes/der Rede ist …	Der SPD-Politiker Philipp Scheidemann thematisiert in seiner Rede vor der Weimarer Nationalversammlung am 12. Mai 1919 den Versailler Vertrag.
inhaltliche Aspekte	Wiedergabe der Position/Kernaussage	– Die Autorin vertritt die These/Position/Meinung/Auffassung … – Er behauptet …	Der Historiker Detlev Peukert vertritt die These, der Untergang der Weimarer Republik sei auf „vier zerstörerische Prozesse" zurückzuführen (Z. xx).
	Wiedergabe der Begründung/Argumentation/wesentlichen Aussagen	– Sie belegt ihre These … – Als Begründung/Beleg seiner These/Behauptung führt der Autor an … – Der Reichskanzler legt dar/führt aus … – Die Historikerin argumentiert/kritisiert/bemängelt … – Der Verfasser weist darauf hin/betont/unterstreicht/hebt hervor/berücksichtigt … – Weiterhin/Außerdem/Darüber hinaus/Zudem argumentiert er …	Kennan betont, dass die Amerikaner in Deutschland Konkurrenten der Russen seien und daher in „wirklich wichtigen Dingen" keine Zugeständnisse machen dürften (Z. xx).
	Abschließende Ausführungen	– Am Ende unterstreicht/betont der Autor noch einmal … – Der Autor schließt seine Ausführungen mit … – Sie kommt am Ende ihrer Argumentation zu dem Schluss, dass … – Zum Abschluss seiner Rede … – Abschließend/Zusammenfassend führt die Abgeordnete aus …	Am Ende seines Briefes betont Bismarck noch einmal die Notwendigkeit eines Bündnisses mit Österreich (Z. xx).
Vergleich von Texten	Übereinstimmung	– Der Historiker ist derselben Meinung/Auffassung/Position … – Sie teilt dieselbe Meinung/Auffassung/Position … – Die Autoren stimmen darin überein …	Brandt und Grass stimmen darin überein, dass die Bildung einer Großen Koalition mit Risiken verbunden sei (vgl. M 1, Z. xx; M 2, Z. xx).
	Gegensatz	– Im Gegensatz zu … – Die Positionen widersprechen sich/weichen voneinander ab/sind unvereinbar/konträr …	Die Positionen der beiden anonymen Verfasser sind hinsichtlich ihrer Haltung zum Terror der Jakobiner unvereinbar.

Arbeitsschritte	Strukturierungsfunktion	Formulierungsmöglichkeiten	Beispiel
Historischer Kontext		– Die Quelle(n) lassen sich/sind in … ein(zu)ordnen. – Die Texte sind im Zusammenhang mit … zu sehen. – Die Rede stammt aus der Zeit des/der …	Veröffentlicht wurden beide Zeitungsartikel in der Zeit der Jakobinerherrschaft, die von 1793 bis 1794 andauerte und auch als „Schreckens- und Gewaltherrschaft" bezeichnet wird.
Urteil Sachurteil	Intention des Autors	– Der Autor beabsichtigt/intendiert/will/ strebt an/fordert/plädiert für … – Die Politikerin verfolgt die Absicht/das Ziel … – Der Außenminister appelliert/ruft auf …	Der Ministerpräsident will mit seiner Rede die Abgeordneten von der Notwendigkeit wirtschaftlicher Reformen überzeugen.
	Beurteilung des Textes	– Die Argumentation ist (nicht) nachvollziehbar/überzeugend/stichhaltig/schlüssig … – Der Verfasser argumentiert einseitig/widersprüchlich … – In seiner Darstellung beschränkt sich der Historiker nur auf …	Der britische Historiker Peter Heather begründet seine These in drei stichhaltigen Argumentationssträngen.
Werturteil	Bewertung des Textes	– Aus heutiger Sicht/Perspektive kann gesagt werden/lässt sich sagen … – Der Position/Meinung/Auffassung/Ansicht des Autors stimme ich (nicht) zu … – Ich stimme der Position/ … des Autors (nicht) zu … – Die Position/ … der Verfasserin teile ich (nicht) … – Ich teile die Position/ … des Historikers (nicht) … – Meiner Meinung/Auffassung/Ansicht zufolge/nach …	– Ich stimme der Kritik von Francisco de Vitoria am Vorgehen der Spanier in der Neuen Welt zu, weil … – Die Position des anonymen Verfassers des ersten Zeitungsartikels (M 1) teile ich nicht, da heute in unserer freiheitlichen Grundordnung Terror zur Durchsetzung politischer Ziele abgelehnt wird.

Formulierungshilfen

Tipps zur Vorbereitung auf die Prüfungsthemen

Übung 1: Inhalte der Lehrplanthemen wiederholen
Der „Gesamtband Niedersachsen Einführungsphase" gliedert sich in in zwei Themenblöcke, „15./16. Jh." und „20./21. Jh." mit elf Teilthemen, die in Form von Kapiteln aufbereitet sind.
1. Ein kurzer Darstellungstext führt zu Beginn jedes Kapitels in das Teilthema ein. Daran schließt sich ein umfangreicher Materialienteil mit entsprechenden Aufgaben an. Lesen Sie die Darstellungstexte wiederholend und fertigen Sie eine Zusammenfassung an. Die Zwischenüberschriften und Fettdrucke können Ihnen hierbei Hilfestellung geben.
2. Suchen Sie sich aus jedem Kapitel drei bis vier Materialien aus und bearbeiten Sie die dazugehörigen Aufgaben.
3. Halten Sie Ihre Ergebnisse auf Karteikarten fest (s. unten).

Übung 2: Wichtige Daten merken und anwenden
Auf S. 309 ff. finden Sie eine Zeittafel. Auf drei Arten können Sie damit für die Prüfung üben:
1. Geben Sie jeden Eintrag der Zeittafel mit eigenen Worten wieder.
2. Schreiben Sie auf die Vorderseite einer Karteikarte ein Ereignis, auf die Rückseite das Datum (s. unten).
3. Vertiefen Sie Ihre Kenntnisse über zentrale Daten, indem Sie noch einmal die dazugehörigen Darstellungen und Materialien aus dem Kapitel durcharbeiten. Schreiben Sie auf Ihre Karteikarten,
   a) welche Ursachen zu einem Ereignis geführt haben,
   b) wie es abgelaufen ist,
   c) welche Folgen es gehabt hat.

Übung 3: Zentrale Begriffe verstehen und erklären
Zentrale Begriffe sind u. a. auf der Seite „Kompetenzen überprüfen" aufgeführt. Erläuterungen dazu finden Sie im entsprechenden Kapitel und im Begriffslexikon auf S. 313 ff.
1. Lesen Sie zu jedem Begriff die Erläuterung.
2. Klären Sie Fremdwörter.
3. Erläutern Sie den Inhalt jedes Begriffs anhand von historischen Beispielen. Halten Sie Ihre Ergebnisse auf Karteikarten fest (s. unten).

Ergebnisse sichern – Arbeitskartei anlegen
1. Halten Sie die Ergebnisse der Übungen 1 bis 3 auf Karteikarten fest:
   Notieren Sie auf der Vorderseite eine Frage, einen Begriff oder ein Datum, schreiben Sie auf die Rückseite Ihre Erläuterungen.
2. Wiederholen Sie mithilfe Ihrer Arbeitskartei die Inhalte, Daten und Begriffe der Schwerpunktthemen – alleine, in Partnerarbeit oder in Gruppen.

Übung 4: Methodentraining – Interpretation schriftlicher Quellen
Die Interpretation schriftlicher Quellen ist eine der zentralen Anforderungen im Abitur:
1. Prägen Sie sich die systematischen Arbeitsschritte zur Interpretation einer schriftlichen Quelle von S. 65 bzw. S. 245 ein.
2. Merken Sie sich die „Faustregel" zur Analyse der formalen Merkmale schriftlicher Quellen und üben Sie die Beantwortung der „W-Fragen" anhand von fünf selbst ausgewählten schriftlichen Quellen des Schülerbuches.

> „Faustregel" für die Analyse der formalen Merkmale schriftlicher Quellen:
> WER sagt WO, WANN, WAS, WARUM, zu WEM und WIE?

Probeklausur 1 mit Lösungshinweisen

1. Beschreiben Sie nach einer quellenkritischen Einleitung das Gemälde M 2.
2. Stellen Sie unter Berücksichtigung des historischen Kontexts M 1 und M 2 einander gegenüber.
3. Die Frage, ob es sich bei der Renaissance um eine eigenständige Epoche handelt, ist unter Historikern umstritten. Setzen Sie sich unter Bezugnahme auf M 1 und M 2 damit auseinander.

M 1 Madonna und Kind, Gemälde (Tempera und Blattgold) von Cimabue, um 1283.
Der Florentiner Maler und Mosaikkünstler Cimabue (ca. 1240–ca. 1302) schuf das Gemälde für das Kloster Santi Lorenzo e Leonardo in Castelfiorentino, Toskana.

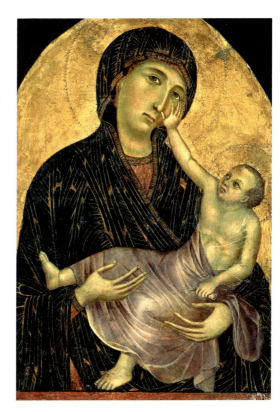

M 2 Die Erschaffung des Adam, Deckenfresko von Michelangelo für die Sixtinische Kapelle im Vatikan, 1511–1512.
Michelangelo (1475–1564), geboren in der Nähe von Florenz und dort aufgewachsen, gestaltete im Auftrag des Papstes die gesamte Decke der Sixtinischen Kapelle und schuf dafür eine größere Zahl von Fresken, zu denen der hier gezeigte Ausschnitt gehört.

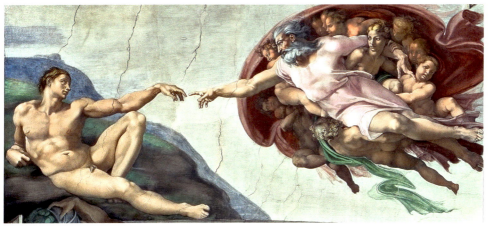

Lösungshinweise

Aufgabe 1
Vorbemerkung
Die Beschreibung eines Materials wie des vorliegenden Bildes erfordert insbesondere eine präzise und fachsprachlich angemessene Wortwahl. Außerdem hat sie strukturiert zu erfolgen, d. h., Sie sollten sich eine sinnvolle Reihenfolge für die Präsentation der einzelnen Bildelemente überlegen; im vorliegenden Fall bietet es sich z. B. an, von rechts nach links vorzugehen, also beim Schöpfergott auf der rechten Seite zu beginnen.

Quellenkritische Einleitung
Material: Gemälde, Deckenfresko in der Sixtinischen Kapelle in Rom (1511–1512), deutlich als Ausschnitt zu erkennen
Maler: Michelangelo (Buonarotti), in Florenz aufgewachsen, einer der bedeutendsten Künstler der Renaissance
Auftraggeber: der Papst, der eine der biblischen Überlieferung entsprechende Darstellung erwartete
Adressaten: der Papst und der vatikanische Klerus
Historischer Kontext: prachtvoller Neu- und Ausbau des Petersdomes und anderer vatikanischer Gebäude im Zusammenhang mit dem päpstlichen Selbstverständnis als Renaissancefürst am Beginn des 16. Jahrhunderts

Bildbeschreibung
Das Fresko zeigt die Erschaffung Adams und bezieht sich auf die biblische Schöpfungsgeschichte (Erschaffung des Menschen, wie sie im Alten Testament erzählt wird). In der rechten Bildhälfte ist, am Himmel frei schwebend und in einen großen roten Mantel eingehüllt, Gott Vater zu sehen, durch graues Haar und einen grauen Bart als alter Mann dargestellt und von nackten Engeln umgeben. Er streckt seinen rechten Arm aus und steht in dem im Bild festgehaltenen Augenblick kurz davor, mit seinem Zeigefinger die linke Hand Adams, der in der linken Bildhälfte dargestellt ist, zu berühren. Adam befindet sich anscheinend auf der Erde, die durch teils dunklen, teils grünen Untergrund und im Hintergrund angedeutete Berge charakterisiert wird. Während die Figur des Gott Vater in dynamischer Bewegung gezeigt wird, ist Adam eher lethargisch ruhend dargestellt: Er liegt halb auf dem Boden, hat den Oberkörper leicht angehoben, stützt sich mit dem rechten Arm ab und schaut Gott Vater anscheinend sehnsuchtsvoll entgegen, während er ihm den linken Arm entgegenstreckt. Seine linke Hand hängt schlaff herab, noch hat Gottes Finger ihn nicht berührt, der lebensspendende Funke ist noch nicht übergesprungen. Während Gott Vater in ein rosafarbenes Gewand gekleidet ist, ist Adam im Einklang mit der Schöpfungsgeschichte nackt.

Aufgabe 2
Vorbemerkung
Der Operator „gegenüberstellen" erfordert, dass Sie ähnlich wie bei einem Vergleich „Sachverhalte, Aussagen oder Materialien kontrastierend darstellen und gewichten". Im konkreten Fall handelt es sich um die beiden Gemälde von Cimabue bzw. Michelangelo. Da Sie in Aufgabe 1 das Fresko Michelangelos beschrieben haben, bietet es sich an, vor diesem Hintergrund Gemeinsamkeiten und Unterschiede zu dem Gemälde Cimabues herauszustellen. In Kapitel 5 Ihres Schülerbuchs erhalten Sie Hilfestellungen zur Analyse von Gemälden. Ein weiterer Aspekt der Aufgabenstellung ist die Berücksichtigung des Ihnen bekannten historischen Kontextes (vgl. die Tabelle „Mögliche Arbeitsschritte für die Analyse" auf S. 137). Am Ende Ihrer Bearbeitung wird von Ihnen eine Gewichtung der Gemeinsamkeiten und Unterschiede erwartet.

Gegenüberstellung
Gemeinsamkeiten: Sowohl Cimabue (dort geboren) als auch Michelangelo (dort aufgewachsen) kommen aus Florenz, das sich – wie Sie wissen – im 14. und 15. Jahrhundert zu einem bedeutenden Handels- und Finanzzentrum und gleichzeitig zur Keimzelle der Renaissance entwickelt hat. Bei beiden Gemälden handelt es sich um Auftragsgemälde der katholischen Kirche für den sakralen Raum. Beide verkünden christliche Botschaften des Alten bzw. Neuen Testaments, bei

Cimabue die Menschwerdung Gottes in Jesus, bei Michelangelo die Erschaffung des Menschen durch Gott „zu seinem Bilde". Auch bei Cimabue sind wie bei der Darstellung Gottes durch Michelangelo Ansätze der Dynamik, der Körperproportionen, der Mimik und Gestik zu erkennen. Maria hält das Jesuskind in ihren Armen, das seine Arme und Beine bewegt, mit einer Hand das Gesicht seiner Mutter streichelt und sie nahezu liebevoll ansieht. Die rosaviolette Farbe des detailgetreuen Umhangs des Kindes spiegelt sich in den Farben der Darstellung Gottes bei Michelangelo wider.

Unterschiede: Cimabue, der in der zweiten Hälfte des 13. Jahrhunderts gemalt hat, ist dem Mittelalter zuzuordnen, während Michelangelo (1475–1564) als bedeutendster Künstler der italienischen Hochrenaissance gilt. Die Erfindung des Buchdrucks, der Beginn der europäischen Expansion und die Rückbesinnung auf die kulturellen Leistungen der Antike veränderten das Menschen- und Weltbild zu der Zeit in entscheidender Weise. Der Künstler verstand sich jetzt als „*uomo universale*", als ein umfassend gebildeter Mensch. Auf dem Fresko Michelangelos sind im Gegensatz zu Cimabue sowohl Gott als auch der Mensch abgebildet. Dem Menschen wird eine besondere Stellung als Individuum zuerkannt. Hervorgehoben unter allen Geschöpfen erhält er von Gott den göttlichen, lebensspendenden Funken. Rein äußerlich unterscheidet sich der Mensch nicht von Gott. Das Fresko kann als Spiegel des Menschenbildes in der Renaissance gedeutet werden, wie Sie es in der „Rede über den Menschen" Pico della Mirandolas (SB, S. 118 f.) gelesen haben. Auffällig ist die anatomisch korrekte, naturalistische und idealisierte Darstellung Adams (vgl. auch Lorenzo Ghibertis „Commentarii" über das Können eines Malers, Kapitel 5, M 15, S. 122 f.). Auf dem Fresko ist Adam zwar etwas unterhalb von Gott positioniert, den optischen Mittelpunkt aber bilden die beiden Hände, die ungefähr auf einer Höhe sind. Vor allem die Darstellung Gottes in Begleitung der Engel ist voller Bewegung und Dynamik, bei Cimabue überwiegen noch die Statik und die Schematik. Die hellen Farben in dem Werk Michelangelos wirken natürlich und optimistisch im Gegensatz zur dunkel verhüllten Marienfigur Cimabues, die den Mittelpunkt des Gemäldes bildet. Cimabue verwendet noch Blattgold für den Hintergrund als Symbol des Sakralen. Dadurch wirkt das Gemälde flach und zweidimensional; der Blick des Betrachters wird durch die fehlende Weite begrenzt. Dagegen sind bei Michelangelo im Hintergrund Landschaften angedeutet. Die Komposition Michelangelos schafft Raumtiefe auf dem zweidimensionalen Fresko. Für den Betrachter erscheint das Gemälde aufgrund der detaillierten Darstellung und der Plastizität dreidimensional und realistisch.

Fazit:
Auch wenn beide Gemälde biblische Themen aufgreifen und Cimabue auf Charakteristika der Renaissance (Dynamik, Farben oder Mimik und Gestik sowie Detailtreue) vorverweist, überwiegen insgesamt die Unterschiede in beiden Gemälden. Cimabue, der gut zweihundert Jahre vor Michelangelo gemalt hat, bleibt im Wesentlichen in der Tradition der mittelalterlichen Malerei verhaftet. Michelangelo dagegen versinnbildlicht in seinem Werk das neue Selbstbewusstsein des Menschen, der von Gott zu seinem Bilde geschaffen wurde und sich selbst erkennt, sowie die neuen Regeln der Kunst in Übereinstimmung mit Ghiberti und Leonardo da Vinci. Mit der Frage nach der Renaissance als eigener Epoche bzw. nach den Kontinuitätslinien setzen Sie sich in der letzten Aufgabe auseinander.

Aufgabe 3
Vorbemerkung
Der Operator „sich auseinandersetzen" verlangt von Ihnen, zu einer Problemstellung oder These, im vorliegenden Fall also zu der These, die Renaissance sei als eine eigenständige Epoche anzusehen, eine Argumentation zu erstellen. Dabei sind laut Aufgabenstellung beide Materialien einzubeziehen. Am Ende der Argumentation kann ein Sach- oder ein Werturteil stehen. Da Sie sich hier mit einer in der Geschichtswissenschaft verbreiteten These beschäftigen, liegt es nahe, sich auf die Bildung eines Sachurteils zu konzentrieren, das

sich auf zuvor erwogene Pro- und Kontra-Argumente stützt (zum Sachurteil vgl. die Hinweise auf S. 68). Wie Sie die Problemfrage beantworten, hängt von Ihrer historisch zu begründenden Einschätzung ab.

Mögliche Aspekte
Die Renaissance als eigenständige Epoche anzusehen, ist von einigen Historikern als Mythos bezeichnet worden. Für diese Einschätzung spricht u. a., dass der Wirkungsgrad der Veränderungen in dieser Zeit sich auf einen kleinen Kreis von Gebildeten beschränkte, während für das Gros der Bevölkerung mittelalterliches Denken und mittelalterliche Lebensbedingungen noch für viele Jahrhunderte vorherrschten. Die durch die Renaissance letztlich hervorgerufenen Veränderungen brauchten eine so lange Zeit, sich auf breiter Basis durchzusetzen (der Historiker Peter Burke sieht dies erst nach dem Jahr 1800 als gegeben an, vgl. S. 133), dass eine Eingrenzung auf den kurzen Zeitraum der Renaissance sich verbietet. Die noch lange vorherrschende Verbreitung von religiöser Malerei im Stile von M 1, wie man sie noch heute im Bereich der Volksfrömmigkeit antreffen kann, spricht für diese Ansicht.

Andererseits ist die veränderte Sicht auf den Menschen, der sich mit der Renaissance vollzog, eklatant und hatte vielfältige Auswirkungen. M 2 verdeutlicht dies: Das Erwachen des Menschen aus der Passivität (im Überspringen des göttlichen Funken auf Adam von Michelangelo sinnbildlich festgehalten), der veränderte Blick auf die Welt (die naturalistische Malerei Michelangelos nutzt sowohl die neuen Erkenntnisse zur Perspektive als auch die durch genaue Anschauung und Sezierung von Leichen gewonnenen Kenntnisse zum menschlichen Körper, vgl. den Text von Ghiberti über das Können eines Malers, S. 122 f.), die nun erforscht und erschlossen wird, sind dafür zentral. Sie strahlen vor allem auch auf viele weitere Bereiche aus, z. B. den Humanismus, die moderne Staatsführung, die Wissenschaften oder die Entdeckungsfahrten. Auch Luthers kirchenkritisches Wirken ist kaum vorstellbar ohne den in der Renaissance aufbrechenden neuen Geist.

Wollen Sie für den Epochencharakter der Renaissance plädieren, können Sie auch noch darauf hinweisen, dass auch andere historische Veränderungen erst nach längerer Zeit allgemeine Verbreitung fanden. Wollen Sie dagegen sprechen, können Sie auch ins Feld führen, dass die Zeitenwende um 1500 weit ausgreifender war und sich nicht auf die v. a. künstlerisch dominierte Renaissance beschränkte.

Probeklausur 2 mit Lösungshinweisen

1 Fassen Sie M 1 nach einer quellenkritischen Einführung zusammen.
2 Ordnen Sie M 1 und M 2 in die Entwicklung der Lage in Deutschland in den Jahren 1989 und 1990 ein. (Vergessen Sie dabei nicht, M 2 bei der ersten Erwähnung quellenkritisch kurz vorzustellen.)
3 Erörtern Sie, inwieweit die Überlegungen Schewardnadses in Z. 32 ff. gerechtfertigt waren.

M 1 Eduard Schewardnadse: Die europäische Idee hat eine Chance (1990)

Eduard Schewardnadse war 1985–1991 Außenminister der Sowjetunion. Später war er u. a. Staatspräsident von Georgien.

Wie kühn und wagemutig ein Politiker bei seinen Vorstellungen über die Grenzen des Möglichen auch sein mag, muss er auf dem Boden der momentanen Realitäten bleiben. Sie sind
5 aber so, dass wir, wenn wir über die Einheit Europas nachdenken, die deutsche Frage aus diesen Rahmenbedingungen nicht ausklammem dürfen. Sie war und bleibt im noch größeren Maße das Herzstück der Sicherheit Eu-
10 ropas.
    Die Beziehungen zwischen der DDR und der Bundesrepublik Deutschland können zu einem wirksamen Katalysator der gesamteuropäischen Integrations- und Konsolidie-
15 rungsprozesse werden, aber auch zu zerstörenden Faktoren, wenn sie bestimmte Grenzen überschreiten und in Widerspruch zur bestehenden internationalen Rechtsordnung treten. Unsere gemeinsame Aufgabe be-
20 steht offensichtlich darin, zu erreichen, dass die erste Möglichkeit realisiert, die zweite aber ausgeschlossen wird [...].
    Je dynamischer die Annäherung der europäischen Staaten im ganzen und die Heraus-
25 bildung von Strukturen der Zusammenarbeit und der guten Nachbarschaft zwischen ihnen erfolgen werden, desto bessere Voraussetzungen werden sich für die gleichen Veränderungen in den Beziehungen zwischen der Bundes-
30 republik Deutschland und der DDR gestalten [...].
    Zugleich aber werden die Stimmen jener immer lauter, die das Problem durch die Einverleibung der DDR in die Bundesrepublik, durch ihre mechanische Eingliederung in 35 westliche Strukturen lösen möchten. In der Praxis würde dies eine grundlegende Veränderung des Kräfteverhältnisses in Europa, die Untergrabung der Stabilität auf dem Kontinent mit allen sich daraus ergebenden Folgen 40 bedeuten. Eine solche Alternative hat nichts gemein mit einem Europa des Friedens und der Zusammenarbeit, für das sich alle Teilnehmer am Prozess von Helsinki einsetzen.

Sowjetunion heute. Zeitschrift über Leben und Arbeit, Kultur, Wirtschaft, Wissenschaft, Technik und Sport in der UdSSR, hg. von der Presseabteilung der Botschaft der UdSSR, Bonn. Beilage zur Ausgabe 1990/2; zit. nach: Gerhart Maier, Die Wende in der DDR, Bundeszentrale für politische Bildung, 2. Auflage, Bonn 1991, S. 132 f.

M 2 Demonstration in Ost-Berlin, Fotografie, 9. Dezember 1989

Lösungshinweise

Aufgabe 1

Vorbemerkung
Der Operator verlangt von Ihnen, dass Sie die Inhalte des Beitrags Edward Schewardnadses auf wesentliche Aspekte reduzieren und diese sprachlich distanziert, unkommentiert und strukturiert wiedergeben.

Formale Aspekte
Autor: Eduard Schewardnadse, 1985 bis 1991 sowjetischer Außenminister, Vertreter einer der ehemaligen Siegermächte des Zweiten Weltkriegs
Textsorte: Beitrag in einer sowjetischen Monatszeitschrift, die von der sowjetischen Botschaft in Bonn herausgegeben wurde; offizielle Position der Sowjetunion im Februar 1990 zur deutschen Frage
Adressaten: an der UdSSR interessierte Politiker, Intellektuelle und Geschäftsleute in der Bundesrepublik Deutschland; Mitglieder anderer kommunistischer Parteien
Historischer Kontext: nach dem Fall der Mauer am 9. November 1989; vor den Volkskammerwahlen am 18. März 1990 und vor dem Beitritt der DDR zur Bundesrepublik Deutschland am 3. Oktober 1990; Auseinandersetzung mit den unterschiedlichen deutschlandpolitischen Konzeptionen Anfang 1990 (u. a. Eigenständigkeit der DDR/Vertragsgemeinschaft mit der Bundesrepublik Deutschland/sofortiger Beitritt); Spiegel des Prozesses der Perestroika und der sich verschärfenden Krise der UdSSR
Thema: Befürwortung der Annäherung und Öffnung der DDR nach Westen, aber Ablehnung des Beitritts der DDR zur Bundesrepublik, da dadurch das Gleichgewicht und der Frieden in Europa gefährdet würden
Intention: Bewahrung der Souveränität der DDR und Warnung vor den Folgen eines wiedervereinten Deutschland

Inhaltliche Aspekte
Nach Schewardnadse ist die deutsche Frage ein entscheidender Faktor für die europäische Sicherheit. Bei der Beibehaltung zweier deutscher Staaten könne die europäische Einheit gefördert und stabilisiert werden. Jede Veränderung der bestehenden Rechtsordnung bedrohe aber das europäische Gleichgewicht und müsse verhindert werden.

Eine fruchtbare Zusammenarbeit zwischen den europäischen Staaten werde auch die Beziehungen zwischen der DDR und der Bundesrepublik positiv beeinflussen.

Ein Beitritt der DDR zur Bundesrepublik und der Verbleib in der NATO veränderten die europäischen Kräfteverhältnisse entscheidend und stellten im Gegensatz zum Gedanken der KSZE eine Gefahr für den Frieden und die Zusammenarbeit in Europa dar. Daher müsse ein vereintes Deutschland zum Zeitpunkt des Beitrages verhindert werden.

Aufgabe 2

Vorbemerkung
Der Operator verlangt von Ihnen, das vorliegende Material begründet in einen historischen Zusammenhang zu stellen, und die Aufgabe setzt Ihnen zudem einen zeitlichen Rahmen für diese Erläuterungen, die sich auf die Jahre 1989 und 1990 zu beschränken haben.

Inhaltliche Aspekte
Während der Friedlichen Revolution in der DDR, die 1989 nach den gefälschten Kommunalwahlen im Mai und der 40-Jahr-Feier der DDR im Oktober ihren Höhepunkt erreichte, kam es in zunehmendem Maße zu großen Demonstrationen oppositionell eingestellter DDR-Bürger, u. a. zu den Leipziger Montagsdemonstrationen. Dabei wurde häufig der Slogan „Wir sind das Volk" gerufen oder gezeigt, mit dem die Demonstrierenden Mitsprache in den Angelegenheiten des Staates verlangten. Als schließlich Erich Honecker als Generalsekretär der SED am 18. Oktober abgesetzt worden war und Ungarn die Grenze zum Westen geöffnet hatte, musste schließlich auch die DDR unter der Führung des neuen Generalsekretärs Egon Krenz reagieren und bereitete ein Reisegesetz vor, dessen verunglückte Bekanntgabe durch den Funktionär Schabowski am 9. November 1989 zur Öffnung der Berliner Mauer und der DDR-Grenze nach Westen führte.

Mit diesen Ereignissen stellte sich die Frage nach der von der Bundesrepublik seit 1949 stets zumindest theoretisch vertretenen Wiedervereinigung der beiden deutschen Staaten in neuer Aktualität. Die beiden Materialien zeigen die unterschiedlichen Reaktionen darauf in der DDR einerseits und bei den Siegermächten des Zweiten Weltkriegs, in diesem Fall der Sowjetunion, andererseits.

M 2 ist ein Foto von einer Demonstration am 9. Dezember 1989, also genau einen Monat nach dem Mauerfall, in Ost-Berlin. Der bei vielen in der DDR aufflammende Wille zur Wiedervereinigung zeigt sich in dem abgewandelten Slogan „Wir sind ein Volk", den ein Demonstrant auf ein schwarz-rot-gold gefärbtes und in den Umrissen Deutschlands ausgeschnittenes Protestplakat geschrieben hat. Dieser Slogan war Ende 1989 und Anfang 1990 immer häufiger zu hören.

Als aus den Volkskammerwahlen im März 1990 die „Allianz für Deutschland" siegreich hervorging, wurde die Wiedervereinigung Deutschlands durch Beitritt der DDR zur Bundesrepublik (aufgrund von Art. 23 des Grundgesetzes) auch zum offiziellen Programm der DDR-Regierung, das von der Bundesregierung unter Helmut Kohl tatkräftig unterstützt wurde.

Wesentlich zurückhaltender reagierten die Alliierten des Zweiten Weltkriegs, insbesondere Großbritannien und die Sowjetunion. Die sowjetische Haltung wird in M 1 deutlich. Der sowjetische Außenminister befürwortet zwar eine Annäherung und Öffnung der DDR nach Westen, sieht aber eine Gefahr für die europäische Stabilität und sogar für den Frieden in Europa, falls es zu einer Wiedervereinigung Deutschlands komme.

Seine Haltung hatte sicherlich zum einen aktuelle politische Hintergründe, nämlich die Befürchtung, mit dem Verlust der DDR für den Ostblock werde die Sowjetunion über kurz oder lang auch weitere bisher mit ihr verbündete osteuropäische Staaten verlieren und damit ihre Weltmachtstellung einbüßen. Es zeigen sich in seiner Ablehnung aber auch echte Sorgen, ein wiedervereinigtes Deutschland werde nach alter Stärke streben und erneut eine Bedrohung für den internationalen Frieden bedeuten. Solche Befürchtungen gab es gleichfalls besonders in Großbritannien und auch in Frankreich.

Letztlich konnte allerdings das Verlangen der ostdeutschen Bevölkerung nicht ignoriert werden und es kam sehr schnell zur deutschen Wiedervereinigung am 3. Oktober 1990. Helmut Kohl vermochte es durch geschicktes und vertrauensbildendes Verhandeln, die Vorbehalte der ehemaligen Siegermächte schließlich zu zerstreuen. Dies führte zum sogenannten Zwei-plus-vier-Vertrag vom 12. September 1990 zwischen den vier Siegermächten und den beiden deutschen Staaten, der als Friedensvertrag den Zweiten Weltkrieg endgültig abschloss und die folgende Wiedervereinigung ermöglichte.

Aufgabe 3
Vorbemerkung
Der Arbeitsauftrag verlangt eine reflektierte, das Für und Wider abwägende Auseinandersetzung hinsichtlich der Frage, ob die Vorbehalte Schewardnadses im Jahr 1990 gerechtfertigt waren oder nicht. Im Rahmen Ihrer Bearbeitung fällen Sie ein begründetes Sach- und/oder Werturteil.

Lösungsanregungen
Auf der Ebene des Sachurteils können Sie folgende Aspekte anführen, die für die Bedenken Schewardnadses sprechen. Schewardnadse argumentiert (wie Frankreich und Großbritannien) zu Beginn des Jahres 1990 verständlicherweise aus sicherheitspolitischen Erwägungen heraus. So fürchtet er die Hegemonie eines wirtschaftlich und politisch erstarkten Deutschlands, das in die NATO integriert bleibt. Diese Ängste werden durch die geschichtlichen Erfahrungen verstärkt, die die UdSSR mit Deutschland (z. B. Erster und Zweiter Weltkrieg) gemacht hat. Da die DDR einen Grundpfeiler der sowjetischen Herrschaft in Osteuropa („Von der Sowjetunion lernen heißt siegen lernen.") bildete, würden ihr Beitritt zur Bundesrepublik und die Umbruchprozesse in Polen, Ungarn und der Tschechoslowakei den sowjetischen Einfluss in diesen Ländern gefährden. Diese Unabhängigkeitsbestrebungen in anderen osteuropäischen Ländern könnten

aber einen Domino-Effekt auslösen und den Zusammenbruch des gesamten sowjetischen Imperiums in Europa zur Folge haben. Damit wäre ebenfalls eine Veränderung der bipolaren Ordnung seit 1945 verbunden. Sie können weiterhin die immensen Herausforderungen an einen Einigungs- und Transformationsprozess (vgl. M 32, S. 208 f.) durch das völlig marode DDR-System erläutern, die bei einem Scheitern zu einer Gefahr für den Frieden werden könnten.

Den sich beschleunigenden Niedergang der DDR zu Beginn des Jahres 1990 können Sie auch als Gegenargument zu Schewardnadse anführen, da eine souveräne DDR illusorisch geworden war und eine Wiedervereinigung unumgänglich schien. Die Volkskammerwahl am 18. März 1990 zeigte, dass die Auflösung der DDR und ihr Beitritt zur Bundesrepublik dem Wunsch großer Teile der Bevölkerung entsprach (vgl. M 6, S. 193, von „Wir sind das Volk." hin zu „Wir sind ein Volk."). Eine Nichtbeachtung des Einheitswillens hätte möglicherweise zur Eskalation in der DDR und trotz der Aufhebung der Breschnew-Doktrin zum militärischen Eingreifen der UdSSR geführt. Gegen die Position Schewardnadses spricht auch das geschickte und vertrauensbildende Verhandeln der westdeutschen Politiker (vgl. Aufgabe 2), die die Vertiefung der europäischen Integration garantierten und der Sowjetunion großzügige Wirtschaftshilfe zusicherten. So betonte Helmut Kohl immer wieder, dass das vereinte Deutschland ein vertrauenswürdiger Partner beim Aufbau einer friedlichen Ordnung in Europa sein werde. Darüber hinaus bedeuteten die Überwindung des Ost-West-Konflikts, das Ende des Wettrüstens und der Gefahr eines Atomkriegs eine historische Chance, gesetzt den Fall, dass die Auflösung der UdSSR nicht ins Chaos führte oder das NATO-Territorium nach Osten ausgedehnt würde.

Wenn Sie die Pro- und Kontra-Argumente abwägen, können Sie zu der Einschätzung kommen, dass eine Zwei-Staaten-Lösung und die instabile Situation in der UdSSR die europäische Sicherheit und den Frieden in weitaus höherem Maße gefährdet hätten.

Für ein Werturteil können Sie sich z. B. auf das Selbstbestimmungsrecht der Deutschen stützen (vgl. auch M 2), das in der Position Schewardnadses zu wenig Berücksichtigung findet. Auf der anderen Seite können sie positiv hervorheben, dass die UdSSR auf Gewalt verzichtet und nicht zu einem militärischen Eingreifen bereit ist. Weiterhin können Sie Artikel 23 des Grundgesetzes in der Fassung von 1949 anführen, nach dem der Beitritt zur Bundesrepublik garantiert wurde, oder auch die heutige Rolle Deutschlands in Europa oder der Welt diskutieren.

Fachliteratur

Theorie und Methodentraining
Jäger, Wolfgang, Theoriemodule Oberstufe, Cornelsen, Berlin 2011.
Jordan, Stefan, Theorien und Methoden der Geschichtswissenschaft. Orientierung Geschichte, 2., aktualisierte Aufl., Stuttgart 2013.
Rauh, Robert, Methodentrainer Geschichte Oberstufe. Quellenarbeit – Arbeitstechniken – Klausuren, Berlin 2010.

Geschichtsatlanten
dtv-Atlas zur Weltgeschichte, einbändige Sonderausgabe, 3. Aufl., München 2010.
Putzger Historischer Weltatlas. Atlas und Chronik zur Weltgeschichte, 104. Aufl., Berlin 2011.

Gesamtdarstellungen zu Europa im 15. und 16. Jahrhundert
Blickle, Peter, Das Alte Europa. Vom Hochmittelalter bis zur Moderne, München 2008.
Maissen, Thomas, Geschichte der Frühen Neuzeit, München 2013.
Meuthen, Erich, Das 15. Jahrhundert, überarb v. Claudia Märtl, 4. Aufl., München 2006.
North, Michael, Europa expandiert 1250–1500, Stuttgart 2007.
Plessow, Oliver, Die Stadt im Mittelalter. Kompaktwissen Geschichte, Stuttgart 2013.
Schorn-Schütte, Luise, Geschichte Europas in der Frühen Neuzeit. Studienhandbuch 1500–1789, 2., aktualisierte Aufl., Paderborn 2013.
Schulze, Winfried, Deutsche Geschichte im 16. Jahrhundert, Frankfurt/M. 1987.
Völker-Rasor, Anette u. a. (Hg.), Frühe Neuzeit. Oldenbourg Geschichte Lehrbuch, München 2000.

Europäische Expansion und Altamerika
Bitterli, Urs, Alte Welt – Neue Welt: Formen des europäisch-überseeischen Kulturkontakts vom 15. bis zum 18. Jahrhundert, München 1986.
Darwin, John, Der imperiale Traum. Die Globalgeschichte großer Reiche 1400–2000, Frankfurt/M. 2010.
Osterhammel, Jürgen, Kolonialismus. Geschichte, Formen, Folgen, 2. Aufl., München 1997.
Pietschmann, Horst (Hg.), Handbuch der Geschichte Lateinamerikas, Bd. 1: Mittel-, Südamerika und die Karibik bis 1760, Stuttgart 1994.
Rem, Hanns J./Dyckerhoff, Ursula, Das alte Mexiko, München 1986.
Reinhard, Wolfgang, Die Unterwerfung der Welt. Globalgeschichte der europäischen Expansion 1415–2015, 2. Aufl., München 2016.
Schmitt, Eberhardt u. a. (Hg.), Die großen Entdeckungen. Dokumente zur Geschichte der europäischen Expansion, Bd. 2, München 1984.
Schmitt, Eberhardt u. a. (Hg.), Der Aufbau der Kolonialreiche. Dokumente zur Geschichte der europäischen Expansion, Bd. 3, München 1987.
Schnurmann, Claudia, Europa trifft Amerika. Atlantische Wirtschaft in der Frühen Neuzeit 1492–1783, Frankfurt/M. 1998.
Wendt, Reinhard, Vom Kolonialismus zur Globalisierung. Europa und die Welt seit 1500, Paderborn 2007.
Die Zeit. Welt- und Kulturgeschichte, Bd. 11: Zeitalter der Expansionen, Hamburg 2006.

Frühkapitalismus, Handelsgesellschaften und Fernhandel
Häberlein, Mark, Die Fugger. Geschichte einer Augsburger Familie (1367–1650), Stuttgart 2006.
Hammel-Kiesow, Rolf, Die Hanse, 5., aktualisierte Aufl., München 2014.
Kleinschmidt, Christian, Wirtschaftsgeschichte der Neuzeit. Die Weltwirtschaft 1500–1850, München 2017.
Kluge, Arnd, Die Zünfte, Stuttgart 2009.
Kocka, Jürgen, Geschichte des Kapitalismus, München 2013.
Mathis, Franz, Die deutsche Wirtschaft im 16. Jahrhundert, München 1992.
Osterhammel, Jürgen/Petersson Niels P., Geschichte der Globalisierung, 5. Aufl., München 2013.
Reinhardt, Volker, Die Medici. Florenz im Zeitalter der Renaissance, 5. Aufl., München 2013.

Humanismus, Renaissance und neues Denken
Burke, Peter, Die europäische Renaissance. Zentren und Peripherien, 2. Aufl., München 2012.
Davis, Robert C./Lindsmith, Beth, Menschen der Renaissance, 100 Menschen, die Geschichte schrieben, Köln 2011.
Freely, John, Platon in Bagdad. Wie das Wissen der Antike zurück nach Europa kam, 5. Aufl., Stuttgart 2016.
Gotthard, Axel, Das Alte Reich 1495–1806, 5. Aufl., Darmstadt 2013.
Greenblatt, Stephen, Die Wende. Wie die Renaissance begann, 4. Aufl., Berlin 2013.
de Padova, Thomas, Das Weltgeheimnis. Kepler, Galilei und die Vermessung des Himmels, München 2010.
Pfitzer, Klaus, Reformation, Humanismus, Renaissance. Kompaktwissen Geschichte, Stuttgart 2015.
Reinhardt, Volker, Die Renaissance in Italien. Geschichte und Kultur, München 2002.
Roeck, Bernd, Der Morgen der Welt. Geschichte der Renaissance, München 2017.
Der Spiegel Geschichte, Die Renaissance. Aufbruch aus dem Mittelalter, Nr. 6, 2013.
Stolberg-Rilinger, Barbara, Das Heilige Römische Reich Deutscher Nation. Vom Ende des Mittelalters bis 1806, München 2006.

Gesamtdarstellungen zum 20./21. Jahrhundert

Czempiel, Ernst-Otto, Weltpolitik im Umbruch. Das internationale System nach dem Ende des Ost-West-Konfliktes. 4. Aufl., München 2003.

Huntington, Samuel P., Kampf der Kulturen: Die Neugestaltung der Weltpolitik im 21. Jahrhundert, München 2002.

Dülffer, Jost, Europa im Ost-West-Konflikt 1945–1990, München 2004.

Schulze, Reinhard, Geschichte der Islamischen Welt: von 1900 bis zur Gegenwart, aktual. und erweiterte Aufl., München 2016.

Stöver, Bernd, Der Kalte Krieg: 1947–1991, München 2017.

Winkler, Heinrich August, Geschichte des Westens: Vom Kalten Krieg zum Mauerfall, 2. Aufl., München 2015.

Winkler, Heinrich August, Geschichte des Westens: Die Zeit der Gegenwart, München 2016.

Polen und Rumänien seit den 1980er-Jahren

Borodziej, Włodzimierz, Geschichte Polens im 20. Jahrhundert, München 2010. (insbesondere: Das Jahrzehnt der Solidarność (1980–1989), S. 360–382)

Kundigraber, Claudia, Der Runde Tisch und der unerwartete Machtwechsel. Polens Weg in die Demokratie, Göttingen 1996.

Kunze, Thomas, Nicolae Ceaușescu. Eine Biographie, Berlin 2000.

Heyde, Jürgen, Geschichte Polens. 4. Aufl., München 2017.

Verseck, Keno, Rumänien. 3., neu bearbeitete Auflage, München 2007.

Friedliche Revolution in der DDR 1989

Mählert, Ulrich, Kleine Geschichte der DDR, München 2009.

Neubert, Ehrhart, Unsere Revolution. Die Geschichte der Jahre 1989/90, München 2008.

Rödder, Andreas, Deutschland einig Vaterland: Die Geschichte der deutschen Wiedervereinigung, München 2009.

Schöne, Jens, Die Friedliche Revolution. Berlin 1989/90, Berlin 2008.

Weber, Hermann, Die DDR 1945–1990, 5., aktual. Auflage, München 2012.

Weinzierl, Alfred/Wiegrefe, Klaus (Hg.), Acht Tage, die die Welt veränderten: Die Revolution in Deutschland 1989/90, 2. Aufl., Hamburg 2015.

Wolle, Stefan, Die heile Welt der Diktatur. Alltag und Herrschaft in der DDR 1971–1989, 3., aktual. Aufl., Berlin 2009.

Europäische Einigung

Gasteyger, Curt, Europa von der Spaltung zur Einigung, Darstellung und Dokumentation 1945–2000, vollständig überarbeitete Neuauflage, Bundeszentrale für politische Bildung, Schriftenreihe Band 368, Bonn 2001.

Gehler, Michael, Europa. Ideen, Institutionen, Vereinigung, München 2010.

Schmuck, Otto/Unser, Günther, Die Europäische Union, Bonn 2016.

Vetter, Reinhold, Nationalismus im Osten Europas: Was Kaczynski und Orban mit Le Pen und Wilders verbindet, Berlin 2017.

Welfens, Paul J. J., BREXIT aus Versehen: Europäische Union zwischen Desintegration und neuer EU, Berlin 2016.

Wirsching, Andreas, Demokratie und Globalisierung: Europa seit 1989, München 2015.

11. September 2001

Aust, Stefan/Schnibben, Cordt (Hg.), 11. September 2001. Geschichte eines Terrorangriffs, Stuttgart 2003.

Bothe, Michael, Der 11. September – Ursachen und Folgen, Heidelberg 2003.

Butter, Michael/Christ, Birte/Keller, Patrick (Hg.), 9/11. Kein Tag, der die Welt veränderte, Paderborn 2011.

Depkat, Volker, Geschichte der USA, Stuttgart 2016.

Greiner, Bernd, 9/11. Der Tag, die Angst, die Folgen, München 2011.

Karmann, Till/Wendt, Simon u. a. (Hg.), Zeitenwende 9/11? Eine transatlantische Bilanz, Opladen 2016.

Wright, Lawrence, Der Tod wird euch finden. Al-Qaida und der Weg zum 11. September, 5. Aufl., München 2007.

Afghanistan

Chiari, Bernhard, Wegweiser zur Geschichte. Afghanistan, Paderborn 2006.

Münch, Philipp, Die Bundeswehr in Afghanistan. Militärische Handlungslogik in internationalen Interventionen, Freiburg 2015.

Rashid, Ahmad/Riemann, Harald, Taliban: Afghanistans Gotteskrieger und der neue Krieg am Hindukusch, 2. Aufl., München 2010.

Samimi, Said Musa, Afghanistan: Chronik eines gescheiterten Staates, Berlin 2017.

Schetter, Conrad, Kleine Geschichte Afghanistans, 4., aktual. und erweiterte Aufl., München 2017.

Zeittafel

Das Heilige Römische Reich und Europa im Mittelalter und der Frühen Neuzeit

12./13. Jh.	Beginn der Städtegründungen; Entstehung der Zünfte
12.–15. Jh.	Beginn der Geldwirtschaft und der großen Handelsstädte in Oberitalien
13.–16. Jh.	Die Hanse wirkt als nordeuropäischer Kaufmannsbund.
um 1300	Doppelte Buchführung in oberitalienischen Handelshäusern
14. Jh.	Herausbildung von Verlagen
14. Jh.	Zünfte erkämpfen sich eine Beteiligung an den zuvor von den Patriziern dominierten Stadtregierungen.
14. Jh.	In Italien beginnen Humanismus und Renaissance.
1347–1350	Große Pest; starke Bevölkerungsverluste
1356	Das unter Karl IV. erlassene Reichsgrundgesetz, die Goldene Bulle, regelt erstmals umfassend die Königswahl durch ein Kollegium von sieben Kurfürsten.
ab 15. Jh.	Herausbildung der Landesherrschaften im Heiligen Römischen Reich
1449–1492	Lorenzo dei Medici; Florenz wird Zentrum der Renaissance
1459–1525	Jakob Fugger; seine Handelsgesellschaft in Augsburg erhält Weltgeltung.
1470–1618	Bevölkerungsanstieg im Gebiet von Deutschland von ca. 10 auf 17 Mio.
1495 und 1500	Reichsreform unter König Maximilian I. (endgültiges Verbot der Fehde; Einsetzung eines obersten Gerichts; Erhebung allgemeiner Reichssteuern; aus dem Hoftag wird der Reichstag)
16. Jh.	Beginn der Herausbildung der Börsen
1514	Macchiavelli publiziert „Der Fürst" („*Il principe*").
1517	Mit der Veröffentlichung seiner 95 Thesen zur Reform der Kirche leitet Martin Luther die Reformation ein. Mit der nachfolgenden Herausbildung von Katholizismus und Protestantismus zerbricht die kirchliche und religiöse Einheit des westeuropäischen Christentums.
1519–1556	Regierungszeit Kaiser Karls V.
1521	Mit dem Wormser Edikt verhängt der Kaiser die Reichsacht gegen Luther. Kurfürst Friedrich II., der Weise, von Sachsen bietet dem Reformator Schutz auf der Wartburg.
1522	Das Rechenbuch von Adam Ries begründet das Rechnen mit Ziffern und Null.
1524/25	Bauernkrieg im Deutschen Reich
1529	Belagerung von Wien durch die Türken scheitert.
1530	Augsburger Bekenntnis der evangelischen Reichsstände
1532	Nürnberger Religionsfrieden gewährt Lutheranern das Recht zur freien Religionsausübung.
1534	Durch Trennung von Rom begründet Heinrich VIII. von England die anglikanische Kirche. Ignatius von Loyola gründet den Jesuitenorden.
1541	Johann Calvin sorgt für die Verbreitung einer besonders strengen Form der Reformation.
1545–1563	Konzil von Trient leitet einen Erneuerungsprozess der katholischen Kirche ein.
1546/47	Schmalkaldischer Krieg
1555	Der Augsburger Religionsfrieden stellt die Lutheraner reichsrechtlich den katholischen Obrigkeiten gleich.
1618–1648	Der Dreißigjährige Krieg – der längste und grausamste Religions- und Bürgerkrieg seiner Zeit. Der Westfälische Frieden von 1648 bestätigt den Augsburger Religionsfrieden von 1555 und bezieht die Calvinisten in die Friedensregelungen mit ein.

Europa und die Welt im Mittelalter und der Frühen Neuzeit

11.–13. Jh.	„Chinesische Renaissance": Aufbau einer Zivilverwaltung; Buchdruck mit beweglichen Keramik- und Holzlettern; wasserbetriebenes Spinnrad; Erfindung des Kompasses; Schiffe mit Schaufelrädern; Überseehandel; Feuerwaffen
14. Jh.–1521	Blütezeit der aztekischen Hochkultur im Gebiet des heutigen Mexiko
1492	Kolumbus landet in Amerika (Insel Guanahani).
1494	Im Vertrag von Tordesillas einigen sich Spanien und Portugal über die Aufteilung der überseeischen Kolonien.
1498	Da Gama umsegelt Afrika und erreicht Indien.

1502–20	Regierungszeit des aztekischen Königs Moctezuma II.	
1519–21	Cortés erobert Mexiko für Spanien: Zerstörung der Kultur der Azteken.	
1519–22	Erste Weltumsegelung durch die Flotte von Magalhães	
1558	Tabak aus Amerika in Europa	
1568	Erste Sklaventransporte von Westafrika in die Neue Welt	
16./17. Jh.	Starke Vergrößerung des Geldvolumens in Europa durch Silberimporte aus den mittelamerikanischen Kolonien	
1600	Gründung der „*East India Company*" (EIC) in London; England führende Seemacht	
1602	In den Niederlanden wird die „*Vereenigde Oostindische Compagnie*" (VOC) gegründet.	

Wissenschaftliche Entdeckungen vom 15. bis 17. Jahrhundert

um 1450	Johannes Gutenberg erfindet Buchdruck mit beweglichen Metalllettern und löst eine Kommunikationsrevolution aus.
seit 1480	Leonardo da Vinci entwirft technische Modelle und Visionen, die erst im 19./20. Jh. verwirklicht werden.
1492	Erdglobus des Nürnberger Geografen und Kaufmanns Martin Behaim
Anfang 16. Jh.	In Europa setzt sich die Algebraisierung der Mathematik durch.
1543	Nikolaus Kopernikus begründet das heliozentrische Weltbild durch seine Publikation „Über die Kreisbewegung der Himmelskörper" („*De revolutionibus orbium coelestium*").
1546	Girolamo Fracastoro stellt die These auf, dass gewisse Krankheiten durch Erreger übertragen werden.
1548	Andreas Vesalius veröffentlicht das erste wissenschaftliche Werk über die Anatomie des Menschen.
1553	Michael Servetus beschreibt den Herz-Lungen-Kreislauf.
1568	Gerhard Mercator entwickelt die winkeltreue Kartenprojektion.
1586	Simon Stevin führt Dezimalbrüche in die Mathematik ein.
um 1590	Galileo Galilei entwickelt die Formel der Fallgesetze und versucht ihre Gültigkeit experimentell nachzuweisen.
1590	Zacharias Janszen baut das erste Mikroskop.
1594	John Napier entwickelt die Logarithmen.
1608	Hans Lipperhey baut das erste Fernrohr.
1609/10	Galileo Galilei beschreibt mithilfe des Fernrohrs die Jupitermonde, den Saturnring und die Sonnenflecken.
1609–19	Johannes Kepler beschreibt die Planetenbahnen als Ellipsen.
1621	Willebrord Snellius findet die mathematische Gesetzmäßigkeit der Lichtbrechung.
1628	William Harvey beschreibt den großen Blutkreislauf.
1633	Galilei widerruft seine astronomischen Beobachtungen und rückt unter dem Druck des Inquisitionsgerichtes und der Androhung von Folter von seiner These, dass sich die Erde um die Sonne bewegt, ab; Verbannung.
1637	René Descartes entwickelt die Grundlagen der analytischen Geometrie.
1643	Evangelista Torricelli baut das erste Quecksilber-Barometer.
1649	Pierre Gassendi entwickelt die Theorie vom Aufbau der Materie aus Atomen.
1654	Otto von Guericke weist experimentell das Vakuum und die Kraft des atmosphärischen Luftdrucks nach.
1665	Francesco Grimaldi und Robert Hooke weisen den Wellencharakter des Lichts nach.
1668	Isaac Newton zerlegt das Licht in die Spektralfarben.
1675	Ole Rømer misst die Lichtgeschwindigkeit.
1669	Isaac Newton und Gottfried W. Leibniz entwickeln unabhängig voneinander die Infinitesimalrechnung.
1679	Gottfried W. Leibniz entwickelt das binäre Zahlensystem; es wird von entscheidender Bedeutung für die elektronische Datenverarbeitung im 20./21. Jh.
1687	Isaac Newton erklärt die Bewegungen der Planeten mit dem Gravitationsgesetz.

Europa im 20. und 21. Jahrhundert

1945	8. Mai: Mit der deutschen Kapitulation endet der Zweite Weltkrieg.
1947	Truman-Doktrin: Die USA sichern Ländern, die von russischer Einflussnahme bedroht werden, Unterstützung zu.
1948	Haager Kongress: Der britische Premierminister Winston Churchill schlägt einen europäischen Zusammenschluss vor.
1949	Gründung der NATO als westliches Verteidigungsbündnis unter Führung der USA
1955	Gründung des Warschauer Paktes als Verteidigungsbündnis der Ostblock-Staaten unter Führung der Sowjetunion
1955	Römische Verträge legen die Grundlage für die Europäische Wirtschaftsgemeinschaft (EWG) sowie die Europäische Atomgemeinschaft (EURATOM)
1965	Machtantritt von Nicolae Ceauşescu in Rumänien
1968	„Prager Frühling", Aufstand in der Tschechoslowakei gegen die kommunistische Regierung wird von sowjetischen Truppen gewaltsam niedergeschlagen; Breschnew-Doktrin formuliert das Recht der Sowjetunion auf militärischen „Schutz" des Sozialismus
1980	Polen: Streiks auf der Danziger Leninwerft, Danziger Abkommen, Gründung der Solidarność
1981	Verhängung des Kriegsrechts in Polen, Verbot der Solidarność
1983	Der polnische Gewerkschaftsführer Lech Wałęsa erhält den Friedensnobelpreis.
1985/86	Michail Gorbatschow, neuer sowjetischer Staatschef, leitet unter den Stichworten „Glasnost" und „Perestroika" Reformen in der Sowjetunion ein.
1989	Februar bis April: Runder Tisch in Polen mit Vertretern der Regierung, der katholischen Kirche, Solidarność und anderen gesellschaftlichen Gruppen 7. Mai: DDR-Kommunalwahlen Juni: erste freie Parlamentswahl in Polen seit 1945 Juli: General Jaruzelski wird erster polnischer Staatspräsident September: Der katholische Publizist Tadeusz Mazowiecki bildet eine Regierung unter Einbeziehung der Blockparteien aus sozialistischer Zeit. 7. Oktober: Feiern und Proteste zum 40. Jahrestag der DDR 17./18. Oktober: Absetzung von Partei- und Staatschef Erich Honecker; sein Nachfolger ist Egon Krenz 4. November: Massendemonstration für Reform der DDR auf dem Berliner Alexanderplatz 9. November: Öffnung der Mauer 28. November: Zehn-Punkte-Plan Kohls zur Wiedervereinigung 7. Dezember: Eröffnung des zentralen Runden Tisches der DDR 15. Dezember: In Rumänien brechen Unruhen aus, Demonstranten werden beschossen, doch die Protestierenden werden immer mehr. 22. Dezember: Elena und Nicolae Ceauşescu unternehmen einen Fluchtversuch mit dem Hubschrauber, werden aber gestoppt und verhaftet. 25. Dezember: Das Ehepaar Ceauşescu wird nach einem kurzen Schauprozess sofort hingerichtet; Ion Iliescu von der kommunistischen Partei wird neuer vorläufiger Staatspräsident.
1990	18. März: DDR-Volkskammerwahl Mai: In Rumänien wird Ion Iliescu in Wahlen als Staatspräsident bestätigt. 1. Juli: Einführung der D-Mark in der DDR 12. September: Zwei-plus-vier-Vertrag 3. Oktober: Beitritt der „sechs neuen Bundesländer" zur Bundesrepublik Dez: Lech Wałęsa wird zum polnischen Staatspräsidenten gewählt.
1992	Vertrag von Maastricht leitet den Umbau der EG zur Europäischen Union (EU) ein.
2000	Beginn der Präsidentschaft Wladimir Putins (2000–2008, erneut seit 2012)
2004	EU-Osterweiterung
2007	Vertrag von Lissabon reformiert und erweitert die Zuständigkeiten der EU.
2016	23. Juni: Ein knappe Mehrheit der Bevölkerung Großbritanniens stimmt für den Austritt aus der EU und leitet damit den Brexit ein.

USA

1990/91	2. Golfkrieg: Nach der Annexion Kuwaits durch den Irak; militärische Operation *Desert Storm*
1993	Bombenanschlag auf das World Trade Center in New York
1998	Terroranschläge auf die amerikanischen Botschaften von Nairobi und Daressalam
2001	Januar: George W. Bush wird neuer Präsident der USA.
	11. September: Terroranschläge in den USA auf das World Trade Center in New York und das Pentagon in Washington, die islamistische Terrororganisation Al-Qaida unter Führung von Osama Bin Laden ist für die Anschläge verantwortlich.
	7. Oktober: Die USA starten die *Operation Enduring Freedom* in Afghanistan.
	26. Oktober: *USA PATRIOT Act* schränkt mit dem Ziel der Terrorbekämpfung Teile der Grundrechte in den USA ein.
2002	17. September: In der neuen *National Security Strategy* macht Bush den „War on Terror" zum Kern der US-amerikanischen Außenpolitik (Bush-Doktrin).
	Die USA errichten auf ihrem Stützpunkt Guantanamo Bay (Kuba) Internierungslager für Kriegsgefangene.
2003	März: Unter Führung der USA und Großbritannien beginnt die *Operation Iraqi Freedom*; am 1. Mai erklärt Präsident Bush die Operation für erfolgreich beendet.
2004	Die Folterung von Gefangenen im Gefangenenlager Abu Ghuraib im Irak durch US-Soldaten wird öffentlich.
2009	Barack Obama wird neuer Präsident.
2011	Obama zieht die US-Truppen aus dem Irak ab und verstärkt im Gegenzug die Truppen in Afghanistan.
2017	Der Unternehmer Donald Trump wird neuer US-Präsident; er stellt seine Politik unter das Motto „America first".

Afghanistan

1879	Zweiter anglo-afghanischer Krieg. Afghanistan wird halbautonomes Protektorat Britisch-Indiens.
1893	Durand-Vertrag besiegelt die Grenze zwischen Afghanistan und Britisch-Indien.
1919–29	Herrschaft König Amanullah
1919	Dritter anglo-afghanischer Krieg und Unabhängigkeit Afghanistans
1923	10. April: Amanullah verkündet eine konstitutionelle Verfassung.
1929–78	wechselnde Herrscher und Herrschaftsformen
1978	April: Afghanistan wird „Demokratische Republik" unter Mohammed Taraki; Dezember: Unterzeichnung eines Freundschaftsvertrages mit der Sowjetunion.
1979	Sept.: Taraki wird durch Amin abgesetzt; Dez.: Sowjetische Intervention, Beginn des Afghanistan-Kriegs; Amin wird erschossen, Babrak Karmal neuer Präsident.
1988	Friedensvertrag zwischen Afghanistan, Pakistan, der USA und der Sowjetunion.
1988–89	Abzug der sowjetischen Truppen aus Afghanistan
1992–96	Afghanischer Bürgerkrieg zwischen Mudschahedin-Gruppen (seit 1996 im Bündnis Nordallianz zusammengeschlossen) und den Taliban
1996–2001	Die Taliban beherrschen große Teil Afghanistans.
2001	10. März: Taliban zerstören die Statuen von Bamyan; 11. Sept.: Anschläge in den USA; 7. Oktober: Beginn der US-geführten Intervention in Afghanistan; 27. November bis 5. Dezember: Petersberger Konferenz bei Bonn; Übergangsregierung unter Hamid Karzai.
2002	Juni: *Loya Dschirga* (Große Stammesversammlung) bestätigt Karzai.
2004	Jan.: neue Verfassung; Okt.: Karzai als Präsident gewählt.
2006	Die NATO übernimmt den Oberbefehl in Süd- und Südostafghanistan.
2009	August: Karzai als Präsident wiedergewählt; September: Beim Beschuss zweier Tanklaster durch die Bundeswehr bei Kundus sterben bis zu 142 Menschen.
2011	2. Mai: Ein US-Sonderkommando tötet Osama Bin Laden in Pakistan.
2014	14. Juni: Die Stichwahlen zur afghanischen Präsidentschaft sorgen für Chaos. Erst auf Vermittlung von US-Außenminister John Kerry wird Ashraf Ghani zum neuen Präsidenten und Abdullah Abdullah zum Regierungschef; 31. Dezember: Ein Großteil der NATO-Truppen wird abgezogen; das ISAF-Mandat läuft aus.
2015	1. Januar: Beginn der Mission *Resolute Support*, die den zivilen Wiederaufbau zum Ziel hat; weiter Kämpfe mit den Taliban.

Begriffslexikon

Al-Qaida: ist ein islamistisch-sunnitisches Terrornetzwerk, das in Pakistan und Afghanistan Ende der 1980er-Jahre entstand. Der Name bedeutet „feste Basis". Es wurde von Osama Bin Laden gegründet und verfügte über eigene Ausbildungsstützpunkte, um Kämpfer für den „Dschihad" zu schulen. Seit den 1990er-Jahren agierte es auch international und verübte zahlreiche Terroranschläge (u. a. Anschläge in den USA 1993 und 2001).

Altamerika: Amerika vor 1492, d. h. vor der Eroberung durch die Europäer.

Alteuropa: Epoche in der europäischen Geschichte, in der sich die durch das Christentum geprägte europäische Zivilisation herausbildete (ca. 12./13. bis 18. Jh.); die Zeit wird auch als „vormodern", „mittelalterlich" oder „vorindustriell" bezeichnet. Der Begriff dient der Abgrenzung gegen das klassische Periodisierungsmodell Antike, Mittelalter, Neuzeit und betont die langen Entwicklungslinien/Strukturen von Geschichte.

Bipolarität: bezeichnet eine Struktur des Staatensystems, bei dem sich zwei hegemoniale Machtzentren, wie die USA und die UdSSR von 1945 bis 1991, gegenüberstehen.

Bürger/Bürgertum: in Mittelalter und Früher Neuzeit vor allem die freien und vollberechtigten Stadtbewohner, insbesondere die städtischen Kaufleute und Handwerker; im 19. Jh. die Angehörigen einer durch Besitz, Bildung und spezifische Einstellungen gekennzeichneten Schicht, die sich von Adel, Klerus, Bauern und Unterschichten (einschließlich Arbeitern) unterschied.

Bush-Doktrin: In der *National Security Strategy* vom 17. September 2002 verkündet US-Präsident Bush als Reaktion auf die veränderte Lage nach den Terroranschlägen vom 11. September 2001 den aktiven Kampf gegen den Terror als Kern der US-Außenpolitik. Dabei werden präventive Interventionsmaßnahmen auch ohne UN-Mandat mit den nationalen Sicherheitsinteressen der USA gerechtfertigt, die damit über das Völkerrecht gestellt werden. Außerdem sollen Freiheit und Demokratie verbreitet werden.

Danziger Abkommen: Vereinbarung zwischen der polnischen Regierung und den Streikkomitees vom 30. August 1980. Es enthielt weitgehende Zugeständnisse der Regierung, unter anderem wurde die Gründung unabhängiger Gewerkschaften erlaubt. Das Abkommen beendete die landesweiten Arbeiterstreiks.

Diktatur: ein auf Gewalt beruhendes, uneingeschränktes Herrschaftssystem eines Einzelnen, einer Gruppe oder Partei. In modernen Diktaturen ist die Gewaltenteilung aufgehoben; alle Lebensbereiche werden staatlich überwacht; jegliche Opposition wird unterdrückt. Typische Merkmale von Diktaturen im 20. Jh. sind staatliche Propaganda mit Aufbau von Feindbildern sowie Abschaffung der Meinungs- und Pressefreiheit; politische Machtmittel sind die Androhung und/oder die Ausübung von Terror und Gewalt.

EGKS/Montan-Union: „Europäische Gemeinschaft für Kohle und Stahl", gegründet 1951 von Deutschland, Frankreich, Italien, Belgien, den Niederlanden und Luxemburg, gemeinsamer Markt für die europäischen Schlüsselindustrien Kohle und Stahl.

Familie: in Alteuropa ein Haus-, Schutz- und Herrschaftsverband, der neben den Blutsverwandten (Vater, Mutter, Kinder, Großeltern, Tanten, Onkel) auch alle übrigen Arbeitenden des Hauses (Mägde, Knechte, Kutscher, Hauspersonal, Gesellen, Gehilfen) umfasste (Ganzes Haus); Arbeits- und Wohnbereich waren räumlich noch nicht getrennt. Dieser Familienverband veränderte sich erst bei Beamten und Gebildeten im 18. Jh., dann in fast allen Gruppen der Gesellschaft im Zuge der Industrialisierung. Ergebnis war die heutige Kleinfamilie.

Fortschritt: Bez. für einen Wandel in aufsteigender Linie, wonach ein späterer Zustand einen früheren übertrifft. Die Menschen in der Renaissance gingen davon aus, in einem Zeitalter des Fortschritts zu leben. Im Laufe der Jahrhunderte ist immer deutlicher geworden, dass Fortschritt auf einem Gebiet negative Folgen auf einem anderen Gebiet nach sich ziehen kann.

Friedliche Revolution/Wende: Egon Krenz, der Nachfolger Honeckers, sprach im Oktober 1989 erstmals von einer „Wende", um den Reformwillen der SED auszudrücken. Der Begriff wurde bald in den allgemeinen Sprachgebrauch als Bezeichnung für die Ereignisse in der DDR 1989/90 übernommen. In der Geschichtswissenschaft ist er jedoch wegen seiner Unschärfe umstritten. Viele Historiker bevorzugen den Begriff „Friedliche Revolution", da die Protestbewegung einen radikalen Neuanfang anstrebte. Im Unterschied zu älteren Revolutionen (Französische Revolution 1789, Russische Oktoberrevolution 1917) verzichtete die DDR-Opposition auf Gewalt – daher die Bezeichnung „Friedliche Revolution".

Frühkapitalismus: Die Epoche des Frühkapitalismus (15.–18. Jh.) ist dadurch gekennzeichnet, dass einzelne Unternehmer, Unternehmerfamilien und Handelsgesellschaften alle für Produktion und Handel erforderlichen Mittel besaßen, nämlich Geld, Gebäude und Arbeitsgeräte (Kapital). Sie versuchten häufig, eine marktbeherrschende Stellung für bestimmte Waren durchzusetzen (Monopole).

Glasnost (russ. = Offenheit, Öffentlichkeit, Transparenz): Schlüsselbegriff der Reformen Gorbatschows seit 1985 in der UdSSR; beinhaltete die Überwindung der alten politischen und gesellschaftlichen Strukturen durch freieren Zugang zu Informationen, offene Diskussion von Missständen, Ermutigung zur Kritik, Transparenz staatlicher Entscheidungsprozesse und politische Beteiligung des Volkes.

Globalisierung: Der Begriff bezeichnete zunächst die zunehmende internationale Vernetzung und Verflechtung vor allem im Bereich der Wirtschaft, schließlich auch in den Bereichen Kultur, Kommunikation und Politik. Folge ist eine wachsende Konvergenz, d. h. Gleichförmigkeit von Entwicklungen und Normen.

Golfkrieg: Es gab insgesamt drei Golfkriege. Als Erster Golfkrieg gilt der Krieg zwischen Iran und Irak (1980–1988). Als Zweiten Golfkrieg bezeichnet man den Krieg einer von den USA angeführten Militärkoalition gegen den Irak mit dem Ziel der Befreiung Kuwaits von der irakischen Besatzung (1990/91). Der Dritte Golfkrieg fand 2003 statt und richtete sich gegen den vermuteten Besitz von Massenvernichtungswaffen im Irak.

Grundherrschaft: Wirtschaftssystem in Europa vom frühen Mittelalter bis in das 19. Jh. Ein Grundherr konnte eine Person (meist ein Adliger) oder eine Institution (z. B. die Kirche) sein. Er verfügte über das Obereigentum an Grund und Boden und gab diesen an abhängige, oft unfreie Untereigentümer (Hörige) zur Bewirtschaftung aus. Für den Schutz, den der Grundherr gewährte, waren die Hörigen zu Abgaben und Diensten (Frondiensten) verpflichtet.

Handelskapitalismus: Er entstand in Europa im 13. Jh., als städtische Kaufleute begannen, überregionalen und schließlich Fernhandel zu betreiben. Zur Finanzierung ihrer Unternehmungen gründeten sie Handelsgesellschaften und besorgten sich darüber hinaus Kapital von verschiedenen Geldgebern. Nach Verkauf der Güter wurde der Gewinn ausgeschüttet bzw. wieder neu investiert.

Hanse (latinisiert Hansa, got. und althochdeutsch hansa = bewaffnete Schar, später die Genossenschaft, die ihr hanshus, die Gildehalle, hatte): Mit diesem Wort bezeichnete sich seit 1356 der lockere Zusammenschluss der norddeutschen Handelsstädte. Die Blütezeit der Hanse fällt in das 14. und 15. Jh., als sie mehr als 100 Städte umfasste. Die Führung lag bei den Städten Lübeck, Hamburg und Köln. Als ihre Aufgabe betrachtete die Hanse die Vermittlung des Warenaustauschs von Russland und Polen mit Norddeutschland, den skandinavischen Ländern, Flandern sowie England.

Heiliges Römisches Reich Deutscher Nation: Das deutsche Kaiserreich erhob im Mittelalter den Anspruch, den Königreichen übergeordnet zu sein. Die Kaiser sahen sich als Nachfolger der römischen Kaiser; ihr Reich wurde daher „Heiliges Römisches Reich" genannt. Es ging über die heutigen Grenzen Deutschlands hinaus. Im 15. Jh. erhielt der Name den Zusatz „Deutscher Nation".

Hochkultur: Merkmale einer Hochkultur sind: Staat mit zentraler Verwaltung und Regierung, Religion, Arbeitsteilung, Kenntnis einer Schrift, Zeitrechnung, Kunst, Architektur, Wissenschaft und Technik.

Humanismus: In Italien entstandene Bildungsbewegung vom 14. bis zum 16. Jh. Ausgehend vom Ideal des edlen Menschen, das die Humanisten in der von ihnen gesammelten Literatur der Antike fanden, kritisierten sie vor allem die Theologie und die kirchliche Bildungstradition. Ziel der Humanisten war eine am Vorbild der Antike geformte Bildung, die die Entfaltung der Persönlichkeit und eine individuelle Lebensgestaltung ermöglicht. Renaissance und Humanismus werden als Epochenbegriffe auch synonym verwendet.

Inquisition: gerichtliche Untersuchung. Im engeren Sinne verstand man darunter die Gerichte der katholischen Kirche, die seit dem 13. Jh. Ketzer und später Hexen verfolgten. Im Zuge der Hexenverfolgung des 16./17. Jh. griff sie auf ganz Europa über; sie bestand formell in Frankreich bis 1772, in Spanien wurde 1781 das letzte Todesurteil vollstreckt, 1834 wurde sie endgültig aufgehoben (Italien 1859, Kirchenstaat 1879).

Kalter Krieg: westlicher Epochenbegriff für die Zeit zwischen 1946 und 1990/91, in der die Welt weitgehend in zwei Lager eingeteilt war: die westlichen Demokratien unter Führung der USA (NATO-Staaten; Gründung der NATO im Jahre 1949) auf der einen und die kommunistischen Staaten unter der Führung der UdSSR (Warschauer-Pakt-Staaten; Gründung des Warschauer Paktes im Jahre 1955) auf der anderen Seite.

Kolonialismus: Errichtung von Handelsstützpunkten und Siedlungskolonien in militärisch und politisch schwächeren Ländern (vor allem Asiens, Afrikas, Amerikas) sowie deren Inbesitznahme durch überlegene Staaten (insbesondere Europas) seit dem 16. Jh. Die Kolonialstaaten verfolgten vor allem wirtschaftliche und machtpolitische Ziele.

Konquista (span. = Eroberung): Begriff für die Eroberung und Unterwerfung Mittel- und Südamerikas durch die Spanier. Die eroberten Gebiete der indianischen Hochkulturen wurden dem spanischen Königreich einverleibt und bildeten die Grundlage für die jahrhundertelange Herrschaft der Spanier in Mittel- und Südamerika.

Kriegsrecht in Polen: Ministerpräsident Wojciech Jaruzelski rief am 13. Dezember 1981 den Kriegszustand aus, um die Protestbewegung niederzuschlagen. Die Bürgerrechte wurden massiv eingeschränkt, die Gewerkschaft Solidarność verboten, Tausende von Oppositionellen interniert. Am 22. Juli 1983 wurde das Kriegsrecht offiziell wieder aufgehoben.

Landesherrschaft/Landesfürstentum: Herrschaft über ein fest umrissenes Gebiet (= Territorium). Während sich vor dem Aufkommen des Landesfürstentums Herrschaft in erster Linie auf Personen, unabhängig von deren Wohnsitz, richtete, waren nun die Bewohner eines Territoriums der Gewalt des Landesherrn unterworfen. Die Landesherren mussten sich beim Ausbau der Herrschaft gegen benachbarte Landesherren durchsetzen.

Loya Dschirga: bedeutet „Große Versammlung" und wurde traditionell in der Region Afghanistan, Usbekistan, Turkmenistan und Mongolei abgehalten, um über wichtige Fragen zu beraten. Sie spielte auch eine wichtige Rolle bei der politischen Neuordnung Afghanistans seit 2001. So wurde sie u. a. zur Verabschiedung einer Verfassung 2003 einberufen.

Modernisierung: Prozess der beschleunigten Veränderungen einer Gesellschaft in Richtung auf einen entwickelten Status (Moderne). Zunächst bezog sich der Begriff auf den Übergang von der Agrar- zur Industriegesellschaft an der Wende vom 18. zum 19. Jh., dann aber galt es auch für die weiteren Schübe der Industrialisierung im Zusammenhang mit tief greifenden Krisen und grundlegenden technischen Neuerungen, wie z. B. im letzten Viertel des 19. und Anfang des 20. Jh. Kennzeichen der Modernisierung sind: Säkularisierung, Verwissenschaftlichung, Bildungsverbreitung, Technisierung, Ausbau und Verbesserung der technischen Infrastrukturen (Verkehr, Telefonnetz, Massenmedien), Bürokratisierung und Rationalisierung in Politik und Wirtschaft, soziale Sicherung (Sozialstaat), zunehmende räumliche und soziale Mobilität, Parlamentarisierung und Demokratisierung, Verbreiterung der kulturellen Teilhabe (Massenkultur), Urbanisierung. Wegen seiner meist engen Verbindungen mit der Fortschrittsidee ist der Begriff politisch und wissenschaftlich umstritten, weil als Maßstab der Modernisierung der jeweilige Entwicklungsstand der „westlichen Zivilisation" gilt und weil die „Kosten", vor allem ökologische Probleme, bisher in den Modernisierungstheorien wenig berücksichtigt sind.

Mythos: Mit diesem Begriff werden meist mündlich überlieferte Sagen, Dichtungen oder Erzählungen von bedeutsamen Personen und Ereignissen bezeichnet. Mythen vereinfachen einen historischen Sachverhalt, indem sie ihn auf wenige Aspekte reduzieren. Dabei geht es nicht um eine „objektive" Rekonstruktion historischer Wirklichkeit – Mythen erheben vielmehr den Anspruch, die „richtige", vor allem aber die bedeutsame Geschichte zu erzählen.

Nation (lat. = Abstammung): Im Mittelalter und in der Frühen Neuzeit ist der Begriff „Nation" eine Bezeichnung für Großgruppen mit gemeinsamer Herkunft. Seit dem 12. Jh. stimmten die Teilnehmer auf den kirchlichen Konzilien nach Nationen ab; an vielen Universitäten organisierten sich die Studenten nach Nationen. Seit dem 18. Jh. wird der Begriff auf ganze Völker übertragen. Er bezeichnet große Gruppen von Menschen mit gewissen, ihnen bewussten Gemeinsamkeiten, z. B. gemeinsame Sprache, Geschichte oder Verfassung, und vielen inneren Bindungen und Kontakten (wirtschaftlich, politisch, kulturell). Diese Gemeinsamkeiten und Bindungen werden von den Angehörigen der Nation positiv bewertet und teilweise leidenschaftlich gewollt. Nationen haben oder wollen eine gemeinsame staatliche Organisation und grenzen sich von anderen Nationen ab. Staatsbürgernationen („subjektive" Nation) haben sich in einem vorhandenen Staatsgebiet durch gemeinsames politisches Handeln entwickelt (z. B. Frankreich). Kulturnationen („objektive" Nation, Volksnation) verfügen über sprachlich-kulturelle Gemeinsamkeiten (z. B. eine Nationalliteratur) und Nationalbewusstsein, nicht jedoch unbedingt über einen Nationalstaat (z. B. Deutschland vor 1871, Polen vor 1918).

NATO *(North Atlantic Treaty Organization)*: 1949 von Belgien, Dänemark, Frankreich, Großbritannien, Island, Italien, Kanada, Luxemburg, den Niederlanden, Norwegen, Portugal und den USA unterzeichnetes kollektives Verteidigungsbündnis. 1952 Beitritt Griechenlands und der Türkei, 1955 der Bundesrepublik Deutschland. 2004 hatte die NATO 26 Mitglieder, 2009 kamen Albanien und Kroatien hinzu. Das Bündnis wurde mit der Zielsetzung abgeschlossen, die freien Gesellschaften Westeuropas vor einer Ausdehnung des sowjetischen Einflusses zu schützen. Nach 1990 haben sich die Aufgaben der NATO in entscheidender Weise gewandelt und liegen heute im Bereich kollektiver Sicherheit.

Neues Denken: Der Ausdruck wurde von Michail Gorbatschow geprägt, der von 1985 bis 1990 Generalsekretär der KPdSU war. Er hatte erkannt, dass der Rüstungswettlauf mit den USA zum Ruin der UdSSR führen würde. Durch eine deutliche Deeskalation der Außenpolitik – die „friedliche Koexistenz" sollte weltweit gelten – sollten die Voraussetzungen geschaffen werden, um sein wirtschafts- und innenpolitisches Reformprogramm umzusetzen.

Patrizier: In der mittelalterlichen Stadt waren Patrizier Angehörige der bürgerlichen Oberschicht; sie rekrutierten sich aus in der Stadt lebenden Adligen, Ministerialen und Fernkaufleuten. Bis ins 14. Jh. waren alle Patrizier ratsfähig und berechtigt, hohe städtische Ämter zu bekleiden.

Perestroika (russ. = Umgestaltung): Schlüsselbegriff Gorbatschows zur Modernisierung der Sowjetunion. Ziel war die Demokratisierung von Politik (Verfassungsreform) und Wirtschaft (Zulassung von Privatbetrieben, Reduzierung des Staatseinflusses), aber unter Beibehaltung der Grundzüge des Sozialismus.

Populismus: Politische Strömungen, die für sich in Anspruch nehmen, gegen politische Eliten und für die Interessen des Volkes anzutreten, werden als populistisch bezeichnet. Populistische Parteien und Bewegungen können links- oder rechtsorientiert sein.

Protoindustrialisierung: wörtlich „Industrialisierung vor der Industrialisierung". Gemeint ist die ausschließlich für den Markt, d. h. nicht für den Eigenverbrauch, und nach kommerziellen Gesichtspunkten, aber noch nicht mit Maschinen organisierte dezentrale Produktion von Gütern (vor allem von Leinenstoffen).

Reformation (lat. reformatio = Umgestaltung, Erneuerung): Der historische Begriff bezieht sich auf die von Luther ausgelöste christliche Erneuerungsbewegung im 16. Jh. Im Zentrum der Begründung stand die Lehre vom Priestertum aller Gläubigen, damit wurde der Anspruch des Papstes auf die Herrschaft über die Welt und die allgemeingültige Auslegung der Bibel bestritten. Neben Luther waren Ulrich Zwingli und Johann Calvin als Begründer der reformierten oder calvinistischen Lehre die bedeutendsten Reformatoren.

Reichsstände: Im Heiligen Römischen Reich Deutscher Nation besaßen die Reichsfürsten, -grafen, -prälaten (= Angehörige der Reichskirche) und -städte die Reichsstandschaft, d. h., sie waren zur Führung einer Stimme im Reichstag berechtigt. Diese erwuchs mit Ausnahme der Reichsritter und Reichsdörfer aus der Reichsunmittelbarkeit. Die Reichsstände waren seit dem 14. Jh. in drei gleichberechtigte Gruppen geteilt (Kurfürstenkollegium, Reichsfürstenrat, Städtekollegium) und repräsentierten zusammen mit dem Kaiser das Reich.

Rekonquista: Wiedereroberung Spaniens durch christliche Staaten der Pyrenäenhalbinsel im Kampf gegen die Araberherrschaft vom 8. Jh. bis 1492 (Eroberung Granadas).

Renaissance: Das Wort bezeichnet seit dem 16. Jh. die „Wiedergeburt" der griechisch-römischen Kunst und Bildung. Seit dem 19. Jh. wird Renaissance auch als Epochenbegriff für die Zeit des Übergangs vom Mittelalter zur Neuzeit benutzt, in der sich der Mensch aus der kirchlichen und geistigen Ordnung des Mittelalters löste.

Revolution: Am Ende einer Revolution steht der tief greifende Umbau eines Staates und nicht nur ein Austausch von Führungsgruppen. Typisch ist das Vorhandensein eines bewussten Willens zur Veränderung, eine entsprechende Aktionsgruppe mit Unterstützung im Volk oder in einer großen Bevölkerungsgruppe. Typisch sind auch Rechtsverletzungen, Gewaltanwendung und eine schnelle Abfolge von Ereignissen.

Römische Verträge: unterzeichnet 1957 von Deutschland, Frankreich, Italien, Belgien, den Niederlanden und Luxemburg („Gemeinschaft der Sechs"). Durch sie wurden die Europäische Wirtschaftsgemeinschaft (EWG), eine Zollunion, und die Europäische Atomgemeinschaft (EURATOM) zur friedlichen Nutzung der Kernenergie ins Leben gerufen.

Runder Tisch: Sitzordnung, bei der alle Teilnehmer gleichberechtigt sind. 1989/90 wurde in vielen Ländern des Ostblocks der Übergang zur Demokratie zwischen Regierung und Opposition an Runden Tischen ausgehandelt. Die ersten Verhandlungen dieser Art fanden vom 6. Februar bis zum 5. April 1989 in Polen statt. Sie dienten als Vorbild für andere Länder und trugen damit maßgeblich zum Umbruch in Mittel- und Osteuropa bei.

Solidarność (dt.: Solidarität): Die unabhängige Gewerkschaft Solidarność wurde 1980 nach einer landesweiten Streikwelle, ausgelöst durch Preiserhöhungen, auf der Grundlage eines Abkommens zwischen der polnischen Regierung und dem unabhängigen Streikkomitee gegründet. Sie entwickelte sich zum Zentrum der Opposition und zur Triebkraft des politischen Wandels in Polen.

Sozialismus: Im liberal-kapitalistischen Gesellschaftssystem der Industrialisierung entstand der Sozialismus als Antwort auf die Soziale Frage. Den verschiedenen Richtungen des Sozialismus geht es um Steuerung des Marktes, um den Abbau bzw. die Beseitigung einer sozial ungleichen, als ungerecht empfundenen Verteilung von Besitz (häufig um die Beseitigung des Privatbesitzes an Produktionsmitteln), um eine am Wohl des Ganzen orientierte Gesellschaftsordnung und um die demokratische Gleichberechtigung der Unterprivilegierten.
Die Frage nach Reform oder Revolution der bestehenden Ordnung bestimmte von Anfang an die Überlegungen, Vorschläge und Forderungen der Sozialisten.

Staat: Gebiet mit festgelegter Grenze, in dem die Ausübung von Gewalt ausschließlich der Regierung und Verwaltung übertragen ist und in dem der Träger der Souveränität Recht setzen kann. Im Mittelalter gab es noch keinen Staat, da noch keine klaren Grenzlinien existierten und bestimmte Bevölkerungsgruppen das Recht hatten, Unrecht selbst zu rächen (Fehde). Die moderne Staatlichkeit entstand in Deutschland mit der Stärkung der Landesherren und der Aufhebung des Fehderechts seit dem 15. Jh.

Stände/Ständegesellschaft: Stände waren im Mittelalter und in der Frühen Neuzeit einerseits gesellschaftliche Großgruppen, die sich voneinander durch jeweils eigenes Recht, Einkommensart, politische Stellung, Lebensführung und Ansehen unterschieden (Ständegesellschaft); man unterschied Klerus, Adel, Bürger und Bauern sowie unterständische Schichten. Stände waren andererseits Körperschaften zur Wahrnehmung politischer Rechte, etwa der Steuerbewilligung, in den Vertretungsorganen (Landtagen, Reichstagen) des frühneuzeitlichen „Ständestaates". Adel, Klerus, Vertreter der Städte und z. T. der Bauern traten als Stände gegenüber dem Landesherren auf.

Taliban: Die Taliban-Bewegung hat ihre Ursprünge in religiösen Schulen für afghanische Flüchtlinge in Pakistan in den 1990er-Jahren. Der Name bedeutet „Schüler" oder „Suchender". Von Pakistan aus eroberten die Taliban-Milizen 1996 weite Teile Afghanistans, die sie bis 2001 beherrschten. Infolge der von den USA angeführten Militäraktion im Dezember 2001 zogen sie sich nach Pakistan zurück. Von dort aus führen sie seit 2003 immer wieder militärische und terroristische Aktionen durch.

Terrorismus: bezeichnet gewaltsame Aktionen gegen Menschen und Gegenstände, mit deren Hilfe ein politisches, ein religiöses oder ideologisches Ziel erreicht werden soll. Zu den Formen von Terrorismus zählen Attentate, Sprengstoffanschläge, Entführungen, Hinrichtungen etc. Die Abgrenzung zu politischem Widerstand gestaltet sich jedoch schwierig, da Terrorakte meist von den Ausführenden selbst als legitimer Widerstand oder Kampf gedeutet werden.

Vertrag von Lissabon: unterzeichnet 2007, reformierte die Institutionen der EU: Das Europäische Parlament erhielt mehr Einfluss; für Entscheidungen des Europäischen Rates wurde das Prinzip der „doppelten Mehrheit" eingeführt (Mehrheit der zustimmenden Staaten, die gleichzeitig eine Mehrheit der EU-Bevölkerung repräsentieren); die Zuständigkeiten der EU wurden erweitert und klarer von denen der Mitgliedstaaten abgegrenzt. Außerdem wurde die EU-Grundrechtecharta rechtsverbindlich.

Vertrag von Maastricht: unterzeichnet 1992, leitete den Umbau der Europäischen Gemeinschaft mit damals zwölf Mitgliedstaaten zur „Europäischen Union" ein. Vereinbart wurden die Fortführung der EG (gemeinsamer Binnenmarkt), eine gemeinsame Außen- und Sicherheitspolitik und Zusammenarbeit in den Bereichen Justiz und Inneres. Wichtigster Beschluss war die Einführung einer gemeinsamen Währung, des Euro.

Warschauer Pakt: multilaterale Organisation des Ostblocks. Am 14. Mai 1955 wurde der „Vertrag über Freundschaft, Zusammenarbeit und gegenseitigen Beistand" zwischen den Volksrepubliken Albanien, Bulgarien, Polen, Rumänien, der Tschechoslowakei, Ungarn, der UdSSR und der Deutschen Demokratischen Republik abgeschlossen. Er sollte die politische und militärische Zusammenarbeit des Ostblocks verbessern und ist das Gegenstück zur NATO, deren Vertragsformulierungen zum Teil fast wörtlich übernommen wurden. Durch den Warschauer Pakt sichert sich die UdSSR das Recht, Streitkräfte in allen Mitgliedstaaten zu stationieren.

Wirtschafts-, Währungs- und Sozialunion: Staatsvertrag zwischen der DDR und der Bundesrepublik, mit dem die DDR zum 1. Juli 1990 große Teile der Wirtschafts- und Rechtsordnung der Bundesrepublik übernahm. Zahlungsmittel wurde in der DDR die D-Mark. Löhne, Gehälter, Renten, Mieten und andere „wiederkehrende Zahlungen" wurden 1:1 umgestellt. Beim Bargeldumtausch wurde unterschieden: Kinder unter 14 Jahren konnten 2000 DDR-Mark 1:1 umtauschen, 15–59-Jährige 4000, Ältere 6000 DDR-Mark; weitere Beträge wurden 2:1 umgestellt.

Zivilisation: ursprünglich die verfeinerte Lebensweise in den Städten gegenüber dem einfachen Landleben. Zivilisation bezieht sich auf den Entwicklungsstand von Wirtschaft (Landwirtschaft, Gewerbe, Verkehr, Arbeitsteilung usw.), von Technik und Politik (Machtverteilung, soziale Organisation usw.), von Kunst, Philosophie, Religion und Wissenschaft. Sie umfasst aber auch weiterhin Elemente der ursprünglichen Bedeutung, z. B. Umgangsformen. Im Deutschen oft abwertend auf den ersten Bereich eingeengt, wird der zweite mit dem Kultur-Begriff positiv davon abgesetzt. Der Begriff der „europäischen Zivilisation" entstand in den romanischen und angelsächsischen Ländern (frz. = *civilisation occidentale*, engl. = *western civilisation*) und meint die christlich-europäische Kultur in Abgrenzung zu außereuropäischen Kulturen.

Zunft: Vereinigung von Handwerkern eines Berufs in einer Stadt. Jeder Meister musste der Zunft beitreten (Zunftzwang). Die Zunft beschränkte die Zahl der Meister, Gesellen und Lehrlinge, regelte Produktionstechnik und Arbeitszeit, kontrollierte Erzeugnisse und Preise (Zunftordnung).

Zwei-plus-vier-Vertrag: Verpflichtungen Deutschlands: Das vereinte Deutschland umfasst die Bundesrepublik, die DDR und ganz Berlin; keine Gebietsansprüche Deutschlands gegen andere Staaten; Bestätigung der Oder-Neiße-Grenze durch dt.-poln. Vertrag; Deutschland bekräftigt sein Bekenntnis zum Frieden und seinen Verzicht auf ABC-Waffen; Beschränkung der deutschen Streitkräfte auf 370 000 Mann. Verpflichtungen der Siegermächte: Abzug der sowjetischen Truppen aus der DDR und Ostberlin bis Ende 1994. Danach dürfen deutsche Truppen, aber keine ausländischen Streitkräfte auf ostdeutschem Gebiet stationiert werden. Beendigung der Viermächterechte in Bezug auf Deutschland als Ganzes und Berlin. Volle Souveränität des vereinten Deutschland.

Personenlexikon und Personenregister

Adenauer, Konrad (1876–1967), von den Nationalsozialisten 1933 als Oberbürgermeister von Köln abgesetzt, mehrfach interniert, 1946 erster Vorsitzender der neu gegründeten Partei CDU, 1949 zum ersten Kanzler der Bundesrepublik Deutschland gewählt, 1963 Rücktritt. *231 f.*

Amanullah, König von Afghanistan (1882–1960): 1919–1926 Emir, dann bis 1929 König. Er bemühte sich um die Modernisierung des Landes, wurde 1929 gestürzt, lebte bis zu seinem Tod im Exil. *272 f., 281 f.*

Archimedes (um 285–212 v. Chr.), griech. Mathematiker und Physiker; theoretische Arbeiten und technische Erfindungen (Kreismessung, Auftrieb, Hebelgesetz). *116, 126*

Aristoteles (384–322 v. Chr.), griech. Philosoph; Begründer der philosophischen Tradition des Abendlandes; begründete Begriffe wie Kategorie, Substanz, Abstraktion oder auch Bezeichnungen abendländischer Wissenschaftsdisziplinen wie Logik, Rhetorik, Ethik, Politik, Physik, Metaphysik, Ökonomie, Meteorologie, Psychologie. In der Theologie des Mittelalters wurde Aristoteles' Werk mit der christlichen Offenbarung verbunden. *38, 109, 116, 121, 124 f., 127*

Atahualpa (um 1500–1533), letzter Herrscher des Inkareiches. Er kämpfte zunächst mit seinem Bruder um die Macht, 1532 dann gegen den Eroberer Francisco Pizzaro. *41*

Averroës/arab. Ibn Rushd (1126–1198), andalusischer Philosoph, Jurist und Arzt. Er setzte sich vor allem mit den Schriften Aristoteles' auseinander und integrierte diese so in die europäisch-christliche Philosophie. *109*

Bacon, Francis (1560–1626), engl. Staatsmann, Philosoph, Jurist, Naturwissenschaftler, Historiker; Begründer des Empirismus und der induktiven Methode; 1595 Mitglied des engl. Parlaments; 1618 Lordkanzler; 1621 wegen Bestechlichkeit zu mehrjähriger Kerkerstrafe verurteilt. *112*

Behaim, Martin (1459–1506), Nürnberger Kaufmann und Geograf; in Lissabon Kontakte zu den portugiesischen Seefahrern; vollendete 1492 den ältesten erhaltenen Erdglobus, der jedoch nicht dem Wissensstand der Zeit entsprach, weil er den neu entdeckten Kontinent Amerika noch nicht enthielt. *36*

Bellarmin, Robert (1542–1621), ital. Theologe der Gegenreformation; Jesuit seit 1560; Kardinal seit 1599. *128*

Bin Laden, Osama (1957?–2011): stammte aus einer reichen saudischen Unternehmerfamilie, wurde 1979 politisch aktiv, unterstützte die Mudschahedin in Afghanistan, Gründer der Terrororganisation Al-Qaida. Am 2. Mai von US-Soldaten in Pakistan erschossen. *146, 251, 253, 258 f., 262, 266, 277, 286 f., 292*

Birthler, Marianne (geb. 1948): dt. Politikerin (Bündnis 90/Die Grünen), 1990 Sprecherin der Fraktion Bündnis 90/Die Grünen in der DDR-Volkskammer; 1993/94 Bundessprecherin Bündnis 90/Die Grünen; 2000–2011 Bundesbeauftragte für die Unterlagen des Staatssicherheitsdienstes der ehemaligen DDR. *210*

Bohemus, Johannes (ca. 1485–1535), dt. Humanist. *20 f.*

Botticelli (ca. 1444–1510), ital. Maler der Frührenaissance. *131 f.*

Breschnew, Leonid I. (1906–1982), sowj. Politiker; nach Chruschtschows Sturz 1964 Erster Sekretär und damit Parteichef der KPdSU (bis 1982); nahm Reformen seines Vorgängers zurück; forcierte die Aufrüstung der UdSSR; im Verhältnis zum Westen um Entspannung bemüht. *143, 148*

Brunelleschi, Filippo (1377–1446), ital. Baumeister, Architekt; baute mit der Alten Sakristei in San Lorenzo in Florenz den ersten Zentralbau der Renaissance; entdeckte die Gesetze der malerischen Perspektive. *110*

Bush sen., George H. W. (geb. 1924): US-amerikanischer Politiker (Republikaner), erfolgreicher Unternehmer in der Ölindustrie. 1966–1970 Mitglied des Repräsentantenhauses, 1971–1973 UN-Botschafter, 1976/77 Leiter des Geheimdienstes CIA. 1981–1989 Vizepräsident der USA unter R. Reagan. 1989–1993 41. Präsident der USA. *208, 251*

Bush jun., George H. (geb. 1946): US-amerikanischer Politiker (Republikaner). 1995–2000 Gouverneur von Texas, 2001–2009 Präsident der USA. Nach den Anschlägen von 2001 führte er „Krieg gegen den Terror" erst in Afghanistan, 2003 im Irak. Bürgerrechte in den USA wurden eingeschränkt. 2004 erfolgte seine Wiederwahl. *146, 150 f., 253 ff., 263, 265 f., 271, 287*

Cardano, Girolamo (1501–1576), ital. Naturphilosoph, Arzt, Mathematiker. *13*

Ceaușescu, Nicolae (1918–1989), kommunistischer Politiker, seit 1955 Mitglied des rumänischen Politbüros, übernahm nach dem Tod von Gheorge Gheorgiu-Dej 1965 die Macht und herrschte als neo-stalinistischer Diktator über Rumänien. Gestürzt am 21. 12. 1989, vier Tage später nach einem Schnellprozess hingerichtet. *166, 177 ff.*

Churchill, Winston S. (1874–1965): brit. Politiker (liberal, seit 1924 konservativ); 1940–1945 Premier- und Verteidigungsminister; inspirierte die Gründung von NATO und Europarat; 1951–1955 Premierminister. *222, 230*

Cortés, Hernán (1485–1547), span. Konquistador; eroberte und vernichtete das Reich der Azteken in Altamerika. *40 f., 53, 60*

Delors, Jacques (geb. 1925), frz. Politiker (Sozialist), 1981–1984 Wirtschafts- und Finanzminister, 1985–1995 Präsident der EU-Kommission in Brüssel, 1992 Karlspreis. *233*

de Maiziere, Lothar (geb. 1940): dt. Politiker (CDU), Musiker und Jurist; 1989/90 Vorsitzender der CDU der DDR; 1990 Vorsitzender des Ministerrates (Ministerpräsident) der DDR; MdB (bis 1991) sowie Bundesminister für besondere Aufgaben. 1990 Rücktritt wegen des Vorwurfs, inoffizieller Mitarbeiter der DDR-Staatssicherheit gewesen zu sein. *195*

Demokrit (ca. 460–360 v. Chr.), griech. Philosoph; baute die Atomlehre seines Lehrers Leukip aus und begründete die vormoderne philosophische Atomtheorie. *116*

Descartes, René (1596–1650), frz. Mathematiker, Philosoph; Jesuitenschüler; Europareisen 1614–1629; Vertreter des Rationalismus: Wahrheit wird nur durch allgemein-logische Schlüsse („Ich denke, also bin ich") gefunden (deduktive Methode). *112*

Diaz, Bartolomëu (ca. 1450–1500), port. Seefahrer; entdeckte das Kap der Guten Hoffnung. *37, 39*

Dinescu, Mircea (geb. 1950): rumän. Schriftsteller, Redakteur und Bürgerrechtler. 1985 Publikationsverbot, seit März 1989 unter Hausarrest, wichtige Stimme der Opposition, verkündete am 22. Dezember den Sturz Ceaușescus, Mitglied im Rat der Front der nationalen Rettung *181 f.*

Dürer, Albrecht (1471–1528), Maler und Grafiker aus Nürnberg. Mit seinen Porträts, Historienbildern und Stichen wurde er zum bekanntesten deutschen Maler der Renaissance. *119*

Erasmus von Rotterdam (1466–1536), niederländ. Humanist, Theologe; Abkehr von der Scholastik, vertrat einen biblisch fundierten Humanismus; Kontroverse mit Luther über den Willen; publizierte 1516 die erste griech. Druckausgabe des Neuen Testaments. *121 f., 133*

Euklid (um 300 v. Chr.), griech. Mathematiker; Handbücher zur Mathematik und geometrischen Optik. *116, 124*

Ferdinand II. (1452–1516), seit 1479 König von Aragonien; heiratete 1469 Isabella von Kastilien; eroberte 1492 Granada; schloss 1492 einen Vertrag mit Kolumbus über die Westexpansion zur Entdeckung des Westweges nach Indien. *37, 42, 49*

Ficino, Marsilio (1433–1499), Humanist, Arzt und Philosoph in Florenz. *108*

Foscarini, Paolo Antonio (um 1565–1616), ital. Karmelit, Naturforscher; trat als einer der Ersten öffentlich für die Richtigkeit des kopernikanischen heliozentrischen Weltbildes ein. *128*

Fugger, Jakob II. (1459–1525), Inhaber des Augsburger Bank- und Handelshauses; finanzierte die Wahl Karls V. zum Kaiser; wurde zum Bankier des Kaisers und der Päpste. *92*

Fukuyama, Francis (geb. 1952): US-amerikanischer Politikwissenschaftler, begründete 1992 das „Ende der Geschichte" mit der Durchsetzung der liberalen Demokratie weltweit. *145, 156 f.*

Galen(us) (ca. 130–ca. 205), röm. Arzt; seine Lehren beherrschten die Medizin bis ins Mittelalter; er unterschied entsprechend den vier Elementen vier körperlich-seelische Temperamente: cholerisch, melancholisch, phlegmatisch, sanguinisch. *123*

Galilei, Galileo (1564–1642), ital. Mathematiker, Physiker, Astronom; leitete mit seiner Forderung, das „Buch der Natur mithilfe der Mathematik zu lesen", die klassische Physik ein; musste 1633 vor der Inquisition abschwören. *14, 111 ff., 126 ff., 140*

Gama, Vasco da (1469–1524), portug. Seefahrer; Entdecker des östlichen Seeweges nach Indien; 1524 Vizekönig von Indien. *38*

Gaulle, Charles de (1890–1970), frz. General und Politiker, 1940 Exil in London, 1943 Chef der frz. Exilregierung, 1945/46 provisorisches Staatsoberhaupt, 1958–1969 Präsident der Französischen Republik. *232*

Ghiberti, Lorenzo (1378–1455), Goldschmied, Maler, Bildhauer aus Florenz. *122*

Gorbatschow, Michail (geb. 1931): sowj. Politiker, 1985–1991 Generalsekretär der KPdSU; umfassende Reformen (Glasnost, Perestroika); 1988–1991 auch Vorsitzender des Obersten Sowjets (Staatsoberhaupt mit weitreichenden Vollmachten) und 1990/91 Staatspräsident; leitete die Demokratisierung im Ostblock und das Ende des Kalten Krieges ein. 1990 Friedensnobelpreis; 1991 scheiterte ein Putsch gegen Gorbatschow, der daraufhin das Amt des Generalsekretärs der KPdSU niederlegte. Nach Gründung der GUS auch Rücktritt vom Amt des Staatspräsidenten der UdSSR. *144, 159 f., 164, 190 f., 195, 207 f., 275 f., 284*

Guicciardini, Francesco (1483–1540), Verwaltungsbeamter und Diplomat der Stadt Florenz; schrieb eine Geschichte Italiens; prägte den Begriff der „Staatsraison". *110*

Gutenberg, Johannes (1397/1400–1468), Erfinder des Buchdrucks mit beweglichen Metalllettern. *114, 130*

Havel, Václav (1936–2011): tschech. Schriftsteller und Politiker; Mitinitiator der Charta 77, 1979–1983 und 1989 als Regimegegner inhaftiert; 1989 zum Staatspräsidenten gewählt, Rücktritt 1992 nach der Unabhängigkeitserklärung der Slowakei; 1993–2002 Staatspräsident von Tschechien. *179, 237*

Heinrich der Seefahrer (1394–1460), vierter Sohn des portugiesischen Königs Johann I. Mit seinen Entdeckungsfahrten entlang der afrikanischen Westküste legte er die Grundlagen für den Aufstieg Portugals zur See- und Kolonialmacht. *37*

Heraklit (544–483 v. Chr.), griech. Philosoph; nur durch Denken lässt sich die Welt, die in ewigem Wandel ist, erfassen. („Alles fließt.") *124*

Honecker, Erich (1912–1994): dt. Politiker (SED); Erster Sekretär des ZK der SED 1971–1976; Generalsekretär des ZK der SED 1976–1989; Vorsitzender des Staatsrats 1976–1989. 1989 vom Politbüro gestürzt. *188 f., 191, 197, 215, 304*

Huntington, Samuel P. (1927–2008): US-amerikanischer Politikwissenschaftler, lehrte in Harvard und beriet das US-amerikanische Außenministerium, Autor des Buches „Clash of Civilizations" (dt. Kampf der Kulturen) *145, 153, 156, 286*

Iliescu, Ion (geb. 1930): rumän. Politiker, Mitglied der kommunist. Partei PCR. Setzte sich während der rumän. Revolution an die Spitze der Front zur nationalen Rettung (FNR). 1989–1996 und 2000–2004 Staatspräsident. *167 f., 183 f.*

Isabella von Kastilien (1451–1504), seit 1474 Königin von Kastilien; heiratete 1469 König Ferdinand von Aragon. *37, 42, 49, 55*

Jaruzelski, Wojciech (1923–2014), kommunistischer Politiker und Armeegeneral, 1981–1985 polnischer Ministerpräsident, 1985–1990 Staatsoberhaupt von Polen, verhängte 1981 das Kriegsrecht. Ab Mitte der 1980er-Jahre Reformkurs, 1989 Teilnahme am „Runden Tisch", der zum friedlichen Machtwechsel in Polen führte. 1989–1990 Staatspräsident. *164 f., 172 ff.*

Johannes Paul II. (1920–2005): als Karol Wojtyła in Wadowice, Polen, geboren. 1964 Erzbischof von Krakau, 1967 Kardinal. 1978–2005 Papst. Er setzte sich aktiv für die Religionsfreiheit in Polen ein und engagierte sich so immer wieder gegen die kommunistische Regierung. *163, 165, 170, 174, 187*

Karl V. (1500–1558), Habsburger; seit 1506 Herr der Niederlande und von Burgund; 1516 als Karl I. König von Spanien; seit 1519 Kaiser des Heiligen Römischen Reiches (gekrönt 1530); entsagte der Krone 1556. *53, 94, 113, 121*

Karzai, Hamid (geb. 1957): studierte in Indien, kehrte Ende 1980er-Jahre nach Afghanistan zurück und unterstützte die antisowjetischen Kräfte, er floh 1996 vor den Taliban und war ein Führer im bewaffneten Kampf gegen die Taliban. 2001–2014 Präsident von Afghanistan. *289, 293*

Kepler, Johannes (1571–1630), dt. Astronom; fand die Gesetze der Planetenbewegung; baute ein Fernrohr mit zwei Konvexlinsen; stellte fest, dass die Bahn des Mars kein Kreis, sondern eine Ellipse ist. *111 ff., 127, 140*

Kohl, Helmut (1930–2017): dt. Politiker (CDU), Bundeskanzler 1982–1998; beförderte 1989 die deutsche Einheit und in den 1990er-Jahren die europäische Einigung, insbesondere die Währungsunion. *194 f., 205 ff., 305 f.*

Kolumbus, Christoph (1451–1506), Seefahrer aus Genua; entdeckte im Auftrag der spanischen Krone Amerika. *38 f., 42, 49 f., 53*

Kopernikus, Nikolaus (1473–1543), Astronom, Domherr aus Thorn; erarbeitete das heliozentrische Weltbild; beschrieb die jährliche Bewegung der Erde um die Sonne; die tägliche Umdrehung des Fixsternhimmels erklärte er als Rotation der Erde um die eigene Achse. *111, 126, 128*

Krenz, Egon (geb. 1937): dt. Politiker (SED), 1974–1983 Erster Sekretär des Zentralrats der FDJ; 1983–1989 Mitglied des Politbüros, 1983–1989 Sekretär des ZK der SED; seit Oktober 1989 Generalsekretär des ZK, Vorsitzender des Nationalen Verteidigungsrats und Vorsitzender des Staatsrats der DDR; 1989 Rücktritt von allen Ämtern. 1997 vom Berliner Landgericht als einer der Hauptverantwortlichen für die Todesschüsse an der innerdeutschen Grenze verurteilt. 2003 vorzeitig aus der Haft entlassen. *188, 193, 215*

Lafontaine, Oskar (geb. 1943): deutscher Politiker, 1990 Kanzlerkandidat der SPD, 1995–1999 Vorsitzender der SPD, 1998–1999 Finanzminister, Rücktritt aus Protest, eigene Parteigründung WASG, 2005 Zusammenschluss mit PDS zur Linkspartei. *206 f.*

Las Casas, Bartolomé de (1474–1566), span. Dominikaner, Bischof von Chiapa/Mexiko; unterhielt enge Beziehungen zu Kolumbus, sein Vater hatte an der zweiten Reise des Kolumbus teilgenommen, er selbst war mit ihm befreundet; ihm war auch der schriftliche Nachlass des Kolumbus zugänglich, den er bei der Abfassung seiner *„Historia de las Indias"* benutzte; entschlossener Verfechter der Menschenrechte für die Sklaven; 1542 erreichte er vorübergehend eine Aufhebung des Encomienda-Systems; wirkte in den letzten Jahren in Spanien und hatte bedeutenden Einfluss auf Karl V.; 1550 führte er seine berühmte Disputation mit Sepulveda über die Indigenen und die spanischen Eroberungen in Übersee. *43, 56*

Leibniz, Gottfried Wilhelm Freiherr von (1646–1716), dt. Philosoph, Mathematiker, Jurist; begründete die Akademie der Wissenschaften in Berlin; entwickelte das binäre Zahlensystem (Basis der modernen Computer). *112*

Luther, Martin (1483–1546), Begründer der Reformation; auf Wunsch des Vaters begann er 1505 ein juristisches Studium; wegen eines Gelübdes – er war während eines Gewitters in Lebensgefahr geraten – trat er in das Kloster der Augustinereremiten in Erfurt ein; 1507 Weihe zum Priester; 1512 Doktor der Theologie und Professor für Bibelauslegung an der Universität Wittenberg; 1517 Publikation der 95 Thesen. *113, 130*

Machiavelli, Niccolò (1469–1527), Jurist, Diplomat aus Florenz; untersuchte in der Schrift „*Il Principe*" („Der Fürst") die Bedingungen erfolgreicher Politik. *110, 119 ff., 140*

Magalhães (dt. = Magellan), Fernão de (ca. 1480–1521), port. Seefahrer; seine Flotte umrundete 1519–1522 als Erste die Erde; Beweis für die Kugelgestalt der Erde; starb 1521 auf den Philippinen. *39*

Malintzin (um 1505–um 1529), auch Malinche, Sklavin, aztekische Übersetzerin und Geliebte von Cortés, die als Vermittlerin zwischen den spanischen Eroberern und den Azteken eine wichtige Rolle spielte. Um ihre Gestalt ranken sich noch heute viele Legenden. *74*

Mazowiecki, Tadeusz (1927–2013), poln. Politiker, Journalist, 1989–1991 erster nicht-kommunistischer Präsident Polens nach dem Zweiten Weltkrieg. *165, 238 f.*

Medici, Cosimo dei (1389–1464), der Ältere; führte das Haus der Medici in Florenz, gestützt auf die Popularenpartei, zu höchster wirtschaftlicher und politischer Macht, obwohl er kein Staatsamt bekleidete. *80*

Medici, Cosimo I. (1519–1574); schaffte die Republik in Florenz ab; ließ sich 1531 als Cosimo I. zum Herzog ausrufen und vom Papst 1569 zum Großherzog von Toskana ernennen. *80, 91 f.*

Medici, Lorenzo dei (1449–1492), der Prächtige; machte Florenz zur politisch und kulturell führenden Macht Italiens; wurde durch ein Attentat verletzt; gelangte durch Verfassungsänderung zu fürstenähnlicher Autorität; prägte als Bauherr Florenz. *80, 91 f.*

Michelangelo (1475–1564), ital. Bildhauer, Maler, Dichter, Baumeister; arbeitete in Florenz und Rom; Vertreter der Hochrenaissance, des Manierismus und des frühen Barocks. *299 ff.*

Mirandola, Giovanni Pico della (1463–1494), ital. Humanist und Philosoph. Er bemühte sich um die Harmonisierung der verschiedenen Richtungen der Philosophie. Außerdem publizierte er zur jüdischen Lehre der Kabbala und deren Wert für die christliche Theologie und Philosophie. *118*

Mitterrand, François (1916–1996): frz. Politiker (Sozialist), 1940 in dt. Gefangenschaft, Flucht, Anschluss an den französischen Widerstand; Präsident 1981–1995; erhielt 1988 gemeinsam mit Kohl den Karlspreis. *207, 235*

Moctezuma II. (ca. 1467–1520), seit 1502 aztekischer König; starb in span. Gefangenschaft. *41, 47, 52 f.*

Moore, Michael (geb. 1954): US-amerikanischer Regisseur und Autor; ist v. a. bekannt für seine kritischen Dokumentationen wie „Bowling for Columbine" (2002) und Fahrenheit 9/11 (2004), der als erste Dokumentation die Goldene Palme von Cannes gewann. *256, 264*

Mullah Omar (1960–2013): Anführer der Taliban in Afghanistan, 1996–2001 Staatsoberhaupt des Taliban-Regimes. Seit 2001 auf der Flucht, lebte im Untergrund vermutlich in Pakistan. Per Tonbandbotschaften rief er immer wieder zum Dschihad gegen die ausländischen Truppen in Afghanistan auf. *285 f.*

Newton, Isaak (1643–1727), engl. Physiker; erklärte mit den Gravitationsgesetzen den freien Fall mathematisch-exakt. *112, 129*

Obama, Barack (geb. 1961): Jurist und US-amerikanischer Politiker (Demokrat), 2005–2009 Senator, 2009–2017 US-Präsident. Er leitete 2011 den Rückzug der US-Truppen aus dem Irak ein, die Truppen in Afghanistan verstärkte er. Der geplante Rückzug 2014 fiel geringer aus als geplant, Kampf gegen Taliban ließ er fortsetzen. *253, 256, 263*

Peter Martyr von Anghiera (1457–1526), ital. Humanist. *47 f.*

Petrarca, Francesco (1304–1374), ital. Dichter, Humanist; Mitbegründer der literarischen Renaissance. *108*

Pintoricchio, Bernardino (1454–1513), ital. Renaissance-Maler. *138 f.*

Pizarro, Francisco (um 1476–1541), spanischer Konquistador, der das Reich der Inka 1532 eroberte. Er stritt mit seinem Kampfgefährten Diego de Almagro um die Macht und wurde von dessen Anhängern 1541 ermordet. *40*

Platon (428/27–348/47), griech. Philosoph; Begründer der Akademie in Athen; gelangte über die sokratische Begriffsbildung (das Gute, die Tugend) zur Lehre von den Ideen und zur Lehre von der Welt des Seienden gegenüber der Erscheinungswelt, die nur an den Ideen teilhat; programmatische Werke zum Gesetzesstaat und zur politischen Herrschaft. *109, 116, 124*

Ptolemäus, Claudius (100–178), griech. Geograf, Astronom, Mathematiker; sein geozentrisches Weltbild blieb bis zur Ablösung durch das heliozentrische Weltbild im 16. Jh. das maßgebliche Weltbild des Abendlandes. *116, 124*

Putin, Wladimir (geb. 1952): er übt seit 2018 seine 4. Präsidentschaft in der Russ. Föderation aus. Er wendete sich zunächst gegen Oligarchen und sorgte für einen Wirtschaftsaufschwung, dann zunehmend illiberale Politik. Die Opposition wird unterdrückt, Medien gesteuert, Präsidialautokratie, 2014 Annexion der Krim *144, 151*

Pythagoras (um 570–um 480 v. Chr.), griech. Philosoph, Mathematiker; pythagoreischer Lehrsatz: Im rechtwinkligen Dreieck ist die Summe der Quadrate über den Katheten gleich dem Quadrat über der Hypotenuse. *116, 124*

Raffael (1483–1520), ital. Maler, Baumeister; 1502 durch Papst Julius II. nach Rom berufen; 1515 als Bauleiter der Peterskirche ernannt. *124, 139*

Ries, Adam (1492–1559), betrieb in Erfurt eine Rechenschule; publizierte 1522 eines der einflussreichsten Rechenbücher; später Buchhalter in den Silbergruben Annaberg. *88*

Rivera, Diego (1886–1957), mex. Maler; 1906–10 und 1911–21 in Europa; gründete in Mexiko eine „revolutionäre Werkgemeinschaft"; Mitglied der KP Mexikos; monumentale Fresken mit paradigmatischen Szenen aus der Geschichte und Gegenwart Mexikos. *40*

Rubios, Palacios (Anf. 16. Jh.), spanischer Jurist. *41*

Salutati, Coluccio (1331–1406), Schüler Petrarcas; Kanzler der Staatsverwaltung von Florenz. *108*

Schabowski, Günter (1929–2015): dt. Politiker (SED), Journalist; 1978–1985 Chefredakteur der Zeitung „Neues Deutschland"; seit 1984 Mitglied des Politbüros der DDR; 1989 maßgeblich am Sturz E. Honeckers beteiligt. 9. November 1989: Schabowski verkündet während einer vom Fernsehen direkt übertragenen internationalen Pressekonferenz, dass für Privatreisen ab „sofort, unverzüglich" vereinfachte Genehmigungsverfahren gelten. 1997 im Zusammenhang mit Todesschüssen an der innerdeutschen Grenze wegen Totschlags zu 3 Jahren Haft verurteilt. *193, 304*

Sokrates (469–399), griech. Philosoph; versuchte durch seine induktive Methode zu einer begrifflichen Bestimmung des Allgemeinen zu gelangen, damit der Mensch zum einsichtigen Denken und Handeln gelangen kann (Tugend als Wissen ist lehrbar); 399 wegen Verderben der Jugend und Einführung neuer Götter in Athen zum Tode verurteilt. *124*

Springsteen, Bruce (geb. 1949): US-amerikanischer Rocksänger, vielfacher Grammy-Gewinner, weltweit populär, seine Lieder thematisieren meist das amerikanische Alltagsleben. 2002 veröffentlichte er das Album „The Rising" mit Liedern, die die Gefühlslage in den USA nach 9/11 zum Thema haben, äußerte sich auch immer wieder politisch und unterstützte die Partei der Demokraten. *256, 265*

Thatcher, Margaret (1925–2013): britische Politikerin (Konservative), Chemikerin und Rechtsanwältin; 1979–1990 Premierministerin, „Eiserne Lady" (erste weibliche Regierungschefin Europas). Seit 1992 Mitglied des Oberhauses. *208, 248*

Toribio de Benavente (ca. 1490–1569), schrieb eine „Geschichte der Indios von Neuspanien". *57 f.*

Toscanelli, Paolo (1397–1482), ital. Arzt, Astronom und Kartograf. Er entwickelte die Idee, dass man Indien auch auf einer Route westlich von Europa erreichen könne, und schuf so die Basis für Kolumbus' Fahrten. *36, 38*

Valerius, Augustinus (1531–1606), Theologe, Diplomat im Dienste Venedigs. *116*

Vespucci, Amerigo (1451–1512), ital. Seefahrer, Entdeckungsreisender; Reisen nach Südamerika 1499–1502, entdeckte den Amazonasstrom; erkannte Amerika als eigenständigen Kontinent. *39*

Vinci, Leonardo da (1452–1519), ital. Universalgelehrter und Maler. *110 f., 123, 139 f.*

Vitoria, Francisco de (um 1483–1546), spanischer Theologe, der sich u. a. mit Fragen des Friedens, des Staatsrechts und in diesem Zusammenhang auch mit der Indianerfrage in der Neuen Welt auseinandersetzte. *66 f.*

Wałęsa, Lech (*1943), Politiker und Gewerkschaftsführer, 1970 Mitglied eines illegalen Streikkomitees in Danzig, 1980–1990 Vorsitzender der Gewerkschaft Solidarność, 1981–1982 interniert, 1983 Friedensnobelpreis, 1989 Teilnahme am „Runden Tisch", 1990–1995 Staatspräsident Polens. *163 ff., 174, 187*

Welser, Bartholomäus (1484–1561), dt. Fernhändler; neben Fugger der einflussreichste Bankier Karls V. *83*

Sachregister

Fettdruck: Erläuterungen im Begriffslexikon S. 170 f.
Kursiv gesetzte Begriffe: Erläuterungen in der Marginalspalte

3. Oktober 1990 188, 195, 304
9. Oktober 1989 193, 220
11. September 2001 142, 145 ff., 150 f., 158 ff., 276 f., 286 ff., 292
40. Jahrestag der DDR 190 f., 193, 220, 304

Abu-Ghuraib (Gefangenenlager Irak) 255
Adel 10, 18 f., 47, 76, 79, 89
Afghanistan 150, 252 f., 259, 261 ff., 266, 272 ff.
Afrika 37 ff., 42, 44, 83, 96
Agrarwirtschaft 16, 20, 23
Al-Andalus 37, 109, 117
Alltag 8, 10, 12, 30
Al-Qaida 25 f., 256, 258 f., 262 ff., 270, 275, 277, 286, 292
Altamerika 12, 40 ff., 48
Alteuropa 9 f., 14 f.
Amerika 38 ff., 58 ff., 70 ff
Antike 9 f., 13, 36, 38, 80, 108, 116, 138 ff.
arabisches Zahlensystem 88, 90
Asien 15, 37 ff., 83, 95 ff.
Azteken 12, 40, 46 ff., 52 ff., 62, 74

Banken 78 ff., 90 ff.
Bauern 18 f., 22 f., 47, 78
Beamte 15 f., 19, 49
Beharrung 112 f.
Berg- und Hüttenwerke 43 f., 56, 77, 81
Bevölkerungsrückgang 58, 76, 89
Bevölkerungswachstum 16, 76
Bewegung der Blockfreien Staaten 274
Bildung 8, 79, 108 f., 115
Bipolare Weltordnung/Bipolarität 142, 146 f., 302
Börse 78
Breschnew-Doktrin 143 f., 148 f., 160, 164, 191, 306
Brexit 228, 251, 247 f.
Buchdruck 11, 13, 114 f., 129 f.
Bundesrepublik Deutschland (BRD) 146, 166, 188, 190 ff., 204 f., 207, 211 f., 222 ff., 228, 230 ff., 235, 239 f., 243, 274, 277, 293, 303 ff.
Bundestag 228, 231, 244, 247 f., 254, 292

Bundeswehr 292
Bürger/Bürgertum 25, 19, 85, 89, 129
Bürgerkrieg 149, 252, 275 ff., 285 f.
Bürgerrechtler 167, 173 f., 180, 182, 188, 190 ff., 203, 209 f., 221
Bürgerrechtsbewegung 198
Bürokratie 113 f.
Bush-Doktrin 146, 150, 152 ff., 253, 263

China 10, 12, 15 f., 38, 61, 82 f., 96, 145 ff., 150, 152 ff., 252, 266

Danziger Abkommen 164, 172
Demokratie 142, 145, 150, 156 f., 159 f., 194, 203, 208 f., 212, 222, 227, 237, 239, 241, 244, 254, 259, 266, 274, 277, 282
Demokratie Jetzt 194, 202
Demokratischer Aufbruch 194, 202
Deutsche Demokratische Republik (DDR) 143 f., 146, 149, 162, 188 ff., 303 ff.
Diktatur 162, 178, 193, 208 ff.
D-Mark 195 f., 205 ff., 220
Doktrin 143 f., 146
Dreiständelehre 18, 24
„Dritte Welt" 154, 157, 283
Dschihad 252 f., 259 ff., 286
Durand-Linie 272 f.
Dynastie 45

East India Company 84, 98 ff.
Edelmetallhandel 37, 45, 50, 93 f.
Ehe 20, 23
Elysée-Vertrag 223, 232 f.
Encomienda 42 f., 55 f.
England 26, 60, 83 f., 98 ff.
Entdeckungsfahrten 36 f., 49 f., 326
Epoche 9, 14, 16, 115, 135
Erinnerungskultur 186, 256, 263 ff., 270 f.
ESM (Europäischer Stabilitäts-Mechanismus) 226, 247
EU-Osterweiterung 196, 238 ff.
Europa 146, 149, 153, 156, 196, 273, 283, 303 ff.
Europäische Freihandelszone/European Free Trade Association (EFTA) 223 f.
Europäische Gemeinschaft (EG) 223 f., 232, 234, 247
Europäische Gemeinschaft für Kohle und Stahl (EGKS), auch Montan-Union 223, 231

Europäische Idee 232, 237 ff., 249
Europäische Identität 237 ff.
Europäische Integration 146, 222 f., 225, 228, 231, 233, 235 ff., 246 f.
Europäische Sicherheits- und Verteidigungspolitik 226, 234
Europäische Union (EU) 199, 223, 225, 234 ff., 246 ff.
Europäische Wirtschaftsgemeinschaft (EWG) 232
Europäischer Binnenmarkt 223, 233 f., 236
Europäisierung 11, 45, 59 ff.
Europarat 222, 238
Europazentrismus 15, 60
Expansion, europ. 11, 16, 36 ff., 45, 64

„failed state" 276
Faktorei 83, 98, 100
Familie 20, 25 f., 32, 80 ff.
Fernhandel 37, 81 f.
Fernhändler 76 ff., 81 f.
Florenz 80 ff., 90 ff., 118, 135
Folter 255, 287
Fortschritt 16
Frankreich 61, 87, 99, 152, 154, 166, 196, 222 ff., 228 f., 235, 238 f., 242 f., 305
Franziskaner 38
Frauen 20, 26 f., 74
Friedliche Revolution 146, 188 ff., 203, 218 f., 221, 300
Front National (Frankreich) 242 f.
Front zur nationalen Rettung (Rumänien) 167
Frühe Neuzeit 10, 14, 19 f., 59 f. 81
Frühkapitalismus 11, 77 ff., 85 ff., 106
Fugger 82, 92 ff., 106
Fundamentalismus 154

Geld 78 f., 88 f.
Geopolitik 144 ff., 149, 152 f., 251, 253 ff.
Glasnost 144, 159 f., 190
Globalisierung 8, 11, 45, 84, 101 f., 106, 142, 145, 151, 228
Golfkrieg 251 ff.
Good-bye, Lenin, Film 116 ff.
Großbritannien 152, 196, 208, 222 ff., 228, 241, 248, 252, 254, 272, 277, 279, 305
Grundgesetz 194 ff., 221, 301
Grundherrschaft 22 f.
Guantánamo (US-Gefangenenlager) 255, 270

323

Haager Kongress 222
Hamburger Terrorzelle 253, 260 f.
Handelsgesellschaften 81 f., 86 f., 92 ff.
Handelskapitalismus 81
Handelsmächte 83 f.
Handelsnetze 11, 60, 82 f., 95 ff.
Handelsroute 82, 95
Handwerker 21, 27, 32, 47, 85 f., 123
Hanse 102, 107
Hegemonialpolitik 255 f.
Heiliges Offizium 113, 128
Heiliges Römisches Reich Deutscher Nation 104 ff., 113 f. 131 f.
Herrschaftssicherung 166 f., 177 ff.
Hochkultur 40, 45
Hörige 22 f.
Humanismus 11, 14, 36, 108 ff., 115 ff.

Imperialismus 15
„Indianer" 41, 56 ff., 70 ff.
Indien 38 f., 50, 82 f., 96, 98 ff.
Indigene Bevölkerung 41 ff., 52, 54 f., 66, 71
„Indios" 41, 43
Individuum 30, 108, 110, 115, 133 ff., 139, 149
Inka 40 f., 64
Inquisition 113, 128 f.
Irak 251 f., 254, 256, 263 f., 266 f.
Iran 251, 275, 280, 283, 289
ISAF-Schutztruppe in Afghanistan 277 f., 287, 289 f.
Islam 145 f., 153 f., 252 ff., 258 f., 271, 273 ff., 281, 286 ff.
islamische Welt 109, 251 f., 259 f., 267, 287
Italien 13, 78 ff., 90 ff., 108, 118

Jugoslawienkriege 226

Kaiser 66 f., 82, 105, 113 f., 131 f.
Kalter Krieg 143, 146, 149 f., 158, 227, 251, 259, 271, 274 ff., 283 f.
„Kampf der Kulturen" 145, 153 ff.
Kapitalismus 60, 142, 157, 192, 259
Kaufleute 21, 32, 38, 77 f., 86 f.
Kirche, DDR 190, 192, 194, 199 f., 215
Kirche, katholische 18, 23, 43, 51, 70 ff., 109, 112 f., 125, 128, 163 ff., 170 ff., 175
Klima 8, 76
Kolonialherrschaft 55 f., 64
Kolonialismus 12, 42 ff., 60 f.
Kolonialpolitik 272 f., 279
Kommunismus 157, 186 f., 274 ff.
Konquista 40 ff., 50, 71 ff.

Konquistador 40
Kontinuität 10, 12, 20
Kriegsrecht 164, 172 f.
KSZE 163, 190, 202, 300
Kultur 144 ff., 151, 153 ff., 173, 176, 181, 233, 236, 238 f., 241, 251, 255 f., 258 f., 261, 263, 265, 270, 280, 282, 296 f.
Kulturberührung 62
Kulturzusammenstoß 45, 62, 155
Kunst 110, 123 ff., 133 ff., 136 ff., 299 ff.
Kurfürsten 114, 131 f.
Kuwait 251 f., 266 f.

Landesfürstentum/-herrschaft 105, 114, 131 f.
Landleben 20 ff., 76
Landstände 131 f.
Legitimität 41, 67 f., 70 ff.
Lehnswesen 19 ff.
Leibeigenschaft 19, 23
Liberalisierung 143 f., 165, 173, 234
Liberalismus 142, 145, 259, 266, 274
lineares Denken 10
Lissabon, Vertrag von (2007/2009) 224 f., 235 f., 246, 248
„longue durée" 12, 29
Loya Dschirga 273, 278, 283, 289

Maastricht, Vertrag von (1992) 223 ff., 234 f.
Manufaktur 77 f., 81, 90
Marktwirtschaft, freie 145, 156, 160, 162, 185 f., 205 f., 208, 227, 236, 240
Mauerfall 194, 203 ff., 304
Maya 40 f.
Medici 80 ff., 91 f.
Medienrevolution 114, 130 f.
Menschen- und Bürgerrechte 154, 163, 190, 192, 194, 202, 254 f., 266, 270
Menschenbilder 11, 18, 36, 108 ff., 112, 118 f., 300 ff.
Mexiko 57 ff., 70 f.
Mikro-Historie 29 f.
Mission 37, 39, 42, 45, 50
Mittelalter 9 f., 13 f., 18, 28, 36, 109, 125, 133, 301
Mobilität 8, 47
Moderne/Modernisierung 9 f., 12, 20, 78, 115, 133 ff.
Modernisierung 145, 154, 189, 197, 243 f., 252, 273 f., 281 f.
Monarchie, konstitutionelle 273 f.
Montagsdemonstrationen 192, 199, 215, 220 f., 300

Mudschahedin 252, 275, 281, 283 f.
Mythos El Dorado 42, 51
Mythos Renaissance 115, 133 ff., 140, 302

Naher und Mittlerer Osten 251 ff., 266, 272 ff., 327
National Security Strategy 146, 150
NATO 143 ff., 195 f., 208, 253, 263, 277, 287, 290, 300
Naturwissenschaften 111 ff., 123, 126 ff.
Neue Welt 37, 42 ff., 67, 70 f., 94
Neues Denken 164
Neues Forum 194, 201 f.
Neu-Spanien 58 f.
Niederlande 83 f., 87, 94, 97 ff.

Oberitalien s. Italien
Opposition 164 f., 186, 170, 172 f., 179, 183 f., 191, 275, 286
Ostasien 154, 156, 283
Ostblock 143 ff., 156 f., 162, 164, 166, 176, 301
Osteuropa 146, 153, 162 ff., 223, 227 f., 238 f., 249, 301
Ost-West-Konflikt 142 f., 146 ff., 222, 249, 272, 302

Pakistan 253, 262 f., 272, 274 ff., 283 ff., 289
Paneuropa-Union 222, 229
Papst 41 ff., 51 f., 66, 80, 82, 91, 118, 300
Parlament 165 f., 180, 183 f., 195, 224 ff., 233 ff., 237, 243, 246, 248, 277, 288 f.
Paschtunen 272, 276, 280 f.
Patrizier 21, 27
Perestroika 144, 159 f., 190, 300
Peru 58 f., 70
Pest 76, 80, 83
Petersberger Prozess 277, 288 f.
Polen 144, 146 f., 149, 162 ff., 169 ff., 224 f., 227 f., 238 ff., 305
Politik, internationale 146, 149, 155, 226 f., 251, 276 f., 287 f., 293
Politik, multipolar 150 ff.
Politikkonzepte 147, 253 f.
Populismus 228, 243 ff.
Portugal 37 f., 42, 70 ff.
Protestantismus 113, 129 f.
Proto-Globalisierung 84, 101
Protoindustrialisierung 78
Putin-Doktrin 144, 151 f.

Rechtspopulismus 228, 243 ff., 249
Rechtsstaat 202, 227, 237, 240

Reform 113, 131 ff. 144, 160, 164, 168, 171 ff., 184, 189 ff., 201, 203, 206, 219 f., 273 f., 281 f.
Reformation 14, 113, 129 f.
Reich: siehe Heiliges Römisches Reich Deutscher Nation
Reichsreform 113 f., 131 f.
Reichsstände 87 f.
Reichstag 87, 114
Rekonquista 37 f., 50
Renaissance 11, 13 f., 36, 79, 108 ff., 147 ff.
Repartimiento 42 f., 56
Requerimiento 41
Revolution 32, 74, 113, 129, 144, 146, 162, 167, 188, 193, 203 f., 210 ff., 223 f., 273
Römische Verträge 223, 232
Rumänien 144, 146 f., 166 ff., 176 ff., 225, 227, 239 f.
Rumänische Revolution 167 f., 181 ff.
Rumänischer Sonderweg 166 f., 176 ff.
Runder Tisch 165, 173 ff., 183 ff., 194
Russland 144, 146, 150 ff., 229, 239, 272, 279

Saudi-Arabien 251 f., 259 f., 266, 277, 286
Scharia 276 f., 281, 285
Scholastik 109, 128
Schuman-Plan 223, 231 f.
Securitate (rumän. Geheimpolizei) 166 f., 178 f., 184
Selbstmordattentat 250, 258, 260 ff.
Sieben Freien Künste (Septem Artes Liberales) 109
Sklaverei 43, 47, 57, 60
Solidarność 164 ff., 170 ff.
sowjetisch-afghanischer Krieg 252 f., 275 f., 283 ff.
Sowjetunion 143 ff., 149, 153, 157, 160, 162, 190, 192, 196, 208, 212 f., 222, 227, 242, 252, 259, 274 ff., 283 ff., 303 ff.
Sozialismus 142 ff., 148, 156, 159 f., 173, 190, 192, 194, 198, 205, 219, 227
Sozialistische Einheitspart Deutschlands (SED) 162, 188 ff., 197 f., 201, 209 f., 214 f., 304
Sozialstruktur 18 f, 21, 23, 25, 46 f., 56, 58 f.
Spanien 37 ff., 70 ff., 79
Staat 19, 30, 37, 70, 78, 109 f., 113 f.
Staatskrise, polnische 169 ff.
Staatsräson 110, 120

Staatssicherheit (Stasi) 190, 196, 199, 210, 221
Staatsstreich 168, 182 f., 187
Städte 20 f., 27 f., 32 ff., 47 ff., 75
Stadtwirtschaft 85 ff., 89
Stände/-gesellschaft 8, 12, 18 ff., 22 ff.
Streik 163 f., 169 ff.
Subsidiaritätsprinzip 225, 246 f.
Südostasien 95 ff.
Supermacht 143 ff., 153 f., 253, 275, 284

Taliban 253 f., 259, 262 ff., 270, 275 ff., 284 ff., 293
Technik 111
Territorialstaat: siehe Landesherrschaft
Terroranschlag 142, 145, 250, 256, 260, 265, 267, 271, 278 f., 287 f., 292
Terrorismus 146 f., 150 f., 253 f., 257 ff., 271, 275, 277 f., 286 f.
Transformationsprozesse 146, 162, 166, 208, 227, 240 f., 249, 306
Truman-Doktrin 143, 147 ff.

Umbruch 8, 10, 112, 115, 130, 142, 147, 188, 193 f., 203, 211, 223, 233, 305
Umwelt 189 f., 192, 204, 236
Universität 108 f., 116 f., 125
UNO (*United Nations Organization*) 252, 264, 288
Unrechtsstaat 196, 209 f.
UN-Sicherheitsrat 227, 252, 287, 290
USA PATRIOT Act 254, 261 f.

Venedig 79, 83, 90, 111
Vereinigte Ostindische Companie (VOC) 83 f., 97 f.
Vereinigte Staaten von Amerika (USA) 142 ff., 147 ff., 153, 166, 196, 208, 222, 226, 250 ff., 274 ff., 283 ff., 289, 292
Verfassung, afghanische 273 f., 281 f., 288 f.
Verfassung, europäische 224, 235 f., 238, 247
Verlag 77 f., 81
Vertrag von Tordesillas 42, 51
Völkerrecht 195 f., 253, 266

Wahlen, (freie) 147, 165 f., 191, 193 f., 198, 202, 226, 228, 243, 277, 289
Währung 78, 88, 90
Währungsunion (deutsch) 196 f., 205 ff., 220

Währungsunion (europäisch) 225 f., 234 ff., 246 f.
Wandel 9 f., 16, 20, 29, 77, 115, 135
„War on Terror" 251, 254, 262, 265 f., 270, 287
Warschauer Pakt/Vertrag 143 f., 157, 208
Wechsel (Geld-) 78 f., 89
Weltbilder 111, 125 f., 135, 140
Welthandel 95 ff., 152 f.
Weltkrieg, Zweiter 142, 146, 149, 195 f., 207, 216, 304 f.
Weltpolitik 146, 154, 275, 287
„Wende" 188, 193, 203, 215, 218 f.
Werte 145, 151, 154
westliche Welt, „Westen", Westmächte 143 f., 156, 251 f., 258, 261, 266 f., 273 f., 276, 288, 290
Wiederaufbau, ziviler 263, 277, 288 ff.
Wiedervereinigung 144, 146, 188, 196 ff., 204, 209 f., 303 ff.
„Wir sind das Volk" 192 f., 204, 306
„Wir sind ein Volk" 303, 305 f.
Wirtschaft 142 ff., 148, 150 ff., 156 f., 160, 162, 164 ff., 173 ff., 180, 184, 189 ff., 195 ff., 202, 204 ff., 210, 212, 222 ff., 230, 232 ff., 239 ff., 254, 261, 274, 277, 283, 290
Wirtschafts-, Währungs- und Sozialunion 195 f., 220
Wissenstransfer, arabisch-muslimisch 109, 117
World Trade Center 145 f., 250, 254, 256, 264

Zäsur 146, 188, 265 ff.
Zehn-Punkte-Programm 194
Zeitenwende 9 f., 12, 16, 108, 115, 142 f., 145 f., 256
Zeitkonzepte 10, 12, 29
Zivilisation 45
Zünfte 20 f., 28, 32, 76, 85 f.
Zusammenbruch 144, 157, 188, 211 ff., 259, 267
Zwei-plus-vier-Vertrag 195 ff., 208, 305

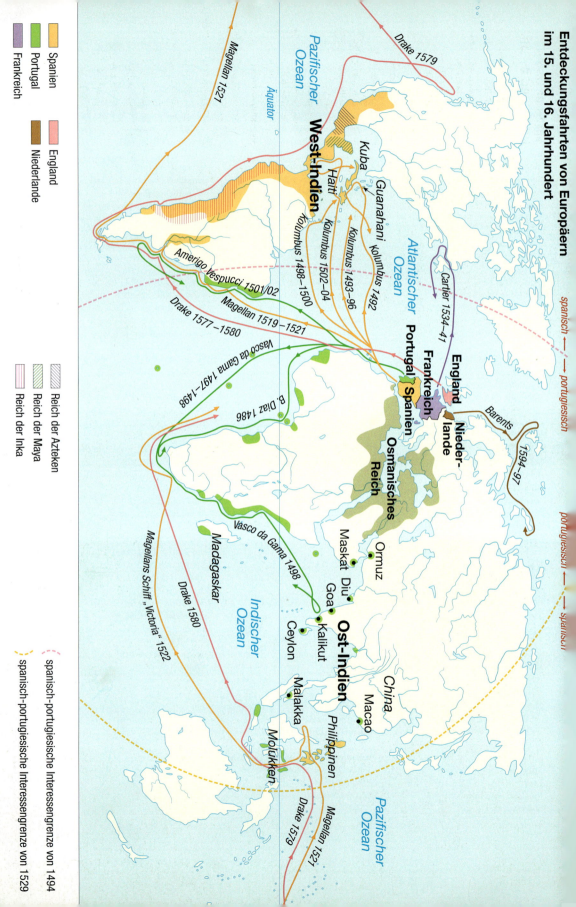

Bildquellen

Cover: *Hintergrund* Image Source/Cultura/Ken Reid; *oben* mauritius images/Fine Art Images/SuperStock; *unten* mauritius images/Joachim Jockschat; **S. 6:** *oben* vgl. S. 108; *unten* vgl. S. 110; **S. 7:** *oben* vgl. S. 260; *unten* vgl. S. 271; **S. 8:** Fotolia/ellegrin; **S. 11:** interfoto e.k./Granger, NYC; **S. 12:** bpk/Staatsbibliothek zu Berlin; **S. 14:** bpk; **S. 16:** dieKleinert/Harm Bengen; **S. 19:** akg-images; **S. 21:** akg-images/Erich Lessing; **S. 23:** bpk; **S. 24:** akg-images; **S. 27:** *M 11* bpk/RMN – Grand Palais; *M 12* bpk/RMN – Grand Palais/Bulloz; **S. 30:** Bridgeman Images/Christie's Images; **S. 34:** *M 1* The Metropolitan Museum of Art/The Jules Bache Collection, 1949/lizenziert nach CC0 1.0 Universal (CC0 1.0); *M 2* Shutterstock/Gerhard Roethlinger; **S. 35:** Bridgeman Images/DHM; **S. 36:** Bridgeman Images/Germanisches Nationalmuseum, Nürnberg; **S. 37:** bpk/The Trustees of the British Museum; **S. 38:** The Metropolitan Museum of Art/Gift of J. Pierpont Morgan, 1900/lizenziert nach CC0 1.0 Universal (CC0 1.0); **S. 40:** bpk/Schalkwijk/ Art Resource, NY; (c) Banco de México Diego Rivera Frida Kahlo Museums Trust/VG Bild-Kunst, Bonn 2018; **S. 41:** akg-images; **S. 42:** interfoto e.k./Baptiste; **S. 44:** dpa Picture-Alliance/Prof. Dr. H. Wilhelmy/Bibliographisches Institut; **S. 47:** Bridgeman Images/Biblioteca Nazionale Centrale, Florence; **S. 51:** Bridgeman Images/Boltin Picture Library/Museo del Oro, Bogota, Colombia; **S. 53:** Bridgeman Images/Bibliotheque Nationale, Paris, France Giraudon; **S. 54:** akg-images; **S. 56:** Bridgeman Images/Granger; **S. 60:** akg-images/Fototeca Gilardi; **S. 62:** mauritius images/alamy stock photo/Melvyn Longhurst; **S. 64:** Bridgeman Images/Private Collection; **S. 66:** dpa Picture-Alliance/robertharding; **S. 74:** *M 1* mauritius images/United Archives; *M 2* Bridgeman Images/National Maritime Museum, London, UK; **S. 75:** GlowImages/Superstock RM/SuperStock; **S. 77:** bpk; **S. 79:** bpk/ Bayerische Staatsgemäldesammlungen; **S. 81:** bpk/Gemäldegalerie, SMB/Jörg P. Anders; **S. 86:** *links* akg-images; *Mitte*, *rechts* akg-images/Nimatallah; **S. 89:** bpk/Scala; **S. 90:** akg-images/De Agostini Picture Lib./G. Dagli Orti; **S. 92:** Bridgeman Images/ Christie's Images; **S. 93:** bpk; **S. 97:** akg-images/Pictures From History; **S. 98:** bpk; **S. 102:** Bridgeman Images/National Museum of Ancient Art, Lisbon, Portugal; **S. 106:** *M 1* imago stock&people/ecomedia/robert fishman; *M 2* AFP/Getty Images; **S. 107:** bpk; **S. 108:** bpk/BnF, Dist. RMN-GP; **S. 109:** akg-images/IAM; **S. 110:** bpk/Alinari Archives/Lorusso, Nicola for Alinari; **S. 111:** Bridgeman Images/Look and Learn; **S. 112:** akg-images/Erich Lessing; **S. 114:** bpk/Staatsbibliothek zu Berlin/Ruth Schacht; **S. 118:** Bridgeman Images/Church of San Marco, Florence, Italy; **S. 119:** bpk/RMN – Grand Palais/Jean-Gilles Berizzi; **S. 121:** mauritius images/alamy stock photo/Eddy Galeotti; **S. 123:** Bridgeman Images/PVDE; **S. 124:** bpk/Scala; **S. 125:** akg-images; **S. 126:** bpk/Staatsbibliothek zu Berlin/Dietmar Katz; **S. 128:** bpk/RMN – Grand Palais/Hervé Lewandowski; **S. 130:** bpk; **S. 134:** bpk/Scala; **S. 137:** *M 1* Bridgeman Images/Werner Forman Archive; *M 2* bpk/Gemäldegalerie, SMB/Jörg P. Anders; **S. 138:** bpk/Lutz Braun; **S. 140:** *M 1* bpk/Deutsches Historisches Museum/Sebastian Ahlers; *M 2* bpk/RMN – Grand Palais/Michel Urtado; **S. 141:** akg-images/André Held; **S. 142:** bpk/Bundesstiftung Aufarbeitung/Uwe Gerig; **S. 144:** ddp images/ Jerome Howard – DoD via CNP/ddp USA/CNP/Sipa; **S. 145:** ddp images/Finn Foens/dapd; **S. 148:** bpk/National Portrait Gallery, Smithsonian Institution/Art Resource, NY; **S. 155:** akg-images; **S. 156:** akg-images/Bildarchiv Monheim; **S. 160:** bpk/Volker Döring; **S. 163:** *M 1* dpa Picture-Alliance/dpa/Krzysztof Wojcik; *M 2* Reuters; **S. 164:** action press/Sipa Press; **S. 166:** Bridgeman Images; **S. 168:** Reuters/Charles Platiau; **S. 170:** *M 8* dpa Picture-Alliance/Sven Simon; *M 9* mauritius images/alamy stock photo/360b; **S. 174:** dpa Picture-Alliance/dpa-Report/Bogan/PAP; **S. 177:** laif/GAMMA-RAPHO/William STEVENS; **S. 179:** Reuters; **S. 180:** mauritius images/imageBroker/GTW; **S. 182:** ddp images/CAMERA PRESS/Rompres; **S. 183:** mauritius images/alamy stock photo/jeremy sutton-hibbert; **S. 186:** *M 1* action press/imagebroker.com; *M 2* imago stock&people/imagebroker; **S. 187:** akg-images/Urs Schweitzer; **S. 189:** *M 1* ddp images; *M 2* dpa Picture-Alliance; **S. 190:** akg-images; **S. 191:** taz – die tageszeitung, 18. 08. 1989, Seite 1; **S. 192:** Ökumenische FriedensDekade e.V.; **S. 193:** *M 6* bpk/Deutsches Historisches Museum/Arne Psille; *M 7* OKAPIA KG/imagebroker/Norbert Michalke; **S. 199:** akg-images/AP; **S. 201:** bpk/Volker Döring; **S. 203:** OKAPIA KG/ imageBROKER/Norbert Michalke; **S. 205:** bpk/Gert Koshofer; **S. 207:** *M 28* dpa Picture-Alliance/dpa – Fotoreport; *M 29* SZ Photo/ap/dpa/picture alliance; **S. 208:** Peter Dittrich; **S. 212:** Bridgeman Images/H. P. Stiebing; **S. 214:** © Andreas Kämper; **S. 216:** © GOOD BYE, LENIN!, X Filme Creative Pool Gmbh/X Verleih AG.; **S. 218:** *beide* © GOOD BYE, LENIN!, X Filme Creative Pool Gmbh/X Verleih AG.; **S. 220:** *M 1* dpa Picture-Alliance/dpa-Zentralbild; *M 2* ddp images/Sven Simon; **S. 221:** interfoto e.k./Wolfgang Maria Weber; **S. 222:** dpa Picture-Alliance/AP Images; **S. 223:** mauritius images/alamy stock photo/Tim Gainey; **S. 228:** imago stock&people/Eastnews; **S. 231:** © Punch Limited; **S. 232:** Bridgeman Images/AGIP; **S. 237:** Oliver Schopf, Wien; **S. 241:** Reuters/POOL/Stefan Rousseau; **S. 242:** Visum/Andia; **S. 244:** ddp images/Revierfoto; **S. 248:** *M 1* Reuters/Mal Langsdon; *M 2* Visum/Silke Schulze-Gattermann; **S. 249:** laif/New York Times Cartoons; **S. 250:** dpa Picture-Alliance/AP Images; **S. 251:** action press/ABACA PRESS; **S. 252:** epd-bild/Russian Picture Service/Alexander Graschenko/akg; **S. 254:** imago stock&people/ UPI Photo; **S. 255:** dpa Picture-Alliance/AP Photo; **S. 256:** *M 6* action press/EXTRAPRESS; *M 7* Reuters/Jason Reed; **S. 258:** dpa Picture-Alliance/dpa - Fotoreport/dpaweb; **S. 260:** dpa Picture-Alliance/lno; **S. 262:** dieKleinert/Paolo Calleri; **S. 263:** ddp images/Manuel Romano/ddp USA/NurPhoto; **S. 265:** Huber-Images/Massimo Ripani; **S. 270:** *M 1* SZ Photo/ap/dpa/picture alliance; *M 2* Fotolia/Francois Roux; **S. 271:** Horst Haitzinger; **S. 274:** bpk; **S. 275:** action press/IMPACT/ZUMA PRESS, INC./IMPACT(') Copyright 1989 by 19890224; **S. 276:** laif/Redux/VII/© Franco Pagetti; **S. 278:** dieKleinert/Harm Bengen; **S. 282:** dpa Picture-Alliance/ullstein bild; **S. 284:** culture-images/fine-art-images/fai; **S. 286:** laif/Polaris/Xinhua News Agency/Polaris; **S. 290:** dpa Picture-Alliance; **S. 292:** *M 1* action press/SCHMIDT, FREDERIC; *M 2* Reuters; **S. 293:** laif/UPI/Hossein Fatemi; **S. 299:** *M 1* bpk/Scala; *M 2* Bridgeman Images/Vatican Museums and Galleries, Vatican City; **S. 303:** akg-images/AP.

Grafiken/Illustrationen/Karten Cornelsen/Carlos Borrell Eiköter, Berlin: Seiten U2/Vorsatz, 39, 104, 143, 224, 326, 327, U3/ Vorsatz. Cornelsen/Dr. Volkhard Binder, Telgte: Seiten 48, 69, 82, 94, 95, 132, 194. Cornelsen/Erfurth Kluger Infografik GbR: Seiten 149, 152, 196, 225, 234, 240. Cornelsen/Klaus Kühner: Seiten 273, 280, 289.